重庆
2018
经济年鉴
CHONGQING ECONOMY
YEAR BOOK

图书在版编目(CIP)数据

重庆经济年鉴. 2018年 / 唐青阳主编. – 重庆：重庆出版社, 2020.2重印

ISBN 978-7-229-13829-5

Ⅰ. ①重… Ⅱ. ①唐… Ⅲ. ①区域经济-重庆-2018-年鉴 Ⅳ. ①F127.719-54

中国版本图书馆CIP数据核字(2018)第297517号

重庆经济年鉴·2018

CHONGQING JINGJI NIANJIAN·2018

重庆市人民政府办公厅 主管

重庆市人民政府发展研究中心
重庆社会科学院 主办

责任编辑：袁婷婷
责任校对：何建云
封面设计：陈 刚

重庆出版集团
重庆出版社 出版

重庆市南岸区南滨路162号1幢 邮编：400061 http://www.cqph.com

重庆出版集团艺术设计有限公司制版

重庆市国丰印务有限责任公司印刷

重庆出版集团图书发行有限公司发行

E-MAIL:fxchu@cqph.com 邮购电话：023-61520646

全国新华书店经销

开本：889mm × 1194mm 1/16 印张：28.25 字数：740千

2019年4月第1版 2020年2月第2次印刷

ISBN 978-7-229-13829-5

定价：498.00元

如有印装质量问题，请向本集团图书发行有限公司调换：023-61520678

版权所有 侵权必究

《重庆经济年鉴》编辑部

主　　　编：唐青阳

常务副主编：王　胜

副　主　编：张　波　蒋朋桥　吴昌凡　陈　红

编辑部主任：彭国川

编辑部成员：蒋典典　朱旭森　孙贵艳　廖杉杉　齐　亮

策马扬鞭驰大道　奋笔谱写新华章

——《重庆经济年鉴(2018年)》序

"明镜所以照形,古事所以知今"。这本《重庆经济年鉴·2018年卷》,忠实记录了三千万巴渝儿女过去一年的辛勤耕耘与累累硕果,生动描绘了全市人民决胜全面建设小康社会的精彩画卷,是一部激励我们继往开来、勠力同心、砥砺奋进的力作新篇。

2018年,遵循习近平总书记的殷殷嘱托,重庆积极发挥西部大开发的重要战略支点、"一带一路"和长江经济带联结点作用,加快建设内陆开放高地、山清水秀美丽之地,努力推动高质量发展、创造高品质生活,统筹做好稳就业、稳金融、稳外资、稳外贸、稳外经、稳预期各项工作,全市发展开启新征程、步入新阶段,呈现出稳中向好、变中出新、转中有为的良好态势。

过去一年, 内陆开放高地建设成果丰硕。开放通道体系不断完善,"一带""一路"和长江经济带在重庆贯通融合。两江新区、自贸试验区、中新互联互通项目等开放平台不断完善,内陆国际物流枢纽和口岸高地加快建设。智博会、西洽会、中新金融峰会等开放合作盛会汇聚全球目光,吸引八方来客,重庆在西部内陆地区呈现带头开放、带动开放新态势。

过去一年,山清水秀美丽之地魅力显现。"山水之城·美丽之地"享誉内外,"行千里·致广大"深入人心。生态环境质量持续改善,河水更加清澈、空气更加清新、森林更加葱郁、山峦更加秀美。节能减排降碳任务圆满完成,城市颜值更高、气质更佳,重庆用实际行动担当上游责任,筑牢长江上游生态屏障。

过去一年,高质量发展势头强劲。新发展理念深入贯彻落实,供给侧结构性改革持续有效推进。我们通过市场化手段,兼并重组淘汰落后产能,大力破除无效供给,倒逼落后产能退出。我们通过实施创新驱动战略,以大数据智能化为引领，加快推动“重庆制造”向“重庆创造”“重庆智造”转变。

过去一年，高品质生活惠及城乡。我们统筹乡村振兴和城市提升两大基本面，持续打造宜居、宜业、宜游的人居环境，城乡面貌明显改善，公共服务持续优化，居民收入不断增长，脱贫攻坚取得实效，人民群众获得感、幸福感、安全感进一步增强。

“出发于过去的初心，继续于未来的前进”。新的一年、新的征程、新的使命，全市上下将更加紧密地团结在以习近平同志为核心的党中央周围，高举中国特色社会主义伟大旗帜，不忘初心、继续前进，在全面建成小康社会决胜阶段再立新功，为谱写中国梦重庆篇章而努力奋斗！

目 录

·第一编 重要经济文献·

·第二编 经济与社会发展综述·

·第三编 经济运行与部门管理·

·第四编 产业状况·

·第五编 开发区与园区建设·

·第六编 区县经济·

·第七编 附 录·

Contents

Part I Important Economic Literatures

Part II Overview Economic & Social Development

Part III Operation of Economy and Divisional Management

Part IV Industry Situation

Primary Industry

Secondary Industry

Tertiary Industry

Part V The Construction of Development Zones and Industrial Parks

Part VI Regional Districts

Part Ⅶ Appendix

第一编
重要经济文献

2018年重庆市人民政府工作报告

——2018年1月26日在重庆市第五届人民代表大会第一次会议上

唐良智

各位代表：

我代表市人民政府，向大会报告过去五年及2017年的政府工作，对今后五年及2018年工作提出建议，请予审议，并请各位政协委员提出意见。

一、过去五年及2017年工作回顾

过去五年，在以习近平同志为核心的党中央坚强领导和亲切关怀下，重庆改革发展稳定各项工作取得了新成就。2016年1月，习近平总书记视察重庆时指出，重庆是西部大开发的重要战略支点，处在“一带一路”和长江经济带的联结点上；要求重庆建设内陆开放高地，成为山清水秀美丽之地；强调扎实贯彻新发展理念、扎实做好保障和改善民生工作、扎实做好深化改革工作、扎实落实“三严三实”要求。习近平总书记对重庆提出的“两点”“两地”定位和“四个扎实”要求，着眼全国大局，符合重庆实际，顺应人民期盼。我们坚持以习近平新时代中国特色社会主义思想为指导，认真贯彻党的十八大、十九大精神，全面落实习近平总书记视察重庆重要讲话精神，坚持稳中求进工作总基调，全面贯彻新发展理念，统筹推进“五位一体”总体布局，协调推进“四个全面”战略布局，以供给侧结构性改革为主线，接续实施“十二五”和“十三五”规划，扎实做好稳增长、促改革、调结构、惠民生、防风险各项工作，各项事业迈出了坚实步伐。

——五年来，全市综合经济实力有了较大提升。地区生产总值年均增长10.8%，人均生产总值超过全国平均水平，去年达到63689元。固定资产投资、社会消费品零售总额年均分别增长15.2%和12.9%，进出口总额稳中有升。一般公共预算收入年均增长10.2%。城乡居民人均收入年均分别增长8.9%和10.9%。

——五年来，经济结构调整取得新进展。三次产业结构从8.2:45.6:46.2调整为6.9:44.1:49。形成汽车、电子信息等千亿级产业集群，战略性新兴制造业对工业增长贡献率达到37.5%。生产性服务业加快发展，金融业增加值占比提高到9.3%。旅游、会展、商贸等生活性服务业持续增长，跨境结算、服务外包等新兴服务业蓬勃发展，服务贸易额年均增长20%以上。围绕产业链布局创新链、提升价值链，全社会研发经费支出年均增长17.6%，发明专利拥有量年均增长28.3%。

——五年来，改革开放释放动力活力。全面深化改革整体框架基本建立，国资国企、简政放权、投融资、生态文明、医疗卫生、教育文化等领域取得一批改革成果。内陆开放高地建设担当起新使命，两江新区开发开放的示范作用日益增强，自贸试验区、中新互联互通项目等国家开放平台落地实施，中欧班列（重庆）成为陆上丝绸之路经济带贸易主通道，建成一批国家开放口岸，利用外资每年保持100亿美元以上。

——五年来，国家中心城市建设步伐加快。高铁实现零突破，形成“一枢纽十干线”铁路体系，高速公路通车里程突破3000公里，江北国际机场旅客年吞吐量达到3872万人次，港口货运年吞吐量达到1.97亿吨，建成国家级互联网骨干直联点，能源、水利、环保等基础设施支撑体系不断完善。常住人口城镇化率提高到64.1%，主城建成区面积拓展到732平方公里，

城镇群功能体系日益完善，城市品质得到提升。

——五年来，统筹城乡发展取得新成效。新建和改建农村公路4.8万公里，实施2100个村环境综合整治，农村居民饮水安全覆盖面扩大，农村生产生活条件明显改善。新型农业经营体系加快构建，特色效益农业产值年均增长15%左右。农村集体产权制度、地票制度等综合改革取得积极成效。推进三峡后续工作，建成一批基础设施和产业项目，库区生产生活生态条件持续改善。

——五年来，社会民生事业实现新发展。一批国贫市贫区县实现脱贫摘帽，1823个贫困村整村脱贫，贫困人口减少194万人。实施城乡民生实事，教育、卫生、就业、社保、文化、体育等社会事业稳步发展，外事、侨务、对台、民族、宗教、信访、人防、青年、妇女、儿童、老龄、慈善、残疾人等工作取得新进步，国防和后备力量建设取得新发展。

——五年来，政府自身建设不断加强。始终同以习近平同志为核心的党中央保持高度一致，坚决落实中央决策部署，扎实推进党的群众路线教育等一系列学习教育活动，以党建新成效促进政务水平新提升。加强地方性法规和政府规章建设，认真办理人大代表建议和政协委员提案，自觉接受人大、政协监督，行政监察、审计监督和政务督察持续加力。严格落实中央八项规定精神，坚决整治"四风"，狠抓廉洁从政，持续高压反腐，政风建设取得新成效。

各位代表！自去年7月以来，在以习近平同志为核心的党中央坚强领导下，市委团结带领全市干部群众，以习近平总书记视察重庆重要讲话和关于做好重庆当前工作的重要指示精神为指导，坚决肃清孙政才恶劣影响和"薄、王"思想遗毒，把思想统一起来，把力量凝聚起来，把责任担当起来，把各项任务落实下去，保持了政治大局稳定、干群思想稳定、社会和谐稳定，改革发展稳定各项事业扎实推进。

过去一年，地区生产总值达到1.95万亿元，比上年增长9.3%。固定资产投资、社会消费品零售总额、进出口总额分别增长9.5%、11%和8.9%。实现一般公共预算收入2252亿元，收入结构持续优化。城乡居民人均收入分别达到32193元和12638元，增长8.7%和9.4%。

(一)着力转方式，加快产业结构调整

推动传统支柱产业、战略性新兴产业和现代服务业多点支撑，强化招商引资引智和重点项目带动，规模以上工业增加值增长9.6%、利润增长22%。智能终端持续放量，电子制造业增加值增长27.7%。汽车产业努力向智能化和新能源方向转型，一批新车型投放市场。装备、化工、医药、材料、消费品等行业稳中有升。新型显示、节能环保、生物医药等战略性新兴产业增加值增长25.7%。开展国家服务业综合改革试点，建设国家大数据综合试验区，软件信息服务收入增长17%。金融服务实体经济能力增强，新增社会融资6300亿元。国际旅游目的地建设力度加大，旅游总收入增长25%。

(二)着力促改革，进一步增强内生动力

落实供给侧结构性改革重点任务，超额完成钢铁、煤炭、船舶、水泥等去产能目标。分类分区域调控房地产市场，有效遏制炒房行为，房地产市场平稳健康。积极稳妥去杠杆，规模以上工业企业资产负债率降低3.1个百分点。实施减税降费政策措施，为企业再减负400多亿元。推进国企改革，重钢股份司法重整顺利完成。深化"放管服"改革，推进行政审批标准化，网上行政审批平台实现四级纵向贯通。整合组建市城市管理委员会，设立市旅游发展委员会，改革区县审计管理、安全生产和环保监管体制。新增上市公司8家、挂牌企业290家。

(三)着力强平台，不断扩大内陆开放

两江新区开放型经济新体制试点取得成效，改善营商环境经验在全国复制推广。自贸试验区出台100多项创新举措，新注册企业1万多家。中新互联互通项目实现跨境融资20.6亿美元，签约项目50.7亿美元。中欧班列(重庆)运行663班，"渝黔桂新"南向铁海联运班列常态开行，探索陆上国际贸易规则取得进展。国家检验检疫综合改革试验区启动建设。国际贸易“单一窗口”上线运行，实现全天候通关通检。一般贸易结构进一步优化，加工贸易、服务贸易持续增长，扭转了进出口持续下滑态势。

(四)着力抓创新，积极培育发展新动能

推动技术供给、创新生态、科技平台多管齐下，全社会研发经费支出增长19.1%，新增科技型企业3465家。物联网、智能网联汽车等行业建成一批技术创新联盟和研发平台。改革科技成果分配和股权激励机制，设立科技要素交易中心，股权投资、债权融资等创新金融支撑体系初步建立。设立北斗导航产品质检中心和国家(重庆)商标审查协作中心，成为国家功率半导体封装测试、工业机器人等高新技术产业化基地。

(五)着力打基础，不断完善支撑功能

法定城乡规划实现全覆盖，主城区实现“多规合一”。兰渝铁路开通运营，建成渝贵快铁，在建铁路达1000公里。开通4条高速公路，省际出口增至19个。完成800公里国省道改造，硬化8000公里农村公路。江北国际机场T3A航站楼及第三跑道投用，国际航线增至69条。果园港铁水联运接驳改造基本完成，龙头、新田、珞璜枢纽港一期建成投用。轨道交通通车里程增至264公里。建成一批桥梁隧道，打通一批“断头路”，主城区缓堵行动持续推进。改造棚户区607万平方米。建成一批特色小镇。

(六)着力强“三农”，推动农业农村稳健发展

粮食、生猪、蔬菜产量稳中有升，特色效益农业持续发展，乡村休闲旅游、农产品网上交易活跃。农业项目财政补助股权化、农业担保体系、基层供销社等改革深入实施。家庭农场、农民合作社和农业龙头企业活跃发展。农村饮水、综合环境整治、危房改造扎实推进，建成一批美丽宜居示范村庄。调整脱贫摘帽时序，全力攻坚18个深度贫困乡镇，5个国家级贫困区县整体脱贫，16万人摆脱贫困，贫困发生率降至1.1%。

(七)着力抓生态，突出环境问题得到整治

全面落实中央生态环境保护部署和国家大气、水、土壤污染防治要求，持续实施“五大环保行动”，主要环境指标持续改善，空气优良天数达到303天，PM2.5浓度下降16.7%。全面推行河长制，饮用水源和河库管护得到加强，长江干流重庆段保持优等水质。认真整改中央环保督察反馈问题，黑臭河段和船舶码头污染等环境突出问题得到解决。建立环境监察督察制度，生态环保体制机制改革取得新成效。

(八)着力惠民生，促进社会和谐稳定

城镇新增就业74万人。城乡养老、医保参保率超过95%，机关事业单位与企业职工基本养老保险制度实现并轨，社会救助服务水平持续提升。义务教育基本均衡区县达到35个，高等教育、职业教育改革取得进展。公立医院取消药品加成，调整医疗服务价格，群众就医负担有所减轻。公共文化服务体系进一步完善，建成一批文旅融合项目。平安建设深入推进，立体化社会治安防控、应急管理和矛盾纠纷化解体系不断完善，安全生产形势稳定向好，群众安全感满意度稳步提升。

各位代表！重庆经济社会发展的良好态势来之不易，政治社会稳定的良好局面来之不易，全市干部群众良好的精气神来之不易，社会各界对重庆未来的良好预期来之不易。我们深切感受到，重庆的进步，是习近平新时代中国特色社会主义思想正确指引和以习近平同志为核心的党中央坚强领导的结果，是各级各部门认真贯彻中央大政方针和一系列重大战略、贯彻市委重要部署的结果，是3300多万重庆人民负重自强和苦干实干的结果。在此，我代表市人民政府，向全市各族人民，向人大代表、政协委员，向各民主党派、工商联、人民团体和社会各界人士，向驻渝部队和武警官兵，致以崇高敬意！向关心和支持重庆发展的中央各部门、各兄弟省区市及港澳台同胞、海外侨胞和国际友人，表示衷心感谢！

我们也清醒地认识到，重庆发展不平衡不充分问题仍然突出，我们的工作与党的十九大要求和人民群众期望还有很多差距。主要是：发

展质量和效益不高，经济的韧性不够，还需进一步调整结构；对建设“内陆开放高地”和“山清水秀美丽之地”认识不足，工作中存在不少弱项和问题；创新创业创造氛围不浓，创新生态有待改善，全社会研发经费支出占比还低于全国平均水平；民营经济发展活力不强，营商环境还需优化；城乡区域发展不平衡，基础设施领域还有不少短板，基本公共服务欠账较多，居民人均收入仍低于全国平均水平；发展中的各种矛盾和问题相互交织，优化法治环境、创新社会治理任务依然艰巨；政府职能转变还不到位，一些部门和工作人员贯彻新发展理念的自觉性主动性不强，能力和水平亟待提升。对此，我们高度重视，将认真加以解决，决不辜负中央的重托和全市人民的期待！

二、今后五年工作的总体部署

党的十九大确立了习近平新时代中国特色社会主义思想的历史地位，制定了决胜全面建成小康社会、夺取新时代中国特色社会主义伟大胜利的宏伟蓝图和行动纲领，为我们全面推进改革发展和现代化建设指明了前进方向。我们要全面贯彻党的十九大精神，以习近平新时代中国特色社会主义思想为指导，深入落实习近平总书记视察重庆重要讲话精神，落实市委五届三次全会部署，拥抱新时代，践行新思想，实现新作为。

今后五年，是“两个一百年”奋斗目标的历史交汇期。以习近平同志为核心的党中央，向全党全国发出了决胜全面建成小康社会、开启全面建设社会主义现代化国家新征程的动员令。中央有部署，重庆有行动。我们要对标对表党的十九大精神，从习近平新时代中国特色社会主义思想中找方向、找方法，从习近平总书记对重庆的殷殷嘱托中明定位、明任务，从全球发展趋势中抓机遇、迎挑战，切实增强紧迫感、使命感和责任感，扬鞭奋蹄、埋头苦干，不断开拓重庆发展新境界。

习近平总书记对重庆提出的“两点”“两地”定位和“四个扎实”要求，“两点”是战略地位，“两地”是战略目标，“四个扎实”是战略路径。我们要充分发挥西部大开发重要战略支点、“一带一路”和长江经济带联结点的特殊区位优势，做实做靓“内陆开放高地”和“山清水秀美丽之地”，做优做强综合实力、辐射带动力和生态竞争力，在国家区域发展和对外开放格局中发挥独特而重要的作用。要全面融入“一带一路”建设和长江经济带发展，高起点建设内陆开放高地，为全国陆海内外联动、东西双向互济作出更大贡献。要牢固树立绿色发展理念，把重庆好山好水保护好，把江城山城建设好，成为享誉国内外的山清水秀美丽之地，向中央和全市人民交出满意的答卷！

今后五年，政府工作的总体要求是：深入贯彻党的十九大精神，深学笃用习近平新时代中国特色社会主义思想，紧紧围绕习近平总书记对重庆提出的“两点”“两地”定位和“四个扎实”要求，坚持和加强党的领导，坚持稳中求进工作总基调，坚定贯彻新发展理念，紧扣社会主要矛盾变化，按照高质量发展的要求，统筹推进“五位一体”总体布局，协调推进“四个全面”战略布局，统筹推进稳增长、促改革、调结构、惠民生、防风险各项工作，以供给侧结构性改革为主线，全力推动质量变革、效率变革、动力变革，坚决打好“三大攻坚战”，大力实施“八项行动计划”，努力使人民群众的获得感、幸福感、安全感更加充实、更有保障、更可持续，把党的十九大精神和习近平总书记的殷殷嘱托全面落实在重庆大地上。

今后五年，是我市从高速增长转向高质量发展的关键期。要深入贯彻习近平新时代中国特色社会主义经济思想，把践行新发展理念的各项要求融入并落实到我们的奋斗目标之中，努力使创新成为第一动力、协调成为内生特点、绿色成为普遍形态、开放成为必由之路、共享成为根本目的。

——崇尚创新，建设现代化经济体系。努力实现市场机制有效、微观主体有活力、宏观调控有度，经济运行在合理区间，步入高质量发展轨道。紧紧围绕提高供给体系质量，以大数据智能化引领产业转型升级，加快形成实体经济、科技创新、现代金融、人力资源协同发展的产业体系，建成国家重要现代制造业基地，高技术产业增加值占比达到30%，全要素生产率显著提升。建设现代金融中心，直接融资比重和国民经济证券化率显著提高，金融集聚辐射和服务实体经济能力进一步增强。全社会研发经费支出占比提高到2.5%以上，科技对经济增长的贡献率超过60%，跻身国家创新型城市行列。

——注重协调，形成城乡融合发展格局。推动城乡区域协调发展，协同推进新型工业化、信息化、城镇化、农业现代化，基本建成和谐宜居、富有活力、独具特色的现代化大都市，加快建设产业兴旺、生态宜居、乡风文明、治理有效、生活富裕的大美乡村。国家中心城市引领服务功能凸显，大中小城市协调发展，城市宜居宜业水平大幅提升，常住人口城镇化率达到68%左右。城乡资源要素流动更加便捷高效，城乡差距明显缩小。

——倡导绿色，建成山清水秀美丽之地。严格落实习近平总书记对长江经济带“共抓大保护、不搞大开发”的要求，践行“绿水青山就是金山银山”理念，形成节约资源和保护环境的空间格局、产业结构和生产生活方式，筑牢长江上游重要生态屏障，彰显浑然天成的自然之美和悠久厚重的人文之美。森林覆盖率提高到55%左右，城市建成区绿化率达到45%以上。污染防治取得明显成效，空气优良天数稳定在300天以上，长江干支流水质保持优良，单位生产总值能耗和主要污染物排放持续降低。

——厚植开放，建成内陆开放高地。深度融入“一带一路”建设和长江经济带发展，努力在内陆地区带头开放、带动开放，建成内陆国际物流枢纽和口岸高地，成为功能齐备、要素集聚、产业繁荣、互联互通、环境优良的内陆开放高地。到2022年，营商环境明显优化，民间投资更加活跃，民营经济占比达到55%左右，进出口总额达到6000亿元，服务贸易额突破500亿美元，利用外资稳定在100亿美元以上。

——推进共享，提升城乡人民生活品质。坚持以人民为中心的发展思想，在高质量发展中切实保障和改善民生。居民收入持续增长，公共服务体系更加健全，均等化水平显著提升。高中阶段和高等教育毛入学率分别达到98%和52%。健康重庆水平提升，人均预期寿命达到78.5岁。推进以文化人，建设书香重庆，文化事业、文化产业更加繁荣，建成文化强市。平安重庆建设持续深化，社会治理社会化、法治化、智能化、专业化水平不断提升，共建共治共享格局基本形成，群众安全感稳步提升。

各位代表！实现上述目标，我们要全面贯彻中央决策部署，按照市委五届三次全会要求，实施好“八项行动计划”。

（一）实施以大数据智能化为引领的创新驱动发展战略行动计划

立足现有优势和基础，推动互联网、大数据、人工智能同实体经济深度融合，加快形成智能产业、智能制造、智能化应用“三位一体”发展格局。培育大数据、人工智能、智能硬件、软件服务、物联网、区块链等智能产业链，加快发展数字经济。构建新能源汽车、高端装备、新材料、生物医药、节能环保等战略性新兴产业集群。充分运用大数据智能化改造提升传统制造业，促进制造业向数字化、网络化、智能化发展。加强大数据、云计算、人工智能在经济社会各领域的广泛应用和深度融合。布局一批人工智能研发创新平台，加快突破大数据智能化关键核心技术。打造国内外有影响的高交会和智博会。

（二）实施乡村振兴战略行动计划

增强责任意识，突出目标导向，坚持“五位一体”，强化规划引领，尊重发展规律，深化农村改革，发挥社会合力，走中国特色社会主义乡村振兴道路。加快构建新型工农城乡关系，促进城乡资源要素合理流动、优化配置，走城乡融合发展之路。巩固和完善农村基本经营制度，建立健全农民稳定增收长效机制，走共同富裕之路。深化农业供给侧结构性改革，构建现代农业产业体系、生产体系、经营体系，走质量兴农之路。着力改善生产、生活、生态环境，走乡村绿色发展之路。传承发展提升农耕文明，走乡村文化兴盛之路。创新乡村治理体系，走乡村善治之路。

(三)实施基础设施建设提升行动计划

统筹推进交通、水利、能源、信息网络建设，加快建成现代基础设施体系，更好发挥对“两点”“两地”的支撑作用。围绕建成国际性综合交通枢纽，加快“米”字形高铁网、“两环十干多联线”普速铁路网和客货运枢纽站场建设，建成“三环十二射多联线”高速公路网，提升普通干线公路等级，加快村民小组通达通畅。拓展江北国际机场功能，形成“一大四小”机场格局。完善“一干两支四枢纽九重点”内河航运体系，实施重点航道整治。建成“一环八线”轨道交通网，持续实施缓堵保畅工程。推进跨区域骨干水源、供水和防洪工程，提升农村自来水普及率。构建“两横三纵”输变电主网，建成“四环二射”天然气、页岩气骨干管网及成品油保障网。拓展国家级互联网骨干直联点功能，力争成为5G规模化商用试点城市，建成国家通信信息枢纽。

(四)实施军民融合发展战略行动计划

加强军地统筹，建设国家军民融合创新示范区。统筹基础设施军地共用，一体化建设交通、通信、人防、战略物资储备等设施体系。统筹军民产业深度融合，做精做强军工主业、发展军转民、培育民参军，努力实现军民融合产业更大发展。统筹用好军地创新资源，打造一批军民融合、产学研一体的科技创新平台，扩大军民两用技术博览会的影响。统筹军地人才共育共用，促进军地人力资源合作开发利用。统筹军地社会服务保障，落实驻渝部队社会保障改革，做好转业干部和退役军人安置服务。统筹应急应战体系建设，完善国防动员体系。加强全民国防教育和双拥工作，巩固军政军民团结。

(五)实施科教兴市和人才强市行动计划

推动科技与经济融合、教育与产业对接、人才与发展匹配，把重庆建成“创新之城”“创业之都”。以两江新区为龙头，打造国家高新区“升级版”，高标准建设国家自主创新示范区。建立以企业为主体、市场为导向、产学研深度融合的技术创新体系，培育引进一批具有全球影响力的创新型领军企业，建设一批功能完备的创新平台和产业化基地，形成全链条创新创业孵化体系，显著增强城市创新能力。以“双一流”建设带动高等教育整体提升，以产教融合为主攻方向构建现代职业教育体系，争取国内外一流大学和科研机构来渝合作发展，显著提升教育服务创新发展的能力。统筹人才计划，大力实施“筑巢引凤”工程，造就规模宏大、结构合理、素质优良的人才大军，营造人才辈出、人尽其才的良好环境。

(六)实施内陆开放高地建设行动计划

习近平总书记明确要求重庆建设“内陆开放高地”。我们要实施平台提升、通道拓展、口岸完善、主体壮大、环境优化五大行动，发挥好内陆开放高地的辐射带动效应。强化两江新区综合枢纽、开放口岸、现代金融、保税物流、国际会展等核心功能，高标准实施中新互联互通项目，对标国际自由贸易港，加快自贸试验区制度和政策创新。依托中欧班列(重庆)、“渝黔桂新”铁海联运和国际航空枢纽，畅通道、建网络、强贸易、聚产业、优服务，建设一批辐射国内外的现代产业集聚区。加快枢纽型口岸建设，建好检验检疫综合改革试验区。提高“重庆智造”出口比重，增强“重庆服务”国际化能力。培育引进高层次国际化市场主体，吸引跨国公司、国内外大型企业来渝设立综合总部、地区总部和功能总部。构建国际化的营商环境、生活环境和人文环境，提升城市国际化水平。

(七)实施以需求为导向的保障和改善民生行动计划

落实习近平总书记“民生无小事”的情怀和要求，在“七有”上持续用力，让发展实绩更有温度，民生答卷更有厚度。发展普惠性学前教育，完善幼师培养体系，确保幼有所育。实施义务教育均衡优质发展、高中阶段教育提质攻坚、学生资助体系建设、儿童关爱服务、市民终身学习五大工程，确保学有所教。实施就业优先战略和积极就业政策，推动更高质量和更充分就业，拓宽居民收入渠道，确保劳有所得。全面建立覆盖城乡的基本医疗卫生制度、医疗保障制度和公共卫生服务体系，发展健康产业，实现病有所医。实施全民参保计划，发展社区养老和智慧养老，实现老有所养。构建多主体供应、多渠道保障、租购并举的住房制度，规范发展房地产市场，保障住有所居。实施基本民生保障、社会福利普惠、社会服务优化行动，做到弱有所扶。

(八)实施生态优先绿色发展行动计划

增强行动自觉，全面落实习近平总书记对生态文明建设特别是长江经济带发展的重要指示，统筹推进绿色发展、生态保护修复和生态文明体制改革，实现百姓富与生态美的有机统一，让重庆山水“颜值”更高，让重庆大地“气质”更佳。优化生态空间布局，严守生态保护红线、永久基本农田、城镇开发边界三条控制线。把修复长江生态环境摆在压倒性位置，开展国土绿化提升行动，实施重点区域水土流失治理和生态修复，保护好三峡库区和长江母亲河，让一江碧水、两岸青山美景永存。深入推进三峡后续工作。实施能源、水资源、建设用地总量和强度双控行动，推动产业发展绿色转型。建立健全绿色低碳循环发展经济体系，壮大节能环保、清洁生产、清洁能源产业，促进页岩气开发利用。改革生态环境监管体制，完善生态文明制度体系，强化绩效评价和责任追究，形成政府为主导、企业为主体、社会组织和公众共同参与的环境治理体系。

各位代表！今后三年，是全面建成小康社会的决胜期。我们要围绕推动高质量发展的根本要求，全力抓好经济社会发展各项工作，使全面小康得到人民认可、经得起历史检验。我们要按照党的十九大要求，抓重点、补短板、强弱项，坚决打好“三大攻坚战”。

坚决打好防范化解重大风险攻坚战。严格按照习近平总书记“增强忧患意识、防范风险挑战”的要求，有力有效防控各类风险。牢固树立总体国家安全观，严厉打击各种渗透颠覆破坏活动和暴力恐怖活动，提高防范政治安全风险能力。开展互联网金融、非法集资、信用卡等专项治理，防范化解经济金融风险，守住不发生区域性、系统性风险的底线。按照“心中有数、手中有策、肩上有责”的要求，强化政府性债务管控，清理整合融资平台，积极化解隐性债务，坚决制止政府违规举债、违规承诺担保等行为。坚持点线面结合、网上网下结合、人防物防技防结合，加快建设立体化、信息化社会治安防控体系。深化干部接访下访，分类处置各类信访问题，提升矛盾纠纷化解水平。实施食品药品放心工程，强化质量安全责任追溯监管。严格落实安全生产主体责任和监管责任，有效遏制重特大生产安全事故和公共安全事件。加强防灾减灾救灾能力建设，提升应急保障水平。

坚决打好精准脱贫攻坚战。动真感情，下真功夫，扎实推进精准脱贫，确保到2020年现行标准下农村贫困人口稳定脱贫、贫困区县全部摘帽。推进交通扶贫和金融扶贫，因地制宜开展特色种养、生态旅游、电子商务、就业创业等扶贫行动，增强贫困地区、少数民族地区造血功能。实施健康扶贫和教育扶贫工程，落实社保兜底政策。深化易地扶贫搬迁。深度改善贫困地区生产生活生态条件，深度调整产业结构，深度推进农村集体产权制度改革，深度落实各项扶贫惠民政策，引导各类资金和项目向18个深度贫困乡镇倾斜，着力破解深度贫困问题。把扶贫和扶志、扶智结合起来，激发贫困群众脱贫内生动力。

坚决打好污染防治攻坚战。持续开展“五大环保行动”，让污染远离我们的生活，让天蓝、地绿、水清成为城乡底色。加强大气、扬尘污染联防联控，打赢蓝天保卫战。实施流域环境综合治理，实现城镇和工业园区污水处理设施全覆盖和常态运行。强化土壤污染管控和修复，建设土壤污染综合防治示范区。回收利用可再生资源，基本建成主城区生活垃圾分类处理体系，危险废物得到安全处置。加强城市声环境监测管理，促进主城区声环境持续改善。健全环境风险防控体系，严格刑责追究，坚决对环境污染违法行为"零容忍"！

各位代表！"八项行动计划"着眼长远、突出三年，"三大攻坚战"锁定三年、志在必胜。我们要按照项目化、清单化要求，一项接着一项办，一年接着一年干，努力建设一个经济发展更有质量、体制机制更具活力、人民生活更加殷实、社会治理更加有序、生态环境更加优良的美丽幸福重庆，并乘势而上，开启全面建设社会主义现代化新征程！

三、对2018年政府工作的建议

今年是贯彻党的十九大精神的开局之年，是改革开放40周年，是决胜全面建成小康社会、实施"十三五"规划承上启下的关键一年，做好政府各项工作意义重大。我们要适应新时代、聚焦新目标、落实新部署，坚决完成"三大攻坚战"和"八项行动计划"年度任务，为实现长远目标打下坚实基础。要坚持质量第一、效益优先，把提高供给体系质量作为主攻方向，推动质量变革、效率变革、动力变革，加快形成推动高质量发展的政策导向、绩效评价、政绩考核指标体系，迈出转变发展方式、优化经济结构、转换增长动力的坚实步伐。

今年，全市经济社会主要预期目标是：在坚持高质量发展的前提下，夯实基础、做实措施，地区生产总值增长8.5%左右，全社会研发经费支出占比达到1.95%左右；固定资产投资、社会消费品零售总额、进出口总额分别增长9%、9.5%和8.5%左右；居民消费价格涨幅3%以内，城镇调查失业率5.5%以内，居民收入增长和经济增长基本同步；节能减排降碳等约束性指标完成国家下达任务。

（一）加快产业升级

聚焦智能产业，加强精准招商、专业招商，以诚信招商，用环境招商，落地实施一批重大项目和中小型成长性项目。引进一批大数据智能化领军企业，加快构建大数据开发应用平台。围绕集成电路、液晶面板、智能机器人等领域，加大品牌商和制造商引进力度，推进智能终端产品延伸价值链。加快林肯汽车、福特和金康新能源汽车等项目建设，扩大智能网联汽车和新能源汽车产销规模。对接国家智能制造等高端装备工程，加快布局战略性新兴产业核心项目和配套企业。推动工业互联网、云服务在重点行业应用，建设一批智能园区、数字工厂和数字车间。运用新技术、新业态、新模式改造提升传统产业。全面开展质量提升行动。充分调动市场主体积极性，充分利用民间资本和社会资源，滚动实施智能技改项目，确保技术改造类工业投资增长20%。

大力发展现代服务业。适应消费升级新趋势，鼓励实体商业转型发展，建设智慧商圈、智慧商场，构建"线上+线下、商品+服务、零售+体验"新模式，扩大移动支付、共享经济等新兴消费。加快发展会展经济、夜市经济和休闲度假经济。提升物流业智能化水平，发展共同配送等新型供应链。培育发展普惠金融、绿色金融、科技金融。增加上市企业数量，增强上市企业融资能力，扩大直接融资规模。创建国家全域旅游示范区，做强做靓大都市、大三峡、大武陵山国际旅游目的地，全面提升重点旅游景区和精品线路品质，加强旅游文创策划和品牌塑造，办好长江三峡国际旅游节，建设"旅游云"，旅游总收入增长20%以上。

激发创新活力。推动高新区、农业科技园区和大学科技创新城升级发展，提升运营水平和产出效益。培育和引进科技研发平台200家，新建一批技术创新联盟。整合科技研发资金，实施一批重大研发项目。做实"双一流"建设各项工作，增强源头创新能力。优化高校专业结构，增设人工智能、大数据、智能制造、生物医药等学院和专业。实施引才专项行动，下大力气引进创新创业领军人才和高水平创新团队，带动各类创新人才加速集聚。

（二）深化重点改革

继续抓好"三去一降一补"，在"破、立、降"上狠下功夫。严格执行质量、环保、能耗、安全等法规标准，倒逼落后产能和无效供给退出。实施房地产市场系统调控和超前调控，培育发展住房租赁市场，促进房地产市场平稳健康发展。依法依规对低效、无效企业及空壳公司进行市场出清，优化破产重整机制，做好企业债务处置和职工安置工作。完善“企业减负30条”“电气15条”等政策，清理规范涉企收费，降低用能、物流等收费，减轻实体经济负担。

以改革激发国有、民营经济活力。完善国有资产管理体制，推进经营性国有资产集中统一监管。改革国有资本授权经营体制，深化投资运营公司试点。推动国有资本向公共服务、重点基础设施、战略性新兴产业等领域集中，加快从一般竞争性领域有序退出。压缩国有企业管理层级。推进国企集团层面混合所有制改革，完善现代企业法人治理结构，健全市场化选人用人、业绩考核和薪酬分配机制。召开全市民营经济发展大会，制定促进民营经济发展意见。激发和保护企业家精神，打造有梦想、有情怀、有作为的“渝商”队伍。加快完善公平竞争的市场环境，依法保护非公有制企业和公民合法权益，坚决破除在产权保护、市场准入、要素配置、人才保障等方面的歧视性限制。鼓励民营企业参与国企改制重组。落实支持中小微企业各项扶持政策，帮助解决好融资难、用工难、政策落地难等问题。

抓好财税金融改革。强化财政资金绩效管理，调整优化支出结构，合理划分市与区县财政事权和支出责任，提高财政资源配置效率。按照中央统一部署，加快地方税体系建设。改革地方金融监管体制，整合市属国有担保机构，推动设立直销银行、合资证券、法人保险、移动金融、物流金融等新牌照机构，增强金融服务实体经济的能力。

(三)推进城市建设

尊重城市发展规律，编制新一轮城乡总体规划，深化“多规合一”。以城市群为主体形态，推动空间结构与城市功能、产业布局、生态环境和历史文脉相协调，加快形成特大城市引领发展、大中小城市协调联动的网络城市群格局。有序疏解核心城区功能，加强外环区域整体开发，尽快形成一批产城融合、配套完善的现代化独立新城，促进大都市区同城化。强化次级中心城市和节点城市传接辐射功能，加速渝西地区产城融合和城乡统筹发展，支持渝东南、渝东北地区特色发展。在规划引领、产业培育、设施互联、要素流动等方面下更大功夫，促进成渝城市群一体化发展。

完善城市基础设施，筑牢城市发展支撑。提升江北国际机场枢纽功能，推进巫山机场、武隆机场和一批通用机场建设。建成投用成渝高铁枢纽段、西站一期和沙坪坝站，加快郑万高铁建设，开工建设渝湘高铁和重庆东站，加快推进渝昆、渝西、渝汉、兰渝等高铁前期工作。新开工8条高速公路，实施3400公里普通干线公路改造。加强铁公水联运枢纽型港口建设，发展临港经济。强化以轨道交通引领城市发展格局，加快轨道交通建设，促进高铁、普铁和城市轨道交通融合发展。建成一批跨江大桥、穿山隧道和市政道路，优化街区路网结构，新建一批换乘站点及公共停车场。完善城市地下管网。建设海绵城市。加快4G网络全域覆盖和光纤到户。建成一批输变电工程和天然气管道，增设城市充电桩。实施渝西水资源配置工程，推进大中小型水库建设，建设城市备用水源。

提升城市品质，让市民生活更美好。依托山城、江城的独特禀赋，优化城市立体综合开发，传承巴渝特色，注入现代元素，彰显人文精神，努力塑造现代化大都市山魂之雄、水韵之灵、人文之美。强化精品意识，使城市建(构)筑物体现出实用美、个性美、整体美的统一。开展城市修补和生态修复，改造老旧小区和棚户区。推进主城“四山”“两江四岸”生态及游憩功能建设，实施增绿添园。推进大城智管、大城细管，以智能化在交通、市政、安防、公共服务和市民生活各领域的广泛应用，以创建国家卫生城市和文明城市为载体，优化城市运行和治理，用心办好与老百姓密切相关的小事、好事、身边事，让我们这座城市更加干净整洁有序、更加宜居宜业宜游，让市民生活更便捷舒心。

(四)提升开放水平

充分发挥两江新区开放引领和口岸集成效应，做精做优重点板块，提档升级产业园区，建设国家数字经济产业示范区。编制实施中新互联互通项目规划，拓展合作领域和空间，启动多式联运示范项目。深化自贸试验区制度创新，力争在投资领域开放、金融开放创新和综合监管等方面取得新突破。开行中欧班列(重庆)1000班，拓展跨国邮包运输和旅游通道功能，加密“渝黔桂新”南向铁海联运班列，探索跨国公路联运、铁海联运新规则。拓展指定口岸功能，启动智能口岸建设，争取设立果园港区口岸和保税物流中心(B型)。完善国际贸易“单一窗口”，推进申报直通、系统联通、信息互通、业务畅通。深化临空经济示范区建设，新增一批国际直达航线，做大做强基地航空公司。扩大汽车、装备、智能终端等优势产品出口，建设进口商品分销体系。加快发展跨境电子商务、保税贸易、金融结算等新型服务贸易，建设一批服务外包集聚区。

(五)加强“三农”工作

以乡村振兴战略行动计划为总抓手，建立健全城乡融合发展体制机制，激活主体、激活要素、激活市场，引导社会资源“上山下乡”。全面落实粮食安全行政首长责任制。创建特色农产品优势区，建设田园综合体，新增一批农业特色产业基地和标准化生产基地。壮大农产品加工业集群，健全农产品流通体系，做强农村电商和乡村旅游，促进农业“接二连三”。坚持科技兴农、品牌强农，打造全市公用品牌，新认定一批市级以上农业品牌和“三品一标”。完善承包地“三权”分置制度，深化农村集体产权制度改革，壮大新型农业经营主体，健全农民利益联结机制，有序开展农村资源变资产、资金变股金、农民变股东“三变”改革试点。创新财政支农方式，撬动更多资本投入乡村振兴。整治农村人居环境，加强危房改造，推进“厕所革命”，建设健康乡村。以18个深度贫困乡镇为重点，扎实推进脱贫攻坚，一体解决区域性整体贫困和“插花”贫困，实现石柱、奉节整体脱贫，10万贫困人口稳定脱贫。深化三峡后续工作，促进库区经济发展和群众安稳致富。

(六)改善生态环境

坚持建、治、管、改并举，着力解决突出环境问题，积极回应市民对优美生态环境的关切。持续实施退耕还林工程，建设三峡水库库周绿化带，加强消落区综合治理和湿地保护，治理水土流失和石漠化。开展区县生态保护红线勘界定标，所有矿产资源开发项目退出自然保护区。加快环保设施补短板，建成一批城乡污水、垃圾和固体废弃物处理设施。加强城市工业污染治理，严查偷排、漏排等环境违法行为。着力控制机动车尾气、生活废气污染，推进扬尘控制示范。落实河长制、湖长制，整治临江河、龙溪河等重点河流，完成主城区黑臭水体整治。加大沿江环境风险企业治理力度。鼓励环境污染第三方治理。减少化肥、农药使用量。综合治理畜禽养殖污染。大力度整治噪声污染，建成一批安静小区。做好第二次全国污染源普查。推动市级环保督察全覆盖，建立环保信用评价、信息强制披露、侵害严惩重罚等机制。实施农村环保以奖促治政策。

(七)推进文化建设

实施公民道德建设工程，倡导全民阅读和艺术普及，提高城市文明水平和市民综合素质。加强巴渝文化研究，推进十八梯、磁器口、丰盛等传统风貌街区保护修缮，实施地名文化保护工程，延续城市文脉，留住重庆记忆。开工建设市青少年活动中心等重点文化项目，创新公共文化设施管理体制，实现基层文化服务设施全覆盖。完善文化市场体系，壮大文化市场主体，建设一批特色文化产业基地。推动媒体融合发展，加快数字出版转型和广电标准化建设。打造文艺创作基地，支持现实题材创作，推出一批精品力作。办好文化惠民消费季、文博会和西部动漫节。繁荣哲学社会科学，支持新型智库建设。实施全民健身计划，提高竞技体育水平，壮大体育产业。

(八)改善社会民生

健全就业创业政策扶持体系，鼓励高校毕业生等群体多渠道就业，促进农民工返乡就业创业，城镇新增就业65万人以上。新增一批公办幼儿园和普惠性幼儿园。完成义务教育薄弱学校改造，优化新建小区中小学布局，着力解决中小学生课外负担重、“择校热”“大班额”等突出问题。实施高中阶段教育普及攻坚计划，拓宽职业学历教育上升通道。完善特殊教育、困难家庭学生资助等服务体系。深化公立医院综合改革，加快分级诊疗、现代医院管理、医保支付等制度建设。完善药品采购“两票”制，推进集中带量采购。落实全面两孩配套政策和基本医疗保健服务。发展中医药事业。推动平安建设重心下移，促进政府治理和社会调节、居民自治良性互动。聚焦社会矛盾多发、信访问题突出的重点领域和群体，实施有针对性的动态专项治理。推进改革强警、科技强警，夯实公安基层基础，依法惩治各类违法犯罪行为，按照中央统一部署开展扫黑除恶专项斗争，保障人民群众生命财产安全。深入开展安全隐患大排查大整治大执法专项行动，加强城市运行安全保障，严防重特大生产安全事故。

各位代表！今年，我们将整合资源、加大投入、完善机制，实施主城区路桥通行费征收改革、建设“四好农村路”、缓解主城交通拥堵、建设公共区域免费无线局域网、优化利用公租房、推动医疗便民常态化、社区养老等15件民生实事，让人民群众看得见变化、感受到实惠！

我们要全面正确贯彻党的民族、宗教、外事、侨务、对台等方针政策，加强国防动员和后备力量建设，持续抓好优抚安置、保密、审计、统计、人防、档案、参事、史志、地勘、青年、妇女、儿童、科普、残疾人、老龄、慈善、气象、地震等工作，不断推动各项事业取得新进步。

四、切实加强政府自身建设

进入新时代，实现新作为，对政府自身建设提出了更高要求。在推进伟大社会革命进程中，我们要发挥彻底的自我革命精神，努力建设人民满意的法治政府、廉洁政府和服务型政府，努力建设政治过硬、本领高强的公务员队伍，做好新时代的答卷人。

(一)加强政治建设

牢固树立“四个意识”，坚决维护以习近平同志为核心的党中央权威和集中统一领导，坚决反对分散主义、自由主义、本位主义、山头主义、地方保护主义。深学笃用习近平新时代中国特色社会主义思想，开展“不忘初心、牢记使命”主题教育，永葆忠诚干净担当政治本色。坚持破立结合，坚决肃清孙政才恶劣影响和“薄、王”思想遗毒，营造风清气正、正气充盈的政治生态。自觉从政治上把握大局、看待问题，从政治上谋划事业、推动工作，把对党绝对忠诚体现在提高政治站位、保持政治定力、强化政治担当的自觉行动上。

(二)提升施政本领

树立科学理政理念，对标对表中央部署和市委要求，坚定不移贯彻新发展理念，推动政府各项工作不断进步。大兴学习之风，增强法治意识、规划意识和公仆意识，增强“八种本领”，提高解决各种矛盾问题的能力。大兴调查研究之风，扑下身子、弯下腰去，深入一线问政、问需、问效。适应大数据智能化时代要求，用数据决策、用数据管理。坚持解放思想、实事求是，与时俱进、开放创新，向上对标要求，向外集聚要素，向内激发活力，向下狠抓落实，形成干事创业强大合力。

(三)依法履行职责

坚持依法行政，深化行政体制改革，加快事业单位分类改革，规范中介组织行为，坚决打破利益固化格局和隐性壁垒。加强重点领域立法，完善依法行政制度体系。深化综合执法改革，建设一体化行政执法信息和监督网络平台。依法接受人大及其常委会法律监督、工作监督，主动接受政协民主监督，推进政府协商。自觉接受司法监督、舆论监督和社会监督，推进审计监督全覆盖。向社会公开财政预算、公共资源配置、重大建设项目、社会公益事业等事项，增强决策透明度和公众参与度。持续提升政府公职人员法治观念、法治思维和法治能力。

(四)持续正风肃纪

坚决反对特权思想和特权现象，始终保持同人民群众的血肉联系，群众高兴满意的事情都抓紧办，群众反映强烈的问题都坚决改。严格落实中央八项规定精神和市委实施意见，坚持不懈整治“四风”，切实纠正各种隐形变异问题，坚决防止回潮复燃。完善正向激励和容错纠错机制，狠刹庸政懒政怠政行为。把好用权“方向盘”、系好廉洁“安全带”，严厉惩治重点领域、关键环节及群众身边的腐败和作风问题，确保干部清正、政府清廉、政治清明。

(五)优化营商环境

深化“放管服”改革，完善权力清单、责任清单和负面清单制度，把市场能办好的还给市场、社会能做好的交给社会。以“智能政务”为目标，全面推行“互联网+政务服务”，构建政务事项“应上尽上、全程在线、全渝通办”网上平台，建立“一次办结”清单，最大程度利企便民。加强政府诚信建设，依法兑现政府承诺，整治干部不作为问题，决不允许“新官不理旧账”。牢固树立“企业无小事”理念，着力构建亲清新型政商关系，爱护企业、呵护品牌、激励创新、维护权益，为各类市场主体营造国际化、法治化、便利化营商环境。

各位代表！新时代承载伟大梦想，新征程呼唤奋斗激情。时代是出卷人，我们是答卷人，人民是阅卷人。我们要更加紧密团结在以习近平同志为核心的党中央周围，在中共重庆市委领导下，在战略部署上“扣扣子”，在责任履行上“担担子”，在任务落实上“钉钉子”，团结全市人民发扬重庆人特有的热情豪爽、吃苦耐劳、敢作敢为的传统，奋力推进重庆各项事业不断迈上新台阶，向着决胜全面建成小康社会、开启全面建设社会主义现代化新征程的宏伟目标阔步前进！

关于重庆市2017年国民经济和社会发展计划执行情况及2018年计划草案的报告

——2018年1月26日在重庆市第五届人民代表大会第一次会议上

重庆市发展和改革委员会 熊雪

各位代表：

受市人民政府委托，现将2017年国民经济和社会发展计划执行情况及2018年计划草案提请大会审查，并请各位政协委员提出意见。

一、2017年国民经济和社会发展计划执行情况

2017年，我市在习近平新时代中国特色社会主义思想的指引下，全面贯彻落实党的十八大和十八届三中四中五中六中七中全会决策部署，深入学习贯彻党的十九大精神，统筹推进"五位一体"总体布局，协调推进"四个全面"战略布局，紧扣供给侧结构性改革主线，扎实做好稳增长、促改革、调结构、惠民生、防风险各项工作，较好完成了市四届人大五次会议确定的目标任务。地区生产总值增长9.3%，总量达到1.95万亿元，比2012年增加7996亿元，年均增长10.8%；人均地区生产总值63689元，是2012年的1.62倍(见图1)。规上工业增加值、服务业增加值分别增长9.6%、9.9%，全社会固定资产投资、社会消费品零售总额分别增长9.5%、11%，进出口企稳回升、全年增长8.9%，全社会研发经费支出占地区生产总值比重达到1.85%，一般公共预算收入、规上工业企业利润、居民人均可支配收入分别增长3%、22%和9.6%。通过不懈努力，综合经济实力有了新提升，人民生活水平有了新改善，生态环境有了新改观，经济社会发展呈现出稳中向好的发展势头。

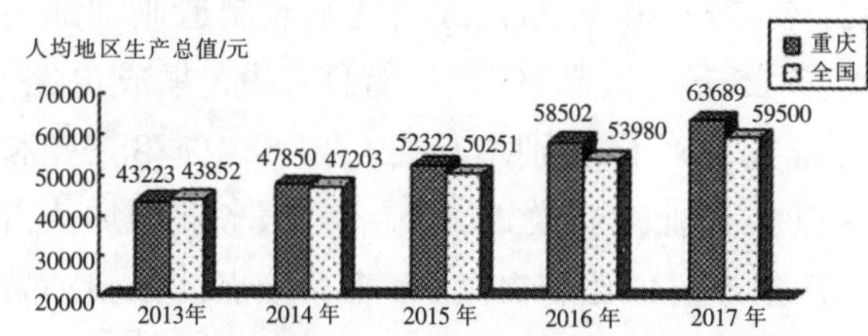

图1 2013—2017年人均地区生产总值

(一)固定资产投资保持稳定增长

投资总量稳中有进，结构持续优化。市级重点项目完成投资4715亿元，带动全社会固定资产投资增长9.5%。工业投资增长8.9%，其中技术改造投资增长14.2%，占比27.5%、提高9.9个百分点。互联互通重大基础设施建设提速，投资增长15.8%，占比超过30%。渝贵快铁建成投用，兰渝铁路开通运营，铁路运营里程新增140公里、总里程达到2371公里。渝广、南道等高速公路顺利建成，通车里程新增205公里、总里程达到3023公里。川渝第三通道等一批重点电网项目建成投用，新增变电容量808万千伏安、线路1090公里，电网骨干网形成500kV"日"字形双环网结构。轨道交通五号线一期大龙山至园博中心段、十号线王家庄至鲤鱼池段建成通车，运营里程新增51公里、总里程达到264公里。江北国际机场T3A航站楼及第三跑道投用。民间投资增长13.5%，占全社会投资54.6%，比上年提高3.6个百分点。

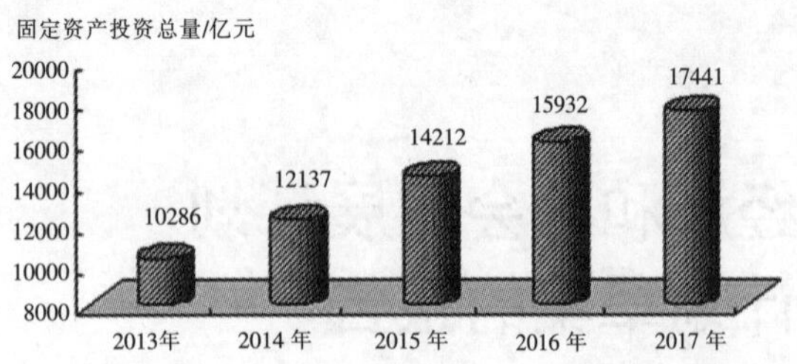

图 2 2013—2017 年固定资产投资总量

(二)产业发展协调性增强

三次产业结构从 2012 年的 8.2:45.6:46.2 优化为 2017 年的 6.9:44.1:49。电子制造业增加值增长 27.7%,汽车产业增加值增长 6.2%,装备、化医、材料、消费品行业增加值分别增长 9.3%、12.6%、7.6%和 9.3%。战略性新兴制造业增加值增长 25.7%,液晶显示屏、智能手机、集成电路、页岩气等产量分别增长 1.3 倍、58.1%、38.5%和 19.2%。新业态新模式加快培育,服务业增加值占地区生产总值比重提高 0.8 个百分点。社会消费品零售总额超过 8000 亿元(见图 3),电子商务加快发展,限额以上企业网上零售额增长 34.3%。大数据综合试验区加快建设,成为全国首批工业云创新服务和互联网与工业融合创新试点省市,软件信息服务业收入增长 17%。金融市场体系不断完善,直接融资比例达到 40%。国际旅游目的地建设力度加大,旅游总收入增长 25%。文化产业增加值增长 11%左右。农业增加值增长 4.1%。新增特色效益农业 80 万亩,总面积达到 1248 万亩。农产品网上交易、乡村旅游综合收入分别增长约 60%和 40%。农村“三变”改革积极稳妥推进,担保农业小微项目数增长 4.11 倍。

(三)供给侧结构性改革深入实施

钢铁、煤炭去产能完成国家下达任务。全年处置市属国有僵尸企业 181 户,累计处置僵尸企业 412 户,完成计划任务。商业商务用房可售面积减少 125 万平方米。全市规上工业企业资产负债率同比降低 3.1 个百分点,债转股规模超过 180 亿元,发行企业资产证券化产品 854 亿元。金融风险、政府债务风险、房地产市场风险以及企业债务风险得到有效管控。电力体制改革深入推进,输配电价平均降低 1.9 分/千瓦时。“企业减负 30 条”政策在降低税费负担、人工成本、融资成本、要素成本、制度性交易成本等方面为企业再减负超过 400 亿元。“放管服”改革协同性增强,民营经济增加值增长 9.9%、占地区生产总值比重达到 50.5%。

(四)创新成为引领发展的新动力

创新驱动发展战略深入实施,全社会研发经费支出增长 19.1%。新培育入库科技型企业 3465 家,高技术企业突破 2000 家、增长约 40%,发展新动能日益显现,高技术产业增加值增长 24.9%。新增国家地方联合工程研究中心 3 家、市级工程(重点)实验室和工程(技术)研究中心 133 家,同济大学重庆研究院等知名院校落户,与中国兵器科学研究院、吉林大学、加州大学洛杉矶分校、比利时鲁汶大学等共建新型高端研发机构正式签约。累计建设科技企业孵化器 77 家、各类众创空间 307 家,其中国家级孵化平台 81 家;永川、猪八戒网络有限公司分别获批国家第二批双创示范区域、企业。引导组建了轨道交通装备、物联网技术、智能网联汽车、机器人等

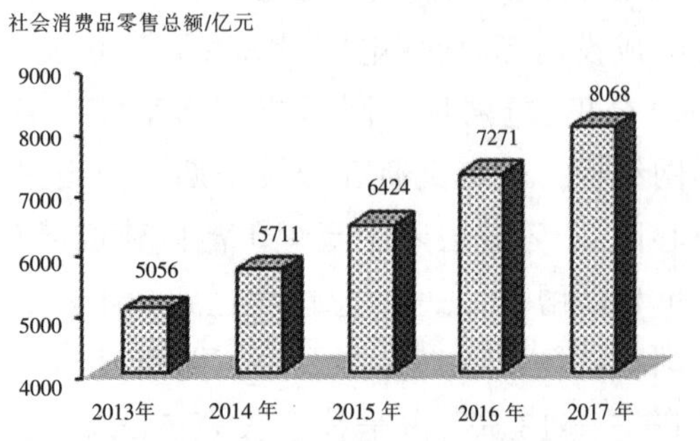

图 3 2013—2017 年社会消费品零售总额

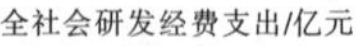

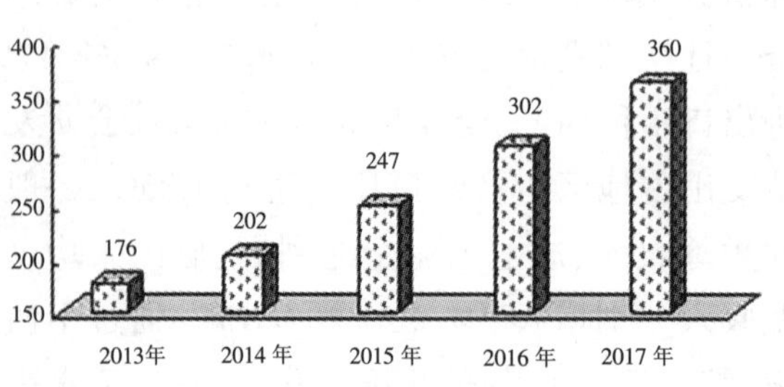

图 4 2013—2017 年全社会研发经费支出

10余个产业技术创新联盟。创投基金累计参股子基金72只，规模204亿元。重庆OTC科技创新板挂牌企业223家，其中176家为高新技术企业。开展知识价值信用贷款改革试点，89家科技型企业获得融资。

(五)内陆开放高地建设向纵深推进

服务贸易261.3亿美元，增长26%。两江新区开放型经济新体制稳步构建，全年新签约项目318个、合同投资金额约2000亿元，地区生产总值增长11.6%。重庆自贸试验区正式挂牌。中新（重庆）战略性互联互通示范项目新签约31个重点项目、金额50.7亿美元。“渝黔桂新”南向铁海联运班列常态运行。中欧班列(重庆)开行663班，果园港中欧班列(重庆)第二始发站正式运行。江北国际机场新增9条国际航线，旅客吞吐量3872万人次。“3+12+N”物流园区体系加快建设。江津综合保税区成功获批，南彭公路保税物流中心(B型)封关运行，黔江海关建成开关。国家检验检疫综合改革试验区启动建设。重庆石油天然气交易中心挂牌并完成筹建。国际贸易“单一窗口”上线运行，实现全天候通关通检。

(六)生态文明建设取得新成效

认真整改中央环保督察反馈问题，黑臭水体等一批环境突出问题得到解决。河长制全面推行，主城区集中式饮用水源保护区船舶码头整治取得实效，长江干流重庆段保持优等水质、支流水质较好，满足水域功能要求。龙溪河流域成为全国首批流域水环境综合治理与可持续发展试点。空气优良天数达到303天，PM2.5浓度下降16.7%，单位地区生产总值能耗和二氧化碳排放量均完成年度目标。划定各区县生态保护红线。璧山成功创建我市首个国家生态文明建设示范区。

(七)精准扶贫精准脱贫深入推进

调整优化脱贫目标，出台实施关于深化脱贫攻坚的系列政策措施。产业扶持脱贫、转移就业脱贫、教育资助脱贫、医疗救助脱贫、生态保护脱贫、保障兜底脱贫“六个一批”深入推进，稳定脱贫提升、基础设施提升、产业扶贫提升、生态保护提升、人口素质提升、公共服务提升、村“两委”提升等七大攻坚行动全面实施。万州、黔江、武隆、丰都、秀山5个国家级贫困区县顺利脱贫摘帽，开州、云阳、巫山3个区县正在组织市级检查验收，16万贫困人口、129个贫困村实现脱贫。

(八)社会民生事业持续改善

城镇新增就业超过70万人，城镇登记失业率3.4%，低于预期目标1.1个百分点。学前教育毛入园率和普惠率分别达到84.4%和77%，高等教育毛入学率达到45.2%，35个区县通过义务教育均衡发展国家督导认定，普通高校招收贫困学生人数增长25.9%。全市主要劳动年龄人口平均受教育年限达到10.9年。医药卫生体制综合改革有序推进，公立医院全部取消药品加成和药事服务费，实施药品采购“两票制”，区县域内就诊率达到90%。全面二孩政策效应持续释放。46%的区县创建为“国家卫生区”。公共文化服务体系进一步完善。居民消费价格指数101%，物价稳定在合理水平。

市四届人大五次会议批准的《关于重庆市2016年国民经济和社会发展计划执行情况及2017年计划草案的报告》主要指标总体符合预期，其中约束性指标全部完成(详见下页表1)。

年度计划执行中面临的主要困难和问题：一是受要素成本上升、生态环境约束持续强化、经济增长动力变化等因素影响，我市经济增速逐步放缓，财政和农村居民增收压力加大，部分指标低于预期。二是创新要素聚集不足、创新驱动能力较弱，全社会研发经费支出占地区生产总值比重仍低于全国平均水平；企业核心竞争力较弱，战略性新兴制造业增加值占工业比重仍然较低；创新引领、绿色低碳、共享经济、现代供应链等领域新增长点还不多。三是中小企业仍然面临着生产经营成本居高不下、融资难问题突出等困难。四是城乡区域发展仍不平衡，学前教育、养老服务等城乡基本公共服务供给不足、配置不均衡，群众在就业、居住、社会保障等方面还面临不少难题。五是企业债务风险、金融

表1 2017年经济社会发展主要指标预期目标完成情况

序号	指标名称	2017年预期	2017年实际
1	地区生产总值增速(%)	10左右	9.3
2	工业增加值增速(%)	10	9.4
	其中:规上工业增值增速(%)	10	9.6
3	服务业增加值增速(%)	10.5	9.6
4	固定资产投资增速(%)	10	9.5
	其中:工业投资增速	10	8.9
5	社会消费品零售总额增速(%)	12	11
6	进出口总值增速(%)	正增长,力争5	8.9
7	服务贸易进出口增速(%)	2.5	2.6
8	战略性新兴制造业产值增速(%)	30以上	30
9	全社会研发经费支出占地区生产总值比重(%)	1.85	1.85
10	一般公共预算收入增速(%)	3.5左右	3
11	全市居民人均可支配收入增速(%)	10	9.6
	其中:农村居民人均可支配收入增速(%)	11	9.4
12	空气优良天数(天)*	300以上	303
13	单位地区生产总值能耗降低(%)*	3.4▽	5▽
14	主要污染物排放总量减少(%)*		
	#化学需氧量(%)	2.96▽	3.19▽
	#二氧化碳(%)	9.2▽	12.36▽
	#氨氮(%)	2.52▽	3.08▽
	#氮氧化物(%)	7.3▽	9.11▽
15	户籍人口城镇化比率(%)	提高1个百分点	48.3(提高0.7个百分点)
16	减少贫困人口(万人)*	13.6	16
17	城镇新增就业(万人)	60以上	74.23
18	城镇登记失业率(%)	4.5以内	3.4
19	居民消费价格指数(%)	103以内	101

注:1.加*为约束性指标,其他为预期性指标。

2.▽为预期下降目标,以国家复核数为准。

3.经市四届人大常委会第四十二次会议审查批准,将2017年全市一般公共预算收入预期目标调为2262亿元,预计增长3.5%左右。

风险和政府债务风险仍需警惕,资源环境约束趋紧,脱贫攻坚任务艰巨。

二、2018年国民经济和社会发展计划目标

2018年是全面贯彻落实党的十九大精神的开局之年,是改革开放40周年,是决胜全面建成小康社会、实施"十三五"规划承上启下的关键一年,做好全市经济社会发展各项工作意义重大。总体要求是:深入贯彻党的十九大精神,深学笃用习近平新时代中国特色社会主义思想,紧紧围绕习近平总书记对重庆提出的"两点""两地"定位和"四个扎实"要求,坚持和加强党的领导,坚持稳中求进工作总基调,坚定贯彻新发展理念,紧扣社会主要矛盾变化,按照高质量发展的要求,统筹推进"五位一体"总体布局,协调推进"四个全面"战略布局,统筹推进稳增

长、促改革、调结构、惠民生、防风险各项工作，以供给侧结构性改革为主线，全力推动质量变革、效率变革、动力变革，坚决打好“三大攻坚战”，大力实施“八项行动计划”，努力使人民群众的获得感、幸福感、安全感更加充实、更有保障、更可持续，把党的十九大精神和习近平总书记的殷殷嘱托全面落实在重庆大地上。

根据党的十九大和中央经济工作会议精神，按照市委五届三次全会和全市经济工作会议、全市金融工作会议部署安排，以高质量发展为导向，坚持质量第一、效益优先，突出“三大变革”要求，设置28个指标(详见表2)，更加突出改革开放和创新驱动对经济社会发展的作用，更加突出保障和改善民生水平，更加突出生态

表2　2018年国民经济和社会发展计划草案

序号	指标名称	2018年预期
1	地区生产总值增速(%)	8.5左右
2	规上工业增值增速(%)	9左右
3	战略性新兴制造业增值增速(%)	2.5左右
4	高技术产业增值占工业比重(%)	2.0
5	规上工业全员劳动生产率(万元/人年)	3.3
6	科技进步贡献率(%)	5.5左右
7	规上工业企业利润增速(%)	1.5左右
8	服务业增值增速(%)	9以上
9	固定资产投资增速(%)	9左右
	其中:民间投资增速	11左右
10	社会消费品零售总额增速(%)	9.5左右
11	进出口总值增速(%)	8.5左右
12	服务贸易增速(%)	2.0左右
13	实际使用外资(亿美元)	100以上
14	全社会研发经费支出占地区生产总值比重(%)	1.95左右
15	非公经济增值占地区生产总值比重(%)	61以上
	其中:民营经济占比(%)	51以上
16	一般公区预算收入增速(%)	5左右
	其中:税收增速(%)	8.5左右
17	全市居民人均可支配收入增速(%)	8.5左右
	其中:农村居民人均可支配收入增速(%)	9左右
18	空气优良天数(天)*	300以上
19	森林覆盖率(%)*	46以上
20	能源消耗总量增速(%)*	4.5
21	单位地区生产总值能耗下降(%)*	2.5
22	单位地区生产总值二氧化碳排放下降(%)*	2.6
23	主要污染物排放总量减少(%)*	
	#化学需氧量(%)	2
	#二氧化碳(%)	7
	#氨氮(%)	2
	#氮氧化物(%)	7
24	减少农村贫困人口(万人)*	10
25	城市新增就业(万人)	65以上
26	城镇登记失业率(%)	4以内
	城市调查失业率(%)	5.5以内
27	居民消费价格指数(%)	103以内

注:1.加*为约束性指标,其他为预期性指标。

2.主要污染物排放总量减少目标,以国家下达控制数为准。

优先、绿色发展。其中,地区生产总值增长8.5%左右,这是稳定社会预期的需要,也为推动高质量发展预留空间;既与“十三五”规划目标相衔接,也考虑了动力结构的支撑条件。体现质量变革导向要求的指标9个:一般公共预算收入增速,其中税收增速;规上工业企业利润增速;全市居民人均可支配收入增速,其中农村居民人均可支配收入增速;减少农村贫困人口数;城镇新增就业人数;城镇登记失业率和调查失业率;居民消费价格指数;空气优良天数;森林覆盖率。体现效率变革导向要求的指标9个:规上工业增加值增速、战略性新兴制造业增加值增速、规上工业全员劳动生产率、科技进步贡献率、服务业增加值增速、能源消耗总量增速,单位地区生产总值能耗和二氧化碳排放量、主要污染物排放总量下降幅度。体现动力变革导向要求的指标9个:全社会研发经费支出占地区生产总值比重;高技术产业增加值占工业比重;文化产业增加值占地区生产总值比重;非公经济增加值占地区生产总值比重,其中民营经济占比;固定资产投资增速,其中民间投资增速;社会消费品零售总额增速;进出口总值增速;服务贸易增速;实际使用外资规模。

28项指标中,减少农村贫困人口数,空气优良天数,森林覆盖率,能源消耗总量增速,单位地区生产总值能耗和二氧化碳排放量、主要污染物排放总量下降幅度等7个为约束性指标,是政府履行公共职能必须达到的;其余21个为预期性指标,体现导向性,实际工作中可能出现适度波动。

三、2018年实现国民经济和社会发展计划的重点措施

为确保国民经济和社会发展达到预期目标,2018年要着力抓好以下几方面工作。

(一)深化供给侧结构性改革,着力提振实体经济

实施好以大数据智能化为引领的创新驱动发展战略行动计划,推动互联网、大数据、人工智能和实体经济深度融合,在中高端消费、创新引领、绿色低碳、共享经济、现代供应链、人力资本服务等领域培育新增长点、形成新动能,增强我市经济质量优势和竞争力。一是以智能产业为重点培育发展战略性新兴制造业。深化与苹果、华为、BAT、科大讯飞等企业的合作,大力发展大数据、人工智能、集成电路、智能超算、软件服务、物联网、汽车电子、智能机器人、智能硬件、智能网联汽车、智能制造装备、数字内容等12大智能产业,力争全年新引进智能产业企业300家以上,智能产业实现销售收入4400亿元。持续推进新型显示、新材料、节能环保、新能源汽车、生物医药、高端交通装备等新兴产业发展,力争战略性新兴制造业增加值增长25%左右。二是加快传统产业转型升级。深入实施制造业升级改造工程、增强制造业核心竞争力转型行动计划,抓好新开工、续建、投产、达产“四个一批”项目,投达产项目新增产值1200亿元以上,支撑规上工业增加值增长9%左右。促进优势产业迈向价值链中高端,加快林肯汽车等项目建设,推动汽车产业稳产量、快转型,全年汽车产销300万辆以上,增加值增长3%左右;提升电子制造业集成化、终端化、智能化水平,增加值增长16%左右。优化升级装备、材料、医药、化工、消费品、能源等传统工业,化工等行业按照中央环保督察整改要求尽快整改到位。三是全面推进大数据智能化应用发展。聚焦产业融合、政府管理、民生服务、公共产品、社会治理等5大板块、33个领域,逐步启动80项重点智能化应用专项,加快实施智能政务、智慧交通、智能物流、智慧教育、智慧医疗、智能城市建设、精准扶贫、智能农业、智能城市管理、智能灾害防控等优先行动,推动全市经济和社会各领域智能化加速跃升。实现政务服务一站式办理率70%、重点区域智能交通基础设施覆盖率70%、重点公共区域视频联网率60%,建成20个智慧景区、100个智慧校园、10家智慧医院、1500个智慧工地。四是以战略性新兴服务业为重点促进服务业提质。开展服务业质量提升、服务业标准

化发展专项行动，以智能化提升现代服务业，改造提升批发零售等传统服务业，加快服务业创新、融合、集聚、优化发展步伐。加快发展旅游业，积极创建国家全域旅游示范区，全面提升重点旅游景区和精品线路品质，推动设立重庆温泉旅游日，办好第九届中国长江三峡国际旅游节，旅游总收入增长20%以上。培育壮大现代金融业，增强金融服务实体经济能力，金融业增加值占地区生产总值比重稳定在9.3%左右。积极发展现代物流、大健康、电子商务、信息服务、研发咨询等战略性新兴服务业，打造一批集聚示范区，战略性新兴服务业增加值增长12%左右。

专栏1:2018年产业培育与转型升级重点任务

1.培育壮大智能产业

(1)大数据：落实国家数字经济战略发展纲要，组织实施“互联网 ”、数字经济试点等工程，高水平建设两江新区数字经济产业园、仙桃数据谷。进一步推动高等级数据中心建设，提升云计算基础设施能级。重点引进优刻得、华云数据、用友、根云工业物联网等云平台服务商、云应用服务商，加快恢恢信科、EON虚拟(增强)现实软件开发等云平台建设。全面推动“企业上云”，支持腾讯、阿里巴巴等构建面向中小企业的大数据创新创业中心。充分发挥中国电信、中国移动、中国联通等企业作用，促进大数据、云计算等在政务服务、健康医疗、环保、交通等重点行业深度应用。扎实推进中新(重庆)战略性互联互通示范项目信息通信领域合作，深入推动智慧城市试点建设项目。

(2)人工智能：组织实施人工智能创新发展工程，引进培育中国汽研、科大讯飞、英伟达、中国传媒大学人工智能研究院等领军企业，建成投用商汤科技人工智能西南研究院、IBMwatson(沃森)潼南人工智能创新中心，深度开展自动驾驶、智能语音、人工智能芯片研发设计与制造、计算机视觉识别和人脸识别技术研究等领域合作。实施智能产品应用示范工程，推动得润电子、桑德电子等研发智能人机交互、智能导航等产品，推动中冶赛迪、允升科技、吉兰丁科技等在工业云平台和行业解决方案中运用智能感知等智能技术，推动中科云丛与重庆海康威视、梅安森合作运用图像精准识别开展安防领域应用，培育一批龙头企业。打造两江新区海王星虚拟现实产业园、高新区凯泽科技机器视觉产业园等人工智能园区。高标准建设中国智谷(重庆)。

(3)集成电路：围绕集成电路设计、晶圆制造、芯片封装测试等领域，深化与高通、恩智浦、紫光等国内外集成电路设计核心IP、EDA(电子设计自动化)提供商的合作，引进华润微电子、SK海力士、卓翼科技等一批品牌商和制造商，促进京东方智慧电子、惠科液晶面板、超硅半导体等一批项目投产达产，2018年力争实现销售收入300亿元。提档升级西永微电子产业园区。在重庆高新区、经开区建成集成电路双创基地。

(4)智能超算：联合浪潮、中科曙光、华为等国内超算领域龙头企业和国防科大、重庆大学等高等院校，依托两江国际云计算产业园现有高等级数据中心，建设峰值计算能力达亿亿次级、存储容量为50PB级的高性能超算中心，到2019年建成重庆超算中心。

(5)软件服务：推动“软件 硬件”“软件 内容”“软件 服务”深度耦合，加快推进两江新区互联网产业园、两江新区软件产业基地、两江国际云计算产业园、仙桃数据谷、大渡口移动互联网产业园、西永微电子产业园区、永川软件与信息技术服务产业园等重点园区建设；支持腾讯、阿里巴巴、航天科工、海尔、索为等企业联合软件企业、市内工业企业，开发建设汽车、电子等重点行业基础共性软件平台和新型APP库，开展工业技术软件化应用试点示范。2018年力争实现销售收入1300亿元。

(6)物联网：加快推进大渡口海康威视智能安防产业园、合川信息安全产业基地、重庆车联网科技产业园、万盛天馈线产业园、南岸“物联地带”产业园、长寿智能家居产业园等项目建设，支持北斗导航产品质检中心运营。推进5G规模组网建设及应用示范工程建设，谋划在两江新区、礼嘉汽车研发与测试基地和长寿物联网工业园开展5G智能高清视频、车联网等业务验证及应用示范。支持川仪、海康威视、易联数码等企业，突破物联网数据分析挖掘和可视化关键技术，扩大在智能安防、智能交通、智慧城市等领域应用规模。加快四联集团智能仪器仪表、前卫科技窄带物联网水表气表、德尔森压力传感器、北斗物联北斗通信模块、恒芯天际网络系统等物联网产品的扩产增量，2018年实现销售收入550亿元。

(7)汽车电子：重点发展汽车电子电控核心技术，加大车身电子企业的引进培育力度，补齐车载电子核心产品短板，加强技术支撑平台建设。推进得润电子等企业的合作项目，促进集诚、桑德电子等企业加大研发和市场开拓力度，推动金宏等企业转型升级、现有产品提档升级，2018年力争实现销售收入300亿元。

(8)智能机器人：依托重庆华数、重庆川崎、重庆广数、翰德高科等机器人重点企业，加大电子行业专用机器人、人机协作机器人、弧焊机器人、地下管网机器人等工业机器人产品的研发和产业化力度，着力引进柯马机器人等龙头企业；依托福玛特机器人产业园、大宇智能装备及机器人产业园等载体，重点引进优必选、科沃斯等服务机器人设备生产商，着力提升服务机器人智能化水平；2018年力争实现销售收入110亿元。推动国家机器人检测与评定中心、中科院重庆绿色智能技术研究院、固高长江研究院、华数机器人创新中心、机器人展示中心等公共服务平台建设。

(9)智能硬件：加快引进、培育一批消费类智能硬件龙头企业，进一步巩固智能手机、智能穿戴等优势产品全球战略地位。重点导入智能家居、智慧医疗、智能手表等终端设备，丰富现有产品种类，构建完善的智能硬件产业集群，推动大数据、人工智能和智能硬件生产企业的深度融合发展，2018年力争实现销售收入1300亿元。

(10)智能制造装备：对接国家智能制造等高端装备工程，在智能机床、增材制造、智能传感器等领域，布局一批核心项目和配套企业，2018年力争实现产值160亿元。依托重庆机床、江东机械、华港3D打印等重点企业，加快精密齿轮磨床、精密五轴加工中心、激光/电子束高效选区熔化装备等智能制造装备研发和产业化力度。重点引进埃斯维等龙头企业，加快推进利勃海尔、嘉华智能、中航发航空发动机等重点项目落地，培育激光加工装备、智能传感和控制装备、智能检测与装配、智能仓储与物流装备等先进制造装备的研发和生产能力。

(11)智能网联汽车：落实国家智能汽车创新发展战略，推动长安汽车、小康汽车、力帆汽车、北汽银翔、众泰汽车等重点车企加强与百度、阿里巴巴、中科创达等知名IT企业合作，突破掌握整车智能、信息安全等关键技术，加快完善智能网联汽车产业链条，壮大形成一批智能网联汽车整车核心企业，力争2018年产销智能汽车30万辆。依托重点车企以及中国汽研院、重庆车检院、理工清研院等，联合华为、百度、博世等国内外知名企业，积极搭建智能网联与新能源汽车重点研发平台，争创国家智能网联汽车创新中心。

(12)数字内容：以文化创意内容为核心，加快推动利用数字技术进行创作、生产、传播和服务，发展数字内容产品和服务供给，促进优秀文化资源数据化，推进数字内容产业融合发展，引导数字内容产业集聚发展，2018年力争实现销售收入300亿元。

2.推动传统产业智能化升级

推动工业互联网、云服务平台在重点行业应用，进一步提升装备、汽车、手机、家电、医疗器械等传统产品的数字化智能化水平，形成具有自主知识产权的新型智能产品，争取2018年工业产品的智能化率提升10%。深入实施智能制造工程，加快制造业生产过程智能化改造，推动传统制造业智能转型，建成5个智能工厂、50

个数字化车间和500个数字化生产线。打造西永综合保税区及两路寸滩保税港区智能化园区,在家具、服装等领域推进网络化、柔性化、智能化生产。支持中冶赛迪等向智能集成、数据集成服务商升级,鼓励中机中联等开展数字化车间/智能工厂总承包业务,加快构建智能制造支撑体系。培育10家服务型制造试点示范企业,提升工业设计服务、供应链管理专业服务能力,推广服务型制造模式,打造一批在全国有影响力的智能制造综合运营平台。

3.大力发展现代服务业

(1)加快全域旅游发展:支持渝中、大足、南川、巫山、奉节、武隆、石柱、万盛经开区等8个区县创建国家全域旅游示范区,做强做靓大都市、大三峡、大武陵三大国际旅游目的地,推广山水都市、长江三峡、邮轮游艇、红岩联线、温泉之都、环城走廊、乌江画廊、世界遗产、巴渝古镇、美丽乡村10大旅游名片。精心打造一批精品景区和特色旅游线路,提升山水重庆都市风情之旅、环城走廊遗产风光之旅、渝东北长江三峡湖光山色之旅、渝东南世外桃源民族风情之旅4大精品旅游干线品质。规划建设主城"两江四岸"旅游码头体系以及"一干两支"旅游码头体系,实施交通干线与旅游景区"最后一公里"通畅工程,新建和改扩建旅游厕所1298所,建设一批配套完善的生态停车场,提档升级旅游基础设施。推动广阳国际生态文化岛、四面山旅游度假区、长寿湖恒大旅游项目、万盛全域旅游投资项目、涪陵熊出没乐园、石柱中国土司城、奉节夔州古城、彭水乌江画廊蚩尤九黎城旅游综合开发三期、巫山神女旅游度假区、巫溪红池坝旅游、云阳普安恐龙科考科普基地及侏罗纪公园等重大招商项目尽快落地实施。

(2)培育壮大现代金融业:争取全国金融市场改革试点,设立深交所培训基地,争取直销银行、合资证券、法人保险及全国性信用增进等机构牌照,力争新增3~5个机构牌照。支持中保保险资产登记交易系统、石油天然气交易中心等全国性要素市场加快运营。发展金融科技,建设智慧银行、物流金融、消费金融、网络普惠金融、交易场所等智能化应用项目,推动科技要素交易中心、高新区科技企业投融资平台、重庆股份转让中心科技创新板建设。发展生猪要素市场。

(3)培育消费新业态新模式:推进新消费培育工程,着力发展品质消费、时尚消费、健康消费、绿色消费、信息消费等。实施智能商务建设工程,推动智慧商圈、智慧市场、智慧物流发展,提升商业智能化水平,构建"线上 线下、商品 服务、零售 体验"的现代零售体系。实施行业跨界融合工程,促进商旅文业态融合,推动传统商业向休闲型、体验式业态转型,传统商圈向功能型、主题化方向发展。

(4)加快文化产业创新发展:加强文艺创作生产,大力传承巴渝文化,打造电视剧《重庆谈判》、电影《金子》、川剧《江姐》、杂技剧《大禹》等一批精品力作。继续办好重庆文化惠民消费季、重庆文博会、西部动漫节、白帝城国际诗歌节,扩大城乡文化消费。对文化旅游、互联网文化、影视文化等领域加强招商引资,拓展电商物流、有线宽带、教育培训、数字阅读、文化金融、云数据等相关产业,推动重庆有线、重数传媒、新华传媒股改上市。推进解放碑时尚文化城、两江新华文化中心、沙磁文化产业园、忠县电竞产业园等重点项目,积极创建南滨路国家级文化产业示范园区,申报设立重庆(西永)对外文化贸易基地,新培育文化产业市场主体1万家,文化产业增加值增长11%左右、占地区生产总值比重提高到3.5%左右。

统筹抓好经济运行调度与"三去一降一补"工作,坚决打好防范化解重大风险攻坚战。防止煤炭、钢铁等过剩产能死灰复燃,对产能利用率低于70%的行业进行重点监测,防止产生新的过剩产能。统筹做好去产能背景下全市煤炭、电力、油气生产调度,确保供需基本平衡和价格稳定。强化资金、用地、用工、运输保障,满足优质企业生产需求。积极稳妥降低企业杠杆率,力争规上工业企业资产负债率同比降低1个百分点。完善"企业减负30条""电气15条"等政策,清理规范涉企收费,降低用能、物流等收费和制度性交易成本,减轻实体经济负担。扎实有效防控金融风险,严控地方政府债务风险,加强各类风险防范,大力整治金融乱象,坚决守住不发生区域性、系统性风险的底线。

(二)深入推进重大项目建设,着力扩大有效投资

加快实施基础设施建设提升行动计划,扩大重点领域有效投资,发挥投资对优化供给结构的关键性作用,确保投资增长9%左右。完善城市地下管网等基础设施,优化街区路网结构,更好支撑城市品质提升。推进交通网、水利网、能源网、信息网等基础设施重大项目建设,力争基础设施投资增长18%左右。继续推进实施一批市级重点项目,全年完成投资4000亿元左右,占全社会投资比重保持在25%左右。做好重点项目资金保障,逐步建立统一的"项目池"与"资金池"平衡对接的保障机制,保障重大项目建设投资需求。大力激发民间投资活力,鼓励社会资本进入基础设施、公共服务等领域,力争民间投资增长11%左右。

专栏2:基础设施建设提升行动计划2018年重点任务

1.交通网建设

(1)铁路:新开工渝湘高铁,力争新开工渝昆高铁,高速铁路新开工里程523公里;新开工重庆东站铁路综合交通枢纽、涪陵龙头港进港铁路专用线、万州新田港进港铁路专用线、市郊铁路西环线、璧铜线等项目;加快建设郑万高铁、黔张常铁路、枢纽东环线、渝怀复线、市郊铁路渝合线等项目;启动并加快推进渝西高铁、渝汉高铁、成渝中线高铁、郑万高铁巫溪支线、兰渝高铁、安张铁路、恩黔遵昭铁路、广垫忠黔铁路、广涪铁路、长垫梁货运铁路专线、市郊铁路合大线等项目前期工作,开展渝贵高铁、渝东北旅游铁路环线等规划论证。

(2)轨道交通:力争新开工轨道四号线二期、五号线北延伸段等项目;完工轨道四号线一期;加快建设轨道五号线一期南段、六号线支线二期、九号线、十号线二期、环线、轨道交通延长线尖顶坡至璧山段、轨道交通延长线跳磴至江津段共187公里线路;推进都市快轨一号线、轨道五A线、武隆至仙女山和黔江城市有轨电车等项目前期工作,开展主城至长寿、涪陵都市快轨的规划论证工作。

(3)高速公路:新开工大足至内江、合川至璧山至江津、渝广支线、巫山至大昌、巫溪至镇坪、奉节至建始、万州南环、彭水至酉阳、渝遂高速扩能、武隆至道真等项目;完工江津至习水(重庆段)、涪陵梓里至白涛等项目,建成高速公路82公里,通车总里程达到3105公里,省际出口通道新增1个、达到20个;加快建设黔江至石柱、潼南至荣昌、南川至两江新区、合川至潼南、渝黔高速扩能(重庆段)、渝长高速扩能、永川至泸州等项目;启动并加快推进成渝高速扩能永川至荣昌段、万州至达州、巫溪至巫山、沪渝高速南线长寿支线二期、垫丰武高速、钱塘至双槐、开云高速(江口至县城至龙缸段)、彭水至务川至道真、包茂高速复线、巫溪至开州至梁平、酉阳至永顺等项目前期工作。开展梁平至忠县至石柱西沱、大永江、江津至永川至泸州、万镇高速、渝湘高速扩能、秀山至印江、兰海高速渝北至合川扩能改造等项目规划论证。

(4)普通公路:"加等级"改造普通干线公路3400公里,其中国道1000公里、省道1400公里、重要连接公路1000公里;"加硬"建设农村小康路24300公里,抓好"四好农村路"建设,村民小组公路通达率和通畅率分别达到91%、61%。

(5)城市道路:新开工一纵线中心站至狮子岩段、内环沙坪坝段拓宽改造等项目,力争开工黄桷坪长江大桥、金凤隧道、大学城复线隧道及坪山大道等项目;完工高家花园、石马河立交二期、寸滩大桥南引道等项目,城市道路通车总里程达到5196公里;加快建设郭家沱长江大桥及六纵线南段、白居寺长江大桥、曾家岩嘉陵江大桥、快速路二横线西段、二纵线华岩至跳磴段等项目。开展渝蓉高速入城连接道、陶家隧道、明

月山两江新区至长寿隧道、小南海大桥等项目前期工作。

(6)机场:新开工潼南、石柱、大足等通用机场;加快建设巫山机场、武隆机场、万州机场扩建、黔江机场扩建、永川大安通用机场、万盛江南通用机场;启动和推进巫溪、城口、酉阳、忠县、秀山、丰都、云阳、开州等通用机场,以及江北国际机场 T3B 航站楼和第四跑道前期工作,论证主城区第二机场、空军梁平机场发展通用航空有关事项,开展荣昌货运机场规划布局研究。

(7)水运:新开工奉节夔门港区一期、渭沱货运码头一期及配套道路、江津珞璜二期、万州新田二期等港口工程、长江干线涪陵至朝天门航道整治工程和渠江、龙河、黛溪河、骗鱼溪等支流航道整治工程、小江航道碍航整治工程,畅通乌江航运;完工万州港区新田作业区一期、龙头港作业区港口一期、武隆白马港区等项目;加快建设忠县港区新生作业区一期、朱沱港区朱沱作业区、石柱港区江家槽作业区、果园作业区二期扩建工程仓储配套区、长江干线朝天门至九龙坡航道整治工程、涪陵龙头港二期、涪江潼南航电枢纽工程等项目,改善航道 80 公里,新增港口吞吐能力 500 万吨。启动九龙坡—江津航道整治、长寿港区胡家坪铁公水联运枢纽港、利泽航电枢纽等项目前期工作。

(8)智能交通:加快建设主城区智能交通系统升级改造和公交智能化建设项目、智能交通应用系统,建成停车泊位数 2 万个以上,完成主城区 10 万个停车泊位的智能化改造。

2.水利网建设

(1)重点水源工程:积极争取新开工渝西水资源配置工程和开州跳蹬、大足胜天湖、云阳向阳、酉阳桃花源、渝北碑口等大中型水库;完工渝北苟溪桥、彭水凤升等 6 座中型水库;加快建设南川金佛山和巴南观景口大型水库,潼南大石桥、黔江罗家堡、梁平左柏、南川鱼枧、彭水龙虎、綦江黄沙等 20 座中型水库;推动綦江藻渡、江津福寿岩等大型水库前期工作。

(2)重点防洪工程:力争新开工长江防洪二期工程 3 处,嘉陵江、乌江、綦江等 5 处主要支流防洪工程;加快建设南岸经开区等 6 处长江防洪二期工程,嘉陵江磁井段、涪江潼南大佛坝等主要支流防洪护岸工程 21 处。

(3) 城乡供水工程:新开工丰收坝水厂二期、大江水厂、悦来水厂三期、观景口水厂、红工水厂及配套管网等 8 个水厂建设项目,开工黄桷坪长江大桥等 27 个桥隧供水管道的互联互通工程,关停黄沙溪等 5 个小型老旧水厂工程;加快实施农村饮水安全工程、保障 330 万人用水,推进一批小型水库集中供水工程,扎实推进 18 个深度贫困乡镇农村饮水安全工程建设。

3.能源网建设

(1)电力:新开工(改扩建)变电站 56 座,新开工万州—奉节九盘等 110kV 及以上输电线路 953.2 公里,圣泉站主变扩建等变电容量 702.5 千伏安;建成投产变电站 27 座,渝北明月山输变电等 110kV 及以上输电线路 726.7 公里,铜梁盘龙站等变电容量 359.8 万千伏安。加强城乡电网保障能力,继续推进农网改造工程,完成 18 个深度贫困乡镇农网改造,完成 60 万只智能电表推广应用。力争白马电航枢纽项目获得国家核准,积极推动分布式能源项目建设;进一步论证新增川电入渝通道建设。

(2) 油气设施:新开工长寿晏家—北碚水土、涪陵白涛—南川水江、南川水江—武隆仙女山、云阳—奉节—巫山复线等天然气管道;完工万州—云阳和武陵山天然气管道等项目;实施乡镇供气设施约 30 处,实现建制镇集镇天然气设施覆盖率 64%;启动奉节—巫溪天然气管道,铜锣峡、黄草峡地下储气库等项目前期工作。

4.信息网建设

(1)国际数据专用通道:积极争取新开工重庆至新加坡国际数据专用通道,进一步提升重庆至上海、重庆至广州等现有 12 条 155Mbps 国际专用数据通道能力。

(2) 泛在高效能网络体系:城市地区具备 1000M 接入能力的固定宽带接入端口占比达到

80%,基本实现深度贫困农村地区人口聚居区自然村宽带网络和4G网络全覆盖。全市光缆线路总长达到170万皮长公里,固定宽带家庭普及率达到90%。全市4G基站总数达到8万个,5G网络试点应用5G基站总数达到5000个,移动宽带用户普及率达到90%。

扎实推进产业项目落地,推动签约项目快落地、落地项目快开工、开工项目快投产、投产项目快见效,提高产业项目开工率,力争工业投资增长9%,其中技术改造类工业投资增长20%。健全以土地出让合同为核心的房地产市场监管机制,力争房地产开发投资增长6%左右。加大民生及社会事业等领域投资力度。

专栏3:2018年重大产业类投资项目

1.战略性新兴制造业

(1)新能源汽车及智能汽车:新开工长安福特新一代福克斯出口北美项目、长安福特PHEV新能源整车、中国汽研汽车综合性能试验基地、北汽银翔新能源汽车研发及产业化等项目;完工金康新能源年产5万辆纯电动乘用车、长安汽车全球研发中心、众泰新能源汽车、中国动力綦江新能源汽车一期等项目;加快建设璧山新能源汽车车载充电器及电池包和电控控制系统产业化、欣旺达动力电池深加工基地、庆铃新能源汽车等项目。加快充电基础设施建设,进一步完善电动汽车充电服务体系,为电动汽车推广应用提供保障。

(2)机器人及智能装备:新开工永川齿轮加工机床总装生产基地、大足高新区乐珐智能机械制造等项目;完工广数工业机器人制造、固高机器人众创孵化研发中心及控制系统产业化、必扬星环无人直升机和多旋翼无人机制造、欧博特智能机器人、埃斯顿机器人等项目;加快建设中船重工智能制造产业园、得润电子重庆工业园电子连接器生产、重庆江东机械搬迁扩能产业化智能改造等项目。

(3)新材料:新开工华峰年产10万吨差别化氨纶扩建、华峰年产20万吨环己酮等项目;完工鑫景特种玻璃、航空钛合金、华峰年产20万吨铝板带箔、华峰己二酸三期等项目;加快建设重庆神华铜铟镓硒薄膜太阳能电池、新康意新材料西南生产基地、忠县特瑞新材料年产10万吨磷酸铁锂和黔江30万吨无碱玻纤等项目。

(4)生物医药:新开工艾斯勒克斯项目制剂工厂、天圣制药中药材在线分离纯化车间、博圣制药原料药与制剂等项目;完工华邦制药生产基地、西南药业新研发生产基地、华森医药GSP配送中心及药品保健类制品GMP生产基地建设、太极医药城A区太极科技创新中心及院士工作站等项目;加快建设智翔金泰、上海博唯生物预防性重组蛋白疫苗产业化、忠县医药产业基地、秀山医药产业园、合川医疗器械产业园、智睿生物产业园研发及孵化中心、国家基因检测技术应用示范中心、重庆(南川)中医药科技产业园、长寿生物制药基地等项目。

(5)高端交通装备:新开工中车长客重庆公司试验线和存车线建设、轨道交通设备及康明斯发动机新产品制造基地、重庆中车交通装备等项目;加快建设天骄航空动力产业基地等项目。

(6)集成电路:新开工平伟实业自主可控同步整流功能模组研发及封测产线、恩瑞实业年产300万片半导体芯片、华通电脑年产600万平方英尺HDI电路板(二期)、奥特斯封装载板三期等项目;加快建设AOS芯片等项目。

(7)节能环保:加快推进大渡口、荣昌、璧山等一批节能环保产业园建设,以及潼南、铜梁园区循环化改造。新开工翘佰科技锰复合净水处理剂生产、新中天渝南循环经济,以及渝北洛碛、合川、永川、綦江餐厨垃圾资源化利用和无害化处理设施等项目;完工泰山石膏利用废渣石膏年产3500万立方米纸面石膏板、大郎冶金铁合金电炉废气综合利用超高压发电等项目。

(8)物联网:新开工长芯IC封装和移动物联网应用示范基地等项目;完工海康威视重庆基地等项目;加快建设恒芯天际信息安全产业示范基地等项目。

(9)新型显示:新开工京东方AMOLED等项目;完工津油纳米液晶面板、联创电子等项目;加快建设天胜科技新型显示器件二期等项目。

(10)页岩气:加快页岩气全产业链健康发展,加大涪陵页岩气勘探开发力度,力争实现年产气60亿立方米;加快推进綦江丁山核心区、荣昌—永川以及渝西等区块页岩气勘探开发项目建设,积极推进彭水、巫溪等区块前期勘探工作。

(11)智能终端:新开工中光电产业园、金立科技城、传音生产基地、重庆与德科技产业园、重庆轩鑫菲科技产业园、维沃重庆生产基地等项目;完工辉烨通讯智能手机生产、重庆翊宝智慧电子装置厂区一期、广达重庆制造基地三期(可穿戴)等项目;加快建设OPPO(重庆)智能生态科技园等项目。

2.传统优势产业改造升级

(1)汽车:新开工长城整车、中利凯瑞汽车部件等项目;完工长安汽车产品结构调整、华晨鑫源汽车涪陵生产基地二期、龙润电动助力转向系统及控制系统产业化、铁锚年产150万套成套汽车玻璃等项目;加快建设长安福特高端乘用车及现有产品升级项目、北汽银翔及比速汽车配套企业孵化园等项目。

(2)电子制造:新开工万州扬声器研发中心、群光电子二期、重庆成田科技等项目;完工中欣维日产100万只手机电池和各式动力电池、天辉能源日产20万只数码锂电池等项目;加快建设石柱电子科技产业园一期、大宗光电投影仪等项目,鼓励企业打造重庆物联网多色温防雾霾LED人工智能路灯产业制造基地。

(3)化工:新开工重庆中平紫光科技己二腈、中润化工有机溶液NMP生产和回收利用、东方希望万盛煤化年产6万吨碳酸二甲酯等项目;完工巴斯夫天然气制合成气、新华化工厂搬迁、重庆顺安爆破器材有限公司复兴厂区整体搬迁等项目;加快建设江川化工电子灌封材料生产等项目。

(4)材料:新开工东鹏智能家居创意产业园、忠旺集团西南地区铝型材深加工基地(一期)等项目;完工日丰新型管材西南生产基地、新金联年产1500万平方米新型陶瓷建材生产线等项目;加快建设维冠PC工程、綦江铝精深加工基地等项目。

(5)装备:完工江增离心式鼓风机成套设备生产线、同讯电力实业生产基地等项目;加快建设吉青线缆电缆生产、联邦中北电力装备高科技产业基地等项目。

(6)消费品工业:新开工潼南箱包产业园、柠檬大健康产品产业基地、渝东北出版印刷基地、益海食品加工、好姑爷辣椒酱食品生产等项目;完工中国(重庆)眼镜产业园——眼镜之都、玖龙纸业高档包装纸、星星工业园等项目;加快建设维尔美年产妇婴卫生用品8.2亿片、重庆德纳油橄榄深加工、阿兴记三峡库区肉兔产业融合发展园区、梁平塑料产业园等项目。

3.现代服务业

(1)大健康及文化旅游服务:新开工中铁安居古城国际度假区、重庆御湖国际生态旅游度假区、中华太极养生园、冷水康养、中益乡民宿民居打造及旅游基础配套服务设施建设等项目;完工乐和乐都主题公园、白居寺公园、龙门浩历史文化街区、木洞传统风貌区首开区等项目;加快建设万达文旅城、十八梯传统风貌街区、嘉陵江滨江休闲带、大足龙水湖国际旅游度假区、长寿湖国家级旅游度假区、石壕花坝乡村旅游度假区、梁平百里竹海生态旅游及双桂田园景区开发、武隆白马山旅游度假区、秀山边城文化旅游景区、丰都南天湖旅游度假区、名山5A级景区创建、石柱西沱古镇、彭水乌江画廊蚩尤九黎城旅游综合开发二期等项目;推动四面山及长寿湖文旅康养、东溪古镇5A级旅游景区、石柱莼农旅融合国际康养体验产业园、奉节柑橘博览园、熊出没乐园、中铁任之健康城二期、大足鲁能胜地等项目前期工作。

(2)互联网云计算大数据:新开工腾龙数据中心、中兴西南智慧城市产业园、北斗星通智慧产业园等项目;完工重庆腾讯云计算数据中心;

加快建设重庆有线数据中心、北斗地网地基增强系统与物联网模块研发中心及产业园、涪陵华为云计算大数据中心等项目。

(3)现代物流业：推动构建"3+12+N"物流园区体系，新开工美国安博西部物流中心、嘉民重庆跨境贸易及电子商务物流园、公运公铁联运中心A区、重庆快件集散中心(一期)、保税港物流二期、巫山抱龙物流产业园等项目；完工京东电商产业园(一期)、普洛斯城市配送中心、南彭保税物流中心(B型)、永辉西部物流中心(BTC配送中心)、意大利维龙等项目；加快建设名陶国际家居物流中心、交运物流基地(一期)、重庆西部农产品物流中心、重庆华南城、铁公鸡物流港、长寿化工物流园、合川渭沱物流园、潼南气调冷链物流、荣昌物流园、巫溪渝陕鄂边贸物流园区、宝湾物流珞璜工业园物流配送中心、中国西部农产品冷链物流中心(二期)、木耳物流园、忠县新生港物流园等项目。

(三)着力推动以科技创新为核心的全面创新，不断增强经济创新力和竞争力

加快实施科教兴市和人才强市行动计划，营造良好创新生态，增强创新对建设现代化经济体系的战略支撑能力。一是培育创新主体。实施好以“双高”企业为重点的科技型企业培育“百千万”工程，全年累计培育1万家。加大科技研发平台引进力度，全年培育引进200家，其中新型高端研发机构30家左右。支持高校和科研机构到区县布局。引导支持企业加大研发经费投入力度，继续落实企业研发费用加计扣除政策，力争全社会研发经费支出占地区生产总值比重达到1.95%左右。二是推动科技创新园区转型升级。加快国家自主创新示范区、高新区等科技园区转型升级，探索研究科技园区市场化运营管理机制，提升现有园区运营水平和产出效益。推进荣昌、永川、潼南、铜梁、大足、涪陵高新区升格为国家级高新区，整合资源、做实做强。三是建立以企业为主体、市场为导向、产学研深度融合的技术创新体系。全面开展质量提升行动。加强对中小企业创新的支持，培育发展研发咨询服务新业态，深化科技服务大市场建设，完善科技成果转化收益分配机制，促进科技成果转化。扩大知识价值信用贷款改革试点范围，完善创业投资体系和重庆OTC科技创新板运行机制，全年各类资本市场挂牌科技型企业数量达到300家。四是大力培养引进创新型人才。创新职业教育和高等教育人才培养机制，扩大人工智能、大数据、智能制造、生物医药等专业人才培养规模。滚动实施、统筹推进各类重点人才计划，深入实施研发人才在线协同创新工程，培养造就一批具有国际水平的科技人才、管理人才、产业人才等各类优秀人才。注重发挥返乡创业人才、转业复员军人等乡土人才带动示范作用。

专栏4：科教兴市和人才强市行动计划2018年重点任务

(1) 建设高水平大学：争取国内外一流大学、国家级科研院所在渝举办大学或分校，推动在渝高校与国内知名大学联合举办人工智能、微电子、软件等智能类学院。重点支持重庆大学、西南大学和有条件的高校建设一流大学、一流学科。推动高校和科研院所、高新企业联合组建二级学院。鼓励支持与重庆产业布局相适应的高职院校开展产教融合，争创国内一流、国际知名的高职院校。

(2)引进培育创新主体：综合运用科技创新券、研发准备金、研发费用加计扣除、研发投入增量补助、重大新产品补助等普惠性财税政策，强化股权投资、转型孵化等专业服务，培育引进以高技术性企业和高成长性企业为重点的科技型企业。支持规模以上工业企业建立研发机构，建设一批企业技术中心、工业和信息化重点实验室、独立法人的新型企业研发机构和高水平的制造业创新中心，加大研发投入。

(3)培养引进创新型人才：引进一批战略科技领军人才、行业领军人才等“高精尖缺”人才，整合现有人才培养工程、建立各领域各部门相互衔接、覆盖人才不同发展阶段的培养体系。重点培养具有成长为中国科学院或中国工程院院

士等高层次人才潜力的人才队伍。

(4) 建设创新平台：重点建设重庆超算中心、人工智能实验室、长江流域生态保护大科学实验室等重大科研基础设施，建设一批市级及以上重点实验室、工程研究中心、技术创新中心、临床医学研究中心等创新平台，争取国家在我市布局产业创新中心。

实施好军民融合发展战略行动计划，推动军民融合创新发展。完善军民融合组织管理体系，建立健全工作运行机制。推动市政府与12个军工央企集团建立完善交流合作机制，推动10个以上项目落地。加快构建军民融合创新体系，积极创建国家军民融合创新示范区，建设市级军民融合创新示范基地，构建科技成果转化协同研发平台、军地检验检测设施共享平台、军民融合投融资平台等军民融合服务体系。办好重庆高交会暨军博会，努力将其打造成国家级常设化的军民融合博览会。

专栏5：军民融合发展战略行动计划2018年重点任务

1.军民产业深度融合项目

(1) 推动中国兵器工业集团在我市布局总部经济、北斗导航应用等项目；推动中国航天科技集团布局智能装备、卫星应用等项目；推进中国电子信息集团移动智能终端制造、中国电子科技集团汽车电子技术研发中心等项目落地。

(2)推动新能源汽车、智能汽车研发，加快纯电动汽车、插电式混合动力汽车产业化，抢占战略制高点。加快压缩机、转向器等其他零部件的合资合作力度，促进产品结构调整、升级。大力推进汽车电子、军民两用AMT、AT变速器等发展。

(3)大力发展汽车营销服务、汽车金融、汽车物流等业务，延伸汽车产业链，获取汽车后市场利润。加快建设西部一流、全国知名的汽车综合体，打造西部最大、全国一流的汽车营销服务基地。

(4)培育新兴高端智能装备业务，加快推进望江产业园、智能制造产业园等发展，重点推动齿轮箱等重点装备产品实现市场突破。

(5)大力发展电子信息，开发各轨道支线和新建线路中CCTV系统和AFC系统。

2.军地科技协同创新项目

(1)积极创建以两江新区为核心，璧山、沙坪坝、九龙坡、大渡口等为支撑的国家级军民融合创新示范区；推动永川、南岸、巴南、江津、南川、合川、秀山等各具特色的军民融合产业示范基地建设。

(2) 推动成立中国工程科技军民融合发展战略研究院，发挥中国工程院、清华大学等引领作用，为全市军民融合发展提供更多智力和工艺技术支撑。

(3)推进新能源汽车、汽车电子、智能传感器等专业研究院建设。

(4)开展军民重大科研仪器设备共享试点。

(四) 以实施乡村振兴战略行动计划为抓手，促进城乡区域融合协调发展

坚持城乡融合、分类指导、突出重点，大力实施乡村振兴战略行动计划，逐步缩小城乡、区域差距，努力走出城乡区域发展一体化新路子。一是狠抓“三农”工作。深入推进农业供给侧结构性改革，大力发展特色效益农业，带动农业增加值增长4%左右，农民人均可支配收入增长9%左右。深化农村集体产权制度改革，稳步推进农村“三变”改革试点，激活人、地、钱等资源要素，最大限度释放改革红利。全面落实承包地“三权分置”制度，加快构建新型农业经营体系，推进农业农村现代化。促进农村一二三产业融合发展，壮大农产品加工业集群，做强农村电商和乡村旅游，拓宽农民增收渠道。创建国家级特色农产品优势区，建设田园综合体，推进高标准农田建设。扎实开展农村人居环境综合整治，促进乡村更加宜居宜业宜游。启动建设智能农业生产监测与管理网络，建成20个智慧农场示范基地。加大农村基层专业技术人才培训，培养造就一支懂农业、爱农村、爱农民的“三农”工作队伍。二是统筹做好以城带乡、城乡融合发展各项

工作，推动区域协调发展。按照政策精准化、措施精细化、协调机制化的要求，围绕实现基本公共服务均等化、基础设施通达程度比较均衡、人民生活水平大体相当的目标，完整准确落实区域协调发展战略。不断改善城乡基础设施条件，着力提升各区县之间基础设施互联互通水平。加大对革命老区、少数民族地区、贫困区县加快发展的支持力度，提高城乡公共服务水平。着力推进新型城镇化，以完善加强基础设施网络为抓手，提高城市公共服务水平，提高城镇化质量，增强对农业转移人口的吸引力和承载力。着力优化城市产业体系、空间体系、基础设施体系、城市公共服务体系、城市管理体系，不断提升城市环境质量、人民生活质量和城市竞争力。规范引导特色小镇和特色小城镇建设。推动资源型地区转型发展，加大力度支持基础设施、公共服务设施建设和生态修复及接续替代产业发展。在三峡库区、武陵山区等国家重点生态功能区因地制宜发展生态经济优势产业，宜工则工、宜农则农、宜林则林、宜商则商、宜游则游，推动生态产业化、产业生态化，进一步提高经济效益、社会效益、生态效益。

专栏 6：2018 年农业农村发展重点任务

(1)加快发展特色效益农业：围绕山上、林下、水中、气候“四个经济”发展，大力盘活山地资源、用好林下空间、开发库区水域、壮大乡村旅游，构建多品种、小规模、精品化的特色产业发展新格局。加快粮食生产功能区、重要农产品保护区划定，重点推进 3 个国家级特色农产品优势区创建，新增特色产业 200 万亩以上，建设高标准农田 115 万亩。

(2)创建农业品牌：围绕培优品种、提升品质、做大品牌，实施农业科技推广“双百工程”，主推 100 个新品种、100 项新技术。加强农产品质量安全监管，新增 50 万亩标准化生产基地，开展 600 个农产品全程追溯试点。打造全市整体区域公用品牌，新认定市级以上农业品牌 100 个以上、“三品一标”400 个以上。

(3)推动“三产”融合：在建设农业标准化基地的同时，推进 3 个国家级和 7 个市级农村一二三产业融合发展示范区县、6 个国家级和 2 个市级农村产业融合发展示范园、4 个全国森林旅游示范区县建设，开展 1 个国家级和 3 个市级田园综合体建设试点，积极争创国家现代农业产业园，争取更多区县纳入国家产业融合发展试点示范范围，推进重庆台湾农业创业园建设。打造畜禽肉类、蛋类、生态鱼、柑橘(柠檬)、榨菜、中药材、调味品、林产品等加工产业集群，农产品加工业产值达到 4000 亿元以上。乡村旅游综合收入力争达到 600 亿元、增长 80%。实施电子商务进村工程，扶持 2.5 万户涉农电商主体发展成长，做大做强荣昌(国家级)生猪电子交易市场，力争农产品网上交易额增长 20%以上。推进农村物流网节点试点建设。

(4)创新农村发展体制机制：稳步实施农村“三变”改革试点，深化清产核资、量化确权，新组建农村集体经济组织 600 个、累计达到 2500 个。研究出台发展壮大农村集体经济的意见，加快解决“空壳村”问题。探索土地经营权、农村集体闲置资源、自然风光等入股长期合作的有效实现形式，完善“合股联营”机制，推动城乡要素深度融合，促进农民增收、农业增效、生态增值。大力发展政策性农业保险，推动农业保险提标、扩面、增品，力争新增保险保额 30 亿元。进一步发挥农业财政杠杆作用，以担保、创投、贴息等方式撬动 100 亿元金融资金投入农业农村。培育发展家庭农场和种养大户、农民合作社、农业企业、农村集体经济组织，新发展农业经营主体 1 万个。

(5)改善农村人居环境：扎实开展农业面源污染治理，大力发展种养结合的生态循环农业。深入实施化肥农药零增长行动，开展有机肥、低毒药推广应用试点。实施农业废弃物资源化利用整县推进工程。在乡村振兴市级示范乡镇率先开展无害化卫生厕所整村改造，力争完成 12.5 万户。对乡镇和常住人口 1000 人以上聚居点，推进集中式污水处理设施建设。着力改善村容村貌,完成农村危房改造3万户、旧房整治提升10万户。

(五)着力推动重点领域改革取得新进展,不断增强市场活力和发展动力

抓好国家赋予的各项改革试点,积极推动重点领域改革取得新进展,构建市场机制有效、微观主体有活力、宏观调控有度的经济体制,不断增强市场活力和发展动力。一是深化“放管服”改革。按照国务院“五个为”的总体要求,全面推进行政审批管理事项协同下放、精准下放,网上行政审批优化完善和提速应用、减税降费、“证照分离”、社会信用体系等举措,争创营商环境示范城市,做到审批更简、监管更强、服务更优。二是推动形成公正的市场环境。推进市场准入负面清单制度改革试点,深化行业协会商会与行政机关脱钩改革。认真贯彻落实公平竞争审查制度,持续加强市场价格行为监管。加强对各种所有制组织和自然人财产权的保护,激发和保护企业家精神,构建“亲”“清”新型政商关系。支持民营企业民营经济大发展,非公经济增加值占地区生产总值比重提高到61%以上,其中民营经济占比提高到51%以上。三是加快国企改革。做专做精主业、分离改制辅业,开展以优势产品、优势业务为核心的国企内部业务重组和以专业化经营为核心的市属国企之间业务重组。分层推进国有企业混合所有制改革,加大引进战略投资者推动市属国有企业股权多元化改革力度。加快推进国有资本投资、运营公司改革试点。四是深化投融资体制改革。进一步规范项目审批程序,实施企业投资项目管理“三个清单”,放宽放活企业投资,加强招投标市场监管。五是深化商事制度改革。深入推进“多证合一”改革,全面推行注册登记全程电子化,提升注册便利化水平。完善全市统一的公共信用信息平台和国家企业信用信息公示系统(重庆),推动事中事后监管不断强化。六是稳步推进统筹城乡综合配套改革试点。深化户籍制度改革,协调完善配套政策,扎实推进国家新型城镇化综合试点和农民工等人员返乡创业试点。建立融合发展引导机制,建立完善基本公共服务清单,制定促进城乡基础设施互联互通、共建共享工作方案。七是纵深推进电力体制改革。深入推进售电侧改革试点,完善市场规则,拓宽改革实施范围。落实好增量配电业务试点,探索建立特许经营机制和激励性监管实施方案。基本完成“四网融合”混合所有制改革工作。启动油气体制改革试点工作,重庆石油天然气交易中心实现上线运营。加快供水、天然气等要素价格市场化改革。

(六)全面融入国家“一带一路”建设和长江经济带发展,提高内陆开放水平

积极融入国家全面开放新格局,深入实施内陆开放高地建设行动计划,着力拓展开放通道、完善开放口岸、提升开放平台、壮大开放主体、优化开放环境,加快打造内陆开放高地。一是全力推进自贸试验区建设。完善运行管理机制和规章制度,启动地方立法工作,为自贸试验区建设提供法治保障。强化改革创新,及时复制推广新鲜经验。做好国家评估迎检工作。二是深入推进中新(重庆)战略性互联互通示范项目。强化规划引领,探索项目推进机制创新,滚动实施一批功能性、标志性重点项目。围绕项目推进开展政策创新,增强政策创新和项目落地的适配性。三是提升开放平台功能。进一步强化两江新区开放龙头作用,全面完成两江新区构建开放型经济新体制综合试点、服务贸易创新发展试点工作,形成一系列可复制推广经验,建设国家数字经济产业示范区。支持重庆经开区、万州经开区、长寿经开区等各级各类开发区改革和创新发展。加快江津综合保税区建设,推动两路寸滩保税港区、西永综合保税区转型升级。加快万州港、丰都港水运口岸基础设施建设和开放工作,争取团结村铁路口岸和万州机场航空口岸正式开放,拓展整车进口口岸及汽车进出口集散中心功能,积极启动建设智能口岸和发展口岸经济。加快推进重庆临空经济示范区建设。四是推动进出口稳定增长。积极创建外贸转型升级示范基地,突出抓好“重庆造”一般贸易,稳

步发展电子产品加工贸易，培育新的加工贸易产业集群，做大总部贸易和转口贸易，进出口总额增长8.5%左右。打造一批服务贸易、服务外包集聚区，服务贸易增速保持20%左右。五是加强区域合作和招商引资。促进长江上游地区省际协商合作，推动成渝城市群和成渝经济区一体化发展，协调推进川渝合作示范区、渝黔合作先行区建设，深化武陵山片区等区域跨省旅游协作，策划和推进一批重点合作事项和项目。推动东向、西向、南向、北向骨干通道互联互通。加大承接长江下游和沿海地区产业转移力度，实际利用外资保持100亿美元以上。

专栏7：内陆开放高地建设行动计划2018年重点任务

(1)实施开放平台提升行动，打造内陆开放高地建设核心载体。编制全市开放平台协同发展规划，建立开放平台规划衔接长效机制，理顺开放平台管理机制。发挥好两江新区、自贸试验区、中新(重庆)战略性互联互通示范项目等战略平台作用，带动引领全域开放。实现江津综合保税区封关运行。争取涪陵综合保税区成功获批。推进万州经开区扩容，推动万盛经开区、双桥经开区等提升开放发展水平，完善市级开放平台功能与配套服务。

(2)实施开放通道拓展行动，建设内陆国际物流枢纽。推动完善长江外贸集装箱“五定”快班轮航线、三峡船闸快速通行等便利化协调机制，促进长江经济带物流信息互联互通。推动中欧班列(重庆)稳定运行，拓展果园港铁水联运第二始发站功能，建设铁路口岸国际邮件交换中心，拓展中欧班列(重庆)跨国邮包运输和旅游通道功能。加密“渝黔桂新”南向铁海联运班列，力争常态化运行“渝满俄”班列。启动多式联运监管中心和国际物流分拨中心建设，加快发展各类多式联运，加快建设两路寸滩保税港区空港多式联运物流贸易基地。

(3)实施开放口岸完善行动，打造内陆口岸高地。加快指定口岸建设和功能拓展，争取设立果园港区国家开放口岸和保税物流中心(B型)。启动万州港、丰都港口岸开放相关工作。推动团结村铁路口岸、万州机场航空口岸由临时开放转为正式开放。完成重庆检验检疫综合改革试验区申报受理中心、应急指挥中心等监管设施和信息化系统建设，建成投用黔江出入境检验检疫局。争取在两路寸滩保税港区试点生物制品口岸和药品首次进口资质。

(4)实施开放主体培育行动，优化开放型经济产业体系。依托中德、中意、中韩等国际合作产业园，引进和培育一批国际化开放主体。吸引跨国公司和国内外大型企业来渝设立综合总部、地区总部和功能总部。加快临空经济示范区建设，打造航空产业园，引进一批基地航空公司。扩大智能终端等本土优势产品出口，建设进口商品分销体系，加快发展跨境电子商务、保税商品展示和保税贸易、跨境结算等新型服务贸易，依托中国—中东欧、中俄“两河流域”、中国—东盟等多双边合作机制交流平台，扩大与中欧班列(重庆)沿线国家和地区经贸合作。

(5)实施开放环境优化行动，营造法治化国际化便利化营商环境。促进贸易投资自由化便利化，优化国际贸易“单一窗口”，推进申报直通、系统联通、信息互通、业务畅通。深化外商投资和对外投资管理体制改革，实行高水平的投资便利化政策。创新海关特殊监管区域监管方式，简化区内企业商品备案手续。加强海关特殊监管区域、保税监管场所协同联动发展。推进自贸试验区外汇管理便利化。

(七)坚持生态优先、绿色发展，加快建设长江上游重要生态屏障

实施好生态优先绿色发展行动计划，坚决打好污染防治攻坚战，加大生态建设和环境保护力度。一是推动绿色发展和节能减排。按照“共抓大保护，不搞大开发”要求，守住发展和生态两条底线，研究制定加快绿色产业发展的意见，研究编制各区县年度绿色发展指数，健全绿色低碳循环发展的经济体系。严格生态空间管控，严守生态保护红线、环境质量底线、资源利

用上线三大红线。全面实行环境保护权力清单、责任清单、负面清单和网上行政审批制度,完成国家主要污染物总量减排任务。单位地区生产总值能耗和二氧化碳排放量分别下降2.5%和2.6%,全市能源消耗总量增速控制在4.5%左右。优化提升环评审批效能。支持资源环境节约循环利用产业发展,研究建设资源循环利用基地。推进綦江(万盛经开区)国家采煤沉陷区综合治理试点,加强生态环境恢复。二是加快推进生态文明制度建设。全面落实国家主体功能区战略和制度,完善全市主体功能区规划,研究制定相关配套政策,完善区县考核制度。施行全市重点生态功能区产业准入负面清单,开展城镇开发边界划定工作。推进渝东北、渝东南、大娄山(重庆)等三个片区国家生态文明建设示范区建设,鼓励区县积极争创国家生态文明建设示范区县。深入推进环境影响评价和污染物排放许可证制度改革,建立健全自然资源资产产权制度,深化碳排放权、排污权等交易制度改革。全面推行河长制、湖长制,开展生态保护红线勘界定标试点,制定生态保护红线管控办法,构筑生态安全屏障体系。三是持续实施“五大环保行动”。全面落实国家“大气十条”“水十条”“土十条”以及中央环保督察反馈问题整改要求,确保空气优良天数稳定在300天以上。实施生态建设和修复工程,开展国土绿化行动,持续提高森林覆盖率,统筹山水林田湖草系统治理。实施流域环境综合治理,长江干流重庆段保持优等水质,纳入国家考核的42个断面水质优良比例达到88.1%以上,城市集中式饮用水水源水质安全。狠抓城镇生活和船舶码头污染控制,强化畜禽养殖污染防治、农村环境综合整治,建制镇生活垃圾无害化处理率达到96%以上。强化土壤污染管控和修复,土壤环境质量保持稳定。

专栏8:2018年生态建设和环境保护重点任务

(1)碧水行动:实施流域环境综合治理,全面落实河长制、湖长制。加强城乡生活污水管网和城市备用水源建设,推进城乡污水处理设施改扩建和提标改造工程,完成申明坝、明镜滩、大九、长滩、肖家河、苏家、口前、西阳等8座城市污水处理厂改扩建工程,启动18座并完成奉节口前污水处理厂提标改造。完成开州、长寿等14个区县污泥无害化协同处置设施建设。强化农业农村污染治理,完成400个村的农村环境综合整治和40万头存栏生猪当量污染治理配套设施工程。基本实现农村生活垃圾集中处理全覆盖,90%以上行政村生活垃圾实现有效治理。统筹协调推进临江河、龙溪河、濑溪河等重点流域水环境综合治理。

(2)蓝天行动:严控交通污染,着力整治柴油车、非道路移动机械、机动船舶排气污染以及油品质量问题。严控工业污染,推进火电、水泥、日用玻璃等重点行业全面达标排放。严控扬尘污染,建设和巩固扬尘控制示范工地410个、示范道路410条。严控生活污染,治理餐饮业油烟400家,加大对露天焚烧行为管控力度。

(3)绿地行动:实施重要生态系统保护和修复重大工程,推进三峡水库库周绿带建设,实施中幼林抚育、低效林改造、退化林修复和纯林改造,退耕还林150万亩,重点水域生态修复12万亩。新治理水土流失面积1500平方公里,完成10个重点区县岩溶石漠化治理400平方公里。加强自然保护区制度建设,开展区县生态保护红线勘界定标、生态保护红线监管平台试点工作,所有自然保护区内矿产资源开发项目建立退出机制。建设汉丰湖、双桂湖、南山、龙河等湿地公园,全市湿地保护率提高到40%。

(4)田园行动:强化土壤污染管控和修复,启动重点行业企业土壤污染状况详查,完成农用地土壤污染状况详查,加强对农用除草剂等污染源的污染状况、管控措施进行研究,减少化肥、农药使用量。完善污染地块名录及其开发利用负面清单,更新发布土壤环境重点监管企业名单,完成重金属减排2%的目标任务。加强危险废物规范化、精细化管理,推进固体废物管理信息化建设和应用,印发实施全市危险废物处置设施建设规划。

(5) 宁静行动：加强社会生活噪声污染控制，新建及复查市级安静居住小区30个。加强交通噪声污染控制，新建道路降噪绿化带15万平方米，改造低噪声路面6.5万平方米。加强建筑施工噪声污染控制，限期治理8个建筑施工噪声源。加强工业噪声污染控制，整治4家噪声超标企业，关闭或搬迁2家噪声严重超标企业。

(八)切实兜住保障和改善民生底线，持续提升整体民生水平

实施以需求为导向的保障和改善民生行动计划，坚决打好精准脱贫攻坚战，加快实施一批民生实事，统筹抓好各项社会事业。一是高质量完成年度脱贫目标任务。深入实施关于深化脱贫攻坚的意见，严格按照“两不愁、三保障、一达标”要求，完成石柱、奉节整体脱贫摘帽，10万贫困人口稳定脱贫。健全完善精准扶贫大数据平台，加强对扶贫对象的精细化管理，因村因户因人精准施策。聚焦18个深度贫困乡镇推进脱贫攻坚，全面落实“定点包干”“指挥长制”，不断增强贫困地区发展能力。大力实施稳定脱贫提升等七大攻坚行动，重点解决公共服务、基础设施等问题，实施建卡贫困人口易地扶贫搬迁6万人。进一步完善扶贫后扶机制，切实巩固脱贫成果，防止出现返贫。二是统筹抓好就业、教育、医疗卫生、社会保障、文化体育、健康养老等各项社会事业。实施“立业兴渝”就业促进计划和“渝创渝新”创业促进计划，抓好重点群体就业工作，全年新增就业65万人以上，城镇调查失业率和登记失业率分别控制在5.5%、4%以内。大力实施幼有所育和学有所教专项行动方案，新建一批公办幼儿园，完成“全面改薄”工作任务，实施普通高中发展促进计划，着力推进教育公平。实施市级十大健康惠民工程和全民健康保障工程，深化医药卫生体制改革和计划生育服务管理改革，健全现代医院管理制度，继续推进医疗服务价格调整，健全分级诊疗制度，提高医疗卫生服务水平。推进生育政策与相关经济社会政策配套衔接，适度提高生育水平。实施一批文化惠民和全民健身工程，促进公共文化服务标准化、均等化；广泛开展全民健身活动，更新和新增一批村级农民体育健身工程。全面放开养老服务市场，推进社区养老服务“千百工程”，实施乡镇敬老院提档升级工程，建立养老机构综合责任保险制度，提升养老服务质量。保障重要商品供给，物价涨幅控制在3%以内。统筹抓好安全生产、食品药品安全等工作。加强和创新社会治理，打造共建共治共享的社会治理格局。

专栏9：以需求为导向的保障和改善民生行动计划2018年重点任务

1.幼有所育

继续推进公办幼儿园建设工程，加大扶持普惠性民办幼儿园力度，改善农村薄弱幼儿园条件。加快推进农村镇街公办幼儿园。全面实施国家贫困区县农村学前教育儿童营养餐改善计划。加强幼儿园教师队伍建设，引导和监督民办幼儿园依法配足配齐教职工并保障其工资待遇。推动幼儿园办园体制改革，建立与管理体制相适应的学前教育经费投入机制。

2.学有所教

新增2个区县成功创建全国义务教育发展基本均衡区县。全面推进贫困地区义务教育薄弱学校基本办学条件改善，义务教育学校校舍建设标准化达标覆盖率达到86%。改扩建一批普通高中，建设一批普通高中课程创新基地和精品选修课程，立项建设高水平中职学校、骨干特色专业和通用实训基地。健全学生资助体系。持续推进农村义务教育学生营养改善计划。加快推进中小学智慧校园建设工作。完善终身教育体制机制。

3.劳有所得

实施“立业兴渝”就业促进计划，高校毕业生就业率在90%以上，中职毕业生就业率在95%以上，贫困毕业生全部实现就业或纳入就业准备活动。促进农民工就地就近转移就业和返乡就业。实施“渝创渝新”创业促进计划，打造一批市级创业孵化基地(园区)，创建一批国家级

返乡创业试点区县和市级返乡创业示范园区、示范街镇，开展"渝创渝新"创业大赛。

4.病有所医

推进市级健康惠民工程项目建设，抓好三级医院创建工作。实施儿童医疗能力提升工程，优化儿童医疗资源布局。大力开展全科医师规范化培训、转岗培训、助理全科医生培训等，做好做实家庭医生签约服务，提升基层卫生服务能力。实施中医药发展工程，推动市中医院和北碚中医院传承创新项目建设，推进垫江国家中医药发展综合改革试验县建设。实施人才科技创新工程、医疗惠民工程，继续开展妇女"两癌"免费检查及救助。建设全民健康信息平台，完善全市公共卫生大数据监测网络，推动远程会诊、远程培训，探索建立健康医疗大数据共享开放机制。全面夯实基本医保、大病医保、商业保险、医疗救助、慈善帮扶"五重保障"，切实解决因病致贫、因病返贫问题。

5.老有所养

实施社区养老服务"千百工程"，推广医养结合养老模式，新增建设一批社区养老服务站，打造一批市级示范社区养老服务中心。开展养老院服务质量建设专项行动，全面提升养老机构质量，新增养老床位1万张以上。合理布局农村养老服务设施，实施乡镇敬老院提档升级工程。推进具备条件的乡镇敬老院拓展服务功能。持续推进公办养老机构改革，鼓励社会力量办养老。

6.住有所居

以城镇D级危房、老城区内棚户区相对集中的区域、城中村、国有企业棚户区和零星棚户区作为改造重点，完成棚户区改造54万户。以国家级贫困区县、连片特困地区、整村脱贫村农村危房改造为重点，完成农村危房改造3万户。健全公租房集体租赁、优先配租、差别化租金、服务管理等政策，建立完善公租房运营管理长效机制，新增公租房分配和使用2万套。规范发展住房租赁市场，支持专业化、机构化住房租赁企业发展，鼓励发展长期租赁。加强房地产市场监管，保持房地产市场调控政策连续性和稳定性，加快构建房地产健康发展长效机制。

7.弱有所扶

将不能通过产业扶持等政策脱贫或因病返贫的农村困难群众纳入低保兜底，将符合条件的城市困难群众纳入低保兜底，抓好低保应保尽保。抓好医疗救助与大病保险制度衔接，做好农村贫困人口大病专项救治工作，提升医疗救助水平。加强特困人员集中供养服务机构建设。加快建设残疾人康复、托养服务机构，依法救助、分类救助、应急救助流浪乞讨等生活无着落人员。开展农村留守儿童关爱保护和困境儿童保障工作示范创建活动。运用多种技术开展社会救助对象身份认证和行为识别，建立健全"一门受理、协同办理"社会救助工作机制。

8.便民设施服务

建设农村小康路，实施未通达村民小组通达工程，建设里程8300公里，村民小组公路通达率达到91%；实施未通畅村民小组通畅工程，建设里程16000公里，村民小组公路通畅率达到61%。开展主城区交通智能化拥堵治理。开工建设公共停车场80个，新增公共停车泊位2万个以上；完成主城区10万个停车泊位的智能化改造。建成人行步道10条，新建和提档升级30座人行天桥与地下通道。以旅游景点、农村和对外开放社会厕所为重点，加大厕所建设力度，新建旅游厕所1298座，完成农村改厕125万户。在主城区、有条件的区县城区和旅游景区建设一批公共直饮水点，开展居民住宅用水提质行动。推进免费无线局域网建设。实施取消征收主城区路桥通行费。

9.文化体育惠民

新建80个乡镇(街道)、2500个村(社区)综合文化服务中心，开工建设重庆市青少年活动中心。为乡镇(街道)、村(社区)群众送文艺演出、展览、辅导、讲座和电影放映等文化活动14万场次。逐步配齐配好配强乡镇(街道)综合文化服务中心文化专干。整合群文与专业、公益与市场等重大文化活动，举办重庆市民文化艺术节。建设集公共文化服务、文化产品交易、文化行业管理功能的统一文化云平台。开展群众身边体育场地设施建设和"好体育人"志愿服务，主办承办高水平体育赛事。

各位代表，做好2018年工作任务艰巨、责任重大。我们将更加紧密地团结在以习近平同志为核心的党中央周围，在市委坚强领导下，在市人大监督下，按照"五位一体"总体布局和"四个全面"战略布局要求，牢固树立新发展理念，奋力推进全市各项事业不断进步，向着决胜全面建成小康社会、开启社会主义现代化建设新征程的宏伟目标大步前进！

关于重庆市2017年财政预算执行情况和2018年财政预算草案的报告

——2018年1月26日在重庆市第五届人民代表大会第一次会议上

重庆市财政局　封毅

各位代表：

受市人民政府委托，现将重庆市2017年财政预算执行情况和2018年财政预算草案的报告提请大会审查，并请各位政协委员提出意见。

一、落实市人大预算决议情况

2017年，全市财政坚持以习近平新时代中国特色社会主义思想为指导，认真贯彻党的十八大、十九大精神，全面落实习近平总书记视察重庆重要讲话精神，坚持稳中求进工作总基调，全面贯彻新发展理念，统筹推进“五位一体”总体布局，协调推进“四个全面”战略布局，以供给侧结构性改革为主线，扎实做好稳增长、促改革、调结构、惠民生、防风险各项工作，较好地服务了全市经济社会发展大局。按照《重庆市预算审查监督条例》、市四届人大五次会议批准的《关于重庆市2016年财政预算执行情况和2017年财政预算草案的报告》、市四届人大常委会第四十二次会议批准的调整预算，现将2017年开展的主要工作报告如下。

第一，落实积极财政政策，增强经济发展动能。坚持以供给侧结构性改革为主线，落实好各项财税政策，统筹安排财政资金，通过营造优良的财税发展环境，提升实体经济发展活力、质量和效益。落实减税降费政策，把“营改增”、西部大开发、小微企业税收优惠等各项政策落到实处。取消(停征、减免)行政事业性收费和政府性基金，坚持实施社保降费政策，减轻企业负担。落实资金支持创新驱动发展，促进科研机构创新能力提升，支持企业建立研发准备金制度、新产品开发和供应链创新等。通过预算统筹安排、债券发行、市场化融资等方式，支持公路、铁路、机场、水运、轨道、市政、水利等基础设施建设和土地收储等重点项目实施。支持自贸试验区和中新互联互通项目建设，促进贸易便利化，助推内陆开放高地建设。统筹资金支持国企改革，化解煤炭、钢铁等过剩产能，促进重钢等国有企业脱困发展。

第二，坚持保基本兜底线，落实民生保障政策。深入贯彻以人民为中心的发展思想，按照“既尽力而为，又量力而行”的原则，足额兑现基本民生资金需求，提高基本公共服务均等化保障水平，支持普惠性、基础性、兜底性民生改善。“脱贫攻坚”投入稳中有增，落实专项扶贫资金，精准推进深度贫困乡镇、重点贫困村整体脱贫和贫困区县脱贫摘帽，支持18个区县开展财政涉农资金统筹整合试点。提高社保标准和医疗保障水平，全面实施机关事业单位养老保险政策，足额兑现养老保险、失业保险、医保补助、城乡救助等各项提标增支政策；通过财政贴息壮大创业担保贷款发放规模，支持创业带动就业，促进重点群体就业；支持公立医院综合改革，建立公立医院取消药品加成后的分类补偿机制，破除以药补医；提高基本公共卫生服务财政补助标准，促进提升服务水平。切实保障教育投入，逐步提高教育各阶段财政经费保障水平；改善城乡义务教育办学条件,推动职业教育发展。支持文化体制改革,促进基本公共文化服务均等化和标准化。加大生态保护建设投入,保障环境整治各项资金需求,改善城乡生态环境。推进城市棚户区和农村危旧房改造,支持公(廉)租房建设和运营维护。

第三,坚持以问题为导向,深化财政改革。以人大监督、审计监督发现的问题为导向,通过推行零基预算等制度,在预算编制、执行和公开等环节进行重大改革,积极应对财政收支矛盾,调整优化财政支出结构。建立预算编制公开评审制度,从提高预算编制质量入手,实行“用钱先评审、开门办预算”,由人大代表、专家教授等组成联合评审组,对2018年37个部门的110多个重点专项开展公开评审,增强预算制度约束力。建立预算执行“零结转”制度,对部门年底未执行完的预算,全部收回统筹,盘活存量资金,加大统筹力度,增强调控效能。建立预决算信息公开制度,依法推动预决算公开制度化、规范化、常态化,打造透明账本,主动接受监督,初步构建起信息公开长效机制。启动财政事权和支出责任划分改革,完成市与区县实际支出分担情况摸底调查,制定改革总体方案。

第四,规范财政管理,提升理财水平。坚持完善财政管理体制机制,以提高财政资金使用绩效为目标,统筹处理好点上突破和面上推进的关系,聚焦重点领域精准发力。加强政府性债务管控,建立政府性债务风险应急处置机制,稳步推进融资平台分类规范管理,组织开展不规范的融资担保和以政府购买服务名义违规融资等行为的清理整改。深入实施绩效管理,对146个市一级预算单位和38个区县开展综合评价,对民营经济发展专项转移支付、科技创新券等开展绩效评价,将评价结果与预算安排有机结合。开展市级单位“经营性资产、银行账户、自有收入”三项清理,全面摸清底数,理清改革思路,促进规范管理。国库集中支付电子化管理实现市级全覆盖,12个区县完成改革试点。

各位代表,2017年,财政部门坚决落实人大审查决议,主动接受人大代表和政协委员监督,持续改进和加强服务人大代表、政协委员工作,认真办理人大代表建议230件和政协委员提案211件,加大与代表委员沟通交流力度,积极听取和吸纳代表委员提出的意见建议,进一步改进财政工作,不断提高为民依法理财的水平。

二、2017年预算执行情况

(一)全市财政预算执行情况

1.一般公共预算(见表1)

表1 2017年全市一般公共预算收支平衡情况

收 入	执行数(亿元)	支 出	执行数(亿元)
总 计	5216	总 计	5216
一、本级收入	2252	一、本级支出	4337
税收	1476	二、转移性支出	879
非税	776	上解中央	23
二、转移性收入	2964	地方政府债务还本支出	462
中央补助	1717	安排预算稳定调节基金	162
调入预算稳定调节基金	138	结转下年	232
调入资金	263		
地方政府债务收入	608		
上年结转	238		

——全市一般公共预算收入2252亿元，同口径增长3%。其中，税收收入1476亿元，同口径增长7.3%。加上中央补助收入1717亿元、地方政府债务收入608亿元，以及调入预算稳定调节基金、上年结转、调入资金等639亿元后，收入总计5216亿元。

——全市一般公共预算支出4337亿元，增长7.9%，加上上解中央支出23亿元、地方政府债务还本支出462亿元，以及安排预算稳定调节基金和结转下年等394亿元后，支出总计5216亿元。

2.政府性基金预算（见表2）

表2　2017年全市政府性基金预算收支平衡情况

收　入	执行数(亿元)	支　出	执行数(亿元)
总　计	3370	总　计	3370
一、本级收入	2251	一、本级支出	2182
二、转移性收入	1119	二、转移性支出	1188
中央补助	106	调出资金	168
地方政府债务收入	715	地方政府债务还本支出	336
上年结转	298	结转下年	684

——全市政府性基金预算收入2251亿元，增长52.5%，加上中央补助收入106亿元、地方政府债务收入715亿元，以及上年结转298亿元后，收入总计3370亿元。

——全市政府性基金预算支出2182亿元，增长26.9%，加上地方政府债务还本支出336亿元，以及调出资金和结转下年等852亿元后，支出总计3370亿元。

3.国有资本经营预算（见表3）

表3　2017年全市国有资本经营预算收支平衡情况

收　入	执行数(亿元)	支　出	执行数(亿元)
总　计	148	总　计	148
一、本级收入	127	一、本级支出	99
二、转移性收入	21	二、转移性支出	49
中央补助	12	调出资金	39
上年结转	9	结转下年	10

——全市国有资本经营预算收入127亿元，增长40%，加上中央补助12亿元、上年结转9亿元后，收入总计148亿元。

——全市国有资本经营预算支出99亿元，增长35.9%，加上调出资金39亿元、结转下年10亿元后，支出总计148亿元。

4.社会保险基金预算

——全市社会保险基金预算收入1616亿元，同口径增长7.5%。其中，基本养老保险基金收入1121亿元，基本医疗保险基金收入456亿元，失业保险基金收入17亿元，工伤保险基金收入22亿元。

——全市社会保险基金预算支出1508亿元，同口径增长8.3%。其中，基本养老保险基金支出1048亿元，基本医疗保险基金支出426亿元，失业保险基金支出15亿元，工伤保险基金支出19亿元。加上结转下年支出108亿元后，支出总计1616亿元。历年滚存结余1450亿元。

(二)市级一般公共预算执行情况(见表4)

表4 2017年市级一般公共预算收支平衡情况

收 入	执行数(亿元)	支 出	执行数(亿元)
总 计	3510	总 计	3510
一、本级收入	825	一、本级支出	1238
税收	504	二、转移性支出	2272
非税	321	上解中央	23
二、转移性收入	2685	补助区县	1440
中央补助	1717	地方政府债务还本支出	174
区县上解	139	安排预算稳定调节基金	111
调入预算稳定调节基金	85	地方政府债务转贷支出	433
调入资金	45	结转下年	91
地方政府债务收入	608		
上年结转	91		

1.收入项目执行情况

市本级一般公共预算收入825亿元，同口径增长2.6%。其中,税收收入504亿元,同口径增长4.2%;非税收入321亿元,下降5.8%。

市本级一般公共预算收入加上中央补助1717亿元、地方政府债务收入608亿元、区县上解139亿元、调入预算稳定调节基金85亿元、上年结转91亿元、调入资金45亿元后,收入总计3510亿元。

2.支出项目执行情况

市本级一般公共预算支出1238亿元,增长9.2%,加上补助区县1440亿元、上解中央23亿元、地方政府债务转贷支出433亿元、地方政府债务还本支出174亿元、安排预算稳定调节基金111亿元、结转下年91亿元后，支出总计3510亿元。

特别需要说明的是,2017年市本级预备费预算15亿元,实际支出7亿元,剩余8亿元全部转入预算稳定调节基金。市本级预算稳定调节基金余额111亿元。2017年市本级一般公共预算结余结转91亿元,与上年基本持平。

市级主要支出政策落实情况如下:

——教育方面。市本级教育支出101亿元,补助区县124亿元。改善义务教育薄弱学校基本办学条件,支持公共实训基地、中职产教融合等项目建设,支持教育均衡化、优质化发展。完善各教育阶段困难学生“奖、贷、勤、减、补”有机结合的资助政策体系，提高义务教育阶段困难生的生活补助标准，免除高中阶段困难生教科书费和学费,实施大学阶段困难生免(补)学费资助政策。实现高职生均财政拨款达标,引入绩效评价,大力支持高校“双一流”建设。支持学前教育、特殊教育发展。落实边远贫困地区教师补助、培训等政策。

——科技创新方面。市本级科学技术支出24亿元,补助区县1亿元。积极推进“放管服”改革,形成创新项目分类评价、预算调整权下放、结余经费留用及第三方管理等制度。综合运用科技创新券等普惠性财税政策，支持国家自主创新示范区产业技术创新和科技服务平台建设,激励奖补全社会研发创新投入。

——文体传媒方面。市本级文化体育与传媒支出15亿元，补助区县5亿元。加大对重大文化惠民工程、重大文化活动的投入。支持公益性文化体育场馆向社会免费或低收费开放,普及推广全民阅读、全民艺术和全民健身。提高基本公共文化服务标准化和均等化水平。加大政府购买公共文化服务力度，实施文化消费惠民计划。支持竞技性、群众性体育发展。

——社会保障和就业方面。市本级社会保

障和就业支出378亿元,补助区县122亿元。重点扶持高校毕业生、返乡农民工、去产能职工等群体就业创业,实施创业担保贷款财政贴息、社会保险和职业培训补贴政策。全面实施机关事业单位养老保险制度改革,企业职工和机关事业单位离退休人员养老金标准平均提高5.5%,惠及350余万人。城乡低保救助水平分别提高到每月500元和350元,保障约95万城乡低保群众基本生活。完善城乡特困供养制度,每月补助提高到650元,保障约19万城市"三无"、农村"五保"、事实无人抚养儿童、孤儿等城乡特困人员基本生活。完善医疗救助体系,推动建立扶贫济困医疗基金,对困难群众实施医疗救助。建立地方补助机制,落实优抚抚恤对象待遇。对约4万失能人员建立每月200元的护理补贴。支持残疾人和红十字事业发展。

——医疗卫生方面。市本级医疗卫生与计划生育支出38亿元,补助区县151亿元。推动公立医院综合改革,对公立医院取消药品加成实行分类补偿,破除以药补医。城乡居民医保财政补助标准提高到人均450元/年,惠及2600余万人。生育保险与基本医疗保险顺利合并实施。基本公共卫生服务财政补助标准提高到人均50元/年。落实基层医疗卫生机构基本药物、绩效工资和村卫生室建设补助政策。保障重大公共卫生服务项目实施。落实计划生育家庭奖励扶助和特别扶助政策。支持创建食品安全示范城市,支持食品药品监管能力建设。

——环境保护方面。市本级节能环保支出35亿元,补助区县45亿元。补助乡镇污水处理厂建设运营,开展工业企业土壤污染详查和农村环境连片整治,推进"五大环保行动"。落实中央环保督察整改要求,支持市和区县环保能力建设,完善环保监测预警体系。推动8个市级地下综合管廊、3个市级海绵城市试点。支持主城区垃圾处置中转站建设。加大自然保护区市级经费保障力度。支持新能源汽车推广应用,继续推动钢铁、煤炭去产能。

——农林水方面。市本级农林水支出40亿元,补助区县234亿元。推进建立以绿色生态为导向的农业补贴制度改革,健全财政支农资金管理制度。深入实施农业项目财政补助资金股权化改革。支持国家现代农业产业园和田园综合体建设,促进农村一二三产业融合发展。构建政策性农业信贷担保体系,加大农业保险支持力度。支持长江上游重要生态屏障建设。实施新一轮退耕还林,保障林业重点工程全面实施。建立森林生态效益补偿长效机制。支持观景口、金佛山等重点水源工程建设,推动高效节水灌溉、中小河流治理、山坪塘整治、农村饮水等农田水利建设。全面落实脱贫攻坚各项政策措施,深化涉农资金整合试点,重点支持深度贫困地区,保障脱贫攻坚资金需求。启动扶持村集体经济发展试点。

——交通方面。市本级交通运输支出166亿元,补助区县104亿元。支持渝贵快铁、郑万铁路和枢纽东环线等重点项目建设,支持重庆西站一期和沙坪坝站建成,推进第三个"1000公里"高速公路建设,推动果园港、珞璜港、龙头港、新田港四大枢纽港建设升级,支持江北机场第三跑道和T3A航站楼建成投用。推进农村公路"通畅通达"工程,完成800公里国省道改造。

——城乡建设方面。市本级城乡社区支出194亿元,补助区县20亿元。支持五号线、十号线(北段)城市轨道建成通车,加快四号线、九号线和环线等城市轨道建设。推进郭家沱大桥、华岩隧道西延伸段、含谷立交等城市道路、桥梁和隧道建设,完善主城区次支路网,改善交通微循环,缓解主城区出行拥堵。加快农村危旧房改造,支持特色小城镇建设,改善农村人居环境。

——工商业发展方面。市本级工业商业金融等支出31亿元,补助区县36亿元。支持创新驱动发展,对企业新增研发投入、重大新产品研发、产业链创新给予补助。促进工业稳增长,对汽车、电子等重点产业稳产增效和"双百"企业流动资金贷款实施奖补。大力发展一般贸易、加工贸易、服务贸易,支持国际贸易"单一窗口"上线运行。支持举办"渝洽会"、"糖酒会"等重大展会活动。实施电子商务进农村示范、冷链物流综合示范、供应链体系建设。支持旅游宣传推广，推动全域旅游发展。支持国有企业剥离办社会职能，全面保障粮油、电力电煤、食盐等政策性储备，稳定市场供需。

——市对区县转移支付总量1440亿元，其中：财力补助523亿元，上述重点支出政策等补助917亿元，区县保基本运转、保社会民生的基本公共服务保障能力进一步增强。

（三）市级政府性基金预算执行情况（见表5）

表5 2017年市级政府性基金预算收支平衡情况

收 入	执行数(亿元)	支 出	执行数(亿元)
总 计	2449	总 计	2449
一、本级收入	1489	一、本级支出	866
二、转移性收入	960	二、转移性支出	1583
中央补助	106	补助区县	663
区县上解	20	调出资金	22
地方政府债务收入	715	地方政府债务还本支出	41
上年结转	119	地方政府债务转贷支出	445
		结转下年	412

1.收入项目执行情况

市本级政府性基金收入1489亿元，增长82.5%，加上中央补助106亿元、地方政府债务收入715亿元、上年结转119亿元、区县上解20亿元后，收入总计2449亿元。

——国有土地使用权出让收入1420亿元，增长83.3%。

2.支出项目执行情况

市本级政府性基金预算支出866亿元，增长87.5%，加上补助区县663亿元、地方政府债务转贷支出445亿元、地方政府债务还本支出41亿元、结转下年412亿元、调出资金22亿元后，支出总计2449亿元。

——市本级城乡社区支出836亿元。主要是国有建设用地土地成本支出484亿元，土地收益主要安排用于城市轨道、机场、道路及重点园区等基础设施建设支出253亿元，保障性住房安居工程及教育、地质灾害防治、环保搬迁等民生项目支出99亿元。

（四）市级国有资本经营预算执行情况（见表6）

表6 2017年市级国有资本经营预算收支平衡情况

收 入	执行数(亿元)	支 出	执行数(亿元)
总 计	100	总 计	100
一、本级收入	85	一、本级支出	82
二、转移性收入	15	二、转移性支出	18
中央补助	12	调出资金	11
上年结转	3	补助区县	3
		结转下年	4

1.收入项目执行情况

市本级国有资本经营预算收入85亿元，增长45.2%，主要是国企股权多元化改革所实现的转让收入和企业上缴利润。加上中央补助12亿元、上年结转3亿元，收入总计100亿元。

2.支出项目执行情况

市本级国有资本经营预算支出82亿元，增长56.6%，主要是支持重钢司法重整、解决国有企业职工家属区"三供一业"分离移交等历史遗留问题。加上调出资金11亿元、补助区县3亿元和结转下年4亿元后,支出总计100亿元。

各位代表,2017年,全市财政收支总体平稳。我们深刻体会到,过去一年财政工作取得的成绩,是以习近平同志为核心的党中央坚强领导的结果,是习近平新时代中国特色社会主义思想正确指引的结果,是全市财政系统认真贯彻中央大政方针和一系列重大战略、贯彻市委重要部署的结果。回首过去五年,全市财政认真学习贯彻习近平总书记视察重庆重要讲话精神,坚持稳中求进工作总基调,贯彻落实新发展理念,以供给侧结构性改革为主线,财政工作取得了新进展。

五年来,财政总体实力有所增强。全市一般公共预算收入突破2200亿元,年均增长10.2%。其中,税收收入近1480亿元,年均增长11.2%。政府性基金收入从2012年的1400多亿元提高到2017年的2200多亿元,保障了重大建设加速推进和社会民生持续改善。国有资本经营预算管理逐步规范,统筹用于公共预算的力度不断加强。社保基金收入从2012年的800多亿元提高到2017年的1600多亿元。

五年来,财税发展环境逐步优化。不折不扣落实结构性减税和社保降费政策,压减140余项行政事业性收费和政府性基金收费项目,累计减轻企业负担约3000亿元。规范优惠扶持政策,突出公平与绩效,维护公平竞争的市场环境。

五年来,财税体制改革稳步推进。十八届三中全会明确了深化财税体制改革的方向,我们着力在全面实行"营改增"、市和区县收入划分、完善转移支付制度等方面推动和落实了一系列重大改革,改革激发的活力、动力日渐显现。

五年来,财政管理水平有所提高。零基预算、绩效预算的理念基本建立,支出体系的标准化不断完善,重点专项资金设立、分配、退出的制度逐步健全,预算公开评审、零结转、预决算公开制度框架基本形成,滚动预算平稳实施,财政统筹预算、债券、金融等资源的能力有所增强。

五年来,政府性债务风险管控制度基本建立。在加强财经纪律、资金安全等风险防范的同时,针对政府性债务,先后在资金管理、预警管理、应急处置预案、平台公司监管等方面出台一系列制度文件,初步形成了政府性债务风险防控制度基本框架。

但是,我们也清醒地认识到,全市财政工作还面临一些长期挑战和突出问题,主要表现在:风险防范意识还需增强,政府隐性债务风险仍然存在;收入质量需进一步提升;面对财政收入中低速增长的现状,预算紧平衡特征明显,支出结构调整还需进一步加大力度,理财创新的能力还需进一步提高,部分区县内生动力不足;财政改革有待深化,预算的约束力还不强,不规范使用财政资金的行为时有发生,资金的使用绩效还不高,预算的公开透明还不够,改革的压力传导还不足,现行财政管理体制与新时代要求还有一定的差距;理财观念亟须转变,现有的理财方式和手段与全市经济社会发展的阶段和要求还不相适应。对此,我们将高度重视、突出重点,坚持问题导向,着力推动理念的变革、改革的深化、理财的创新,全面提升财政管理水平。

三、2018年预算草案

党的十九大为我们推进改革发展稳定各项事业指明了前进方向,全市财政将全面贯彻党的十九大精神,以习近平新时代中国特色社会主义思想为指导,深入落实习近平总书记视察重庆重要讲话精神,落实市委五届三次全会部署,拥抱新时代,践行新思想,实现新作为。2018年是贯彻党的十九大精神的开局之年,是改革开放40周年,是决胜全面建成小康社会、实施"十三五"规划承上启下的关键一年,综合分析全市财经形势,现将预算编制及草案报告如下:

1.指导思想

深入贯彻党的十九大精神,深学笃用习近平新时代中国特色社会主义思想,紧紧围绕习近平总书记对重庆提出的“两点”“两地”定位和“四个扎实”要求，坚持和加强党的领导，坚持稳中求进工作总基调，坚定贯彻新发展理念，紧扣社会主要矛盾变化，按照高质量发展的要求，统筹推进“五位一体”总体布局，协调推进“四个全面”战略布局，统筹推进稳增长、促改革、调结构、惠民生、防风险各项工作，以供给侧结构性改革为主线，全力推动质量变革、效率变革、动力变革，努力使人民群众的获得感、幸福感、安全感更加充实、更有保障、更可持续。把加快建立现代财政制度作为决胜全面建成小康社会的重要保障，注重收入质量，注重支出绩效，注重激励约束，注重风险管控，逐步建立权责清晰、财力协调、区域均衡的市与区县财政关系，逐步建立全面规范透明、标准科学、约束有力的预算制度，逐步建立全面实施绩效管理体制机制，有效防控政府性债务风险，坚决遏制隐性债务增量，提高理财质量和效益，为落实市委五届三次全会的各项决策部署提供资金保障。

2.预算编制主要思路

市委五届三次全会部署的“三大攻坚战”和“八项行动计划”，赋予了财政新的使命，对财政提出了新的要求。全市财政将紧扣目标任务，在2018年预算编制中主要遵循以下思路。

一是着力推动理念变革。在财政收入上，由“重规模”向“重质量”转变，让收入增长与经济增长更协调，让可用财力与发展需求更匹配。在财政支出上，由“重投入”向“重绩效”转变，坚决修正、调整、腾退不可持续和无效低效的支出政策，产业扶持由“事前补助”向“事后奖励”转变。在平衡方式上，由“静态平衡”向“滚动平衡”转变，合理安排项目时序，跨年兑现项目支出，以“时间”换“空间”。

二是着力深化财政改革。深化财政事权和支出责任划分改革，按照中央总体部署，在关键环节和领域率先突破，逐项理顺市与区县两级的权责关系。推进收入划分改革，调整完善市与区县收入划分格局，调动市和区县两级积极性。继续深化转移支付改革，支持区县加大转移支付统筹力度。深化绩效预算改革，将绩效管理深度融入预算编制、执行、监督全过程，强化绩效责任硬约束。加快推进国库资金集中支付改革，实现支付电子化和乡镇全覆盖，将基建等大额资金纳入改革范围，对扶贫资金实行县级国库集中支付。主动接受人大监督，推进人大联网监督工作。强化财政监督，严格管控违规使用财政资金的风险，严肃财经纪律，加大问责查处力度。

三是着力创新理财方式。加强预算统筹衔接，优先保工资、保运转、保基本民生。强化“资金、资产、资源”统筹，采取市场化的方式吸引社会资本，扩大基础设施建设领域筹资来源，确保市委、市政府各项重大决策部署的落地。探索建立“统承统贷统还”机制，优化财政资源配置，提高财政资金使用效率。转变财政资金使用方式，突出财政公共性和普惠性。坚持尽力而为、量力而行，调整财政支出结构，切实增强财政的可持续性。

3.2018年财政重点工作

(1)支持打好防范化解重大风险攻坚战。严格按照“增强风险意识、防范风险挑战”的要求，有力有效防控政府性债务风险。加强风险源头管控，摸清隐性债务底数，清理资产资源情况，找准风险点和潜在隐患，制定化解隐性债务方案，稳妥处置隐性债务存量，坚决遏制隐性债务增量。加强平台公司债务管控，探索建立联合监管机制，强化债务全方位动态监控。周密组织债券发行，确保债券资金及时到位，全面完成存量政府债务置换，加大发行土地储备专项债券。明晰各级责任，健全终身问责、倒查责任制度，坚决制止政府违规举债、违规承诺担保等行为，牢牢守住不发生系统性、区域性金融风险的底线。

(2)支持打好精准脱贫攻坚战。持续加大财政资金投入，健全深化脱贫攻坚财政支持政策，注重社会救助制度与扶贫开发政策有效衔接，加强涉农资金统筹整合使用，开展扶贫资金绩效管理。向深度贫困地区聚焦发力，新增脱贫攻坚资金优先满足18个深度贫困乡镇。瞄准特殊贫困人口精准帮扶，支持贫困区县全面设立健康扶贫医疗基金，切实减轻农村贫困人口实际医疗费用负担，推动解决因病致贫、因病返贫，完善建档立卡贫困家庭大学生资助政策，对所有重庆籍建档立卡贫困家庭大学生给予学费资助和生活费补助，确保学生不因家庭经济困难而失学辍学。

(3)支持打好污染防治攻坚战。积极贯彻落实长江流域“共抓大保护、不搞大开发”决策部署，支持打造“山清水秀美丽之地”。加大生态补偿转移支付力度，引导建立市域内流域横向生态保护补偿机制，支持长江上游生态屏障建设。落实污染防治攻坚三年行动计划，支持市场化、法治化方式治理环境突出问题，保障环境监管能力建设。完善政府购买污水处理服务机制，支持污水处理提质改造，推进垃圾二次转运站建设。落实生态优先绿色发展战略行动计划，加快构建创新绿色循环发展的产业体系，探索多元化、市场化生态补偿运行机制。

(4)深化供给侧结构性改革。加大减税降费力度，把“放管服”各项要求与财政工作紧密结合，落实“营改增”、企业创新发展等税收政策，释放更大减税效应，为实体经济发展营造良好环境。评估完善“企业减负30条”等政策，进一步压减行政事业性收费项目，取消征收主城区路桥通行费。抓好“三去一降一补”重点任务，继续支持化解过剩产能，促进新动能持续快速成长。与此同时，依法征收财政收入，进一步提高收入质量，保持收入增长与经济增长相协调。

(5)支持科技和创新驱动发展。抓好高新技术企业所得税优惠、研发费用加计扣除、研发准备金奖励、重大新产品研发补助等财税政策落地，激发企业更好发挥创新主体作用。支持引进培育国家重点实验室等重大创新平台，完善知识价值信用评价体系及风险防控与补偿机制。整合资金设立工业和信息化专项，加大财政投入力度，重点支持大数据智能化产业项目引进、前沿基础研究、关键共性技术攻关、成果转移转化。发挥种子基金、天使基金、产业引导基金等政府投资基金作用，引导更多社会资本支持大数据智能化发展。采取市场化运行为主、政府补助为辅的方式，支持公共区域免费无线局域网建设。促进军民融合发展，支持在渝军工企业发展军转民项目，打造军民融合、产学研一体的科技创新中心和平台。

(6)支持乡村振兴。加大财政投入和专项资金统筹力度，建立健全支持城乡融合发展财政政策体系。支持完善农村“交通网”、“水利网”、“信息网”，改善农村基础条件。大力发展特色效益农业，促进农村一二三产业融合发展，支持农旅融合发展。支持多种形式适度规模经营，健全农业社会化服务体系。支持农村畜禽粪污、生活污水、生活垃圾等污染治理和“厕所革命”，改善农村生态环境。以农村“三变”改革为总抓手，深化农业产业项目股权化改革，加大扶持村集体经济力度。支持“四好农村路”等一批民生项目建设。

(7)支持基础设施建设。加大财政资金统筹力度，鼓励和吸引社会资本，改革完善现有铁路、高速公路建设筹资模式，落实市级与区县筹资和投入责任，确保铁路、高速、国省道和小康路等交通建设三年行动计划的顺利推进，进一步打通对外联络大通道、优化区域交通网络。加快重庆铁路枢纽东站、西站二期建设，推进“一干两支”重点港口建设，发展铁路、水运、公路联运，支持进一步提升重庆综合交通枢纽功能。加快推进主城区缓解交通拥堵三年行动计划，推动城市道路、桥梁和隧道建设，继续完善主城区次支路网，打通断头路、改善微循环，提升主城区道路通行效率。支持水利基础设施建设，加强重大水利工程和水利薄弱环节建设。

(8)支持教育文体发展。扩大公办和普惠性学前教育资源，建立与管理体制相适应的生均拨款、资助、奖补等学前教育经费投入机制。巩固完善城乡统一、重在农村义务教育经费保障机制，推动城乡义务教育均衡发展。建立健全普通高中投入机制，落实生均公用经费，普及高中教育。调整优化教育支出结构，支持中职、高职与应用型本科人才培养体系建设。完善高等教育预算拨款制度，重点支持一流大学、一流学科建设和大学紧缺学科专业建设，推动教育与产业对接、人才与发展匹配，促进高等教育内涵式发展。支持拓宽文化建设融资渠道，完善公共文化服务体系，丰富群众文化生活。支持实施全民健身计划。

(9)支持社会保障和医疗卫生制度落实。加大财政投入力度，以需求为导向，保障和改善民生，不断增强人民群众的获得感。落实就业优先战略和积极就业政策，保障重点企业用工，推动人才引进，促进创业带动就业。继续提高城乡居民医保财政补助标准，探索启动划转部分国有资本充实社保基金。落实救助标准与物价挂钩的联动机制，适时调整城乡低保标准。支持养老服务体系建设。支持残疾人、红十字等事业发展。保障自然灾害生活救助。完善财政投入机制，巩固医药卫生体制改革成果，支持分级诊疗和现代医院管理制度建设。继续提高基本公共卫生服务财政补助标准，保障重大公共卫生投入，支持实施国家基本药物制度，提高计划生育特殊家庭扶助标准。继续支持食品安全示范城市创建，提高食品药品安全监管能力和水平。

(10)支持内陆开放高地建设。统筹现有专项资金，支持建设内陆国际物流枢纽，完善铁路、陆路、航空和水运立体发展的对外开放通道体系，推动互联互通。支持完善口岸功能，发挥自贸试验区、中新互联互通项目等重点开放平台引领作用。积极培育开放主体，优化开放型经济产业体系。支持外贸稳增长、调结构，大力发展总部经济，加快推进供应链体系建设和冷链物流发展。促进商贸服务业创新发展，鼓励发展电子商务、会展业等战略性新兴服务业，支持全域旅游发展。

(11)优化区域扶持政策。调整完善区域扶持政策，优化区域间一般性转移支付结构，促进财力分布更加协调，逐步缩小人均财力差异。支持主城区完善城市功能；支持渝西地区统筹城乡发展和交通、供水等基础设施建设；支持渝东北、渝东南地区绿色发展和脱贫攻坚，完善生态补偿转移支付制度。

4.全市财政收支预算草案

一般公共预算(见表7)。全市一般公共预算收入预计2365亿元，增长5%，其中，税收收入预计1602亿元，增长8.5%。全市一般公共预算收入加上中央提前下达转移支付、调入预算稳定调节基金、地方政府债务收入等1770亿元后，收入总计4135亿元。全市一般公共预算支出安排3965亿元，加上上解中央支出及地方政府债务还本支出170亿元后，支出总计4135亿元。

表7 2018年全市一般公共预算收支平衡情况

收 入	预算数(亿元)	支 出	预算数(亿元)
总 计	4135	总 计	4135
一、本级收入	2365	一、本级支出	3965
税收	1602	二、转移性支出	170
非税	763	上解中央	24
二、转移性收入	1770	地方政府债务还本支出	146
中央补助	1375		
调入预算稳定调节基金	93		
地方政府债务收入	146		
调入资金	156		

政府性基金预算(见表8)。全市政府性基金预算收入预计1750亿元，加上中央提前下达的转移支付收入及地方政府债务收入74亿元后，收入总计1824亿元。全市政府性基金预算支出安排1686亿元，加上调出资金及地方政府债务还本支出138亿元后，支出总计1824亿元。

表 8　2018 年全市政府性基金预算收支平衡情况

收　入	预算数(亿元)	支　出	预算数(亿元)
总　计	1824	总　计	1824
一、本级收入	1750	一、本级支出	1686
二、转移性收入	74	二、转移性支出	138
中央补助	45	调出资金	109
地方政府债务收入	29	地方政府债务还本支出	29

国有资本经营预算(见表 9)。全市国有资本经营预算收入预计 75 亿元,加上中央补助 4 亿元,收入总计 79 亿元。全市国有资本经营预算支出安排 49 亿元, 加上调出资金 30 亿元后,支出总计79 亿元。

表 9　2018 年全市国有资本经营预算收支平衡情况

收　入	预算数(亿元)	支　出	预算数(亿元)
总　计	79	总　计	79
一、本级收入	75	一、本级支出	49
二、转移性收入	4	二、转移性支出	30
中央补助	4	调出资金	30

社会保险基金预算。全市社会保险基金预算收入预计 1666 亿元,增长 3.1%。其中,基本养老保险基金收入 1136 亿元,基本医疗保险基金收入 493 亿元,失业保险基金收入 18 亿元,工伤保险基金收入 19 亿元。全市社会保险基金预算支出安排 1634 亿元,增长 8.4%。其中,基本养老保险基金支出 1117 亿元,基本医疗保险基金支出 479 亿元,失业保险基金支出 18 亿元,工伤保险基金支出 20 亿元。加上结转下年支出预计 32 亿元后,支出总计 1666 亿元。

(一)市级一般公共预算收支预算草案(见表 10)

表 10　2018 年市级一般公共预算收支平衡情况

收　入	预算数(亿元)	支　出	预算数(亿元)
总　计	2495	总　计	2495
一、本级收入	853	一、本级支出	1098
税收	546	二、转移性支出	1397
非税	307	上解中央	24
二、转移性收入	1642	补助区县	1227
中央补助	1375	地方政府债务还本支出	44
区县上解	51	地方政府债务转贷支出	102
调入预算稳定调节基金	46		
地方政府债务收入	146		
调入资金	24		

1.收入项目预算情况

市本级一般公共预算收入预计 853 亿元,增长 3.5%。其中,税收收入预计 546 亿元,增长 8.5%;非税收入 307 亿元,下降 4.4%。

市本级一般公共预算收入加上中央提前下达转移支付1375亿元、调入预算稳定调节基金46亿元、调入资金24亿元、区县上解收入51亿元、地方政府债务收入146亿元后，收入总计2495亿元。

2.支出项目预算情况

市本级一般公共预算支出安排1098亿元，加上市对区县转移支付1227亿元、上解中央支出24亿元、地方政府债务还本支出44亿元、地方政府债务转贷支出102亿元后，支出总计2495亿元。

——市本级一般公共服务支出安排87亿元。

——市本级公共安全支出安排88亿元，补助区县5亿元。

——市本级教育支出安排105亿元，补助区县107亿元。

——市本级科学技术支出安排17亿元，补助区县3亿元。

——市本级文化体育与传媒支出安排14亿元，补助区县2亿元。

——市本级社会保障和就业支出安排333亿元，补助区县89亿元。

——市本级医疗卫生与计划生育支出安排42亿元，补助区县145亿元。

——市本级节能环保支出安排26亿元，补助区县5亿元。

——市本级城乡社区支出安排121亿元，补助区县23亿元。

——市本级农林水支出安排24亿元，补助区县177亿元。

——市本级交通运输支出安排95亿元，补助区县90亿元。

——市本级工业商业金融等支出安排41亿元，补助区县18亿元。

——市本级国土海洋气象支出安排20亿元，补助区县9亿元。

——市本级住房保障支出安排24亿元，补助区县23亿元。

——其他支出安排16亿元。

——预备费安排18亿元。

——市对区县转移支付预算1227亿元，其中：财力补助530亿元，上述重点支出政策补助697亿元。在预算执行中，随着中央转移支付的陆续下达，市对区县转移支付预算还会有所增加。

（二）市级政府性基金预算草案（见表11）

表11 2018年市级政府性基金预算收支平衡情况

收 入	预算数(亿元)	支 出	预算数(亿元)
总 计	955	总 计	955
一、本级收入	881	一、本级支出	526
二、转移性收入	74	二、转移性支出	429
中央补助	45	补助区县	385
地方政府债务收入	29	地方政府债务转贷支出	29
		调出资金	15

市本级政府性基金预算收入预计881亿元，主要包括土地出让收入850亿元。加上中央补助45亿元、地方政府债务收入29亿元后，收入总计955亿元。

市本级政府性基金预算支出安排526亿元，加上补助区县385亿元、调出资金15亿元、地方政府债务转贷支出29亿元后，支出总计955亿元。

(三)市级国有资本经营预算草案(见表12)

表12　2018年市级国有资本经营预算收支平衡情况

收 入	预算数(亿元)	支 出	预算数(亿元)
总 计	39	总 计	39
一、本级收入	35	一、本级支出	30
二、转移性收入	4	二、转移性支出	9
中央补助	4	调出资金	9

市本级国有资本经营预算收入预计35亿元,加上中央补助4亿元,收入总计39亿元。

市本级国有资本经营预算支出安排30亿元,加上调出资金9亿元,支出总计39亿元。

各位代表！适应新时代、聚焦新目标、落实新部署，全市财政将更加紧密团结在以习近平同志为核心的党中央周围，在市委的坚强领导下,在市人大的监督下,把党的十九大精神全面落实在各项财政工作当中，凝心聚力抓好市委五届三次全会重大决策部署的落地，为决胜全面建成小康社会、开启社会主义现代化建设新征程而努力奋斗!

第二编
经济与社会发展综述

2017年重庆市经济社会发展概况

重庆市发改委 邓舒洪

2017年，我市在习近平新时代中国特色社会主义思想的指引下，全面贯彻落实党的十八大和十八届三中四中五中六中七中全会决策部署，深入学习贯彻党的十九大精神，统筹推进"五位一体"总体布局,协调推进"四个全面"战略布局,紧扣供给侧结构性改革主线,扎实做好稳增长、促改革、调结构、惠民生、防风险各项工作。特别是自去年7月以来,在以习近平同志为核心的党中央坚强领导下，市委团结带领全市干部群众，以习近平总书记视察重庆重要讲话和关于做好重庆当前工作的重要指示精神为指导,坚决肃清孙政才恶劣影响和薄熙来、王立军流毒,把思想统一起来,把力量凝聚起来,把责任担当起来,把各项任务落实下去,保持了政治大局稳定、干群思想稳定、社会和谐稳定,改革发展稳定各项事业扎实推进，全年地区生产总值达到19500亿元、增长9.3%,经济社会发展呈现出稳中向好的发展势头。

一、固定资产投资保持稳定增长

投资总量稳中有进,结构持续优化。市级重点项目完成投资4715亿元,带动全社会固定资产投资增长9.5%。工业投资增长8.9%,其中技术改造投资增长14.2%,占比27.5%、提高9.9个百分点。互联互通重大基础设施建设提速,投资增长15.8%,占比超过30%。兰渝铁路开通运营，渝贵快铁建成投用，铁路运营里程新增140公里、总里程达到2371公里。渝广、南道等高速公路顺利建成,省级出口增至19个,通车里程新增205公里、总里程达到3023公里。800公里国省道完成改造,8000公里农村公路完成硬化。川渝第三通道等一批重点电网项目建成投用,新增变电容量808万千伏安、线路1090公里,电网骨干网形成500kV"日"字形双环网结构。轨道交通五号线一期大龙山至园博中心段、十号线王家庄至鲤鱼池段建成通车,运营里程新增51公里、总里程达到264公里。果园港铁水联运接驳改造基本完成,龙头、新田、珞璜枢纽港一期建成投用。江北国际机场T3A航站楼及第三跑道投用，国际航线增至69条。改造棚户区607万平方米。民间投资增长13.5%，占全社会投资54.6%,比上年提高3.6个百分点。

二、产业结构调整步伐加快

推动传统支柱产业、战略性新兴产业和现代服务业多点支撑，强化招商引资引智和重点项目带动,规模以上工业增加值增长9.6%、利润增长22%。智能终端持续放量,电子制造业增加值增长27.7%。汽车产业努力向智能化和新能源方向转型,一批新车型投放市场,汽车产业增加值增长6.2%。装备、化医、材料、消费品等行业稳中有升，增加值分别增长9.3%、12.6%、7.6%和9.3%。新型显示、节能环保、生物医药等战略性新兴制造业增加值增长25.7%，液晶显示屏、智能手机、集成电路、页岩气等产量分别增长130%、58.1%、38.5%和19.2%。新业态新模式加快培育，服务业增加值占地区生产总值比重提高0.8个百分点。社会消费品零售总额超过8000亿元,电子商务加快发展,限额以上企业网上零售额增长34.3%。国家服务业综合改革试点有序开展,国家大数据综合试验区加快建设,成为全国首批工业云创新服务和互联网与工业融合创新试点省市，软件信息服务业收入增长17%。金融服务实体经济能力增强，金融市场体系不断完善，新增社会融资6300亿元，直接融资比例达到40%，新增上市公司8家。国际旅游目的地建设力度加大，旅游总收入增长25%。文化产业增加值增长11%左右。

三、供给侧结构性改革深入实施

钢铁、煤炭去产能完成国家下达任务。全年处置市属国有僵尸企业181户，累计处置僵尸企业412户，完成计划任务。重钢股份司法重整顺利完成。商业商务用房可售面积减少125万平方米。全市规上工业企业资产负债率同比降低3.1个百分点，债转股规模超过180亿元，发行企业资产证券化产品854亿元。金融风险、政府债务风险、房地产市场风险以及企业债务风险得到有效管控。电力体制改革深入推进，输配电价平均降低1.9分/千瓦时。深入落实《关于进一步落实涉企政策促进实体经济平稳发展的意见》，在降低税费负担、人工成本、融资成本、要素成本、制度性交易成本等方面为企业再减负超过400亿元。"放管服"改革协同性增强，行政审批标准化扎实推进，网上行政审批平台实现四级纵向贯通，民营经济增加值增长9.9%、占地区生产总值比重达到50.5%。整合组建市城市管理委员会，设立市旅游发展委员会，改革区县审计管理、安全生产和环保监管体制。

四、创新成为引领发展的新动力

创新驱动发展战略深入实施，全社会研发经费支出约350亿元，占GDP比重为1.79%。新培育入库科技型企业3465家，高新技术企业突破2000家、增长约40%，发展新动能日益显现，高技术产业增加值增长24.9%。设立北斗导航产品质检中心和国家(重庆)商标审查协作中心，获批国家功率半导体封装测试、工业机器人等高新技术产业化基地。新增国家地方联合工程研究中心3家、市级工程(重点)实验室和工程(技术)研究中心133家，同济大学重庆研究院等知名院校落户。累计建设科技企业孵化器77家、各类众创空间307家，其中国家级孵化平台81家；永川、猪八戒网络有限公司分别获批国家第二批双创示范区域、企业。引导组建了轨道交通装备、物联网、智能网联汽车、机器人等10余个产业技术创新联盟。设立科技要素交易中心。创投基金累计参股子基金72只，规模204亿元。重庆OTC科技创新板挂牌企业223家，其中176家为高新技术企业。开展知识价值信用贷款改革试点，89家科技型企业获得融资。

五、内陆开放高地建设向纵深推进

进出口总值增长8.9%，扭住了进出口持续下滑态势。一般贸易结构进一步优化，加工贸易持续增长，服务贸易实现261.3亿美元、增长26%。两江新区开放型经济新体制稳步构建，全年新签约项目318个、合同投资金额约2000亿元，地区生产总值增长11.6%，改善营商环境经验在全国复制推广。重庆自贸试验区正式挂牌，出台创新举措100多项，新注册企业1万多家。中新(重庆)战略性互联互通示范项目新签约31个重点项目、金额50.7亿美元。"渝黔桂新"南向铁海联运班列常态运行。中欧班列(重庆)开行663班，果园港中欧班列(重庆)第二始发站正式运行。江北国际机场新增9条国际航线，旅客吞吐量3872万人次。"3+12+N"物流园区体系加快建设。江津综合保税区成功获批，南彭公路保税物流中心(B型)封关运行，黔江海关建成开关。国家检验检疫综合改革试验区启动建设。重庆石油天然气交易中心挂牌并完成筹建。国际贸易"单一窗口"上线运行，实现全天候通关通检。

六、农业农村稳健发展

农业增加值增长4.1%。粮食、生猪、蔬菜产量稳中有升。新增特色效益农业80万亩，总面积达到1248万亩。农产品网上交易、乡村旅游综合收入分别增长约60%和40%。农村"资源变资产、资金变股金、农民变股东"的"三变"改革积极稳妥推进，农业项目财政补助股权化、农业担保体系、基层供销社等改革深入实施，担保农业小微项目数增长4.11倍。家庭农场、农民合作社和农业龙头企业活跃发展。农村饮水、综合环境整治、危房改造扎实推进，建成一批美丽宜居示范村庄。

七、生态文明建设取得新成效

认真整改中央环保督察反馈问题，黑臭水体等一批环境突出问题得到解决。河长制全面推行，主城区集中式饮用水源保护区船舶码头整治取得实效，长江干流重庆段保持优等水质、支流水质较好，满足水域功能要求。龙溪河流域成为全国首批流域水环境综合治理与可持续发展试点。空气优良天数达到303天，PM2.5浓度下降16.7%，单位地区生产总值能耗和二氧化碳排放量均完成年度目标。划定各区县生态保护红线。璧山成功创建我市首个国家生态文明建设示范区。建立环境监察督察制度，生态环保体制机制改革取得新成效。

八、精准扶贫精准脱贫深入推进

调整优化脱贫目标，出台实施关于深化脱贫攻坚的系列政策措施。产业扶持脱贫、转移就业脱贫、教育资助脱贫、医疗救助脱贫、生态保护脱贫、保障兜底脱贫“六个一批”深入推进，稳定脱贫提升、基础设施提升、产业扶贫提升、生态保护提升、人口素质提升、公共服务提升、村“两委”提升等七大攻坚行动全面实施。万州、黔江、武隆、丰都、秀山5个国家级贫困区县顺利脱贫摘帽，开州、云阳、巫山3个区县正在组织市级检查验收，16万贫困人口、129个贫困村实现脱贫，贫困发生率降至1.1%。

九、社会民生事业持续改善

城镇新增就业74.23万人，城镇登记失业率3.4%，好于预期。城乡养老、医保参保率超过95%，机关事业单位与企业职工基本养老保险制度实现并轨。学前教育毛入园率和普惠率分别达到84.4%和77%，高等教育毛入学率达到45.2%，35个区县通过义务教育均衡发展国家督导认定，普通高校招收贫困学生人数增长25.9%。全市主要劳动年龄人口平均受教育年限达到10.9年。医药卫生体制综合改革有序推进，公立医院取消药品加成和药事服务费，实施药品采购“两票制”，区县域内就诊率达到90%。全面二孩政策效应持续释放。46%的区县创建为“国家卫生区”。公共文化服务体系进一步完善。物价稳定在合理水平。

同时，我们也清醒地认识到，重庆发展不平衡不充分问题仍然突出，我们的工作与党的十九大要求和人民群众期望还有很多差距。主要是：发展质量和效益不高，经济的韧性不够，还需进一步调整结构；对建设“内陆开放高地”和“山清水秀美丽之地”认识不足，工作中存在不少弱项和问题；创新创业创造氛围不浓，创新生态有待改善，全社会研发经费支出占比还低于全国平均水平；民营经济发展活力不强，营商环境还需优化；城乡区域发展不平衡，基础设施领域还有不少短板，基本公共服务欠账较多，居民人均收入仍低于全国平均水平；发展中的各种矛盾和问题相互交织，优化法治环境、创新社会治理任务依然艰巨。

2018年是贯彻党的十九大精神的开局之年，是改革开放40周年，是决胜全面建成小康社会、实施“十三五”规划承上启下的关键一年。我们要适应新时代、聚焦新目标、落实新部署，坚决完成“三大攻坚战”和“八项行动计划”年度任务，为实现长远目标打下坚实基础。要坚持质量第一、效益优先，把提高供给体系质量作为主攻方向，推动质量变革、效率变革、动力变革，加快形成推动高质量发展的政策导向、绩效评价、政绩考核指标体系，迈出转变发展方式、优化经济结构、转换增长动力的坚实步伐。2018年，全市经济社会主要预期目标是：在坚持高质量发展的前提下，夯实基础、做实措施，地区生产总值增长8.5%左右，全社会研发经费支出占比达到1.95%左右；固定资产投资、社会消费品零售总额、进出口总额分别增长9%、9.5%和8.5%左右;居民消费价格涨幅3%以内,城镇调查失业率5.5%以内,居民收入增长和经济增长基本同步;节能减排降碳等约束性指标完成国家下达任务。

2017年重庆市国有资产监督管理概述

重庆市国有资产监督管理委员会 隆洋

一、2017年工作回顾

2017年，全市国资系统全面贯彻落实党的十八大、十九大精神，坚持以习近平新时代中国特色社会主义思想为指导，加强经济运行调度，“一企一策”项目化推进改革，全市国有企业经济运行好于上年。

一是企业发展质量效益提升。2017年，全市国有企业实现利润总额433亿元，同比增长6.6%。市国资委监管的37户市属国有重点企业实现利润总额282亿元，同比增长4.4%(剔除重庆钢铁股份公司司法重整成本50亿元，同口径增长23%)。市国资委监管企业上交国有资本经营收益34亿元，同口径增长6.5%；上交税费252亿元，同口径增长10.7%。

市级部门所监管国有企业实现利润40亿元，同比增长7.7%；区县所属国有企业实现利润111亿元，同比增长12%。中央和外地在渝企业(不含在渝金融企业)实现利润361亿元，同比下降20.2%。

二是供给侧结构性改革取得阶段性进展。重庆钢铁股份公司司法重整改革顺利完成。通过司法重整，采取市场化法治化债转股等改革措施化解417亿元债务危机，使重庆钢铁走出困境、获得重生。重庆能源集团关闭6对矿井，压减煤炭产能207万吨。清理处置“僵尸企业”192户。压缩四级以下企业法人层级109户，重庆粮食集团、重庆化医集团、重庆轻纺集团、重庆对外经贸集团、市农投集团等任务量较大的企业都超额完成。市属国有房地产企业消化库存61.8万平方米。市属国企剔除金融及类金融企业平均资产负债率为63%，较2016年末下降1.1个百分点。市属国有房地产企业重组整合完成任务的75%。各区县、市级部门、市属国企密切配合，基本完成市属国企“三供一业”和29万退休人员移交社会化管理。

三是股权多元化改革稳妥实施。完成重庆建工A股上市。重庆医药股份重组建峰化工取得成功，重庆轻纺集团所属诗仙太白引入泸州老窖集团进行股权多元化改革，重庆化医集团所属科瑞制药引入全球眼药先进制造商日本参天公司共同开发眼药产品，市水务资产公司所属德润环境引入深圳高速作为战略投资者。

四是现代企业制度建设进一步加快。推进董事会制度建设，制定《市属国有重点企业董事会建设及规范运行指导意见》。深化企业薪酬分配体制改革，对市属国有重点企业经营业绩实行“一企一策”分类考核。积极探索企业市场化选人用人，重庆对外经贸集团从北上广等地聘任11名经营管理者，重庆农商行在15家分支行公开竞聘管理人员，重庆商社集团所属马上金融选聘9名经营管理者，试点企业经营绩效大有改善。

五是国资监管体制机制改革进一步深化。制定市国资委以管资本为主推进职能转变的意见，划定国资监管部门权责边界，简政放权41项。制定出台市属国有企业投资监督管理办法、境外投资监督管理办法和投资负面清单，加强了对企业投资决策的事前管理、事中监督和事后评估。履行出资人审计监督职责，深入开展经济责任审计、重大工程项目审计和专项审计。以问题和风险为导向，推动企业监事会形成了日常监督、专项检查、年度检查为主的监督体系，监督效果不断提升。

六是创新发展的动力转换明显提速。市属国有工业企业 R&D 占营业收入比重达到 1.91%，同比提高 0.8 个百分点。市属国有重点企业拥有创新平台总数 267 个，同比增长 40%；授权专利数量 3318 项，同比增长 28%；开发市级以上新产品 183 项，同比增长 35%。庆铃集团获得新能源汽车生产准入资质。重庆机电集团研发的数控万能磨齿机、中国四联集团实施的智能仪器仪表等智能产品项目正培育成为企业发展新动力。重庆交运集团“同城配”、重庆商社集团“世纪购”、重庆对外经贸集团“西港全球购”等新商业模式盈利能力明显提升。重庆银行推广“好企贷”、重庆农商行开发“线上小额信用贷”、重庆三峡银行推出“财富存”等服务中小微企业、方便客户的金融产品。

七是国企服务全市发展大局作出新的贡献。市属国企承担重点项目 46 个，计划总投资 3454 亿元，全年完成年度投资 542 亿元，占年度投资计划的 103%，占全市完成投资的 37%。重庆机场东航站区及第三跑道建设工程、重庆西站枢纽一期工程、轨道交通十号线一期等项目建成投用。新增高速公路 205 公里；新增轨道 51 公里；高速公路减免通行费 14.79 亿元。助推全市内陆开放高地建设，西永微电园跨境电商完成交易额占全市的 59%；重庆交运集团实现渝新欧班列每日一班常态化开行。市属国有金融企业服务实体经济发展，优先支持中新项目、自贸试验区建设项目等全市重大战略。继续发挥支持“三农”和小微企业发展的中坚力量，3 家市属国有商业银行涉农贷款余额 1827 亿元、小微贷款余额 2079 亿元，分别占全市总量的 36%、40%；3 家担保公司“三农”和中小微企业在保余额 654 亿元。

八是国企党的建设力度加大。坚持政治建设为统领，严肃党内政治生活，不断增强“四个意识”，坚定“四个自信”，全面贯彻落实全国国企党建工作会精神。坚持国企领导人员“二十字”要求，从严选任管理监督干部，开展“三位一体”综合考核评价，分类分层推动人才工作，统筹加强企业班子队伍建设。认真落实意识形态工作责任，国企意识形态领域总体平稳。市属国有重点企业全面完成党建工作进公司章程修订，建设中国特色现代国企制度取得重要进展。扎实推进“两学一做”学习教育常态化制度化，全面推行支部主题党日，开展支部书记全覆盖培训，落实党建工作保障。严格党建工作述职考核。

加强国企党风廉政建设和反腐败工作。持之以恒正风肃纪，扎实开展巡视反馈意见整改，持续保持反腐高压态势。

二、发展中存在的问题

一是主营业务竞争力、盈利能力不强。一些企业主业不突出，辅业资产质量不高。部分集团子企业亏损面较大。二是创新能力不强。有的企业仍处于产业链、价值链中低端，缺乏核心竞争力，一些企业领导班子仍然固守没有竞争优势的传统业务，对互联网、大数据、智能化等新技术带来的产业变化缺乏有效应对、培育新增长点迟缓。三是企业内在活力不够。引进战略投资者进展较慢，股权多元化企业比例还比较低。有的企业虽有现代企业制度之形，但“形似而神不似”。部分企业内部市场化改革推进较慢。

三、2018 年工作目标

2018 年主要工作目标：市属国有重点企业利润总额同比增长 8%、力争达到 10%，国有资本保值增值率、回报率进一步提升，企业流动资产周转率进一步提高，资产负债率进一步下降。

2017年重庆市经济社会热点问题扫描

重庆市政府研究室 易格锋

2017年特别是7月中旬以来，全市上下坚持以习近平新时代中国特色社会主义思想为指导，全面落实习近平总书记视察重庆重要讲话精神和关于做好重庆当前工作重要指示，以“迎接和贯彻党的十九大”为主线，坚决肃清孙政才恶劣影响和薄熙来、王立军流毒，谋划实施“三大攻坚战”和“八项行动计划”，统筹做好稳增长、促改革、调结构、惠民生、防风险各项工作，全市改革发展稳定各项事业扎实推进。

全年完成地区生产总值1.95万亿元、增长9.3%，固定资产投资、社会消费品零售总额、进出口总额分别增长9.5%、11%和8.9%。一般公共预算收入达到2252亿元，收入结构持续优化，其中税收收入达到1476亿元，增长7.3%。城乡居民人均收入分别达到32193元和12638元，增长8.7%和9.4%。物价走势稳定，CPI同比增长1.0%。主要有以下特点：

一是产业结构调整取得新进展。推动传统支柱产业、战略性新兴产业和现代服务业多点支撑，强化招商引资引智和重点项目带动，规模以上工业增加值增长9.6%、利润增长22%。智能终端持续放量，电子制造业增加值增长27.7%；汽车产业努力向智能化和新能源方向转型；装备、化工、医药、材料、消费品等行业稳中有升；新型显示、节能环保、生物医药等战略性新兴产业增加值增长25.7%。开展国家服务业综合改革试点，软件设计、服务外包、旅游文创、养老休闲等新业态快速成长，金融业增加值达到9.3%，软件信息收入增长17%，旅游总收入增长25%。特色效益农业种植面积达1248万亩，柑橘、榨菜、中药材等特色农业全产业链进一步壮大。

二是改革进一步释放动力活力。中央交办的各项改革试点任务扎实推进，关键环节和重点领域改革深入实施。落实供给侧结构性改革重点任务，超额完成钢铁、煤炭、船舶、水泥等去产能目标。分类分区域调控房地产市场，有效遏制炒房行为，房地产市场平稳健康。积极稳妥去杠杆，规模以上工业企业资产负债率降低3.1个百分点。落实减税降费政策为实体经济减负400亿元。国有企业专业化重组、股权多元化、压缩管理层级、剥离社会职能等改革稳步推进，重钢股份司法重整顺利完成。深化“放管服”改革，推进行政审批标准化，网上行政审批平台实现四级纵向贯通。整合组建市城市管理委员会，设立市旅游发展委员会，改革区县审批管理、安全生产和环保监管体制。新增上市公司8家、挂牌企业290家。科技、教育、医疗、文化及社会治理等领域改革取得积极进展。

三是内陆开放向纵深推进。抓好强平台、拓通道、建口岸、育主体、优环境五大举措，构建集空铁水于一体的综合交通枢纽，建设内陆国际物流枢纽和口岸高地，努力在内陆地区带头开放、带动开放。两江新区开放型经济新体制试点取得成效，改善营商环境经验在全国复制推广。自贸试验区探索形成一批创新案例，新增注册企业超过1万家。中新示范项目启动196亿美元项目包，实现跨境融资20.6亿美元，果园港多式联运、机场商业合作等项目扎实推进。中欧班列(重庆)运行663班，“渝黔桂新”南向铁海联运班列常态开行，积极探索“铁路运单+动产质押贷款”“铁路运单+仓单质押贷款”等陆上国际贸易规则。获批国家检验检疫综合改革试验区。国际贸易"单一窗口"上线运行,实现全天候通关通检。进出口扭转持续下滑态势,服务贸易额261亿美元、增长26%,实际利用外资达到102亿美元。

四是创新驱动发展战略深入实施。加强以科技创新为核心的全面创新,推动技术供给、创新生态、科技平台多管齐下,全社会研发经费支出增长19.1%,新增科技型企业3465家、高新技术企业583家。以国家自主创新示范区建设为抓手,建设各类科技创新园区32家、孵化平台384个。物联网、智能网联汽车等行业建成一批产业技术创新联盟和研发平台。设立北斗导航产品质检中心和国家(重庆)商标审查协作中心,成为国家功率半导体封测、工业机器人等高新技术产业化基地。改革科技成果分配和股权激励机制,建成科技要素交易中心,创新金融支撑体系初步建立,全社会创投基金规模超过650亿元。出台创新扶持政策,调动各类市场主体科技创新积极性,全社会R&D经费支出占GDP的比重增至1.83%,万人发明专利拥有量达到7.1件。

五是城乡建设步伐加快。着眼城市"强筋健骨",统筹推进交通、水利、能源、信息网络建设,加快补齐基础设施短板。形成"一枢纽十干线"铁路体系,建成投用成渝高铁枢纽段、西站一期和沙坪坝站,兰渝铁路、渝贵快铁开通运营,在建铁路达1000公里。加快构建"三环十二射多联线"高速公路网络,新开通4条高速公路,通车里程突破3000公里,对外出口通道增加到19个。新改造国省道800公里,硬化农村公路8000公里。江北国际机场T3A航站楼及第三跑道投用,国际航线增至69条,旅客年吞吐量达到3872万人次。果园港铁水联运接驳改造基本完成,龙头、新田、珞璜枢纽港一期建成投用,港口货运年吞吐量达到2亿吨、450万标箱。轨道交通新开通运营51公里,通车里程增至264公里。建成一批桥梁隧道,打通一批"断头路",主城区缓堵行动持续推进。改造棚户区607万平方米,建成一批特色小镇。

六是生态建设和环境保护不断加强。坚决贯彻落实长江经济带"共抓大保护、不搞大开发"的方针,强化"上游意识",担起"上游责任",体现"上游水平",把修复长江生态环境摆在压倒性位置。全面落实中央生态环境保护有关部署,持续实施"碧水、蓝天、绿地、田园、宁静"五大行动,主要环境指标持续改善,空气优良天数达到303天,PM2.5浓度下降16.7%。全面推行河长制,饮用水源和河库管护得到加强,长江干流重庆段保持优等水质。建立环境监察和督察制度,环保体制机制、生态环境损害赔偿等13项改革年度任务全面完成。认真抓好中央环保督察等反馈问题整改,以点促面、举一反三,推动工业园区污染、黑臭河段治理、船舶码头污染等一批城乡环境突出问题得到解决。

七是社会民生持续改善。围绕"七有"目标持续用力,加快补齐民生短板,扩大惠及面,提高共享度。城镇新增就业74万人,城乡养老、医保参保率超过95%。义务教育基本均衡区县达到35个,高等教育、职业教育改革取得进展。公立医院取消药品加成,调整医疗服务价格,群众就医负担有所减轻。文化惠民覆盖面扩大,安全生产和社会治安形势稳定向好。从实际出发调整脱贫摘帽时序,全力攻坚18个深度贫困乡镇,5个国家级贫困区县整体脱贫,16万人摆脱贫困,贫困发生率将至1.1%。

取得成绩的同时,也要清醒看到,重庆发展不平衡不充分问题仍然比较突出。主要是:发展质量和效益不高,经济的韧性不够,还需进一步调整结构;对建设"内陆开放高地"和"山清水秀美丽之地"认识不足,工作中存在不少弱项和问题;创新创业创造氛围不浓,创新生态有待改善,全社会研发经费支出占比还低于全国平均水平;民营经济发展活力不强,营商环境还需优化;城乡区域发展不平衡,基础设施领域还有不少短板,基本公共服务欠账较多,居民人均收入仍低于全国平均水平;发展中的各种矛盾和问题相互交织,优化法治环境、创新社会治理任务依然艰巨;政府职能转变还不到位,一些部门和工作人员贯彻新发展理念的自觉性主动性不强，能力和水平亟待提升。

2018年，重庆将深入贯彻党的十九大精神，深学笃用习近平新时代中国特色社会主义思想，紧紧围绕习近平总书记对重庆提出的“两点”定位、“两地”“两高”目标和“四个扎实”要求，坚持和加强党的领导，坚持稳中求进工作总基调，坚定贯彻新发展理念，紧扣社会主要矛盾变化，按照高质量发展的要求，统筹推进“五位一体”总体布局，协调推进“四个全面”战略布局，统筹推进稳增长、促改革、调结构、惠民生、防风险各项工作，以供给侧结构性改革为主线，全力推动质量变革、效率变革、动力变革，坚决打好“三大攻坚战”，大力实施“八项行动计划”，使人民群众的获得感、幸福感、安全感更加充实、更有保障、更可持续，把党的十九大精神和习近平总书记的殷殷嘱托全面落实在重庆大地上。

2018年，全市将力争实现以下目标：地区生产总值增长8.5%左右，全社会研发经费支出占比达到1.95%左右，固定资产投资、社会消费品零售总额、进出口总额分别增长9%、9.5%和8.5%左右，居民消费价格涨幅3%以内，城镇调查失业率5.5%以内，居民收入增长和经济增长基本同步，节能减排降碳等约束性指标完成国家下达任务。

第三编
经济运行与部门管理

重庆外贸

重庆市商务委员会 李娟

2017年，全市商务系统深入学习贯彻党的十九大精神，全面落实习近平总书记视察重庆重要讲话精神，按照市委市政府统一部署，坚持创新驱动，加快转型升级，大力推进内陆开放高地和长江上游地区现代商贸中心建设，为全市经济平稳健康发展作出了积极贡献。

一、2017年发展回顾

2017年，全市商务经济总体呈现稳中有进的良好态势，全年实现社零总额8068亿元，增长11%；进出口总额4508亿元，增长8.9%；服务贸易进出口261亿美元，增长26%；实际利用外资102亿美元，外商直接投资列全国第九，中西部第一；对外直接投资15亿美元，列中西部第一。

（一）自贸区建设开局良好

自2017年4月1日自贸试验区挂牌实施以来，我们立足“两点两地，打造四区”定位，明确了建成“一枢纽三中心一基地”的总体目标，坚持政策项目“双轮驱动”，实现了良好开局。运行机制方面，形成了“自贸试验区工作领导小组+投资、贸易、金融、事中事后监管四个工作推进组+自贸试验区办公室+片区管理机构”的组织架构，完善了相关管理制度，实现了高效运作。制度创新方面，前两批自贸试验区改革试点经验和案例中，重庆有条件复制推广的118项，已落地111项；总体方案中部署的151项改革试点任务，已落地120项；围绕投资、贸易、金融和事中事后监管四大领域，推出创新举措141条；培育形成创新实践案例13个，“创新实施‘四自一简’监管新模式”、“多次进出境研发用产品申请免于办理强制性产品认证”等8个案例上报国务院，其中6个案例为全国首创；海关、检验检疫、公安、国税、银监、保监、高法、检察等中央在渝机构和市级相关部门已制定出台配套政策和支持措施360余条，向片区下放市级管理事项33项。项目落地方面，坚持以产业规划引导项目布局，区内全年新增企业11695户，占全市新增企业的9.7%；落户项目692个，合同金额3007亿元。飞机融资租赁实现零突破，成为第三批自贸试验区中率先开展飞机保税租赁的自贸试验区。

（二）对外贸易回稳向好

面对外贸下行的巨大压力，通过优化结构，依托开放平台，实行了外贸进出口企稳回升。一是货物贸易由负转正。自2016年5月起，扭转了外贸进出口连续23个月、出口连续25个月下滑的局面。一般贸易保持稳定增长，“重庆造”产品出口增长明显，摩托车产业出口值同比增长13%，汽车及汽车零配件出口同比增长26%。市政府出台《关于促进总部贸易转口贸易发展的实施意见》，推动总部贸易和转口贸易放量增长。贸易产品日趋多元，汽车、摩托车及零部件出口保持增长，金属铜、铁矿砂等大宗商品进口放量，分别是去年同期的8.3倍和7.5倍。加工贸易承接转移示范地建设有序推进，认定承接加工贸易梯度转移示范园8个，全年加工贸易增长25%，占全市外贸总值的46%。二是服务贸易较快增长。出台服务贸易特色产业园管理暂行办法、重点领域指导目录和重点企业培育目录，引导我市服务贸易产业专业化、特色化、规模化发展。推动两江新区服务贸易创新发展试点，发挥示范引领作用。全市服务贸易呈现出旅游、建筑及运输等传统服务贸易稳定增长，先进技术进口增长迅速，保税文化贸易市场主体加速集聚的特点。加快建设服务外包示范城市，16个服务外包示范区和14个服务贸易特色产业园平台作用逐渐显现，全市实现国际服务外包执行额21.3亿美元，同比增长4%，在商务部服务外包综合评价中，位列中西部城市第一。重点专项工作取得突破，跨境电子商务综合试验区建设深入推进，全年实现跨境电子商务进出口及结算171亿元，同比增长14%。三是外贸新增长点加快培育。出台专项政策，做大总部贸易和转口贸易规模，全年实现进出口500亿元，增长21%。总部经济发展模式初步构建，世界500强企业累计落户重庆279家。打造西部地区进口汽车重要集散地和进口汽车全产业链，积极争取汽车平行进口试点政策落地，全年实现汽车整车进口5604辆，位居全国内陆地区新批整车进口口岸第一。

(三)双向投资稳中有进

坚持“引进来”“走出去”相结合，坚定不移推进双向开放，加快利用国际国内“两个市场、两种资源”，通过“优环境、强服务”，积极推动双向投资结构调整。一方面，优化环境“引进来”。加强招商引资，健全体制机制，初步构建起政府推动与市场化运作有机结合的良好格局，全系统重视招商、参与招商、全员招商的良好氛围基本形成。推动出台《重庆市进一步鼓励外商投资若干政策规定》，全面实施外商投资准入前国民待遇加负面清单管理模式，外商投资便利化程度大幅提升。全年新批外商投资企业238个，合同外资38.32亿美元，同比降低4.44%，实际利用外资101.83亿美元；实现对外直接投资15.3亿美元，对外直接投资额列中西部第一，对外承包工程完成营业额17亿美元，同比增长27.4%。美国德纳公司SUV传动系统工厂、浙江海亮、香港敏华家具等一批重大项目、知名企业相继落户重庆。外商投资更多进入实体经济领域，各行业吸收外资结构更加优化，利用外资质量不断提升，工业板块实际利用外资32.2亿美元，比重达42.3%。32个国家(地区)的外商来渝投资，中国香港、新加坡、韩国位列实际利用外资来源前三位，到位资金占全市总额的74.2%。另一方面，强化服务“走出去”。在加强对外投资真实性审查的同时，进一步提升对外投资便利化程度，美心墨西哥工厂、小康印尼工厂等一批重点项目落地、投产。市内龙头企业通过对外投资合作，全球资源配置能力显著增强，研发创新能力进一步提升，中冶赛迪越南高炉项目成为我国首个特大型高炉技术、装备和管理整体出口的样板工程。

二、发展中存在的问题

2017年，全市商务经济发展取得了一定成绩，但经济下行压力依然巨大，回稳基础依然薄弱。主要存在以下方面的问题：商务经济总体规模不够大，持续发展基础不牢；商品、服务供给质量不够高，离群众需求还有差距；外贸进出口新增长点不够多，结构比较单一；利用外资增长后劲不够足，缺乏重大项目支撑；招商引资体制机制不顺与方法不多并存，营商环境还需进一步优化。

三、2018年发展目标

2018年我们将深学笃用习近平新时代中国特色社会主义思想，全面落实党的十九大精神，认真贯彻市委、市政府总体部署，紧紧围绕“两点”定位，围绕“两地”“两高”发展目标，坚持稳中求进工作总基调，全面贯彻新发展理念，促进商务经济质量变革、效率变革、动力变革，努力打造长江上游地区现代商贸中心，加快建设内陆开放高地。实现社零总额增长9.5%左右，外贸进出口增长8.5%左右，服务贸易增长20%以上，实际利用外资100亿美元以上的发展目标。

(一)加快推进内陆开放高地建设

一是推动完善开放功能体系。开放平台方面，要进一步完善开放平台体系，推动江津综合保税区建设运行，争取设立涪陵综合保税区和果园港保税物流中心(B型)；促进开放平台协同发展，推动创新政策和成果共享共用，建立开放平台观摩机制。开放通道方面，要推动东向、西向、南向国际贸易物流通道建设和功能拓展，积极推进江海、铁水、铁海、铁空等多式联运。开放口岸方面，要加快推进检验检疫综合改革试验区建设，推动完善国际贸易“单一窗口”功能，探索建立进出口监管部门信息共享共用、多部门联动的事中事后监管体系，用好启运港退税政策。

二是推动对外贸易转型升级。积极对接国家贸易强国行动计划，推进贸易强市建设，坚持稳规模、提质量、优结构，做优一般贸易，做稳加工贸易，积极培育外贸新增长点。做优一般贸易，就是要引导外贸主体实施优进优出战略，扩大“重庆造”优质产品出口比重，优化进口商品结构，做好国际贸易摩擦应对工作；做稳加工贸易，就是要以承接加工贸易梯度转移示范园建设为重点，探索内陆加工贸易发展新模式，推动加工贸易企业向与当地产业结构相配套的海关特殊监管区域集中；培育外贸新增长点，就是要大力发展保税维修、检测、租赁业务等新业态，引进培育一批总部贸易转口贸易企业，建设总部经济集聚区。

三是推动服务贸易质量提升。提升服务贸易质量，体制机制是基础，品牌是关键，人才是前提。要创新服务贸易体制机制，推进服务贸易创新发展试点，争取文化产品进出口示范基地试点，促进服务贸易与生产性服务业融合发展，突出抓好保税展示交易、跨境结算等服务贸易重点专项工作，大力发展服务外包和技术贸易；要努力培育服务贸易品牌，建立服务贸易品牌认定和管理体系，打造一批服务贸易、服务外包集聚区；要优化人才发展环境，加强专业人才培育，建设服务贸易创新人才培训基地，鼓励大学生在重点服务贸易领域创业创新。

四是推动双向投资结构优化。一方面，要促进利用外资机制创新，全面实行准入前国民待遇加负面清单管理制度，着力打造引资新平台，提升引资优势，扩大利用外资规模，提高利用外资质量，打造利用外资“强磁场”。另一方面，要有序引导和规范对外投资，加强服务指导，完善促进政策，强化风险防范。按照“鼓励发展+负面清单”原则，鼓励有实力、信誉好的企业“走出去”，创新开展绿地投资、跨国并购、联合投资，强化国际产能合作。

(二) 狠抓自贸试验区建设

研究出台贯彻国家支持自贸试验区进一步创新发展的实施意见，用好国家赋予的更大改革自主权；以“证照分离”改革试点为抓手，加强事中事后监管；加快地方立法进程，推动设立自贸试验区国际商事仲裁院、公证中心和涉外法律服务中介机构；加快复制推广前两批自贸试验区经验，总结提炼一批高水平、独创性的制度创新成果，积极探索陆上贸易新规则，让自贸试验区成为制度创新高地。坚持政策、项目“双轮驱动”，新签约落地一批重大招商引资项目。

(三) 强力推进招商引资

围绕智能制造、现代物流、航空产业、金融服务等开放型经济主导产业和总部经济、平台经济、共享经济、绿色经济等新型业态，突出美国、德国、日本、韩国、新加坡、中国香港等重点国家和地区，瞄准世界500强、中国500强、行业100强等龙头企业，以及具有良好发展前景的“独角兽”企业开展招商引资。建立招商引资项目库，创新招商引资方式方法，强化招商队伍建设，完善以商招商、代理招商等工作机制，开展专业化、精准化、高效化招商。在大力开展招商引资“引进来”的同时，积极引导市内有实力、有意向的企业“走出去”，重点开拓“一带一路”沿线国家和地区市场，推动国际产能合作和装备制造业“走出去”，提升企业跨国经营能力。

科技管理

重庆市科学技术委员会 管弦

一、2017 年发展回顾

过去的一年，我市以习近平新时代中国特色社会主义思想为指导，深入学习贯彻党的十九大精神，坚持质量第一、效益优先，以供给侧结构性改革为主线，深化科技体制改革，完善创新治理体系，着力强化区域创新发展的技术、资本、创新生态三个关键支撑，推动经济发展质量变革、效率变革、动力变革，促进全市高质量发展。预计：2017 年全社会研发费用支出 350 亿元以上，增长 16%左右；专利授权量达到 3.4 万件，万人发明专利拥有量达到 7.1 件，同比增长 28%左右；年度培育入库科技型企业 3465 家、新增高新技术企业 583 家，创历史新高；高新技术企业产值达到 8500 亿元左右，增长 16.4%，占全市工业总产值比重达到 32.7%。我市区域创新能力评估和综合科技创新指数连续两年排名全国第 8 位、西部领先。

（一）着眼于强化技术供给，大力培育创新主体

一是培育引进科技企业特别是高技术性企业和高成长性企业。实施科技型企业培育“百千万”工程。实施研发准备金、科技创新券、研发费用加计扣除、研发投入增量补助、重大新产品补助等普惠性财税政策，强化创新综合服务，加快培育引进以高技术性企业、高成长性企业为重点的科技型企业。2017 年全市累计培育入库科技型企业 6725 家，有效期内高新技术企业预计达到 2027 家，高成长性企业达到 202 家，成为重庆产业转型升级的重要支撑。

二是培育引进新型研发机构。启动实施重庆市与国内外知名高等学校、科研院所、科技企业开展技术创新合作专项行动，同济大学重庆研究院、中科院大学重庆转化医学研究院等知名院校落户重庆，与中国兵器科学研究院、中科院计算技术研究所、哈尔滨工业大学、吉林大学、加州大学洛杉矶分校、比利时鲁汶大学等共建新型高端研发机构正式签约。2017 年全市新型研发机构累计达到 58 家，市级以上重点实验室等科研机构累计达到 1425 家。

三是培育引进高层次科技创新人才。大力实施“三百”科技领军人才、“双创”示范团队等人才建设专项，整合政策资源，强化综合服务，2017 年全市累计引育科技创新、科技创投、科技创业领军人才 109 人，选育“双创”示范团队 212 个；新增“两院”院士 3 人、“千人计划”“万人计划”“国家杰青” 等国家级高层次人才达到 576 人。

在培育引进以上创新主体的同时，为了更好地解决“技术供给”问题，我们还围绕大数据、人工智能、智能制造、新材料、新能源、大健康等重点领域，制定实施产业技术创新政策，以普惠性的财税激励、后补性的绩效奖励与实施重大产业技术创新主题专项，引导和激励各类创新主体实施产业技术创新和进行与之关联的基础研究与前沿探索，支撑传统产业转型升级，引领新兴产业加快发展。

（二）着眼于拓宽资本来源，加快完善创投体系

一是加快完善股权投资体系。进一步强化种子、天使和风险投资三支政府引导基金的引导作用，撬动社会资本做大创业投资基金规模，覆盖创新全周期，为不同成长阶段的企业提供资本支撑。2017 年 3 支引导基金直接参股组建

子基金72支,总规模达204亿元,引导全社会创投基金规模超过650亿元,投资项目676个、投资金额107.2亿元。

二是加快完善债权融资体系。依托"商业大数据应用+专利软件化评估"探索建立了知识价值信用评价体系,并以此为基础在国家自主创新示范区率先开展了科技型企业知识价值信用贷款改革试点,实现了贷款申请率、审贷通过率、企业首贷率3个50%以上的试点效果,让科技型企业依靠其人才团队、研发投入、知识产权、创新产品、创新服务等创新要素生成的知识信用价值获得相应的金融支撑。全市各类科技型企业风险担保贷款余额已超过400亿元。

三是加快完善众筹募资体系。以知识价值为核心、高技术性与高成长性企业为重点,探索开设了OTC科技创新板,专门提供科技型企业挂牌展示、融资路演和资本课堂等综合服务。2017年科技创新板挂牌企业223家。

(三)着眼于优化创新生态,统筹搭建创新平台

一是科技资源共享平台。按照分享经济理念和开放创新模式,利用"互联网+"手段,升级打造科技资源共享平台,汇集全市大型科研仪器、科技成果、科技人才信息、科技文献数据、国内外专利数据等科技资源,并建立一批服务基地、集成中心和用户工作站等线下服务载体,逐步实现了科技资源的线上展示、在线互动和线下集成服务。已整合共享大型科研仪器设备3103台(套)、中外文献数据库140余个(数据量达40TB),开设科技服务店铺472个,逐步实现全市10万名左右研发人才在线协同创新。

二是科技成果转化平台。为了促进技术转移,筹建完成科技要素交易中心,合作设立中匈(重庆)、中德(重庆)等国际技术转移中心,累计建设各级各类技术转移机构21家,全年登记技术合同交易成果2097项、成交额117亿元。为了促进科技成果孵化,累计建设科技企业孵化器77家、各类众创空间307家,其中,国家级孵化平台81家。

三是科技创新园区。立足塑造更多依靠创新驱动、发挥先发优势的引领型发展,全市累计统筹布局各类科技创新园区32家。国家自主创新示范区完成规划编制并启动建设,在初步完成高新技术产业开发区、农业科技园区、大学科技园等各类创新园区布局基础上,正在推动提质升级。

在搭建创新平台基础上,依托这些创新平台,全市着力完善创新政策、营造创新氛围、提升创新服务,以优良的创新生态,统筹解决创新所必需的"阳光(创新政策)、空气(创新氛围)、土壤(创新平台)与水分(创新服务)",引领和支撑全社会创新创业。

(四)着眼于激发创新活力,深化体制机制改革

体制机制改革的目标是完善创新治理体系,核心是理顺政府和市场的关系,实现政府职能从研发管理向创新服务转变。过去的一年,按照中央的改革要求,全面完成了中央部署的改革任务,纵深推进了科研项目、科技经费、科技成果、科技平台、科技人才、科技金融等重点领域和关键环节的改革,激发了全社会的创新活力和创造潜能。特别是以下三项改革取得较大突破:

一是产业技术创新科研项目管理改革。着眼于构建以企业为主体、市场为导向、产学研深度融合的技术创新体系,我们推出了产业技术创新科研项目管理改革。按照新兴产业引领规划,着眼市场需求和科技发展趋势,把多年来的产业技术创新科研项目管理,实质性调整为实施产业技术创新政策,政府主管部门切合本地产业基础、市场需求、科研实力提出年度产业技术创新引领方向,支持企业或者企业牵头的产学研创新联盟自主选题、自由申报,真正将产业技术创新的项目决定权、技术路线选择权、科研经费使用权与研发成果收益权全部赋予企业或产学研协同创新团队。

二是科技型企业知识价值信用贷款改革。科技型企业大多以创新为特质、以人才为支撑、

以知识产权为核心,以智力资源的占有、配置和知识的生产、分配、使用为生存竞争手段,其土地、房屋等重资产普遍短缺,短期财务指标明显不优,其拥有的轻资产特别是知识产权,又难以作出专业权威、有社会公信力的量化评估,难以适应传统融资模式。这从根本上制约了科技与金融结合、技术与资本对接,严重影响了经济创新力与竞争力。为此,全市在依托政府创投引导基金和科技风险担保基金，初步完成了股权投资、债权融资和众筹募资三大创投体系布局的基础上,抓住科技型企业轻资产特质,借鉴个人信用贷款原理,依托“商业大数据应用+专利软件化评估”,建立了以知识产权为核心包括人才团队、研发投入、创新产品、创新服务等创新要素共同参与评价的科技型企业知识价值信用评价体系,并基于这一评价体系,在国家自主创新示范区率先开展了科技型企业知识价值信用贷款改革试点,探索构建了“不看重资产、不重短期财务指标、不需抵押担保、不搞利率上浮、不扣缴保证金”的科技型企业轻资产融资模式。2017 年设立了规模为 3 亿元的知识价值信用贷款风险补偿基金,实现了贷款申请率、审贷通过率、企业首贷率 3 个 50%以上的试点目标,初步打开了科技型企业轻资产债权融资之门。

三是科技成果初始权益分配改革。着眼于充分调动科研人员开展科研项目研究的积极性,提高科技研发的质量和效率,全市选择西南大学、市中药研究院等 10 家高校和科研机构开展了科技成果初始权益分配改革试点，在科研项目立项之前或立项之初，由科研团队与单位之间以及科研团队内部签订协议，明确研发团队和所在单位(含合作单位)、科研团队内部的知识产权处置办法和科技成果收益分配比例,让科研项目研究与研发人员收益直接挂钩,激励研发人员更加注重研发的实际效果。

二、发展中存在的问题

在总结成绩的同时，我市推进以科技创新为核心的全面创新目前仍然存在三个明显短板:一是优势科教资源不足。重庆的重点高校、大院大所较少，申报承接国家重大科研项目和重大科技工程的能力明显偏弱。二是研发投入强度偏低。全国研发投入强度已超过 2%,我市仍然还有 0.29 个百分点的差距。三是企业整体创新实力不强。全市规上工业企业有研发活动的仅 17%左右，企业外部研发经费支出不足 3%，仅有极少部分企业到海外开展创新资源并购活动。对此,我们要高度重视,务必采取有效措施补齐短板。

三、2018 年工作

2018 年是贯彻落实党的十九大的开局之年,是改革开放 40 周年,是决胜全面建成小康社会、实施“十三五”规划承上启下的关键一年,是创新驱动发展再上新台阶和建设西部创新中心全面发力的一年。全市科技系统必须顺应新时代新态势新要求,高端定位、重新出发,抓重点、补短板、强弱项,加速冲刺攻坚。今年,全市科技创新工作的主要预期目标是：全市研发投入强度达到 1.95%,综合科技进步水平指数和区域创新能力综合指标排位保持西部领先。

全年培育引进科技型企业 4000 家,总量突破 10000 家,其中高新技术企业 2500 家、高成长性企业 400 家。规模以上工业企业研发投入强度达到 1.08%左右。整合市级科技研发机构资源,通过撤、并、转优化全市科技创新基地布局,全年培育和引进科技研发平台 200 家，其中人工智能研发平台 10 家左右，新型研发机构 30 家左右;全年培育引进科技企业孵化器、众创空间、星创天地等孵化平台 60 家左右。全年建成国家和市级技术转移示范机构 25 家左右,技术合同交易额突破 200 亿元；创建国家特色科普基地 3 家、市级科普基地 20 家以上。

在科技精准扶贫方面，以实施科技特派员专项行动为抓手,新选派 2000 名科技特派员到贫困村提供科技服务,优先向 18 个深度贫困乡镇选派科技特派员，实现科技特派员在深度贫困乡镇和贫困村的全覆盖。

大力发展科技金融，探索资本集聚创新资源的新路径。一是做大科技创新股权投资规模。实施知名创投机构引进行动和“创投基金倍增计划”，设立组建军民融合创投基金，推动种子、天使、风险三支政府创投引导基金参股规模累计超过230亿元，全社会创投基金规模达到750亿元。加快西部科技金融路演中心建设，构建技术与资本常态化对接机制，着力把重庆打造成为西部地区创业投资集聚中心、国内具有较强竞争力和较大影响力的创投资本集聚高地。二是推动知识价值信用贷款改革增量扩面。在总结知识价值信用贷款改革试点经验基础上，优化知识价值信用评价体系，扩大知识价值信用贷款改革试点范围，推动风险补偿基金总体规模扩大到14亿元。鼓励和引导在渝银行设立科技专营机构，提高对科技型企业不良贷款容忍度，支持符合条件的商业银行开展投贷联动试点。三是进一步完善众筹募资市场。完善重庆OTC科技创新板运行机制，着力探索建立与不同层次资本市场之间的转板机制，推动科技型企业在多层次资本市场开展股权融资和债券融资，各类挂牌上市企业达到250家。

在实施知识产权强市推进工程方面，强化知识产权授权、运营、保护服务，全年培育高价值专利组合100个，规模以上工业企业每亿元主营业务收入有效发明专利数达到0.36件；新增知识产权示范优势企业100家，国家级知识产权示范试点城市及园区累计达到18个。

重庆物价

重庆市物价局　程银军

一、2017年工作回顾

（一）价格运行总体平稳

2017年，重庆市价格总水平保持基本稳定。一是居民消费价格指数低位温和上行。CPI上涨1.0%，比全国平均水平低0.6个百分点，涨幅列全国31个省（区、市）第29位，西部12个省（区、市）第4位，顺利完成政府物价预期性调控目标任务。二是八大类商品价格“七升一降”。其中，医疗保健、教育文化娱乐、衣着、居住、交通和通信、生活用品及服务、其他用品及服务类价格分别上涨4.2%、3.3%、2.8%、1.9%、1.5%、0.7%、0.8%，食品烟酒类价格下降1.8%。三是食品价格持续下降。全市食品价格持续回落，全年累计下降3.0%，尤其是鲜菜、畜肉类价格下降明显，鲜菜、猪肉价格分别下降了7.7%和13.2%，是CPI低位运行的主要原因。四是服务价格涨幅有所扩大。受人工成本、房价上涨以及生活水平逐步提高影响，全市服务价格呈现持续上涨态势，全年累计上涨2.7%。五是医疗服务价格有所上涨。2017年9月，全市全面推开公立医院综合改革，同步调整部分医疗服务项目价格改革，当月医疗服务价格环比上涨7.9%，全年累计上涨3.2%。六是工业品价格有所上涨。受新技术的采用、原材料价格上涨，人工成本上升等因素拉动，以及2016年以来PPI持续上涨对下游产业的传导效应逐步显现，2017年全市工业品价格整体呈现上涨态势，全年累计上涨1.8%。七是

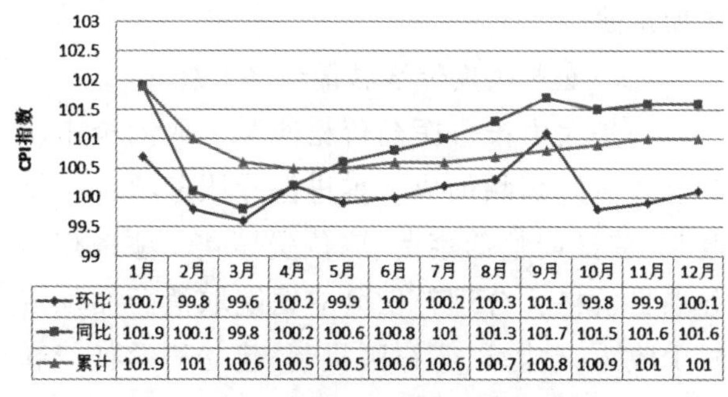

	1月	2月	3月	4月	5月	6月	7月	8月	9月	10月	11月	12月
环比	100.7	99.8	99.6	100.2	99.9	100	100.2	100.3	101.1	99.8	99.9	100.1
同比	101.9	100.1	99.8	100.2	100.6	100.8	101	101.3	101.7	101.5	101.6	101.6
累计	101.9	101	100.6	100.5	100.5	100.6	100.6	100.7	100.8	100.9	101	101

图1 2017年重庆市居民消费价格指数运行情况

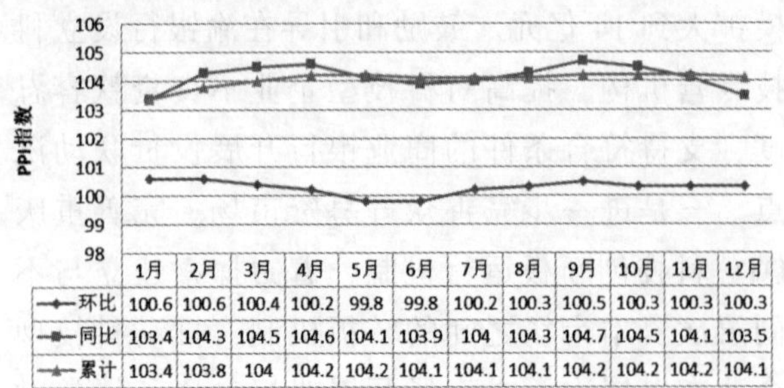

	1月	2月	3月	4月	5月	6月	7月	8月	9月	10月	11月	12月
环比	100.6	100.6	100.4	100.2	99.8	99.8	100.2	100.3	100.5	100.3	100.3	100.3
同比	103.4	104.3	104.5	104.6	104.1	103.9	104	104.3	104.7	104.5	104.1	103.5
累计	103.4	103.8	104	104.2	104.2	104.1	104.1	104.1	104.2	104.2	104.2	104.1

图 2 2017 年重庆市工业生产者出厂价格指数运行情况

CPI 与 PPI“剪刀差”明显收窄。CPI 与 PPI“剪刀差”逐步收窄,二者的差值从年初的 2.5 一路上升到 3 月的 4.7,随后持续向下,至 12 月降到 1.9,趋近的趋势较为明显(见图 1 和图 2)。

(二)价格监测调控进一步加强

一是强化形势分析研判。密切关注国际国内经济形势以及宏观政策对重点行业产供销的影响,深化对农副产品、电煤、钢铁和有色金属价格的分析。及时部署开展食盐价格和药品价格监测工作,跟踪市场放开前后价格变动情况。报送各类价格分析、调研材料共 63 篇,被国家发展改革委及市委、市政府采用 29 篇。二是健全价格监测制度。研究建立价格监测分类目录,修订重庆市价格监测报告制度及工作质量考核办法,严格价格采集工作流程,规范价格监测行为。坚持开展重要商品和服务市场价格常规监测和应急监测工作,提高监测数据采集质量。持续推进民生价格公示工作,合理引导价格预期。三是建立部门联动机制。会同有关部门建立价格运行定期分析和信息共享工作机制,联合开展价格总水平变动风险点排查、价格运行趋势预判分析以及生猪、禽蛋、钢材等价格热点问题专项调研。

(三)重点领域价格取得积极进展

一是大力推进医药价格改革。取消全市所有公立医院药品加成,推进医疗服务项目价格改革,首批调整诊察费、床位费等 439 项医疗服务项目价格,合理补偿公立医院取消药品加成减少收入,破除以药补医机制,建立科学补偿新机制。完善和扩大按病种收费,全市公立医院实行按病种收费的病种达到 100 个。二是积极开展公用事业价格改革。全面完成并顺利实施重庆电网输配电价改革,输配电价平均降低 1.9 分/千瓦时,同步降低大工业电度电价、基本电价及一般工商业电价,取消随电征收的城市公用事业附加费,取消电气化铁路配套供电工程还贷电价,降低国家重大水利工程建设基金和大中型水库移民后期扶持基金征收标准,配合开展电力用户直接交易、售电侧改革试点,促进市场主体多元化竞争,每年降低企业用电成本 27 亿元。降低非居民用天然气销售价格,同步建立价格联动机制,每年降低用气成本 6.78 亿元。强化天然气管道运输价格监管,研究制定城镇管道燃气配气价格管理办法及定价成本监审办法,督促指导区县降低偏高的配气价格。建立农业水价综合改革绩效评价机制,持续推进农业水价综合改革试点工作。居民阶梯水价气价制度全面建立。三是不断完善公共服务价格及收费政策。全面实施《重庆市物业服务收费管理办法》。加强景区门票价格管理,制定公布市级价格主管部门定价管理的景区目录。会同司法行政主管部门制定了司法鉴定收费、公证服务收费、律师服务收费管理办法和收费标准。完善部分卫生、交通考试收费标准。降低电信网码号资源占用费和无线电频率占用费、公民出入境证件费和机动车行驶证工本费、水土保持补偿费等收费标准。

(四)清费减负成效明显

一是严格目录清单管理。清理公布《重庆市政府定价的涉企经营服务收费目录清单》等五个涉企收费目录清单,涉企经营服务收费项目由 50 项减至 17 项。编制重庆市政府定价的经营服务性收费目录清单,并上报国家发展改革委统一公布,实行全国“一张网”清单。二是强化清费减负措施。取消城市公用事业附加和新型墙体材料专项基金,调整残疾人就业保障金征收政策,取消或停征非刑事案件财物价格鉴定费等 35 项中央设立的涉企行政事业性收费。市定涉企行政事业性收费项目由 14 项减少到 3

项。取消货物港务费、集中绿化建设费、造价信息服务费、特种设备单位资格审查及许可证费，降低工程建设招标投标交易服务费收费标准。通过上述措施每年减负23.26亿元。三是持续开展涉企收费清理。全面梳理经营服务性收费，确认重庆市政府定价管理的收费项目一级项目45个、二级项目117个、三级项目182个、四级项目229个。通过收费动态监管系统对2015年和2016年度行政事业性收费进行了统计分析。会同民政部门开展行业协会商会收费清理规范以及集中收费公示。

(五)公平竞争的市场价格环境不断优化

一是积极开展价格收费检查。组织开展了涉企收费、电力价格、医药价格、高速公路清障救援服务收费、涉农价格与收费、机动车停放收费、物业服务收费、房地产价格行为等价费检查，全年共查处各类价格违法案件111件，实施经济制裁4137.3万元。二是大力规范价格收费行为。通过约谈、重点巡查等方式，加强对民办幼儿园收费行为的监管。组织召开高等教育收费、商业银行服务收费、高速公路收费、交通运输价格提醒告诫会，规范相关行业价格收费行为。强化元旦、春节、国庆、中秋等传统节日以及重大会议期间价格巡查督察工作，有效规范市场价格秩序。三是推进反垄断执法。牵头组织对涉嫌价格垄断、滥用行政权力排除限制竞争的行为进行查处。配合国家发展改革委查处达成实施价格垄断协议、滥用行政权力排除限制竞争等案件。四是推进实施公平竞争审查制度。积极推进实施公平竞争审查制度，建立公平竞争审查工作市级部门联席会议制度，督促各区县建立部门工作协调机制，有序清理存量，严格审查增量。

(六)价格监管服务水平进一步提升

一是提升价格法制水平。开展《重庆市价格监督检查办法》立法调研，并纳入市政府2018年立法预备项目。《重庆市价格管理条例》、《重庆市行政事业性收费管理条例(修订)》申报纳入市人大五年立法项目规划。积极推进重庆市定价目录修订，修订初稿上报并得到国家发展改革委初审意见。加强价格规范性文件管理，严格实行合法性审查及备案制度。通过组织座谈会、论证会、听证会等方式，公开征集并吸纳了社会对重大价格政策的意见建议，进一步推进政府制定价格行为规范化、透明化。二是扎实做好成本调查监审。认真开展中籼稻、生猪等农产品生产成本调查，创新开展长寿有机鱼等特色农产品成本及效益调查。开展电力、天然气、主城区公交客运、轨道交通营运等6项网络型垄断行业成本监审，积极开展公共资源交易服务收费成本、主城区部分民办幼儿园教育成本和公立医院药品收入成本等6项成本调查。三是积极开展价格认定。做好涉纪、涉刑、涉税价格认定工作，全市共完成涉案财物价格认定事项11727件，认定标的金额17.13亿元。开展价格争议纠纷调解处理工作试点，拓展价格认定工作领域。

二、2018年重点工作

(一)加强价格监测调控，保持价格总水平基本稳定

建立价格监测预警综合管理网络平台，健全价格监测分析预警机制、牛猪蔬菜价格调控预案及价格异常波动应急预案，努力保持价格总水平基本稳定，居民消费价格涨幅控制在3%以内。落实好社会救助和保障标准与物价上涨挂钩的联动机制，保障困难群众基本生活。

(二)深化重点领域价格改革，激发市场主体活力

一是深入推进电力价格改革。继续推进输配电价改革，推动降低一般工商业电价。二是完善天然气价格政策。全面推进配气价格改革。科学合理核定天然气管道运输价格。进一步降低工商企业用气成本。三是全面深化医疗服务价格改革。推动取消公立医院医用耗材加成，优化调整医疗服务价格。进一步完善按病种收费政策及新增医疗服务价格项目审核政策。四是稳步推进交通运输价格改革。规范完善道路客运价格政策。完善机动车停放服务收费政策。五是

积极推进农业水价综合改革试点。六是健全幼儿园及景区门票价格政策。适时适当调整公办幼儿园收费标准,规范民办幼儿园收费行为。完善景区门票价格监管机制，严格控制利用公共资源建设的景区门票价格上涨。七是不断完善环保价格政策。推进建立非居民用水超定额累进加价制度。完善垃圾处理收费政策。

(三)强化涉企收费监管,进一步减轻企业负担

持续清理规范涉企经营服务性收费，严格落实收费目录清单制度。建立完善跟踪评估和动态调整机制，适时调整并完善部分涉企行政事业性收费标准和纳入政府定价管理的经营服务性收费标准。认真落实“企业减负 30 条”、“电气 15 条”等政策,降低用能、物流等收费,减轻企业负担。

(四)持续营造公平竞争价格环境

一是扎实开展价格收费检查。持续开展以行业协会、行政审批中介服务收费为重点的涉企收费检查。继续做好供电、供水、供气等领域价格重点检查。二是有序有效推进公平竞争审查制度。强化公平竞争审查工作市级部门联席会议协调机制,贯彻落实《公平竞争审查制度实施细则(暂行)》。三是加大重点领域反垄断执法力度。

(五)夯实价格基础工作,提升管理服务水平

一是进一步规范政府定价,修订实施《重庆市定价目录》,制定《政府制定价格行为规则》实施细则。二是强化价格成本监审,逐步健全完善分行业定价管理办法和成本监审规则，探索建立成本信息公开制度。三是优化价格认定服务，积极稳妥推进价格争议纠纷调解处理工作。四是着力提升信息化水平，推进建立完善市场价格监管系统，加快推进市物价局电子政务信息化建设。

重庆国税

重庆市国税局 练鹏

一、2017 年发展回顾

【概述】

2017 年,重庆市国税系统牢固树立“四个意识”,聚焦加快实现税收现代化的目标,紧扣“抓基层、打基础、提质效”工作主线,强管堵漏收好税、深化改革转方式、便民办税减负担、转变职能促规范、着眼基层打基础、选育人才提素质，各项重点工作任务圆满完成，实现党的十八大以来重庆国税事业发展的圆满收官。组织税收收入 1649.7 亿元,收入增长平稳有质;持续推动以风险管理为导向的税收综合改革，征管效能明显增强；构建以电子税务局为载体的线上线下办税模式,征纳获得感不断提升;深化“放管服”改革,全市营商环境不断优化;绩效引领提升工作效能，年度考评成绩排全国国税系统第 11 位。

【“两学一做”学习教育常态化制度化工作】

组织全系统党员干部学原文、悟原理,为开展“不忘初心、牢记使命”主题教育打下坚实基础。各级领导干部带头讲党课,并以普通党员身份参加所在支部组织生活，市局党组班子成员参加组织生活 53 次,指导基层党建工作 159 次。开展党建优秀案例和支部工作法征集，其中 1 篇荣获《紫光阁》机关党建创新案例征集“百优案例”,2 篇编入《税务系统基层党组织工作规范》,编印《重庆市国税系统党建工作创新案例集萃》,收编优秀创新案例 21 篇。

【地方政府支持税收工作】

2017 年,中央政治局委员、重庆市委书记陈

敏尔，时任重庆市委副书记、市长张国清，重庆市委常委、常务副市长吴存荣等市领导，多次对重庆国税在组织税收收入、深化税制改革、推进依法治税、服务经济发展等方面取得的成绩给予充分肯定，并作出表扬性批示。8月16日，重庆市委常委、常务副市长吴存荣到重庆国税调研，看望慰问国税干部。

【税收收入主要特点】

全年累计完成税收收入1649.7亿元，同比增长2.8%；其中地方级收入完成670.3亿元，同比增长3.6%。此外，海关代征税收130.8亿元，办理出口退税156.9亿元。分税种看，国内增值税完成1056.5亿元；其中，四大行业新营改增收入完成435.3亿元；国内消费税完成142.9亿元；企业所得税完成378.5亿元；车辆购置税完成71.7亿元。

【深化国税、地税征管体制改革】

作为中央和税务总局确定的税收综合改革试点单位，立足市情税情、坚持问题导向、强化总结集成，在2016年实施85项改革任务的基础上，新增6项改革攻坚任务，并把其中20项作为重中之重，确定21个基层试点单位先行先试，扎实推进、持续深化，确保改革以点带面、齐头并进。已初步形成"一表集成""一票清税"、税邮合作、电子税务局等10余项制度办法，并为可复制、可推广的制度安排，扩大改革效应、共享改革成果。2017年9月23日，税务总局将重庆选树为全国2个深化国税地税征管体制改革综合试点示范单位之一。

【依法治税】

开展三次全市国税系统"放管服"自查，并接受国务院第四次大督察和总局第二次系统督查。推动市政府出台《重庆市税收征管保障办法》，并制定配套文件《重庆市涉税信息共享主体名录》。编写《重庆市国家税务局税务行政执法案例指导办法》《重庆市国家税务局重大税务案件审理实施办法》。成立公职律师办公室，现有公职律师64名。推行税收法律顾问制度，先后聘任49名内部法律顾问。开展税务法治示范基地建设，评定万州区、九龙坡区、永川区、两江新区国税局4个单位为第三批"重庆市国税系统法治基地"。

【政策落实】

落实税收优惠政策，加强政策宣传辅导和督察落实力度，确保政策执行到位。全年减免税金及办理出口退税695亿元。其中办理出口退税156.9亿元；营改增税制转换带来结构性减税147亿元，含"3+7"行业和新加入试点四大行业减税85.7亿元；落实小微企业优惠政策减免税款55亿元；落实西部大开发优惠政策减免企业所得税82.5亿元；落实高新技术企业优惠政策减免税款14.4亿元；落实改善民生类税收优惠政策减免税款26.2亿元。

【税种管理】

加强增值税管理，落实简并增值税税率政策，累计减税2.13亿元，核查简易征收备案，共6103户纳税人进行补充。强化所得税汇算清缴管理，加大对零申报、享受税收优惠、连续三年亏损、股权转让等企业的核查力度，共依法补征税款为48.68亿元。强化消费税管理，对全市12户白酒生产企业的330个白酒品牌开展最低计税价格核定，对36户汽车经销商进行了消费税税种认定。推进车辆购置税完税证明和机动车销售发票信息共享核查机制，与市公安局交巡警总队交换涉税数据359015条，查补税款30.5万元。

【纳税服务】

深入开展"便民办税春风行动"；持续优化电子税务局平台建设，以电子税务局为载体的线上线下办税模式逐步成熟，实现报告备案、税务认定、发票办理等6大类133项办税事项"足不出户"办理；税邮合作全面深化，制发《税邮合作管理办法》，发挥双方比较优势，打造"票易达"发票寄递服务品牌，全年依托邮政部门发放空白发票2881万份，代开发票39.8万份，代开税款2.8亿元；联合地税部门推进纳税信用机制建设，联合评定A级纳税人2635户；实名办税和办税无纸化全面推广，逐步形成网上办税为主、自助和其他社会办税为辅、实体办税服务厅兜底的办税新模式；“银税互动”项目成功入选“2017年重庆十大信用典型案例”，全年累计发放纳税信用类贷款56.2亿元。

【税收征管】

贯彻总局“四个坚决”部署要求，开展“四清三查”专项整治行动，规范行业秩序，减少税收流失、提升税收遵从。健全体制机制，构建市局、区县局两级扁平化风险管理模式，推动以风险管理为导向的税收综合改革，完善以风控中心为依托的机构调整、职能分配，稳步推进机构收缩、资源重配。强化风险精准应对，自助研发税收数据分析平台，实现对发票违法行为的精准打击。创新税源管理模式，完善分级分类专业化管理体系，提升税源管理精细化程度和管理质效。加强税收数据治理，建设税收大数据平台，进一步深化税种集成管理，构建紧密关联、衔接各方的税收信息化体系。

【税务稽查】

深化国地税稽查合作，健全公安派驻税务联络机制，加强西南地区税务稽查协作，增强稽查打击力度。全年查补入库税收收入30.3亿元。收缴虚假发票123万份，1000万元大要案件11件，查处“5·4”、“4·18”等大案要案，其中“4·18”案得到公安部通令嘉奖。推进“双随机一公开”监管改革，开展随机抽查1309户次，查补入库税收收入2.11亿元。与重庆公安边防总队联合签署《战略合作协议》，累计曝光“黑名单”企业343户，推送联合惩戒信息数265条。

二、发展中存在的问题

服务大局方面，以税咨政、服务决策的作用发挥不够充分。税收征管方面，对虚开骗税等涉税违法预判应对能力还需加强。信息管税方面，数据治理及应用水平有待增强。纳税服务方面，征纳双方关注的堵点痛点难点问题没有得到彻底解决。干部队伍方面，税收现代化建设的智力支撑不够。

三、2018年发展目标

2018年是全面贯彻党的十九大精神的开局之年，是改革开放40周年，是决战脱贫攻坚、决胜同步小康、实施“十三五”规划至关重要的一年。全市国税工作将以习近平新时代中国特色社会主义思想为指导，深入贯彻党的十九大、中央经济工作会议和十九届中纪委二次全会精神，认真落实总局党组和市委市政府决策部署，聚焦“干好税务、带好队伍”，紧扣“抓基层、打基础、提质效”工作主线，着力实施质量、效率和动力“三大变革”，坚持双轮驱动、持续深化改革、系统集成推进，扎实完成税收改革发展各项任务，高质量开拓新时代税收现代化新征程，为服务我市经济高质量发展、增进民生福祉贡献国税力量。重点抓好高质量强化依法征税、高质量深化税收改革、高质量推进信息管税、高质量提升工作站位、高质量优化营商环境、高质量建设人才队伍、高质量加强党的建设七个方面工作。

重庆地税

重庆市地税局 王娘

一、2017年发展回顾

2017年，重庆市地方税务局在党中央国务院、市委市政府和国家税务总局的坚强领导下，改革创新，砥砺奋进，全面履行服务发展职能。高效推进“放管服”改革，结构性减税政策精准落地，全力服务全市地方经济社会发展。稳步推进深化国税地税征管体制改革，被国家税务总局选树为全国2个综合试点示范地区之一,《人民日报》等16家中央媒体集中报道改革成效。创新推出系列便民服务举措,纳税人满意度跃居全国第七。坚持加强党建带队伍,大力实施"人才兴税"战略。全年各项工作得到市委市政府和税务总局的充分肯定,连续四年获评税务总局绩效考评优秀等次,连续四年市委市政府考评优秀。

(一)组织收入实现新突破

2017年,全市地税系统累计组织税费收入2132.4亿元,同比增长22.0%。税收收入累计实现1006.0亿元,同比增长12.5%,全年税收收入在全面"营改增"后重回1000亿元大关,税收增速列西部第3位;非税收入累计实现1126.4亿元,同比增长32.1%。中央级税收受所得税强力拉动实现快速增长,地方级税收受契税、房产税等税种迅猛增长影响贡献突出。产业结构调整逐步深化,房地产业税收拉动强劲有力,入库381.8亿元,同比增长30.9%。金融业、制造业税收保持平稳增长,金融业入库80.1亿元,同比增长6.6%;制造业入库118.2亿元,同比增长7.5%。建筑业税收增长乏力,入库93.1亿元,同比下降5.2%。

(二)征管改革呈现新面貌

认真完成深化国税地税征管体制改革综合试点任务,全部区县税务机关完成全新征管体系的搭建,全部改革项目有序、有力落地,重庆被税务总局选树为全国2个综合试点示范地区之一。充分发挥税收职能作用,结构性减税政策精准落地,累计减免税款335.5亿元。新上线"重庆税银互动服务平台",帮助8782户纳税人成功融资53亿元。

(三)依法治税展现新作为

推动重庆市政府修订出台《重庆市税收征管保障办法》,将国税、地税均纳入税收征管保障工作的适用范围。组织开展系列执法行为规范工作,清理并废止规范性文件41件。全面推进网审平台建设,在部分基层单位对延期缴纳税款审批流程进行试点。试点推行执法全过程记录制度,实现对执法全流程的无缝管控。全面开展税收执法大督察,及时发现并纠正税收政策落实不到位、政策执行偏差等问题464个,涉及纳税人566户次。系统推进40个区县局深入开展交叉督察,共计延伸至243个税务所,查找问题293个。打击涉税违法持续发力,积极开展定向精准稽查和打击发票违法犯罪活动,不断强化大要案件查处力度,全年查处百万元以上案件143件,偷税案件32件,全年稽查查补入库总收入31.1亿元,同比增长10.68%。全面深化改革扎实推进,严格贯彻落实"双随机、一公开"监管,大力深化税收"黑名单"和联合惩戒制度,积极推动稽查信息化建设、国地税联合稽查、税警协作和查管互动向纵深发展。

(四)税收征管构建新格局

扎实推进"多证合一"工商共享信息运用工作,协同工商部门在全市范围内实行企业简易注销登记改革,完善市场主体退出机制,切实优化税收营商环境。全面开展基础数据质量筛查和基础征管重点薄弱环节及重点管理事项排查工作,累计开展六批次数据清理工作,归集错误数据指标问题项为328万条,修改完成327.9万条。升级税收风险管理系统,全年累计推送税收风险应对任务26408户次,风险分析识别命中率88.92%,入库地方税费合计42.1亿元。开发上线欠税管理系统,依法开展欠税公告和阻止欠税人出境工作,密切部门协作提升欠税追缴合力。加强大企业管理,进一步充实管理队伍,对69户成员企业开展税收分析,发现风险疑点175项,涉及预估税款2.4亿元。加快推进自然人管理体系建设,组织开展个人所得税专项核查工作,个人所得税入库181.8亿元,同比增长24.2%。深入推进所得税集成管理,合理优化征管资源配置,企业所得税入库142.6亿元,同比增长15.5%。加强财产行为税集成精细化管理,创新方式破解土地增值税清算难题,全面加强房产和土地税源管控力度,财产行为税实现平稳增长,入库663.2亿元,同比增长9.0%。统筹推进环境保护税征前准备工作,顺利完成排污费改环保税第一批档案资料的移交，实现对7164户纳税人基础信息的识别。探索建立外籍个人信息管理平台，试点完善外籍个人“一人一档”管理制度，全面规范自然人国际税收管理工作。反避税工作加强对关联申报的审核，情报交换工作强化对中国税收居民境外所得纳税情况的收集。深化国地税合作，互相传递信息3000余条，合作开发“走出去”企业和个人“一户式”管理系统。

（五）纳税服务再上新台阶

积极践行“以人民为中心”发展理念，以纳税人需求为导向，推出系列便民服务举措，纳税人满意度跃居全国第七。深化国地税合作，创新推出“一票清税”等合作模式；打破地域限制，将5类34项共性业务事项扩展为全市通办；推进智能办税大厅及两级12366服务热线建设，畅通微信、支付宝等第三方平台渠道，促进线上线下业务深度融合；实施存量房交易办税制度改革，电子税务局行政审批工作平台建设，推动实名办税，构建税收信用体系。

（六）信息化建设取得新成效

实现电子税务局国地共建，合作推出统一登录界面、统一注册、用户互认的重庆市电子税务局，截至2017年底，电子税务局注册企业用户52.6万户、自然人用户79万户，全市共办理国地税联合注册35万户。正式启用重庆地税水土数据中心，持续推进金税三期软件优化工作，深入拓展大数据工作平台性能，开发完成电子税务全息监控系统，全面夯实信息管税基础。

（七）队伍建设树立新形象

完善选拔管理制度，严格规范选任干部，各级领导班子结构和整体效能不断优化，提拔领导干部38名，2名干部平职重用，交流干部21名，完成38名干部按期转正。抓好人员进出管理，2017年公开招录128人，遴选13人，接收军转安置30人，专业和性别结构明显改善。扎实推进财会培训，全系统累计组织各类培训564期、5.1万人次。截至2017年底，全市地税系统2253人取得初级会计师、1083人取得中级会计师、469人取得“三师”资格，分别占干部人数的40%、19%、8.4%。大力深化实战练兵，组织58名学员开展为期半年的房产行业会计实训，并选派到10个区县局开展土地增值税清算实战。

（八）党建工作凝聚新动力

全系统深入学习贯彻党的十九大精神，以习近平新时代中国特色社会主义思想为指引，牢牢把握新时代党的建设总要求，着力压实党建责任、有力构建党建格局、大力创新党建工作、聚力落实党建任务，全系统各级党组织战斗力、凝聚力、号召力、影响力显著增强，全系统广大党员“四个意识”不断筑牢、“四个自信”持续坚定、“四个合格”积极践行。坚持以学习宣传贯彻党的十九大精神为主线，举办专题研讨、集中培训、主题征文、文艺汇演等各类活动10多个；坚持以有效落实“两个责任”为抓手，建立完善中心组学习、支部党建考核、党组议事规则、基本组织生活等各类制度23项；坚持以加强精神文明建设为重点，积极发挥群团组织作用，深入开展各类创建活动，大力加强地税文化建设，全系统各单位获得省部级以上各类荣誉24项。

二、2018年发展目标

2018年全市地税工作的总体要求是：全面贯彻落实党的十九大精神，以习近平新时代中国特色社会主义思想为指导，加强党对税收工作的领导，坚持稳中求进工作总基调，坚持贯彻新发展理念，坚持以大数据智能化引领创新驱动发展，围绕中央决胜全面建成小康社会的决策部署、市委市政府“三大攻坚战”“八项行动计划”以及税务总局各项工作要求，进一步抓重点、补短板、强弱项，确保高质量推进新时代税收现代化开好头、布好局，更好地发挥税收在稳增长、促改革、调结构、惠民生、防风险中的积极作用，为促进全市经济实现更高质量、更有效率、更加公平、更可持续发展做出新的更大贡献。

重庆审计

重庆市审计局 石纹碧

审计成果 2017年，全市审计机关认真贯彻落实党的十九大精神，深学笃用习近平新时代中国特色社会主义思想，坚持稳中求进工作总基调，牢固树立和践行新发展理念，以推进供给侧结构性改革为主线，认真落实全国审计工作会议和市委市政府工作部署，全面落实从严治党要求，依法履行审计监督职责，扎实推进有重点有质量的审计全覆盖。一年来，全市审计机关共实施审计项目4626个，其中，经济责任审计项目605个、投资审计项目3520个，审计促进增收节支526.05亿元，向有关部门移送问题和案件线索899件，涉及676人。其中，市审计局完成审计项目86个，审计（调查）单位237个；审计促进增收节支236.63亿元，向有关部门移送问题和案件线索130件，涉及181人，审计监督覆盖面和审计成效同比实现较大提升。

重大政策落实跟踪审计 紧紧围绕中央及市委、市政府决策部署和审计署工作安排，按照“紧盯重点、面上覆盖、点上突破”的工作思路，每季度确定一个主题、每月选择2~3个审计重点，组织全市审计机关先后对“涉企减负30条”落实、“放管服”改革推进、行业协会商会脱钩改革、科技型企业优惠政策落实以及重点建设项目、部分民生实事任务落实情况等实施了跟踪审计，按月实施通报、按季报告结果，全年共抽查了1848个部门、184个镇街、1796个企事业单位、755个项目，涉及财政资金261.04亿元，揭示部分政策措施执行不到位等相关问题746个，促进区县政府及相关部门单位完善101项制度，推动59个重大项目加快建设进度和23个区县社保、税费减负政策等的落实。

财政财务审计 采取“分级同步、上下联动”方式，对市级和区县财政预算执行、地方税收和非税收入征管情况进行全面审计，揭示了部分区县财政收入质量不高、财政扶持和转移支付政策执行不到位、非税收入管理制度不完善等问题，促进追征税费6.51亿元、市级非税收入上缴财政119.94亿元。运用大数据审计同步开展80个市级部门单位的预算执行审计，揭示了部分单位预决算管理不规范、“三公”经费使用不合规、政府采购执行不到位等问题，推进了部门预算从编制、执行到绩效评价和公开的规范化建设。

专项资金审计 按照审计署部署和市委、市政府要求，统一组织实施了全市保障性安居工程跟踪审计、三峡后续工作专项资金、市级重点职业学校教育管理情况、义务教育保障机制和“全面改薄”资金等重点专项审计，及时提出完善保障机制以及堵塞管理漏洞的建议，有力推动民生政策落实到位。坚决落实党中央精准扶贫、精准脱贫方略，对全市国家级及市级扶贫开发工作重点区县进行了全覆盖审计，揭示挪用套取或违规安排资金等问题，移送问题（案件）线索28件、涉及69人，并协同市扶贫办督促抓实审计整改，推动精准扶贫精准脱贫政策措施落实。

公共投资审计 完成了东水门长江大桥、重庆工程职业技术学院新校区建设、双碑隧道工程等8个重点项目的竣工决算审计以及概预算执行审计，对轨道交通环线二期和四、五、十号线一期工程以及都市核心区景观照明提升工程、红岩村桥隧PPP项目等3个重点在建项目进行了跟踪审计，审减金额共计21.95亿元。揭示了高估冒算、招投标管理不规范、违规转分包、现场管理不到位等问题，对审计中发现的问题及时通报和督促整改，督促参建单位边审边改，较好地发挥了及时性、建设性作用。制定了《关于进一步规范区县审计机关投资审计工作的通知》《区县审计机关重点工程项目跟踪审计工作指南》，分批次对区县投资审计开展了专项检查调研并通报了情况，促进区县投资审计规范有序开展。

经济责任审计　按照“党政同责、同责同审”要求，聚焦权力行使和责任落实，紧扣重大经济决策、财政收支及政府债务管理、政府投资项目决策管理、生态环保及民生改善等重点，全市审计机关完成了613个单位862名领导干部经济责任审计，其中：重庆市审计局全年对10个区县、11个部门、18个区县公安局、10户企业以及10个区县审计局共59个单位的91名领导干部进行了任期经济责任审计。按照同类同步方式，统一组织实施了18个区县公安局警政主要领导干部经济责任审计，完成了10户市属国有企业领导人员的经济责任审计。对2016年度市管领导干部经济责任审计整改情况进行专项督察，对个别整改不力的单位进行了通报，促进领导干部增强守规守纪和依法依规行政意识。

自然资源资产离任审计　认真贯彻落实中共中央办公厅、国务院办公厅印发的《领导干部自然资源资产离任审计规定（试行）》，制定了《重庆市2017年领导干部自然资源资产离任审计试点工作方案》，并按市委组织部交办开展了潼南区原党政主要领导自然资源资产离任审计试点，发现自然资源资产开发管理等方面的问题20余个，并提出了针对性的审计建议。同时，以点促面、注重统筹，在领导干部经济责任审计、重大政策落实跟踪审计、专项资金审计中，加强对自然资源资产开发利用、管理责任履行以及生态环境保护目标完成等情况进行审计；与市河长办联合印发了河长制执行情况审计工作方案，常态化开展河长制执行情况审计，推动加快生态文明建设。

国有企业和金融审计　采取传统审计方法与大数据审计手段深度融合方式，重点围绕关注国企融资规模及成本、僵尸空壳企业、混合所有制改革推进情况等，完成39户市属重点国企金融类债务情况、24家市属国有担保公司运营管理情况审计调查、10户市属重点国企2016年度财务收支审计，揭示了部分国有企业在经营决策、内部管理、重大投资及财务管理等方面存在的问题，并深入分析原因、提出建议，为深化国企改革、防范化解风险发挥了积极作用。

审计整改情况　2017年，市和区县审计局均成立了整改督察机构，制定了整改跟踪督促检查办法，开发运用审计整改信息管理系统实行整改事项的逐一“挂销号”跟踪管理，提高了整改管理的信息化、规范化水平。加强与财政、税务、国资等市级主管部门以及市人大财经委的联动协作，通过审前联合进点、审后联合通报、联动促整改以及审计整改专题调研、专项督察等方式，促进被审计单位严格落实整改。加大对审计整改工作督促检查力度，健全了审计整改专项督察、审计结果公开等制度，及时向党委政府报告、向有关单位通报审计整改情况，对市级审计工作报告所列问题制定了整改责任清单，印发区县政府和各被审计单位，严格对照销号整改，审计发现的问题得到有效整改落实。

内部审计　2017年，全市各部门、各企事业单位(不含中央在渝单位，含区县属单位)设立内部审计机构2837个，其中专职机构1212个；配备内部审计人员9402人，其中专职审计人员2593人。全市各级内审计机构共完成审计项目29184个，促进增收节支29.26亿元，提出的建议和意见被采纳2.92万余条，给予行政处分93人，向司法机关移送案件线索11件涉及83人。坚持将内部审计作为推进审计全覆盖的基础性工作抓紧抓实，强化对内审计划编制、计划实施、成果利用等全过程督导，以统筹审计计划为突破口强化审计机关与内部审计的衔接，推动形成审计全覆盖工作体系。通过内部审计工作会议、业务交流会议等方式分层级培训专兼职内审人员7300余人次，以实战训练方式吸收393名内审人员参与审计机关的审计项目实施。建立了市级单位内部审计报告备案登记分析系统，已归集100余个市级单位近5000份相关报告，积极探索利用内部审计成果的有效方式。

人财物管理改革试点推进情况 深入贯彻落实中办发〔2015〕58号文件精神以及审计署和市委、市政府工作部署要求，扎实推进区县审计机关人财物管理改革并取得阶段性成效，从2017年1月起全面实施了对区县审计机关领导干部、机构编制和人员、经费资产和审计业务的“四统一”管理。配合完成了改革后38位区县审计局局长的重新考察任免以及缺额班子的调整研究。制定下发了区县审计机关新的“三定”规定，对区县审计局主要职责、内设机构名称和数量进行规范和统一；印发区县审计机关干部人事管理规定，分层次组织开展了750余人次的专题培训以及业务技能竞赛，对统一招录的216名区县审计局公务员进行了岗前培训以及规范化培训。制定全市审计机关财务管理办法，统一开展了区县局银行账户清理及财务培训，规范了全市审计机关财务核算软件。加强审计计划统一管理，制定了全市审计机关审计计划管理办法，对各区县年度审计项目计划及调整实行统筹安排、统一审批，组织指导完成40个区县级审计项目五年轮审规划；制定了区县审计工作报告审核规范，对各区县政府提交同级人大常委会审议的审计工作报告进行了审核；建立了审计业务指导联络制度，分批组织区县局列席审计项目审理会，开展了区县审计质量检查；规范了内部运行管理，对重大事项报告、公文处理进行了规范，及时对重点工作推进情况进行督促落实，确保统一管理体制的高效运转。

重庆海关

重庆市海关 李旭霞

2017年，重庆海关税收实际入库152.61亿元，同比增长18.5%；监管货运量882.44万吨、货值563.99亿美元，同比分别增长24%、15.3%；监管进出境人员299.88万人次，同比增长14.9%；监管邮递物品增长近2倍，监管邮政快件增长超5倍，监管非邮政快件同比增长35.2%；7×24小时通关在关区实现全覆盖；关区加工贸易及保税监管进出口2650.3亿元，同比增长14.6%，占全市外贸进出口总值的58.8%。

2017年，重庆市外贸进出口总值4508.2亿元人民币，同比增长8.9%，位居西部地区第2位，全国第12位，扭转了自2016年以来的跌势。重庆海关全力以赴推动政策落地，海关监管制度创新改革红利持续释放，服务重庆“两点”“两地”建设。

一、积极推进重大战略项目建设

积极支持自贸试验区建设。在全面完成前两批自贸试验区23项创新制度复制推广的基础上，争取海关总署出台25项支持措施，并因地制宜推出我关首批27项个性化支持举措，截至2017年底27项个性化支持举措已实际落地24项，其中4项创新制度已推荐上报总署和商务部争取复制推广。同时，推动飞机租赁、全球维修等新业态相继落地重庆自贸试验区。

积极支持中新示范项目建设。争取海关总署量身定做10项支持举措；促成渝桂黔陇四地八方海关、检验检疫部门签订合作备忘录，共同促进中新项目发展；全力以赴推动江北机场T3航站楼按时、平稳转场，支持开展国际航班境内续驶段混载业务，助推铁空、铁海联运发展，推动设立航空口岸进境免税店。

二、积极支持重庆开发开放平台建设

积极支持综保区申报建设工作。全面参与和支持江津综保区规划建设，全程推进海关监管设施、智能化网络、后勤保障设施等建设工作，推动一期建设顺利通过预验收。主动加强与海关总署的对口协调，密切跟踪涪陵综保区的审批进展，目前已通过国土资源部、住建部的土地及规划合法性审核。

积极支持海关特殊监管区域转型升级。创新海关特殊监管区域监管通关模式，推动传统笔记本电脑、打印机优势产品向一体化机、智能平板、分离式便携PC等高附加值衍生品换代升级；吸引谷歌物联网设备、第三代苹果手表等智能穿戴设备、零度无人机等高端制造新产业入区；依托优惠政策，继续支持跨境电商、培育保税展示交易、转口贸易、境内外维修业务发展；积极指导选择性征收关税试点取得成效，已完成121票22.2万台液晶显示器的选择性征收关税，涉及金额13564.1万元，征收税款总额2927万元，为试点企业降低税负4081.1万元；推进赋予企业增值税一般纳税人试点顺利落地，累计实现一线进出口7625.23万美元。

三、积极支持打造内陆国际物流枢纽

全力促进中欧班列(重庆)发展。促成海关总署铁路货运监管研讨会和中欧班列数据交换与监管互认第二次研讨会在渝召开，达成《"关铁通"框架安排》；成功开展"关铁通"中哈合作试点，实现国际海关数据交换、监管互认；支持完成规模化运邮19次；联手乌鲁木齐海关，探索中欧班列集拼集运业务，有力地促进了中欧班列(重庆)的发展。全年累计监管进出境班列649趟次、集装箱54976标箱，同比分别增长57.1%、59.6%。依托该班列，创新通关监管模式，支持进口汽车整车，全年累计监管进口整车1109辆，货值8065.8万美元。

全力支持南向物流通道建设。依托中新示范项目，联手渝桂黔陇四地海关，支持重庆成功开通"渝黔桂新"南向铁海联运大通道并实现常态运行，全年累计监管"渝桂新"班列26趟次，集装箱630标箱，进一步强化了重庆在丝绸之路、长江经济带的连接点作用。继续支持重庆至东盟"五定"公路班车稳定运行，并与中欧班列(重庆)成功实现无缝衔接，较航运节省一半时间，全年累计发车100车次，总重1026吨，货值逾1.67亿元。

全力支持增辟国际航线。支持增辟或重启"重庆—洛杉矶""重庆—墨尔本""重庆—苏梅岛"等13条国际航线，进一步完善了重庆市国际航线网络。继续支持开展国际航班境内续驶段混载业务试点，积极争取海关总署支持和固化俄罗斯空桥货运航空有限公司"莫斯科—上海—重庆—莫斯科"航线监管模式，助推该业务健康稳定规范发展。

四、深入推进重庆国际贸易"单一窗口"建设

"单一窗口"统一版已正式上线运行，全年申报单量居全国第5位，报关覆盖率稳定保持在50%左右。推进航空口岸顺利启用"联合查验，一次放行"系统，实现了"线上预约、指令对碰、联合查验、一次结费、一次放行"。完成铁、水、空口岸和海关特殊监管区域"关检联合查验场地"整合设置，大力推行"一站式作业"模式，在机场旅检、铁路保税物流中心(B型)实施X光机"一机两屏"，在邮政监管现场实现了"一机一台"联合作业。

五、全力推动产业升级和新业态发展

量身定做监管通关模式，推动传统优势电子产品向高附加值衍生品换代升级。吸引谷歌物联网设备、第三代苹果手表等智能穿戴设备、零度无人机等高端制造新产业入区。赋予企业增值税一般纳税人试点企业增至7家，选择性征收关税累计开展193票，降低企业税负6229万元。完成出境加工出口及复进口47票，货值1425万

元。全年重庆加工贸易进出口2074.4亿元,同比增长25%,占外贸总值的46%,比重提升5.5个百分点。积极支持跨境电商发展,牵头起草《重庆市创新跨境电子商务监管服务工作方案》,全年跨境电商保税进口31.3亿元,增长67%。积极支持进口汽车整车,预先审核整车进口相关报关资料,优化监管流程,全年监管进口整车1254辆,货值6.22亿元,增长55.63%。积极支持开展境内外维修业务,推动开展电脑及其主板维修业务,累计实现进出口值0.6亿美元。

六、切实强化海关统计辅政服务

强化基础数据审核,累计审核贸易统计数据33.7万条;强化外贸跟踪监测,强化执法评估服务决策功能,向市政府报送监测预警分析报告18篇,获市领导批示9次。严把数据安全底线,积极应对外部对海关统计数据定制服务个性化、加工分析精细化的要求,与多个市级部门签订数据服务协议,对外提供数据30余次、咨询服务200余次。

七、全力改善外贸企业营商环境

持续推进进出口信用体系建设,深入推动实施守信激励和失信惩戒,重庆关区逾7成AEO高资信企业通过海关重新认证并继续享受通关便利措施;主动对接重庆市公共信用信息平台,实现海关行政审批、行政处罚信息“双公示”,与商务局、外管局等部门交换企业信息191条,对57家企业和个人实施联合惩戒,对33家企业和个人解除惩戒;与56个市级部门共同建立信用管理“红黑名单”制度,共计归集“红黑名单”数据179834条,对6166个行政主体实施信用激励,对16039个行政主体实施信用惩戒或约束。

八、坚决维护良好的进出口秩序

深入开展“国门利剑2017”联合专项行动,聚焦重点涉税商品、枪毒爆恐、农产品以及洋垃圾走私,强化一线监管、破网除链和深挖扩线。全年共立案查办各类走私违法违规案件226起,案值10.24亿元,同比增长1.39倍,涉嫌偷逃税额7648.89万元,同比增长2.64倍,其中刑事案件32起,案值6.58亿元,涉嫌偷逃税额6308.64万元,同比分别增长6.67%、1.93倍、4.93倍。查获气动力枪支31支、枪支零部件197个,气枪用铅弹1907发,移交案件线索39条;查获各类毒品累计8255.97克,并首次查获快件渠道走私毒品案件;打掉4个农产品走私团伙;“1701”奢侈品走私案被海关总署缉私局列为一级挂牌督办;首次查获机场工作人员走私奢侈品货物案件。打私工作得到了署市领导的批示肯定。

重庆市中小企业

重庆市中小企业局 王克胜

一、2017年发展回顾

2017年,在市委、市政府的坚强领导下,全市中小企业系统坚持以供给侧结构性改革为主线,坚持稳中求进工作基调,着力以创业促就业培育市场主体、以创新促转型提升中小企业竞争力,不断优化中小企业发展环境,全市中小企业继续保持平稳较快发展,圆满地完成市政府下达的考核目标任务。

(一)中小企业发展质量取得新突破

(1)中小企业已成为促进经济增长的重要力量。2017年,全市新设立中小微企业12.7万户,期末登记户数达到72.7万户,占全市企业总数的99%以上。全市中小企业实现增加值

8204.7 亿元，同比增长 10.1%，占全市经济总量 42%，成为我市经济社会发展的重要力量。

（2）中小企业已成为改善民生和维护社会稳定的重要基础。2017 年，全年新增从业人员 50.5 万人，占全市新增就业人数近 70%，全市中小企业从业人员达到 761.2 万人。中小企业从业人员涉及 500 多万个家庭、近 1700 万人口，占全市人口总量的 50%，成为我市改善民生和维护社会稳定的重要基础。

（3）中小企业已成为科技创新的新兴力量。近年来，我市规模以上工业中，中小企业研发投入年均增长 20%以上，R&D 投入经费占中小企业增加值比重达到 1.2%。全市发明专利 70%以上由中小企业创造。在 2017 年全国“创客中国”创新创业大赛中，我市获三等奖 1 个，优胜奖 10 个。全市市级中小企业技术研发中心达到 327 个，市级中小企业信息化示范企业 512 家，已有 324 项科技研发技术成果运用到中小企业生产经营中。

（二）加强和改进服务工作取得新成效

（1）抓政策体系完善，营造良好发展环境。一是完善中小企业发展政策体系。按照国家工信部统一安排部署，深入贯彻落实《中小企业促进法》，启动《重庆市中小企业促进条例》修订立法立项工作。配合市发展改革委，参与起草市委、市政府《关于全面优化营商环境促进民营经济大发展的意见》，进一步健全民营经济发展政策体系。联合市财政局、市工商局，研究制定出台《关于进一步支持中小微企业发展政策措施》，加大对中小企业发展政策支持力度。联合市农委，研究制订《关于促进农产品加工业发展的实施意见》，报请市政府审议出台。二是加大政策宣传推广力度。开展了首个“中小微企业日”宣传活动，发放政策汇编 4000 册，惠及企业 2000 多家；开展送政策送服务活动，深入 32 个园区开展政策解读培训 87（场）次，参加企业近 2000 家。通过局政务网站、局官方微信、微博、手机报等多媒体推送中小企业发展相关政策信息 3000 余条。三是切实维护企业的合法权益。充分发挥市政府民营企业维权投诉中心作用，全年接听并解答维权投诉热线 1900 余人次，市政府公开电子信箱和市群众工作信息管理系统共办理投诉、求助、建议及政策咨询等各类信件 220 件，均按时办结，办结率和满意率均为 100%。

（2）抓发展载体，产业集聚度不断提高。2017 年底，全市重点培育和认定的楼宇产业园累计达到 116 个，已建成建筑面积 1030 万平方米，入驻企业 6100 家，入驻企业实现销售收入 680 亿元，平均每平方公里产出强度达 153 亿元；全市小企业创业基地达 170 个（其中，国家小型微型企业创业创新示范基地 9 个），入驻企业 7800 户，提供就业岗位 39 万人，实现销售收入 1089 亿元。目前，开发区、工业园区、楼宇产业园和小企业创业基地等各类发展载体集聚了 80%以上的中小微制造业企业，本地配套率不断提升，为重庆支柱产业、战略性新兴产业和现代服务业的发展壮大提供了有力支撑和保障。

（3）抓公共服务，为企业排忧解难。按照“找得着、用得起、有保障”的工作要求，全市建立了“1+39+N”中小企业公共服务平台网络（“1”即 1 个市级枢纽平台，“39”即 39 个区县窗口平台，“N”即 N 个产业集群平台、公共服务示范平台），全年共开展信息、创业、培训、技术等各类服务对接活动超过 6000 场次，服务中小微企业超过 25000 家，解决企业服务需求 10 万个，服务满意度 90%以上。建立了中小企业专家顾问委员会，成员 143 人，全年为 150 多家企业开展技术服务，解决各类技术难题，提供技术支持 200 余项。开展高级经营管理人才、专业技术人才、技能人才培训 153 期，培训各类人才 2 万余人。

（4）抓融资服务，企业融资环境不断改善。一是通过做“加法”，扩大企业贷款规模。创新打造具有标杆引领作用的全市小微企业票据贴现中心，办理 3.6 万笔近 200 亿元的贴现业务；优化完善转贷应急机制，帮助企业续贷 103 亿元；参与推动“助保贷”政策落地，为企业新增流动资金贷款 21 亿元；积极落实担保费补贴政策，新增担保贷款 680 亿元；支持 50 余家企业挂牌孵化板、成长板,加快推进基金与项目对接,70余家中小企业新增直接融资20余亿元。通过以上措施,全年为全市中小企业新增融资1000余亿元。二是通过做“减法”,降低融资成本。为1000余家企业提供低成本政府转贷资金节约成本2.9亿元;推动票据贴现中心建设,为600余家企业节约成本9300万元;落实初创期中小企业财政扶持政策,为近300户企业减负7387.6万元。通过以上措施,为企业节约融资成本4.6亿元。

(5)抓示范引领,农产品加工业发展形成新态势。积极培育示范,新增全国主食加工业示范企业1户,新增市级农产品加工示范企业16户,累计达到301户。企业数量占1%的农产品加工示范企业创造了全市农产品加工业1/10的产值。培育壮大农产品加工龙头企业和品牌,支持农产品加工协会与重庆日报成功举办第二届重庆农产品加工业100强及重庆农产品加工成长型企业100户命名活动。2017年,全市农产品加工企业实现产值3998亿元,比上年增长10.5%。

(6)抓合作交流,帮助企业拓展市场。组织21家高新技术企业参展第14届中博会,提升重庆企业形象,单户企业创下1.3亿元供货协议新纪录。充分发挥两岸企业家峰会成长型中小企业推进小组成员单位作用,成功举办了海峡两岸中小企业合作峰会,组织大渡口台湾中小企业产业园等单位赴台招商,20余家台湾中小企业与大渡口台湾中小企业产业园签约;组织重庆知名企业为台湾青年提供就业岗位137个;会同市台办完成两岸青年就业创业研讨会重庆展团、两岸环保论坛的组团参会。组织我市100余家中小企业赴新加坡、南非、埃塞俄比亚及欧美、澳新等地投资考察;组织中小企业参加中阿博览会、中匈工商企业跨境投资与贸易会、重庆中小企业赴新疆投资考察活动等,帮助企业拓展市场。

二、当前中小企业发展面临的机遇和挑战

“十九大”报告在经济领域作出“贯彻新发展理念,建设现代化经济体系”的重大部署,明确提出“深化科技体制改革,建立以企业为主体、市场为导向、产学研深度融合的技术创新体系,加强对中小企业创新的支持”。这是历次以来党的全国代表大会报告中第一次明确提出对中小企业加强创新发展的支持。新修订的《中小企业促进法》在财税支持、融资促进、创业扶持、创新支持、权益保护等方面,加大了对中小企业的支持力度,为新时期促进中小企业发展工作提供了法律制度保障。市委五届三次全会提出了“八项战略行动计划”“三项攻坚战”为我市中小企业发展指明了方向。在今后的一段时期,中小企业仍将处于大有可为的重要战略机遇期。

与此同时,必须高度重视我市中小企业发展面临的困难和挑战。从企业自身看,大部分中小企业分布在传统产业和价值链的中低端,产品品质不高,创新能力不强,运营管理粗放,抵御风险能力弱;从外部环境看,企业用工、土地、资金等主要生产要素成本上升,挤压企业利润空间,企业经营压力加大;从指导服务工作层面看,部分政策原则性、操作性、适应性还不强,含金量不够,政策落实还存在“中梗阻”,“最后一公里”不到位、不及时,“临门一脚”没落地的情况,工作上深入区县、企业还做得不够。这些问题和不足,都需要在今后的工作高度重视和切实解决。

三、2018年发展目标

2018年,在市委、市政府的正确领导下,在市经济信息委党组的带领下,我们将深入贯彻党的“十九大”精神,牢牢把握高质量发展这个根本要求,坚持以供给侧结构性改革为主线,以贯彻落实《中小企业促进法》为抓手,中小企业“万千百十”五年培育成长计划,扎实开展“三服务”切实加强作风建设,着力加强组织领导、争取财税支持、加强金融服务、促进创新创业、完善服务体系,促进中小企业持续健康发展。启动实施“万千百十”五年培育成长计划,即:按照储备一批,培育一批,成长一批,认定一批的工作思路,通过五年培育,力争全市新增“四上”企业10000户,总量达到30000户,其中规模以上工

业企业达到10000户；"专精特新"示范企业1000户以上，"小巨人"企业100户以上，"隐性冠军"企业50户以上。2018年，着力培育一批竞争优势明显，有发展前景和市场潜力的高成长型企业2000户以上，其中，"专精特新"示范企业200户以上，"小巨人"企业20户以上，"隐性冠军"企业10户以上。

重庆市国土资源和房屋管理

重庆市国土资源和房屋管理局 贺艺

一、土地资源管理

(一)耕地保护

一是健全耕地保护机制。分解下达2017年度耕地保护责任目标，签订耕地保护目标责任书，组织开展2017年耕地保护责任目标考核及上报工作。出台《重庆市加强耕地保护和改进耕地占补平衡实施方案》，构建了管控、建设、激励多措并举的耕地保护新机制。二是全面完成永久基本农田划定工作。2017年6月，我市划定永久基本农田2424.19万亩，逐级签订保护责任书67134份，发放明白卡534万份，设立基本农田标志牌1244块，设立界桩53877个。三是严格落实耕地占补平衡任务。全年补充耕地12.57万亩，建设占用耕地10.5万亩。全年投入收购资金4.42亿元，收购远郊区县新增耕地指标1.76万亩，保障了我市主城九区占补平衡需求。印发《重庆市耕地占补平衡指标交易管理办法》，开展占补平衡指标市场化交易。四是大力推进高标准农田建设。全年投资22.25亿元，建成高标准农田127万亩。针对14个国家级贫困区县切块下达补助资金4.28亿元，支持贫困区县开展高标准农田建设。印发《重庆市高标准农田建设上图入库及新增耕地认定实施方案》，统一全市高标准农田上图入库管理和新增耕地认定要求。五是有序推进农村建设用地复垦。全年组织抽查配号农村建设用地复垦项目753个，总计减少建设用地规模2.63万亩。

(二)土地规划和计划管理

一是完成土地利用总体规划调整完善工作。调整后全市规划目标：耕地2859万亩，基本农田2424万亩，建设用地7200平方公里。其中，城乡建设用地5930平方公里（城镇工矿用地2600平方公里），交通水利及其他建设用地1270平方公里。二是编制国土规划并通过国土资源部评审。重庆作为国土规划编制试点省市之一，部市联合编制《重庆市国土规划(2016—2030年)》，工作成果获国土资源部肯定，认为该规划"对省级国土规划有重要示范作用"。三是全市完成村规划编制1404个，18个深度贫困乡镇174个村(居)作为实施乡村振兴战略、国土支撑保障的先行区和试验田，实现村土地利用规划全覆盖。四是第三轮矿产资源总体规划(2016—2020年)编制完成并顺利获批，规划成果获得国土资源部的充分肯定和好评。重庆市土地整治规划（2016—2020年）、地质灾害防治规划(2016—2020年)全面完成，经市政府批准发布。五是完善"人地挂钩"规划计划管理机制，出台《重庆市城镇建设用地增加规模同吸纳农业转移人口落户数量挂钩机制实施细则》。六是充分保障各类用地计划。加快建设项目用地预审，国家级项目用地预审获批2件542公顷，完成市级项目用地预审108件3515公顷。安排新增建设用地计划指标总量稳中略升，较2016年增长1.3%。加大对脱贫攻坚的支持力度，针对14个国家级贫困县安排扶贫专项指标560公顷，针对18个市级深度贫困乡镇专项安排扶贫指标240公顷，扶贫指标安排总量较2016年增长33%。

(三)建设用地审批管理

2017年，全市共审批各类土地转用和征收1230宗，总面积18114公顷，其中农用地16703公顷(耕地9972公顷)。按土地用途划分，审批工矿仓储用地3456公顷、交通运输用地3847公顷、住宅用地1701公顷、公共管理与公共设施用地1477公顷、商服用地939公顷、水域及水利设施用地533公顷、其他土地6161公顷。

(四)地票及农村产权流转交易情况

2017年，全市成交地票4.04万亩、75.41亿元，累计成交地票23.86万亩、469.09亿元。一是把握市场机遇促交易。紧密跟踪需求动态，适时组织交易，全年地票交易同比增长59.8%，达到历史第二高点。二是持续助力脱贫攻坚。坚持贫困区县“优先交易、优先拨款”政策，2017年贫困区县成交地票1.74万亩，优先拨付13个贫困区县价款37.29亿元。三是强化用票把关促使用。深入贯彻落实持票准用制度，全年使用地票3.5万亩，同比增长70.3%。四是稳妥开展占补平衡指标交易。出台《重庆市耕地占补平衡指标交易管理办法》，全年成交耕地占补平衡指标2.45万亩、6.71亿元。

2017年，全市成交农村产权11.57万亩(成交量同比增长87.8%)、合同金额7.8亿元，累计成交30.04万亩、金额17.99亿元。一是规范交易制度。推动出台《重庆市农村产权流转交易管理办法》(渝府办发〔2017〕17号)。二是规范业务办理流程。印发农村产权流转交易、抵押融资交易鉴证2项业务指南，明确了承包地经营权、林权、四荒地使用权、抵押融资等4个品种交易流程、31类制式文书及合同范本等，规范了产权类及抵押融资类流转交易的程序。三是修订会员管理办法。修订出台《重庆市农村产权流转交易市场会员管理办法(暂行)》，进一步培育和规范农村产权流转交易市场中介组织。四是拓展交易品种。全年交易承包地经营权8.85万亩、7.15亿元，林权2.45万亩、2562万元，“四荒地”使用权2665.5亩、962万元。拓展农村产权抵押融资交易鉴证服务，办理融资鉴证17宗、1.56万亩，融资金额6769万元。

(五)国有建设用地供应

2017年，全市办理建设用地供应审批11728公顷。按土地供应方式划分，出让5389公顷，划拨6339公顷。按土地用途划分，供应工矿仓储用地2634公顷，商服用地514公顷，住宅用地2208公顷，其他用地6372公顷。

(六)土地利用管理

一是科学调度土地出让工作，全市土地市场运行总体平稳。2017年，全市出让房地产用地3.82万亩，其中，主城区出让土地2.19万亩，同比增加30.3%。全市土地价款入库财政金库2165.1亿元，同比增加53.3%。主城区房地产用地平均溢价率为19.7%，较上年降低7.8%，土地市场保持适度活跃。二是加强调度，优化供地时序。严格落实年度供地计划，完善逐月调度制度，加快开展供地前期工作，上半年主城区供应经营性用地约1.1万亩，完成全年供地计划的60%，前三季度供应经营性用地约1.7万亩，完成全年供地计划的90%，保障全市土地及时有效供给。三是不断完善土地调控“政策工具箱”。在采取合理制定土地出让起始价、调整付款进度、提高房企资质要求、增设现房销售竞买条件以及严格竞买资格审查等措施的基础上，探索并实施复合交易方式。四是重点项目取得进展。中国重庆自由贸易试验区率先通过国土资源部审核，涪陵综合保税区和永川、荣昌高新区创建工作顺利通过国土资源部审查。配合市财政局开展2017年160亿元的土地储备债券发行工作，拓宽了融资渠道。五是深化改革取得突破。土地市场诚信体系试点工作顺利通过国土资源部验收。土地二级市场改革工作试点有序推进。两江新区工业用地灵活供应方式改革取得突破。城镇低效用地再开发启动摸底调查工作。扩大国有建设用地有偿使用工作深入推进。

(七)土地执法与土地督察

2017年,开展卫片执法检查,全市立案查处违法用地1368件,结案1314件,结案率96.05%,收缴罚款7334.36万元,没收违法建筑物521.51万平方米,拆除违法建筑物51.94万平方米。国家土地督察成都局在重庆市开展土地例行督察(开州、城口、奉节、巫山、巫溪5区县)、城市周边永久基本农田专项督察、全域督察、全天候卫片执法检查和新开工项目审查等土地督察工作,全市全面完成整改任务,顺利通过国家土地督察成都局检查验收。

(八)土地科技及信息化

2017年,科技工作成效显著。全年下达科技项目26项,涉及经费1084.96万元。全年获得授权发明专利12项,登记软件著作权6项。获省部级科技奖励6项,其中国土资源科技技术奖二等奖2项,重庆市科技进步奖二等奖2项、三等奖2项。组织编制国土房管领域科普读物6本,积极参加第二届全国国土资源科普讲解大赛,取得全国一等奖、二等奖。发表论文91篇,其中SCI收录论文4篇,EI收录论文5篇,CSCD收录论文16篇。纳入地方标准2017年度制修订计划11项,获批重庆市地方标准2项。下达能力建设经费920万元,用于购置16台(套)科研仪器设备,提升科技创新平台研发能力。"页岩气勘探开发国家地方联合工程研究中心(重庆)"获得国家发展改革委批准设立。建立科研仪器设备共享平台,发布仪器设备共享目录,推动国土房管系统科技资源共用共享。

信息化工作加快推进。一是重新修订《重庆市国土资源和房屋数据管理办法》,行业信息化工作新机制初步建立。二是"国土房管云"初见成效,信息系统集约化水平不断提升。三是永久基本农田划定、危房管理、全市农村土地整治规划、第三轮矿产资源规划、矿产资源储量、建设用地项目和全市土地利用数据等验收入库,全市1:5万区域地质调查完成135幅地质图资料数字化工作,完成全市新中国成立以来1914个项目的35885个钻孔数据库建设。四是建成不动产登记信息管理基础平台、不动产登记信息协同共享系统、不动产信息服务系统,重庆市国土房屋安全应急调度信息系统实现对地质灾害风险等级、实况雨量图展示和信息告警,市农村土地整治中心市场主体公共信用信息系统开创我市农村土地整治招标领域执法先例。五是行政审批系统与市网审平台实现融合,主城区不动产登记实现网上预约,公租房、公积金管理相关业务实现在线办理,"互联网+房地产市场交易"实现全流程监管和服务,全市公共租赁住房一体化管理统计平台开始试运行,"互联网+"土地调查在线监管平台在全市村庄用地专项调查、年度土地变更调查中广泛应用。六是"一张图"相关数据接入市政府共享交换平台,与市地税局签订战略合作框架协议,与市民政局签订数据共享协议。七是网络安全检查实现全覆盖,网络安全等级保护制度在各单位落地,修订印发《重庆市国土房管局网络安全应急事件应急预案》。

二、地质矿产管理

(一)地质灾害防治

一是加强地质灾害灾(险)情排查并有效处置重大地质灾害。2017年,我市全面组织开展地质灾害"三查"工作(汛前排查、汛中巡查、汛后核查),全年发生灾险情584起,成功预警和处置地质灾害灾险情571起,安全撤离群众12728人(同比增加72%)。二是夯实"四重"网格化管理格局。落实地质灾害防治"四重"网格员16331名,严防死守16412处隐患点。组织开展高位山体、旅游景区、威胁学校安全的地质灾害隐患摸排查,对初步确定的612处高位山体隐患点、89处威胁学校的隐患点进行重点防范,制定优化"一点一策"防治措施,并及时通报给有关行业主管部门。组织开展万州、长寿、忠县和石柱4个区县长江干流沿岸地质灾害隐患详细调查。组织在万州、开州等7个重点区县试点实施了231个警示防范区的地质灾害"大喇叭"预警工程。三是强化地质灾害风险防控。2017年,全市共完成地质灾害危险性评估1532个,其中规划类报告208个,建设类报告1324个(一级报告

419 个,二级报告 394 个,三级报告 511 个);完成矿山地质环境保护与治理恢复方案 135 个。四是加快工程治理和搬迁避让进程。2017 年,国家切块下达全市三峡库区后续地质灾害防治专项经费 3.2 亿元,累计已下达切块经费共计 23.38 亿元,占资金总数的 54%,保障了库区地质灾害防治工作的顺利开展。2017 年,全市将重灾区搬迁群众纳入地质灾害搬迁避让"金土工程",安排市级地质灾害防治专项补助资金 2150.4 万元,计划搬迁 5376 余人。

(二)地质遗迹保护

截至 2017 年底,我市已获批国家地质公园 8 个(其中 6 个已开园)、市级地质公园 2 个。全市各类地质遗迹点 4172 处,其中有地质剖面类 13 处,地质构造类 46 处,古生物类 32 处,矿产及观赏石类 32 处,地貌景观类 163 处,水体景观类 39 处,环境地质遗迹类 16 处,共 341 处重要地质遗迹景观。云阳普安恐龙化石保护初见成效,形成长 150 米、宽 2 米、高 8 米"世界级恐龙化石墙"。綦江区成为我市首个国家级重点保护古生物化石集中产地。

(三)矿山环境整治

2017 年,全市组织开展了全市矿山地质环境详细调查,组织编制《矿山地质环境保护与规划》,积极推进渝北区玉峰山二期、三期项目前期工作。有序实施矿山地质环境分类恢复和综合治理,渝北铜锣山、万盛矿山公园成为国家矿山公园。发布国内首个地下工程地质环境保护技术规范。开展历史遗留及关闭矿山损毁土地现状详查,查明全市历史遗留及关闭矿山土地约 7.3 万亩。

(四)矿产资源勘查

截至 2017 年底,全市发现矿产资源 72 种,查明资源储量的 46 种,与 2016 年相比新增 1 个矿种(钾盐)。锰矿、铝土矿、岩盐、毒重石资源量新增分别为 3770 万吨、2120 万吨、30.30 亿吨、1550 万吨,地热资源流量达 17.90 万米^3/日。围绕找矿突破战略行动总体部署,深入推进铝土矿、锰矿、铅锌、岩盐、萤石、饰面石材等重要优势、特色矿种勘查,大力推进城口、秀山锰矿整装勘查,投入总经费 1.4 亿元。围绕供给侧结构性改革、推进生态文明建设,停止市级财政投资煤铁等过剩产能行业矿种勘查,推行绿色勘查,清理退出自然保护区内探矿权 16 宗。强化基础性公益性地质工作,1:5 万、1:25 万土地质量地质调查覆盖率分别达到 24.3%、66.6%。1:5 万区域地质调查覆盖率达到 77.49%。助推打好精准脱贫和污染防治攻坚战,全力推进深度贫困乡镇资源综合地质调查、生态旅游地质资源调查及土壤污染状况详查。推动重庆地质简史、实物地质资料采(搜)集等地质科普工作,全市汇交各类地质成果资料累计达 21648 套。严格执行探矿权人勘查信息公示监督检查、勘查项目倒排工期等制度,强化督促整改,完成过期探矿权清理处置,按规定注销过期探矿权 45 宗。深入结合"放管服"改革,印发《关于规范建设项目压覆重要矿产资源审批工作的通知》《关于进一步规范地质勘查工作的通知》,提高审批效能、强化行业监管。持续跟踪福建、贵州等探明储量的矿产资源确权登记改革试点工作,为我市探明储量的矿产资源确权登记工作打下基础。

(五)矿产资源开发管理

一是加强采矿权审批管理。开展矿山实地复核,2017 年全市完成现场复核矿权 415 宗,纠正存在问题矿山 57 个,办理采矿权登记业务 651 宗。推进矿产资源专项收入征收工作,2017 年全市征收采矿权出让收益(价款)2.05 亿元,补征矿产资源补偿费 2391 万元。加强采矿权市场培育,推出开发利用前景好、有市场需求的采矿权公开招拍挂出让,2017 年全市出让采矿权 238 宗,成交金额 19169 万元。二是大力开展绿色矿山建设。印发《重庆市加快推进绿色矿山建设工作方案》,7 个绿色矿山试点单位通过第三方评估。发布全市主要矿产资源"三率"指标技术要求,提高矿产资源综合利用和节约集约利用水平。加大中央环保督察反馈问题整改力度,制定自然保护区内采矿权退出工作方案和奖补标准,自然保护区内采矿权退出 37 宗、"四山"

范围内采矿权退出28宗。化解过剩产能,2017年完成注销关闭煤矿采矿权许可证295个,退还煤矿已缴纳采矿价款共计8.58亿元。三是推进矿业权制度改革。出台《重庆市矿业权招标拍卖挂牌出让交易实施办法》,加快制定矿业权出让收益基准价,启动矿产品销售价格监测工作。制定《重庆市矿业权人勘查开采信息公示实施办法》,全市1346宗采矿权向社会公示信息,公示率98.5%。四是加强矿产开发利用监管。制定《重庆市矿产资源监管执法流程闭环管理暂行规定》,印发《关于对超越批准矿区范围的处置意见的通知》,开展矿产资源领域大排查大整治大执法,煤矿超层越界专项整治行动得到国土资源部充分肯定。五是认真落实矿产督察制度。2017年,开展关闭煤矿专项督察,组织122名督察员对全市2013年以来的665个关闭煤矿开展了全面巡查,发现并整改存在问题井口90个,常规督察矿权149个。

(六)页岩气勘探开发管理

截至2017年底,全市页岩气累计勘查开发投资约365亿元,开钻页岩气井504口,完钻440口,投产275口,累计产气154.32亿立方米。目前,已形成以涪陵区块页岩气勘查开发为示范,南川、綦江、永川、大足等区县积极跟进的“1+N”多点发力态势,页岩气新兴产业对我市经济带动作用初步显现。一是重庆涪陵页岩气示范基地建设圆满完成各项建设目标任务,累计探明地质储量6008.14亿立方米,建成年产能100亿立方米,建成了北美之外第一个实现商业化开发的大型页岩气田。创新形成了页岩气成藏理论和勘查开发技术体系,实现了设备装备自主研发;创新构建了可复制可推广的“井工厂”开发模式,引领我国页岩气产业快速发展;创建了新的企地合作共赢模式,带动地方经济发展。二是南川、綦江、永川、大足等区县勘查开发取得积极进展。南川区块正式进入商业化勘查开发阶段,綦江—綦江南区块中深层页岩气勘查开发取得重大突破,荣昌—永川区块页岩气勘查开发获得良好的页岩气显示。三是充实我市油气督察员队伍,加强学习交流提升油气督察员履职能力,落实国土资源部“双随机、一公开”工作要求,配合国土资源部圆满完成专项监督检查工作任务,以页岩气为重点,加强常规天然气油气督察。

三、房地产市场与管理

(一)房地产交易

2017年,全市商品房成交6711万平方米,同比增加7.3%;其中商品住房共成交5453万平方米,同比增加6.8%。主城区商品住房成交主要集中在照母山片区、蔡家、茶园新区等地区。全市共成交办公用房169万平方米,成交商业营业用房634万平方米。全市二手房成交建筑面积为2939万平方米,同比增加32.4%,其中主城区二手房成交建筑面积为1982万平方米,同比增加35.9%。全市二手住房成交建筑面积为2819万平方米,同比增加35.3%,其中主城区二手住房成交建筑面积为1836万平方米,同比增加37.8%。

(二)房地产市场调控

2017年,我市坚守“房子是用来住的,不是用来炒的”定位,综合运用金融、土地、财税、投资、法治等手段,加强分类分区域施策,全市房地产市场运行保持总体稳定。一是增加市场有效供给。针对主城区商品住房需求旺的形势,加大住宅用地供应,清理排查闲置用地,督促企业加大投资、加快建设;改进完善土地出让制度,采取现房销售、综合条件比选等新举措控地价;全年新发预售许可1483件,同比增加40.2%,下半年起实现商品住房供需基本平衡,建面均价基本稳定。二是遏制投机炒房行为。在主城区,对“三无人员”新购首套普通住房征收房产税;暂停向购买第2套及以上住房发放公积金贷款,提高多套房首付款比例和按揭贷款利率;实施新购住房两年限售政策;市外人员在我市主城区购房占比从2017年初的最高点44.7%降到15%左右。12月主城区新建商品住宅价格同比上涨10%,在70个大中城市的排名从1月份第

2位回落到12月的第31位。三是强化市场监管。严格房地产行业及市场准入机制,完善抵押预售管理,开展商品房开发销售中介行为专项整治。建立房地产市场动态巡查机制,开展“双随机一公开”检查,严肃查处哄抬房价、捂盘惜售等违法违规行为。建立企业运营监管和诚信经营机制,支持和鼓励企业兼并重组,全年依法稳妥出清“僵尸企业”、“空壳企业”及不符合资质条件的企业316家,房地产市场秩序明显好转。2017年,我市房地产市场管理工作得到住房和城乡建设部肯定,重庆市国土资源和房屋管理局市场处获得“全国住房城乡建设系统先进集体”称号。

(三)国有土地上房屋征收

2017年,全市下达房屋征收决定102个、1.56万户、162万平方米;完成征收1.84万户、201万平方米,货币化安置率98.6%。一是全面推行阳光征收。完善征收与补偿政策公开、过程透明、结果公平的阳光征收工作机制,全面推进房屋征收货币化安置和购买商品房安置。二是加强重点项目跟踪指导。切实保障重庆西站交通枢纽、轨道环线等重点基础设施和棚户区改造项目顺利推进。三是加强城镇房屋拆除工程安全和扬尘控制监管。规范城镇房屋拆除工程扬尘控制监管工作,建立健全开工建档、事中巡查和事后督察的工作机制。组织市级巡查项目131个、1350人次,指导各区县房管部门监管巡查共计12653人次,发现并及时督促整改尘污染隐患问题174处,处理群众尘污染投诉56件。

(四)住房保障

2017年,全市新增分配和使用公租房(含廉租房)共计12.58万套,累计分配和使用公租房54.74万套,其中面向保障对象分配44.14万套、统筹用作永久性安置住房10.60万套。新增发放廉租房租赁补贴2086.59万元,累计发放47043.51万元,累计保障16.58万户,在发补贴1.40万户。

(五)住房公积金管理

2017年,全市公积金归集337.68亿元。截至2017年底,全市缴存单位37834个,缴存职工312.94万人,累计缴存额2103.34亿元,首次突破2000亿元,缴存余额893.12亿元。2017年,全市72.82万人次提取公积金共计231.75亿元,提取率68.63%。其中,购建房、偿还住房贷款等住房消费性提取182.20亿元,占78.62%。截至2017年底,全市累计提取公积金1210.22亿元。2017年,全市向7.95万户职工发放贷款283.54亿元(含贴息贷款79.59亿元),贷款余额1047.84亿元(含贴息贷款余额176.14亿元),个贷率97.60%(若含贴息贷款个贷率117.32%)。截至2017年底,全市累计发放公积金贷款1432.72亿元(含贴息贷款192.33亿元),全市个贷逾期额2189.43万元,个贷逾期率0.25‰,同比下降40.48%。截至2017年底,住房公积金贷款风险准备金余额29.69亿元。

(六)房地产中介

截至2017年底,全市房地产经纪机构及门店达到3873家,其中,已在房管部门备案的法人机构563家、分支机构1235家。全市房地产经纪从业人员38967人,其中,取得房地产经纪人职业资格1651人,取得房地产经纪人协理职业资格10632人。

(七)房地产交易会

2017年春季房交会于4月20—23日在南坪国际会展中心举行。累计成交各类房屋11588套,建筑面积99.2万平方米,成交金额77.3亿元,分别比2016年秋季房交会增加43%、44.2%和60%。

其中,商品住房成交6311套,60.2万平方米,分别比2016年秋季房交会增加97.2%、88.8%。建面均价8657元/米^2,比2016年秋季房交会上涨11.6%。商品非住宅(不含车库)成交11.8万平方米,比2016年秋季房交会减少10.9%。二手房共成交2917套,25.6万平方米,成交金额13.1亿元。其中,二手住房成交2611套,24.1万平方米,分别比2016年秋季房交会增加32.2%、32.6%。二手非住宅成交建筑面积1.5万平方米,比2016年秋季房交会减少

17.4%。

（八）房地产权籍管理

一是不动产统一登记有序推进。城镇不动产登记进入常态化管理，林权纳入统一登记范畴，配合开展农村土地承包经营权确权登记深化工作。2017年，全市颁发不动产权证书和不动产登记证明239.59万本（份），全市农村房屋抵押首次登记办理285.76万平方米，担保金额28.81亿元。二是不动产登记服务不断优化。推进"七权"同确，推行便捷化服务，探索登记智能化，"房屋抵押权注销登记+存量房买卖"等多项登记业务实现并案办理，网上预约、自助查询在主城区广泛运行。三是土地调查有序开展。2016年度土地变更调查一次性通过国家验收，土地调查成果在国土资源管理等领域得到充分应用。启动重庆市第三次土地调查准备工作。四是测绘管理不断加强。有序开展测绘领域"双随机一公开"工作，部署启动国土房管系统2000国家大地坐标系转换工作。

（九）城镇房屋使用安全

一是开展城镇房屋使用安全排查。修订城镇房屋安全隐患排查技术要点，指导各区县在汛期等重要时期全面排查隐患，全市共排查房屋47907栋、9714.69万平方米，重点指导武隆、綦江、巫溪、巫山、城口等区县对83栋、4.78万平方米城镇C、D级危房开展震后应急排查。二是规范城镇房屋安全检测鉴定。印发实施《重庆市城镇房屋安全鉴定管理办法》，更新城镇房屋安全检测鉴定技术服务单位名录库至27家，完成南岸区"慈云老街"等危旧房、棚户区改造项目的房屋安全鉴定报告及相关资料的技术审查工作。三是实现城镇危房数据实时上图入库。新增鉴定、整改减少危房实时更新变色，及时完善城镇房屋安全信息系统功能。四是推进城镇危房动态监测工作。印发《重庆市城镇危房动态监测技术指南（试行）》和《关于进一步做好城镇危房搬离整治和动态监测工作的通知》，组织各区县完善动态监测体系建设，主城区"一栋一方案"动态监测工作全面推进。五是切实做好应急处置工作。强化汛期等重要时期应急值守，全面完成主城区5140户直管公房D级危房搬离任务，各区县搬离整治危房6407户。

（十）物业管理

2017年，全市16家物业企业跻身全国百强，同比增加23%。其中，金科、龙湖2家物业企业跻身全国十强。一是加强物业管理法制建设与市场监管。印发《关于全面贯彻执行〈重庆市物业服务收费管理办法〉的通知》，物业服务收费管理办法全面实施，全年运行平稳。物业服务交易市场试点工作启动，开展"双随机一公开"检查，有效促进物业企业依规履约。二是推进物管示范项目创建。2017年，全市创建物管示范达标项目63个，完成年度目标140%。扎实推进全市老旧居住建筑消防设施改造，主城区3000栋目标任务全部完成。三是持续推进物业服务主题活动。2017年，全市采用第三方软件（APP等）启动智慧物业的企业达389家，实现智能门禁与车管的物业小区（项目）1189个，运用传感器等技术监控共有设备（含电梯等）覆盖231个小区，助推了小区智能安防能力建设。四是强化物业安全管理。实施《主城区居住区停车综合治理工作方案》，针对主城区100余个小区采取停车综合治理，建立道闸系统228个，完善停车指引标志309处，保障了居住区内停车、行车规范有序。印发实施《关于进一步做好物业管理区域安全监管工作的通知》《物业服务企业协助查处小区违法建筑实施细则》，细化物业区域安全检查重点与违章建筑协管职责。

重庆市城乡建设

重庆市城乡建设委员会 詹晓通

【建筑业】

2017年，重庆市建筑业坚持以习近平新时代中国特色社会主义思想为指导，坚持稳中求进工作总基调，按照稳增长、促改革、调结构、惠民生、防风险的要求，贯彻新发展理念，深化供给侧改革，推动行业转型升级，优化行业发展环境，不断扩大产业规模，提高企业竞争能力，建筑业增加值突破2000亿元大关，实现建筑业持续稳定健康发展。

建筑业产值增加值稳步增长，产业规模不断扩大。2017年，全市完成建筑业总产值7608亿元，同比增长8.1%(增速较上年回落4.3个百分点)，实现建筑业增加值2009.53亿元，同比增长9.6%(增速较上年回落5.6个百分点)。建筑业增加值对地区生产总值（GDP）的贡献率为10.2%(较上年降低3.3个百分点)，拉动经济增长0.9个百分点（较上年降低0.5个百分点)，建筑业支柱产业地位依然突出。建筑业总产值、增加值自2012年以来首次由两位数增长进入个位数增长，增速放缓(见图1，图2)。

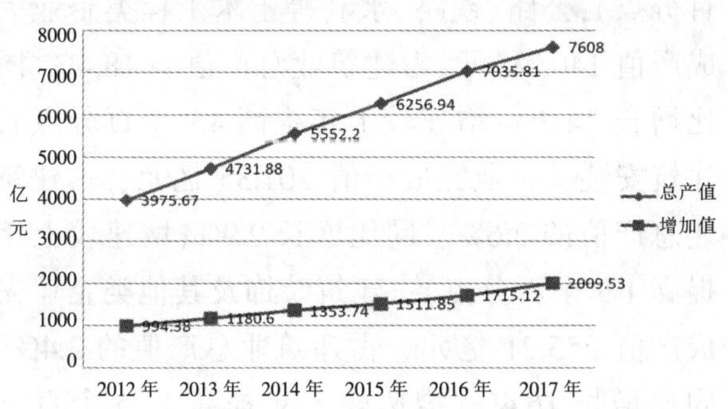

图1 2012—2017年重庆市建筑业总产值、增加值

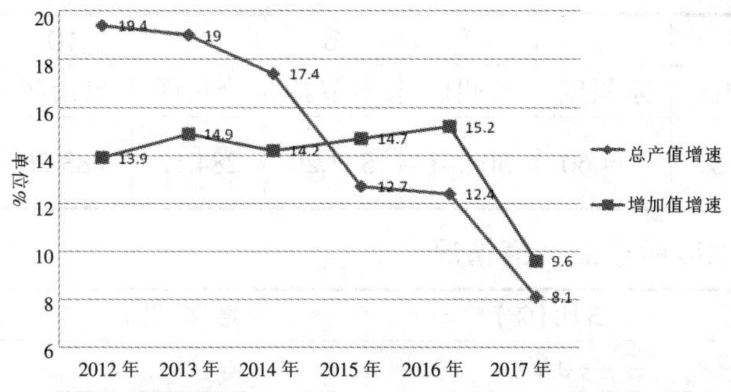

图2 2012—2017年重庆市建筑业总产值增速、增加值增速

(1)从全国及西部地区看:2017年全国建筑业总产值213953.96亿元、同比增长10.5%，西部地区（12个省市）建筑业总产值43584.78亿元、同比增长13.3%；我市建筑业总产值占全国的3.6%、占比与去年持平，占西部地区的17.5%、下降0.8个百分点。我市建筑业总产值排名位居全国第11位、西部第2位，名次未变；我市建筑业总产值增速低于全国增速2.4个百分点、低于西部地区增速5.2个百分点，这是自2007年以来首次低于全国增速。全国实现建筑业增加值55689亿元、同比增长4.3%，增加值占国内生产总值的比重为6.7%，我市建筑业增加值2009.53亿元，增速高于全国5.3个百分点，占我市地区生产总值的比重为10.3%，比重高于全国3.6个百分点(见表1)。

(2)从区县情况看：我市建筑业总产值同比增长8.1%，仍有21个区县继续保持两位数增长，其中8个区县增速超过20%，分别是：荣昌区34.8%、秀山县29.2%、江津区27.6%、奉节县25.3%、璧山区24.9%、云阳县23.2%、铜梁区22.1%、长寿区20.8%。由于这些高速增长区县的建筑业产值基数低，没能完全抵消部分区县的负增长，导致我市建筑业产值同比整体回落4.3个百分点。2017年产值前十名区县共完成产值4157.18亿元，占比54.6%，对全市建筑业贡献超

表 1 2017 年西部地区建筑业总产值

排名	省市	总产值(亿元)	排名	省市	总产值(亿元)
1	四川	11400.3	7	新疆	2428.06
2	重庆	7608	8	甘肃	1825.42
3	陕西	6227.47	9	内蒙古	1122.19
4	云南	4726.36	10	宁夏	549.21
5	广西	4210.07	11	青海	406.78
6	贵州	2932.96	12	西藏	147.92

过五成。其中，产值 500 亿元以上的区县 3 个，产值 400 亿元以上的区县 2 个，产值 300 亿元以上的区县 3 个。1 小时经济圈完成建筑业产值占比超过七成，且保持较高增速，是我市建筑业发展的“主战场”(见表 2、表 3)。

(3)从市外完成产值看：2017 年我市企业在外省完成产值 1245.96 亿元、同比增长 18%，占建筑业总产值的 16.4%。其中，全市特、一级企业在外省完成产值占比超过七成。5 家特级资质企业在外省完成产值 207.85 亿元、同比增长 26.1%，占全市在外省完成产值的 16.7%；355 家一级资质企业在外省完成产值 748.87 亿元、同比增长 15.1%，占全市在外省完成产值的 60.1%。高资质建筑企业成为外出承接业务主力军。我市建筑企业承接项目遍布全国 31 个省市自治区，“云、贵、川”成为主要集聚地，其中，在贵州省完成产值 285.63 亿元、占我市企业在外省完成产值的22.9%，在四川省完成产值 206.10 亿元、占比 16.5%，在云南省完成产值 93.37 亿元、占比 7.5%。

(4)从产值构成看：全年完成建筑工程产值 6860.69 亿元、占建筑业总产值的 90.2%、同比增长 6.2%(增速较上年回落 7.5 个百分点)；完成安装工程产值 452.20 亿元、占建筑业总产值的 5.9%、同比增长 33.6%(增速较上年提高 46.1 个百分点)；完成其他产值 295.11 亿元、占建筑业总产值的 3.9%、同比增长 23.9%(增速较上年回落 3 个百分点)。

(5)从专业类别看：全年房屋建筑类企业完成产值 5748.45 亿元、占建筑业总产值的 75.6%、同比增长 6.6%(增速较上年回落 7.6 个百分点)；公路、铁路、水利等土木工程类企业完成产值 1403 亿元、占建筑业总产值的 18.4%、同比增长 14.3%(增速较上年提高 4.9 个百分点)；建筑安装类企业完成产值 201.35 亿元、占建筑业总产值的 2.6%、同比增长 2.9%(增速较上年提高 1.9 个百分点)；建筑装饰及其他类企业完成产值 255.21 亿元、占建筑业总产值的 3.4%、同比增长 16.4%(增速较上年提高 16.5 个百分点)。

表 2 2017 年全市建筑业产值排名前十位区县

排名	1	2	3	4	5	6	7	8	9	10
区县	渝北区	万州区	潼南区	涪陵区	渝中区	永川区	开州区	奉节县	合川区	巴南区
总产值(亿元)	655.30	562.68	543.94	476.78	404.89	334.60	308.41	303.20	284.12	283.26

表 3 2017 年全市各地区建筑业产值情况

地区	总产值(亿元)	占比(%)	增速(%)
1 小时经济圈	5400.87	70.99	9.0
渝东北	1971.50	25.91	5.7
渝东南	235.64	3.10	10.5

行业发展稳中向好，企业活力不断增强。2017年，我市完成固定资产总投资17440.57亿元、同比增长9.5%，较上年降低2.6个百分点。其中完成建筑安装工程投资13399.85亿元，占固定资产总投资的76.8%、较上年提高0.2个百分点，同比增长10%、较上年降低5.8个百分点。投资结构的调整以及投资放缓影响了建筑业的高速增长。另外，房地产开发完成投资3980.08亿元、同比增长6.8%，商品房施工面积25960.99万平方米，较上年减少1402.4万平方米、同比下降5.1%，其中住宅施工面积16747.92万平方米，较上年减少1184.77万平方米、同比下降6.6%。房地产商品房施工面积下降，在一定程度上加剧了个别区县建筑业产值的负增长。但基础设施建设完成投资5659.12亿元、同比增长15.8%，市级重点项目建设完成投资4715亿元，同比增长4.3%，在一定程度上冲抵了房地产开发施工面积下降的影响，成为支撑我市建筑业平稳增长的重要动力。

2017年，全市建筑企业新签合同金额7400.93亿元、同比增长19.8%、较上年提高0.5个百分点，结转上年合同金额4936.99亿元、同比增长6.8%、较上年提高8.1个百分点，累计签订和执行合同金额12337.92亿元、同比增长14.2%、较上年提高4.7个百分点。企业承接业务量不断增加，表明企业竞争力增强，下一步企业发展潜力增大。2017年全市新开工房屋建筑面积13932.78万平方米、较上年增加142.57万平方米、同比增加1%；全市在建施工面积33210.82万平方米、较上年增加1133.68万平方米、同比增长3.5%；全年竣工房屋建筑面积13448.18万平方米、较上年下降303.41万平方米、同比下降2.2%。新开工量、在建面积增加，建设进度加快，这表明我市建筑市场活力仍很大，企业发展空间得到不断拓宽。

据国家统计局数据，2017年前三季度我市建筑业企业总收入为3926.69亿元、同比增长10.6%，其中主营业务收入3912.06亿元、同比增长10.7%。其中一季度实现营业利润52.15亿元、同比增长7.3%，产值利润率为3.0%。行业发展稳中趋缓，但整体维持薄利。按总产值计算的劳动生产率为31.79万元/人，同比下降1.76%；人均竣工产值15.69万元/人，同比下降5.65%；人均施工面积139米²/人，同比下降6.1%。

2017年全市从事建筑业活动的平均人数239.32万人，净增加21.91万人，同比增长10.1%；期末从业人员224.64万人，净增加15.56万人，同比增长7.4%。建筑业吸纳农村转移劳动力、稳定社会就业能力增强。随着我市撤县改区步伐加快，城镇化建设全面提速，全市城镇人口不断增加，农村人口逐渐减少。非农业人口从事建筑业明显增多，但农业人口从事建筑业却在逐渐下降。2017年四季度本市非农业人口在本市从事建筑业的人员达27.4万人、较上年增加9.64万人，而建筑业中的本市农民工则只有80万人左右、较上年减少25万人。

【房地产业】

投资完成情况。2017年，全市房地产开发完成投资3980.1亿元，同比增长6.8%，占年度目标任务3300亿元的120.6%，占全市固定资产投资17440.6亿元的22.8%。全市房地产业实现增加值1048.3亿元，同比增长4.1%，占地区生产总值(GDP)的5.4%。按区域分：主城区2611.4亿元，同比增长10.7%，主城区以外区县1368.7亿元，同比增长0.1%；按用途分：住宅2632.9亿元，同比增长13.5%，商业商务用房829.1亿元，同比下降4.7%，其他用房518.1亿元，同比下降3.3%(见表4，图3)。

商品房开发建设情况。全市商品房施工面积25960.99万平方米，同比下降5.1%；商品房竣工面积5055.73万平方米，同比增长14.3%。商品房新开工面积5680.04万平方米，同比增长16.5%。按区域分：主城区3189.69万平方米，同比增长34.1%，主城区以外区县2490.35万平方米，同比下降0.3%；按用途分：住宅3759.63万平方米，同比增长25.4%；商业商务用房862.96万平方米，同比下降18.6%，其他用房1057.45万平方米，同比增长29.7%(见表5，图4)。

表4 2017年全市房地产业完成投资排名前十位区县

排名	1	2	3	4	5	6	7	8	9	10
区县	渝北区	九龙坡区	巴南区	南岸区	沙坪坝区	江北区	北碚区	大渡口区	江津区	涪陵区
投资额(亿元)	762	362	280	276	271	216	192	147	115	108

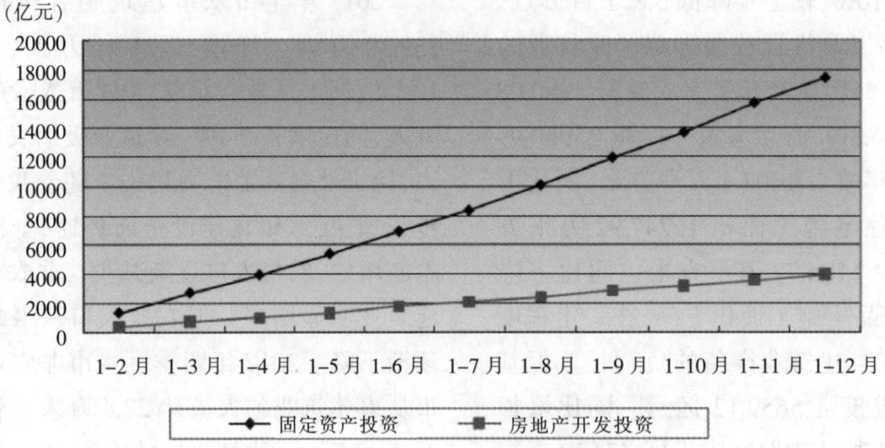

图3 2017年房地产开发完成投资与固定资产投资比较

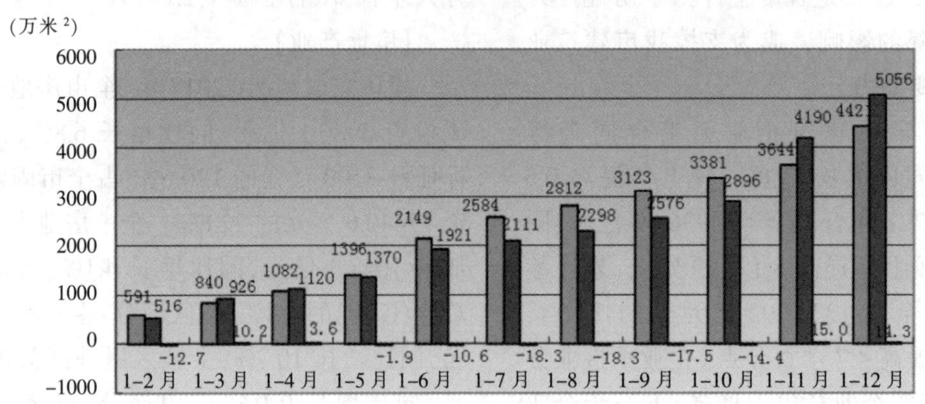

图4 2017年与2016年商品房竣工面积比较

表5 2017年与2016年商品房新开工面积比较(单位:万米²)

时间＼指标	1–2月	1–3月	1–4月	1–5月	1–6月	1–7月	1–8月	1–9月	1–10月	1–11月	1–12月
2016年	482	905	1392	1887	2452	2765	3063	3558	3985	4366	4875
2017年	580	975	1335	1688	2448	2888	3582	4150	4508	5169	5680
2016年同比增长(%)	9.2	22.7	7.1	–1.3	–4.1	–8.7	–11.9	–16.0	–13.4	–15.5	–16.1
2017年同比增长(%)	20.4	7.7	–4.1	–10.6	–0.1	4.5	16.9	16.6	13.1	18.4	16.5

资质管理情况。全市房地产企业总计2689家。一级51家,二级757家,三级607家,四级42家,暂定1232家。

【勘察设计业】

2017年,全市勘察设计行业全面贯彻“创新、协调、绿色、开放、共享”的发展理念,认真落实《国务院办公厅关于促进建筑业持续健康发展的意见》和创新驱动发展战略,着力提升行业发展质量和技术水平,甲级企业、注册师比例等行业核心发展指标实现较快增长,年度目标考核任务全面完成(行业营业收入382亿元,占年度目标350亿元的109.1%)。

现将行业发展、管理服务、行业创新等三方面工作的12个亮点总结如下:

1.行业发展方面

(1)勘察设计项目获奖再创新高。在2017年度全国优秀工程勘察设计“行业奖”评选中,我市推荐的6类28个工程项目获奖,其中一等奖7项(获奖总数和一等奖数量创历年新高)。重庆博建建筑设计有限公司的“重庆房子”项目获得公建一等奖,这是我市民营企业首次在该等级奖项中获奖,取得了历史性重大突破。

(2)行业发展水平不断提升。把新时期建筑方针贯穿于初步设计、施工图设计全过程,组织编制并发布了我市初步设计和施工图设计文件编制技术规定以及对应的技术审查要点等11个技术文件,组织完成了近5000人的专项培训,为全行业落实新时期建筑方针、提升设计水平提供了有力的技术保障。(首次实现了从初步设计到施工图设计和对应审查审批的技术管理全覆盖)

(3)制度建设不断完善。一是认真组织开展了市委巡视组“回头看”提出问题的整改落实工作,全面梳理并建立了14项内部管理制度,进一步规范自身行为,加强作风建设和纪律约束。二是加强行业制度建设,共起草、修订、出台了7个行业管理制度,其中《建设工程勘察设计资质审批工作管理制度》从接办件分离、内部限时交接、一次性告知等9个方面,对勘察设计资质审批行为进行严格规范。

(4)人才队伍建设不断加强。一是精心组织开展了第五届“重庆市工程勘察设计大师”评选工作,本届评选体现三个特点:评选专家规格高,4名院士、4名国家大师担纲组建成评选委员会;参评人数多,达53人,为历届最多;行业影响大,汤桦等10名大师入选。二是邀请全国工程勘察设计大师张宇、沈迪等行业知名专家组织了近20场专题讲座和技术交流活动,参加人数超过1300人,为历年最高。

(5)标准设计工作有效推进。一是出台了《重庆市工程建设标准设计管理办法》《重庆市工程建设标准设计体系表(2017年版)》,作为指导全市开展标准设计工作的管理文件和技术依据。二是组织开展了标准设计编制24个,资金补助了15个,发布了19个,远超去年发布数量。

2.行业管理和服务方面

(1)勘察设计市场全面开放。出台了《重庆市市外勘察设计企业入渝信息报送和动态管理办法》,对市外企业取消了入渝限制条件,实现了网上无纸化申报,精简了信息报送资料,缩短了工作时限。截至年底,市外入渝勘察设计企业达到616家,同比增长51%;全国百强中有51家,十强中有8家已入渝承接业务。

(2)审批服务质量不断提升。一是严格落实我市企业投资项目审批服务通用流程要求,在初步设计审批项目同比增长的同时,把初步设计项目审批时限压缩了5个工作日(目前为15个工作时限),提高了初步设计审批效率。二是对主城区解决交通拥堵三年行动和轨道交通、污水处理厂提标改造等一批重点项目开通“绿色通道”,加快办理流程,有效保障了项目建设。三是实施了行政审批事项内部督办、限时办结等制度,对开具诚信证明等六个服务事项实行“即来即办”方便服务对象,受到服务对象好评,全年共收到服务对象赠送锦旗5幅、表扬信6封。

(3)事中事后动态监管切实强化。一是强化企业和人员的动态管理,组织开展了180家勘察设计企业和20家施工图审查机构的动态核查(抽查比例超过35%),共下发了整改通知212份,有效防止行业出现"空壳公司"和"僵尸企业"。二是加强项目的动态监管,持续开展了工程勘察外业核查、施工图审查质量动态抽查和勘察设计质量执法监督检查工作,全年共检查项目811个,下发整改通知129份、执法建议14份。三是加强行业的执法管理,共约谈了违规勘察设计企业和建设单位共132家、477人次,通报批评了41家企业、69人;调查处理了5个项目的违法违规行为,处罚金额85万元。

通过加强事中事后动态监管,2017年全市20家施工图审查机构一次审查合格率达到46.33%,比2016年提高了约4个百分点;平均每个项目违反强条0.25条,同比减少了34%,有力地促进了行业勘察设计质量水平的提升。

3.行业创新方面

(1)住建部试点工作有序实施。一是积极推进以设计为龙头的工程总承包试点工作,目前全市已推动开展工程总承包项目94个,合同金额约228亿元。二是推荐林同棪国际工程咨询(中国)有限公司和重庆赛迪工程咨询有限公司2家企业成功入选全国全过程工程咨询试点企业名单(全国仅40家),已实施试点项目15个。

(2)设计新模式探索启动实施。积极推动重庆八戒工程网络有限公司和重庆中设工程设计股份有限公司,组建成立了全国首家网络设计院探索管理、生产新模式,在全国引起了巨大反响。

(3)BIM技术发展迅速。一是启动了45个建筑信息模型(BIM)技术应用示范项目建设;二是指导开展了全市第二届BIM技术应用竞赛,引入微信公众投票新模式,评选期间投票网页访问次数达861.5万次,收到有效投票约94万票,达到了很好地宣传推广效果;三是完成了11个BIM标准和技术文件的编制工作,为全面推进BIM技术应用提供了有力地技术保障;四是大力开展BIM技术应用培训,培训专业技术人员1900余人。

(4)行业创新基础工作扎实开展。一是推进"重庆市工程勘察项目信息化"建设,初步实现了对全市所有工程勘察项目的信息化动态监管(该项工作得到了住建部质安司的充分肯定,认为重庆在推动勘察信息化监管方面已经走在了全国前列)。二是高质量地完成了住建部质安司委托的重点课题《建筑工程设计安全审查研究》,为我国现行建筑工程设计审查制度的改革工作提供了重要参考。三是围绕建筑文化传承与创新、既有建筑改造和城市更新、城市雕塑与公共空间研究等重点内容,组织开展了14个行业创新课题研究。

【新型城镇化建设】

推进新型城镇化,以提高城镇综合承载力、集聚力和辐射力为核心,以加快产业、人口和功能集聚为重点,着力构建以国家中心城市为龙头、区域性中心城市为支撑、区县城为纽带、小城镇为基础单元的大都市连绵带,实现全市各区域城镇化水平、质量、效率同步提升。

一是城镇体系不断健全。按照国务院最新发布城市规模划分标准,重庆超大城市加快建设。多级联动的城镇体系顺畅。按照"中心加密、两槽加速、两翼联通、外围辐射"的总体思路,推动铁路、高速公路、机场、航运、电力、通信、物流加快建设。城市轨道交通通车里程增至262.56公里,新建改造城市道路703.27公里。二是公共服务有效提升。主城区公共服务设施提档升级,远郊区县城基础设施要件日臻完善。在8个试点区县投资7.5亿元,建设综合管廊45.21公里,形成廊体20.66公里。编制全市1684公里城市排水管网建设计划,完成投资35.34亿元,建成912公里,主城建成区基本实现污水全收集。全市补建市政消火栓9045个,超额完成年度计划。城镇人居环境不断改善。积极履行牵头职责,以垃圾污水治理、厕所革命、镇容镇貌提升为重点,统筹推进镇乡水电路气讯工作。三是人口转移稳妥有序。2017年全市常住人口达到3075.16万人。其中,城镇常住人口比上年增加62.23万人,达到1970.68万人,城镇化率比上年提高4.48个百分点,达64.08%。

【重点工程建设】

年度计划目标：2017 年，市级重点建设项目总计 723 个，总投资 2.8 万亿元，年度计划投资 4700 亿元。其中，政府主导类项目 316 个，年度计划投资 2474 亿元；市场主导类项目 407 个，年度计划投资 2226 亿元。

投资完成情况：2017 年，市级重点建设实际完成投资 4715 亿元，同比增长 4.3%，占年度投资计划的 100.3%，总体进展顺利。其中，政府主导类项目完成投资 2503 亿元，占年度投资计划的 101.2%；市场主导类项目完成投资 2212 亿元，占年度投资计划的 99.4%。

项目开竣工情况：江北国际机场东航站区及第三跑道工程、华岩隧道、中梁山隧道扩容工程等 42 个项目完工或基本完工；快速路一纵线狮子口立交至农马大道段、四横线二郎立交至陈家坪立交改造工程、蔡家嘉陵江大桥、宽威电子信息产业园等 102 个项目新开工。

2017 年，由市城乡建委、市重点办重点协调推进的“主城三年缓堵行动计划”、社会民生和特色产城融合等项目计划完成投资 1628 亿元，完成投资 1631 亿元，占年度计划投资的 100.1%；按照《重庆市人民政府办公厅关于印发重庆市 2017 年市级重点项目名单的通知》由市城乡建委负责牵头推进的项目共 72 个，计划完成投资 867 亿元，完成投资 875 亿元，占年度计划投资的 101%。

【住房建设】

2017 年，国家下达我市的棚改年度任务为 5.3 万户，全市今年共完成改造 5.34 万户，完成投资 307 亿元；纳入全市重点民生实事的棚户区改造年度任务为 301 万平方米，全市今年完成改造 390.74 万平方米，顺利完成了国家和市级下达的棚改任务。

2017 年，国家下达我市的公租房基本建成（含竣工）任务为 1.56 万套，全年实现基本建成（含竣工）1.56 万套，圆满完成了年度目标任务。

【村镇建设】

农房建设管理明显加强。按照“最贫困群众、最危险房屋”的原则，结合全市脱贫攻坚工作，全年累计下达补助资金 5.73 亿元，完成建卡贫困户农村 D 级危房改造 2.56 万户，受益贫困群众 9.2 万余人。

农村人居环境持续改善。建立改善农村人居环境信贷项目库，全市农村人居环境项目授信 125 亿元，惠及 15 个区县。农村基本生活条件进一步改善，行政村通畅率达 100%，自然村道路通畅率 51%；85%以上的农户实现集中式供水；改造农网线路 3 万余公里，用电可靠率达 98%以上；行政村光纤、4G 实现全覆盖，水电路讯房等基础设施逐步改善。农村环境综合整治成效明显，以垃圾污水治理、厕所革命、提升村容村貌为重点，治理陈量垃圾 51.1 万余吨，行政村生活垃圾治理比例达 89.9%；完成 12.2 万余户卫生改厕，卫生厕所比例达 69%；实施 400 个村的环境连片整治，农村污水处理率达到 61%以上，农村的面貌进一步改善。美丽宜居村庄建设持续推进，以“一院四村一片”等示范项目为抓手，创建了 2 万个整洁庭院，建成 4 个中国传统村落保护发展市级示范点。

特色小城镇培育积极推进。明确了 36 个市级特色小城镇名单，出台了连续 5 年每年补助 3.5 亿元的支持政策。申报的铜梁区安居镇、合川区涞滩镇等 9 个镇全部列入第二批全国特色小镇，我市的全国特色小镇数量达到 13 个。推进 35 个市级特色小城镇的 44 个建设项目。加强委行协作，国开行重庆分行核准开发性金融支持特色小城镇建设项目 20 个，贷款金额 57.35 亿元。

脱贫攻坚工作精准发力。编制了彭水县大垭乡脱贫攻坚总体规划，完成了 211 个具体项目任务分解，落实了部分项目建设资金，启动了 29 个扶贫项目建设，完成投资 1900 余万元，11 个项目已全面完工。继续开展秀山县对口帮扶工作，全年共安排 10 个类别 36 个项目，下达秀山县扶贫项目资金 1526 万元。

【轨道交通建设】

2017 年轨道交通建设计划完成投资 300 亿

元，实际完成投资301.6亿元，日均客运量230万乘次，日最高客运量逾262万人次。圆满完成了轨道交通五号线一期北段和十号线一期工程共51公里线路建设任务，12月28日正式开通试运营，全市轨道交通运营里程从213公里增至264公里，继续居于中西部领先地位。

加快推进187公里在建线路建设。其中四号线一期土建工程累计完成98%，安装装修完成76%，系统设备安装工程完成41%；五号线一期南段土建工程累计完成88%，部分安装装修、系统设备工程已进场施工；六号线支线二期四个明挖车站土石方开挖基本完成，草家湾车辆段已完成清表工作；九号线一期12个标段全部实质性动工，全线施工通道完成95%，控制性节点工程嘉华轨道专用桥P4墩身已完成，李家坪、观音桥等站点已进入主体施工；环线土建工程累计完成94%，安装装修工程累计完成23%，系统设备安装工程累计完成47%；江跳线江津区境内高架段桩基施工完成95%，控制性节点工程中梁山隧道开挖支护完成1800米，双福车辆段土石方开挖进展顺利；尖璧段控制性节点工程缙云山隧道已实现贯通。

【建筑产业现代化】

建立政策体系。贯彻国办发〔2016〕71号文件要求，代市政府起草《关于大力发展装配式建筑的实施意见》，通过市政府常务会议审议后于12月15日以市政府办公厅名义发布实施，明确推进建筑产业现代化的重点区域、项目类型、重点任务和政策措施。结合落实市政府文件要求，发布《关于大力发展装配式建筑的工作方案》，对标对表细化各项工作责任处室、直属单位和完成时间节点。

完善标准体系。发布《重庆市装配式建筑装配率计算细则(试行)》，明确实施装配式建筑的基本要求；编制完成《装配式混凝土抗震墙》《装配式混凝土楼板、阳台板》、《装配式外围护墙板》《装配式内隔墙板》《装配式空调板、女儿墙、遮阳板》等各项地方标准图集，《重庆市装配式建筑工程计价定额》和《重庆市装配式建筑技术应用实施指南》已通过专家审查，将于近期发布。

推进工程示范。坚持示范引路，样板先行，实施建设27个共306万平方米装配式建筑示范项目，示范面积同比增长15%，装配式建筑建设总量达到572万平方米。其中中科大厦采用“钢管约束混凝土+预制外挂墙板+预制楼梯+叠合楼板”的装配式技术体系，项目装配率达82%；涪陵第十八小学采用装配式混凝土结构技术体系，装配率达52%。

强化产业支撑。按照引进与培育并重的思路，培育装配式建筑支撑产业。成功引进安徽鸿路、长沙远大住工等市外知名装配式建筑部品构件企业来渝投资建厂，新增钢结构产能10万吨、混凝土构件产能30万立方米。形成预制构件产能70万米^3/年（按50%装配率计算，可建400余万平方米装配式建筑），钢结构加工能力150万吨/年(可建1500余万平方米装配式钢结构建筑)，蒸压加气混凝土板等新型墙材产能约1300万平方米（可建约650余万平方米装配式建筑）。

集聚各方力量。中冶赛迪、重庆大学共建了国家钢结构工程技术研究中心西部研究院，重庆科技学院、中冶赛迪联合成立了装配式建筑围护系统校企协同创新中心。中冶建工成功研发装配式叠合管廊生产技术。重庆建工集团编制形成“装配式混凝土住宅叠合梁板”国家级施工工法，已通过专家评审。重庆建工高新建材有限公司成功申报“制品用高性能混凝土材料设计与制备技术”国家重点研发计划项目。

【建筑节能建设】

绿色建筑量质齐升，转型发展成效显著。一是加速推进节能建筑向绿色建筑转型升级。坚持绿色建筑“点”“面”结合的发展模式以及强制推广与激励引导相结合的工作机制，夯实“节能”基础，促进“绿色”升级。2017年，全市完成初步设计建筑节能审查1554个，建筑面积7771万平方米，审查通过能效测评6994栋，建筑面积5936万平方米，推动城镇新建民用建筑节能强制性标准执行率按照国家要求继续保持 100%；全市新增绿色建筑 5706 万平方米，新建城镇建筑执行绿色建筑标准的比例达到 67.16%，提前 3 年超额完成国家要求的到 2020 年底执行比例达到 50%的考核目标，逐步实现节能建筑向绿色建筑转型升级。二是不断强化绿色节能建筑全过程监管。按照“放管服”要求，结合现行标准修订完善了《建筑效能(绿色建筑)测评与标识技术导则》，精简了申报资料 95 项，减轻了企业负担，强化了绿色建筑强制性标准实施质量。三是积极引导高星级绿色建筑和绿色生态住宅小区发展。建立健全了建设单位自查、区县建委定期检查、市建委随机抽查的绿色建筑动态管理机制，组织实施了绿色建筑评价标识项目动态检查，发布了动态检查情况通报，对 4 家未按评价标准要求实施建设的项目进行了处置，确保绿色建筑评价标识质量和水平。2017 年，全市新增二星级及以上绿色建筑项目 361 万平方米，同比增长 84%，新增绿色生态住宅小区评价项目 972 万平方米，同比增长 127%。四是积极推进绿色生态城区和超低能耗建筑示范。加强对两江新区推动悦来生态城建设的指导，进一步落实生态城建设的要求。积极推进悦来展示中心超低能耗建筑示范，经组织专家初步评审该项目总体节能率、碳减排率达到 90%以上，绿色建筑得分 93 分。

绿色能源规模化应用，节能减排效益凸显。一是通过健全标准制度引导行业健康发展。会同市财政局修订发布了《重庆市可再生能源建筑应用示范项目和资金管理办法》，丰富了我市可再生能源建筑应用技术类型，明确了示范项目激励政策。根据强制发展可再生能源建筑应用的需要，编制了《可再生能源建筑应用不利条件专项论证审查要点(试行)》，促进 5 万平方米以上的大型公共建筑因地制宜的采用可再生能源。发布了《燃气分布式能源设建筑应用技术标准》，完成了《重庆市空气源热泵应用技术规程》编制工作，为推进我市可再生能源建筑应用多技术类型发展提供技术支持。通过政策激励、示范带动、强制执行，多措并举，2017 年全市新增可再生能源建筑应用面积 145 万平方米，超额完成“十三五”期间每年度新增 100 万平方米的分解任务。二是不断夯实我市以区域集中供冷供热为主要方向的可再生能源建筑应用发展路子。积极推进江北嘴 CBD 可再生能源区域集中供冷供热项目三期 244 万平方米顺利建成投用，项目总供能能力达到 400 万平方米，是目前国内最大的江水源区域集中供冷供热项目，有效缓解了“城市热岛效应”。三是积极培育绿色能源规模化应用“增长点”。指导悦来生态城、仙桃数据谷等规划新区开展推广可再生能源、分布式能源区域集中供能前期工作，论证确定了技术路线与实施路径，为项目后续建设打下坚实基础。

既有建筑能效提升，人居环境有效改善。一是以第二批国家公共建筑节能改造重点城市建设任务为牵引，全年完成公共建筑节能改造项目 33 个 148 万平方米，超额完成年度 120 万平方米的目标任务。已累计完成改造项目 85 个 371 万平方米，整体节能率达到 20%以上，在全国率先完成第二批国家公共建筑节能改造重点城市建设任务。二是大力推动公共建筑节能改造向绿色化改造方向发展，在公共建筑节能改造项目中广泛推广应用节水器具、节能门窗、太阳能光伏发电系统和空气源热泵热水系统，培育打造了三峡中心医院、西南医院、新世纪百货等一批亮点突出和效益显著的公共建筑绿色化改造示范项目。三是全面启动了公共建筑能效提升重点城市建设工作，按照住建部和银监会要求，会同市财政局制定完善了《关于完善公共建筑节能改造项目资金补助政策的通知》。制定完成了《重庆市机关办公建筑能耗限额标准》，协调市机关事务管理局推动机关办公建筑能耗限额管理。强化公共建筑能耗监测平台维护管理，实现监测楼栋能耗数据稳定上传率达到了 90%以上。

建材产业转型升级，产业集群初步形成。一是有序推进智慧建材工作。按照《城乡智慧建设工作方案》的工作要求，制定了《智慧建材专项实施工作方案》，做好智慧建材顶层设计，形成了"一个数据库、两类建材、三个系统"的智慧建材总体架构，并已启动建筑节能材料管理服务系统、绿色建材评价系统的开发。二是大力推进绿色建材评价标识工作。会同市经信委发布了预拌混凝土、建筑砌块的绿色建材分类评价技术导则和技术细则，完成了27家预拌混凝土的绿色建材评价，并启动了建筑砌块、无机板材的绿色建材试评价工作。三是积极开展行业发展情况调查。对墙体材料、节能门窗、保温材料行业504家企业和805项节能备案技术产品进行了信息统计，对行业企业分布、产品类型、产能产值、经济效益等行业现状进行了系统梳理，摸清了行业发展状况。据调查，2016年我市墙体材料、节能门窗、保温板材三大主要建筑节能材料行业总产值227.6亿元，税金10.74亿元。发布了《重庆市建筑节能材料发展报告(2017)》。

重庆规划

重庆市规划局 黄鸥

一、2017年发展回顾

第一，完善规划编制体系，基本实现"所有建设有规划遵循，所有空间利用有规划管控"。

一是完成"规划全覆盖"工作任务。全市编制完成市级68项(类)规划、各区县1073项规划，"规划全覆盖" 编制工作全面完成，覆盖市域、主城、区县、镇乡、村五个层级，涵盖法定规划、专项规划、专业规划三大类型的"五级三类"空间规划体系基本建立。全市首次实现主城区城镇建设用地控制性详细规划、远郊区县城乡总体规划、城市总体规划、城区城镇建设用地控制性详细规划、全市总体规划建设用地范围外的所有镇规划、乡规划100%全覆盖，7113个需编规划行政村中，也完成2422个村规划或村建设规划、4691个村域现状分析及规划指引，市域及主城、各区县还编制完成系列专业专项规划。同时建立规划全覆盖数据库，做好各级各类规划统筹协调和综合平衡，主城区规划基本完成法定化，各区县规划法定化落地和数字化入库按计划推进。我们还创新开展18个深度贫困镇乡规划评估及优化工作。二是大力推进"多规合一"工作。完成主城区"多规合一"成果法定化，形成控规深度的主城区城市开发建设控制线、城市建设用地增长边界控制线、生态控制线"三线合一"的"空间管控一张图"。同时搭建"多规合一" 信息共享管理平台，实现多部门数据共享。推进主城以外区县开展"多规合一"工作，基本完成29个远郊区县"多规合一"工作和数据库建设工作。经过不懈努力，全市已初步构建起"统一衔接、功能互补、相互协调"的空间规划体系，"建设规划一张图"基本成型，同时通过主城区"多规合一"试点及各区县"多规合一"工作，"全市空间管控一张图"基本形成。

第二，完善规划管理体系，基本实现规划管理全覆盖。

一是管理全覆盖稳步推进。各区县落实市编办关于加强区县规划管理职能、完善规划管理机构的指导意见，全市专职规划管理人员达到710人，乡镇兼职规划工作人员626人，专业技术人员达到1700余人。二是积极推进规划"放管服"改革。制定《建设项目规划行政审批改革方案》，出台进一步规范市级重点工程及公益性建筑工程、市政工程规划管理制度，优化首问部门"一窗受理"制度，推进"双随机一公开"工作，完善"一单、两库、一方案"，建立行政许可、行政处罚"双公示"制度，完善规划测绘信用机制，规划审批总流程压缩到35个工作日以内。同时制定完善总体规划、镇乡规划、村规划等编制审批办法,“编、审、督”改革深入推进。三是加强城乡品质提升规划管理。市域开展完成“十三五”综合交通规划、高速公路和铁路预研预控规划、大都市区轨道一体化和道路网一体化规划等编制。主城全力做好“解决交通拥堵三年行动计划”规划支撑服务,完成保通保畅、道路红线、货运系统、停车专项、微循环等系列规划。积极推进主城区街道社区中心规划落地,为构建10分钟生活圈、20分钟服务圈提供遵循。完成城市更新、功能疏解、城市修补等专项规划及办法方案制定,为城市品质提升提供支撑。出台主城区城市空间形态管理办法和城市设计管理办法、工作规程、编制技术导则等一整套制度文件,完成主城区总体城市风貌设计,开展特别管控区、重点管控区地块城市设计,完成主城区“两江四岸”消落区综合治理规划统筹方案。完成一批历史文化街区、传统风貌区、历史文化名镇、名村保护规划,推进5个街区的保护修缮利用,建设历史文化资源信息库和覆盖全市的历史文化信息服务平台。经过我们的不断争取、不断改革,全市“一体化、一盘棋、一张网”规划管理体制渐趋完善,规划管理各环节的职责优化、流程再造、效能提升稳步推进,规划实施落地机制初步探索,规划服务土地出让和城市开发建设的能力水平进一步提升,城市品质提升也稳步推进实施。

第三,完善刚性约束体系,遵守尊重规划的氛围基本形成。

一是持续完善规划法规标准体系。新版《重庆市城乡规划条例》正式施行,开展适用性和操作性释义,具体指导规划管理工作。完成我市城乡规划法规体系研究,有计划地指导历史文化、城市更新、地下空间、社区中心等重点领域立法。完成《重庆市城市规划管理技术规定》《重庆市传统风貌区规划设计导则》等重点法规文件和标准导则制定。二是完善规划考核监督体系。完善日常巡查、遥感督察、专项督察等机制,完善阳光督察及评价系统,加强规划督察。细化规划考核细则及差异化指标。制定《城乡规划修改记录和终身责任追究办法》,修订《重庆市城乡规划违法违纪行为处分规定》。启动开展规划审计试点,制定配套办法。三是大力开展违法建筑整治。修订《查处在建违法建筑工作规程》,提高在建违法建筑有奖举报标准,增加半年卫星遥感督察工作,全市共消除新增违法建筑5398件,面积47.77万平方米。制定违法建筑整治“三图三表”,整治存量违法建筑1013.93万平方米。全市启动“无违法建筑单位、小区”“无违法建筑社区(村)”“无违法建筑街道(镇)”“无违法建筑城区”四联创工作,成功创建19个高校无违校区。经过我们的努力,全市规划法规标准体系进一步完善,确保规划编制、决策、审批、管理、实施、修改、监督全过程规范化运行。初步建成规划督察、规划考核、规划审计、终身记录、违规处分“五位一体”的规划监督体系,保障“一张蓝图干到底”。违法建筑整治体系也进一步完善,“新增快速处置、存量逐步消化”目标初步实现。

第四,完善基础支撑体系,规划研究编制、实施跟踪监测体系基本形成。

一是推进规划大数据平台建设。综合市情系统整合26个大类、207个子类、1055个综合市情图层,集成全市基础地理、地表信息、各类规划、经济社会与城市运行等大数据信息,初步解决政府部门之间的信息“孤岛”问题。综合数据库集成4大类、500余个空间专题图层、800TB的信息数据,为城乡规划编制、规划实施管理、规划研究、规划政策制定和政府决策,提供了全过程的信息化支撑。城市交通运行监测评估平台集成与交通、市民出行关联的各类数据信息,全面掌握交通供给、需求及运行情况,全过程支撑各项交通决策制定、规划编制、项目建设、管理实施。二是建立健全城市规划和规划实施跟踪研究体系。搭建起数据采集、汇总、更新、共享、分析等体系框架,建立完善规划研究、规划编制、规划实施管理、城市运行跟踪监测研究评估体系,开展工业用地、“互联网+”对城市影响、广阳岛规划优化、寸滩港功能转型等多项实用性研究,为规划水平提升和城市建设管理提供决策支撑。三是不断夯实测绘地理信息基础。大力推进《重庆市测绘地理信息发展"十三五"规划》落地，出台实施《地下管线数据动态更新管理办法》和《地理国情数据动态更新管理办法》，开展全覆盖排查整治"问题地图"专项行动，国家高分卫星中心重庆分中心获批挂牌。全市域1:5000比例尺数字地形图测绘项目全面完成，1:1万地形图数据完成更新并实现3263幅2000国家大地坐标系转换；采集完成全市域航天影像采集8.24万平方公里，无人机低空航摄影像采集2300平方公里。得益于我们始终对规划大数据的高度重视，规划大数据平台建设积极推进，规划实施及城市运行跟踪监测体系初具雏形，规划测绘事业长远健康发展基础也更加牢固。

二、2018年工作要点

2018年，是全面贯彻党的十九大精神的开局之年。重点抓好七个方面工作：

一是启动全市新一轮总体规划编制。研究面向2035年、展望2050年，谋划我市未来的责任担当、性质定位、目标作用，以及相应的空间战略、重大功能布局、重要支撑体系等，在更大空间尺度上争取和预留战略通道、功能平台、综合枢纽，以及支撑城市品质提升的各项设施等。

二是深化优化规划全覆盖。开展全市镇规划、乡规划优化评估完善，深化村规划和村建设规划编制。强化全部已编规划的法定化落地和数字化入库，巩固"多规合一"成效。

三是提升城市宜居品质。强化市域四级公共服务设施和空间保障，加快推进"主城区10分钟社区生活服务圈、20分钟街道公共服务圈"建设，重点从居住、就业、游憩、出行、公共服务、生活服务等6个方面完善普惠型公共设施体系。增加国际社区、国际学校、国家医院等优质设施供给，提升吸引留住高端人才的城市硬件环境，增强城市宜居度和竞争力。推进留白增绿、生态修复、城市设计、历史文化等任务完成，加强城市功能修补、旧城更新、交通缓堵等工作，推进建设山清水秀美丽之地。

四是深化规划改革创新，加快规划管理"放、管、服"，规划编制"编、审、督"，规划实施"项目化"等创新性改革，提升规划治理能力和服务效能。

五是继续巩固"法治规划"成果，在法规体系建设、约束体系构建、违建整治等方面持续发力，维护规划严肃性和权威性。

六是强化规划大数据建设，升级规划大数据平台，健全城市规划和规划实施跟踪研究体系，夯实基础测绘基础，提升规划信息化和科学化水平。

七是认真抓好十九大精神学习宣传贯彻，不断深入规划系统全面从严治党。

重庆环境保护

重庆市环境保护局 刘晶

一、2017年全市环境保护工作回顾

2017年，全市环境保护工作全面落实党的十九大精神，坚持以习近平新时代中国特色社会主义思想为指导，深入贯彻习近平总书记在推动长江经济带发展座谈会和视察重庆重要讲话精神，全面贯彻党中央、国务院关于环境保护的一系列重大决策部署，按照敏尔书记关于生态环保的相关指示和良智市长的安排部署，进一步提高政治站位，增强"四个意识"，坚定"四个自信"，扎实践行新发展理念，坚定不移走生态优先、绿色发展之路，把生态文明建设全面融入经济、政治、文化、社会建设各方面和全过程，以大气、水、土壤污染防治为重点，突出"建、治、

改、管”,深入实施碧水、蓝天、绿地、田园、宁静环保“五大行动”,环保工作各项年度任务圆满完成,全市生态文明水平进一步提升,主要环境指标持续改善,环境安全得到有效保障。国务院领导对我市环保体制改革作出肯定批示;贯彻落实《水污染防治行动计划》《大气污染防治行动计划》考核均为“优秀”;原环境保护部对重庆的“坚持生态优先、绿色发展”“保障环境安全”“分类精准调整环评文件审批权限”等多项环保工作给予肯定。

二、环保重点工作

【生态文明体制改革】顺利完成环保垂直管理制度改革既定任务,既遵循国家政策原则又在重点领域、关键环节作出积极探索,多次得到国务院、原环境保护部肯定;生态环境损害赔偿制度改革成为全国7个试点省市之一,为国家《生态环境损害赔偿制度改革方案》提供了有益借鉴;我市生态保护红线划定方案得到国务院批复,国家专家组对我市方案给予高度评价;全面推行河长制,饮用水水源和河库管护责任进一步加强;深化环境监测改革,环境监测数据质量责任进一步落实。璧山区成功创建首批国家级生态文明建设示范区。

【城乡环境质量】全面贯彻落实国家“大气十条”“水十条”“土十条”及重庆市实施方案,完成环保“五大行动”和总量减排项目6800余个。全市地表水环境质量总体良好,长江干流重庆段水质为优。2017年环境空气质量优良天数达到303天,比2013年增加97天,在直辖市中排名第1位。基本形成滨江景观林带、中山产业林带、高山防护林带的“三带”景观。各类自然保护区增至58个。辐射、土壤、声环境质量保持安全稳定。

【推动高质量科学发展】制定重点生态功能区产业准入负面清单,禁止在长江干流及主要支流岸线1公里范围内新建重化工项目、在5公里范围内新布局工业园区。以规划环评为抓手,促进产业结构调整,形成汽车、电子信息等千亿级产业集群,战略性新兴制造业对工业增长贡献率达到37.5%,第三产业增加值比重提高到49%、超过第二产业4.9个百分点。大力实施污染企业环保搬迁,累计关闭搬迁256家重污染企业,主城区基本实现没有燃煤电厂、燃煤锅炉、化工厂、钢铁厂、水泥厂和烧结砖瓦窑目标。严格环境准入,坚决落实供给侧结构性改革重点任务,超额完成钢铁、煤炭、船舶、水泥等去产能目标。大力发展环保综合服务、资源综合利用、环保技术装备等产业,环保产业产值占到全国的6.3%。

【中央环保督察反馈问题整改】成立以市政府市长挂帅的整改领导小组,迅速制定整改方案,19个相关市级部门和各区县(含两江新区、万盛经开区,以下统称各区县)对标对表具体问题整改任务,逐条研究落实细化措施2735条,制定专项方案143个。结合中央巡视组“回头看”、中办二次回访指出的生态环保问题整改任务,坚持“周报送、周公开、月调度、月通报”,强力推动解决了城乡污水处理设施建设、黑臭水体整治、饮用水水源保护地船舶码头搬迁、自然保护区违建项目拆除和探矿采矿权退出、小水电生态流量整改等一批“老大难”“硬骨头”问题。2017年需完成的30项整改措施、88个具体问题全面完成整改。从严从实调查处理中央环保督察移交的8个追责问题,市级问责79人,各区县问责100余人,形成强烈警示效应。在环保考核、生态环保投入及转移支付等10余个领域,构建起制度化、长效化工作机制。通过全程跟踪、全程调度、全程督导,实现了中央环保督察反馈问题整改进度到位、整改措施到位、督察自查到位、长效机制到位。

【“四山”保护工作】强化管控,管制区内的禁建区、重点控制区未新增房地产开发项目。《重庆市“四山”地区开发建设管制规定》出台前审批的建设项目经严格论证审查,进一步优化了建设规模。强化清理整顿,开展“四山”范围内的自然保护区违法违规行为、违法建筑、违法占用林地等专项整治行动,依法严查环境污染和生态破坏行为。强化生态修复，投入约1.22亿元，治理恢复废弃矿山面积1600余亩；在“四山”地区实施13.5万亩纯林林相改造。

【保障环境安全】在市人大常委会的积极支持和推动下，按照国家要求，结合我市实际修订《重庆市环境保护条例》，出台《重庆市大气污染防治条例》，地方环保法规制度体系进一步健全。加大“刑责治污”力度，强化环保、公安、检察、审判机关协同联动，办理污染环境行政案件73件、行政拘留57人。开展环境监管执法“零容忍、出重拳”专项行动，查处违法行为1.2万起。落实长江经济带饮用水水源地环境保护执法等20余个专项行动，做出行政处罚2662件，罚款1.1亿多元。编制备案风险评估报告3372个、应急预案4294个，发现并整改突出环境问题665个，全市未发生重、特大环境污染事件。

三、发展中存在的问题

(1)生态环保压力传导不够有力，一些区域谋求发展没有考虑环境承载能力。特别是“四山”管理还有薄弱环节，部分设施用地无序建设，后期使用监管不到位；“四山”管制区内大规模违法建设得到遏制，但仍有林地、农用地等非建设用地存在违法建设。

(2)环境质量还不高，部分支流水质达不到水域功能要求，部分地区工业、生活、养殖污染还需加强治理；全市机动车保有量高速增长，再加上城市开发建设加快推进、特殊的地理和气象条件等原因，交通、扬尘污染的治理难度不断加大，空气质量改善压力大；土壤污染风险不容忽视，环境质量需要进一步提升。

(3)基础不牢固，在城镇化过程中，我市环境基础设施建设有欠账，亟需加快补齐城乡污水处理厂及管网、工业集聚区集中式污水处理设施、生活垃圾填埋场渗滤液处置设施、城市污水处理厂污泥无害化处置设施、船舶污染物接收转运设施等“短板”。

(4)生态环保工作点多、线长、面广，环境管理职责分散在多个部门，统一监管的合力尚未完全形成。

四、2018年发展目标

2018年，全市环境保护工作的目标是：空气质量优良天数稳定在300天以上；长江干流重庆段水质达到三类，纳入国家考核的42个断面水质优良比例达到88.1%以上，城市集中式饮用水水源地水质达标率为100%；重金属减排2%，土壤环境风险得到基本管控；主城区声环境持续改善，区域环境噪声平均值小于55分贝，交通干线噪声平均值小于68分贝；防止重大、特别重大突发环境事件和生态破坏事件发生，确保全市环境安全稳定。围绕以上目标，重点抓好七个方面工作：

(1)深入学习贯彻习近平新时代中国特色社会主义思想和党的十九大精神，全面贯彻习近平总书记在推动长江经济带发展座谈会、视察重庆和参加十三届全国人大一次会议重庆代表团审议时的重要讲话精神，全面贯彻落实习近平总书记提出的“两点”定位、“两地”“两高”目标和“四个扎实”要求，“推动高质量发展、创造高品质生活”重要指示，认真落实市委五届三次全会和政府工作报告工作部署，按照敏尔书记关于生态环保的相关指示和良智市长的具体要求，进一步提高政治站位，增强“四个意识”，坚定“四个自信”，扎实践行新发展理念，坚持生态优先、绿色发展，全方位、全地域、全过程开展生态环境保护建设。

(2)以实施城市提升行动计划为抓手，加快建设山清水秀美丽之地。坚持生态优先、绿色发展，建立山清水秀美丽之地指标体系及实施路径。大力实施环保“五大行动”，坚决打好污染防治攻坚战，全面落实国家“大气十条”“水十条”“土十条”及重庆实施方案持续改善环境质量，让天蓝、地绿、水清成为城乡底色。实施农村人居环境整治三年行动，重点做好农村生活垃圾治理、厕所粪污治理、生活污水治理等6个方面工作，切实改善农村人居环境。

(3)实施生态优先绿色发展行动计划，统筹推进绿色发展、生态保护修复和生态文明体制改革，进一步在发展绿色产业、建设绿色家园、健全绿色制度、培育绿色文化方面下功夫，让重庆山水“颜值”更高，让重庆大地“气质”更佳。

(4)实施“两江四岸”综合整治，整治滨水岸线，治理消落带，打造亲水空间，全面提升“两江四岸”整体形象。加强“四山”生态保护和生态修复，以南山为试点建设南山公园，切实提升“四山”生态品质。

(5)严格规范环境管理，修订《重庆市长江三峡水库库区及流域水污染防治条例》等环保法规，深化“刑责治污”格局，探索建立大气、水、土壤等大数据和环保云平台，加快环保基础设施建设，做好第二次全国污染源普查。“改为”严格规范环境管理，修订《重庆市长江三峡水库库区及流域水污染防治条例》等环保法规，深化“刑责治污”格局，推进大气、水、土壤等环保大数据建设与应用，加快环保基础设施建设，做好第二次全国污染源普查。

(6)统筹推进中央环保督察、市级环保督察“两级”整改。围绕重点区域、领域、流域环境问题开展环保督察，巩固中央环保督察反馈问题整改成果，加压推进剩余整改任务落实。完善环保督察结果运用、挂牌督办、区域限批等制度，推动环境监察常态化、制度化。

(7)深化利剑执法、铁腕监察、联动司法、阳光监督四个行动，开展打赢蓝天保卫战等重点专项行动，坚决对环境污染违法行为“零容忍”。健全环境风险防控体系，开展环境风险隐患排查专项整治，守住环境安全底线。

重庆水利建设

重庆市水利局 陈亮亮

2017年，全市到位中央水利投资50亿元，市级投资25亿元，完成各类水利投资212亿元。截至2017年底，全市已建成水库3057座，总库容125.5亿 m^3。其中：大型水库18座(水利行业外管理的水库占16座)，总库容80.6亿 m^3；中型水库99座，总库容26.1亿 m^3；小型水库2940座，总库容18.8亿 m^3。水利工程年供水量达到76.7亿 m^3。新增有效灌溉面积5400hm²，有效灌溉面积累计达到694300千hm²；新增节水灌溉面积16600千hm²，节水灌溉面积累计达到233300千hm²。2016年最严格水资源管理获得国务院考核优秀等次；2017年水利工程质量获水利部A级评价；2017年水利安全生产监督管理工作水利部考核第一名，被市政府评为“先进单位”。

一、2017年发展回顾

【水利规划及前期工作】完成审批《重庆市主城区水资源管控及水利设施布局规划》《重庆市主城区防洪规划深化(2016—2030年)》《重庆市市域水资源管控及水利设施布局规划》《重庆市市域河道岸线保护及利用规划》。启动重庆市第三次全国水资源调查评价。编制印发《重庆市水中长期供求规划》《重庆市水土保持规划(2016—2030年)》《重庆市节水型社会建设“十三五”规划》《重庆市重要河道采砂规划(2016—2020年)》。完成《重庆市“十三五”水资源配置实施方案》《重庆市水库扩建升级实施方案》。编制了《重庆市水库工程三年行动实施方案》《重庆市小康水行动计划实施方案》《重庆市乡村振兴战略水利行动计划》。开展《龙溪河水资源配置与防洪水生态治理方案》编制与城市水利和农村水利发展思路、水利水电旅游融合发展研究。开展《重庆市城市乡镇防洪现状评估》。配合水利部等部门完成加快灾后水利薄弱环节建设实施方案，配合长江委开展了南水北调中线后续——引江补汉工程规划，配合开展了长江流域防洪规划中期评估等工作。

全力推进5个重大项目前期工作。渝西水资源配置工程完成总体方案编制,通过市委、市政府审议，水利部水规总院进行了技术讨论和技术审查；綦江藻渡水库工程方案通过水规总院技术讨论，完成可研报告初稿和除涉及贵州省外的其他专题报告初稿，积极协调贵州推进有关工作；云阳向阳水库工程方案通过水规总院技术讨论;开州跳蹬水库工程方案,水规总院已召开技术讨论会议；江津福寿岩水库开展了勘察设计招投标工作。全力推进30座中型水库前期工作。其中:1座完成可研批复,4座完成长江委审核,4座完成可研审查,5座召开可研报告专家评审会议。全力推进18处江河防洪工程和100处中小河流治理项目前期工作。完成7处主要支流防洪项目可研、初设的审查审批和100处中小河流治理项目初设审批。配合国家发展改革委评审中心开展重庆长江防洪二期工程的总体投资评审。

【水利基本建设】各类工程完成投资77.77亿元,超年度计划2.3%。一是骨干水源工程全年完成投资47.1亿元。两座大型水库完成年度建设任务,金佛山填筑超过安全度汛高程,观景口大坝填筑完成，续建37座中型水库有序推进。丰都蒋家沟、万州大滩口、铜梁小北海3座水库完成竣工验收(及技术预验收),丰都梨子坪、涪陵红星、忠县金鸡、江北机场雨水调蓄池、石柱东方红5个项目完成下闸蓄水阶段验收，梁平左柏、涪陵双江等11座水库新开工建设。二是江河治理工程全年完成投资22.47亿元,在建项目57个,其中:新开工项目3个(铜梁城区、少云镇堤防，城口前河堤防);54个续建项目持续推进,其中完工项目25个,完成大渡口一期、万州五桥竣工验收,建成达标堤防长度27.2km。三是中小河流整治工程全年完成投资8.2亿元,2009年以来已累计完成中小河流治理河段346处，其中3000km²以下完成321处,3000km²以上已完成25处。

【防汛抗旱】一是洪旱灾情。全市汛期总体旱涝交替、旱重于涝,主要呈现以下特点。第一,区域性暴雨过程多,局地强降雨频繁。汛期先后遭遇13场区域性暴雨天气过程,较常年同期偏多近8成；局地强降雨频繁，最大日降雨量达253mm,最大小时雨强达116.4mm。第二,涨水河流众多,个别超警戒水位。全市长江、嘉陵江、乌江、大宁河和886条次中小河流出现1—12m不等的明显涨水过程,乌江、普里河、汤溪河、东河等4条江河出现7站次超警戒水位洪水。第三,高温日数多,伏旱持续时间长。汛期出现5次区域高温过程;40℃以上高温天数为3.4天，极端最高气温为43.5℃。全市32个区县出现伏旱,荣昌、涪陵、丰都、武隆达重旱。第四,洪涝灾害偏轻,干旱灾害偏重。暴雨洪灾造成33个区县141万人受灾,死亡8人,失踪2人,直接经济总损失15.94亿元,其中水利设施损失2.83亿元。高温干旱导致农作物受灾面积79330 hm²,绝收面积2530hm²，高峰时期6.93万人、2.56万头大牲畜临时饮水困难。因灾死亡人数、损失为近5年最低。

二是防灾减灾。市防指完善突发事件监测预警系统，对筛查出的56个市级和258个区县级防洪薄弱环节重点监管。在主要媒体公示39个城区、1007个场镇、2996座水库“行政、技术、管护”责任人。市防指开展近10年最大规模的军地抗洪抢险综合应急演练。开展防汛安全抽查和防汛防地灾督察，对250余处隐患挂牌督办。完成1690处水毁水利设施修复任务。市防指召开会商会56次，编发水雨情通报75期、预警短信7万余条、新闻通稿68期。气象、水文部门提前6—48小时准确预测趋势，发布预警信号1965条、江河洪水预警信息10次、洪水调度建议12期。28个区县山洪灾害监测预警系统发布预警213次，预警短信11.6万条，累计转移2500人,未出现因山洪灾害造成的人员伤亡。先后向乌江彭水、银盘、嘉陵江草街、任河巴山等骨干性水库水电站发出调度令19个，累计拦蓄洪量超15亿m³,连续3年实现彭水、武隆城区

"零伤亡、少转移"目标,连续2年取得主城区朝天门、菜园坝、磁器口未被淹的成绩;伏旱关键期,紧急调度玉滩水库,有效保障下游大足、荣昌15万人饮水安全。市防指将24小时值班顺延一个月,快速有效处置10月21日凌晨巫溪堰塞湖险情。重庆警备区、公安消防部队出动官兵3000余人次,排除险情隐患100余处,疏散转移被困群众2100余人。市防汛抗旱抢险中心累计调运物资近1500万元,有力支援受灾区县和湖南岳阳抢险救灾。

【全面推进河长制】市委书记和市长同时担任市总河长,落实市河长办9名编制。市、区县、街镇、村社区四级河长体系全面建立,街镇及以上设"双总河长",分级分段设置河长16611名;组建运行市、区县、街镇三级河长办1060个,将市纪委、市委组织部等24个市级部门作为河长制市级责任单位;组织召开两次全市总河长会议;印发实施《关于进一步强化全市河长制组织体系的通知》《重庆市全面推行河长制主要任务分解》《重庆市河长制工作规定(试行)》三项市级配套政策及《重庆市河长会议制度(试行)》等八项河长制工作制度;市级将河长制纳入区县经济社会发展实绩考核和市级党政机关目标管埋绩效考核;全市各级河长累计巡河超过16万人次,其中市级河长巡河16人次;完成全市5300余条河流、3000余座河库名录和2876条(段)河流建档、791条(段)河流"一河一策"编制,河长制管理平台信息系统全面上线,智慧河长信息系统建设方案纳入实施以大数据智能化为引领的创新驱动发展战略行动计划,启动河长制地方性法规建设前期工作;新华社、中央电视台等主流媒体报道全市河长制工作500余篇次,召开全面推行河长制工作新闻发布会,增强群众河流保护意识,营造社会共治氛围。

【农田水利基本建设】全市2016—2017年度农田水利基本建设完成总投资132.3亿元,占计划(129.1亿元)的102%;投入工日15492万个、出动机械台班3279万台;完成土石方量1.9亿m^3,修复水毁工程4280处,新修渠道1494.69km,清淤沟渠5957km,新修、加固堤防386.7km,疏浚河道316.76km,新修水库及病险水库除险加固244座、堰塘整治26109口、新增水电装机容量17.29万kW、建设村镇供水工程1892处;改造中低产田面积79466.67 hm^2、治理水土流失面积583.52km^2、新增有效灌溉面积42666.67 hm^2、改善灌面82606.67 hm^2、新增节水灌溉面积30413.33 hm^2、新增旱涝保收面积14613.33 hm^2、新增年节水能力8494.49万m^3、新增供水受益人口181.8万人,超额完成年度目标任务。

【水政管理】推进党政主要负责人履行法治建设第一责任人职责工作,印发工作方案;开展《重庆市水资源管理条例》立法后评估及《河道采砂管理办法》备案审查;制定《规范性文件管理办法》,7件规范性文件应备尽备,清理废止7件;推进行政执法改革,查处水事违法案件289件,罚款645.4万元;开展三峡库区(重庆)河湖执法检查和长江流域省际水事矛盾纠纷排查;取消和下放水行政审批及资格认定事项25项;推进行政许可标准化建设,办件速度提高1/3以上;水利信息进一步公开,开展政务服务事项清单编制工作;受理行政复议9件,办理一审行政应诉5件;组织开展纪念"世界水日"、"中国水周"宣传活动;建立水行政审批联合审查制度,全面推开"双随机一公开"监管改革。

【水资源管理】严格建设项目水资源论证和取水许可审批制度,强化水资源监控能力建设和应用管理。大力推进水生态文明建设,推进永川区、梁平区3个河库水系连通工程建设;开展入河排污口核查;完成全市水资源承载能力评价。严格落实节水优先方针,出台重庆市"十三五"水资源消耗总量和强度双控行动方案实施意见,印发重庆市节水型社会建设"十三五"规划,完成永川区等8个区节水型社会达标建设试点年度任务,推进璧山区中水回用工程建设,完成62个城市经营与生活用水定额复核修订,市级机关全面实现节水型单位建设目标,完成火电、食品发酵、化工、有色金属等4类重点行业节水型企业建设评估。全面完成“三条红线”年度考核目标，获考核奖补资金6000万元。

【水土保持】印发《重庆市水土保持信息化工作建设实施方案（2017—2018年）》，完成40个市级审批大中型生产建设项目和渝北区2017年度全域“天地一体化”监管工作；印发《重庆市水土保持监测实施方案(2018—2022年)》，将水土保持监测与水文泥沙监测有机结合；完成全市2016年度水土流失遥感调查，建立全市水土流失空间分布数据库(1:10000)；完成水土保持方案审批983个(市级50个)，水土保持设施竣工验收198个(市级37个)，水土保持补偿费征收11778.23万元(市级4163.00万元)，违法案件查处29个；新增水土流失治理面积1652km²；发布2016年水土保持公报；印发《重庆市水土保持宣传教育实施方案(2017—2020年)》；推进万盛青山湖、合川赵家渡堤防水土保持科技示范园创建工作，三峡库区(忠县)水土保持科技示范园通过水利部中期评估；城口、南川等区县持续将水土保持纳入党校主体班课程。

【农村小水电】截至2017年底，全市已建成水电站1564座、装机713.81万kW，占技术可开发量(1235万kW)的57.8%。其中，大型水电站4座、总装机325万kW；中型水电站14座、总装机127.5万kW；小型水电站1546座、总装机261.31万kW，占小型水电站技术可开发量(380万kW)的68.77%。2017年完成农村水电建设投资12.56亿元，争取农村水电扶贫工程和增效扩容改造项目中央资金16539万元；全年新增农村水电装机容量7.98万kW；开工建设农村小水电扶贫工程项目13个，完成2016年7个农村小水电扶贫试点项目建设工作验收；兑现2016年水电扶贫受益金375.9万元，帮扶2847户建档立卡贫困户；启动农村水电增效扩容改造项目123个、生态改造项目130个，完成财政部组织的农村水电增效扩容改造绩效评价工作；创建2座绿色小水电站；稳步推进电站安全生产标准化试点工作。

【水利工程管理】一是抓建设管理。召开全市水利工程文明工地创建及安全监管工作会议，通报表扬13个文明工地。在建16座大中型水库施工现场安全视频监控系统全面投入运行。开展98次检查，12次质量飞检，4批次专家质量核查。编制《重庆市水利工程招标投标资料汇编》，出台《必须招标项目备选承包商信息库管理办法》，制定《经评审的最低投标价法指导意见》，开展施工招标文件、监理招标文件示范文本编制工作，推进电子招投标监督管理系统、交易系统建设。对24起市场主体不良行为评价、记录和公开，加强涉企信息归集并建立在行政管理事务中查询“红黑名单”工作制度。二是抓运行管理。严格落实水库大坝安全责任制，2017年全市已成水利工程总体运行态势平稳，未发生重特大事故。组织编制的《水库大坝安全监测资料整编分析规程》正式以地方标准印发。出台《重庆市小型水库管理办法(试行)》，率先建立大中型水库年度运行管理报告制度，启动《重庆市水利工程管理条例》修订工作，通过考核新增市级管理单位2个。三是抓安全管理。调整充实以局长为组长的局安全生产工作领导小组，每季度召开安全生产领导小组成员单位全体会议。制订水利生产经营单位事故隐患日周月排查治理办法，实行施工企业“项目、技术、安全”负责人视频在线点名。强化水利水电工程施工企业安全生产管理“三类人员”培训考核。编制完成安全生产综合应急预案和重点领域专项应急预案，推进安全生产标准化建设。集中开展水利行业涉及危化品和电气火灾安全综合治理、水利安全生产大检查和隐患排查治理专项行动，每月对四分之一的区县进行安全常规检查。集中组织5批次、75个项目、涵盖9大类水利项目稽查。四是抓河道管理。长江委审批涉河建设项目洪水影响评价报告12项，市级审批4项，区县审批451项。办理采砂许可104件，砂石资源开采权拍卖收益17821.3万元。长江地维大桥以上江津、永川108km江段列为禁采区；主城绕城高速以内长江78km、嘉陵江50km江段划为禁采区。会同海事、公安等部门打击非法采砂，入刑8人;2017年完成河道划界岸线长度16013km,累计完成划界24525km。印发《重庆市重要河道采砂规划(2016—2020年)》。完成流域面积50km²及以上河流的河道名录登记和流域面积1000km²以上河流的河道调查评价工作。市级河道监管巡查船“渝水政001号”投入使用。五是抓征地移民及后期扶持管理。全年开展了31座大中型水库工程不同阶段、不同环节的移民安置工作。建立“行政决策+专家审查”的移民安置工作长效机制。全市已纳入后扶政策范围的大中型水库112座,中央核定后扶人口45.02万人,涉及38个区县。后扶资金使用绩效评价工作被水利部评为优秀等级。推进11个区县、2.4万水库移民避险解困试点工作。开展了36个区县后扶资金内部审计、监测评估和稽查工作。

【城乡供水】截至2017年底，全市水利工程(不含电站水库)蓄水26.61亿m³,占应蓄水量的74.8%，比上年同期增加1.39亿m³，增长5.51%;全年累计供水量为27.11亿m³,其中:人畜饮水7.71亿m³、灌溉用水7.83亿m³、发电用水10.07亿m³、其他用水1.50亿m³。“十三五”以来,农村饮水安全转入巩固提升阶段,全市加快建立“从源头到龙头”的农村饮水安全工程建设和运行管护体系建设。全市农村饮水巩固提升工程完成总投资14.66亿元，完工工程3440处,受益人口319.28万人,其中,14个贫困区县实施农村饮水巩固提升工程3044处,受益贫困人口155万人。全市农村集中供水率达到86.7%,自来水普及率达到79.2%。《重庆市村镇供水条例》自2017年5月1日起正式颁行,农村供水保障水平持续提高。

【水利扶贫】开展18个贫困区县、18个深度贫困乡镇、4个水利部定点扶贫县和市人大办公厅扶贫集团对口帮扶工作。全年向贫困区县、深度贫困乡镇、重点贫困人群倾斜投入市级及以上水利资金39.9亿元，每个深度贫困乡镇按不低于2000万元标准给予扶持。解决1750个贫困村、38万贫困人口的饮水灌溉水源问题,带动9466.67hm²特色农业发展,成功助推8个区县整体脱贫“摘帽”。配合水利部在城口、巫溪、丰都、武隆4区县组团开展定点扶贫工作,全年投入4区县中央和市以上资金9.25亿元，较好完成了“八大工程”年度任务。

【水利改革】推进水利投融资改革,与市农发行、市农行、市国开行签订《战略合作协议》,获得信用额度800亿元和相关优惠政策。1座大型水库、3座中型水库和1座提水工程推进PPP试点。配合市城乡建委推进两江新区悦来新城国家级、万州、璧山、秀山市级海绵城市建设试点。完成永川全国水生态文明城市建设试点评估验收和璧山、梁平试点年度任务。开展1000余次“双随机一公开”检查,“两库一清单”动态更新。全市23.41万处各类水利工程纳入深化小型水利工程管理体制改革范围，明晰工程产权23.02万处。10个试点区县、259座水库推行水利工程物业化管理。12个项目区县，灌溉面积34333.33hm²纳入农业水价综合改革，出台农业水价管理办法,建立各类农民用水合作组织848个。启动农村小型水利工程确权颁证。忠县、涪陵区可采区现场监管施行第三方旁站式监理试点。璧南河获全国首届十条“最美家乡河”称号。观景口水利枢纽工程项目获全国最具影响力十大水利工程称号。成功承办全国水文勘测技能大赛,夺得水文测量项目第一。

二、2018年发展目标

2018年，全市水利工作将切实按照习近平总书记治水兴水重要思想,深入贯彻落实中央、市委市政府重大战略决策部署,紧扣全市“三大攻坚战”“八项行动计划”,重点围绕解决工程性缺水这个最大短板，力争完成渝西水资源配置工程可研审查审批,开工建设部分子项目。推进巴南观景口、南川金佛山等2座大型水库,巴南高洞子、梁平左柏等25座中型水库,北碚丰子岩等2处城市备用水源,潼南大佛坝、铜梁城区等26处防洪护岸工程建设。推进1座中型水闸和90座小型水库除险加固。统筹实施水利扶贫行动和深度贫困乡镇水利扶贫攻坚行动，解决困难群众"水困"问题。新增水土流失治理面积1500平方公里。围绕乡村振兴战略,大力发展农村水利,补齐农民生活、农业生产、农村发展的水利短板。启动9座农村小水电扶贫电站建设,完成投资1.5亿元。完成新增25万亩高效节水灌溉面积。依托各级河长,重点解决"水浑""水脏"的问题。落实最严格水资源管理制度,全面完成"三条红线"年度考核目标任务,确保顺利通过国务院对市政府实行最严格水资源管理制度考核工作。大力发展城市水利,抓好防汛安全、生产安全、质量安全等工作,确保全市水利系统的安全稳定。

重庆交通建设

重庆市交通委员会研究室 唐海青

一、2017年发展回顾

过去一年,特别是去年7月以来,我们以习近平总书记视察重庆重要讲话和关于做好重庆当前工作的重要指示精神为指导,在市委、市政府的坚强领导下,坚决肃清孙政才恶劣影响和薄熙来、王立军流毒,把思想统一起来,把力量凝聚起来,把责任担当起来,把各项任务落实下去,交通改革发展稳定等工作扎实推进。

(一)着力保投资,重点项目建设全面提速

全年交通完成投资831亿元、同比增长12.3%,其中铁路285亿元、公路475亿元、水运35亿元、民航31亿元、邮政5亿元。铁路,兰渝铁路全线贯通,渝贵铁路、成渝高铁枢纽段、西站一期和沙坪坝站如期建成,郑万高铁等续建项目加快建设,新田港铁路集疏运中心实现开工,铁路在建规模达1000公里,新增营业里程140公里、达到2371公里,其中高铁381公里、快铁537公里。高速公路,渝北至广安等4个项目顺利建成,开州至城口等其他8个续建项目638公里有序实施,渝黔扩能等4个项目237公里如期开工,在建规模达875公里,通车总里程达到3023公里,对外出口通道增加到19个,路网密度达到3.67公里/百公里^2。水运,长江干线九龙坡至朝天门段航道整治加快推进,朝天门至涪陵段航道炸礁二期进展顺利,航道总里程达到4472公里。果园港铁水联运接驳改造基本完成,龙头、新田、珞璜3个枢纽港一期建成投用,全市港口货物和集装箱吞吐能力分别增加到2亿吨、450万标箱,船舶大型化、标准化走在全国内河前列。民航,江北国际机场T3A航站楼和第三跑道建成投用,成为中西部首个拥有三座航站楼、实现三条跑道同时运行的机场,国际航线增至69条,完成旅客吞吐量3872万人次、位居全国第九、同比增长7.9%。黔江机场改扩建工程实现开工,武隆、巫山机场建设以及万州机场改扩建加快推进。两江新区龙兴通用机场建成投用,永川大安等通用机场加快建设。

(二)着力惠民生,纵深推进交通扶贫攻坚

加快"四好农村路"建设,《关于切实做好"四好农村路"建设有关工作的通知》(渝府办发〔2017〕178号)印发实施,硬化农村公路8121公里,新增1520个撤并村通油路或水泥路,新建行政村招呼站1993个,新开或调整农村客运线路239条,新增259个行政村通客运,所有乡镇、具备条件的行政村100%通客运,永川、奉节被评为全国首批"四好农村路"建设示范区县。大力实施普通干线公路改造,完成国省道改造834公里、县乡道改造1000公里,全市国道二级及以上、省道三级及以上比例分别达到78%、57%。扎实推进交通精准扶贫,市政府印发《18个深度贫困乡镇交通扶贫攻坚行动方案》,建立对口联系机制,交通扶贫项目快速启动、有序实施。

(三)着力优服务,客货运输更加便捷高效

城市轨道交通运营里程达到264公里,日均载客量增至222万人次。公交优先道实现“零突破”,新建公交站场12个、站点400个,新增或调整公交线路66条,平稳实施65岁以上老年人免费乘坐公共交通政策。出租汽车行业稳定发展,巡游出租车运力总数增加到2.4万辆(主城1.5万辆)。主城巡游出租车经营权实现无偿使用,依法办理平台公司许可5家、网约车营运许可1.2万个、驾驶员从业资格许可1.3万人。路网服务能力进一步增强,高速公路3对服务区获评全国百佳示范服务区,ETC用户突破120万。制定实施高速公路套餐通行费优惠等措施,平稳推进路桥收费改革。圆满实现“营改增”第一阶段电子发票开具目标,获得交通运输部通报表彰。交通物流快速发展,《中新交通物流战略规划》编制完成,与新加坡在城市物流配送、轻重资产合作等方面取得实质进展;果园港获批国家第二批多式联运示范项目,甩挂运输、无车承运人试点取得积极成效。邮政业务总量达到100亿元,同比增长26.2%,其中快递业务量达到3.3亿件,同比增长15.8%。

(四)着力防风险,行业保持持续平稳发展

积极推进公路水路安全生产领域改革发展,持续深化企业标准化建设,扎实开展“平安交通”“大排查大整治大执法”等专项活动,全行业死亡事故数、死亡人数同比分别下降7.9%和11.2%,无重特大安全事故发生,有效处置“6·9”洪灾、“10·21”巫溪滑坡等突发性事件300余起,水上交通连续14年、道路运输连续11年未发生重特大安全事故,高速公路交通死亡事故数连续5年持续下降。工程质量全过程监管和各环节管控持续加强,全市高速公路和重点水运项目一次性抽检合格率分别达到95.2%、96.3%。妥善处置网约车以租代购、巡游出租车“高租低转”、高铁开通对班线客车影响等信访问题,圆满完成党的十九大等重点时段维稳任务。

(五)着力抓创新,科技服务水平整体提升

科技示范项目进展顺利,建设三峡船型110艘,建成高速公路防疲劳驾驶路侧振动带180公里。行业标准不断完善,《高速公路养护工程质量检验评定标准》等3个地方行业标准颁布实施。智慧交通加快建设,信息技术在交通执法、服务出行等方面的应用更加广泛。绿色交通建设力度加大,中央环保督察和中办二次回访问题整改扎实有力,完成118座非法码头整治,以及362艘船舶重油设施拆除或封存。人才支撑不断强化,全年新增正高级工程师38名、高级工程师211名,高级技能人才不断涌现。

(六)着力优环境,行业治理更加科学规范

下放行政许可2项,网上行政审批平台运行规范,事中事后监管不断加强。《重庆市公共汽车客运条例》等立法工作进展有序。出台公路养护资质管理办法,小修保养、预防性养护持续加强,公路保通保畅能力稳步提升,顺利完成交通运输部2017年度路况检测和长大桥隧巡检。建立与公安、司法三方协同执法机制,23起非法营运严重超员案件首次入刑,215名拒不履行处罚的当事人被纳入“失信被执行人名单”,全年查处超限超载超速等各类违法案件82万余起。

(七)着力强党性,行业形象持续向好

始终牢固树立“四个意识”、坚定“四个自信”,坚决维护以习近平同志为核心的党中央权威和集中统一领导,严明党的政治纪律和政治规矩,层层落实管党治党政治责任。推进“两学一做”学习教育常态化制度化,系统党员干部职工理想信念更加坚定、党性更加坚强。抓好中央巡视“回头看”问题整改,落实中央八项规定精神和市委实施意见,驰而不息纠正“四风”,行业风气明显好转。牢牢把握意识形态工作主动权,弘扬主旋律、传播正能量,大力培育行业先进典型,策划系列主题宣传活动,全年主流媒体报道交通1305条。

二、发展中存在的问题

虽然近年来重庆交通快速发展,但是对照习近平总书记对重庆提出的“两点”定位、“两地”“两高”目标等重要指示,对照交通强国战略目标,对照全市经济社会发展需要,对照人民群众对美好生活的向往,我市交通发展质量不高、不平衡不充分的问题仍较突出。一是对外通道不健全,高铁通道不足,高速公路出口通道有待完善,三峡船闸和长江涪陵以上航道通过能力不强,民航国际航线偏少。二是区域交通发展不平衡,大部分射线高速进出城路段常态化拥堵,渝东北与渝东南之间高速通道偏少。三是城乡交通发展不协调,城市公共交通服务水平有待提高,干线公路等级偏低、衔接不畅,农村公路通达通畅深度不够、部分农村群众出行困难。四是各种交通方式衔接不畅,综合交通枢纽和集疏运体系建设有待加强。

三、2018 年发展目标

2018 年是实施交通建设"三年行动计划"的首战之年,全市交通计划投资 905 亿元、同比增长 10.4%,统筹推进铁公水空等各类交通建设。扎实推进"四好农村路"建设,实施通组公路建设 2 万公里,优先实施 18 个深度贫困乡镇项目,新增 4000 个村民小组通达、8000 个村民小组通畅,使全市村民小组通达率、通畅率分别达到 91%、61%;全力推进郑万高铁、枢纽东环线、涪怀二线、黔张常等在建铁路建设,开工建设渝湘高铁、重庆东站和龙头港铁路集疏运中心,加快推进渝昆、渝西、渝汉等高铁前期工作;开工建设巫溪至镇坪、合川至璧山至江津、渝遂扩能等 8 个高速公路项目 300 公里,建成通车江津至习水、涪陵梓里至白涛 2 个项目 82 公里,使全市通车总里程达到 3105 公里、出口通道增至 20 个、在建规模超过 1000 公里;改造普通干线公路 3400 公里,使国道二级及以上、省道三级及以上比例分别达到 82%、58%;全力协助开展长江涪陵至朝天门段 4.5 米水深航道整治,大力推进果园等现代化港口建设;推进巫山机场、武隆机场建设和万州、黔江机场改扩建,启动江北国际机场 T3B 航站楼和第四跑道前期工作,新开通国际航线 10 条左右;加强运输组织服务保障,扎实做好公交都市建设,稳步推进农村客运发展,持续加强行业安全监管,全力确保群众安全、高效、便捷出行。

重庆城市管理

重庆市城市管理委员会 张弛

一、2017 年城市管理工作回顾

2017 年,全市城市管理系统按照市委、市政府的统一部署,砥砺奋进,改革创新,真抓实干,城市管理体制机制进一步理顺,各项重点工作有序推进,实现了城市管理事业稳定、持续、健康新发展。

(一)城市执法体制改革稳步推进

一是顺利整合组建市级城市管理机构。为全面贯彻落实中央城市工作会议精神和中央 37 号文件精神,有序推进我市城市执法体制改革,市委市政府决定在原市市政委和原市园林局基础上,整合组建市城市管理委员会(加挂市城市管理综合行政执法局牌子);11 月,机构组建和内设机构调整全面完成。二是区县执法体制改革有序推进。全市 40 个区县(含两江新区、万盛经开区)全部完成城市管理局组建工作,实现了行政处罚权集中行使,全市城市管理执法体制进一步理顺。

(二)民生实事办理成效显著

一是顺利推动路桥通行费改革工作。按照市委市政府安排,牵头制订改革方案,定于 2018 年 1 月 1 日起,正式取消征收主城区路桥通行费,顺利实现由行政收费向服务收费的转变,受

到社会各界广泛好评。据市统计局2017年12月的民调数据显示，主城区97.67%的市民对此表示满意。二是大力推进便民设施建设。在主城区人流密集的商圈、广场、公园等位置建成公共直饮水点139个，有效解决市民出行“饮水难”问题。新增主城区公厕204座，同时，就公厕导引系统、中英文标牌、干湿分区、配设第三卫生间等进行提档升级和功能改造。完成主城区居民供水户表改造8.4万户，建立了二次供水设施维护管理长效机制。三是积极推动城市“增绿添园”。全市新增城市绿地2200万平方米（主城906万平方米），改建250万平方米（主城154.4万平方米）。建设政府投资类城市绿化项目622个，新建城市综合公园45个、社区公园44个，新增海绵型绿地552.5万平方米，山城绿意更加盎然。

（三）公共服务供给持续优化

一是供给能力提升。截至2017年底，全市共有供水企业623家，日均供水能力达800万立方米；建成城镇污水处理厂1646座，污水日处理能力达478.65万立方米，城市生活污水集中处理率提升至93%，主城区污泥无害化处置率继续保持至100%。运行生活垃圾处理场（厂）57座，城市生活垃圾无害化处理率继续保持100%；全市建制镇生活垃圾无害化处理率达95.2%，7275个行政村生活垃圾得到有效治理，超额完成年度目标任务。二是供给质量提升。共维修城市道路589.5万平方米，涂装结构设施32.2万平方米；主城新增停车泊位25万个，路内停车位规范设置率达到80%。全市整治树池33066座，新改建路灯2.8万盏，亮灯率和设施完好率分别稳定在98%和96%以上。创建（巩固）扬尘控制示范道路410条，劝阻“发卡族”5.2万人次，暂停“牛皮癣”通信号码2506个，城市秩序持续改善。三是服务手段提升。主城区数字城管普查成果入库数据达到650.31平方公里，网格化环卫管理责任区11464个，数字城管终端进一步延伸至社区。四是管理机制理顺。顺利完成了主城区市政设施管理体制和市属公园属地化管理工作，进一步理顺了管理体制，提升了管理效能。

（四）重点任务有效落实

一是针对中央环保督察成立了整改工作领导小组，形成部门协作、区县联动的良好机制，通过片区督察、现场督促和专函督办等方式，圆满完成2017年需处理的2项措施和8个问题。二是针对国务院安委会巡查组巡查反馈城市管理领域三个整改问题，牵头协调市级相关部门和区县城管部门，按照规定要求按时完成整改并销号，得到了国务院安委会巡查组和市政府安委会的认可。三是落实市委、市政府对城市管理工作的要求，推行“马路办公”，成立了主城区城市管理巡查督导工作领导小组，对应主城九区和两江新区，成立城市管理巡查督导组，由委班子成员各自带队开展巡查，每组每周上路巡查不少于2次。建立起了包括数字城管、“12319”市民城管通、月度暗查、巡查督导的多层次发现问题、交办问题、指导解决落实问题的流畅机制。

（五）安全稳定应急处置能力不断增强

一是强化工作部署和应急值守，重大展览活动、重要会议节庆及时召开委系统安全稳定工作会议，细致部署相关工作，严格执行24小时值班和班子成员带班制度，认真抓好应急值守。二是强化执法检查和应急演练，开展城市管理领域安全生产大排查大整治大执法，累计检查各类企业11647家，整改安全隐患11752处，对我市36座跨江大桥及供水等重要设施进行专项检查，开展垃圾场渗滤液泄漏、城市内涝、公园山火等灾难应急演练。三是强化舆情引导和信访维稳，强化门户网站、微信、出版物等意识形态阵地管理，梳理防范化解可能引发信访的老大难问题。全年未发生较大以上安全生产事故，未发生群访集访事件，未发生意识形态事件，公园绿地未发生较大火灾及大面积枯萎死亡，风景名胜区实现旅游安全零事故、有效投诉零发生，营造了迎接十九大和全市“两会”胜利召开的良好氛围。

二、2018 年城市管理工作重点

2018 年是贯彻党的十九大精神的开局之年，是改革开放 40 周年，也是决胜全面建成小康社会、实施“十三五”规划承上启下的关键一年。市城管委将按照 2018 年市政府工作报告关于“大城智管、大城细管”的要求，启动实施城市综合管理提升三年行动，系统抓好以下八项重点工作：

（一）构建共建共治共享城市治理机制

完善自身管理机制，全面实施主城区城市管理现场巡查督导工作，深入践行城市管理“马路办公”。在劝导管理随地吐痰、车窗抛物等市民不文明行为的同时，广泛开辟人民群众监督、参与城市管理的渠道，营造市民自觉爱护市容环境的氛围，实现人民城市人民管。

（二）实现城市管理数据内畅外联

加强数字城管平台运行管理，统一数据、打通接口，实现市、区（县）两级数据互联互通。开展城市管理行业智能化应用项目试点示范和城市管理大数据平台建设，归集行业运行管理数据，共享城市管理相关地理信息、应急指挥、公共区域视频、交通管理、自然人、法人、社会诚信等信息资源。

（三）办好行业民生实事

在主城区建成公共直饮水点 376 个，完成主城区 3 万户老旧居民小区庭院供水管网及附属设施改造，新建公厕 110 座、新开放社会单位厕所 230 座，建设游园、社区公园、城市公园等城市公园绿地项目 100 个、公园绿地 500 万平方米，做好主城区路桥费征收改革后续退费和人员安置等相关工作。

（四）美化“城市家具”

以城市道路护栏和隔离设施为切入点，规范市政设施涂装，强化新改建设施的协调一致。按照国际标准，制定规范统一美观的城市标识、导引、名牌规范体系。组织实施主城区临街立面违规户外广告和招牌清理整治，全面清理楼顶违规广告。试点推进“多杆合一”与“多箱合一”，实施管线下地，进一步清爽城市空间。启动内环快速路路面大修和周边环境整治工程。

（五）强化市容整治

全面清除边坡、岸线、公路两侧等城市死角暴露垃圾；对码头车站、核心商圈等城市窗口地区环境进行综合治理，加强秩序管理，升级设施，优化绿化，提升形象品质；深化老旧社区、城乡接合部、市场周边等薄弱区域的环卫管理，完成主城区背街小巷市容环境治理项目 47 个。

（六）完善城市照明

新改建路灯 2 万盏，实施高滩岩立交至 G93 收费站等照明设施新建项目，完成主城区 47 个社区照明设施整治工作，整治 300 处城市无灯区及暗盲区。实施主城区堤岸景观照明项目查漏补缺，建立“两江四岸”景观照明集中控制系统，提升主城区景观照明整体性、系统性。

（七）实施绿色生态建设

新增城市绿地 1500 万平方米，义务植树 150 万株，完成 100 公里城市绿道绿廊建设，做好世界自然遗产地及风景名胜区保护管理。完成主城区第三垃圾焚烧发电厂、洛碛垃圾填埋场以及夏家坝、走马垃圾转运站建设。推进主城区城市生活垃圾分类工作，初步形成公共机构生活垃圾分类运行机制。基本完成梁平二期等 10 座城市污水处理厂改扩建工程，开工建设渝北石坪等 7 座城市污水处理厂，推进璧山等 21 座城市污水处理厂提标改造工程，实施长寿等 14 个远郊区县污泥无害化协同处置设施建设。

（八）深化农村生活垃圾治理

进一步健全完善农村生活垃圾前端收集保洁作业体系、垃圾分类减量与资源化利用回收体系、垃圾末端无害化处理设施体系、垃圾治理成果长效管理体系，对 23 个区县农村生活垃圾治理情况进行市级验收，对 117 个农村生活垃圾非正规堆放点进行集中整治，确保 2018 年全市建制镇生活垃圾无害化处理率达到 96%以上，所有区县行政村生活垃圾有效治理比例达到 90%以上，并成功申报国家验收。

重庆林业

重庆市林业局 周旭

一、2017年林业工作开展情况

(一)生态保护持续加强

坚持保护优先，严守6300万亩林地、5600万亩森林和310万亩湿地红线，森林覆盖率保持在45.4%以上。加强自然保护区、湿地保护区、森林公园、湿地公园、国有林场、主城“四山”等重点区域林地管控。严格林地征占用管理，全年共审核审批建设项目使用林地372宗、面积2368公顷，收取森林植被恢复费4.38亿元。严格森林采伐限额管理、许可管理和分类管理，全面停止天然林商业性采伐，落实4505万亩公益林管护责任。认真开展中央环保督察涉及自然保护区管理问题的整改工作，从严审批涉及自然保护区的建设活动。市政府办公厅印发《重庆市湿地保护修复制度实施方案》，我市成为全国第一个出台落实国务院湿地保护修复制度细化方案的省市。加强森林防火工作，全年共计发生12起森林火灾，过火面积32.8公顷，受害森林面积11.6公顷，森林火灾受害率仅为0.003‰，没有发生重特大森林火灾和人员伤亡事故。以松材线虫病为重点狠抓林业有害生物防控，主要林业有害生物发生面积453万亩，防治439万亩。基本完成古树名木普查外业调查和数据录入。

(二)生态修复不断加力

2017年共完成造林225万亩，其中人工造林160万亩，封山育林65万亩。全面摸清全市国土绿化现状，研究分析提升森林覆盖率的潜力空间，起草《全市国土绿化提升行动实施方案》，市政府第192次常务会议审议通过，待市委常委会议审定后实施。突出今后三年目标任务，到2020年，全市实施营造林1700万亩，全市森林覆盖率达到51%以上。加快实施新一轮退耕还林，完成2016年度100万亩任务，发展经济林占比65%以上。强化石漠化综合治理，探索生态治理模式。巩固三峡后续植被恢复项目造林成果，积极开展补植补造。启动湿地生态效益补偿，制定《重庆市2017年湿地生态效益补偿试点方案》。印发《长江经济带重庆段森林和湿地生态系统保护与修复规划》，编制完成《重庆市森林质量精准提升工程总体规划》，启动长防林三期和森林质量精准提升工程。加快木材战略储备林基地建设。

(三)生态富民扎实推进

2017年林业产值突破1000亿元，增幅在20%以上。启动全市林业产业发展规划修编及森林旅游、林下经济、笋竹、森林康养、林产品加工贸易5个产业专项规划的编制。大力发展木本油料产业，与发改委联合印发了《重庆市木本油料良种及示范基地建设实施方案(2018—2025年)》，加快建设木本油料高产示范园，开展核桃、油茶、油橄榄等技术服务，完成木本油料新造林任务5.2万亩，其中油茶3.6万亩，核桃1万亩，油橄榄0.3万亩，油用牡丹0.3万亩。结合退耕还林等项目，2017年共计栽植木本油料17万余亩，超出计划任务226.9%。积极推进森林旅游、森林康养产业发展，召开全市森林康养发展大会和森林康养建设座谈会，启动10个市级森林康养试点基地建设。制定《深化林业脱贫攻坚实施意见》，联合市扶贫办、市工商局制定《关于支持18个深度贫困乡镇成立脱贫攻坚营造林专业合作社的指导意见(试行)》，明确对18个深度贫困乡镇的林业扶贫政策措施。林业投资向贫困区县倾斜安排，扩大生态护林员数量，支持建档立卡贫困户转为生态护林员，安排生态护林员和天然林管护人员公益性岗位2.83万个，人均年管护收入5000元以上。支持14个贫困区县纳入国家生态扶贫总体规划，涉及退耕还林、天然林保护、石漠化治理等林业重点工程470多万亩。完善“一对一”、“一包两挂”对口帮扶机制，巩固对口帮扶成果。完成欧投项目第一次提款8726万元，推进特色经济林、中药材等基地建设，营造经济林2.96万亩，开展技术人员和林农的技术培训。

（四）生态服务继续拓展

编写《直辖20周年生态文明建设林业公报》，完善《筑牢长江上游（重庆）重要生态屏障对策研究》报告。坚持空气负氧离子日测日报，全市44个固定监测点实现所有区县全覆盖，在建81个点的空气负离子自动检测网络初步投入使用。实施退耕还林、天保工程、岩溶地区石漠化综合治理等林业重点工程生态效益监测和森林抚育项目生态效益监测。组织开展国际森林日、世界湿地日等主题宣传活动。向市民免费开放130处森林旅游地，举行观鸟、植物及森林生态系统认知、森林瑜伽等各类森林康养活动，参与公众近千人。

（五）生态文化加快培育

深入开展全民义务植树活动，公布义务植树点52个，560万人次参加义务植树，累计植树4810万余株。组织开展市级领导植树活动，举办“2017年妇女春季义务植树活动”“国际森林日”植树活动、乡村振兴绿化行动等特色鲜明的植树活动，丰富活动内容及形式。指导区县创建国家森林城市、绿色新村。开展全国生态文化村、第三届中国森林氧吧遴选。开展“念好山水经做好林文章”金点子征集活动。与市委宣传部等部门共同主办第四届“梦想课堂·自然笔记”大赛。

（六）林业改革纵深推进

承办全国国有林场改革工作经验交流会，召开全市国有林场改革推进会。完成全市37个区县和万盛经开区国有林场改革实施方案批复工作。市级验收及管理办法已征求相关单位意见。启动国有林场森林经营方案编修订，编制《重庆市国有林场中长期发展规划》。推进国有林场森林管护社会购买服务，江津等23个区县国有林场森林资源管护实现社会购买服务。国有林场债务得到基本化解。国有森林资源面积增加8万亩。制定《重庆市完善集体林权制度实施方案》，召开全市深化集体林权制度改革现场经验交流会和6个集体林业综合改革试验示范区局长座谈会。开展集体林地“三权分置”机制、林地退出机制、林地赎买机制改革、公益林互调流转机制、股份合作机制改革、林权抵押贷款机制、森林保险改革等改革。森林保险实现公益林全覆盖，参保森林面积占全市森林面积的77.1%，保险金额413亿元，林地价值有效提升。出台《重庆市全面深化森林公安改革实施意见》。

（七）林业可持续发展能力逐步提升

深化“放管服”改革，全面清理林业行政审批事项和其他行政权力清单，厘清责任清单，实际保留审批事项18项，全部纳入市政府网审平台公开运行。修订《重庆市林业行政处罚裁量基准（试行）》和《重庆市林业行政处罚裁量实施标准（试行）》。深入开展“2017利剑行动”、检疫执法等专项行动，严厉打击破坏生态违法犯罪行为，全年共立各类森林和野生动物案件2815件，查破2745件，综合查处率为97.5%，打击处理违法犯罪嫌疑人3414人。召开全市林业科技创新大会，全面部署“十三五”林业科技创新发展重点任务。成立市林业局专家咨询委员会，启动林业科技扶贫行动。制定《重庆市“十三五”林业科技创新发展实施方案》。

二、发展中存在的问题

全市森林资源总量不大、质量不高、生态系统稳定性不强，生态环境仍较脆弱，筑牢长江上游重要生态屏障任重道远。生态保护和修复任务艰巨，国土绿化、生物多样性保护、天然林保护、石漠化治理、退耕还林等亟待加强。林业发展动力和活力有待激发，科技支撑作用不强，林业产业总量不大，二三产业融合发展滞后，与农民利益保障联结不紧密。林业基础设施欠账多，基层基础工作薄弱。

三、2018年发展目标

以习近平新时代中国特色社会主义思想为指引，牢固树立绿水青山就是金山银山作为林业工作的理念，把生态优先绿色发展作为林业工作的战略导向，把改革创新作为林业工作的动力源泉，围绕筑牢长江上游重要生态屏障、建成山清水秀美丽之地奋斗目标，高质量实施国土绿化提升行动，扎实推进林业现代化建设，努力实现生态美、产业兴、百姓富的有机统一。全年完成营造林570万亩，改造发展特色经济林150万亩，开展木材战略储备林建设10万亩。大力发展林业产业，林业产业总产值增长15%以上。力争成功创建1—2个国家森林城市，建设1个湿地公园。新建10个市级绿色新村，发展200家森林人家，遴选评定一批森林乡镇、生态文化村。

重庆通信

重庆市通信管理局 唐嘉珮

一、2017年发展回顾

2017年，全市信息通信业迎难而上、奋力拼搏，全面推动国家级互联网骨干直联点建设、宽带提速降费、民生实事、“放管服”改革、网络安全保障等重点工作落到实处，行业保持平稳较快发展的良好势头，发展活力和创新能力明显增强。

（一）切实提升通信服务能力，人民群众获得感明显提升

2017年，电信业务总量611.3亿元，同比增长76.7%；电信业务收入258.3亿元，同比增长10.4%，收入增速全国排名第二。固定资产投资达94.9亿元，实现电信利润总额33.0亿元，同比增长43.0%。通信基础设施进一步完善，网络覆盖和网络质量持续提升，新增光纤接入端口417万个，总量达到1935.2万个，占宽带接入端口比重从55.7%上升到86%。4G基站新增2.8万个，总量达9.2万个，WLAN AP总数达13.9万个。全市互联网用户数达到3904.7万户，同比增长17%，4G用户达到2200万户，同比增长29.5%。

网络提速降费力度加大，完成提速降费2017专项行动，与2016年底相比，固定宽带家庭普及率从59.5%上升至78.3%，移动宽带用户普及率从69.2%上升到81.7%；降费方面，固定带宽价格和手机流量平均资费价格较2016年底分别下降45%和50%，互联网专线资费价格较2016年底下降35%。组织各企业取消国内手机长途和漫游费。

（二）优化互联网骨干直联点，提升信息通信枢纽地位

重庆国家级互联网骨干直联点监测系统二期工程完成初验，实现了动态、适时的直联点数据监测和管理能力，为重庆市互联网融合监管探索提供了重要系统支撑。组织运营企业扩容50G骨干直联点互联带宽，骨干直联点互联带宽达到230G，三家运营商骨干出口带宽合计17.5Tbps，提升了重庆在全国的互联网骨干核心节点和西南地区的信息通信枢纽地位。

（三）扎实推进产业融合发展，助推行业转型升级

积极落实“放管服”改革工作，明确加快审批、规范管理、多措扶持的实施路径。截至目前，本地增值电信企业新增61家，总数达到503家，较2016年同期增长37.8%。会同市经信委、市文化委共同制定并印发《重庆市全面推进三网融

合工作实施方案》,积极扶持基于三网融合的社区信息化、移动多媒体广播电视、手机电视以及其他融合性业务发展。目前,全市三网融合用户为682.9万户,融合率达56.3%。

(四)切实提升应急通信保障能力,确保信息通信网络畅通

密切军地对接,贯彻国防要求,以提高快速动员能力为核心,发挥寓军于民组织功能。积极申报国家应急通信能力提升示范工程,获国家发改委正式批复,项目总投资规模1.35亿元,项目建成后将有效提高我市应急通信指挥调度和公众通信网络抗毁能力。加强应急通信物资储备管理,新增应急通信车、VSAT便携站、生活保障车等应急通信装备。强化通信应急保障工作,高效准确报送信息2000余条。成功举行了重庆市2017年应急通信保障联合演练暨重庆市应急通信一类保障队伍建设成果展演。高标准圆满完成了“五次党代会”“金砖国家劳工就业部长会”“中俄总理定期会晤重庆会议”等多起国家级、市级重大活动及节假日的通信保障,快速响应巫溪山体滑坡、武隆地震等突发事件和降雪灾害的应急通信。

(五)聚焦行业监管,提高行业管理水平

通信管理局主动融入地方发展大局,积极发挥了信息通信业在地方经济转型升级中的关键性、基础性作用。国家级互联网骨干直联点监测、诈骗电话防范系统上线,进一步提升重庆市信息通信业服务能力。市通信管理局联合公安局开展了打击通信网络犯罪和保护通信设施战略合作,部署了重庆市警通联合打击整治通信网络违法犯罪专项行动,破获了127起重要案件。印发《2017年区县通发办工作要点指导意见》,指导区县信息通信发展。加强电话用户实名登记制度的监督管理,全市实名制准确率达到99.97%。全年受理用户电话咨询及申诉60395人次,用户满意率92.7%,较好地完成工信部百万用户申诉率指标,营造了良好的行业风气。切实抓好通信建设工程招投标管理工作,保证我市通信工程质量和通信工程建设安全生产。

(六)深入落实网络与信息安全工作,全面保障十九大胜利召开

通信管理局组织召开了全市信息通信业党的十九大信息通信保障誓师大会,认真做好十九大网络与信息安全保障工作,确保党的十九大顺利召开。扎实推进省级基础电信企业网络与信息安全责任考核,督促增值电信企业落实网络和信息安全责任。深化行业网络安全防护,组织互联网网站安全专项整治行动和关键信息基础设施网络安全检查,积极参与国家网络安全宣传周活动。持续推进互联网基础管理,网站备案率保持100%,排名全国第一。确保十九大期间通信平稳畅通、网络信息安全可控,维护网络空间良好生态。

二、发展中存在的问题

“十三五”期间,信息通信行业快速、创新发展的基本态势没有改变,发展前景依然广阔,但拓展服务范围和领域、推动转型升级的要求更加紧迫,发展、管理、安全问题交织,面临更为复杂的挑战。我市信息通信业主要面临人民群众对美好信息生活的需要与发展不平衡不充分的矛盾,具体体现在地域之间网络发展不均衡、城乡之间“数字鸿沟”较大、宽带网络应用发展不充分、与老百姓对日益增长的信息服务需求不匹配等问题依然存在。在破解新矛盾、谋求新发展方面,我市信息通信业将坚持问题导向,找准行业发展短板,有针对性地制定出解决行业主要矛盾的办法计划,不断满足我市政治、经济、社会发展和人民不断增长的新需求。

三、2018年发展目标

2018年,预计全市电信业务总量同比增长55%;固定宽带家庭普及率达到80%,移动宽带用户普及率达到85%;推动流量资费价格下降30%,取消流量全国漫游费。实现省际直联城市30个,扩容网内出口带宽至24T,互联网网间互联带宽至300G,加快5G试验网络部署,完成50个以上5G技术应用试验站建设。

(一)落实网络强国三年行动,努力建成信息通信枢纽

认真谋划开展未来三年基础设施建设,以各基础电信运营商和重庆铁塔为建设主体,推进光纤网络由行政村向有条件的自然村延伸覆盖和已通光纤农村地区光纤到户建设。增加出省直联城市,扩容网内网间带宽,提升骨干网、城域网及接入网流量疏导能力和互通效率,巩固和提升重庆在全国互联网的骨干核心地位和西南地区的信息通信枢纽地位。

(二)提高信息通信新技术的战略定位,加快布局5G、工业互联网、IPv6等应用

联合有关部门,加快出台支持5G网络发展的政策,为5G网络发展提供良好的政策环境,加快5G移动通信试验网络在我市落实落地,提前谋划5G在我市的商用部署。深入落实国务院关于《深化"互联网+先进制造业"发展工业互联网的指导意见》,加快工业互联网平台培育,打造多层次、系统性的平台发展体系。按照《推进互联网协议第六版(IPv6)规模部署行动计划》统一安排,重点推进全市主要商业网站及应用、县级以上政府外网和新闻及广播电视媒体网站系统、大型互联网数据中心、重点内容分发网络和云服务平台的全部云产品、互联网骨干网及其网间互联体系、城域网和接入网、广电骨干网等由IPv4向IPv6演进升级。

(三)加快落实供给侧结构性改革,培育壮大经济发展新动能

下一步积极构建高速、移动、安全、泛在的新一代信息基础设施,运用大数据、智能化引领产业转型升级,推动互联网、大数据、人工智能同实体经济深度融合,推动制造业加速向数字化、网络化、智能化发展。通过"软硬环境"促进移动互联网、云计算、大数据、物联网等新技术的综合集成应用,形成以新产品、新产业、新业态为代表的数字经济供给体系。

(四)打造清朗网络空间,提升应急通信保障水平

围绕《网络安全法》,持续推行网络所有者、管理者、服务提供者的网络与信息安全主体责任,配套出台《重庆市公共互联网网络安全威胁监测与处置办法实施细则》和《重庆市公共互联网网络安全突发事件应急预案》,组织开展公共互联网网络安全突发事件应急演练工作。推进建设"互联网+应急通信"全方位综合保障体系,全力做好突发事件应急处置支撑和重大活动通信保障。

(五)加快政府职能转变,持续推进简政放权

进一步简化审批流程,提升管理支撑能力,加强行业信用管理机制建设,实施全流程信用监管。加强"双随机一公开"推广和信用管理体系建设推进。加强事中事后监管,加大对恶意扰乱市场竞争秩序、虚假宣传等违规经营的查处力度。严格落实电话用户实名登记各项规定,进一步规范校园电信市场经营行为,严格底线管理,维护校园市场稳定。切实抓好通信建设工程招投标管理工作,定期开展通信工程质量监督和安全生产监督检查,保证我市通信工程质量和通信工程建设安全生产。

重庆邮政

重庆市邮政管理局 李庆杰

一、2017年发展回顾

2017年全年,重庆市邮政行业业务总量累计完成99.95亿元,同比增长26.17%;业务收入累计完成92.45亿元,同比增长20.55%。其中,全市快递服务企业业务量累计完成3.29亿件,同比增长15.83%;业务收入累计完成44.73亿元,同比增长14.81%。

（一）完善机制强化保障，全面推进服务型政府建设

重庆市邮政管理局将提升申诉处理水平作为服务型政府建设的重要举措，采取多项措施规范和强化申诉处理工作，切实维护消费者合法权益，推动企业提高服务质量和服务能力。

一是开展申诉中心改造工程。通过进一步规范申诉中心受理流程，加强申诉处理分析，建立申诉中心周末值班制度等机制，实现了申诉处理规范化管理，提升了重庆市邮政管理局申诉处理能力。二是创新工作方式方法。通过完善申诉处理与行政执法的联动机制、申诉量排名前三企业的月度通报机制、申诉处理工作完成情况不佳企业的约谈机制，加强了申诉处理与行业监管的衔接，切实保护消费者的合法权益。三是畅通政府公开电子信箱申诉渠道。畅通市局长信箱、公众留言、华龙网网上问政等渠道，通过业务部门指导、申诉中心调解、法规部门审核，依法妥善解决消费者遇到的问题。2017 全年，消费者对管理部门申诉处理工作的满意率为 99.1%，高于全国平均水平 0.9 个百分点，消费者对邮政企业申诉处理结果的满意率连续 12 个月保持 100%，对快递企业申诉处理结果的满意率持续提升。

（二）狠抓城乡两个平台建设，推进行业供给侧改革

2017 年，重庆市邮政管理局继续加强与地方政府的沟通协调力度，与市级相关部门、区县政府的联系更加紧密，会同市发改委、市交委等部门联合出台了《关于创新建设农村现代物流体系的实施意见》，会同市供销总社出台了《关于进一步加强合作共同推进农村物流建设的实施意见》，促进快递业发展的政策措施逐步落实，形成快递业发展的政策保障。

一是强力推进“快递下乡”工作，助力精准扶贫工程。高度重视“快递下乡”助力“精准扶贫”工作，局领导多次带队深入基层开展实地调研，指导企业因地制宜开展“快递下乡”工作。2017 年，全市共有 32 个区（县）邮政企业已根据乡镇实际，发掘“一市一品”农特产品进城项目 38 个，全市寄递企业积极参与农特产品运输配送，带动快递业务 913 万件，完成业务收入 7817 万元。目前，重庆市快递服务乡镇覆盖率已达 100%，较去年提升 4 个百分点。

二是优化城市末端服务，“最后一公里”服务质量显著提升。重庆市邮政管理局联合市商委、市财政局落实了电商快递末端配送网点转型公共取送点补贴政策，18 个邮政快递企业共计 451 个网点通过评审，总计获得 240 万元的财政补贴支持，用于推动末端取送点转型升级，为加强重庆市快递末端网点管理提供了新思路，进一步提升了末端基础设施水平。重庆市邮政管理局四分局、五分局加强与地方政府相关部门的沟通，积极协调推进共同配送体系的建设，重庆市主城区现已建成投入使用 5 个快递处理中心，“集散中心—快递网点—快递末端”的三级快递网络体系已粗具雏形；重庆市邮政管理局三分局辖区 5 个区县成立了第三方平台公司，并借助地方的政策资金支持，加快共同配送体系打造，以更好服务农特产品进城、更好推进快递下乡工程。

三是推动城乡末端服务衔接，服务平台稳定性逐步增强。积极引导菜鸟、丰巢等末端服务品牌持续快速发展，支持邮政、逗妮开心、华宇物流等企业在其辖区布设或转型自建公共取送点 9 个、合作公共取送点 48 个，目前逗妮开心已初步实现与农村电商服务网络的衔接，在其第三方服务平台和移动 APP“一站生活”销售来自巴南、奉节等 4 个区县的农产品和来自泰国、柬埔寨的特色产品，农产品销售量达 2.5 万斤，城乡末端服务平台稳定性进一步增强。

（三）强化基础服务民生，筑牢行业发展根基

一是开展服务民生工程，普遍服务均等化水平逐步提升。结合贯彻落实修订后的《邮政普遍服务》标准，重庆市邮政管理局全力推动邮政企业加强党报党刊投递效率、行政村投递服务，建立党报见报情况通报机制，确保全面

落实县城党报党刊当日见报要求,制订直接通邮工作方案,确保全面落实建制村直接通邮工作。

二是推动企业集聚发展,产业园区建设成效明显。2017年重庆市邮政管理局继续加大力度推动快递企业集聚发展,引导快递企业入驻快递产业园区,集约高效进行分拣、投递,降低操作成本,提升工作效率,实现资源整合的集聚效应,培育壮大快递企业。目前多家快递企业已入驻西永综合保税区,在此出关的快递包裹占全市出关快递包裹的六成以上;江北区、北碚区、长寿区等13家快递企业及分支机构建成3处占地面积累计超过3000平方米、安全设备配备相对规范的快件公共集散中心,对约60%以上的快件进行区域集中分拣、末端共同配送,并对相关区域末端公共服务平台进行统一管理和运营;开州区8家寄递企业入驻巫溪电商产业园区;黔江区5家邮政快递企业顺利进驻正阳物流园区;南川区8个快递企业入驻快递物流园。

三是推动"渝新欧"运邮常态化,服务"一带一路"建设。通过政企合力推进,重庆至德国杜伊斯堡实体邮件运输测试顺利开展,推动渝新欧班列固定于每周四、六分别发运搭载专线寄递产品的标箱,目前,产品寄达范围覆盖法国、英国等17个欧洲国家,标志着渝新欧运邮由测试阶段进入常态化,邮政公司将在西部物流园设立重庆铁路口岸国际邮件处理中心,日处理能力达到10万件以上,支撑渝新欧运邮的市场化运营,"渝新欧"铁路跨境运邮实现新的突破,为重庆市跨境电子商务的发展提供了新动力。

2017年重庆市邮政快递业实现较快较好的发展,但行业发展的深层次问题没有得到根本解决,小、散、乱的情况依然存在,管理水平依然较低,加盟式运营模式的弊端逐渐显现,对行业结构性改革和提质增效形成了一定阻力。

二、2018年发展目标

(1)全面加强服务"三农"工作,为打赢扶贫攻坚战助力添彩。将行业发展和助力精准扶贫工作有机结合,不断提升行业服务"三农"能力。一是推进农村物流体系建设。按照"多点合一,资源共享"的原则,整合邮政、快递、供销、交通、电商等资源,推进农村地区特别是深度贫困地区的快递末端网点建设。二是开展产业扶持。主动作为,充分调动企业资源和电商服务能力,引导寄递企业在其品牌自有电商平台开设扶贫专区,积极为农民服务,引导农民走进城市供应链。三是推动产业联动发展。大力加强与有关部门的沟通协作,引导寄递企业积极参与地方特色农产品网销,与供销社、农村合作社等专业机构合作,进一步增进互联互通,共同做好政策扶持、业务发展引导工作。

(2)全面加强和改进服务,推动行业服务能力再上新水平。以申诉中心为重点,加强对行业服务的监督,及时弥补影响服务质量的短板;进一步加强和改进申诉处理工作,继续完善制度,进一步发挥申诉数据对行业监管工作指导作用,加强申诉处理与执法工作联动,切实维护消费者合法权益,促进行业服务质量提升;改进与企业联系方式,增进信息沟通,更好地发挥企业自律作用,通过提醒告知、召开情况通报会等方式,帮助企业做好服务和业务发展工作。2018年申诉处理满意率在2017年基础上继续上升。

(3)全面加强普遍服务监督管理,提升邮政普遍服务水平。全面落实《邮政普遍服务》标准,加大监督检查和执法力度,督导企业按照标准推进建制村直接通邮,巩固党报当日见报工作,提升普遍服务均等化水平;积极探索提升普遍服务水平的路径、方法,不断提升邮政普遍服务对人民群众日益增长需求的适应性。

重庆人力资源和社会保障

重庆市人力资源和社会保障局 李勇

2017 年是极不平凡且具有里程碑意义的一年。一年来,重庆市人力社保系统坚持以习近平新时代中国特色社会主义思想为指导,全面落实习近平总书记视察重庆重要讲话精神,紧紧围绕迎接十九大、宣传十九大、贯彻十九大这一中心任务,稳增长、促改革、调结构、惠民生、防风险,圆满完成各项目标任务。突出表现在:完善落实新一轮积极就业政策,重点抓好高校毕业生就业创业、贫困人员就业帮扶、去产能企业职工安置、重点产业用工保障等工作,2017 年城镇新增就业 74 万人,城镇登记失业率 3.4%,比年度控制目标低 1.1 个百分点;稳步实施机关事业单位养老保险制度改革、公立医院改革医保政策落地、生育保险与医疗保险合并实施等重大改革,基本养老金调待、社保降费减负、扩面征缴、市属国有企业退休人员社会化管理移交等重点工作有序推进,城乡养老保险、医疗保险参保率巩固在 95%以上;出台"鸿雁计划"实施办法,建立人才服务证制度,持续深化职称制度改革,加大对博士后、留学回国人员资助,实施"巴渝工匠 2020"计划,进一步规范技工教育、技能鉴定和职业培训,选派 7 名选手参加第 44 届世界技能大赛荣获 1 金 2 银 4 优胜佳绩;推进公安机关人民警察招录培养、职务序列改革,抓好司法体制改革配套政策落地,开展事业单位岗位聘用"能上能下"试点,分层分类推进事业单位高层次人才组团招聘、高校优秀毕业生现场招聘、基层紧缺实用人才考核招聘,圆满完成年度军转安置任务;出台事业单位绩效工资分类管理办法,开展公立医院薪酬制度改革试点,持续深化国有企业负责人薪酬制度改革;推进和谐劳动关系综合试验区创建,开展劳动保障监察执法示范区建设,规范仲裁程序,加强预防调解示范和裁审衔接,全面治理农民工工资拖欠问题,劳动关系保持总体和谐稳定。同时,"互联网+人社"行动全面开启,金砖国家劳工就业部长会议在渝顺利召开,成功举办首届中国·重庆西部人力资源服务博览会,部市共建的中国社会保险公共服务标准化示范基地正式投入使用,中国重庆人力资源服务产业园一期全面建成,尹蔚民部长、陈敏尔书记等多名部领导、市领导先后到产业园实地调研,并给予肯定。

一、实施积极就业政策,就业局势保持总体稳定

面对经济增速放缓、结构深度调整、就业压力持续增大的新情况,重庆始终坚持把保就业作为民生改善和社会和谐稳定的"压舱石",大力实施就业优先战略和积极就业政策。完善落实新一轮就业政策,先后出台贯彻国家"十三五"促进就业规划、引导高校毕业生到基层工作、做好当前和今后一段时期就业创业工作的实施意见等一系列政策文件,新一轮就业创业政策体系基本形成。全年发放社保补贴、岗位补贴、就业补贴等各类补贴 8.37 亿元,惠及 37 万名城乡劳动者;发放失业保险稳岗补贴 4.99 亿元,惠及企业 1.4 万家。抓好重点群体就业创业,深入实施高校毕业生就业创业促进计划和基层成长计划,为 1.62 万名 2017 届未就业高校毕业生提供定制化服务,2017 届高校毕业生就业率达 95%;招募 392 名高校毕业生到乡镇基层从事"三支一扶"服务;妥善安置去产能分流职工 2.78 万人,安置率达 96%以上;实施精准就业帮扶,帮扶 18.5 万名农村贫困劳动力转移就业;帮扶城镇就业困难人员就业 13.21 万

人，城镇零就业家庭保持动态为零；新帮扶农村贫困劳动力就业1万余人，开展“就业援助月”等专项活动，回引农民工返乡创业就业32万人。实施“渝创渝新”创业促进行动计划，开展创业培训8.02万人，发放创业担保贷款35亿元，资助“泛海扬帆行动”项目120个。大力开展职业培训，完成新一轮职业培训成本和岗位需求程度调查工作，开展就业技能培训22.7万人。建立了覆盖3000余家重点企业的用工和失业动态监测体系，强化中介常态送工、蓄水池应急送工、预备制兜底送工保障机制，协助智能终端企业及配套企业招工22.1万人。健全人力资源市场体系，加快人力资源服务产业发展，重庆人力资源服务企业达到1042家，2017年营业收入225.4亿元。

二、深化社保领域改革，统筹城乡社保体系基本建成

以推进社保制度全覆盖、稳步提高社保待遇、确保社保基金安全可持续为重点，注重从制度公平、方式创新、资源优化、群众满意上破解难题，建立了覆盖城乡的社保制度体系，形成了“制度城乡统筹、基金省级统筹、经办五险统筹”管理机制。推进机关事业单位养老保险制度改革，实现重庆市2.1万户参保单位、103万参保人员全覆盖。全面建立城乡居民大病保险制度，优化职工大额医保办法；深化医保支付方式改革，完善总额控制付费办法，扩大单病种结算范围至100个；实施医保短缺药品集中带量采购试点，首批药品平均降价18%以上。推进建筑业按项目参加工伤保险，生育保险自2017年7月1日起与医疗保险合并实施。推行全民参保计划，截至2017年末，城乡养老、医疗、失业、工伤和生育保险参保人数分别达2098万人、3248万人、466万人、505万人和411万人，2017年社保基金收入1616亿元，较2012年855亿元翻了近一番。实施“低费基”、降费率、稳岗补贴等社保阶段性降费减负组合政策，2017年为企业减负143亿元。稳步提高社保待遇，连续五年调整退休人员养老金，城镇职工医保住院政策范围内报销比例稳定在83%，城乡居民医保在二级及以下定点医疗机构住院报销比例稳定在75%，工伤待遇标准逐步调整增加。加强社保基金监管，采取大数据比对分析、购买第三方服务等手段，开展“养老保险重点指标核查”“医保监管强化年行动”“医媒拉客专项整治”“经办机构内控检查”等，严厉打击欺诈骗保不法行为，确保基金安全。

三、对接经济社会发展需求，加快推进人才队伍建设

深入实施人才强市战略，持续深化人才体制机制改革，截至2017年末，重庆市专业技术人才、高技能人才总量分别达到160万人、97.5万人。创新引才引智，出台引进海内外英才“鸿雁计划”，落实引进高层次人才优惠政策，2017年引进紧缺优秀人才5490人，其中博士517人，硕士1809人，高层次外国专家64人。加强人才培养选拔，“两院”院士达到16人，国家“千人计划”专家达到99人，“百千万人才工程”国家级人选达到104人，享受国务院政府特殊津贴专家累计2588人；“中华技能大奖”10人，“全国技术能手”158人，选派7名选手参加第44届世界技能大赛荣获1金2银4优胜佳绩，奖牌总数位居中西部首位。深化“放管服”改革，推进职称制度改革，突出品德、能力和业绩评价导向，实现向科技创新人才、企业人才和基层人才倾斜，畅通了科技人才、非公企业人才等职称评审渠道，198名人才通过职称评定“绿色通道”获得高级职称；深入推进职业资格改革，累计取消职业资格许可和认定事项434项；推进技工教育一体化改革，建立技工教育联盟；扎实开展技能劳动者评价，鉴定颁证34.9万人。优化人才服务保障，创建院士专家工作站、首席专家工作室、技能大师工作室等培养平台130余个，建成博士后科研工作站、留学人员创业园等创新创业平台1000余个，推进国家级专家服务基地建设，建成重庆市专家库，持续开展专家服务基层行动。

四、不断增强干部队伍活力，人事管理科学化水平明显提升

围绕促进干部想干事、能干事、干成事这个关键，坚持激励约束保障并举，不断提高干部队伍素质能力。持续加强公务员队伍建设，坚持“凡进必考”，考录工作科学化水平持续提升；将公开遴选作为公务员转任主渠道，修订《重庆市公开遴选公务员暂行办法》；建成公务员录用考试测评基地并为全国同步招考提供成套试题；规范评比达标表彰活动，实施表彰项目30项；完成人民警察职务序列改革试点工作，在江北区、南岸区公安分局两个试点单位完成职务套改后立即开展了首次晋升工作；推进公安机关人民警察招录培养体制改革，面向公安院校招录人民警察451名、面向社会公开招录316名；加强公务员能力素质培训，举办公务员各类培训班39期、集中调训公务员3172人。持续推进事业单位人事制度改革，开展5所应用型科研院所职称评聘分开试点，推动岗位聘用能上能下；推进分级分类招聘，引进市属事业单位高层次人才1700人，基层实用人才6200人，赴高校招聘紧缺骨干人才2800人；建立机关事业单位防治“吃空饷”问题长效机制，做好事业单位公务用车制度改革司勤人员安置工作。将军转安置作为助推国防和军队改革的重要任务，通过组织双选会、“双考”安置等举措，妥善安置团职及以下计划分配军转干部1028人，接收安置自主择业军转干部873人；全面落实企业军转干部解困政策，企业军转干部持续保持总体稳定；统筹推进退役士兵就业帮扶、社保转移接续等工作。健全人事考试安全体系，安全组织人事考试75项次、43.7万人次；完成人力资源开发培训项目99个，培训人员51.3万人次，培训综合效益持续提升。

五、完善工资收入分配政策，收入分配秩序进一步规范

围绕缩小收入分配差距、规范收入分配秩序，不断强化工资调控。完善我市最低工资政策，将最低工资标准调整时间由每两年至少调整一次改为两至三年调整一次，最低工资标准一档由1050元/月提高到1500元/月。完成企业薪酬调查，形成305个行业的工资指导价位。推进国有企业负责人薪酬制度改革，46家市管国有企业改革有序推进，市级部门和区县所属国有企业改革全面实施。扎实推进企业工资集体协商，备案登记当期有效集体合同4万份，覆盖企业18.2万户、职工420.1万人。不断完善机关事业单位工资政策，调整优化工资收入结构，推进司法人员职业保障制度改革，完成全市3800余名员额内法官、检察官基本工资套改；人民警察职务套改配套工资政策平稳实施，江北区、南岸区两个公安分局3233人试点顺利；公立医院薪酬制度改革试点工作稳步推进、取得实效；建立完善事业单位绩效工资制度并实行动态调整，扩大事业单位自主分配权。

六、切实保障劳动者合法权益，劳动关系保持和谐稳定

坚持底线思维，注重从源头上预防化解侵害劳动者权益的突出问题，切实构建社会安定基础。组织成立市区两级协调劳动关系三方委员会，推动协调劳动关系三方机制向基层一线延伸，建立各级三方组织950个。开展劳动关系和谐企业创建，累计评定和谐劳动关系企业3219户。推进劳动人事争议调解仲裁规范化、标准化、专业化、信息化建设，完善仲裁办案规则，持续推进裁审衔接，建立健全劳动人事争议多元化纠纷解决机制，调解组织实现乡镇(街道)全覆盖，仲裁委员会和仲裁院实现区县全覆盖，全市各级调解仲裁机构处理案件3.6万件，仲裁结案率达96.4%。加强劳动保障监察执法，《重庆市劳动保障监察条例》公布实施，建立了企业劳动保障守法诚信等级评价制度和用人单位劳动保障违法行为失信惩戒制度，深化“两网化”建设，三级网格覆盖到全市所有乡镇(街道)；出台我市全面治理拖欠农民工工资问题实施意见，加强“两金三制”(农民工工资保障金、应急周转金以及

实名制管理、农民工工资专用账户、银行代发制度)等长效机制建设建设,完善由劳务输出区县政府、人力社保、司法、工会等部门协同处理的重大维权机制,组织劳动保障专项执法检查、督察9次,检查单位1.3万户,为6.78万人补发工资等待遇15.12亿元,全市未发生因农民工欠薪等劳动关系纠纷引发的恶性事件,切实保障了劳动者合法权益,维护了社会稳定大局。

重庆民政

重庆市民政局 梁万琴

一、2017年工作回顾

2017年,全市民政系统对标对表十九大精神,按照市委市政府的决策部署,扎实做好保基本、兜底线、惠民生、促公平各项工作,基本民生持续改善,社会治理创新推进,社会服务不断提升,能力建设显著增强。

(一)织密民生保障"兜底网",社会救助水平大幅提升

一是推进困难群众"弱有所扶"。低保制度不断完善,低保认定办法、申请审批规程、动态管理办法修订出台,城乡低保标准分别提高到每人每月500元、350元,年支出低保资金39.5亿元,保障低保对象94万人。率先设立区县扶贫济困医疗基金,创新实施"惠民济困保",惠及困难群众140万人。建立支出型贫困救助政策,出台临时救助分类标准,"救急难"功能更加凸显。规范实施特困供养,供养标准提高到每人每月650元。二是推进贫困对象"困有所助"。加强农村低保与扶贫开发有效衔接,160余万贫困人口纳入医疗救助范围,24.4万名贫困对象纳入农村低保,占全市农村低保对象的40.5%,占建档立卡贫困对象的13.6%,民政兜底扶贫作用充分发挥。三是推进受灾群众"灾有所救"。积极应对各类自然灾害49起,全年下拨救灾资金1.88亿元,调运大量救灾物资,冬春救助受灾群众105万人,恢复重建因灾倒损住房1.16万间。贯彻落实推进防灾减灾救灾体制机制改革意见,编制实施综合防灾减灾"十三五"规划,出台自然灾害救助指导标准,扎实开展防灾减灾宣传,创建全国综合减灾示范社区28个,培训灾害信息员5600人。

(二)织密老年保障"幸福网",养老服务供给明显改善

一是老龄服务政策不断完善。颁布实施老年人权益保障条例,编制印发老龄事业和养老服务"十三五"规划,制定出台关于全面放开养老服务市场实施意见,养老服务政策体系更加完善。二是养老服务设施加快建设。政府民生实事1000个社区养老服务中心(站)建成投用,区县社会福利中心、乡镇敬老院实现全覆盖,全市养老床位达到21.2万张。深入开展养老机构服务质量提升专项行动,1000余所养老机构消防整改任务全面完成。三是老年人合法权益有效维护。通过立法,从制度上解决了社会关注的老年人权益保障问题,即独生子女享有父母照护假最高可达10天,老年人免费乘坐公共交通和免费进入公园、旅游景区、公共文化场馆从70岁降到65岁,养老机构收取保证金不超过老人月服务费的6倍。四是敬老助老活动蓬勃开展。围绕敬老助老主题,开展老龄化国情教育和"敬老文明号""敬老模范人物"先进事迹宣传,编印老年人防范电信诈骗宣传手册,营造了全社会关注老龄化、关爱老年人的良好氛围。持续实施"银龄行动",设立基层老年帮扶点,结对帮扶农村困难失能老人。

(三)织密儿童福利"关爱网",公益慈善事业持续发展

一是儿童福利稳步发展。制定出台困境儿

童分类保障政策，1.5 万名困境儿童得到关爱救助。大幅提高孤残儿童基本生活保障标准，集中和分散供养孤儿标准分别提高到 1200 元、1000 元，分别增长 20%和 67%，全市 5000 多名孤儿和艾滋病感染儿童基本生活切实保障。二是农村留守儿童关爱保护深入开展。全面落实农村留守儿童关爱保护政策，制定印发农村留守儿童关爱保护"两单两书"，认真开展"合力监护、相伴成长"专项行动，3777 名留守儿童登记落户，437 名留守儿童重返学校，留守儿童基本消除无人监护现象。三是残障福利积极发展。制定出台康复辅助器具产业发展政策，全面落实贫困残疾人生活补贴和重度残疾人护理补贴两项制度，惠及残疾人 44 万人次。四是公益慈善持续发展。深入贯彻落实慈善法，全年登记认定慈善组织 55 家，备案公开募捐活动方案 32 件，慈善组织公益支出 6.83 亿元，扶贫支出 3.87 亿元。加强慈善福彩规范发展，全年募集慈善款物 5.36 亿元，惠及困难群众 37 万人次；发行福利彩票 55.5 亿元，筹集福彩公益金 16.75 亿元。

（四）织密社会治理"联动网"，基层民主自治更具活力

一是城乡社区建设深入推进。编制完成城乡社区服务体系建设规划，新改扩建城乡社区便民服务中心 463 个，三级服务中心实现全覆盖。城乡社区协商有序开展，培育城乡社区协商示范点 109 个。扩大农村社区建设试点，试点村达到 1822 个。加强村(社区)组织建设，村(社区)干部待遇平均提高 30%，办公经费提高 100%。推进国有企业社区事务社会化管理，112 家企业 16.4 万名企业职工及家属转交社区服务。二是社会组织改革不断深化。制定出台社会组织管理制度改革纲领性政策文件，加大社会组织培育发展力度，全市社会组织达 16824 家，资产总值达到 100 亿元，提供就业岗位 20 万个。624 家行业协会商会与党政机关实现全面脱钩，清理取消减少涉企收费事项 760 项，为企业减负 2800 万元。强化社会组织能力建设，投入资金 730 万元支持社会组织参与社会服务。加强社会组织综合监管，开展社会组织等级评估，全面实施社会组织统一社会信用代码制度，制定出台行政约谈工作规程，对 126 家全市性社会组织负责人进行行政约谈，对 99 家社会组织实施"双随机一公开"检查。设立社会组织综合党委，社会组织党建工作实现全覆盖。三是社会工作创新发展。制定出台支持社会工作服务市级财政补助资金管理办法，政府购买社会工作服务机制不断完善。持续实施"万名社工专才培养计划"，全市社工专业人才达 4.4 万人，民办社工服务机构达 205 家。启动实施社工助力脱贫项目，12 支服务队扎根基层开展精准帮扶。制定志愿服务记录办法，注册志愿团体 3.4 万个，实名认证志愿者 521 万人，服务时长 4920 万小时。

（五）织密为军服务"支持网"，优抚安置政策全面落实

一是抚恤优待政策全面落实。制定出台加强新形势下优抚安置工作实施意见，全面落实优抚对象抚恤优待补助增长机制，标准同期提高 10%~30%以上；全面完善优抚医疗保障制度，优抚对象享受医疗实惠近 3.6 亿元；全面提升优抚住房优待水平，投入 5187 万元为 2519 户优抚对象维修改造住房；强化荣誉激励和关爱帮护，为优抚对象悬挂光荣年画、光荣牌匾，走访慰问困难对象 50 万人次。二是退役士兵妥善安置。全年接收退役士兵 11231 人，符合安置条件的 538 人全部安置，6419 名退役士兵参加职业技能培训。退役士兵安置清理任务全面完成，672 名退役士兵安置遗留问题得到妥善解决。军休服务和军供保障能力持续增强。三是双拥工作持续发展。扎实推进双拥共建，开展纪念建军 90 周年系列活动，支持深化国防和军队改革，帮助驻渝部队解决重难点问题 21 个，办理拥军实事 2860 件。

（六）织密专项事务"服务网"，公共服务体系不断健全

一是区划地名服务更加优化。在全国率先完成地名普查和成果转化，地名文化遗产保护工程启动实施。1030 个乡镇街道设置不断优化，

第三轮省界、县界联检全面完成，信息化管界和边界文化建设取得新进展。二是殡葬管理服务更加惠民。编制完成殡葬事业发展“十三五”规划，为1.13万名困难群众免除基本殡葬服务费，“96000”殡葬服务热线更加优质。三是婚姻收养服务更加便民。全面取消婚姻收养登记收费，“家和计划”温暖上万个家庭，全年婚姻登记40万对、收养登记260件。四是流浪乞讨救助更加及时。规范流浪乞讨人员救助管理，全年救助流浪乞讨人员3.3万余人次。

(七)织密从严治党“保障网”，民政能力建设显著进步

一是党建统领全面加强。局党组采取多种形式深入学习宣传贯彻习近平新时代中国特色社会主义思想和党的十九大精神，全面确保党的十九大精神和市委市政府各项决策部署在民政领域落地生根开花结果。召开局系统全面从严治党工作会议，分解落实13项工作责任。牵头开展党的十九大精神“进社区”宣讲，深入社区宣讲3700多场，直接受众超过40万人。二是作风建设持续转变。扎实开展“作风建设年”行动，制定党员干部“十大提醒”，印发《党建时政小读本》口袋书，举办许帅同志先进事迹报告会，开展首届“最美民政”活动，实施“民政集中大调研”行动，开展群众身边不正之风和微腐败问题专项整治，民政系统党风政风行风向上向好。三是基层民政不断发展。强力推进基层民政建设，区县民政局低保中心、社会救助核查比对中心、医疗救助中心、民间组织管理科、社会工作科和行政审批科等机构得到加强。投入3.82亿元，建设民政公共服务设施416个。完善“以奖代补”机制，市级奖补资金提高到1亿元，80%用于镇街开展民政工作。四是信访稳定全面抓实。围绕重要节点、重点群体、重点部位，扎实做好信访稳定工作。统筹部署十九大期间安全稳定工作，国务院督察组给予充分肯定。建立涉军群体诉求沟通渠道，多次集访上访得到有效化解。实施“基层大下访”活动，办理来信来访1839件次。开展安全管理大排查大整治大执法专项活动，5489处安全隐患点有效整治。五是能力建设进步明显。民政综合执法监察局、市减灾中心获批成立，4个政策理论研究基地全面建立，5项民政地方标准相继发布，民政政务微信点击量突破140万，干部教育培训达1.65万人次，民政自身建设全面加强，民政管理服务水平大幅提升。同时，政务服务、规划财务、保密机要、人才保障、群团老干等工作不断发展。

二、2018年重点工作

(一)全面学习贯彻党的十九大精神

一是旗帜鲜明讲政治。深入学习贯彻习近平新时代中国特色社会主义思想和党的十九大精神，牢固树立和不断增强“四个意识”，严守党的政治纪律和政治规矩，做到思想上高度认同、政治上坚决维护、组织上自觉服从、行动上紧紧跟随，在政治立场、政治方向、政治原则、政治道路上同以习近平同志为核心的党中央保持高度一致，时时处处事事维护以习近平同志为核心的党中央权威和集中统一领导。二是深学笃用新思想。把习近平新时代中国特色社会主义思想纳入党组理论中心组、支部学习会、民政主体培训班学习中，坚持学原文、读原著、悟原理，进一步增强政治认同、思想认同、理论认同和情感认同，真正学出坚定信念、学出绝对忠诚、学出使命担当。注重学用贯通、学思践悟、知行合一，坚持把学习习近平新时代中国特色社会主义思想，与贯彻落实习近平总书记对重庆提出的“两点”“两地”定位和“四个扎实”要求结合起来，与贯彻落实党中央国务院、市委市政府关于民生民政工作的新部署新要求结合起来，紧紧围绕全市“8+3”行动计划，全面推进新时代大爱民政建设，确保党的十九大精神落实在民政各领域。

(二)全面实施社会救助兜底保障

一是完善社会救助制度。坚持“兜底线、织密网、建机制”的原则，完善最低生活保障、特困供养、医疗救助、临时救助、支出型贫困家庭救助、农村低保与扶贫开发政策的有效衔接等社会救助制度，统筹推进城乡社会救助体系建设，

进一步提高社会救助能力，切实保障困难群众基本生活。二是提升社会救助水平。有序推进低保制度城乡统筹，将城乡低保标准差距缩小到1:0.75，并确保农村低保标准动态高于扶贫标准；开展农村低保专项整治，切实提高城乡低保标准和规范管理水平。将符合条件的农村贫困人口及时纳入低保兜底保障，促进脱贫攻坚战的实施。推进重特大疾病医疗救助分类分档实施，持续开展扶贫济困医疗基金和“民政惠民济困保”商业保险项目，引导慈善力量参与医疗救助，进一步提高医疗救助水平。实施“特困照护”计划，提高特困人员救助供养标准；新建和改扩建40个区域性特困人员集中供养服务机构，推进特困人员供养服务机构管理模式创新，开展特困人员供养服务机构等级评定；逐步提高生活不能自理特困人员集中供养率，2018年确保生活不能自理特困人员集中供养率达到25%。三是健全社会救助平台。不断完善城乡低保、临时救助、特困人员供养、核查比对等社会救助信息系统，推动保险、金融等领域有关信息核对，实现信息互联互通。发挥区县困难群众基本生活保障协调机制作用。开展困难群众基本生活救助绩效评价。推行政府购买社会救助服务。四是提高防灾减灾救灾工作水平。健全防灾减灾救灾工作机制，修订救灾应急工作流程，建成投用中央救灾物资储备库，实现物资保障40万人紧急转移安置目标。加强灾情信息管理，做到初报及时、续报规范、核报准确。做好因灾倒房恢复重建和冬春救助工作，广泛开展防灾减灾宣传，加强救灾应急演练，培训灾害信息员5600人，创建全国综合减灾示范社区22个。

（三）全面促进养老服务发展

一是健全完善养老服务政策。全面贯彻落实《重庆市老年人权益保障条例》和市政府《关于全面放开养老服务市场提升养老服务质量的实施意见》精神，修订《重庆市城乡养老机构服务管理办法》。探索建立基本养老服务制度，推进医养融合深度发展，打造医养联盟营运平台。完善养老服务金融扶持政策，实施养老机构综合责任保险和老年人意外伤害保险，开展长期护理保险试点。二是加快培育养老服务市场。全面放开养老服务市场，深化公办养老机构市场化改革，优化养老机构审批流程，支持社会力量举办养老机构，培育一批创新型养老服务企业，全年新增养老床位1.2万张。积极开展国家第三批居家和社区养老服务试点区域申报工作，启动实施社区养老服务“千百工程”，新建社区养老服务站200所、市级示范社区养老服务中心20所；推进20所乡镇敬老院开展农村社会化养老服务。三是推进养老服务业规范发展。抓好养老机构标准化创建工作，继续推进养老服务质量建设专项行动。积极营造养老氛围，开展养老公益形象宣传，开展养老机构负责人及护理员培训。继续实施“银龄行动”，打造100个农村留守老人关爱示范点，开办社区老年教学点300个；建立老年专家数据库，开展“送文化、送健康、送科技、送教育”进社区活动。

（四）全面发展儿童残障事业

一是健全未成年人保护体系。将现有的农村留守儿童领导协调机制调整为农村留守儿童关爱保护和困境儿童保障工作领导协调机制。构建三级工作网络，加强基层儿童工作队伍建设，实现乡镇儿童督导员、村（居）儿童主任全覆盖，并依托全国农村留守儿童和困境儿童信息管理系统实行登记实名制管理。加快推进未成年人保护机构能力建设，实施“明天保护”计划，推动全市流浪未成年人救助保护中心更名，转型升级为未成年人保护工作服务平台和工作载体，承担未成年人保护工作。二是提升儿童关爱保障水平。部署开展全国农村留守儿童关爱保护和困境儿童保障示范创建活动。完善留守儿童和困境儿童动态监测机制，建立定期更新的农村留守儿童、困境儿童信息台账。持续开展“合力监护、相伴成长”专项行动，加大重点对象干预帮扶力度，基本消除无人监护现象。建立孤儿和艾滋病病毒感染儿童基本生活保障标准自然增长机制，持续实施“孤儿助学项目”和“残疾孤儿手术康复明天计划”，持续开展流浪未成年人集中教育矫治工作。加强儿童福利机构规范化建设,开展全市儿童福利和收养工作检查。

(五)全面推进基层社会治理

一是深入推进城乡社区建设。制定出台关于加强完善城乡社区治理和乡镇服务能力建设实施意见,编制基层自治组织依法自治事项清单、依法协助政府工作事项清单,理顺乡镇政府与自治组织职能边界;规范基层民主选举和民主监督制度,制定出台城乡社区民主选举规程和村(居)委会成员候选人资格条件,配合制定健全村务监督委员会实施意见。指导区县制定城乡社区协商事项清单,逐步健全重大决策前和实施过程中协商的长效机制。启动实施"社区共建"计划,全年城乡社区综合服务设施覆盖率达80%,综合信息平台覆盖城乡社区分别达到20%、10%。二是稳妥推进社会组织改革。贯彻落实社会组织管理制度改革实施意见,培育发展重点领域社会组织,健全社会组织法人治理结构,增强社会组织服务发展能力。加快推进社会组织综合监管,制定出台行业协会商会综合监管实施细则。建立社会组织活动异常名录和严重失信名单,推动守信联合激励和失信联合惩戒。深入落实社会组织登记管理与党建工作"三同步",全面推进社会组织党的建设。三是深化"三社联动"实践。制定出台"三社联动"实施意见、支持民办社会工作服务机构发展指导意见。实施"社工专才"计划,加大社会工作专业人才培养和社会工作专业岗位开发力度,全年新增社会工作专业人才4000人,新增社会工作专业岗位3000个。建设一批社会工作服务创新创业基地,举办首届社会工作服务创新创业大赛。深入贯彻《志愿服务条例》,加大全国志愿服务信息系统推广使用力度。

(六)全面提升优抚安置水平

一是推动双拥工作发展。认真贯彻新形势下加强优抚安置工作实施意见,扎实开展科技、教育、文化、法律和社会化拥军活动,提高新时代双拥工作的质量效益。适应深化国防和军队改革新要求,协调解决驻渝部队实际困难,大力支持部队练兵备战。二是增强优抚保障能力。完善优抚保障政策制度,稳步提高优抚对象抚恤保障标准。实施"优抚之家"计划,推进区县、乡镇(街道)、村(社区)优抚对象服务平台建设,加强对优抚对象的关心、关爱和帮扶。加强烈士褒扬工作,大力弘扬烈士精神,不断激发爱党、爱国、爱军的政治热情。三是深化退役士兵安置改革。制定出台《重庆市退役士兵安置办法》,加强退役士兵职业技能培训,提升培训就业质量。着力提升军休服务水平和军供保障能力。

(七)全面规范民政专项服务

一是加强区划地名服务。稳妥推进行政区划调整,积极构建符合城乡统筹发展的行政区划格局。优质高效完成第二次全国地名普查,加强普查成果转化。改进地名管理,强化地名文化遗产保护,筹建重庆地名文化博物馆。完成鄂渝省级和17条县级行政区域界线联合检查,深化平安边界创建。二是加强殡葬管理服务。研究制定困难群众节地生态安葬实施办法,节地生态安葬率达到35%。建立殡葬信息服务平台,推动与全国殡葬管理服务平台实现互联互通。开展火化殡仪馆废气处置设施改造,确保达到国家大气污染物排放标准。三是加强和改进流浪乞讨人员救助管理工作。深入贯彻落实国务院关于加强和改进生活无着流浪乞讨人员救助管理工作的相关精神,加强救助管理机构规范化建设,继续实施分类救助、应急救助,组织开展流浪乞讨人员救助管理工作专项督察。四是加强婚姻收养登记服务。推进婚姻登记规范化建设,实施"家庭和谐"计划,制定出台婚姻登记工作规范实施意见,开展跨区域婚姻登记试点。

(八)全面深化民政领域改革创新

一是深化民政领域"放管服"改革。紧紧围绕社区居家养老服务综合改革、公办养老机构市场化改革、"救急难"试点、城乡社区治理创新实验、社会组织登记管理制度改革等重点领域进行改革创新,发挥市场和社会力量在养老、殡葬、地名、社会组织、社会工作等领域的作用。二是深化民政领域智能化发展。启动实施"智慧民政”计划，整合民政信息资源，落实数据开放共享，推进智慧社区、智慧养老、政务服务、综合业务等数字化信息平台建设，促进大数据、云计算、物联网和民政业务深度融合。三是深化民政服务能力建设。深入开展“兴调研转作风促落实”调研行动，推进一批研究成果转化运用。积极推进“民政智库”建设，健全民政发展研究中心，打造一批民政研究基地。深入推进民政法治建设，制定出台加强民政执法工作意见，提升依法行政水平。大力推进民政能力建设，持续实施民政能力提升工程，加强干部教育培训，规范干部选拔任用工作。持续推进民政标准化建设，加大民政养老、殡葬重点领域标准制定和贯彻实施，发挥标准提升引领作用。加强直属单位建设，提升服务管理水平。

（九）全面落实从严治党责任

一是深入推进全面从严治党。严格落实全面从严治党要求，自觉履行全面从严治党主体责任。扎实开展“不忘初心、牢记使命”主题教育活动，深入推进“两学一做”学习教育常态化制度化。严格落实中央八项规定精神，持续构建作风建设长效机制，坚决防止“四风”问题反弹回潮。认真落实市委“十破十立”要求，坚决肃清孙政才恶劣影响和“薄、王”思想遗毒。二是持续加大监管问责。全面落实党风廉政建设主体责任和监督责任，强化对重点领域、重点环节的监督，管好用好救灾、低保等民生资金，坚决整治侵害群众利益的“微腐败”，坚决对违法违纪行为“零容忍”，决不能让任何人侵占困难群众的“救命钱”。三是全力抓好信访稳定。认真落实信访工作责任制，推进全国民政信访信息系统应用，依法做好来信来访工作。严格落实安全稳定责任制，全面排除查整改民政服务机构安全隐患，确保服务对象人身和财产安全。加强应急值守，确保信息畅通，及时报告、妥善处理突发事件。

重庆卫生计生

重庆市卫生和计划生育委员会 杨梅

一、2017年发展回顾

2017年，全市卫生计生系统坚持以习近平新时代中国特色社会主义思想为指导，认真贯彻党的十八大、十九大精神，全面落实习近平总书记视察重庆重要讲话精神，坚持建机制、补短板、优结构，卫生计生事业呈现出良好发展态势。

（一）医药卫生体制改革工作

（1）公立医院综合改革全面推开。市委市政府主要领导、分管领导亲力亲为、靠前指挥，20多个市级部门、40个区县、237家公立医院、10万医务人员协同联动，以“两取消、一调整、六配套、一建立”为改革内容，所有公立医院全部取消药品加成，全部取消药事服务费，调整医疗服务项目439项，价格调增的项目全部纳入医保报销，固化便民惠民措施24条，结束了60多年“以药补医”的历史，初步建立了公立医院科学运行新机制，取得“四升四降三满意”成效，即：服务性收入占比、服务量、业务收入、基层就诊量同比上升，药占比、门诊次均费用、人均出院费用、大型设备检查收入占比同比下降，基本实现了患者、医院、医务人员“三个满意”。

（2）分级诊疗格局正在形成。出台医联体建设实施意见，打造医疗集团、县域医疗共同体、区域专科联盟、远程医疗协作网4种医联体模式，建成医联体134个，实现县域内覆盖100%。推进50个病种基层首诊，家庭医生签约服务覆盖22.5%的城镇人口、53.7%的农村常住人口,远程诊疗覆盖70%的区县,县域内就诊率90%。

(3)药品供应保障机制逐步健全。实施药品采购“两票制”改革,建立短缺药品供应保障体制机制,率先建设国内首家省级药械信息全程追溯体系暨医药智能物流公共信息平台,实施医保药品集中带量采购、非医保药品联合采购,药交所平台交易204.38亿元。

(4)基本医疗保险提标扩面。城乡居民医保财政补贴提高到每人每年450元,参保率96%;单病种收付费100个,重特大疾病救助范围扩大到26类病种,城乡居民医保二级及以下医疗机构政策范围内报销比例75%。

(5)综合监管成效初显。健全市县乡三级执法网络,创新监督执法模式,开展“异地交叉执法检查”“你点名、我监督”等行动,全面推进“双随机一公开”,抽检任务完成率93%,位列全国第一。

(二)公共卫生服务工作

(1)健康促进有序推进。实施健康促进十大行动,开展“健康中国巴渝行”“三减三健”主题活动,发布2017年居民健康状况白皮书,健康巡讲2万余场,居民健康素养水平14.9%,“你健康、我服务”上升为国家项目宣传主题。

(2)基本公共卫生服务得到加强。提高经费补助标准,扩展服务项目,编制结核病、慢性病防治等5个“十三五”专项规划。探索精神卫生全程服务管理,强化重精患者出院信息共享,报告患病率、管理率分列全国第5位、第6位。全市无重特大传染病疫情流行。

(3)卫生应急能力全面提高。开展航空医疗救援合作,建立水上紧急医学救援队伍,建成陆水空立体医学救援体系,首次成功举行国内内陆水域陆水空立体医学救援演练。成功处置百草枯中毒事件、人感染H7N9疫情事件、疫苗问题等突发公共事件,及时实施医疗卫生救援20起,救治伤病员209人,努力保障群众生命安全。

(4)爱国卫生工作成效明显。扎实开展城乡环境综合整治行动,新增国家卫生区6个、卫生县6个,国家卫生区县总数达到27个,农村改厕13.04万户。

(三)医疗卫生服务工作

(1)规划项目建设进一步提速。认真落实卫生计生发展“十三五”规划,编制实施市级“十大健康惠民工程”,有序推进市级重大项目32项、完成投资12.06亿元;争取中央项目18个、到位中央资金5.63亿元,完成中央项目139个,项目总体进度居全国第三。

(2)医疗卫生服务进一步优化。三甲医院增至34所,新增市级临床重点专科41个,加强“三基三严”培训考核,加强合理用药监管,有序推进检验结果互认,开展院感防控等专项整治,医疗纠纷同比下降9.6%。创建全国百佳、百强、群众满意等基层医疗卫生机构281个。

(3)行业作风进一步好转。落实行风建设“九不准”“六大阳光机制”,深化检卫共建,开展委属单位巡察,实施纠正医药购销和医疗服务中不正之风、医药耗材专项治理行动,抓好处方集中点评,对医疗机构和医务人员的不良行为实行“驾驶证”扣分管理。

(4)健康扶贫进一步深化。加强渝鲁协作,抓实18个深度贫困乡镇健康扶贫,做好集团帮扶黔江区脱贫攻坚工作,大力实施“三个一批”行动计划,救治救助贫困患者16万人次,健康扶贫工作考核位居全国第三。

(5)健康服务业进一步发展。优化社会办医发展环境,新增民营医院89家,总投资规模169亿元。推进国家级医养结合试点,建立医养联合体479个,80%以上的养老机构与医疗机构合作,医养结合经验入选世卫组织经典案例。

(四)计划生育服务管理改革

(1)稳妥实施全面两孩政策。全面落实延长产假、配偶护理假等保障制度,出台加快推进公共场所母婴设施建设政策,初步构建了按政策生育的制度环境,全年出生人口33.7万人,其中二孩占43.3%,符合政策生育率97.99%,人口自然增长率3.91‰,出生人口性别比107.83。

(2)加强妇幼健康服务能力建设。打造西部儿科联盟，组建妇幼健康联合体，新建1个市级、10个区县级危重孕产妇救治中心,创建国家级儿童早期发展示范基地1个、妇幼健康优质服务示范区2个,孕产妇死亡率14.97/10万、婴儿死亡率4.36‰,优于全国平均水平。强化惠民政策落地,注重免费避孕药具管理发放,免费产前出生缺陷筛查36.5万人、“两癌”筛查75.3万人。

(3)全面落实计生奖扶特扶制度。特别扶助金标准提高40%，为66万名对象发放扶助金10.35亿元，实现计生特殊家庭联系人制度、就医“绿色通道”和家庭医生签约服务“三个全覆盖”,群众对扶助关怀工作满意率81.4%,实现了特扶对象到市进京集访“零目标”。

(五)中医药事业

坚持中西医并重，着力推动中医药振兴发展。认真贯彻落实《中医药法》,举办系列宣传活动,做好《重庆市中医药条例》修订前期工作,出台《重庆市中医事业发展“十三五”规划》。加快推进中医医院基础设施建设，实施国家中医药传承创新工程,改扩建长寿、綦江6个区县中医院,新增基层“中医馆”“国医堂”80个。全面提升中医医疗服务能力,新增国医大师1名、全国名中医3名、重庆市名中医18名,创建三甲中医院2所、二甲中医院3所,通过阶段性评估国家中医重点专科28个,验收合格市级中医重点专科32个,获得省部级以上科研项目42项,基层医疗机构的中医服务占比34.6%。

(六)人才科技

重庆市首席医学专家卞修武当选中国科学院院士,市妇幼保健院黄国宁被授予“白求恩奖章”。柔性引进院士1名、海内外高层次人才233名,培养“万人计划”等国家级人才13名,住培学员结业1607名,轮训基层人员1.1万人。获国家科技进步二等奖3项，重大专项和重点研发计划8项,国家自然科学基金项目立项422项,获科技资助经费3.68亿元,项目数、经费数居西部第一。成立中国科学院大学重庆转化医学研究院,创建国家级住培基地7家,推广卫生适宜技术194个。

(七)信息服务

实现市县两级全民健康信息平台互联互通全覆盖,市级平台汇集电子健康档案2200多万份,电子病历1100多万份,227家公立医院接入医改监测数据平台,DRG评价工作全面覆盖到二级以上公立医院。

二、发展中存在的问题

一是基层服务能力薄弱,服务体系不健全,服务质量不高效;二是医疗卫生人才缺乏,高端人才总量不足,基层人才“引进难、留不住”,全科、儿科、精神科、麻醉等专业人才缺乏;三是公共卫生服务和保障能力不强,重大传染病、慢性非传染性疾病防控体系和精神卫生等服务体系存在短板;四是医改工作任务艰巨,现代医院管理制度、医疗服务价格调整等改革需加快推进;五是信息互联互通不够,信息应用不充分。

三、2018年发展目标

扎实推进健康中国战略重庆实践，围绕“363”工作路径抓好落实,2018年重点抓好“十件事”:一是持续深化医改。加快分级诊疗、公立医院综合改革、药品供应保障、综合监管等基本医疗卫生制度建设，构建优质高效的医疗卫生服务体系,县域内就诊率保持90%以上,基层医疗机构就诊比例提升到65%。二是深入推进健康促进。开展健康促进十大行动,制定实施提升健康素养三年行动计划，开展“健康中国巴渝行”“世界无烟日”等主题宣传,健康素养水平达到16%。三是提升医疗服务能力。实施新一轮改善医疗服务行动，做好全民健康保障工程和市级十大健康惠民工程，实施基层医疗卫生机构健康服务环境整治行动,力争建设10家智慧医院。四是预防控制重大疾病。建立市级重大疾病防控联席会议制度,启动实施终结结核病、消除丙型肝炎危害行动。制定卫生应急规范化标准,做好各类突发事件紧急医学救援。深入开展爱国卫生运动,深入实施“厕所革命”。五是谋划人才科技长远发展。启动医学“领航人才”“枢纽人才”“守门人才”三大计划,完善科卫协作、军民融合机制,统筹市级科创平台布局,全面推广卫生与健康适宜技术100项。六是优化计生服务管理。积极实施全面两孩政策,实施母婴安全行动计划和健康儿童行动计划,户籍人口自然增长率达6‰左右。七是传承创新中医药事业,积极推进重庆中医药学院建设。八是深入实施健康扶贫工程。九是统筹提高卫生计生治理能力。十是加强党的领导和党的建设。

重庆工商行政管理

重庆市工商行政管理局 王震宇

一、2017年工作回顾

2017年,是党的十九大隆重召开之年,也是供给侧结构性改革和商事制度改革全面深化之年。全市工商系统积极迎接十九大、学习十九大、贯彻十九大,适应新形势新任务新要求,按照市委、市政府和工商总局安排部署,全力推进工商行政管理改革发展各项任务,全面提升市场监管现代化水平,为全市经济高效运行和健康发展提供了保障。

(一)深化商事登记制度改革,营造良好的市场准入环境

争取市政府出台《关于进一步深化商事制度改革优化营商环境的意见》,促进和推动改革在更大范围、更深层次上不断深化,得到工商总局督导组充分肯定,市局在全市深化“放管服”改革工作会议上作了经验交流发言。2017年全市新设立市场主体39.08万户,同比增长9.57%,总量达到234.43万户,呈现稳中向好的良好态势。

“二十证合一”顺利实现。在推行企业“五证合一”和个体工商户“两证整合”的基础上,先行实施“十证合一”改革,重庆成为较早在省级范围全面推行“多证合一”改革的省市。争取市政府出台《关于进一步推进“多证合一”改革的实施意见》,在全市范围内实现“二十证合一”,全市“多证合一”整合证照数量进入先进省市行列,累计核发“一照一码”营业执照119.56万份。配合制定《重庆市推进“证照分离”改革试点方案》,推动解决“准入不准营”问题。

注册便利水平大幅提升。推行企业登记全程电子化,已全程电子化办理登记7099笔,并行核发电子营业执照6557份。实施企业名称登记制度改革,上线名称查询比对系统,全面开放名称库,网上核名量已占总量的近50%。落实外资企业“准入前国民待遇+负面清单”政策,完善“授权+委托+远程”的外资登记模式。推行市场主体简易注销制度,已有3629户企业和18.14万户个体工商户通过简易注销程序退出市场,9301户企业进入简易注销程序。开展个体工商户登记制度改革试点,推行名称自主选择、经营地址自主申报、经营范围自主决定等改革措施。

窗口服务效能明显增强。建立工商登记窗口“四办”(网上办、马上办、随地办、辅导办)机制,推行首问负责、预约延时、限时办结、登记导办等便民服务措施,全面提升服务效能,企业登记当日办结率达69%。加强登记窗口规范化建设,实施办事大厅“下楼行动”,充实登记人员,配齐便民设施,优化办事流程,改进工作作风,提高市场主体满意度和获得感。

(二)创新事中事后监管机制,营造良好的市场竞争环境

“六大监管理念”有效落实。将《“十三五”市场监管规划》“六大监管理念”转化为具体措施,

提升日常监管效能。坚持依法监管,抓好《无证无照经营查处办法》《反不正当竞争法》等新法新规的宣传贯彻。落实简约监管,建立宣传发动、培训拉动、整合联动、考核促动、研判推动的年报工作机制,2016年度企业年报率达92.82%,比上年度上升1.1个百分点,3.35万户企业被列入经营异常名录。实行审慎监管,牵头自贸区事中事后监管推进工作,研究制定《加强"四新经济"审慎监管的若干措施》。加强综合监管,全面推行"双随机一公开"监管,制定《市场监管随机抽查暂行办法》《随机抽查事项清单》,全年随机抽取852组检查人员对60969户企业实行核查,启动5次跨部门联合抽查。推行智慧监管,完善市场主体分类监管平台,探索开发重庆自贸区区域识别系统和综合监管平台。注重协同监管,累计向相关行业主管部门抄告"先照后证"信息54.27万条,依托区县镇街综治网格员力量协同解决无照经营发现难问题,形成共治效应。

失信惩戒机制加快完善。全面完成法人库软件系统开发项目,归集全市300.15万户法人信息7436.09万条,实现与全市共享交换等平台的互联互通。国家企业信用信息公示系统(重庆)升级改造顺利通过工商总局验收。大力宣传贯彻《重庆市企业信用信息管理办法》,全年出具信用信息查询报告26227份,4568名法院"失信被执行人"在工商登记环节受到任职资格限制,852户失信企业在工程投标、政府采购、财政资金补助、评先评优中受到制约,通过信息共享协助区县增加税收5244.03万元、追缴社保金1501.51万元。

重点领域监管成效显著。加强网络市场监管,建立全市网络市场监管部门联席会议制度,开展2017网络市场监管专项行动,推进"网络市场监管与服务示范区"创建和网络市场可信交易环境建设。加强合同监管,完善"守合同重信用"活动工作机制,审查公用行业、汽车维修、网络交易平台等重点热点领域合同文本1875份,纠正格式条款2018条次,集中约谈供水供电企业45户,对公用行业、汽车维修行业典型不公平格式条款进行了点评。强化中介监管,持续整治行政审批中介服务、房地产中介、信用卡中介、二手车经纪、人力资源服务等领域突出问题;推动市场中介组织规范发展,全市市场中介组织达21.9万户。聚焦深度贫困乡镇,深入实施"六大促农行动"和助推万州区龙驹镇脱贫攻坚十条措施,服务全市精准脱贫攻坚工作。

执法办案工作量质提升。情报信息中心全年共监测研判有价值情报信息4931条,电子证据取证实验室共出具司法鉴定报告132份,为执法办案提供了有力支撑。开展"双打促双创"、公用企业限制竞争和反垄断、新消费领域等专项执法行动,立案查处案件2281件,同比增长35%,成功查办市建委工程建设招标投标交易中心及北碚区建委碚城建设工程交易服务中心滥收费用等一批大要案件,个案罚没金额创历史新高,人民日报对"双打促双创"行动进行了深入报道。加强打传规直工作,发挥全国网络传销监测平台(重庆)作用,重庆打击传销工作在中央综治考评中获得第一名。

(三)实施商标品牌战略和广告战略,营造良好的市场品牌环境

商标"三中心"建设取得重要成果。重庆商标审查协作中心2017年12月1日揭牌运行,工商总局、市政府主要领导为中心揭牌,工商总局和市政府签署了《关于支持重庆建设商标品牌强市战略合作协议》;中心揭牌当月共受理商标注册申请966件,完成商标形式审查17327件、实质审查9419件,基本形成商标审查能力。重庆商标交易中心2017年3月15日建成以来,全年完成商标交易1026件、交易金额3188万元,服务范围拓展至全国。商标培训中心建设有序推进。商标"三中心"建设成为推动商标品牌战略实施的重要抓手,全市注册商标、驰名商标、地理标志总量分别达29.1万件、143件、230件,均居西部第二位。"长安汽车"获中国商标金奖"商标创新奖"。

广告产业园区"一园三区"创新发展。加强

重庆广告产业园区“一园三区”建设，支持园区建设“双创”平台、“增品种、提品质、创品牌”战略示范基地等创新平台，园区已建成面积40万平方米，入驻广告及关联企业近500家。制定《关于做好广告发布登记管理工作的通知》，建设广告发布登记网上审批平台，优化广告登记管理服务。全市广告经营主体总量达6.83万户、经营额109.83亿元，广告经营额同比增长21.32%，广告产业规模在西部处于领先地位。

商标广告市场秩序得到有力规范。加强商标监管保护工作，与市金融办联合出台《重庆市商标交易管理办法》，规范商标交易行为，加大商标保护力度，促进了商标秩序持续向好。强化广告监管，落实广告整治联席会议制度，制定《关于加强广告宣传导向监管的通知》，开展医药、房地产、互联网金融、“特供”“专供”“四大神医”等广告专项整治，媒体广告违法率持续保持低位，监管效能位居全国前列。

（四）促进消费维权社会共治，营造良好的市场消费环境

消费领域执法力度持续增强。大力实施2017年红盾质量维权行动，严格落实年度抽检计划，扎实开展成品油质量升级专项行动和网络交易家电商品质量专项抽检，全面推行商品质量“双随机”抽查和风险评估监测，提升流通领域商品质量监管效能。全年共抽检商品7316组，发现不合格商品2479组，开展风险评估监测119组，查处侵害消费者权益商品消费案件41件。

消费维权工作体系不断完善。拓宽消费维权渠道，全面开展互联网、移动互联受理消费者投诉举报，其中通过互联网和手机端受理投诉举报数量占比达17.74%。深化“12315五进”建设，累计建成“12315”消费维权服务站1645个、消费纠纷快速处置绿色通道167家。积极推进消费投诉信息公示，实时公示8000余家市场主体7万余项数据，促进经营者主动和解消费纠纷。2017年全市工商及消委系统共受理消费者咨询投诉举报31.78万件，投诉举报及时准确办结率达99%以上，为消费者挽回经济损失2.16亿元。

（五）推动微型企业提质发展，营造良好的“双创”发展环境

微企扶持政策优化落实。改进优化微企扶持政策，推动扶持政策从前端“直补”向精准“后扶”、从资金补助向以奖代补、从面上普惠向重点支持转化，提高微企发展质量和效益。协调落实财税、金融、社保等微企扶持优惠政策，全市共发放创业补助资金8647.07万元、提质发展和平台绩效奖励3978.78万元、后续扶持资金1.29亿元，有效推动了创业创新。全年新发展微企7.41万户，带动和解决就业35.45万人；累计发展微企56.07万户，带动和解决就业400余万人。

“双创”示范平台作用明显。“双创”微企梦工场、大学生微企梦花园、精准扶贫微企梦乡村建设运营效果明显，九龙坡微企亮区、大渡口艺度创微企亮园、綦江石壕镇微企亮镇初步建成，有效发挥了“双创”示范带动作用，人民日报、新华社等中央媒体多次进行宣传报道。鼓励社会力量投入微企孵化平台建设，建立孵化平台跟踪统计监测机制，新发展微企孵化平台62个，累计达397个，孵化企业3.35万户，实现产值近千亿元，带动和解决就业30万人。全年开办各类提质培训班109期，培训8137人次，同比分别增长2倍和1.5倍。

（六）加强法治化、信息化建设，营造良好的监管基础环境

法治化建设取得新成效。出台法治工商建设评价办法、指标体系和评分标准，推进《重庆市合同格式条款监督条例》修订起草和《重庆市查处无照经营行为条例》修订调研，制定市局党内规范性文件制定办法。强化执法监督，修订行政处罚案件评查标准和裁量适用规则。严格行政处罚案件同级核审制度，全系统法制机构共核审案件近2300件，提出核审建议6500余条。推进行政许可标准化工作，出台工作方案、管理办法和标准体系。加强法治宣传教育，开展宪法宣誓活动。

信息化建设实现新提升。改组成立市局信

息及智能化工作推进组，外聘专家参与信息化项目内部评审，规范项目报批流程与评审机制。按照“统起来”要求，出台“十三五”时期信息化建设行动计划，完成数据中心升级改造，启动情报信息、广告监测、电商监测平台全面整合工作，建成功能高度集成、系统三级共用的政务办公系统，推行移动办公。完成工商服务器向水土云计算中心的迁移，全面加强网络安全保障，全年无网络安全责任事故发生。

二、2018 年工作目标

（一）纵深推进商事登记制度改革，更好激发各类市场主体活力

深入推进商事登记制度改革，力争 2018 年全市市场主体新发展率达到 13%以上。提升注册登记便利化水平，按照全国统一的“多证合一”改革涉企证照事项目录，做好国家层面统一整合事项与我市个性化整合项目的融合与衔接，将更多证照纳入证照整合范围，实现“30+N 证合一”。推进注册登记全程电子化和企业名称登记管理改革，制定企业名称自主申报登记管理办法，探索建立企业名称争议评审制度，完善争议解决及强制纠正机制。在市政府统筹下，协同相关部门开展压缩企业开办时间试点工作，营造更为便捷的营商环境。促进外商投资便利化，落实外资准入负面清单制，扩大授权和委托登记授权面，服务内陆开放高地建设行动计划。

加强注册登记规范化建设。推进注册登记标准化，制定企业登记窗口建设标准及方案。简化登记流程，将名称预先核准和登记注册环节予以优化整合。抓好与全国统一企业登记身份信息管理系统的对接工作，落实实名登记制度。完善撤销登记程序，对提供虚假住所、冒用他人身份证虚假注册等企业，探索建立强制出清制度。规范经营范围登记，严格执行全国经营范围规范表述目录和新兴行业指导目录，指导规范新兴行业主体登记。优化“四办”服务机制，指导具备条件的银行网点、街镇政务服务中心、商会协会等通过网上登记系统协助申办工商登记，创新“随地办”方式，在全市探索跨行政区域通办工商登记。

服务供给侧结构性改革。积极助推“三去一降一补”，对投资类等高风险行业实行限制准入；对产能过剩行业严格禁止准入，不予核准登记，严控主体新增。完善市场准入监测预警机制，从准入环节防控风险。全面清理“空壳公司”和“僵尸企业”，依法采取吊销、简易注销等方式，完善退出机制，推动市场出清。

大力支持民营经济发展。搭建工商“政企互动”平台，建立与民营市场主体常态化沟通协调机制，及时回应解决合理诉求，促进政商关系良性循环。推动市场主体转型升级，支持地方政府出台“个转企”鼓励政策。优化股权出资、股权出质、动产抵押登记、商标权质押服务，探索“守重”企业“信用贷”，开展“银商合作助力微企”金融拓展行动，推动解决融资难、融资贵问题。围绕乡村振兴战略和精准脱贫攻坚战，深入推进“六大促农行动”，落实助推万州区龙驹镇脱贫攻坚十条措施。

（二）推动市场监管改革创新，更好维护公平竞争的市场秩序

完善日常监管机制。抓好年报公示工作，确保 2017 年度企业年报率 85%以上。深化“双随机一公开”监管，优化完善“双随机”抽查系统，科学统筹制定抽查计划，推广运用企业公示信息核查软件，保质保量完成 5%的全年抽查任务，实现工商抽查事项全覆盖、抽查结果全公开，拓展跨部门“双随机”联合抽查范围。发挥全市查处无照经营工作联席会议作用，开展“查无照促办照”专项行动，引导市场主体规范登记、守法经营。牵头做好重庆自贸试验区事中事后监管推进工作，选择 2—3 个方面创新突破，提升自贸区制度创新水平。

加强重点领域监管。加强网络市场监管，指导和推动“网络市场监管与服务示范区”创建工作；扎实推进网络可信交易环境建设，力争电子标识贴置率达 90%以上；引导电商行业建立诚信档案和“黑名单”制度，开展满意平台（网店）

创建活动;发挥网监部门联席会议制度作用,开展2018网络市场监管专项整治。加强格式合同监管,以公用行业、民生领域为重点,强化霸王条款整治,开展已整治领域的"回头看"行动,巩固监管整治成效;建设重点行业格式合同备案公示平台,引入社会监督机制;加强新兴产业合同格式条款指导规范,强化对大型网络平台合同格式条款的规范指引;完善"守重"公示机制,将"守重"企业纳入"红黑名单"管理,激励守信行为。加强中介组织监管,以行政审批中介服务、房地产中介、民办教育培训和社会风险评估等领域为重点,严厉整治中介组织违法行为。认真贯彻全市安全生产工作电视电话会议精神,积极参与安全生产大排查大整治大执法。

加大执法办案力度。坚持抓大不放小,全面打击各类违法经营行为。深入开展"双打促双创"专项执法行动,力争"双打"案件数量增长20%以上。强化反不正当竞争执法和反垄断执法,加强对商业贿赂、互联网领域不正当竞争、刷单炒信和商业诋毁等网络违法行为、行政垄断和公用企业滥用市场支配地位等违法行为查处,力争查处一批商业贿赂和侵犯商业秘密案件。深入开展打传规直工作,加强组织领导,完善传销监测平台和风险指数,全面落实"线上监测、线下实证、多措处置、稳妥善后"的打击网络传销行为"四步工作法",推进无传销区县、无传销校园、无传销网络平台创建,确保打击传销工作继续保持全国前列。

深化法治工商建设。成立各级全面依法行政领导小组,落实党政主要负责人履行推进法治建设第一责任人职责,开展法治工商建设实地评价,推行立法、复议、核审人员统一法律职业资格制度。做好《重庆市查处无照经营行为条例》修订论证和文本起草工作,开展《重庆市消费者权益保护条例》修订调研,推进《重庆市著名商标认定和保护条例》废止工作。完善行政许可标准化制度体系,做好规范性文件评估清理。加大执法监督力度,督促落实"三项制度",严格错案纠正制度和立销案制度。利用网上办事平台加大普法宣传力度,抓好新法新规宣传教育。

(三)深化消费维权社会共治,更好满足人民群众对美好生活的新期待

强化消费维权监管执法。强化流通领域重点商品质量"严管",开展2018年红盾质量维权行动,编制公布2018年抽检计划,加大重点商品品种的抽检力度,开展跨部门商品质量"双随机"抽检专项行动,完善风险监测工作机制,全面推进抽检结果信息的公布及分析运用。强化"12315"维权体系建设,全面开展互联网及移动互联渠道受理消费者投诉举报,完善与企业消费维权服务站点网络平台互联互通,全面推进消费投诉信息公示,规范提升"12315五进"工作,完善消费纠纷快速处置机制。

深化放心消费创建活动。召开放心消费创建活动推进会,推动放心消费创建工作"部门联动、市级覆盖"。公示首批"百千万"工程示范单位,完成"十百千"阶段性目标任务,2018年底前建立放心消费创建示范街区10个、示范商场100个、示范经营户1000个。推进经营者首问和赔偿先付、线下无理由退货制度的实施,督促经营者落实主体责任。

优化消费维权社会氛围。发挥市级消费者权益保护联席会议作用,加强消委会组织建设。举办"3·15"网络晚会、广场宣传、漫画大赛等消费宣传活动,营造良好的消费维权社会氛围。围绕消费热点开展比较试验,组织消费调查、消费体验、消费评议活动,服务消费提质升级。启动公益诉讼工作,通过媒体曝光、约谈等方式推动经营者自律。

(四)深入实施商标品牌战略、广告战略和微企提质发展,更好激发大众创业、万众创新的深厚潜力

抓好商标品牌强市建设。推动商标品牌运用,加快建设商标品牌创业创新基地,组织召开地理标志精准扶贫经验交流会、马德里国际注册研讨会。加大驰名商标、地理标志、涉外商标、老字号注册商标保护力度,加强商标行业协会管理和商标代理市场监管。

推进商标“三中心”建设运行。推动重庆商标审查协作中心高效运行，落实工商总局缩短商标审查周期目标要求，力争将退文率控制在8%以内，确保完成“两个150万件”审查任务。加强重庆商标交易中心指导和监管，探索构建商标交易市场监管制度体系，指导完善交易规则，加强交易行为监测监管，推动商标交易中心规范发展，指导全年完成商标交易3500件以上，交易金额1亿元以上。抓好商标培训中心各项筹备工作，推动中心加快落地。

推动广告产业健康发展。组织开展《广告产业发展“十三五”规划》中期评估，完善重庆广告产业园区建设，积极创建国家级广告创业创新基地，力争全市广告经营额达120亿元以上。强化广告导向监管，抓好市级媒体和主流网站监测，确保全年监测量保持在250万条次以上。加强重点区域户外广告巡查，力争广告违法率控制在1%以内，监管成效继续保持全国前列。

用新政策推动微企提质新发展。适应微企扶持政策的调整变化，出台支持微企创新发展、提质增效的指导性政策和实施细则，全面清理修订微企扶持相关制度，加快实施微企产业升级计划和“万千百”阶梯成长培育计划，推动微企提质发展。升级完善微企“双创”平台，打造全市微企“双创”人才培训学校，深入推进“三梦”“三亮”平台建设运营，集中统筹资金与区县政府合作打造重点孵化示范平台，提高平台质量和孵化效益。健全微企监管服务机制，开展微企创业创新赋能提升培训，组织“微企大梦”创业创新大赛，改造微企发展网和升级完善小微企业名录(重庆)，修订微型企业监督管理办法，推行财政资金使用情况绩效评价和微企发展监管“一档一账一单一核”工作机制，确保微企健康发展和财政资金安全。

(五)全力打造“智慧工商”，更好落实以大数据智能化为引领的创新驱动发展计划

以大数据智能化推进智能行政审批。全面推行全类型、全环节、无纸化的企业全程电子化网上登记，加快推进个体工商户、农民专业合作社登记全程电子化，推行个体工商户手机办照。开发建设电子营业执照管理应用平台，推动电子营业执照跨部门跨领域应用。推进企业名称登记管理改革，优化完善企业名称网上查询比对系统。配合推进行政审批智能办理，推动全市各类行政审批“一号申请、一窗受理、一网通办”，让“信息多跑路、群众少跑腿”。建设商标注册审查图形智能化检索系统，逐步实现商标注册审查图形检索由人工编码检索到智能检索，提升商标审查效能。

以大数据智能化推进市场协同监管。抓好市场秩序与协同监管大数据平台建设，集成工商、税务、质监、食药监、城乡建设、公安、城管、国土等部门监管职能，打通相关市场监管部门协同监管路径，将基本信息、监管信息、信用信息统一整合到市场主体名下。完善空间可视定位监管，准确划分监管区域，快速定位主体位置，实现市场主体全景总览。在现有情报信息工作平台基础上，建设情报感知网、智能情报数据湖、智能情报超市等，为多部门综合监管及主管部门专业监管提供精准情报服务，实现大数据深度研判和监管对象精准推送、监管工作留痕可溯和全程监督功能。继续推进全国网络传销监测平台建设，搭建重庆工商与阿里巴巴“红盾云桥协作平台”。

以大数据智能化推进智慧信用体系。加快法人信息数据库建设，推动法人信息数据库与自然人数据库等应用平台的互联互通，探索企业与个人信用信息关联机制。完善国家企业信用信息公示系统(重庆)，开展行政许可类涉企信息直接归集，加强与其他部门数据交换合作，拓展信息归集领域和共享深度。加强企业信用信息应用，全面推行信用信息查询报告网上预约办理服务，强化经营异常名录和严重违法失信企业名单的管理应用，推进失信行为跨部门跨区域联合惩戒。配合推进智慧信用平台建设，开展市场主体发展动态分析和企业活跃度分析，强化信用大数据分析、监测考核、风险预警、联合奖惩、信用宣传。

重庆质量技术监督

重庆市质量技术监督局 刘建军

一、2017 年质监工作回顾

2017 年，全市质监系统把迎接和学习贯彻党的十九大精神作为首要政治任务和工作主线，突出"创新提质增效深化年"主题，认真贯彻落实党中央、国务院决策和市委市政府、质检总局工作部署，紧扣提升质量竞争力、助推产业转型发展和增强群众质量安全感，抓质量、保安全、促发展、强质监，忠诚履职，创新服务，深入推进质量强市建设，圆满完成了各项目标任务，有力助推了经济社会发展。2017 年 11 月 13 日，中共中央政治局委员、重庆市委书记陈敏尔在市委五届三次全会上强调"必须坚持质量第一、效益优先"。是年，市委《关于把党的十九大精神全面落实在重庆大地上的决定》明确提出"坚持质量第一、效益优先，以供给侧结构性改革为主线，推动经济发展质量变革、效率变革、动力变革""弘扬劳模精神和工匠精神""着力建设科技强市、质量强市、网络强市、数字重庆、智慧重庆"。是年，重庆市委、市政府继续将质量工作纳入全市经济社会发展实绩考核内容，完成对区县政府 2016 年度质量工作考核。是年，质检总局发布第 48 号公告，公布 2015—2016 年度国务院对省级政府质量工作考核结果，重庆市成为全国 5 个 A 级省市之一。

(一)全面提升产品供给质量，增强质量竞争力

一是加强决策服务。牵头完成 2016—2017 年度省级政府质量工作考核和区县政府质量工作考核，指导区县广泛开展质量强镇、强园、强企活动，质量强区(县)保持全覆盖，大渡口区、潼南区成功创建全国质量强市示范城市。二是加强质量品牌建设。开展重庆名牌产品认定并建立退出机制，指导开展区(县)长质量管理奖评选，培育重庆名牌产品 244 个、知名产品 47 个，武隆区成功创建全国知名品牌示范区，铜梁区获质检总局批准筹建全国龙灯文化及古城旅游知名品牌示范区，万盛旅业(集团)公司成为全国旅游服务质量标杆培育试点单位，谢家湾小学入围中国质量奖建议名单并公示。三是项目化实施质量帮扶。集约质监职能集中实施 9 个服务项目 38 项任务，指导区县开展区域特色产业专项质量提升，长寿木门、大足菜刀、江津汽摩产品及配件成功创建国家级产业质量提升示范区；以汽车产业为重点开展供应链质量提升行动，帮助 117 家中小企业加强工艺流程控制、97 家零部件企业开展群众性质量改善活动，指导 161 家企业实施质量成本管理，累计帮助 363 家企业降低质量成本 3.2 亿元。四是夯实质量基础。联合举办"十大巴渝工匠"评选，组织 3 万企业职工 6.5 万群众参与了"质量月"宣传活动。广泛开展群众性质量改进和攻关活动，发布 QC 成果 2354 份，组织 251 名质量专家深入 387 家企业开展诊断咨询，指导 1690 家小微企业健全管理制度，培训企业人员 6867 人，企业质量基础不断提升，全市 85%的规上企业采用了先进质量管理方法。是年，质检总局公布 2016 年度制造业质量竞争力指数，重庆市为 86.3，位居全国第八，连续 12 年保持了西部第一。

(二)发挥技术标准作用，助推产业转型升级

一是深化标准化改革，推动地方标准转化 35 项、确认有效 600 项、废止 238 项，制定团体标准 10 项，改革企业标准备案为自我声明公开，办理时长由 5—7 天降至 10 分钟，全年新公开企业标准 3005 项。二是助力重点产业标准升级。深化"科技标准产业"同步发展行动，突出优

势技术新制修定国际标准3项、国家和行业标准106项,围绕特色产业制定地方标准87项,指导1654家企业采用国际先进标准,250家企业创建标准化良好行为。推行企业标准领跑者制度,通过标准转化提升,重庆渝安创新科技公司产品耐久性故障率下降19%、销售量提升3.6%,重庆机床集团公司产品平均故障间隔时间延长82%,重庆川东化工集团销量增长15%,涪陵页岩气公司制定国家标准1项、行业标准6项,为国家页岩气可持续开发提供了技术支撑。三是服务现代农业和服务业发展。实施农业标准化试点示范项目48个,全市农业标准化生产达10万亩,巫山党参种植被国家扶贫办作为全国六大标准化精准扶贫项目予以推广;15个市级农业标准化项目完成验收,示范区农民年均增收15%以上;江津四面山景区标准化服务覆盖率达98%,旅游综合收入连创新高;沙坪坝民政管理服务标准化促进群众满意度达95%以上。四是推动标准国际化。紧跟美国、欧盟、俄罗斯、新加坡等国家最新的技术法规、标准与合格评定变化,完善支柱产业标准数据库,新增国内外标准5万余件,免费发放TBT通报24期,更新WTO/TBT通报咨询网站信息1100条,助力重庆产品、技术、装备走出去。

(三)严格质量安全监管,提升群众质量安全感

坚持以网格化落实监管责任、以标准化落实监管要求、以信息化提升监管效能,质量安全形势稳定向好,没有发生区域性、系统性、行业性产品质量安全责任事故。一是推行安全监管标准化。协同市安监局推进市级部门百部安全生产地方标准制定,质监领域制定实施监管工作标准16项,建成监管信息平台10个,全市1605家拥有20台及以上特种设备使用单位均实行了标准化管理。二是突出加强特种设备安全监管。持续实施电梯、油气输送压力管道、燃煤锅炉安全监管“三大攻坚战”和危化品、客运索道、大型游乐设施等特种设备专项整治,常态化开展大排查大整治大执法专项行动,圆满完成党的十九大期间全市质量安全保障任务,全市万台特种设备亡人0.08人,远低于全国(0.30人)水平。三是强化消费品等重点产品质量安全监管。集中开展电线电缆、农资、建材等重点消费品专项整治行动,深化双随机监督抽查,强化风险监测,全年抽检产品16320批次,合格率92.28%,严格机动车安检机构、煤矿强检计量器具监管,检定煤矿强检计量器具9657台件,促进了相关行业安全发展。四是着力解决民生热点质量问题。组织对儿童学生用品等24大类民生热点产品开展“质检利剑”执法专项行动,加强水电气民用“三表”计量监管,重拳打击质量安全、假冒伪劣、计量欺诈等违法行动,立案查处质量违法案件2447件,查获假冒伪劣货值1.47亿元。接续对全市乡村社区12324家基层医疗机构50612台件医用计量设备实施免费检定,持续推进老旧住宅加装电梯87台,群众的质量安全感、获得感进一步增强。是年,市质监局特监处被国务院安委会表彰为全国安全生产月和安全生产万里行活动先进单位。

(四)加强公共服务平台建设,提高产业发展技术支撑能力

一是加强国家质检基地建设,全年完成投资2.2亿元,一期5个项目竣工投用并全部取得国家级资质,北斗卫星导航产品2502质量检测中心取得筹建资质,特种设备应急救援演练和考试平台获批首个质检总局特种设备应急救援演练基地,国家珠宝首饰质检中心通过总局验收,国家级检测中心达16个,产业集聚作用进一步增强。二是加强科技研究。申报科技项目21项,其中参与国家质量基础NQI科研重点专项6项、立项省部级10项、地市级1项、横向合作4项。获省部级奖励1项,中国计量测试学会三等奖1项,实现科研成果登记4项,获批专利32项。三是融入产业链加强技术服务。结合产业需求,积极拓展技术机构检测服务项目,围绕助推智能网联汽车和新能源汽车发展,机动车强检试验场为长安、力帆等车企提供单项或集成测试服务近万次;围绕电子信息产业发展,国家笔

记本电脑质检中心在强化检测服务的同时，帮助企业解决了产品电磁兼容设计整改、性能参数一致性核验、安全结构设计整改、零部件质量控制、标准制修订等技术难题；依托国家技术标准创新基地，在重庆市物联网技术创新战略联盟等18家机构建立标准创新中心，集聚国际国内标准创新资源，助力创新驱动发展。

(五)加强自身建设，持续提升履职服务水平

一是深入学习贯彻党的十九大精神。5次召开党组会进行学习研讨，举办学习贯彻十九大精神专题培训班、知识竞赛，开展“榜样面对面”宣讲，举行质监大讲坛、市委宣讲团报告会8次，系统各级干部讲党课235人次。结合贯彻党中央国务院质量工作部署和市委五届三次全会精神，对标对表，积极开展服务“三大变革”大调研，大力推进质量提升行动，努力把十九大精神落到实处。二是扎实落实全面从严治党要求。严格落实组织生活制度，开加强党建工作责任落实督察考核，推行机关党建工作标准化，加强廉政风险排查防控，全系统没有违反中央八项规定精神的情况发生，干部队伍风清气正。三是加强法治质监建设。《重庆市地方标准管理办法》通过市政府常务会审议。积极稳妥完成工业产品生产许可证改革，全系统取消11项、承接8项、转为强制性产品认证3项，并通过国务院第四次大督察第14督察组检查。严格依法规范行政执法、监督抽查等履职行为，严格落实执法打假责任制和过错责任追究制，全系统没有发生行政复议被撤销和行政诉讼败诉案件。四是持续开展“大培训大考试大竞赛”活动，在推行网上在线学习的同时，组织各类培训班22个、培训1777人次，举办“质监大讲坛”5期，推进44名区县局干部结对交流学习、74名干部到技术机构跟师学习、40名干部到当地骨干企业实地学习、10名干部到局机关学习锻炼，不断提升干部职工履职能力水平。是年，重庆质监系统6个单位荣获市级以上荣誉称号，渝中区质监局杨展同志荣获“2016感动重庆十大人物”，市特检院张东平获评2017年度十大“巴渝工匠”，市纤检局吴超杰荣获全国纤检工作先进个人称号，全市质监系统85%的单位成为市级文明单位。

二、深刻把握质量工作新的时代特征

随着中国特色社会主义进入新时代，我国社会主要矛盾转化为人民日益增长的美好生活需要和不平衡不充分的发展之间的矛盾，质量工作也呈现出新的时代特征，必须深刻领会、准确把握，充分发挥职能作用努力推动高质量发展，创造高品质生活。

(一)深刻把握新时代质量工作面临的新形势

习近平总书记在中央经济工作会上强调指出，由高速增长阶段转向高质量增长阶段，是新时代我国经济的基本特征，必须把推动高质量发展作为当前和今后一个时期确定发展思路、制定经济政策、实施宏观调控的根本要求，并再一次强调加快推进中国制造向中国创造、中国速度向中国质量、制造大国向制造强国“三个转变”。要深刻认识到，高质量发展是体现新发展理念的发展，是能够很好满足人民日益增长的美好生活需要的发展。推动高质量发展，是转变发展方式、优化经济结构、转换增长动力，实现经济健康发展的必然要求，是加快建设现代经济体系、实现我国从经济大国到经济强国转变的迫切需要，事关全面建成小康社会、全面建成社会主义现代化国家的成败。作为质监人，一定要切实强化政治自觉、思想自觉和行动自觉，始终坚持把推动高质量发展作为谋划和推动工作的大前提和根本标准，对标对表市委市政府重大战略部署，努力为推动重庆高质量发展作出质监人最大的贡献。

(二)深刻把握新时代质量工作的新要求

习近平总书记在参加十三届全国人大一次会议重庆代表团审议时要求重庆要加快建设内陆开放高地、山清水秀美丽之地，努力推动高质量发展，创造高品质生活。陈敏尔书记在全市经济工作会上指出，重庆经济发展中要解决的突

出问题，不再是“有没有”而是“好不好”的问题，必须坚持质量第一、效益优先，以质量变革为主体、效率变革为主线、动力变革为基础，推动经济发展方式从规模速度型粗放增长向质量效益型集约增长转变。作为全市质量工作的牵头部门和产品质量的主责部门，要以“推动高质量发展、创造高品质生活”为目标，重点围绕解决“好不好”的问题，在敏尔书记提出的“供给侧、高质量、智能化”中找准工作方向，充分发挥质量变革的排头兵、主力军作用，努力推动全市产业从价值链低端向中高端迈进，推动全市经济发展的成色更纯、底色更亮、根基更牢。要主动把质监职能融入大市场监管格局，积极探索推动质量创新、加强质量监管的新思路新机制新措施，真正让人民群众买得放心、用得放心、吃得放心，不断提升人民群众的生活品质。

（三）深刻把握新时代质量工作的新使命

十九大首次在党的全国代表大会上提出要建设质量强国，市委五届三次全会再次明确要着力建设质量强市，这就是新时代质量工作、质量人的使命。要深入贯彻中发〔2017〕24号文件精神，以开展质量提升行动为总抓手，认真研究重庆质量发展中的不平衡不充分问题，把“集中力量开展三年质量提升行动”的要求与市委、市政府确定的“八项行动计划”和“三大攻坚战”结合起来，加强质量强市战略研究，推动完善质量工作组织推进机制、激励保障机制、地方法规体系和统计分析体系。大力加强全面质量管理，强化企业质量帮扶，组织开展质量提升关键技术攻关，不断提升质量供给水平。严格加强全面质量监管，更加注重运用大数据加强质量安全风险监测管理，更加注重信用约束，加大质量失信行为联合惩戒力度。突出青少年和各级领导干部这两个重点，进一步加大质量方针政策、质量提升工作成效宣传力度，面向党政机关、社会各界加强质量宣传教育，高度关注并及时解决质量热点问题，积极引导社会各界关注质量、关心质量、支持质量，不断强化质量第一的强烈意识和价值导向。

（四）深刻把握新时代质量工作的新机遇

经济发展进入高质量时代，党中央、国务院把质量工作摆在了前所未有的重要位置，各级党委政府更加重视质量，企业更加追求质量，社会更加关注质量。十三届全国人大一次会议审议通过的国务院机构改革方案，明确整合工商、质监、食药监职能，并将知识产权、价格监督检查、反垄断等相关职能划转，组建国家市场监管总局统一行使市场监管职能，其中一项主要职责就是“组织实施质量强国战略”。中央之所以作出这样的市场监管制度安排，一个重要目的就是推动落实各级政府的属地管理责任、执法部门的监管服务责任和企业的主体责任，健全完善从生产—销售—售后的产品全寿命、全环节监管链条，充分发挥市场和政府各自优势，进一步营造诚实守信、公平竞争的市场环境，激励产品创新和质量创新。要深入研究、准确把握、主动顺应质监工作体制和环境发生的深刻变化，做好充分的思想准备、思路准备、工作准备，努力推动质量强市战略有效实施。

（五）深刻把握新时代质量工作的新目标

习近平总书记指出，推动重庆新时代发展，必须从全局谋划一域、以一域服务全局。按照这一要求，紧紧围绕重庆“两点”“两地”定位和“两高”的要求，一方面，要加快实施质量强市战略，充分发挥职能作用推动重庆质量发展、绿色发展、开放发展，努力使全市产品质量总体水平、质量安全监管水平继续保持全国前列。另一方面，要在提高基础检测水平、完善质量基础设施区域布局的同时，着眼于增强重庆作为国家中心城市的产业集聚功能，坚持高技术生产性服务业发展方向和立足重庆、服务西部、辐射全国的目标定位，全力推动国家质检基地完备功能、提升层级、跨界发展，创新技术机构建设模式，争取更多的国家级检测中心、国家级创新平台落户基地；深入推进检验检测机构整合改革，打造“拳头性”特色检测品牌，加大功能性项目、资质的争取力度，做好大数据智能化产业和战略性新兴产业质量服务项目储备；加大对外合作力度,积极参与质量基础设施国际治理;以国家质检基地为依托,积极争取并抓好国家检验检测高技术服务业集聚区建设,努力把检验检测认证打造成为西部领先、国内一流、国际上有影响的特色产业。

三、2018 年重点工作安排

2018 年工作的总体思路和要求是:深入贯彻党的十九大和习近平总书记在参加十三届全国人大一次会议团组审议时重要讲话、人大闭幕会重要讲话特别是参加重庆代表团审议时重要讲话精神,紧紧围绕"两点""两地"定位、"两高"目标和"四个扎实"要求,加强党对质监工作的领导,坚持稳中求进工作总基调,坚持新发展理念,以供给侧结构性改革为主线,以"质量提升行动年"为主题,加大改革创新力度,提升质量发展总体水平,提升质量安全保障水平,提升质量技术服务水平,提升依法规范履职水平,提升党的建设质量水平,加快建设质量强市,进一步助力"三大变革"、推进"三个转变",为实施"八项行动计划"、打好"三大攻坚战",推动重庆高质量发展、创造高品质生活做出新的更大的贡献。

(一)提升质量发展总体水平

坚持聚焦实体经济特别是现代制造业,聚合职能优势,落实各方责任,以实体经济质量提升推动全市供给体系质量和效率提升。一是强化决策服务。牵头抓好市委、市政府贯彻中发〔2018〕24 号文件实施意见落实工作,精心起草市政府贯彻落实国发〔2018〕3 号文件实施方案,认真做好 2017—2018 年度省级政府质量工作考核准备,完善区县政府质量考核指标体系,深入实施全市质监事业发展"十三五"规划,组织开展"质量月"活动。同时,跟进质量强国战略纲要、建立国家质量督察工作机制等进展情况,及时研究提出全市贯彻实施建议。二是强化标准引领。加强《重庆标准 2035》和高质量发展标准体系研究。着力推动科技—标准—产业同步发展促进(三期)行动,抓好标准提档升级工程、新产业新动能标准领航工程、国内外标准互认工程,开展对标达标提升专项行动,组织 20 个业态、300 家企业开展国内外标准比对评估;贯彻国家《标准联通共建一带一路行动计划(2018—2020 年)》,新增国家、行业、地方、团体和企业标准 100 项以上,公开企业标准 1000 项以上。三是开展专项提升。推动支柱产业龙头企业组建质量提升联盟,试点推行供应商评价制度。协同各区县开展专项质量分析,制定区域特色产品质量提升计划,组织开展汽摩、电线电缆、机器人及智能装备等 10 类重点产品质量提升,指导江津汽摩及零配件、大足龙水菜刀创建产品质量提升示范区。抓好 25 项国家级、34 项市级标准化示范试点项目建设,指导城口推广"富硒产品认证",助力现代服务业和特色农业质量提升。四是抓好品牌培育。研究制定品牌发展长期规划,指导重点企业开展品牌策划及组织实施,积极推动市内企业、园区参与中国品牌价值评价。组织开展第七届市长质量管理奖评选,抓好年度重庆名牌产品认定,完善后续监管维护制度。指导九龙坡、大渡口、潼南创建全国质量强市示范城市,铜梁、武隆创建全国知名品牌示范区。开展高端服务认证,协同推进优质服务创建工程,指导万盛黑山谷景区创建全国旅游服务质量标杆单位。加强品牌宣传,讲好"重庆品牌"故事,扩大重庆质量品牌的影响力和知名度。五是加强企业质量援助。开展"万家企业质量管理体系升级"行动。指导 300 家企业建立完善标准体系。帮扶 400 家企业导入卓越绩效管理等先进质量管理方法,对 2000 名小微企业质量管理负责人开展免费培训。开展工业计量标杆示范。探索建立质量分级制度及新型质量统计评价体系,引导企业围绕新业态发展,进行生产流程、管理模式和商业模式再造,加强质量管理、质量技术、质量工作方法创新,推行个性化定制、柔性化生产,增强产品市场竞争力,满足消费升级需求。

(二)提升质量安全保障水平

按照习近平总书记强调的实施"最严谨的标准、最严格的监管、最严厉的处罚、最严肃的问责”指示精神,强化风险意识和底线思维,突出全面质量安全监管,加强事前预防和事中事后监管,坚决防止发生重特大质量安全责任事故和影响恶劣的重大事件。一是提升特种设备安全保障水平。严格网格化、标准化监管,加强重点设备、重点地区、重点部位、重点时段排查整治。着力提升特种设备本体质量安全水平,继续推进特种设备质量安全追溯体系建设,进一步推动特种设备生产单位、使用单位和检验检测责任落实,严格违法违规企业黑名单管理。抓好特种设备检测技术保障快速反应中心以及电梯应急处置服务平台建设,完善应急预案,强化应急救援演练。加大企业主要负责人、特种设备安全管理操作人员、乡镇街道安监人员、基层局特种设备监察人员及检验检测人员专业知识培训力度,加强特种设备安全知识宣传,提升基层监管素质,确保万台设备死亡人数控制在市控指标以内。二是提升产品质量安全保障水平。严格工业产品生产许可条件及证后监管,全面落实“双随机一公开”要求,加大流通环节和电商渠道买样力度,探索建立抽检分离机制和社会化购买服务工作机制,强化跨地区、跨部门、跨领域联合监管。深化认证“双提升”活动,认真落实强制性认证产品认证制度改革要求,对涉及安全、健康、环保的消费品依法实施强制性认证。进一步健全完善执法监督机制,深入开展“质检利剑”专项执法行动,加强电商产品监督执法,严格实施缺陷产品管理召回。坚持露头就打,依法顶格处罚,严格刑事司法移送标准,严厉打击坑农害农、损害群众人身财产安全,以及生产“地条钢”等违背国家产业政策的违法行为。三是提升民生质量安全保障水平。着力服务“三大攻坚战”,持续开展基层医疗单位医用计量设备免费检定和老旧住宅电梯改造更新,配合做好老旧住宅加装电梯工程。加强质量安全知识宣传,加快“12365”投诉举报系统改造,依法高效处理和化解质量矛盾纠纷。协同推进安全生产百部地方标准建设和全国金融标准创新城市试点,配合抓好“质量兴农”先进标准专项和节能环保标准化。严格民生计量、安全计量监管,组织开展民用“三表”到期轮换调研。强化机动车安检机构检查。推广低碳节能绿色有机产品认证,加强重点行业能源资源计量工作,指导企业加强能源资源精细化管理。

(三)提升质量技术服务水平

围绕全市主导产业和区域特色产业,进一步完善质量基础设施布局,延伸技术服务链条,加快构建适应全市经济高质量发展的技术服务体系。一是加快推进重点设施建设。全力抓好国家质检基地一期项目综合运营及二期项目实施,确保应用工程、机动车强检实验室一期工程竣工投用,消防及阻燃产品质检中心、机动车强检实验室等二期工程进场施工,加快万州、江津、永川三个分院建设进度,力争全年完成投资3.9亿元以上。深入推进国家技术标准创新基地建设。积极申报国家NQI项目,争取设立“重庆质量基础共性技术研究与应用”专项,争取中国计量科学研究院在重庆设立分院,争取与国防科技大学联合建设北斗卫星导航产品研究院。二是加快完善技术服务体系。围绕创新驱动发展,积极拓展智能制造、高端装备、节能环保等领域承检产品和参数范围,加强社会公用计量标准建标和技术规范制修订,抓好国家汽车摩托车发动机产业计量测试中心筹建工作,争取国家检验检测高技术服务业集聚区、智能网联汽车测试示范运营平台以及医学化工、新能源汽车两个市级工程技术中心取得筹建批复。围绕军民融合发展战略行动计划,加强军民共用质量基础设施建设,推动军用标准向民用标准转化,加快国家北斗导航产品检测认证中心建设,争取加入中国北斗卫星导航产品检测认证联盟。围绕服务内陆开放,加大力度推动与国际知名机构检测结果互认,加强对国外技术性贸易措施的跟踪、研究评议和研究解析,及时指导企业做好应对工作。围绕区域特色产业发展,加大与区县联建市级检测中心力度,深化认证服务园区和企业活动。三是深化技术机构改革。用足用活用够政策,强化科技成果转化激励,不拘一格大胆引进高水平人才。加快推进重庆检测集团股份制改造，支持集团健全市场化运行机制和政策保障机制，加强营销队伍建设，通过联合、收购、新建等措施加密能力链条，拓展服务领域，实现跨界发展。四是加快智慧质监建设。坚持网络安全和信息化建设同步推进，深化“互联网+政务服务”行动，升级拓展重庆质监微信公众号功能。抓好以大数据智能化为引领的创新驱动发展战略行动计划“市场协同监管”重点工程项目建设，完成质量大数据分析应用平台框架搭建，开发产品质量监测预警系统和质量信用评价系统；建设智慧检测示范工程 10 个基础服务平台。

（四）提升依法规范履职水平

围绕建设人民满意的服务型政府，严格依法行政，深化简政放权，完善运行机制，提高监管服务效能。一是深化法治质监建设。推进《重庆市标准化条例》《重庆市特种设备安全监察条例》《重庆市计量监督管理条例》制修订，动态调整“权责清单”，加强规范性文件立改废，完善行政处罚裁量基准配套制度，严格重大政策措施公平竞争审查。以《宪法》《标准化法》《重庆市地方标准管理办法》为重点，落实党组中心组学法制度，加强职工法治宣传教育。二是严格落实“放管服”要求。承接好总局下放项目，继续取消、下放一批许可审批项目，深入推进网上审批。深化工业产品生产许可制度改革，取消发证前产品检验，全面推行“一企一证”，探索推行电子生产许可证。将特种设备部分行政审批权下放至自贸区，将检验检测机构标准变更由批准制改为备案制，将资质认定与行业资格许可合并评审。切实抓好机动车安检机构改革转换衔接工作。简化企业部分计量标准器核准考核程序。三是加强履职行为过程监督。严格落实行政执法全过程记录、重大执法行为法制审核和行政处罚公示制度，健全执法过错纠正和责任追究程序，建立办案质量终身负责制和错案责任倒查问责制，推行执法记录仪、移动 WiFi 等执法装备规范配置，定期开展行政处罚案卷自查自评。制定《产品质量监督抽查承检机构遴选办法》，修订《产品质量监督抽查承检规范》，推广视频记录仪对重点产品监督抽样进行全程监控，进一步规范监督抽查和检验检测行为。四是严格内部运行管理。及时修订局党组工作规则和市局工作规则。抓好审计发现问题整改，全面推进各单位内部控制建设，进一步完善预算编制、预算执行、“三公”经费等财务管理制度，强化内审结果运用。进一步加强工青妇、离退休、宣传、应急管理、公文运转、绩效考核、机关节能等工作，确保各项工作高效运行、扎实有效。

（五）坚定不移落实全面从严治党要求

深入贯彻落实党的十九大和中纪委二次全会、市纪委五届二次全会精神，严格履行全面从严治党主体责任，以巡视问题整改为契机，全面加强质监系统党的政治建设、思想建设、组织建设、作风建设、纪律建设，把制度建设贯穿其中，深入推进反腐败斗争，以永远在路上的执着，不断提高全系统党的建设质量。一要始终坚持把政治建设放在首位。牢固树立“四个意识”，坚定“四个自信”，坚决维护习近平总书记在党中央和全党的核心地位，坚决维护党中央权威和集中统一领导，始终在政治立场、政治方向、政治原则、政治道路上同以习近平同志为核心的党中央保持高度一致。坚持以理论上的清醒确保政治上的坚定，全面学习领会习近平总书记在参加十三届全国人大一次会议团组审议时重要讲话特别是参加重庆代表团审议时重要讲话精神，持之以恒抓好党的十九大精神学习培训，继续推进“两学一做”学习教育常态化制度化，扎实开展“不忘初心、牢记使命”主题教育，引导党员干部深学笃用习近平新时代中国特色社会主义思想，不断夯实对党忠诚、听党指挥、为党尽责的思想根基。加强政治生态建设，切实严肃党内政治生活，严守政治纪律和政治规矩，坚决彻底肃清孙政才恶劣影响和薄熙来、王立军流毒。二是突出抓好各级领导干部这个重点。坚持把领导干部政德建设放在突出位置，认真落实“好干部”标准，坚持正确选人用人导向，切实推动各级领导干部明大德、守公德、严私德。坚持修德与修廉相结合，进一步健全完善各项管理制度，从严加强领导干部日常监督管理，更加注重了解领导干部家庭家教家风情况，严格落实个人有关事项报告及出国出境、兼职等各项规定。积极发挥各级领导干部特别是主要负责同志“关键少数”的作用，带头锤炼坚强党性，带头尽心尽力履责，带头恪守法纪底线，自觉接受驻局纪检组和同级纪检监察部门监督，注重小事小节，多积尺寸之功，以身作则、以上率下，切实做到真管真严、敢管敢严、长管长严。三是要以严格的执纪问责强化保障。认真贯彻落实习近平总书记关于进一步纠正“四风”、加强作风建设的重要指示，严格执行中央八项规定实施细则和市委实施意见精神，组织开展纠正“四风”问题检查。坚持纪在法前、纪严于法，加强纪律教育，组织党员干部认真学习党纪党规，紧盯机构改革关键时期和选人用人、许可审批、监管执法、检验检测、财务管理等重点岗位和关键环节，持续开展廉政风险排查防控。坚持严管和厚爱相结合，正确运用监督执纪“四种形态”特别是第一种形态，注重抓早抓小、防患未然，惩前毖后、治病救人，努力做到监督管理无死角、全覆盖。强化执纪问责，对以权谋私、贪污受贿、失职渎职等严重违纪违规行为，坚决发现一起、查处一起，并严肃追究所在党组织和有关领导干部的责任，不断释放越往后执纪问责越严的强烈信号。

重庆出入境检验检疫

重庆市出入境检验检疫局 黄毅

【概况】2017 年，重庆市出入境检验检疫局(简称重庆检验检疫局）有行政人员 335 人、企事业单位人员 107 人，内设 16 个处室，设有万州局、涪陵局、九港局、两寸局、西永局、机场局、黔江局和邮局办、铁路办、永川办、经开办等 11 个分支机构，下属服务中心、技术中心、保健中心、中检公司、正浩公司和检验检疫协会等 6 个直属单位，另设有 2 个派驻纪检组。全年监管放行进出口货物 33 万批、货值 430 亿美元，同比分别增长 24%和 49%。检出不合格货物 1222 批、货值 8559 万美元，不合格检出率 3%。退运和销毁不合格进口产品 91 批，同比下降 8.1%。对 68 条国际客货运航线、1.9 万架次航班、276.8 万余人次旅客实施检疫查验。发现有症状体征者 728 人次，确诊疾病 170 人次。检疫进出境动植物及其产品 7630 批，截获有害生物 595 种、2111 次，其中检疫性有害生物 17 种、31 次。

【深化质量共治】参与重庆市社会信用体系建设，建立重庆进出口消费品质量安全监管执法合作机制，与市法院、公安、质监、工商、海关等部门实现信息共享、执法互助，实施联合奖惩。开展质量月、中国品牌日、质量标准进万企等质量宣传活动。协作实施政府质量考核，会同质监局起草重庆市开展质量提升行动实施方案。

【推动质量提升】制定质量提升行动专项行动方案。支持地方政府陆续建成了 8 个国家级和 9 个市级出口食品农产品质量安全示范区，国家级出口食品农产品示范区和产品品种分别增长 33.3%和 55.6%，产品年产值 272.89 亿元人民币，带动就业 197.08 万人。撰写的《质检总局着力抓好示范区建设推动出口食品农产品质量提升》专送信息获得国务院领导批示。建成了 8 个国家级生态原产地保护示范区，培育了 34 个生态原产地产品保护品牌和 12 家“中国出口质量安全示范企业”。联合地方主管部门推进内外销产品“三同”工程,组织企业在国家认监委“三同”推广服务平台上线和建档占HACCP企业比例均为100%,列直属局第一。与铜梁区合作搭建了全国首个出口产品质量提升公共服务平台,向地方政府报送进出口重点产品质量分析报告9篇,为地方产业规划发展提供决策支撑。完善技术性贸易措施工作体系,精准开展服务,技术性贸易措施研究和应对工作被新华社《动态清样》采用呈送国家领导人。

【服务产业做强】开展进出口领域中小企业质量技术服务专项活动,出台21项便利化及优惠措施,确定重点帮扶企业89家开展点对点服务。牵头成立中国出口摩托车质量技术促进委员会,协助重庆市政府召开出口摩托车质量提升推进会,采取多种措施支持重庆摩托车产品出口数量同比增长8.25%,出口单价同比上升1.9%。推动重庆出口农产品提品质、创品牌、增品种,提升农业发展质量效益,促进重庆出口食品农产品批次同比增长28%,货值达3.5亿美元。开展助力“重庆火锅”走向海外行动,出口重量和货值同比分别增长35.4%和40.9%,远销24个国家和地区。发挥技术优势,帮助重庆“地沟油”变废为宝成功出口欧洲,获得国内外媒体报道并在中央电视台播出。搭建出口新通道,支持重庆潼南柠檬先后与20多个国家和地区签订出口合同,央视综合频道《新闻联播》节目给予报道。

【落实质量扶贫】选派党员干部到重庆秀山县隘口镇富裕村任第一书记,开展驻村帮扶工作。制定专门的扶贫攻坚提升行动计划,帮助对口扶贫村选准特色产业,指导开展基地和出口加工备案,推行免费产品检测服务,支持创建生态原产地保护品牌和开展有机产品认证,探索“公司+基地+农户”的特色产业扶贫模式。

【维护口岸卫生安全】成功承办全国卫生检疫工作会议,指导江北机场口岸核心能力建设通过总局复核督导检查,全年检出法定疾病1230例,确诊170例,首次检出了副溶血弧菌感染等4种病例,截获违法入境特殊物品150批1129支,首次在重庆地区截获幼小库蚊等8种病媒昆虫。妥善处理重庆籍公交司机巴厘岛昏迷后医疗包机入境检疫事宜,受到总局卫生司通报表扬。

【维护国门生物安全】开展“美丽中国绿蕾护航”专项行动,截获禁止进境物品1496批次、检出真菌、杂草、昆虫等各类有害生物579种、2037次,其中8种有害生物为全国首次截获,250种为重庆口岸首次截获。与重庆市林业局签署合作备忘录,共同推进了“林安行动”。

【保障消费品安全】获得质检总局批准建立西部唯一的国家进出口商品质量安全风险评估区域中心和实验室。先后开展了进口食品保健食品欺诈和虚假宣传专项整治、进口消费品联合执法、重点产品质量风险专项抽查工作和进口汽车等缺陷产品召回管理工作。组织实施食品安全宣传周系列活动及消费品质量安全“进社区、进校园、进乡镇”活动。积极参与重庆市创建国家食品安全示范城市活动,扎实开展进出口危险化学品安全综合治理,深入开展打击洋垃圾违法专项行动和“口岸天平行动”,全年未发生系统性、区域性、行业性质量安全事故。

【加强内部安全】强化安全生产责任落实,完善消防、保密、网络、检验检测、车辆等安全基础保障能力,细化各项安全生产工作规定,实施经常性宣教工作。深入开展安全生产大检查、大排查、大整治、大督察,顺利通过了国务院对重庆第四次大督察,做到了全年安全生产零事故。

【强化政策支持】积极融入“一带一路”倡议,主动支持重庆自贸试验区和中新互联互通项目建设,深化检验检疫制度创新,在通关机制、分类管理、风险监控等方面研究出台15项措施支持重庆自贸试验区发展。严格执行全面取消检验检疫收费政策,全年减免收费5519万元,惠及企业2710家。制定落实原产地工作“千企帮扶方案”,签发原产地证书为企业获得关税减免1.12亿美元。牵头制定重庆国检综合改革试验区建设方案,帮助重庆市获准创建目前全国唯一一个综合性国检改革试验区。

【提升通关效率】组织开展了优化通关流程、压缩通关时间大讨论、大调研,制定检验检疫全流程时长标准化管理制度并向全社会公布,并作为典型在质检总局通关效率工作会上作经验交流发言。全年检验检疫全流程时长较年初压缩二分之一以上。

【拓展开放通道】向南与桂黔陇三省海关、检验检疫联合签署支持南向通道建设合作备忘录,保障了"渝桂新"班列成功运行;向北主动与内蒙局沟通协商,建立直通放行机制;向东与上海局、向西与新疆局等实施海铁联运一体化监管,促进多式联运发展;与重庆海关完善关检工作机制,进一步推进"三互"合作;牵头建立了丝绸之路经济带认证监管联动机制,推进认证监管区域协作。

【完善口岸功能】支持重庆2017年新建成进口粮食和金伯利进程指定口岸,指导进境种苗指定口岸完成了基础建设,加快进境木材检疫监管区建设,积极争取总局批准肉类口岸功能从水港拓展到铁路,实现了欧洲肉类通过渝新欧班列入境。向重庆市政府报送的促进指定口岸扩量增效的工作建议,同时获得重庆市和质检总局主要领导的肯定批示。

【创新监管模式】主动下放口岸卫生许可等4项工作审批权限,提升口岸一线服务能力。探索实施了"空检铁放"监管模式,进口大宗食品等产品流程时长缩短80%以上。实行进口汽车"并批检验"模式,促进重庆进口汽车1406辆、货值1亿美元,居内陆汽车口岸之首。大力推进重庆跨境电商综合试验区建设,促进重庆跨境电商交易单数和货值同比分别增长56%和53%。

【推动法治质检建设】建立法律顾问制度和专家队伍,提升依法行政能力,全局立案调查行政处罚案件20宗,同比增长100%。

【推进科技质检建设】建成西部地区首个国家质检科普基地。拓展技术中心检测服务范围和项目,中药材和虫媒两大国家重点实验室通过验收,获2016年度重庆市科技进步二等奖和三等奖各1项,建局以来首次获得国家质量基础NQI专项立项,获批成为重庆市博士后科研工作站。

【开展和谐质检建设】获评市直机关唯一的"创建基层工会改革市级示范单位",首次被授予全国巾帼示范岗1个,新增全国青年文明号1个,1人首次被评为重庆市巾帼建功标兵。投入200多万元建设完善具有国检特色的机关文化中心,组织开展了"五四""七一"等主题文化活动和道德讲堂、读书交流特色文化活动。局职工演出的节目《信仰的力量》,参加总局和重庆市汇演并在重庆市直机关"迎接十九大坚决跟党走"文艺汇演中获得一等奖。积极关心改善老干部生活条件,丰富老干部组织活动。成功创建了"全国文明单位"。

【2018年工作思路】全面贯彻党的十九大精神,以习近平新时代中国特色社会主义思想为引领,按照质检总局"五个提升"的部署和重庆市委市政府"内陆开放高地建设行动计划"的要求,聚焦"深学笃用新思想,强检兴渝新作为"的主题,大力实施助推优进优出质量水平提升、强化国门安全保障水平提升、促进贸易便利化水平提升、夯实基础条件能力水平提升、依托技术服务产业扶贫水平提升、加强党的建设引领队伍能力水平提升等六项提升行动计划,开展好"质量提升行动年"活动,为重庆实现更高水平的开放和更高质量的发展作出新的更大贡献。

重庆食品药品监督

重庆市食品药品监督管理局 王盈

【概况】市委、市政府不折不扣地落实国务院关于食品药品安全体制改革的安排部署，通过2013年的改革，整合工商、质监、卫生和原食药监部门食品安全监管职能，重新组建市区(县)两级食品药品监管机构并保持对区县分局的垂直管理；按“一乡镇(街)一所”原则，在全市1029个乡镇(街)设立了190个直管所、839个非直属的监管办；通过财政购买服务在全市10981个村(社区)设立了兼职协管员，建立起符合中央改革精神和我市市情的食品药品监管“三级机构四级网络”。通过改革，结束了食品安全分段监管的历史，责任主体相对集中，有效解决了“九龙治水”、推诿扯皮的问题。根据市政府“三定”方案，我局主要承担食品(含保健食品)、药品、医疗器械、化妆品从生产、流通到使用全环节的安全监管职责。

一、2017年工作回顾

2017年，在市委、市政府坚强领导下，我局深入学习贯彻党的十九大精神，以习近平新时代中国特色社会主义思想为指引，全面落实党中央、国务院的决策部署和市委、市政府的工作要求，切实增强“四个意识”，严格落实“四个最严”，坚持抓基层强基础，抓治理保安全，抓改革促发展，安全形势总体平稳可控。

【监管责任体系建设】积极争取市政府调整成立了市食品药品安全委员会，将成员单位由26个增加到32个。组织市食药安办牵头重新制定了《工作规则》，建立并落实会议、报告、形势会商、联合执法、应急处置、督察督办、考评奖惩等10项工作制度，形成齐抓共管、高效联动、群策群力的良好局面。认真研究落实食品药品安全“党政同责”的具体措施，《关于落实食品药品安全党政同责的意见》《食品药品安全工作考核考评办法》已经市食药安委全体会议审议通过，按程序提请市政府常务会议、市委常委会会议审议。争取市委、市政府继续将食品药品安全工作纳入对区县党委政府的经济社会发展实绩考核，并将其由保证目标调整为权重3%的具体指标，较好发挥了考核指挥棒作用。

【基层治理能力和保障水平】进一步合理划分市、区县和乡镇(街道)食品药品监管所事权，明晰权力责任清单，推行网格化监管，强化考核督导，有效激发基层监管活力。扎实推进基层监管机构规范化建设，全市乡镇(街道)食品药品监管所办公、业务用房满足正常工作需要，执法装备持续加强。扎实开展基层监管机构全员教育培训，全年人均培训166学时。初步建成食品药品监管信息平台，智慧监管能力得到提升。食品药品安全经费保障力度加大，2017年市和区县两级财政投入同比增长33.7%，以财政投入撬动全社会投入，改善了整个食品药品安全工作基本面。

【国家食品安全示范城市创建】全年召开推进会、现场会和调研会5次，强力推进创建工作。20个区县申报市级评价验收，培育了143个街道、149个乡镇、433个社区、39个商圈、38个种植基地作为示范创建单位。高标准、大力度推进“放心肉菜示范超市”创建，123家超市踊跃参与，已对7家开展市级验收。持续深入开展创建及食品安全宣传，切实提高群众知晓率、参与率。全市食品安全总体满意度为70.18%，较创建之初提升10个百分点，创建效应初步显现。

【食品药品安全风险管控】把风险管理作为食品药品安全治理的核心工程。深入排查隐患，扎实开展为期四个多月的食品药品安全风险隐患大排查大整治大执法大督察“四大行动”,共计排查食品药品生产经营企业26.3万家次,排查风险隐患6.9万个,责令整改3万家次,约谈2344家次,取缔无证生产经营634户,责令停产停业76户次,吊证(扣证)4户,一般程序立案2754件,移交司法机关36件。强化检查抽查,继续对地产食品药品实施全覆盖抽检,抽检不合格产品信息全部向社会公开,并100%完成核查处置。组织双随机飞行检查70余次,收回药品GMP证书7张、吊销GSP证书27张。完成食品快检10万余批次,不合格率3.97%。抽查检查对提高监管针对性和靶向性的作用有效发挥。建立长效机制,进一步健全食品药品监管系统风险隐患动态排查机制、部门联合风险会商机制和企业自查、协会协查、监管检查“三查”联动机制,建立“区县分局每半月、市局每月、市食药安委每季度”的风险隐患定期分析研判长效机制,整合高校、科研机构和检验机构的技术资源开展风险监测课题研究和检验技术攻关,努力破解食品药品安全隐患难发现、难检测、难处置等顽症痼疾。

【专项整治成效突出】先后组织开展了学校及周边食品安全、火锅类食品、网络订餐、畜禽水产品抗生素、食品保健食品欺诈虚假违法广告、非法医疗美容等20余项专项整治。依法查处食品药品安全一般程序违法案件7870件,同比增长23.7%。深化行刑衔接,铜梁区苏某等人销售保健食品诈骗案、非法生产有毒有害食品案、王银锋销售假药案、刘国兴非法经营药品系列案等特大、典型案件成功告破。在专项整治中,坚持标本兼治,如在地沟油专项整治中,针对发现的共性问题和暴露出的“潜规则”,会同有关部门建立起加强“地沟油”治理的长效机制;针对餐饮食品安全问题,实施餐饮质量安全提升工程,努力从制度上根本上解决问题。

【“四位一体”打击食品药品安全犯罪常态机制】健全完善与公、检、法常态化协作机制,制定实施细则,进一步深化“行刑衔接”,着力解决食品药品安全违法犯罪取证难、移送难、入罪难等问题。全年会同农业部门、公安机关开展联合执法行动100余次。根据公安机关检验检测需求,出具食品检验报告1072份,承担费用200余万元。会同市政府有关部门联合印发《关于做好食品药品重大违法犯罪案件信息通报和发布有关工作的通知》,建立了食品重大案件查办信息通报机制和信息发布前评估会商机制。全年食品药品监管部门依法查处食品药品安全违法案件7870件,同比增长23.7%。我市组织侦破的“5·20”特大制售地沟油专案获公安部通令嘉奖。我局查处的“王银锋销售假药案”,涉及26个省、1200多个窝点,已查清货值金额超过2000万元;“刘国兴非法经营药品系列案”入选全国优秀案例。

【食品药品安全法治化】认真实施《重庆市食品生产加工小作坊和食品摊贩管理条例》,配套制定了食品生产加工小作坊登记管理办法和食品摊贩、家庭集体宴席服务备案管理办法,将“三小”和家庭集体宴席服务全部纳入了监管范围。制定出台了食品安全违法案件查处事权划分办法及自由裁量权基准,加大对基层一线执法人员的指导和监督,将执法办案质量纳入考核,不断提高基层监管执法规范化和标准化水平。广泛开展法律法规宣传和对执法人员、从业人员的法制培训,努力推动形成生产经营者和从业人员自觉守法、部门监管依法、消费者遇事找法、解决食品药品安全问题用法的良好局面。

【深化改革助推产业发展】有序推进药品医疗器械审评审批制度改革。积极开展仿制药质量和疗效一致性评价工作,目前我市已启动一致性评价药品批文148个。改革医疗器械注册工作,有效简化医疗器械注册审批程序,优化审批流程,全市共有17家企业39个产品纳入了优先快速审评审批通道。支持药品批发企业和药品零售连锁企业跨区县设置药品仓库,促进药品仓储资源的整合和利用。支持药品经营企业首营资料采取电子数据形式,明确符合要求的电子化首营资料和纸质首营资料具有同等效力。制定出台《关于自由贸易试验区内小微型餐饮服务提供者备案管理试点工作指导意见》，支持自贸区内小微型餐饮企业由许可管理变为备案管理，进一步推进营商环境法治化、国际化、便利化，有效释放企业创新创业活力。

【社会共治良性格局】

积极开展“食品安全宣传周”“安全用药月”“12331 投诉举报主题宣传日”“安全知识大讲堂”和食品安全法律知识竞赛等活动，深入宣传贯彻食品安全法和地方食品药品安全法规，广泛普及食药安全知识，大力弘扬“尚德守法、共治共享食品安全”，进一步增强人民群众自我保护能力和意识。严格督促生产经营者落实主体责任，健全企业自查、协会协查、监管检查“三查”联动机制。推进信用体系建设，建成全市统一的食品药品安全信用信息管理平台，与市网审平台、信用重庆等平台对接，初步实现数据共享。主动公开行政许可、行政处罚、产品抽检等信息，曝光不合格产品和违规违法企业，进一步完善“黑名单”制度，将 51 家食品药品严重失信企业纳入“黑名单”，倒逼企业落实主体责任。制定出台《开展食品安全责任保险工作的指导意见》，推广试点经验，建立符合市场经济规律的新型食品安全责任体系。畅通投诉举报渠道，完善有奖举报办法，打造“12331”品牌，全年共受理举报投诉 14504 件，按时办结率 100%。

【全面落实管党治党责任】

局党组把学习宣传贯彻党的十九大精神作为首要政治任务，紧紧围绕落实习近平新时代中国特色社会主义思想和食品药品安全战略思想，引导全系统党员干部旗帜鲜明讲政治，牢固树立“四个意识”，增强“四个自信”，做到“四个服从”。切实推进“两学一做”学习教育常态化制度化，组织网上知识竞赛、专题讲座、重温入党誓词等活动，突出党性锻炼，强化宗旨意识。加强和改进意识形态工作，完善工作机制，加强正面宣传引导和阵地管理，汇聚正能量。强化监督执纪工作机制，从严从实抓好党风廉政建设，始终保持反腐败高压态势，对违规违纪问题坚决“零容忍”。

二、2018 年工作目标

深入学习贯彻党的十九大精神，以习近平新时代中国特色社会主义思想为指引，认真落实党中央国务院决策，按照市委五届三次全会和市人大五届一次会议工作部署，坚持“四个最严”，坚持以人民为中心，坚持稳中求进工作总基调，坚定贯彻新发展理念，紧扣社会主要矛盾变化，按照高质量发展的要求，扎实推进“八大战略行动计划”和“三项攻坚战”，实施食品药品放心工程，提升食品药品安全治理能力水平，努力让人民群众饮食更加放心、用药更加安心、生活更加舒心。

围绕深入贯彻总书记关于食品药品安全工作的战略思想，切实把党的十九大精神和习近平总书记的殷殷嘱托全面落实在市食药监全系统全领域，前期，市局党组根据市委市政府部署要求，集思广益、深入调研，梳理形成了“123371”的工作思路，即：找准“食品药品安全是公共安全、是国家战略”这一定位，强化“开门监管、主动作为”两大理念，把握“保安全、促发展、惠民生”三个重点，明确“健全机制、提升能力、深化改革”三个路径，用好各级党委政府食品药品安全委员会、考核“指挥棒”、问责“利器”、行政许可、执法手段、信息化工具、舆论宣传这七个抓手，用党建统领一切工作。

重庆安全生产

重庆市安全生产监督管理局 刘恒

在市委、市政府的坚强领导下，重庆安全发展取得了突出成绩，与经济社会同步发展。2017年，全市共发生生产安全事故901起、死亡967人，同比分别下降12.5%、15.8%；较大事故18起，下降28%；杜绝了重特大事故。死亡人数从直辖初期的3600多人首次下降到1000人以内，实现了历史性突破。

一、全市安全生产工作进入了新的阶段

在历经了事故高发、持续下降、基本稳定三个阶段后，当前正跨入持续向好安全保障的新阶段。

（一）历经三阶段，当前跨入持续向好安全保障的新阶段（见下表）

发展阶段	时间段（年）	年均死亡人数	年均较大事故数	年均重特大事故数	平均每天死亡人数
事故高发	1997—2003	3000	86	11	8.2
持续下降	2004—2008	2369	67	3.8	6.5
基本稳定	2009—2016	1524	32.6	1	4.2
安全保障	2017—	967	18	0	2.6

死亡人数：由最高的2003年3613人下降至2017年967人；

较大事故：由最高的2003年98起下降至2017年的18起；

重特大事故：由最高的1998年19起下降至2017年的0起；

每天死亡：由最高的2003年8.2人下降至2017年2.6人。

（二）安全生产与经济社会发展同步协调（见图1）

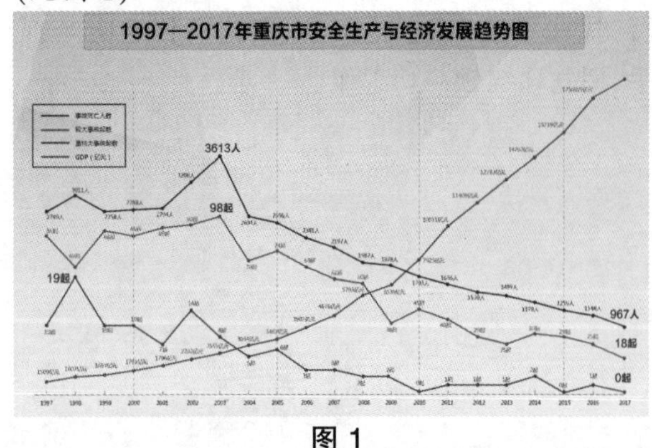

图1

（三）得益于"五个坚持"

——坚持以安全生产责任制建设为灵魂，着力完善"党政同责"和"一岗双责"、属地监管、综合监管、行业直管、企业主体责任"五大责任体系"，形成党委领导、政府负责、社会协同、公众参与、法治保障的共建共治共享的社会治理格局。

——坚持以强化执法为手段，严格"首查必罚"和"三责同追"，创新实施监管执法"三部曲"、标准化评审与监管执法"二合一"，营造严格的安全生产执法环境，推动企业主体责任落实。

——坚持行之有效的办法经常用，持续深化道路交通"两化一整治"、建设施工"两防"、煤矿"体检"、危险化学品"四化"重点专项整治，在防范重特大事故上见到实效。

——坚持以基层基础工作为主线，完善了市、区县、乡镇"三级"监管体制，投入8亿元配备执法装备，确保了安监系统、重点行业和乡镇

安全监管有人干事、有条件干事、有能力干事。

——坚持以调整产业结构、关闭“四小”和加强基础设施改造为重点,狠抓安全基础改善、安全保障提升。

二、2017年主要工作

以为党的十九大营造安全稳定环境为首要政治责任,重点抓了六个方面的工作。

(一)积极推进安全生产领域改革发展

一是构建改革发展体系顶层设计。认真贯彻落实《中共中央、国务院关于推进安全生产领域改革发展的意见》精神,在全国率先出台了我市实施意见,从责任、体制、法治、防控、基础保障5个方面,明确了35项改革发展任务。

二是进一步明确监管职责和重点内容。逐一制定63个市级部门(单位)安全生产职责清单,明确15个行业领域137条事中事后重点监管内容的负面清单,得到国家层面的充分肯定。

三是全面夯实基层监管防线。市政府决定进一步完善区县安全监管体制,独立设置乡镇安监机构,按3、5、7名标准分类配备专职人员,基层监管体制得到根本改善。

四是精心推动贯彻落实。打造开州、涪陵、合川等6个改革试点区县,实行重点突破、示范引领。目前,大部分区县结合实际出台了具体贯彻意见,为全面推进改革发展注入新动力。

(二)着力构建齐抓共管工作格局

一是细化“党政同责、一岗双责”。实行“专人负责、专题研究、专项检查、专档记录、专案突破”,党政领导班子严格履职。

二是落实“三个必须”。坚持“管行业必须管安全、管业务必须管安全、管生产经营必须管安全”,齐抓共管合力明显增强。

三是强化企业主体责任。建立班组日排查、部门周排查、经理月排查的“日周月”隐患排查治理制度,做实做细企业安全检查。实行安全标准化升降级动态管理,推行标准化评审与执法检查“二合一”,减轻企业负担,提升监管效能。

四是发动社会共建共治。以建立群众举报投诉监督机制、加强网格化管理、严格企业诚信管理为重点,推动社会共建共治。

五是逗硬追责问责。采取督察督办、警示约谈、通报批评、组织处理、纪律处分、刑事追究等“六种形态”,约谈走过场、不落实或事故反弹的区县政府和行业主管部门18个,党纪政纪处分61人。

(三)全面逗硬安全监管执法处罚

一是规范执法检查。坚持“首查必罚”,严格实行检查诊断、行政处罚、整改复查的执法检查“三部曲”,关闭取缔和停产整顿6632家、吊销执照2654个。

二是开展执法“清零”。全市区县所有负有安全监管职责的部门9月底前全部实现了执法“清零”,较好地解决了不执法、软执法和执法“放水”的问题。

三是严厉打非治违。坚持常态打非、专业打非,安监、公安、商务、工商等部门联合组成打非工作组,收缴烟花爆竹12万件,没收危险化学品2000余吨、非法成品油124吨,行政罚款377.5万元,拘留336人,判刑4人。

四是实施联合惩戒。实行安全生产领域失信联合惩戒和“黑名单”暂行管理制度,公布失信企业16家,惩戒客运企业55家,曝光较大事故和严重违法行为43起、重大隐患42个。

(四)深入开展大排查大整治大执法

一是开展全方位排查整治。为确保高温汛期、十九大、岁末年初的安全稳定,开展了3轮安全生产大排查大整治大执法。政府层面全面开展安全风险研判,企业层面全面推行“日周月”隐患排查制度,部门层面严格执法检查,收到了明显成效。

二是狠抓重点专项整治。实施“十字”工作法煤矿综合整治,年产能9万吨及以下的煤矿全部关闭退出;开展道路交通“两化一整治”,农村道路连续132个月、高速公路连续40个月未发生重特大事故;深化建设施工“两防”,处罚257.5万元;深入开展电气火灾整治,拘留260人。

(五)不断改善安全保障基本面

一是淘汰落后产能。结合供给侧结构性改革,关停"地条钢"企业20户,关闭煤矿10家、非煤矿山101家,关停和搬迁危险化学品企业26家,52家烟花爆竹生产企业全部转型退出。

二是改善基础设施。安装道路"生命工程"防护栏1000公里,拆解退市省际客船24艘,改造老旧居住建筑消防设施3000栋,"两客一危"车辆GPS安装率、上线率、违法查处率、处警率和重大建设项目视频监控率100%。

三是加强宣传教育。深入推进安全知识"十进",提升全民安全素质。采取业务培训、执法培训、企业负责人培训、企业师资培训等形式,培训各类人员5200余人次。

四是强化应急救援。深化应急救援"三支队伍"建设,组建队伍48支、战斗队员768人。组织应急预案演练3446场次。

(六)圆满完成迎检督察工作任务

一是顺利迎接国务院安委会年度考核、工作巡查和3次督察检查,充分展现了全市安全生产工作成效。对反馈的问题坚持即查即改、严肃整改,得到了国务院安委会高度肯定。

二是借鉴国务院安委会巡查模式,市政府安委会对13个区县进行"解剖式"督察,推动了责任落实、措施落实。

三是以检查督察为契机,加大"一案双查"和"三责同追"力度,查处事故336起,处罚1.3亿元,党纪政纪处分61人、追究刑事责任45人。

三、2018年工作

2018年,是全市安全生产领域改革发展监管执法的"强化年"。全年工作目标是:事故死亡同比下降5%,较大事故控制在20起以内。工作思路是"153":

(一)1个核心目标

坚决杜绝重特大事故。

(二)5个重点工作

一是落实企业主体责任。强化企业主要负责人第一责任,落实全员安全生产责任制,创建安全标准化,建立风险隐患双防控体系,完善技术管理体系。

二是强化政府监管执法。强化"党政同责、一岗双责",落实部门监管责任,坚持严格执法、规范执法,开展专项执法行动,加强执法保障。

三是推动社会共建共治。加强基层网格化管理,发挥群团社会组织作用,建立群众举报监督机制,提升全民安全素质。

四是深化重点专项整治。持续深化交通、建设、矿山、危化、消防等重点专项整治,切实加强其他行业重点专项整治。

五是夯实安全保障基础。加强源头管控,淘汰落后技术和产能,改善安全基础条件,实施科技兴安战略,提升应急救援能力。

(三)3条保障措施

一是加强组织领导。切实加强安全生产工作的组织领导,坚守安全红线,坚决防控重特大事故。

二是全面推动改革。全面贯彻落实安全生产改革发展实施意见,按标对表完成改革任务。

三是实施激励约束。严格考核奖惩,实行重大安全事故"一票否决";全面推行安全生产巡查制度;严格事故责任追究,做到守土有责、守土负责、守土尽责。

重庆烟草

重庆市烟草专卖局 孟然

一、2017年发展回顾

【概况】重庆市卷烟商业实行母分公司管理体制，市公司下属销售分公司、烟叶分公司、物流分公司3个专业分公司和39个区域分公司，1个烟叶复烤企业、1个全资子公司（多元化经营企业）、1个烟草科学研究所。2017年，市烟草专卖局（公司）以习近平新时代中国特色社会主义思想为指导，深入学习宣传贯彻党的十九大精神，在市委、市政府和国家烟草专卖局的正确领导下，在全市烟草产业发展领导小组具体指导下，坚持稳中求进的总基调，切实履行为国纳税、为民谋利、服务地方经济建设的主要职责，紧紧围绕"稳销量、提结构、增税利"目标任务，全面加强党的建设，狠抓各项重点工作，切实提高经济运行的质量和效益，取得较好成效。实现主营业务收入401亿元，同比增长2.04%；税利107.9亿元（其中卷烟94.6亿元、烟叶12.9亿元），增长4.82%；税金76.7亿元，增长4.43%；净利润31.2亿元，增长5.56%；销售卷烟114.7万箱，增长0.59%。

一是强化目标引领。始终把卷烟营销作为重中之重，紧扣年度目标，紧盯进度排名，37次召开销售专题会议，15次下达调度任务，设立2196万元专项奖励，激发全员抓销售、保目标的积极性。全市系统认真贯彻落实市局（公司）党组决策部署，咬定目标不放松，区县各单位讲政治、顾大局，关键时刻勇担当，推动全市销量增幅排名上升到全国第16位。

二是强化营销创新。扎实开展信息采集和市场分析，改进需求预测，全年需求预测准确率达到94.3%，提升4.4个百分点。改进货源组织，动态调整购销协议，强化紧俏货源衔接，积极推进网上配货，全年组织紧俏品规5.79万箱，同比增长51%。改进货源投放，根据市场实际制定五类差异化投放策略，客户订货成功率、订购率、订足率分别提高5个百分点、6个百分点和5.2个百分点。

三是强化品牌支撑。以市场为导向，严格品牌进退，全年引入成长性新品82个，清退滞销品规58个，在销品规布局更加合理。重点培育高价位、高贡献度品规，中华（硬）、云烟（大重九）、黄鹤楼（1916）、贵烟（国酒香30）等销量快速增长。积极引导消费升级，销售一二类烟46.72万箱，占比40.47%，提高9.62个百分点，三类烟销量下降5.57%，销售结构梯次上移，推动卷烟单箱收入同比增长1045元，达到3.16万元。始终坚持"三全三同三个一"，在不牺牲市场资源的前提下，为地产烟品牌培育和销量的止跌出政策、腾空间，合力攻坚，全年销售地产烟52.65万箱，占总销量的45.89%。

四是强化终端建设。以发挥零售客户市场主体地位作用为目标，以"树立标杆，典型引路"主题活动为抓手，打造集团客户标杆和现代终端标杆，扩大溢价、紧俏品规投放面，引导市场公平有序竞争，推动150个客户自律小组在稳价格上发挥积极作用，客户经营毛利率同比提高2个百分点。

五是强化物流保障。全市物流克服困难压力，全年卷烟配送同比增加1080趟次，异型烟分拣量同比增长155%，单箱物流费用同比下降2.21%，送货差错率有效控制，有力保障了卷烟营销。

（一）经济监督管理情况

【概况】2017年，市烟草专卖局在市委、市政府和国家烟草专卖局的正确领导下，在全市烟草产业发展领导小组具体指导下，坚持守土有责、守土负责、守土尽责，牢固树立“天天管、管天天”专卖管理新理念，扎实推进全时段、全地域、全类别、全过程监管，始终保持打假打私打非高压态势，较好完成各项工作任务。

一是“铁拳”专项行动打出成效。聚焦违法违规大户和名烟名酒店，坚持既打流入，又打流出，划分五大战区，抽调稽查骨干组成“百人团”，组建并长期保持6支以上机动队，严打“二次批发、左右价格、扰乱市场”行为，全市大规模、大跨度拉动检查成为常态，精兵强将机动出击与突破专案相结合成效明显。全年专项行动共出动9.6万人次，检查零售户30.81万户次，取缔违法名烟名酒店332户，取缔违法违规大户89户。

二是“渝铁1号”专项行动形成震慑。以铁路“背包客”非法贩运卷烟为打击目标，联合重庆铁路公安，开展铁路非法贩运卷烟集中整治，全年大规模登车查缉23次，查获违法卷烟333.42万支，铲除日吞吐量近60万支的假私非烟集散点1个。

三是打假破网深入推进。着力建机制、堵源头、斩末端、打团伙、管市场，巩固联合执法机制，积极破解新型涉烟违法犯罪监管难题，严打制售假烟团伙。全年办结网络案件26起，其中公安部部督案件1起，国家局级案件17起，超额完成国家局下达的目标任务。

四是日常监管持续加强。突出本土市场，与高管、运管、民航公安、水警等部门构建市场监管立体防控网，与邮管深入推动寄递渠道同管共治，与海关拓展联合监管新领域，严查真烟非法流通、卷烟售假售私、烟叶无证运输等违法行为。全年，共查处涉烟违法案件1.36万起、实物案值1.25亿元、违法卷烟10494.95万支、烟叶90.57吨，查办案件数、案值数、违法卷烟数分别同比上升19.66%、72.95%、37.37%；办理真烟“双五万”案件187起，市外真烟查获数量月排名四次进入全国前五位。全市系统认真落实“放管服”改革要求，强化许可证后续监管，依法注销异常许可证1.48万户，管理水平持续提升。

五是内部监管扎实推进。始终把规范经营摆在首要位置，把纪律和规矩挺在前面，强力规范经营行为。压紧压实规范经营责任，严明规范纪律，制定28个管理制度，划出“三个不要”“五个坚决禁止”和“四个绝不允许”规范“红线”，与各直属单位签订《“两烟”规范经营责任书》，对违规经营行为实行“一票否决”。全面加强规范经营监管，落实规范经营专销联席会议、定期通报和考核奖惩制度，专销联动发力规范。升级卷烟营销系统，锁死内部IP地址订货，从源头严控异常订单，杜绝违规代订。从紧设置敏感品牌供应标准，结合市场状态停投、减投25个敏感品规，严格卷烟配送监管，卷烟外流风险最大限度降低。严格内管“三查一打两防”，全年开展预警调查3813起，真烟外流调查174起，一案双查64起，处理举报投诉14起。

(二)烟叶生产情况

【概况】2017年，市烟草专卖局在市委、市政府和国家烟草专卖局的正确领导下，在全市烟草产业发展领导小组具体指导下，紧紧围绕“严控规模、打造品牌、规范发展、促农增收”中心任务，练好发展基本功，稳住生产基本面，保住了烟农收入基本盘，为全市打赢脱贫攻坚战增添了助力。

一是严格按工业订单组织生产。严格落实国家局要求，逐一对接工业需求计划，全年按订单计划种植烟叶110.5万担，落实种植面积42.47万亩，收购烟叶102.21万担，因灾减产8万担，完成计划的92.5%。

二是“渝金香”品牌打造步伐坚实。坚持走品牌发展、以质取胜之路，发挥重庆“醇甜香”型烟叶产地优势，定向打造10万担K326特色烟叶种植带，烟叶质量受到工业好评。贯彻绿色发展理念，加强科技创新，有效实施绿色防控，亩施农家肥132.6公斤，蚜茧蜂防治技术100%覆盖，化肥农药“零增长”。创新收购方式，采烤分收一体化实现全覆盖，收购等级合格率、工商交接等级合格率创近年新高。克服复烤设施设备老化困难，扎实开展均质化加工，出片率

66.64%,同比增加0.39个百分点。深化与蒙昆公司、重庆中烟、四川中烟合作,以重庆烟叶为主配方开发的系列卷烟陆续上市。在8月份召开的品牌发布会上,"渝金香" 特色烟叶受到众多业内专家好评。

三是促农增收工作逐步深入。坚持"主业稳收、辅业创收"工作思路,全年配套各类生产投入2.18亿元,烟农亩均投入减少513元。专项列支灾害保险850万元,申请国家局保险补贴170万元,烟农种烟基本无后顾之忧。根据收购形势实施全等级收购,增加烟农收入3000余万元。推进合作社公司制改革,31家合作社组织烟农综合利用现有产业设施资源,种植花卉、蔬菜、菇类等经济作物,多元产业为烟农增收6925万元。全年,烟农户均收入超过8万元,基本实现"减产不减收"。

四是精准扶贫助力脱贫攻坚。全市建档立卡贫困烟农3319户,将63.5%的烟叶计划向贫困村倾斜,帮助2081户烟农种烟脱贫;继续推进烟区常规基础设施建设,不断改善烟区生产生活条件,总投资8.35亿元的12个援建水源工程项目全部落地贫困地区。全市系统向14个贫困区县、4个深度贫困乡镇捐赠资金920万元,支持当地脱贫项目。市局(公司)对口帮扶彭水县、丰都县,12个产烟区县单位定点帮扶22个种烟贫困村,9名党员干部担任贫困村驻村第一书记,为当地脱贫攻坚作出了积极贡献。

(三)烟叶复烤加工情况

【概况】重庆烟草工业由卷烟制造和烟叶复烤加工两部分组成,其中烟叶复烤加工企业由市烟草专卖局管理。

重庆烟叶复烤有限公司是按照现代企业制度组建的股份制打叶复烤企业,隶属重庆市烟草专卖局(公司)。公司下辖重庆烟叶复烤有限公司万州复烤厂(原重庆万兴烟叶有限责任公司)和重庆烟叶复烤有限公司彭水复烤厂(原重庆金益烟草有限责任公司)。公司注册资本金98109.85万元。

2017年,复烤公司在市烟草专卖局(公司)领导下,坚持"努力提升公司核心竞争力"的工作主线和"拓展加工市场,稳定加工质量,强化精益管理,提升队伍素质"的工作重点,全力打造"重庆复烤"品牌,较好完成目标任务。全年共加工原烟84.66万担,出片率66.64%;营业收入21143万元,税利4515万元。易地技改项目完成了地块场平,开展项目用地初勘工作,并按照国家局的最新控标要求完成项目调整方案。

二、发展中存在的问题

全市烟草商业系统的发展还存在着一些不平衡不充分的矛盾和一些不协调不可持续的问题,集中表现在:全市卷烟销量增长有限,结构增速放缓,深化卷烟营销市场化取向改革仍需努力;重庆烟叶的市场竞争力还不够强,产销矛盾依然存在,弥补计划调减带来的税利缺口、助力地方脱贫攻坚仍需努力;假私非烟打而不绝,"互联网+物流寄递" 等新型涉烟违法犯罪活动更加隐蔽,整治违规大户和非法流通行为任务艰巨,打假打私打非工作仍需努力。

三、2018年发展目标

2018年,全市烟草商业系统将深入学习宣传贯彻党的十九大精神,以习近平新时代中国特色社会主义思想为指导,加强党对改革发展工作的领导,紧紧围绕统筹推进"五位一体"总体布局和协调推进"四个全面"战略布局,坚持稳中求进工作总基调,坚持新发展理念,认真贯彻落实全国烟草工作会议和全市经济工作会议精神,紧扣社会主要矛盾变化,以服务人民对美好生活需要为落脚点,按照高质量发展要求,以供给侧结构性改革为主线,紧紧抓住税利总额这个核心指标,以卷烟营销为中心,坚持质量第一、效益优先,统筹推进各项工作,努力推动发展质量变革、效率变革、动力变革,实现重庆烟草的持续平稳健康发展。

工作目标是:销售卷烟117.1万箱,种植收购烤烟93.3万担、晾晒烟5万担,实现税利106亿元以上。

第四编
产业状况

第一产业

2017年农村经济发展运行情况

重庆市农业委员会 曾学政

一、2017年发展回顾

2017年，在市委、市政府的坚强领导下，全市农业系统深入贯彻党的十九大精神和习近平总书记视察重庆重要讲话精神，坚决落实习近平总书记关于"三农"工作的新理念新思想新战略，及时调整工作思路，扎实推进农业供给侧结构性改革，农业农村发展保持稳中有进良好态势。一是农民收入稳步增长，人均可支配收入达12638元，同比增长9.4%，增速列全国第3，城乡居民收入比下降到2.55:1；二是城乡供给有效保障，粮食、生猪、蔬菜等主要农产品量足价稳，未发生重大农产品质量安全事件、未发生区域性重大动物疫情；三是特色产业增势强劲，重点特色产业链综合产值达到1200亿元、同比增长15%，乡村旅游、农产品电商等蓬勃发展，收入分别达到560亿元、510亿元，分别增长65%、46%；四是污染防治力度空前，中央环保督察问题全面整改落实，关闭搬迁禁养区畜禽养殖场(户)1064家，治理污染81万头生猪当量；五是农村改革多点突破，农村承包地"三权分置"、产权制度、财政投入股权化、"三变"改革试点稳步推进，发展动力活力明显增强。

(一)扎实推进结构调整

启动1250万亩"两区"划定工作，申报创建国家级特优区3个，潼南区创建国家现代农业产业园，忠县创建国家田园综合体试点。加大结构调整力度，调减籽粒玉米和劣质小麦51万亩，新发展特色产业80万亩、总面积达到1248万亩。建成全国最大柑橘种苗基地，种苗供应占全国80%以上。推动一二三产业融合发展，积极发展农产品加工业，全年产值3900亿元、增长7.8%；重点推进休闲农业和乡村旅游示范建设；114个市级以上现代农业示范园区建设深入推进。

(二)扎实推进品牌创建

实施"品牌推进年"行动，制定品牌目录和管理办法，编制品牌战略规划，完成整体区域公用品牌申报注册。举办区县长品牌推荐发布会等系列活动，多形式宣传推介农业品牌，全年新增市级以上农业品牌131个，新认证"三品一标"1489个，年认证量首次破千。

(三)扎实推进绿色发展

大力推广节水、节肥、节药等绿色技术，化肥、农药使用继续减量，完成耕地保护与质量提升22万亩。加快发展生态农业，开展创新试点18个，实施稻鱼工程60万亩。创建国家绿色示范县2个。

(四)扎实推进产业扶贫

进一步完善规划、细化政策、实化措施，组建18个技术指导组，加强对18个深度贫困乡镇工作指导，带动各级共向贫困村派出科技人员8920人，结对帮扶17.32万贫困户。组织35家龙头企业与深度贫困乡镇签订项目94个、协议投资40.8亿元。通过产业扶贫，带动64.98万贫困人口，人均增收667元。

(五)扎实推进安全监管

加强质量安全体系建设，完成质检机构"双认证"18家，建成市级示范站50个，涉农乡镇农残速测设备实现全覆盖。完成农产品检验检测8.1万批次，合格率97%以上。创建国家农产品质量安全县3个，制修订农业标准88项，建设质量安全追溯点1300余个。在7个区县开展高毒高残留农药禁止使用试点，基本实现兽药经营环节追溯管理全覆盖。大力开展农业综合执法和专项整治行动，共查处案件709件，挽回损失5000余万元。加强动植物疫病防控、渔业船舶等安全生产,推进"平安农机"创建,安全形势稳定向好。

(六)扎实推进改革创新

全面贯彻中央和市委农村改革部署,出台"三权分置"实施方案,农村承包地流转面积占比达42.9%;实施农村集体产权制度改革2400余个村,量化资产25.6亿元;累计培育新型农业经营主体19.8万余个、新型职业农民13.7万人。深入推进农业财政补助资金股权化改革,整合投入10.5亿元,惠及集体经济组织1352个、农户15.48万户。在16个区县、200个村开展扶持村级集体经济发展试点。推动政策性农业担保向基层延伸、向"小微"倾斜,全年为5600个农业项目担保融资28亿元。农业保险险种达到35个,实现保额375亿元。创新农业经营机制,开展生产托管服务试点106万亩。大力推进农村创业创新,建设"双创"园区131个,其中国家级22个。加快农业科技创新,建立"农科教、产学研"一体化农技推广联盟53个,审定主要农作物新品种43个;"重牧硅谷"加快建设,入驻企业42家,产值过千万的达到6家;深入推进基层农技体系改革与建设项目,13个乡镇农业服务中心被评为全国第二批五星级农技推广机构,2名同志获全国最美农技员称号。

(七)扎实推进基础建设

夯实农业信息基础,深入实施信息进村入户工程,"三农"大数据中心、农产品质量安全追溯云平台和农村土地承包经营权信息应用平台等加快建设。加强农业生产能力提升,新建高标准农田160万亩。加快发展设施农业和机械化作业,温室设施装备面积51.3万亩、设施灌溉和机械化施肥77万亩。完成宜机化地块整治8万亩,深松作业20万亩,耕种收综合机械化水平达到47%。新建村社便道7859公里,累计建成2万公里。

二、发展中存在的问题

一是农业结构有待优化,特色产业规模和质量有待提高;二是农产品加工能力不强、市场销售体系有待健全,产业链不够完善;三是新型农业经营主体经营实力、带动能力不强,与小农户利益联结机制有待健全;四是农业环保亟待加强,清洁化生产机制和模式尚未全面建立;五是农业基础设施仍然薄弱,特别是耕地宜机化水平不高、机械化作业推广难的问题突出。

三、2018年发展目标

以习近平新时代中国特色社会主义思想为指导,深入贯彻党的十九大精神,坚持稳中求进工作总基调,坚定贯彻新发展理念,以实施乡村振兴战略为总抓手,以深入推进农业供给侧结构性改革为主线,坚持质量兴农、绿色兴农、效益优先,大力实施"六大工程",推动农业农村经济发展质量变革、效率变革、动力变革,加快构建现代农业产业体系、生产体系、经营体系,促进农业全面升级、农村全面进步、农民全面发展。

(一)深化农业结构调整

坚持政府引导、市场引领、主体实施,不断调优粮经比。扎实推进"两区"划定,2018年完成750万亩水稻生产功能区划定任务,调减低效粮食作物250万亩,提高优质粮油比重。大力发展优质蔬菜、水果、茶叶、中药材、木本油料等特色农林产业,新增200万亩以上。

(二)加强农业品牌创建

一是做强公用品牌。推出"巴味渝珍"公用品牌。力争让200家主体、1000个产品用上"巴味渝珍"品牌,提振品牌形象。二是培育产品品牌。新认定市级以上农业品牌100个以上,争创国家品牌。三是扩大"三品一标"。在继续加强认证的同时,更加注重认证成果运用。力争全年新认证"三品一标"500个以上。

(三)扩大农业标准化生产

一是加强标准制订。全面完成2017年启动的88项农业地方标准制修订,2018年启动82项。二是加强标准示范。深入推进"三园两场"示范建设,新增果菜茶标准园50万亩、畜禽标准化养殖30万头生猪当量、水产健康养殖水面5

万亩。在5个区县开展低毒低残留农药试验示范。三是加强标准监管。强化农业标准化生产培训、指导和检查,大力推广生产技术规程、投入品使用标准。

(四)强化农产品质量安全监管

一是深入开展综合执法。完善农业行政执法机制,强化执法行动,为安全优质农产品、品牌农产品保驾护航。二是加强检验检测能力建设。推进区县农产品质量安全检验检测中心建设,强化乡镇农产品质量安全监管站建设,推进村级协管员延伸配备全覆盖。继续开展农产品基地准出和重点批发市场准入试点。三是健全农产品质量安全追溯体系。建设追溯管理信息平台,推进乡镇监管机构和农产品规模化生产主体上线,今年追溯点达1000个以上。

(五)提升农业科技装备和信息化水平

一是实施农业科技推广“双百工程”。立足重点产业,筛选100个优质高产、适销对路的主推品种和100项综合集成、简便高效的主推技术。加强8个产业技术体系创新团队建设,推进重点科技成果转化应用。二是加快农业信息化智能化发展。打造智慧农业示范基地20个。推进“三农”大数据中心建设。实施信息进村入户工程,实现8068个行政村益农信息社全覆盖。推进3个农业特色互联网小镇建设。三是加快农机化发展。开展农业智能化设施设备购置补贴试点。开展全程机械化服务试点,实施100万亩机械化绿色轻简生产示范。

(六)扎实推进三产融合

一是大力发展农产品加工。培育发展加工型农业企业、农民专业合作社,加快发展柠檬、果蔬汁、油料等精深加工业,农产品加工产值达到4200亿元。二是大力发展乡村旅游。打造主城“都市闲情”、渝西“巴渝乡情”、渝东北“三峡真情”、渝东南“民族风情”等乡村旅游主题,积极发展民宿经济,力争乡村旅游综合收入达到600亿元。三是大力发展农产品电商。开展产、供、销一体化,人、货、场智能化电商平台建设,新建智能化线下交易点3个。推动区县品牌电商、市级平台电商和国内知名电商三级资源共享利用。

(七)加强农业生态建设

一是强化耕地资源保护。开展全国第二次污染源普查(农业),实施农用地土壤污染状况详查,完成1900个土壤和农产品采样。加强土壤质量调查与评价,推进878个农产品产地土壤国控点例行监测。二是推进面源污染治理。推进化肥、农药使用减量化,在8个区县开展农药减量控害增效示范。深入开展测土配方施肥和病虫害专业化统防统治,覆盖率分别提高到89%、34%。继续推进禁养区畜禽规模养殖场关闭搬迁,治理40万头生猪当量污染。三是加快废弃物资源化利用步伐。重点抓好5个区县秸秆综合利用试点、2个畜禽废弃物资源化利用整县推进项目、40个大中型沼气和2个规模化生物天然气工程建设。四是大力发展生态农业。开展2—3个畜禽养殖绿色示范县创建,在6个区县实施生态农业创新试点。五是加强农业资源养护。深化生猪无规定动物疫病示范区、柑橘非疫区建设,强化长江上游珍稀特有鱼类国家级自然保护区管护。实施退耕还草1.8万亩,开展草牧业融合发展示范基地创建。

(八)聚力深化产业扶贫

一是深化18个深度贫困乡镇的产业扶贫。抓好深度贫困乡镇产业发展规划实施,帮助有资源、有劳动能力的“两有”户把产业发展起来。二是深化脱贫成果巩固。对产业扶贫政策未兑现的抓紧整改落实,对产业发展遇到困难的贫困户进一步落实专人帮扶,对返贫的农户及时调整思路、强化措施、精准帮扶。三是深化技术指导。及时解决产业技术问题。四是深化农企对接。抓紧落实去年龙头企业与贫困地区达成的210多个产业扶贫项目,继续组织开展产业扶贫项目对接。

(九)加强人才和主体培育

一是吸引工商资本投资现代农业。重点针对现代种养业项目、农产品加工业、现代流通业和农业农村社会化服务,力争吸引投资300亿元。二是吸引各路人才"上山下乡"。鼓励大学生、农民工、退伍军人等回乡创业兴业，力争达到5万人左右。三是加强新型主体培育。新培育家庭农场和种养大户5000个以上，改造提升农民专业合作社1000个左右，新增县级以上农业龙头企业1000家以上。四是加快培育新型职业农民。将本土人才、返乡农民工、退伍军人、回乡毕业生等纳入新型职业农民培训对象，加强合作社带头人、企业经营管理人才培训，培育新型职业农民2万人、实用人才5万人。

(十)深化农业农村改革

一是推动农村产权制度改革。年底前完成清产核资，严格将承包地块测绘上图，稳步推进量化确权。二是推动落实"三权分置"制度。重点在规范流转、股份合作、联合经营、代耕代种等方面加快探索创新。认真研究落实土地经营权权利保护的政策措施。三是推动"三变"改革试点。争取每个区县开展一个试点。同时将财政补助资金股权化项目与"三变"改革试点结合起来，全市整合投入达到10亿元。四是推动农村集体经济发展。研究出台发展壮大集体经济的实施意见。依托"三变"改革试点、财政补助资金股权化项目等，做实集体经济组织，力争今年消除800个"空壳村"。五是推动农村金融创新。重点抓好政策性农业保险增品、提标、扩面。扩大实施农产品收益保险试点，新增保额30亿元。扩大农业小微主体担保融资覆盖面，实现担保融资30亿元以上。

(十一)扎实推进美丽乡村示范村建设

一是制好规划。科学确定乡村风貌、发展方向、主导产业、实施步骤等重点内容，每个区县新确定市级示范村3个左右。二是巩固基础。按照新部署新要求，对原有511个已建美丽乡村示范村继续巩固提升，建出成效。三是分类推进。指导各区县从特色产业、生态农业、农旅融合、三产融合、农村互联网、传统村落保护等方面遴选示范村，做到立足实际、发挥优势、彰显特色，防止脱离产业。四是注重整合。力争把示范村作为各区县试点，切实整合交通、水利、土地、环保、社会事业、党组织建设等各方面资源，系统推进示范建设，把示范村打造成乡村振兴的综合试验平台。

(十二)推进高标准农田宜机化改造

一是高质量完成建设任务。扎实推进农综部门承担的高标准农田建设任务，争取将高标准建设与宜机化改造同步推进。积极协调发展改革、国土等部门，将宜机化纳入高标准农田建设标准之中。二是推动已建高标准农田的宜机化改造。对不适宜大中型农机作业的已建高标准农田优先进行宜机化改造，争取2018年达到100万亩。三是开展全程机械化示范。在粮油、蔬菜、水果等产业基地开展全程机械化示范园(场)建设。实施200万亩机械化绿肥种植培肥以及土壤深松改良。

重庆农村扶贫开发

重庆市扶贫开发办公室 牛文伟

一、2017年发展回顾

【概况】2017年，特别是7月以来，重庆市坚持以习近平新时代中国特色社会主义思想为指导，坚决贯彻中央打赢脱贫攻坚战的决策部署和党的十九大精神，全面落实习近平总书记扶贫开发重要战略思想和视察重庆重要讲话精神，牢固树立"四个意识"，坚持把脱贫攻坚作为头等大事和第一民生工程，坚持精准扶贫精准脱贫，坚持大扶贫格局，全力以赴深化脱贫攻坚，取得了阶段性成果。全年投入市级以上财政扶贫资金51.2亿元，市级资金20.08亿元，国家易地扶贫搬迁专项资金8亿元、示范项目资金5450万元、中央彩票公益金2000万元。全市共完成16万贫困人口脱贫，万州、黔江、武隆、丰都、秀山等5个区县顺利通过国家评估检查，实现脱贫摘帽，贫困发生率降至1.1%。

【脱贫目标】2017年7月以来，重庆市委市政府结合实际，及时召开深化脱贫攻坚工作电视电话会议，对脱贫攻坚工作进行再深化再动员再部署。严格对标对表中央决策部署，以更加扎实有效的工作纵深推进脱贫攻坚。坚决贯彻落实习近平总书记视察重庆时提出“要真抓实干，成熟一个摘一个”的重要指示要求，通过对贫困区县进行综合测算排序，及时调整优化脱贫摘帽指导计划。到2017年底，开州、云阳、巫山等3个区县整体摘帽；到2018年底，石柱、奉节等2个县整体摘帽；到2019年底，城口、彭水、酉阳、巫溪等4个县整体摘帽。确保到2020年，实现现行标准下农村贫困人口、贫困村全部脱贫，贫困区县全部摘帽，解决区域性整体贫困。

【脱贫规划】2017年，围绕脱贫攻坚总目标，扎实编制“规划图”、落实“任务表”、控制“时间点”。先后编制“十三五”脱贫攻坚规划、秦巴山片区区域发展与脱贫攻坚“十三五”规划、武陵山片区区域发展与脱贫攻坚“十三五”规划、深度贫困地区脱贫攻坚规划、扶贫产业发展规划、旅游扶贫发展规划等总体规划和行业扶贫规划近10个，为精准扶贫精准脱贫提供强有力支撑和引领。同时，按照部门职责，分项分年度将规划任务逐一分解到40余个部门和区县，逐级逐项建立规划落实台账，推动各级各部门锁定目标、正排工序、倒排工期，有力有效抓好落实。

【专项扶贫】2017年，坚持“一村一策、一户一法”，针对贫困人口主要致贫原因，扎实推进产业扶持、转移就业、教育资助、医疗救助、生态保护贫、保障兜底等“六个一批”。组织、培育3626家龙头企业参与产业扶贫。落实现代特色效益农业专项资金4.4亿元，推动柑橘、生态渔业、草食牲畜等七大特色产业链覆盖带动贫困人口65万人。发展林果药桑菜、鸡牛羊兔蜂和电商、乡村休闲旅游“10+2”特色扶贫产业，覆盖带动贫困人口近100万人。培训贫困人口18万人次、致富带头人2.1万人次，实现贫困人口转移就业19万人，针对贫困人口开发公益性岗位7.5万个。健全从学前教育到高等教育全覆盖资助政策，资助贫困学生27万人次。率先实施贫困学生就读普通高中学费全免，贫困大学生学费8000元以下据实报销。全面落实贫困人口基本医保、大病保险、商业保险、医疗救助、社会救助“五重保障”，为所有贫困人口购买100元/(人·年)的“精准脱贫保”。设立3亿元扶贫济困医疗救助基金，推行贫困人口在定点医疗机构“先诊疗后付费”。对患重病、慢性病的贫困人口实施集中医治、居家康养等分类救治，实现家庭医生签约服务、电子健康档案建设全覆盖。加大贫困地区造林绿化、水生态治理等生态保护与治理。创建全国休闲农业与乡村旅游示范县10个、示范点23个，全国全域旅游示范区创建区(县)8个，中国乡村旅游模范村41个，乡村旅游综合收入近500亿元，20余万贫困人口受益。实施特殊困难户兜底搬迁，完成贫困人口搬迁10万人。投入专项资金4.3亿元，实施贫困地区基本公共服务项目建设530余个。将符合条件的22.6万名贫困人口全部纳入低保。

【行业扶贫】2017年，加大行业部门政策、资金整合力度，统筹推进交通、水利、文化、金融、科技、电商、乡村旅游、就业培训、环境改善、村企结对十大行业精准扶贫行动。实施交通建设三年大会战，投入贫困地区农村公路建设资金135亿元，新建、改建农村“小康路”8000千米。实施水利扶贫大攻坚，整治山坪塘2.6万口，建设小型水库15座、中型水库23座，受益贫困人口65万人。实施创新创业大帮扶，落实贫困人口创新创业帮扶资金5亿元，建成国家农业科技园区9家，新选派科技特派员2000名，实现贫困人口创新创业“一对一”技术帮扶全覆盖。实施发展环境大改善，为贫困区县新增建设用地8400亩，落实贫困户土地复垦周转金5亿元；完成D级危房改造2.4万户；实现行政村4G网络全覆盖，建成农村电商物流仓配中心 11 个、服务站点 1228 个；建成乡镇级污水处理设施 688 座，实现乡镇集中式污水处理全覆盖；为 136 个移民贫困村落实专项补助资金 7.4 亿元；投资 22.4 亿元，新建续建少数民族特色村镇 35 个。实施公共服务大提升，投入 14.9 亿元，全面改善贫困区县薄弱学校办学条件；投入 18 亿元，支持建设区县人民医院、中医院等医疗卫生机构 108 所；新建村综合文化服务中心 369 个，贫困地区公共服务体系不断完善，服务能力显著增强。

【社会扶贫】2017 年，深化鲁渝扶贫协作，出台《关于进一步做好东西扶贫协作的意见》，建立高层联席会议制度，开展高层互访和结对市区县调研对接 30 批次。签订“1+8”扶贫协作框架协议、深化东西部扶贫协作合作协议，成功举办第 4 届“山东·重庆扶贫协作暨经贸合作项目签约仪式”，实施经贸合作项目 100 余个。联合举办专场招聘活动，组织 212 家企业提供就业岗位 2.1 万个，实现就业 6179 人，举办各类培训班 17 期 1500 余人次。互派挂职干部 38 名，开展教师、医生等专业人员交流 46 人次，落实政府援助资金 1.9 亿元。深化中央国家机关定点扶贫，派出挂职干部及驻村第一书记 21 名，投入资金 13 亿元。深化“万企帮万村”，组织 1608 家民营企业投入资金 19.9 亿元结对帮扶 1195 个贫困村。深化市内对口帮扶，18 个市级扶贫集团和对口帮扶区县落实帮扶资金 23.5 亿元。深化扶贫志愿服务行动，组织 111 个志愿组织 8.1 万人次开展政策宣传、结对帮扶、助推创业等服务活动，全面凝聚社会合力。

【机制创新】2017 年，坚持把资源变资产、资金变股金、农民变股东“三变”改革作为深化农村改革的总抓手，出台《关于开展农村“三变”改革促进农民增收产业增效生态增值的指导意见》，以打造“股份农民”为核心，按照“清产核资、确权确股、市场对接、合股联营、按股分红”的模式，采取村民联动、村社共建、股份合作等形式，扎实推动资源变资产、资金变股金、农民变股东，促进农民增收、产业增效、生态增值。累计清理核查农村集体资产 804.8 亿元，完成土地承包经营权确权颁证 640.2 万户，在 2183 个村、9853 个组开展集体资产量化确权，组建新型农村集体经济组织 443 个，培育农民专业合作社 3 万个，形成了“农户+合作社+村集体经济组织”“农户+合作社+龙头企业”等多元化经营模式，带动贫困户 17.9 万户。

二、发展中存在的问题

总体来看，我市脱贫攻坚持续向好，比学赶超态势强劲，但工作中也存在不平衡、不到位等问题。一是产业带动还需进一步强化。新型经营主体培育不够，发展潜力不足，带动性不强；脱贫人口的收入来源结构比较单一，脱贫质量和水平还不够高。二是精准识别还需进一步提高。有的区县未充分发挥部门间数据共享优势，没有及时进行数据比对，核查“两不愁、三保障”等政策落实情况不够准确。三是帮扶措施还需进一步聚焦。有的地方针对贫困户采取的帮扶措施只顾解决当前的脱贫问题，但对持续稳定增收的效果不明显。四是干部作风还需进一步改进。少数驻村工作队工作未“沉”下去，工作未深入群众，解决实际问题的办法还不够多。五是贫困群众内生动力还需进一步提升。部分农户在思想认识上存在不同程度的“等靠要”思想。

三、2018 年发展目标

2018 年，我们将继续深入贯彻十九大精神，以习近平新时代中国特色社会主义思想为指导，紧紧围绕习近平总书记对重庆提出的“两点”“两地”定位和“四个扎实”要求，坚持党的领导，坚持精准扶贫精准脱贫方略，以乡村振兴战略为统揽，以精准脱贫攻坚三年行动计划为抓手，围绕抓产业重点、补基础短板、强改革弱项的基本要求，突出如期稳定脱贫、巩固攻坚成果、完善长效机制三大任务，聚焦深度贫困区域、贫困村、贫困人口，全面动员各方力量，全面推进扶贫项目，全面深化政策措施，全面建立长效机制，确保高质量实现“石柱、奉节 2 个县整体摘帽，10 万人稳定脱贫”年度目标。

重庆农业综合开发

重庆市农业综合开发办公室 饶万强

一、2017 年发展回顾

2017 年，重庆市农业综合开发立足国家农业综合开发基本任务，紧紧围绕全市经济社会发展大局和“两点”“两地”战略定位，积极探索，改革创新，砥砺前行，开创了新局面，为全市保障粮食安全、农副产品基本供给、发展特色效益农业和推进农业现代化贡献力量。全年农业综合开发投入财政资金 14.38 亿元，立项实施土地治理项目 56 个、国家级田园综合体试点项目 1 个、市级田园综合体试点项目 3 个，产业化发展项目 138 个、市级集中科技推广项目 16 个、部门项目 19 个、6 个区县推进实施世界银行贷款可持续发展农业项目。

(一)农田基础设施持续改善

2017 年，全市农业综合开发土地治理项目投入财政资金 8.93 亿元，改造治理土地面积 48.60 万亩。其中，按照“七化”(水利化、机械化、产业化、生态化、农旅化、便民化、长效化)标准建设高标准农田 32.25 万亩，完成生态综合治理 16.35 万亩；围绕全市基础保供产业和重点特色产业发展布局，发挥农业综合开发优势，将基地建设与产业发展相结合，在全市配套建设了优质粮油基地 20.10 万亩，柑橘、榨菜、茶叶等特色农产品基地 9.9 万亩。进一步改善了农业生产条件和农村生态环境，切实提高了农业综合生产能力，保障了全市主要农产品持续稳定供给、优质安全供给，推进了农业增效，农民增收。全市农业综合开发土地治理项目区年可新增灌溉面积 9.75 万亩，改善灌溉面积 12 万亩，新增粮食生产能力 3810 万公斤，新增种植业总产值 2.69 亿元，项目区农民收入增加总额 1.15 亿元。

(二)优势特色产业持续壮大

2017 年，全市农业综合开发产业化发展项目投入财政资金 1.32 亿元，实施产业化发展项目 138 个。其中，产业化发展财政补助项目 85 个、产业化发展贷款贴息项目 53 个，推动了柑橘、茶叶、榨菜、柠檬、中药材等特色产业“生产、加工、储藏、销售”全产业链升级发展。

(三)农业科技水平持续提升

2017 年，市农业综合开发大胆探索市级集中科技推广新途径。一是拓宽了扶持产业。将扶持产业由种植业向畜牧、水产养殖、加工贮藏等方向拓展。二是明确了扶持重点。将粮油、蔬菜等基础保供产业和以柑橘、茶叶、榨菜、柠檬、中药材等优势特色产业作为扶持重点，不断提高“四良水平”。三是强化了过程管理。完成了年度 16 个市级集中科技推广项目实施计划批复，加强了上年度 38 个市级集中科技推广项目全过程跟踪管理。

(四)积极参与部门项目管理

2017 年，投入财政资金 17976 万元，实施农业综合开发部门项目 19 个。积极参与农委、水利局、林业局、供销社等 19 个项目的评审确认立项上报工作，全年会签农委、水利局、林业局、供销社 4 个部门的相关文件 13 份，迎接了国家农发办对现代农业园区项目及部门项目专项检查，得到了国家农发办的高度肯定。

(五)继续推进外资项目建设

2017 年，世行贷款可持续发展农业项目投入财政资金 8298.7 万元，继续在涪陵、永川、南川、大足、潼南、开州等 6 个区县推进实施。组织完成了 6 万亩高标准农田基础设施建设，完成农民培训 250 人/月，扶持农民合作社、农民用水户协会和种植业协会26个。积极推进亚行项目申报工作。完成了我市项目环境影响评价、社会风险评估、地质灾害风险评估、地方财政资金投入承诺及项目可研报告编制等工作。

(六)田园综合体试点建设落地重庆

2017年3月，市农综办率先在全国农发系统中提出“三化七有”(农田田园化、产业融合化、城乡一体化，有根、有魂、有韵、有景、有核、有体、有效)的田园综合体开发理念，得到国家农发办的高度认可。2017年5月，重庆被财政部确定为全国首批18个田园综合体试点省市之一，“忠县·三峡橘乡”田园综合体试点项目通过国家农发办评审，正式列入国家级试点。通过竞争立项，南川、潼南、梁平成为市级试点区县，形成我市“1+3”两级田园综合体试点布局和竞争开发机制。目前，各区县正在如火如荼展开工作，忠县国家柑橘交易中心正式上线，投入营运；南川建成了3000亩茶旅融合示范点、潼南举办了全国柠檬采摘节；梁平建成了柚乡人家和稻乡人家等乡旅景点。

(七)抓好高标准农田模式创新试点项目建设

按照既定思路和目标，2017年我市模式创新试点项目继续在潼南和石柱推进实施。其中潼南投资1525万元建设高标准农田1万亩，投资1020万元用于柠檬脱毒繁育中心扩建、柠檬加工线扩建、全程社会化服务等产业化建设项目，项目建成投产后，直接带动农户增收360万元；石柱投资1900万元建设高标准莼菜田0.5万亩，项目完成后，新增莼菜生产能力30万公斤，项目区农民收入增加总额162万元以上，项目区农民人均纯收入增长560元以上。

(八)扎实开展农业综合开发助推脱贫攻坚工作

全市农综系统强化责任担当，立足自身特点，积极打好脱贫攻坚主动仗。在组织上，成立了党政领导任双组长的工作领导小组，19名处级以上干部逐一对接18个深度贫困乡(镇)。在资金上，优先向14+18个贫困地区倾斜。2017年为贫困区县安排资金6.43亿元。在规划上，研究制定了农业综合开发助力脱贫攻坚总体方案和18个深度贫困乡镇具体工作方案。在产业发展上，已与4家药企、2家茶叶科研机构建立战略合作关系，共同发力，推进精准脱贫，贯通了产业脱贫链条。

(九)现代农业园区试点项目和武陵山区试点项目成功收官

2017年，在潼南区、永川区、梁平区立项实施的3个国家农业综合开发现代农业园区试点项目，在黔江区、武隆区、丰都县、石柱县、秀山县、酉阳县、彭水县7个区县实施的武陵山区试点项目收尾工作的基础上，认真总结和整改，成功迎接了国家农发办历时近一个月的专项检查，得到了检查组的好评，也为今后的试点项目建设积累了宝贵经验。

(十)开发管理制度持续完善

一是加强资金管理。严格财政资金县级报账制，加强预决算管理，规范会计核算，加快资金拨付，实行第三方监管，把住资金项目流程关口，保证资金项目安全。二是加强项目管理。突出规划引领，抓住项目立项、评审、实施和验收等关键节点，保证项目事前，事中和事后全过程监管。三是落实绩效考核。加大项目验收考评在资金分配中的权重，将各区县工作质量作为资金分配的重要因素，奖优罚劣，正向激励。四是优化项目评审。进一步完善项目评审工作机制，优化评审指标，改进评审流程，做好市级项目评审服务，全年共计组织召开评审会15次，评审项目220个。

(十一)开发工作机制持续创新

一是创投项目行业领先。与13家金融机构合作，落地28个创投项目，融资贷款3.18亿元，数量、质量均居全国农发系统前列。二是财政资金股权化改革和产业股权引导基金稳步推进。去年全市实施农综股权化改革项目26个，涉及10个区县，涵盖柑橘、茶叶、榨菜、粮油、畜禽、特经等产业，项目总投资6879万元，安排财政资金3044万元，农民持股资金超1500万元，农综股权引导投资基金6454万元正式纳入全市产业引导基金进行运营管理。三是“先建后补”逐步推行。研究制定了《项目“先建后补”管理办法》,2017年实施先建后补项目40个，总投资1.03亿元，财政补助资金4486万元。四是各类创新试点项目接续落地。继成为国家高标准农田模式创新试点省市和田园综合体试点省市之后,2017年国家农发办又将重庆列入亚行长江绿色生态廊道建设实施省市,计划投入7000万美元,助推我市长江流域生态农业发展。

二、发展中存在的问题

一是思想不够解放，改革创新意识还需进一步提高。二是点面协调不够,服务指导区县的力度还需进一步加强。三是全市示范引领的精品项目区还不多不大,特色产业链还不长不强。

三、2018年工作打算

2018年是实施乡村振兴的开局之年，是深化改革创新的推进之年。重庆市农综办将认真贯彻落实党的十九大精神,结合重庆特点,发挥农综优势,把农业综合开发与脱贫攻坚、乡村振兴有机结合,全力推进农业综合开发升级发展。

(一)工作思路

以乡村振兴战略行动计划为统领，以高标准农田建设为根本,以产业兴旺为方向,以特色产业链建设、乡村旅游农业建设为抓手,集中连片开发、集约高效开发、综合立体开发,大力建设形成体系完善、绿色优质的农综精品项目区。

(二)目标任务

2018年农综资金投入力争突破30亿元(其中,财政资金14亿元,整合资金、撬动金融资本和社会投入16亿元),新建高标准农田50万亩,新建标准化产业基地10万亩，大力推进形成“1+3+5+1”的开发新格局(1+3:田园综合体试点,5:三产融合重点项目区,1:特色乡旅农业),重点抓好柑橘、茶叶、榨菜、中药材、柠檬等产业的综合配套开发,积极助推全市脱贫攻坚。

(三)五项重点工作

(1)以推进农业现代化为目标,把高标准农田建成粮食生产功能区的核心产能基地。一是抓任务落实。紧紧围绕市政府高标准农田建设任务、粮食生产功能区和重要农产品生产保护区建设要求,紧扣国家农发办规划任务,统筹谋划、系统推进、分区建设,突出功能特色,推进藏粮于地战略实施。二是抓集中连片。注重发挥规模效应,大力支持有条件的地方,整村整镇推进农综高标准农田建设。三是抓标准质量。坚持“七化”(水利化、机械化、产业化、生态化、农旅化、便民化、长效化)标准,提高各项措施综合运用水平。四是抓管护创新。将高标准农田作为集体经济组织的资源要素，通过资源变资产的现代农业改革,探索新的有效管护措施。

(2)以田园综合体建设为载体,大力探索乡村振兴的新路径新模式。进一步深化开发认识,对接开发思路,完善开发布局,创新开发模式,将田园综合体建成产业兴旺区、生态宜居区、绿色食品区、乡旅农业区、乡风文明区、乡村善治区、生活优裕区,推动产业、要素、城乡融合,为我市乡村振兴做好点上突破、模式探索。

(3)以推动特色产业融合发展为方向,努力在产业兴旺中见实效。抓住产业基地、精深加工、融合发展三个关键环节，着力培育大项目区、大产业、大基地、大龙头。

(4)以助推稳定脱贫为抓手,为乡村振兴补短板强弱项。抓住产业扶贫这个重点,做到农综措施、资金、项目“三到位”和责任、任务、考核“三到人”。

(5)以改革创新为驱动,为农综升级发展注入新活力新动能。抓好创投项目落地生根,推进产业化资金投入创新，试点农综项目区的“三变”改革,积极推行“先建后补”等工作。

重庆农业机械化

重庆市农委农机综合处　杨培成

2017年，各级农机工作部门贯彻新发展理念，履职尽责，扎实推进各项工作，圆满完成了全年目标任务。全市推广各型补贴机具6.75万台(套)，实施中央补贴资金7100万元，受益农户6.27万户，带动农民投资超过1.45亿元；完成深松作业面积20.69万亩，是下达任务的103%；机械耕地、机插秧、机收水稻作业面积分别达到3280万亩、195万亩、580万亩，水稻机收比率达56.3%，同比增加16%，为农民节本增收超12亿元。

2017年农业机械化巩固发展了党的十八大以来的好形势。一年来，全市农机战线以问题为导向，攻坚克难，扎实工作，探索创新，农业机械化发展取得了新的阶段性进步。

一是深入调查研究，理清发展思路。根据我市自然禀赋，结合农机化新实践，围绕推进农业供给侧结构性改革主线，深化了农机化"三并两互促跨越"的发展方针，"一突破三跨越十推进"的目标体系，以机械化的思维和机械化的手段，推动农业生产体系的现代化。

二是探索改地适机，创造作业条件。从2014年开始试点高标准农田地块宜机化建设，效果明显，从2015年以来，连续三年推广，建设了100多个项目，改造宜机化地块近10万亩，并总结、提炼，编制发布了重庆的地方标准，受到广泛欢迎，项目需求强烈。

三是培育新型主体，提升服务能力。改变市级财政泛泛累加购机补贴的做法，重点支持农机合作社装备大中型机具，建设停机库棚。同时，加大农机技能人才培育，成功举办首届农机技能大赛。不断增强农机合作社综合能力，推进了社会化服务的深入开展。

四是加强安全监管，促进安全发展。从试点到全覆盖，在建立区县级公安驻农机警务室基础上，进一步巩固提高，持续开展"平安农机"创建。牵头开展全市变型拖拉机专项整治。成功举办农机事故应急处置实战演练。严把农机推广鉴定质量关，加强在用农机产品质量调查和质量投诉监督工作，维护购机户利益。

五是立足全程全面，拓宽服务领域。以机械装备为载体，强化农机农艺融合的技术推广和创新。在浅丘平坝，力促水稻、油菜等主要作物全程机械化。在山区和特色农产品区域，因地制宜推广畜禽粪污机械化消纳、设施农业等技术，积极探索柑橘、榨菜、茶叶等优势农产品重点生产环节机械化。

当前，无论是从国家战略、农村战略，还是产业战略的角度看，发展现代农业，推动农业现代化，转变发展导向，促进农业转型提升，提高农业效益，着力绿色轻简生产，切实解决农业环境保护、资源利用的可持续发展等问题，是农业农村发展的必然趋势，是不可逆转的时代潮流，是传统农业向现代农业涅槃提升的必由之路。

推动农业转型升级，建设农业现代化，必须更加注重农业机械化的作用，农业机械在这一历史进程中要突出保障、支撑、引领的作用。我市是典型的丘陵山区，农机化发展在全国快速发展的农机化形势中是短板，更是重庆农业现代化的短板。在以农机现代化推动农业现代化的进程中，如果落臼传统的思维模式，任何希求无所作为的倒退到人畜力方式或绕开机械化方式来实现农业现代化的幼稚，是必然没有出路的；任何自甘落伍，长期在别人后面跟跑跟走，不光缩短不了距离，反而会被距离越拉越大。为此，必须要有短板奋起、后发跨越的雄心和勇气。

重庆农机化在历届农机人的艰辛探索下，纵向比取得了长足发展。2017年农机化率可望达到47%，耕地基本实现了微耕手段下的普及，水稻机收在搭跳板破田坎方式下突破50%，达到现在这个速度水平基本上是该配的机型、该作业的地块、该用的技术都用了，要再往前走，将面临徘徊停滞的平台期。同时，更应该看到即使现在这样的农机化水平，也面临着高质高效提升的问题，要打破这种局面必然要有跨越提升之举。

要实现农机化跨越发展必须转变观念，提高认识，让思想成为行动的先导和引领，让实践用正确思想引向日臻光辉彼岸。

现实和历史证明，一部世界300年工业革命的历史进程，就是工业化拉动人类现代化的历史进程，工业化极大地解放和发展了社会生产力。早在马克思、恩格斯生活的19世纪中叶中期，恩格斯就作过“工业革命以来所创造的财富比之前自有人类文明以来创造的财富总和还要多”的著名论断。今年中央农村工作会继十八大后再次对“四化同步”作出部署。这些论述的本质是：全面现代化是新时代的最强音，现代化的根本就是工业化，农业现代化的根本是农业的深度工业化。农机工作者，一定要在工业化、城镇化和信息化的历史背景和时代格局中谋划和实践农业现代化。农业机械既是工业化的物质技术成果，也是推进农业现代化的物化载体，更是农业现代化的标志。我们要牢牢把握用工业化的思维和工业化的手段推进农业现代化；牢牢把握用农业机械化的思维和农业机械化的手段推进农业生产体系现代化。摈弃丘陵山区农机化无所作为论、叶公好龙论、行业主责论等错误认识；走出片面的以地适机、以机适农的误区。坚定树立在耕种收的各环节、种养加的各方面都用上机械的全程机械化和全面机械化的观念；坚定树立农机农艺互动融合观念；坚定树立补上机械化短板是重庆农业供给侧结构性改革重要内容的观念；坚定树立机械化是提高农业全要素效率的重要手段的观念；坚定树立宜机化建设是利在当代、泽被子孙的治本之策的观念。创新思维、创新驱动，把农业现代化实现的路径切实转移到依靠农业机械化上来。把一九五五年毛主席在《关于农业合作化问题》一文中论述的“在一切能够使用机器操作的部门和地方，统统使用机器操作”的宏伟愿景变为鲜活实践。

2018年，是全面贯彻十九大精神的开局之年，是实施“十三五”规划承上启下的关键之年，全市农机化发展将面临重要的机遇期。要以乡村振兴战略为总抓手，坚持“三并两互促跨越”的发展方针，围绕“一突破三跨越十推进”的目标体系，以机械化的思维和机械化的手段，推动农业生产体系的现代化。全年实施农机购置补贴资金8000万元、补贴机具6万台(套)、惠及农户5.5万户以上，培训农机技能人才1000人，建设宜机化地块整理整治10000亩，完成机耕3300万亩、机插秧195万亩、水稻机收600万亩。

着力抓好10方面的工作：一是整合资源，以解决农机化动力不足、政策零碎的问题。二是着力持续的宜机化建设，以解决用得上机械、用得好机械、从而提高全要素效率的问题。三是着力推广应用，以解决农业机械化结构优化的问题。四是着力培育新型主体，以解决农机化社会化服务能力提升的问题。五是着力农机农艺融合，以解决农业提质增效、农民增产增收的问题。六是着力农业环境保护与治理，以解决资源循环利用和农业可持续发展的问题。七是着力制修一批农机化标准，以解决可复制可共享的标准支撑问题。八是着力体系化发展，以解决农机化系统集成的问题。九是着力民生实事，以解决农机化便民利民服务大局的问题。十是着力不忘初心，牢记使命，以解决服务“三农”的问题。

工业经济发展综述

重庆市经济和信息化委员会 苏波

2017年，全市经信系统坚持稳中求进工作总基调，以提高质量和效益为中心，主动适应经济发展新常态，积极应对风险挑战，加快新旧动能转换，工业经济运行总体平稳、产业结构持续改善、质量效益稳步提升。全市规模以上工业增加值增长9.6%，高于全国3个百分点。利润总额增长19.4%。主营业务收入利润率7%，高于全国0.5个百分点。

一、2017年发展情况

（一）供需两侧谋发展，工业经济质量不断提高

一是供给侧方面。坚定不移去产能，提前完成20户、289万吨“地条钢”取缔任务，完成55户烧结砖瓦窑企业环保关闭。规模以上工业产能利用率77%，提高1.8个百分点。银政企联动去杠杆，规模以上工业资产负债率58.7%，下降2.6个百分点，创近6年历史新低。持之以恒补短板，战略性新兴制造业增加值增长25.7%，增加值占全市工业比重17.3%，对全市工业增长贡献率37.5%。二是需求侧方面。完成工业投资5881亿元，增长8.9%。其中，民间工业投资比重74.2%。技术改造投资占比提高2.5个百分点，达27.5%。优化出口工业产品结构，机电产品出口额2536亿元，增长13.3%，占全市出口总额的88%。

（二）新旧并举强动能，经济增长动能接续转换

一是大力改造提升传统产业。电子、化医、材料合计对全市主营业务收入和利润增长贡献率分别达66.6%和86.8%。汽车、装备、消费品等基本稳定，多产业支撑格局进一步巩固。坚持生态优先、绿色发展，全年万元工业增加值能耗、水耗分别下降4.8%和6%，大宗工业固废综合利用率保持在83%以上。兵科院西南分院、中船重工西南研究院等军民融合研究院相继挂牌运行，军民融合向“研发创新+产业化”发展转换。二是加快完善企业技术创新体系。推动794家企业建立研发准备金备案制度。新培育7家新型企业研发机构，新组建5家市级产业技术创新联盟、12家市级工业和信息化重点实验室，新增88家市级企业技术中心，建成市级智能网联汽车制造业创新中心。新增国家级技术创新示范企业2家、国家级品牌培育示范企业2家。组织企业参与工信部行业标准制修订13项。推动168个市级重大新产品产业化，实现销售收入近500亿元。规模企业研发投入强度1.05%。软件业专利授权总量1496件，增长16.6%。

（三）硬软互动促融合，智能制造水平快速提升

一是从“制造业+”切入，大力推进智能制造。深入推进制造业与互联网融合，红江机械成为国家智能制造试点示范企业，16个国家级数字化车间加快建设。重庆信通院等3个平台入选国家级“双创”试点示范平台。新增长安、宗申2家国家工业设计中心，累计达4家。隆鑫通用等4家企业成为国家级服务型制造示范。平伟实业、金山科技等10个项目入选国家智能制造专项。全市两化融合指数53.8，高于全国2个点。二是从“互联网+”切入，积极发展数字经济。互联网龙头企业“BAT”齐聚山城，中科睿光软件填补基础软件领域空白。浪潮、联通数据中心建成投运，成立大数据和数字区块链研究院，大数据产业发展指数12.23，位列全国第十、西部第二。

建成全市网上行政审批平台和信息惠民平台，全市信息化发展指数位列西部第二。基本建成国家互联网骨干直联点，开通省际直联城市29个，省际互联带宽达17.9T，率先在西部建成“全光网城市”。

（四）内外双向优生态，营商发展环境持续改善

一是从内优化服务，积极营造振兴实体经济的氛围。认真贯彻落实国家和市里系列降费减税政策，全年减轻企业负担400亿元。创新与陕煤化能源合作模式，有效保障全市电煤需求。全面完成中央在渝企业公立医院综合改革，国有企业职工家属区“三供”分离移交工作等序时推进。圆满完成各类重大活动无线电安全保障任务。二是从外主动融入国家开放战略，全力提升开放水平。实施精准化招商引资，引进京东方AMOLED、SK海力士二期等亿元以上重点项目606个，增长42%。工业实际利用外资超35亿美元。在渝世界500强工业企业232家，占全市82.6%。渝新欧班列实现团结村、果园港双站始发，完成“关铁通”国外段测试，首次将安全智能锁运用到国际段监管，全年开行663班、增长58%，占全国中欧班列开行总数19%。“渝黔桂新”和东盟公路班车等南向通道实现常态化运行。推动重庆成为全国唯一铁路国际邮包集散分拨中心和口岸枢纽城市，发送国际邮包60万件。在渝航空货运公司13家，国际货运量增长10%。

（五）大小融通育主体，创业创新氛围热潮涌动

一是从“百户重点工业企业”和“百户成长型工业企业”入手，强化扶优、扶强、扶新举措，推动大企业做大做强。昌元化工首获国家制造业“单项冠军示范企业”。全市246家大型工业企业主营业务收入增长9.8%，利润总额增长13.5%。二是从“扶持”和“创新”入手，推动中小微企业做精做特。全年日均新设中小微企业348户，累计达72.7万户，带动就业达761.2万人。落实转贷应急机制和“助保贷”政策等，降低企业融资成本4.6亿元。创新“互联网+产业”融合发展模式，全市产业互联网平台达20余家。新增国家小微企业创业创新示范基地4个。

二、发展中的问题

重庆市工业经济发展不平衡不充分的问题还比较突出，面临的挑战还比较多。一是传统制造业工艺水平、装备水平相对落后，很难满足高质量发展的要求。二是新兴产业总量偏小，对经济增长的引领和支撑作用仍然缺乏。三是制造业科技创新能力不足，新旧动能转换存在较大挑战。四是生产性服务业特别是科技型服务业发展滞后，对制造业的创新发展形成了较大制约。这些问题要高度重视，采取有效措施加以解决。

三、2018年发展目标

全面贯彻落实党的十九大精神，以习近平新时代中国特色社会主义思想为指导，坚持稳中求进工作总基调，践行新发展理念，坚持质量第一、效益优先，以供给侧结构性改革为主线，围绕抓重点、补短板、强弱项的要求，实施好以大数据智能化为引领的创新驱动发展战略行动计划，推动数字经济和实体经济深度融合，奋力推动工业和信息化高质量发展。全年规模以上工业增加值增速9%，工业利润增长10%，技术改造类投资增长20%。

工业投资运行与发展

重庆市经济和信息化委员会 徐露

2017 年，在市委、市政府的坚强领导下，全市工业投资战线牢固树立新发展理念，以"中国制造 2025" 为指引，以供给侧结构性改革为主线，以重点项目为支撑，立足有效投资对稳增长调结构的关键作用，狠抓工业项目建设，工业投资总量保持平稳较快增长，工业投资结构加速优化，有力支撑了全市工业经济平稳健康发展。

一、2017 年发展回顾

(一)总体情况

全市工业投资战线迎难而上，超前谋划，系统推进全年工作。一是积极作为，推进各项工作落实，加强与国土、规划、环保、金融等部门的横向沟通和与各区县、开发区的纵向联系，每月开展工业投资预测和重点项目调度，加强重点项目的现场走访。二是坚持集群发展道路，围绕龙头企业、拳头产品，推进大中小企业配套协作，上下游产业链条不断延伸，"6+1"支柱产业规模持续壮大。三是着力培育发展壮大集成电路、新型显示、物联网、生物医药、新能源汽车及智能汽车等战略性新兴产业，加快推进智睿生物、康宁玻璃、惠科液晶面板、华峰铝板带箔等重大项目实施，切实推进 800 亿元规模新兴产业股权投资基金投资运营；聚焦新开工、续建、投产、达产等关键环节，扎实推进一大批投资规模大、带动作用强、经济效益好的项目滚动实施，产业结构调整升级，工业投资平稳增长。通过多措并举，全市完成工业投资 5881 亿元，同比增长 8.9%，占全社会固定资产投资的比重达到 33.7%。

(二)主要特点

(1)投资结构加速调整。制造业投资 5257 亿元，同比增长 11.4%，快于全国制造业投资增速 6.6 个百分点，占全市工业投资的比重由 2016 年的 86.6%提高至 89.4%。全市战略性新兴制造业实现产值 3592 亿元，同比增长 32.6%。

(2)民间投资保持快速增长。完成民间工业投资完成 4363 亿元，同比增长 12.9%，增速快于全国民间工业投资增速 6.9 个百分点，占全市工业投资的比重由 2016 年的 71.4% 提高至 74.2%，成为重庆市工业投资的主力军。

(3) 重点项目带动作用凸显。聚焦新开工、续建、投产、达产等关键环节，加速重点项目建设。华峰铝板带箔、恒芯天际、航空发动机、智睿生物等重点项目按期开工，长安汽车全球研发中心、金康新能源、惠源制药等项目加快建设，康宁玻璃基板、京东方智慧电子、北京现代重庆基地、VIVO 手机、华峰氨纶、惠科液晶面板等项目按期投产。100 个重点工业达产项目合计完成产值约 1180 亿元，年初目标产值 10 亿元以上的京东方、长安汽车城等 30 个龙头项目已累计完成产值 1009 亿元，占全部达产项目产值的八成，发挥了重要辐射带动作用，有力助推了全市工业稳增长。

二、存在的问题

在取得较好成绩的同时，全市工业投资工作也存在一些值得关注的倾向性问题：一是受国际国内宏观经济形势影响，企业投资信心普遍不足，2017 年新开工项目支撑乏力，招商引资竞争更趋激励。二是技术改造投资占比和设备投资占比均低于全国平均水平，投资有效性不高，近 10 年以来工业投资边际效应总体呈现走低态势，且从 2018 年起，固定资产投资 5000 万元以下的项目统计由形象进度法转为账户支出法，可能对工业投资统计带来一定影响，工业投资压力仍比较大。

三、2018年发展目标

2018年是重庆市建设国家重要现代制造业基地的关键之年,以供给侧结构性改革为主线,大力实施《重庆市以大数据智能化为引领的创新驱动发展战略行动计划》,围绕发展壮大智能产业及战略性新兴制造业、优化升级传统产业构建产业发展新体系两项中心任务,以重大项目实施为动力支撑,强化技术改造促进投资结构改善,加快发展先进制造业,推动工业和信息化高质量发展,为全市工业经济平稳健康增长奠定坚实基础。力争全市工业投资增长9%左右,企业技术改造投资增长20%左右。

工业节能与绿色发展

重庆市经济和信息化委员会 邓引

2017年是实施"十三五"规划的重要一年,是供给侧结构性改革的深化之年,重庆市认真贯彻落实党中央决策部署,全面落实习近平总书记视察重庆重要讲话精神,认真践行新发展理念,深入实施绿色制造工程,扎实推进工业节能与绿色发展各项工作,取得了积极成效。全年规模以上单位工业增加值能耗同比下降4.84%;单位工业增加值用水量同比下降5%;大宗工业固体废弃物综合利用率保持在80%以上,超额完成年度目标。

一、2017年发展情况

(一)坚持源头节约,促进能效水平持续提升

(1)加大工业节能监察力度。制订《重庆市2017年工业节能监察计划》,组织实施国家重大工业节能专项监察。严格执行单位产品能耗限额标准,对水泥、电解铝等高耗能行业282家企业单位产品能耗达标情况开展现场监督检查,检查发现不达标企业53家,已全部下达《责令限期整改通知书》,其中1家水泥企业已按国家规定征收阶梯电价。加强事后监管,对2016年检查发现的48家违规企业整改情况进行跟踪检查,严格督促企业限期整改。

(2)积极推动重点耗能设备能效提升。加强高耗能落后设备淘汰,对12家锅炉使用企业、115家电机使用企业开展高耗能落后设备淘汰专项监察,督促其停止使用国家明令禁止的低效落后设备。组织锅炉测试机构对纳入全市工业锅炉能效测试计划的50台工业燃煤锅炉能效水平进行测试,编制重庆市燃煤工业锅炉能效现状分析报告,充分挖掘节能潜力。

(3)积极推进能效对标达标活动。加强对国家和重庆市重点节能技术目录的推广,组织编制《重庆市重点节能技术推广目录(2017年版)》,通过开展节能培训、专家讲座等形式对重点节能技术进行宣传,介绍典型案例经验,引导企业开展节能技术改造。启动实施能效领跑者制度,委托专业机构编制火电、水泥行业能效领跑者评价指标体系,引导企业开展能效对标达标活动。

(4)大力推广合同能源管理。认真做好年度节能服务公司备案工作,新增备案及换证节能服务公司36家,重庆市已备案的节能服务公司超过百家。组织开展节能服务公司年度培训,宣传合同能源管理模式和优惠政策,引导重点用能企业、公共机构等采用合同能源管理模式开展节能改造。

(二)突出方式转变,积极构建绿色制造体系

(1)加强工业绿色发展组织领导。联合发改、环保等市级部门印发长江经济带工业绿色发展贯彻意见,指导各区县工业绿色发展工作。成立推进工业绿色发展相关工作领导小组,委

主要领导任组长,委分管领导任副组长,领导小组办公室设在环资处,负责工业绿色发展相关工作综合协调、检查督促等日常工作。通过召开5次工业绿色发展工作会议,统一思想、厘清职责、明确重点、压实责任,着力解决产业布局、落后产能退出、主城污染企业搬迁等大量问题,确保相关工作见目标、见措施、见责任、见进度、见成效。

(2)深化绿色制造体系构建。按照《重庆市绿色制造体系建设实施方案》,加快推动重庆市绿色制造体系构建,树立绿色制造先进典型,引领工业绿色转型。全市共有重庆长安汽车股份有限公司渝北工厂等6家工厂入选工信部绿色工厂名单,璧山高新区入选工信部绿色园区名单。重庆大学获批工业节能和绿色发展评价中心,重庆市获批的评价机构数量达到2家。

(3)大力实施绿色制造工程。组织申报工信部绿色制造系统集成项目,形成引领示范效应,促进制造业绿色升级。组织重庆国际复合材料有限公司等7家企业申报工信部绿色制造系统集成项目,其中6个项目获得工信部支持,获得补助资金4000余万元。加强2016年获得工信部资金支持的3个绿色制造系统集成项目的监督管理,组织审定牵头企业编制的项目实施方案和分年度计划,建立项目实施监管机制,确保项目按进度建设,严控中央财政补助资金风险。

(4)完善市级绿色改造激励机制。在市级工业振兴资金中设立绿色制造专项,资金额度3000万元,重点支持中小企业绿色改造项目,该资金成为国家绿色制造专项的良好补充。2017年对符合条件的节能低碳化改造、生产过程清洁化改造、工业节水改造和绿色基础能力提升4个方向的12个典型项目给予资金支持,补助资金2000余万元,带动投资近6亿元,项目实施后可年节能1.2万吨标煤,节水50万立方米。

(5)积极营造工业绿色发展氛围。利用网络、手机等新媒介开展工业绿色宣传,推动节能网改版,制定网站信息维护管理办法,每月及时更新数据信息,确保绿色发展政策、技术、产品及工作动态第一时间向企业发布。定期向重点企业发送绿色发展手机报,每月三期,全年共发布36期。选定重庆长安铃木汽车有限公司、重庆建设雅马哈摩托有限公司等10户企业为第三批生态文明示范企业,联合市委宣传部、市环保局给予表彰。

(三)注重过程控制,推动资源循环高效利用

(1)贯彻落实国家循环发展引领行动计划。筹建以副市长为召集人,有关市级部门分管负责人参加的重庆市循环发展市级部门协调机制,引领全市经济社会循环发展。在广泛征求各方意见基础上,牵头编制《重庆市循环发展引领行动实施方案》,积极构建循环型产业体系,加强废弃物资源化利用,着重从工业、农业、林业、建筑和市政等重点领域推动循环发展。

(2)加大工业固废资源综合利用。积极推进煤矸石、粉煤灰、工业副产石膏等大宗工业固废综合利用,全年利用量超过2000万吨,利用率保持在80%以上。持续推进余热余压的能源梯级综合利用,全市余热余气总发电装机容量超过2000MW,年可节约标煤300万吨以上。

(3)加强再生资源企业事中事后监管。对照行业规范条件,组织纳入工信部公告范围内的2家废钢铁加工和2家再生铝企业开展年度监督检查。同时加大再生资源行业规范条件和企业准入公告管理办法的宣传力度,引导企业对照规范条件加强自身建设,推荐符合条件企业申请进入工信部再生资源规范企业公告名单。

(四)深化节水治污,减轻生态环境不利影响

(1)联动引导节约用水。联合发改、水利、城管等部门启动《重庆市加强工业节水工作的指导意见》起草工作,制定工作目标,明确工作重点,细化任务分工,完善保障机制。编制《重庆市工业节水技术推广目录》,组织节水技术宣传推广活动,鼓励企业开展节水技术改造,对符合条件的项目给予资金支持。联合水利部门制定发布高耗水行业产品用水定额,开展节水型企业创建活动,打造以长安汽车、重庆钢铁、西南铝业等为代表的一批节水型标杆企业。

(2)大力推进清洁生产。着力提升大气重污染行业清洁生产水平,在钢铁、建材、化工、电力等重点行业推广先进、成熟、适用的清洁生产工艺装备,累计完成23个大气重污染行业清洁化改造项目。推进水污染重点行业清洁化改造,联合环保部门印发《重庆市"十一大"重点行业清洁化改造工作方案》,对全市水污染重点行业清洁化改造工作进行部署,推动造纸、氮肥、印染、农副产品及食品加工、原料药制造、电镀以及涉磷产品等"十一大"水污染重点行业清洁化改造。组织开展聚氯乙烯、铬盐、无机颜料、铜冶炼、铅锌冶炼、锡锑冶炼、电池、皮革八个涉重金属重点行业清洁生产先进适用技术、工艺和装备申报工作。充分利用国家"互联网+"清洁生产服务平台,组织140余人参加工业清洁生产能力在线培训,提升区县清洁生产主管部门负责人和企业人员的能力水平。

(3)聚力环保搬迁和污染整治。推进主城区污染企业搬迁入园,全年完成主城区最后16户污染企业环保搬迁,关闭拉法基南山工厂等3户企业,超额完成年初目标,有力促进主城区环境质量持续改善。推进工业污水集中处理设施建设,联合环保部门推动9区县10座工业集聚区污水集中处理设施完成建设并投入试运行,全市工业集聚区污水集中处理设施基本实现全覆盖。配合环保部门完成电子废物、废轮胎、废塑料、废旧衣服、废家电拆解等再生利用行业清理整顿,促进固体废物回收利用产业转型升级,推动再生资源回收利用基础设施进一步完善,切实改善环境质量和维护生态环境安全。

二、2018年发展目标

2018年是深入贯彻落实党的十九大精神的开局之年,全市经信系统要以习近平新时代中国特色社会主义思想为指引,认真贯彻落实党的十九大精神和习近平总书记视察重庆重要讲话精神,坚持新发展理念,以供给侧结构性改革为主线,着力解决工业绿色发展不平衡不充分问题,把推进工业绿色发展作为落实生态文明建设的硬任务,加快构建绿色制造体系,推行清洁化诊断,深化试点示范,降低资源能源消耗,完善激励惩戒机制,进一步推动工业绿色转型,确保完成各项工作任务。全年规模以上单位工业增加值能耗下降3.5%以上,单位工业增加值用水量下降4.5%,大宗工业固体废物综合利用率保持80%以上,清洁生产水平进一步提高,工业领域绿色发展理念进一步增强,全市工业高质量发展水平进一步提升。

工业企业改革与转制

重庆市经济和信息化委员会 邓浩

一、2017年工作回顾

(一)全市国有企业"三供"分离移交加快推进

坚持把剥离国有企业办社会职能和解决历史遗留问题作为深化供给侧结构性改革的重大措施来抓,成立全市国有企业职工家属区"三供"(供水、供电、供气)分离移交专项办,紧盯目标任务,制定工作方案,落实工作责任,组织专题培训,坚持分类指导,有效破解难题,强化督导检查,统筹推进全市153户国有企业(在渝央企31户,市属企业122户)"三供"分离移交工作。全年共完成"三供"分离移交协议签订达49.98万户(在渝央企26.96万户,市属企业23.02万户),协议签订占总量的99.2%(在渝央企99.15%,市属企业99.2%),超额完成了市政府明确的目标任务。惠及10.78万职工,为企业减负达到1.03亿元,有力提升企业职工获得感、幸福感,为企业提质增效、参与市场公平竞争提供了可靠保障。

(二)在渝工业央企医院参与全市公立医院综合改革圆满完成

及时建立组织构架,成立工作领导小组,明确工作职责和任务,按照"三个突出"全力以赴推进改革。突出问题导向,聚焦制约医院改革的重、难点问题,协调解决了参改医院资金缺口及部分医院无组织机构代码采购药品等问题。突出改革质量,针对参与改革9户医院的实际情况,严格按照全市公立医院改革的时间节点和阶段性工作安排,多方征求意见建议,反复研究讨论,拟定了《中央在渝工业企业医院参与公立医院综合改革工作方案》,及时下发相关配套资料,确保改革质量。突出风险稳控,坚持改革推进与信访稳定并举的工作思路,实行24小时值班制度和动态跟踪管理,明确专人,及时掌握改革实施情况和各类信息、数据监测。从改革摸底到工作启动用了短短40天时间,各项工作运行正常,没有发生任何不稳定问题,确保在9月9日零时9户中央在渝企业医院参与全市公立医院改革全面启动。

(三)企业兼并重组工作扎实推进

按照《重庆市积极稳妥降低企业杠杆率工作方案》(渝府发〔2017〕2号)要求,研究制定《重庆市工业企业兼并重组工作方案》,采取合并、分立、资产收购、债务重组等多种形式,支持市内外重点领域、重点行业的优势企业在重庆市开展兼并重组,逐步降低企业杠杆率,加快重庆市经济发展方式转变和产业结构调整步伐。全年共收录工业企业兼并重组项目25个(拟兼并重组的企业12个,拟被兼并重组的企业13个),落地兼并重组项目2个(宗申动力收购重庆摩交所项目和三圣实业收购春瑞化工项目),落实补助资金220万元,有效实现企业产业链延伸和转型升级。

(四)厂办大集体改革积极稳妥

从政策层面积极指导中冶建工集团公司、重庆西南铝业集团公司推进25户厂办大集体改革,帮助重庆电信三厂、重庆蜀水仪器厂、重庆前卫科技集团公司等企业化解厂办大集体改革中涉及的组织程序、职工安置等信访问题,要求企业规范操作程序,依法妥善解决职工安置,认真做好维稳工作预案,确保社会和谐稳定。

(五)棚户区改造工作扎实推进

摸排在渝央企2017年底剩余棚户区情况,收集汇总2018—2020年棚户区改造计划,涉及棚户区改造计划的在渝央企5家,棚户区总量3000余户。会同市城乡建委印发《关于下达2017年在渝央企棚户区改造目标任务的通知》,涉及棚户区改造任务的在渝央企5家,棚户区总量8000余户、40余万平方米。指导在渝央企向集团申报城镇保障性安居工程中央补助资金。

二、改革中存在的问题

一是全市国有企业"三供"改造户数多、改革成本高,特别是独立工矿区远离城市,区域内社会公共服务供给不足,改造范围和资金需求量大,部分企业现行供能价格未与市场接轨,移交后实行市场化收费较为困难,影响工作推进。二是厂办大集体企业改革涉及75户在渝央企的职工安置工作,多数企业欠缴职工养老保险,遗留问题多,资金缺口大,相关配套政策滞后,由于改革的主动权在企业主管部门,推进难度较大。三是企业实施兼并重组资金筹措难,重组后新上项目融资贷款难,在跨行业、钢铁等重点行业的兼并重组职工安置问题突出。民营企业兼并具有一定的商业性,事前介入难。四是企业改革改制职工安置历史遗留问题多,退休人员期望值高,信访稳定压力大。

三、2018年改革目标

贯彻落实习近平新时代中国特色社会主义经济思想,按照全市工业和信息化工作会议要求,充分发挥牵头协调作用,加快推进全市国有企业"三供"分离移交工作,确保2018年前全面完成分离移交工作。积极开展企业管理创新和兼并重组工作。收集全市工业企业兼并重组项目信息,编制下发企业兼并重组政策汇编,开展企业兼并重组市级重点项目申报，统筹协调市工业和信息化等专项资金，对符合条件的兼并重组重点项目给予专项奖补。指导企业持续做好历史遗留问题解决工作。及时收集掌握厂办大集体、职幼教教师、“三类”人员以及职工分流安置等历史遗留问题的新情况、新变化，对表对标，着力推进，确保特殊群体、遗留问题的稳控化解。

汽车工业

重庆市经济和信息化委员会 王昭杰

一、2017年发展回顾

2017年全国汽车产业增速明显回落，汽车产量2902万辆，同比增长3.2%，增速同比回落11.3个百分点。重庆汽车制造业继续保持稳定增长，产值、产量和增加值增速分别达到4.4%、6.8%和6.2%，产量增速高于全国，产值、增加值增速低于全市规上工业。

（一）基本情况

截至2017年底，重庆有汽车生产企业41家，其中整车生产企业21家，专用车生产企业20家，已形成年产400万辆的综合生产能力；汽车制造业规模以上企业943家，其中，汽车零部件企业884家，已具备发动机、变速器、制动系统、转向系统、车桥、内饰系统、空调等各大总成较完整的供应体系，具有70%的汽车零部件本地配套化率。规上汽车制造业完成产值5017亿元，同比增长6.8%，其中，汽车整车制造业完成产值2539亿元，同比增长4%，改装车制造业完成产值94亿元，同比下降7%，汽车零部件制造业（含汽车轮胎）完成产值2384亿元，同比增长11%。

（二）发展特点

（1）生产运行。汽车制造业全年逐月产值增速总体呈现出高开低走的趋势。2月份是全年的最高点，同比增幅达到17%；下半年低位运行，增幅最高只有6%（10月份），9月份产值同比增幅全年最低，同比下滑1%。全年汽车制造业产值增速（6.8%）低于全市工业（14.4%）7.6个百分点，对全市工业总产值增长贡献率为11.3%，相比2016年（25.4%）下滑14.1个百分点。全年汽车产量增速（4.4%），高于全国（3.2%）1.2个百分点。汽车产量占全国比重（10.3%）比2016年（11.2%）下降近约1个百分点，全国省市汽车产量排名被广东省（产量320万辆）超过。

（2）产品结构。乘用车产量264万辆，同比增长1.1%；占全市汽车产量比重为88.1%，比全国（85.5%）高2.6个百分点。乘用车中，基本型乘用车（轿车）、运动型多用途乘用车（SUV）、多功能乘用车（MPV）和交叉型乘用车（微客）的产量分别达到85万辆、133万辆32万辆和14万辆，同比分别增长-13.3%、15.3%、-20.9%和93.6%，占全市汽车产量的比重分别为28%、44%、11%和5%。商用车产量达到34万辆，同比增长44%；占全市汽车产量比重上升到11.5%，同比提高3个百分点。

（3）经济效益。汽车制造业完成主营业务收入4942亿元，同比增长4%。亏损面大幅度降低，规上亏损企业97家，较2016年（104家）减少7家，亏损企业亏损总额为16.5亿元，同比下降23.9%。完成利税总额706.4亿元，同比下降10.8%。完成利润总额443.9亿元，同比下降12.1%。

（4）骨干企业。长安集团（含市外分支机构）汽车销售287.2万辆，位居全国汽车集团第四，同比下滑6.2%；实现主营业务收入2512.4亿元，同比下滑8%。长安集团在渝企业（包括长安汽车、长安福特、长安铃木、长安跨越）完成产量

201.6万辆,同比增长1.7%,完成产值1868.1亿元,同比下滑4.8%,分别占全市汽车产量的67%,占全市汽车制造业产值的67%;完成主营业务收入1905.9亿元,同比下降9%;实现利税354.8亿元,同比下降29.7%。长安汽车、长安福特分别位居全国乘用车销量排名第7和第9名。小康控股在渝整车产值、产量分别完成176.6亿元和30.3万辆,同比分别增长27.2%和9%;北汽银翔产值、产量分别完成76.2亿元和24.6万辆,产值同比增长7.8%,产量同比下滑12.3%。华晨鑫源产值、产量分别完成97.3亿元和16.2万辆,同比分别增长71.2%和25.7%。比速汽车产值、产量分别完成21.6亿元和5万辆,同比分别增长882.3%和367.1%。上汽依维柯红岩产值、产量分别完成131.5亿元和4.8万辆,同比分别增长193.3%和200.2%。庆铃产值、产量分别完成102.9亿元和7.1万辆,同比分别增长4.9%和3.5%。力帆汽车和乘用车合计产值、产量分别完成50.4亿元和7.9万辆,同比分别下降6.6%和10.3%。上汽通用五菱重庆工厂产值、产量分别完成112亿元和35.2万辆,同比分别增长61.3%和42.5%。新投产的众泰汽车重庆公司和北京现代重庆工厂分别完成产量1.7万辆和2.8万辆。

(5)支柱拳头产品。骨干车企的多款车型进入全国细分大类市场销量排名前列。长安福特福睿斯以29.2万辆的成绩进入全国轿车销量排行榜前10名。长安CS75以24万辆的销量排名全国SUV销量排行榜第6名。五菱宏光、长安欧诺、北汽银翔幻速H3、长安欧尚、东风小康风光330、长安欧尚A800等6款MPV,分别以53万辆、8.7万辆、7.3万辆、6.7万辆、5.4万辆、4.1万辆的销量排名全国MPV销量排行榜第1、4、6、7、8、10名。长安逸动以9.3万辆的销量排名中国品牌轿车销量排行榜第7名。东风小康风光580、长安CS35分别以17.6万辆和15.2万辆进入中国品牌SUV销量第8和第9名。

(6)战略性新兴产业。新能源汽车已形成7家乘用车企业、3家客车企业、4家物流车企业,以及约30家相关配套企业构成的"7+3+4+30"的产业体系。智能网联汽车发展已有一定基础,乘用车领域,除个别车企的传统微型面包车外,相应车型几乎都配备有一定的联网功能,辅助驾驶系统已开始在中高端产品中普遍应用。全年生产新能源汽车4万辆,同比增长4倍,全国占比5%,同比提高3.5个百分点;推广应用新能源汽车1.8万辆,同比增长2.3倍,年度推广应用量在全国排名第八,位居北京、上海等六个限牌城市和合肥之后。生产中低等级智能网联汽车12.8万辆,同比增长39%。

二、发展中存在的问题

一是整体开发能力仍需进一步增强。重庆的合资企业开发主要依赖外方的技术输入,自主品牌车企除长安汽车的研发能力较强外,其他自主品牌面临人才储备不足、研发投入相对较低、数据资源积累少等问题,企业技术开发主要依靠委外设计。同时,重庆部分零部件企业还存在着规模较小、研发能力较弱、装备水平需要继续提升等问题。

二是产品结构有待继续优化。重庆乘用车以中型以下产品为主,高档品牌和车型较少。商用车除庆铃占据国内高端市场外,其他企业的产品档次还需要提升。零部件方面,重庆以汽车电子为代表的高技术含量、高附加值的配套能力还需要加强。

三是战略性新兴产业需要加快发展。重庆新能源汽车配套体系建设处于启动阶段,电池、电机等核心配套主要依靠市外。新能源和智能网联汽车产量占比不到6%,还未形成足够规模效应,对核心配套企业集聚还不能形成强大的吸引力。新能源汽车推广应用基础设施较为薄弱,支撑政策需要继续加强。

三、2018年发展目标

2018年,重庆汽车制造业将坚持以习近平思想为最高指导,贯彻落实党中央、国务院、市委、市政府系列重要文件精神,强化新发展理念，以提高发展质量和效益为中心，以深化供给侧结构性改革为主线，以强化龙头企业发展、加大创新力度、推进智能制造为重要抓手，以加快汽车产品新能源化、智能化、轻量化、网联化发展为主攻方向，加大研发和改造提升投入，增强高层次人才培养集聚能力，全面加快产业和产品结构转型升级和调整优化步伐，积极培育具有国际竞争力的汽车企业和品牌，提升综合发展水平，推动汽车产业由大到强的健康平稳发展。全市生产汽车300万辆，同比持平，规上汽车制造业实现工业总产值5013亿元，同比增长3%。

摩托车工业

重庆市经济和信息化委员会 张家祥

一、2017年发展回顾

2017年，国内外摩托车市场平稳向好发展，我国摩托车市场结束了自2012年起连续5年的大幅下滑，呈止跌企稳态势。重庆摩托车制造业在整车企业引领下，充分利用重庆摩托车行业技术、人才、配套等优势，不断向通机、装备、农机等产业延伸，持续推动产品创新，加快推进结构调整，积极拓展海外市场，实现了产值、利润双上升，提质增效初见成效。

(一)基本情况

截至2017年底，全市有摩托车整车企业36家，规上零部件企业450余家，已形成了年产1000万辆整车和2000万台发动机的综合生产能力，具备发动机、离合器、车架、减震器、转向、轮毂、轮胎、仪表等各大总成完备的配套能力。生产摩托车595.6万辆，同比增长16.9%，全国占比34.7%；实现产值1012.3亿元，同比增长6.4%；实现主营业务收入953.6亿元，同比增长7.4%；实现利润总额69.4亿元，同比增长30.6%；实现利税总额105.4亿元，同比增长26.6%，占全市工业的比重分别为4.7%、4.4%、4.6%、4.3%。

(二)发展特点

(1)生产运行。全国摩托车月度产量增幅呈先升后降走势，重庆市摩托车月度产量增速呈现出"Λ"走势。1月与同期相比大幅下降，2月起逐渐回升，3月开始呈两位数增长，直到8月达到全年最高点(26.7%)，然后逐月回落，12月同比增幅下降到-0.9%。

(2)骨干企业。市内独立报统的摩托车企业中，产量位居前十位的分别是银翔、隆鑫、宗申、航天巴山、力帆、昌明机车、建设雅马哈、润通动力、鑫源、大隆宇丰，分别达到118万辆、109万辆、53万辆、51万辆、25万辆、23万辆、21万辆、17万辆、15万辆、14万辆。上述十家企业合计生产摩托车451万辆，同比增长18.3%，全市占比75.8%。包含市外分支机构在内，重庆隆鑫、力帆、宗申、银翔共4家企业进入全国摩托车销量排名前十，销量分别达到118万辆、110万辆、110万辆、99万辆，分列第2、3、4、6位。

(3)出口情况。摩托车行业实现出口交货值185.08亿元，同比增长11.5%。包含市外分支机构在内，重庆隆鑫、宗申、力帆、银翔、航天巴山5家企业进入全国摩托车出口金额排名前十，出口金额分别达到4.54亿美元、3.17亿美元、2.66亿美元、2.26亿美元、2.20亿美元和1.52亿美元，分列第1、3、6、8、10位。隆鑫、力帆、银翔、宗申4家企业进入全国摩托车出口量排名前十，分别出口79.18万辆、51.31万辆、47.78万辆、47.77万辆，分列第1、3、4、5位。

(4)产品情况。摩托车企业大力开展技术创新，不断研发处适销对路的新产品。隆鑫和宝马合作研发的850高端发动机和350整车生产线建成投产，为重庆摩托车企业进入大排量高端发动机及整车领域奠定了基础；建设雅马哈踏板车实现量产，填补了重庆踏板车产品空白；鑫源、望江停产小排量、低附加值产品，转向研发生产面向欧洲等发达国家市场的大排量休旅性产品，产品升级步伐加快；隆鑫、银钢推出街车、复古车、边三轮等特色差异化产品，进一步丰富重庆摩托车产品种类。

二、发展中存在的问题

一是产品结构不尽合理。重庆摩托车主力车型为近年来销量持续下滑的小排量跨骑车和弯梁车，而增长较好的踏板车仅有个别企业生产，市场超过3000万辆的电动两轮车还处于研发试制阶段。

二是智能化程度普遍偏低。重庆摩托车企业数字化生产设备应用较少，生产线柔性化程度和生产效率普遍偏低，新技术、新材料、新工艺的应用严重滞后，已不适应日趋多样化的市场需求，急需进行智能化改造。

三是融合发展不够深入。在大数据智能化发展浪潮下，重庆摩托车企业融合发展的积极性和紧迫感不强，与IT企业和科研机构的合作较少，智能网联产品和商业新模式缺失，不利于行业的持续发展。

四是品牌品质有待提高。国内市场，重庆摩托车企业除隆鑫、宗申、力帆等企业品牌具有一定知名度和市场影响力，多数企业品牌消费者认可度不高。国外市场，约95%的出口产品通过贴牌销售，产品缺乏自主品牌支撑。

三、2018年发展目标

重庆摩托车制造业将持续推动提升增效工程。加快推动全市摩托车向新能源电动摩托车转型升级发展，积极拓展电动两轮车市场，培育形成新的发展优势；引导支持摩托车企业开展智能化改造，建设智能高效的生产体系；在国家“一带一路”政策引领下，支持企业大力拓展国外市场，强化企业出口自主品牌培育，加强出口产品质量管理，优化国外市场售后服务，形成完善的国外市场发展体系。产销摩托车400万辆，规上企业实现工业总产值800亿元，实现小幅增长。

电子制造业

左翊君

2017年，重庆市电子制造业继续快速发展。笔电产量超6000万台，手机产量超2亿台，集成电路、平板显示等关键核心零部件行业取得突破，电子制造产业链进一步完善，结构不断优化，为“十三五”期间产业规模进一步做大做强、产业结构不断优化升级迈出了坚实的一步。

一、2017年发展回顾

（一）基本情况

(1)经济运行。全行业实现产值5407亿元，同比增长27.5%，占全市工业总产值的比重达到24.1%，对全市工业增长贡献率达41.3%，拉动全市工业增长近6个百分点；主营业务收入占全国总量的3.4%，排名第8位；全年完成投资1100亿元，同比增长15.9%，占全市工业投资的17.1%；外资到位29.3亿美元，同比增长51.8%，占全市工业实际利用外资总额的58.6%。

(2)结构调整。电子制造业中，计算机整机产值占全行业比重为37%；手机整机为18%；电子核心部件、家电、机电、智能仪表等其他电子合计为31%；笔电及手机配套为14%。初步形成了各产业多点开花、齐头并进的较为合理的结构。

(3)科技创新。全行业研发机构97个，同比新增2个；研发人员9800人，同比增长3%；共获得专利授权约600件,同比增长10%;启动科技研发项目近700个,同比增长8%;新产品销售收入占比达到32%,同比提高1个百分点;R&D投入占主营业务收入比重达到0.61%,同比提高0.02个百分点。

(二)发展特点

(1)全力保障重大项目建设。SK海力士项目继续放量,全年实现产值95.2亿元,同比增长47.9%;超硅半导体硅片项目推进顺利,8英寸片已于年初实现量产,年底试制成功12英寸单晶硅棒;奥特斯IC封装载板项目产能逐步释放,全年实现产值12亿元,同比增长5倍;京东方8.5代液晶面板项目产能稳定在15万片/月,全年累计实现产值193.5亿元,同比增长56.6%;惠科金扬液晶显示器项目生产稳定,全年实现产值60.8亿元,同比持平;惠科金渝8.5代+液晶面板项目于2月27日点亮,6月实现量产,全年实现产值40亿元,为净增量;康宁玻璃基板项目按期完成建设并于2月份顺利投产,全年实现产值11亿元。

(2)积极开展招商引资工作。全行业累计引进120余个项目,其中重点项目近40个,计划总投资1000多亿元,达产后可实现产值超1200亿元。笔电板块,翊宝智慧电子项目落户两江新区,计划总投资15亿元,达产后年产值165亿元;达功苹果手表项目落户两江新区,计划总投资10亿元,达产后年产值110亿元。手机板块,全年新签约手机整机企业12家。其中,百亿级企业有传音、金立、辉烨、国威4家,全部投达产将新增产值700亿元。手机配套板块,新签约手机配套企业168家。全部投达产将新增产值约300亿元。核心零部件板块,京东方第6代AMOLED(柔性)显示面板项目公司完成工商注册登记;SK海力士封测二期项目签约落户西永微电园;12月华润微电子功率半导体基地项目签约落户西永微电园。在继续将集成电路、平板显示作为重点的基础上,一是拓展了汽车电子作为重点招商领域,恩智浦中国汽车电子应用开发中心落户两江新区;二是突出集成电路设计企业作为重点招商对象,以抢占未来智能产业高地;三是起草了汽车电子产业发展报告,启动了汽车电子、集成电路设计三年行动计划编制工作,进一步完善了300多页的重庆市电子产业招商目录。

(3)不断推动核心零部件产业取得突破。集成电路方面:已拥有中电科两条6英寸芯片生产线,华润微电子8英寸芯片生产线,SK海力士、平伟实业、嘉凌新科技封装测试线,奥特斯IC载板生产线和超硅12英寸硅片,初步建成“IC设计—晶圆制造—封装测试”全流程体系。平板显示方面:已建成京东方、惠科两条8.5代液晶面板生产线,富士康、惠科、莱宝、美景光电等多个显示器件项目,以及康宁玻璃基板、住友化学等20余家配套企业,形成“玻璃基板—液晶面板—显示模组—显示终端”全产业链。电子核心零部件产业实现产值595亿元,同比增长44.4%。其中,集成电路180亿元,同比增长46.1%;平板显示行业415亿元,同比增长43.6%。全年生产集成电路4.6亿块,同比增长38.5%;液晶显示屏9128万片,同比增长131.2%。

(4)建成三亿台级手机基地。截至2017年底有规上手机整机企业81家;手机配套方面全市共有306家配套企业,其中规上企业47家。国内前20的品牌手机企业中,VIVO、OPPO、百立丰、乐视、小辣椒等已在渝量产;国内前20的手机代工企业中闻泰、东方丝路、三木等也已开始量产。配套方面,手机配套中四小件(喇叭、马达、麦克风、摄像头)和三大件(显示屏、主板、机壳)在本地均有生产。签约重点配套企业:帝晶光电、东方亮彩、大宇精雕、捷荣集团、赛华显示、天实精工、朗铂光电。全市生产手机2.58亿台,同比增长19.3%;实现产值979亿元,同比增长54.9%;手机配套企业177.5亿元,增速110%。

二、存在的主要问题

一是行业经济运行增速将放缓。近年来随着产值基数不断变大,重点项目相继达产上量,后续签约项目仍处于建设期，后续难以继续保持高增长，增幅必然收窄。

二是行业规模不够大，产业结构亟待优化。重庆市电子制造业主营业务收入在全国排名第八，只占3.4%，远远落后于广东、江苏等产业强省，在中西部地区也低于河南，与市里提出的未来重庆工业发展主动力的要求还有差距。同时，重庆市现有电子制造业企业中，以整机装配为主的加工制造多，附加值高的上游核心电子零部件企业较少，产业结构不够合理。

三是招商引资难度加大。表现为特大项目少、竞争激烈、扶持政策缺乏优势。

四是可持续发展能力不强。表现为利润率低、创新能力不强。

三、2018年发展目标

2018年全力贯彻大数据智能化创新引领发展战略，紧紧围绕笔电、手机、集成电路、新型显示、汽车电子等核心领域，坚决落实“三服务”理念要求，盯住招商引资这个总目标，做好项目签约、开工建设、投产达产等全流程服务，抓好运行调度，确保电子制造业对全市工业和信息化发展的重要支撑。全行业力争实现产值6100亿元，同比增长15%。其中，计算机整机及配套2910亿元，同比增长10%；手机整机及配套1270亿元，同比增长50%；其他电子1920亿元，同比增长13%。

智能终端产业

重庆市经济和信息化委员会 张珉

一、2017年工作情况

(一)运行情况

智能终端产量4.5亿台，同比增长18.4%。其中，计算机7800万台，同比增长20.1%；手机2.9亿台，同比增长28%。完成产值4002亿元，同比增长26.6%。其中，计算机2020亿元，同比增长14.8%；手机1159亿元，同比增长50%；配套823亿元，同比增长31%。

一是电子加工贸易企业整体运行良好。加工贸易进出口值2049亿元，同比增长25%，占全市贸易总额的46%。电子加工贸易完成产值1940亿元，同比增长20.1%。

二是手机产业结构持续优化。现有手机整机企业110家，其中规上企业94家（同比增加23家）。全国前20强手机品牌商已有7家（欧珀、维沃、金立、传音、百立丰、华硕、360）落户重庆，全国前20强手机代工企业也有8家(闻泰、辉烨、欧拓、三木、好万达、国威、金茂、与德)落户重庆。重庆市智能机出货量占比为52%，同比提升了12个百分点，产品单价由2016年382元提升为现在的405元。

三是配套产业保持快速发展。笔电配套产值625亿元，同比增长18%。手机配套体系不断完善，全市已有手机配套企业306家，全年产值198亿元，同比增长110%。中光电、联创电子、帝晶、天实精工等重点项目相继投产；显示模组、触摸屏、摄像头、玻璃盖板等部分关键零部件均已实现在渝生产。

(二)运行特点

(1)招商引资。累计赴深圳、上海等地招商200余人次，新引进183个项目，其中，7个百亿级项目，17个十亿级项目。笔电板块，新引进的苹果手表、平板电脑、惠普台式机项目，均已开始出货。手机板块，新签约手机整机企业12家。其中，百亿级企业5家(传音、金立、辉烨、国威、与德)。手机配套板块，新签约手机配套企业168家。其中，十亿级企业9家(大宇精雕、迪诺通科技、江粉磁材、众鑫创业、天翌光电、中擎创科技、逸富桐光电、捷荣科技、赛华显示)。

(2)国际手机展。"2017 重庆·国际手机展"成功举办。本次展会是全国首届专业手机展和高峰论坛,参展企业 200 余家,影响巨大;国清市长、存荣常务副市长会见了参展企业高层。与此同时,市区两级联动开展招商引资工作,先后对接企业 62 家, 正在紧密追踪 11 家有投资意向的企业。

(3)服务企业。重点监控项目 46 个:新开工 12 个,投产 20 个,续建 7 个,达产 7 个。在项目调度过程中,协调解决了多项突出问题。一是协调加快了智能终端产品出口退税办理进度;二是协调将符合条件的智能终端企业纳入困难企业管理,社保缴费基数按照困难企业标准执行;三是建立智能终端企业自建厂房突破"双七控"的申请渠道; 四是处置 "6+2" 企业突发事件 4 起。

(4)精准施策。一是牵头制订了全市一季度电子制造业稳产增效促销政策, 配合安排补贴资金 1.1 亿元,政策出台后效果显著。二是联合装备处对智能终端企业产线智能化改造进行了深入调研,形成笔电和手机产业"机器换人"工作方案。三是指导市内 88 家企业成功申报重点笔电配套企业; 工业振兴和民营专项资金项目验收结题率达 88%。

二、2018 年工作目标

智能终端产量 5 亿台,同比增长 11.1%。其中,计算机 7900 万台,同比增长 6.5%;智能手表 1000 万只,同比增长 2 倍;手机 3.7 亿台,同比增长 27.5%。完成产值 4550 亿元, 同比增长 13.6%。其中,计算机 2200 亿元,同比增长 8.9%;手机 1400 亿元, 同比增长 20.7%; 配套 950 亿元,同比增长 15.4%。

一是实施招商行动方案。目标是引进 1—2 家知名品牌商及代工企业;20 家手机整机企业,130 家配套企业。

二是实施加工贸易提升方案。丰富产品品种提升价值量; 积极引导笔电和手机企业来渝设立研发中心;实施"机器换人"工程。

三是实施精准服务方案。深入企业了解企业生产经营中存在的突出矛盾和问题, 提出对策和建议。每月坚持召开笔电、手机和配套运行调度会,做好行业运行分析,圆满完成全年目标任务。

装备制造业

重庆市经济和信息化委员会 陈娟

面对错综复杂的国内外经济形势,在市委、市政府的决策部署下,装备行业紧紧围绕"调结构、促转型、增效益"工作任务,坚持创新驱动,加快培育新兴产业,着力培育经济发展新动能,推动装备行业取得良好发展态势。

一、2017 年发展回顾

(一)基本情况

(1)全行业发展进入平稳期。装备工业规上企业 1445 户,实现产值 3031.4 亿元,占全市工业的 13.5%; 产值增速增长 10.3%; 实现销售 2959 亿元,增长 10.6%;实现出口 276.7 亿元,增长 10.9%。

(2)提档升级成效明显。规模利润 226.8 亿元,增长 24%,增速同比提高 10.6 个百分点;主营业务利润率 7.8%,同比提高 0.7 个百分点。

(3) 重点产品持续放量。生产工业机器人 3739 台,增长 60.6%;数控机床 2578 台,单台机床价值量显著提升,产品结构调整效果明显;城市轨道车辆 360 辆,增长 76.5%;铁路货车 2800

辆，增长 1.55 倍；摩托车 595.7 万辆，增长 16.9%；发电机组 105.8 万千瓦，增长 1.7%；变压器 5273 万千伏安，增长 3.5%；模具 33 万套，增长 54.9%；齿轮 15.8 万吨，增长 37.1%；泵 89 万台，增长 9.8%。

(4)机器人及智能装备产业快速发展。全行业实现产值 180.3 亿元，同比增长 22.8%，其中，工业机器人实现产值 76.2 亿，关键零部件及集成实现产值 62.8 亿元，数控机床实现产值 103.2 亿元。

(二)发展特点

(1)积极争取国家专项资金和政策支持。重庆华邦制药有限公司等 10 个项目获得国家智能制造专项支持，项目立项个数和山东、上海并列全国第五。重庆机床数控磨齿机等 6 个产品获得国家首台(套)重大技术装备保险补贴，带动新产品产销超过 10 亿元。同时，红江机械被评为 2017 年国家智能制造试点示范企业。

(2)深入实施智能制造。出台重庆市智能制造 2017 行动计划，围绕打造集群、壮大规模、平台建设等八方面重点任务制定行动纲领。聘请中国工程院服务中心教授屈贤明、智能制造系统集成商专家咨询委员会主任张相木等智能制造领域知名专家 27 名，组建了重庆市智能制造专家咨询委员会。搭建供需对接平台，组织上百家企业召开手机及笔电行业智能制造对接会。投入财政资金 3000 万元，支持 22 个企业开展智能化改造，带动工业投资 6 亿元，项目预计新增销售收入 113 亿元。目前，企业智能化改造完工项目共计减少用工 1679 人，节省人工成本 9200 多万元，生产效率平均提高 37.2%、产品不良品率平均降低 21.8%、产品研发周期平均缩短 12.5%、能源利用率平均提高 8.4%，智能制造效果明显。

(3)研发创新能力增强。华数、川崎、固高、长江涂装厂、机床集团等公司新研发的工业机器人、双臂机器人、巡检机器人、涂装机器人、数控滚齿机等智能制造装备新品均实现产业化。重庆长客山地 A 型地铁车辆、重齿公司 5MW 海上风电齿轮箱、海装风电全球风轮直径最大的海上风力发电机组、智得热工医疗废物破碎及高温蒸汽处理一体机等重大技术装备取得突破。重庆市经济信息委“首台(套)重大技术装备保险”支持自走式采棉机、数控磨齿机等 7 个产品，带动新产品产销近 7000 万元。新增市级企业技术中心 25 家，总数达到 145 家。

(4)着力推进重大项目建设。康明斯大马力发动机研发中心、中国重工西部研究院、天骄发动机、中船重工永川智能制造产业园等多个重大项目推进顺利，部分项目取得突破性进展。

(5)新兴产业招商引资取得突破。主导、参与招商项目近 73 个，其中签约项目 32 个，协议总投资约 167 亿元。利勃海尔机床、中科三耐新材料公司航空叶片等重点项目引进顺利，大部分实现开工建设。

二、发展中存在的问题

一是重大项目少。一方面，在建项目投资小、项目数少，对行业后续发展不具备支撑作用。另一方面，在建和拟新建项目因市场、宏观政策等原因滞后。

二是科技创新能力不足。每年新产品研发力度不够，2017 年全行业重大新产品不足 30 个。智能制造集成企业创新能力弱，在汽车、电子等龙头企业无案例；曝气鼓风机等污水处理设备进入市场后因严重质量问题退出供应体系。

三是战略性新兴产业发展滞缓。当前机器人及智能制造装备、高端交通装备规模均不足 200 亿元，仅占全行业的 15%左右，且具有行业领先技术的龙头企业较少，关键技术转化和研发成效不明显。

三、2018 年发展目标

从当前市场、行业前景等因素分析，2018 年将出现以下几种表现：一是产品结构调整效果突出，市场需求旺盛，预计全年呈现高增长态势。如：风电关键零部件、城市轨道交通整车、大马力发动机、数控机床等行业及产品。二是市场恢复性增长，预计全年增速持续向上走。如：中小型变压器、工程机械、建筑机械、环保装备等行业及产品。三是垄断行业，且市场较好，预计全年持续走高。如：特高压铁塔、石油装备等行业及产品。四是市场走势向好，但因基数高，预计全年增速有所回落。五是风电行业受宏观政策影响较深，预计全年市场持续低迷。如：风电整机、叶片等。2018年装备行业规模企业实现产值2908.4亿元。

船舶工业

重庆市经济和信息化委员会 邓正瑜

2017年，重庆船舶修造业围绕供给侧改革的总体要求，加快化解船舶过剩产能，深入推进技术改造，船舶修造业整体运行质量明显提高，运行效益保持稳定。

一、2017年发展回顾

（一）基本情况

船舶修造方面。全市船舶修造业完成工业总产值18.5亿元，同比下降12%；实现营业收入15.3亿元，同比持平；行业利润5589万元，同比持平。

造船方面。全市完工船舶14.9万载重吨，同比增长71%；完工船舶合同金额4.5亿元，同比下降48%。新承接船舶订单24.3万载重吨，同比增长142%；新承接船舶订单合同金额6.5亿元，同比增长35%。手持船舶订单22.7万载重吨，同比增长20%；手持船舶订单合同金额7.5亿元，同比增长9%(见表1)。

（二）主要特点

(1)严格落实船舶过剩产能化解任务。持续实施船舶生产企业生产能力公告管理，本轮申请并通过公告的企业40户，较上一轮减少20户，过剩产能化解成果明显。长航江渝船厂、涪陵镇安船厂等企业整体退出造船产能，长航东风船厂、长航川江船厂部分退出造船产能，东港船业公司在行业率先提出船舶修理(4S)理念，开展营运船舶修理全生命周期服务，主动从产品制造向产品服务转变，退出部分产能。全年化解船舶过剩产能7万载重吨，完成市委、市政府下达任务的进度目标。

表1 三大造船指标完成情况表

类型	造船完工量		新承接船舶订单		手持船舶订单	
	艘	载重吨	艘	载重吨	艘	载重吨
总计	31	148990	66	237089	70	220922
原油船(单壳)			1	6000	1	6000
成品油船、化学品船	1	2450			1	2450
内河船中:普通货船	14	104114	21	156948	16	110488
液货船	2	7000	2	7000	3	10500
集装箱船	1	8450	2	16900	4	25756
滚装船	5	13000	2	6000	2	6000
客船	1	1000	10	1940	10	1640
其他非货运船	7	12976	29	48301	34	64088

(2)骨干企业技术投入持续推进。云阳河牛船厂、丰都丰平船厂分别投资1000万元和500万元，按分段建造模式进行技术改造均基本完成。完成室内厂房建设、船台硬化以及新购置龙门吊、自动焊接设备、数控切割设备等。涪陵中江船业、涪陵鼎航公司、涪陵铭麒公司、丰都三合公司等企业加大基础设施投入，生产能力水平得到较大提升，行业整体效益明显好转。

(3)行业专项整治取得阶段性成效。开展了重庆市船舶修造企业污染整治和船舶生产企业安全风险隐患排查整治专项行动。预计2018年内基本实现船舶修造企业杜绝在水上直接除锈打漆，直接向水体排放有毒有害污染物的船舶修造企业污染整治阶段性目标。所排查出的船舶修造企业陆上安全隐患整改率达95%，督促船舶修造企业按海事部门的要求加快其辅助船舶及工作平台的隐患整治。

二、存在的主要问题

一是船舶修造业形势依然严峻。近几年来，全市船舶修造业总产值持续下滑，部分企业经营十分困难，行业前景暗淡，发展形势依然不容乐观。二是部分企业达不到环保要求。部分船舶修造企业环保实施严重不足，没有落实相应的环保制度，在环保方面的欠账较多，急需加强环保投入，尽快达到国家和地方的环保要求，切实履行企业环境保护主体责任，方能在环保监管力度不断加强的大形势下生存下去。

三、2018年工作目标

全市船舶修造业力争完成工业总产值20亿元，营业收入16亿元，实现正增长。化解船舶过剩产能不少于5万载重吨，确保三年(2016—2018年)内退出造船产能20万载重吨的目标任务全面完成。

化学工业

重庆市经济和信息化委员会 兰劲

一、2017年发展情况

(一)基本情况

全市化学工业有规模以上企业363家，其中：基础化学原料制造业83户、化学肥料制造业42户、化学农药制造业9户、涂料颜料染料制造业41户、合成材料制造业25户、专用化学产品制造业56户、炸药火工及焰火产品制造18户、化学纤维制造业4户、橡胶制品业42户、其他43户。产品涉及化学矿山、化学肥料、化学农药、基础化学原料、涂料、颜料、染料、化学试剂、催化剂及助剂、黏合剂、炸药及火工产品、信息化学品、塑料、合成橡胶、合成纤维、橡胶制品、化工设备制造等17个大类。资产总额1440.2亿元，从业人员7.5万人。

规模以上化工企业主要经济指标完成情况：完成工业总产值1174.4亿元，同比增长21%；完成销售产值1142.3亿元，同比增长21.1%；完成出口交货值44.4亿元，同比增长18.8%；产销率为97.3%，同比增加0.1个百分点；实现主营业务收入1114.3亿元，同比增长21.9%；实现利税总额143.3亿元，同比增长92.1%(其中：利润总额96.8亿元，同比增长146.3%)。

规模以上化工企业实现主营业务收入1114.3亿元，同比增长21.9%。按行业类别分：基础化学原料制造业338.6亿元，同比增长27.4%，占化工行业的30.4%；化学肥料制造业108.6亿元，同比增长2.4%，占化工行业的9.7%；化学农药制造业26亿元，同比增长8.9%，占化工行业的2.3%；涂料油墨颜料制造业84亿元，同比增长38.6%，占化工行业的7.5%；合成材料制造业107.6亿元，同比增长109.1%，占化工行业的9.7%；专用化学产品制造业76.2亿元，同比增长20.3%，占化工行业的6.8%；炸药火工及焰火产品制造业14.4亿元，同比下降12.6%，占化工行业的1.3%；化学纤维制造业29亿元，同比增长65.9%，占化工行业的2.6%；橡胶制品业138.9亿元，同比增长10.9%，占化工行业的12.5%；其他制造业190.9亿元，同比增长4%，占化工行业的17.1%。

（二）发展特点

(1)生产运行快速增长。化工逐月累计工业总产值增速由年初的12%上升到年底的21%，比2016年的5.6%高出15.4个百分点。其中超过行业增速的是：合成材料制造增长135.3%，合成纤维制造增长47.1%，涂料油墨颜料制造增长37.3%，基础化学原料制造增长24.9%，专用化学产品制造增长22.4%。

(2)产业结构逐步改善。行业中类比重发生变化：肥料制造业产值占比11.5%，同比降低2.3个百分点。专用化学品、涂料染料油漆等附加值高的化学品占比均上升，分别比同期增长0.1和0.9个百分点。

(3)战略性新兴产业增长强劲。MDI、聚氨酯树脂、氨纶、PTA等产品产量增幅显著。化工新材料累计完成产值167.2亿元，同比增长104.9%，占化工总产值的14.2%。

(4)行业利润实现成倍增长，三大行业中类扭亏为盈。化工实现利润96.8亿元、同比增长146.3%。大幅增长主要是：合成纤维制造业(增长130.8%)和橡胶制品业(增长56.8%)。三大行业中类扭亏为盈是根本原因：基础化学原料制造业利润13.6亿元（2016年亏损9.8亿元)，肥料制造业利润1.3亿元(2016年亏损6.2亿元)，合成材料制造业利润14.7亿元(2016年亏损4.1亿元)。

(5)大宗产品价格大幅回升，化肥产品价格仍然低迷。监测的10种大宗基础化学原料和肥料产品中，纯碱、烧碱、甲醇、醋酸、己二酸、聚氰酸酯等6种产品2017年底价格均同比大幅上升，并且基本处于5年来的高位。复合肥、磷酸一铵、氯化铵基本处于近年来低位略高。尿素处于近年来中间位置。

（三）招商引资

化工行业签约亿元以上工业项目26个，协议投资总额214亿元；在谈及策划项目22个，预计投资128亿元。一是确定重点招商方向。明确化工重点发展的四大产业集群、五个方向和五大高性能树脂产业链，招商思路和目标更明确。二是围绕五大重点产业链开展招商工作。围绕MDI、PTA等重点产品，绘制五大高性能树脂产业链图。依托产业链开展招商工作。

（四）项目建设

重庆飞华环保科技有限责任公司23万吨/年废氯化氢回收项目建设已经完成；重庆华峰化工有限公司高性能聚氨酯树脂一体化项目正在设备安装收尾阶段，第三套己二酸装置预计2018年投产。重庆元利科技有限公司4万吨/年环保溶剂项目、重庆顺安爆破器材有限公司年产工业炸药2.4万吨生产项目等4个项目已经开工。重庆聚立信生物工程有限公司生物农药项目运行良好，目前准备入统；攀钢集团重庆钛业有限公司年产金红石型钛白粉7.5万吨为搬迁项目，运行一直比较稳定，2018年全部释放产能。

（五）技术创新

一是企业加大研发力度。规上化工企业研发经费占销售产值的比重预计达到0.92%，同比增加0.03个百分点；建立研发储备金备案的化工企业累计有52家，同比增加116.7%；研发储备金累计预算为10.8亿元，同比增长166.9%。化医集团、川维、紫光化工等企业积极开展产业链延伸及关键技术攻关。二是企业创新成果初显。新增天原化工有限公司企业技术中心等5家重庆市认定的企业技术中心；重庆建峰浩康化工有限公司、重庆欣欣向荣精细化工有限公司被认定为2017年重庆市技术创新示范企业；

三峡油漆和亿隆漆业获得了重庆市产业技术创新专项资金项目支持。华歌生物的合成三氯吡啶醇钠新技术应用、力宏精细化工的超高黏度羧甲基纤维素纳等5个产品获评重庆市重大新产品。

二、存在的问题

重庆化工行业发展存在诸多矛盾和问题。一是产能过剩,特别是化肥行业产品价格长期在低位运行,企业效益持续下降,生产越多亏损越多,个别企业被迫停产。行业总体增长缺乏动力。二是产品与产业结构矛盾突出,天然气化工产品80%是基础有机化工原料和中间体,合成材料、专用化学品的比重较低,原料及要素价格高而产品价格低,两头挤压,企业生存困难。三是化工企业面临的环保压力大,长江经济带化工污染专项整治,沿江化工企业会受不同程度的影响,部分企业可能会由于搬迁而减产甚至停产。

三、2018年发展目标

一是新建、投产、续建等新项目带来的增量较小,对增速贡献较小。二是由于上年基数较高,增速会下降。三是实施长江经济带化工污染专项整治,沿江化工企业会受不同程度的影响,部分企业可能会由于搬迁而减产甚至停产。预计工业总产值增长6%。

医药工业

重庆市经济和信息化委员会 魏彦杰

2017年,在全国经济增长明显放缓的背景下,重庆市医药工业在市委、市政府的坚强领导下医药处紧紧围绕“调结构、促转型、增效益”工作任务,坚持创新驱动,加快培育新兴产业,推动医药工业取得良好发展态势。

一、2017年发展回顾

(一)基本情况

近5年来,重庆市生物医药工业保持稳定高速增长,复合年增长率达19.2%。全市生物医药产业实现产值632亿元,同比增长16.9%,高于全国医药工业增速6个百分点。从子行业看,除中药饮片(增速-0.9%)受政策壁垒影响出现负增长,原料药(增速13.6%)受环保压力增速放缓外,其他各子行业增速均高于16%。从重点企业看,74家重点企业中,全年产值10亿元以上的企业12家,5亿—10亿元的15家,同比增长超过20%的企业29家。

(二)发展特点

一是重点项目顺利推进。全市重点医药开工项目11个,续建项目16个,投产项目5个,达产项目5个,投达产项目预计新增产值30亿元。其中:生物药领域,华兰生物等现有企业持续高速增长,智睿生物产业园等项目有序推进;化学药领域,药友制药综合基地项目投产,华邦制药水土生产基地建设项目等有序推进;中药及中成药领域,海王生物秀山县医药产业园项目开工,太极集团李渡基地等项目加速推进,三峡云海搬迁技改项目等相继达产;医疗器械及医药耗材领域,鼎润医疗新型凝血分析系统设计制造项目等进展顺利。

二是招商引资取得实效。坚持招大引强,积极推动产业链招商、以商招商,共签约项目21个,协议投资311亿元,预计产出600亿元。其中,步长集团拟与秀山县合作,协议投资不低于100亿元人民币。复星医药与重庆市政府签署协议,拟在重庆自贸区设立西南总部,协议投资100亿元。植恩药业通过两江药物及柳江医药已引进40多个品种。中关村重庆中心已签约项目23个,实际投入资金6000万元。常州安康医疗器械与合川区合作,总投资1亿元。

三是创新发展取得突破。深入实施创新驱动,推动原创性科技成果在重庆落地。按照"研发全球化、生产在重庆"的工作思路积极吸引全球创新产品,智睿生物医药产业园获得治疗用生物制品一类新药临床批件2个。上海博唯生物获得国内首个九价HPV疫苗临床批件并将在巴南产业化。重庆惠源(美国Athenex公司)申报的国内首个紫杉醇胶囊等2个品种进口注册获得临床批件。永仁心项目成为国内首个获批临床试验的人工心脏产品。植恩药业有3个1类新药品种在研中。

四是国际合作不断深化。全面开展国际合作,推动"技术引进来、产品走出去"。全市首家合资医药生产企业参天科瑞落户巴南。36个以色列项目拟在重庆实现产业化。举办两次"加拿大安大略省—重庆市医疗论坛",2个项目正式签约,6个项目在谈。植恩药业联合中科院合肥物质科学研究院、新加坡保健集团等打造康复产业园。药友制药的文法拉辛制剂获美国认证,成为首个出口发达国家市场的化学药制剂。金山科技、顺美吉等企业产品顺利出口欧盟,提升了"重庆制造"的影响力。

五是发展环境不断优化。加大资金支持力度,全年共有25个医药项目获得了4000万元资金扶持。华邦制药等5家企业共获得国家工信部1亿元专项资金扶持;出台专项扶持政策,《重庆市支持仿制药一致性评价扶持政策》正式发布,市仿制药一致性评价全流程服务平台已承接项目共48项;优化政府服务,推动重庆市医疗器械检测中心建设,解决制约医疗器械产业发展多年的新产品检测难、审批难、定价难等系列问题。

二、发展中存在的问题

从国内看,"鼓励创新、提升质量"是近年来国家政策的主要导向,以仿制药质量和疗效一致性评价、临床数据核查、生产工艺核查等为代表的药监新政给传统医药企业带来巨大压力,其结果就是导致药品生产企业和生产批文的大幅压缩。具体到重庆医药产业,与沿海等发达地区相比仍存在一定差距,主要表现在三个方面:一是科技支撑能力不足,创新能力仍需加强。二是高端产能等产业承接能力建设不足,国际化能力较弱。三是产品附加值低,产业结构不尽合理。

三、2018年发展目标

结合医药产业自身特点和重庆资源条件,坚持创新驱动发展战略,加强政策指导,推动供给侧结构性改革,抓好平台建设和大品种培育。以仿制药一致性评价和中药配方颗粒试点工作为重点,在继续发展壮大化学药和中成药基础上,抢抓行业结构调整的新机遇,推动医疗器械及耗材、生物药、"经典名方"、特医食品、康复辅具等行业快速发展;以部门联动和市区联动为工作抓手,推动市级资源向特色化发展的区域倾斜配置,增强产业发展集聚力;以招商引资、兼并重组和重点项目建设为发展支撑,加大产业协作和配套服务力度,推动医药产业保持平稳较快增长势头。引进医药项目12个以上,协议投资100亿元;全年医药工业同比增长16%以上。

材料工业

重庆市经济和信息化委员会 夏正伟

2017年是供给侧结构性改革的攻坚年，重庆市材料工业贯彻落实党中央、国务院决策部署，牢固树立五大发展理念，精心谋划，积极作为，砥砺奋进，努力克服各种困难，切实做好材料工业去产能调结构稳增长等各项工作。

一、2017年发展回顾

(一)基本情况

材料工业行业经济运行总体呈“恢复增长，效益向好”态势，实现产值2648亿元，同比增长18.4%，增速提高14.4个百分点。其中，冶金行业1224亿元，同比增长22.8%；建材行业1424亿元，同比增长14.8%。规上企业累计实现利润161亿元，利润率6.3%，同比提高2.6个百分点。

从产业链看，材料工业最大的子行业是铝材料行业(包括铝土矿开采、铝冶炼、铝加工、再生铝)，完成产值591亿元，同比增长40.9%；其次是水泥及制品业(包括水泥、石膏、石灰及其制品)产值585亿元，同比增长13.9%；钢铁冶炼及压延加工行业(不包括锰及铁合金)产值412亿元，同比增长9.7%；墙材行业(砖瓦、石材)产值211亿元，同比增长13.1%；平板玻璃及制品行业产值119亿元，同比增长23%；铜材行业52亿元，同比增长34.6%；玻璃纤维及复合材料行业，产值49亿元，同比增长15%。以上7大子行业合计产值2019亿元，占全行业比重为76%；同比增速20.2%，高于行业平均1.8个百分点。

新材料产业快速发展，实现产值327.8亿元，同比增长30.2%。其中，先进基础材料产业271.5亿元，同比增长28.4%；关键战略材料产业54.6亿元，同比增长25%；前沿新材料产业1.7亿元，同比增长141%。

(二)发展特点

(1)严格实施钢铁去产能。采取区县初查、市级认定、中钢协复查三道关口逐一核查，对最终确定的20家“地条钢”企业共289.17万吨产能限期关停，提前全面完成取缔“地条钢”目标任务。建立长效机制，对1199家用电大户工业企业、249家拥有中(工)频炉企业、44家关停企业和600余个废钢收购点建立台账、落实责任，防止死灰复燃。牵头组织永航钢铁、足航钢铁完成171万吨钢铁产能指标置换手续。做好博伦公司信访稳控化解工作。

(2)开展违法违规项目清理整顿。按照国家要求和市政府总体部署，摸排5家电解铝企业、63家水泥企业、5家平板玻璃企业、1家稀土企业和739家烧结砖窑炉。整改落实重钢安全隐患389项。完成三环高速公路以内217家烧结砖瓦企业分类整治，化解烧结砖过剩产能10亿标砖，水泥产能从8600万吨压减到8010万吨，关停电解铝产能10万吨。水泥、平板玻璃产能利用率保持在80%以上。

(3)加快实施创新驱动战略。牵头制定《重庆市新材料产业发展实施方案》，引导全市加快发展先进基础材料、关键战略材料和前沿新材料产业，进一步提升发展质量和效益。支持福耀玻璃智能工厂、重庆新格智能制造工程申报智能制造专项，鼓励重钢、万盛浮法、福耀玻璃等6家企业申报制造业与互联网融合项目。指导耀皮玻璃、中昆铝业、广际实业等9家材料企业通过市级企业技术中心评审。启动首批次新材料应用保险补偿机制试点工作，帮助新材料生产企业和用户企业之间建立风险保障机制，推动全市新材料产业推广应用。参与石墨烯标准化建设，引导企业制定国家《石墨烯材料的术语、定义及代号》;通过中英石墨烯标准化合作工作组会议,推进石墨烯标准国际合作。加快推动新材料重点项目建设。金世利航空钛材、远成铝业铝建筑模板、南邦铝业高精度铝型材等12个项目开工建设,三磊玻纤、特瑞新能源、杜拉维特高档洁具等新材料项目建成投产,中铝铝萨帕轨道交通铝材、西南铝熔铸、鞍钢蒂森克虏伯汽车镀锌板、再升科技保温棉项目等逐步达产,增强了新材料发展后劲。

(4) 促进行业绿色发展。组织31家水泥企业52条生产线累计错峰6100天,减排二氧化碳100万吨,主城区环保优良天数增加20天、PM2.5浓度同比下降10.7%。协同处置固体废物1000万吨。试点处置城市生活垃圾、生活污泥和固体危险废物8万吨。利用水泥窑余热发电量约为14亿千瓦时,节约标煤约17万吨,分别减少CO_2、SO_2、NO_x排放约为134万吨、3.9万吨和1.9万吨。

(5) 优化行业服务。帮助南桐水泥等27个项目获得6771万元专项资金支持。鼓励巨源不锈钢等27家企业申请电力直接交易准入。推动西南铝预拉伸铝合金厚板、再升科技保温隔热材料进入商用大飞机材料目录。帮助国际复合、西南铝对接配套汽车行业。完成25家预拌混凝土企业、23家建筑砌块企业绿色建材标识评价。

(6)加强协调调度。帮助重钢股份、天泰铝业等重点企业脱困发展。其中四源合基金主导的重钢股份司法重整获得成功,化解了417亿元债务,是我国首例“A+H”股上市公司司法重整案件,也是首家钢铁行业上市公司重整案件,重整项目的资产和负债规模均为目前国内上市公司重整案件之最,也使得重钢股份扭亏为盈。天泰铝业二期10万吨电解铝项目成功复产。组织协调拉法基南山工厂资产处置,组织永钢钢铁、足航钢铁成功实施171万吨钢铁产能置换项目。走访行业企业43家,开展企业减负、电炉炼钢调研,长江经济带三大专项调研。推动17家材料工业龙头企业提高本地配套率。

(7)推进重大项目建设。以4个市级重点项目及33个行业重点项目为抓手,新投、达产项目12个,新增产值41亿元。其中:大朗铁合金力争年内入统;特瑞新能源一期实现当年投产、当年达产;中色新材列入国家稀土发展定点计划;唯美陶瓷一期逐步达产;万州平湖金龙成功投产。

(8) 积极开展招商引资。签约东鹏智能家居、忠旺铝合金等8个重点项目,签约金额149亿元。华峰铝业20万吨铝板带箔等22个项目开工建设,完成投资94亿元。中铝一院四线、日昌升建筑新材料、中国科学院合肥分院无机高强快速成型胶凝材料项目等3个在谈项目进展顺利。

二、存在的主要问题

一是行业高增长势头逐渐减弱。市场需求总体仍然偏弱,物流、要素成本高企,产品价格难于继续维持高位,投资下降。同时,水泥、墙体材料、实心砖等行业去产能任务繁重。二是技术创新能力不强。普遍存在科研投入低,研发人员不足,新产品数量少等突出问题。三是新材料产业培育缓慢。招商引资优势不明显,投资后劲不足。新材料产业受基础差,人才缺乏,产学研用合作不紧密,标准、检测、评价、计量等体系不健全,推广应用难等问题,成为支柱产业尚待时日。

三、2018年发展目标

全面贯彻落实党的十九大精神和重庆市委、市政府决策部署,以习近平新时代中国特色社会主义思想为指导,深入落实“两点”“两地”定位和创新驱动发展战略,坚持五大发展理念,补齐产业链短板,加快发展新材料产业,建设集聚、配套的现代化产业体系,推动材料工业绿色发展、高质量发展。2018年,材料工业经济仍将延续总体平稳、稳中有进的基本格局,规模以上工业总产值2913亿元,增速10%。其中冶金行业1347亿元,同比增长10%;建材工业完成1566亿元,同比增长10%。新材料产值目标393亿元,增速20%。

国防科技工业

重庆市经济和信息化委员会 王刚

2017 年，重庆市国防科技工业总产值同比下降 10.8%，新产品产值同比下降 22.5%，新产品产值率(新产品占工业总产值比重)50.1%，营业收入同比下降 6.2%，利税总额同比下降 19.5%，利润同比下降 22.8%。

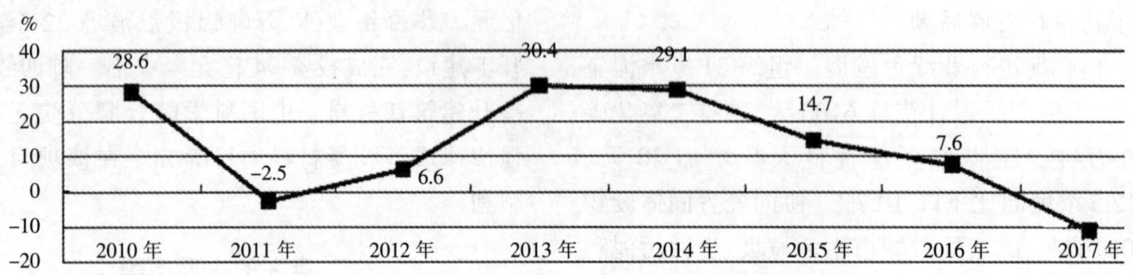

图 1 2010—2017 年重庆国防科技工业产值增幅

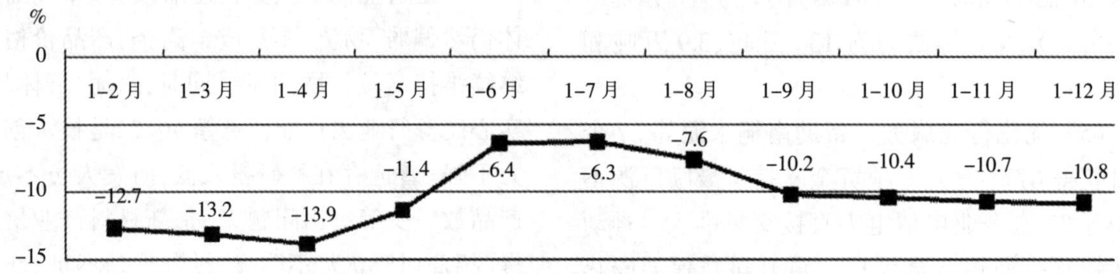

图 2 2017 年重庆国防科技工业产值累计增幅

近年来，重庆市国防科技工业中的汽车、船舶、风电机组等主导民品处于市场波动调整过程中，对主机厂和众多配套厂都产生了较大影响，2017 年有近一半的企业生产下降。按行业分类看，汽车制造业产值同比下降 10.2%，装备制造业下降 14.7%，电子制造业下降 9.2%。

主要民品中，增长较大的有改装汽车、铁路货车、煤气表、水表、增压器等。

轻工业

重庆市经济和信息化委员会 余菲

一、2017 年发展回顾

(一)行业经济运行稳中有进

轻工行业规模以上企业 893 户，完成工业总产值 1635.64 亿元，同比增长 18.6%；出口交货值 43.75 亿元，同比增长 10.4%；实现利税总额 123.59 亿元，同比增长 22.7%。重点子行业情况如下：

造纸及纸制品行业：规模以上企业 105 家，实现工业总产值 330.19 亿元，同比增长 30.7%，占重庆轻工总产值的 20.19%；出口交货值 5.73 亿元，同比下降 26%；利税总额 40.47 亿元，增长 9.9%。

塑料制品业：规模以上企业 205 家，实现工业总产值303亿元,同比增长6.9%,完成出口交货值3.75亿元,同比增长118.4%;利税总额33.18亿元,同比增长8.4%。

家居行业:规模以上企业188家,实现工业总产值231.39亿元,同比增长19.3%;完成出口交货值4.52亿元,同比增长110.7%;利税总额26.5亿元,同比增长22.2%。

皮革及制鞋业:规模以上企业71户,实现工业总产值192.8亿元,同比增长10.8%;完成出口交货值4.51亿元,同比增长8.4%;利税总额17.19亿元,同比减少1%。

印刷和记录媒介复制业:规模以上企业110户,实现工业总产值155.17亿元,同比增长6.3%;完成出口交货值6.3亿元,同比减少0.6%;利税总额17.65亿元,同比增长2.7%。

文工体用品制造业:规模以上企业42家,实现工业总产值131亿元,同比增长88%;完成出口交货值10.19亿元,同比减少1.7%;利税总额10.88亿元,同比增长15.8%。

照明器具及燃气具制造业:规模以上企业29家,实现工业总产值75.73亿元,同比增长13.2%;完成出口交货值0.04亿元,同比减少57.2%;利税总额12.37亿元,同比增长16.7%。

(二)特色化集群化发展格局更趋成形

一是塑料产业集群培育势头更劲。梁平塑料生态产业园累计引进惠州市万锦科技有限公司、江苏太乾模塑科技有限公司、重庆融康实业有限公司等项目34个,总投资40.15亿元,其中亿元以上投资项目15个,引资30.6亿元,5亿元以上项目2个,引资10亿元。已落地建设项目19个,开工率达55.89%。

二是智能家居产业集群开始发力。长寿家居产业园已形成规模达1000万套木质套装门、30万套橱柜、30万套办公家具及智能家居类的家居产业集群,以及与其配套的建筑材料和家居五金配饰配件产业;江津区吸引香港敏华集团投资9亿元新建家具制造项目,达产后年产值超10亿元。

三是眼镜、钟表产业集群持续推进。荣昌眼镜产业园共签约企业34家,签约面积超过3.5万平方米。奉节眼镜产业园成功引进眼镜企业7户,其中投产企业4户;签订框架协议企业6户;拟签约企业8户;意向性入驻企业18户。2017年,投产企业共计生产眼镜355万副,实现产值1.12亿元。垫江钟表公司2017年累计实现产值2亿元;总建筑面积约3.3万平方米机械手表机芯生产车间和研发大楼主体工程计划于2018年完成建设并投入使用。

(三)以订单为牵引的发展模式探索初见成效

重庆玮兰床垫公司开展本地配套自2015年成功进入宜家采购体系认证后,不断提升生产管理水平,已经成为宜家全球床垫类产品订单加工企业的质量典范,正在争取促成重庆市与宜家家居在生产制造、贸易、物流运输、研发设计、金融结算等方面的深入合作。

(四)"三品专项行动"实施亮点纷呈

巫山旅游消费品研发中心设计开发的女士开车鞋、三峡石系列产品等即将推向市场;奉节县重庆市消费品工业创意设计中心与新纳科技合作的文创纳米口罩在渝洽会期间正式亮相。由嘉兰图工业设计、重庆消费品品牌战略研究院、上海富通激光工程技术研究所、长春合兴机械制造有限公司与重庆大足龙水五金刀具集团有限公司共同组建了"重庆五金产品研发中心",以中国一流的工业设计、激光技术、智能技术辅以品牌与营销设计应用服务,将在重庆打造可与德国"双立人"刀具品质媲美的激光处理刀具。工美协会组织企业参加第52届全国工艺品交易会和第18届中国工艺美术大师作品暨手工艺术精品博览会,取得"百花杯"金奖2名、银奖2名、铜奖4名;"金凤凰杯"金奖1名、银奖2名的好成绩,进一步提升了重庆市工美行业的知名度。十九大期间,重庆日报推出了"聚焦重庆消费品工业'三品'专项行动"系列报道的首篇报道,得到国际在线、中国政府网、凤凰网、新浪网等几十家媒体转载。

(五)资源进一步得到整合

重庆创意公园组建"三品"专家委员会和

“三品”服务机构联盟,搭建“三品”专项行动公共服务平台。“三品专项行动”纳入市级财政资金支持范畴,2017年共使用1300多万元，支持34个“三品”项目,重点支持企业增加新品种、提升设备及管理水平进入国际知名品牌质量认证体系、与第三方机构合作开展品牌营销活动等。

二、行业发展中存在的问题

一是全球产业格局发生重大调整。发达国家高端制造回流与中低收入国家争夺中低端制造转移同时发生,对我国形成“双向挤压”的严峻挑战。但随着用工成本的上升,简单的以低成本承接以轻工行业为代表的劳动密集型制造业的转移将会受到较大影响。二是转型升级压力大。重庆市大部分轻工企业规模小、实力不强,自主创新能力弱,产品以中低端为主,存在一定的结构性矛盾。企业转型升级内生动力不足,在新技术和新工艺的研发应用上投入不够，精细化管理体系有待提升。产品品牌效应不强,参与国内统一市场竞争和开拓国外市场压力大。

三、2018年发展目标

全市消费品工业规模以上企业实现工业总产值2000亿元,增速10%。牵头引进投资(或新增产值)10亿元以上重点项目2个以上。消费品工业“三品”专项行动成效明显,建立10个市级消费品工业“三品战略”示范试点企业(平台),推出10个消费品工业精品产品。

纺织工业

重庆市经济和信息化委员会 余菲

一、2017年发展回顾

(一)行业经济运行稳中有进

规模以上纺织服装企业177户(纺织89户,服装84户,化纤4户),完成工业总产值259.06亿元,同比增长10.2%,增速同比提高5.8个百分点；实现出口交货值44.41亿元，同比增长7.1%,增速同比提高4.7个百分点。

从行业效益看,2017年实现主营业务收入239.1亿元,同比增长10.2%;实现利润17.43亿元,同比增长8.9%。

从主要产量看,2017年生产纱6.03万吨,同比下降22.4%;布2.73亿米,同比下降24.6%;服装9522.37万件,同比增长6.9%。

从各分类产业来看，纺织业完成工业总产值109.53亿元,同比下降4.7%,增速同比减少8.8个百分点;实现出口交货值25.38亿元,同比下降5.6%,增速同比减少20.6个百分点;实现主营业务收入106.78亿元，同比下降2.9%;实现利润5亿元,同比下降23.3%。

纺织服装、服饰业完成工业总产值117.11亿元,同比增加19.5%,增速同比提高20.5个百分点；实现出口交货值17.53亿元，同比增加24.5%,增速同比提高43.2个百分点;实现主营业务收入103.37亿元,同比增长15.4%;实现利润8.42亿元,同比增长8.7%。

化学纤维制造业完成工业总产值32.42亿元,同比增长47.1%,增速同比减少10.1个百分点;实现出口交货值1.5亿元,同比增长215.9%;实现主营业务收入28.95亿元,同比增长65.9%；实现利润4亿元，同比增长131%。

(二)产业集群添新军

涪陵华丰氨纶的生产技术达到国际先进水平,单个工厂产量居全球第二,全国第一;荣昌区纺织服装订单加工基地新签约服装加工企业3家,已投产1家,签约投资金额3亿元;酉阳县新签约服装加工企业13家,投产1家,全面建成投产后年销售金额超过10亿元。

(三)“订单+龙头+全产业配套”模式成效初显

抢抓服装行业第三次产业转移机遇，成功促成德国DISTRA公司与重庆市熙妮服饰、立泰服饰分别签订30亿元人民币订单加工合同，并以此为契机着手培育打造“订单+龙头+全产业配套”的加工产业。目前全市服装订单承接企业已经达到11家。

二、行业发展中存在的问题

一是品牌效应不明显。近年来没有大品牌新企业入驻，本地品牌影响力较低，行业增长乏力。二是生产要素成本高。三是应变新零售转型能力弱。四是设计人才供求失衡。

三、2018年发展目标

以党的十九大精神为引领，深入贯彻实施市委五届三次会议决议，聚焦制约行业发展不平衡不充分的短板，以抓重点、补短板、强弱项为抓手，运用“项目化、清单化、责任化、节点化”的工作手段，进一步完善与区县的分工协作机制，做大做强产业集群；强化与重点企业的互动，围绕特色化、高端化、智能化的发展方同，通过开展“推示范、评金花、出精品”等系列活动，持续实施“消费品工业三品专项行动”，加快培育重庆市服装订单加工产业集群，力争纺织行业产值超300亿元，其中服装订单合同金额超过100亿元，本地配套率达到50%。

城镇天然气工业

重庆市经济和信息化委员会 邓引

一、2017年发展情况

全年共发展城镇天然气用户37万户，超额完成年度目标任务，总用户突破780万户，天然气消费量为95.2亿立方米，同比增长6.6%，未发生生产安全责任事故，成功应对北方煤改气引发气荒的严峻考验，保证民生供应，保障安全稳定。

(1)推进制度建设。推进《重庆市天然气管理条例修订》，已被市人大列入审议计划。出台《关于进一步加强城镇天然气行业安全生产工作的通知》，进一步明确企业主体责任和区县监管责任，加强安全管理。编制《主城区燃气设施规划》《重庆市“十三五”城镇天然气行业发展规划》，充分发挥规划的引领和约束作用，提高城镇天然气行业发展的可持续性。

(2)狠抓规范管理。根据《重庆市城镇天然气经营许可实施办法》规定，制订《城镇天然气经营许可延续审查标准》，会同区县主管部门、专家对经营许可到期41家企业开展许可延续审查，提出审查意见41份，涉及问题500余项，许可审查的专业性、针对性、严谨性进一步增强。41家延续企业中，目前有20家企业完成整改，达到延续许可条件，即将发证。同时，严格标准和程序，办理燃气设施项目审批等行政许可事项30余项，准予许可26项。按照市政府部署和要求，开展乡镇天然气经营市场专项治理，经过攻坚，全市103家乡镇公司，规范取证70家。余下的33家中，有12家无证但未经营，21家无证经营企业中，已启动发证程序的11家，停业整改的10家。通过规范管理，天然气经营企业的安全条件、保障能力、服务质量大幅提升。

(3)加强行业服务。编制《城镇天然气经营许可审查细则》《燃气燃烧器具安装维修资质许可审查细则》，帮助区县拟定许可审批事项信息，指导、规范区县主管部门规范许可行为。编发《城镇天然气资料汇编》，指导区县主管部门学习、运用法律法规和文件规范，提高行政审批和安全监管能力。帮助企业办理警报灯具、许可备案、证照变更等事项50余项。

(4)增强保障能力。通过立足当前,兼顾长远,超前谋划,加大统筹协调和督促检查力度,推进主城区燃气管网设施规划完成编制,增强主城发展后劲;推进重庆燃气管网地理信息系统建设,增强运行管理能力;推进主城区"七门站、两环线、八连线"主干输配系统建设,外环线全线贯通,八连线完成6条,增强主城区管网系统供气稳定性和安全性;推进市、区、企业应急联动机制建设,增强行业应急抢险能力,成功处置"3·21"黑石子至童家院子D711主气源管道泄漏等多起突发事件。

(5)强化安全监管。制定年度安全生产监督检查计划,按"四不两直"方式,对31个区县经济信息委、42家城镇天然气经营企业开展日常安全检查42次,排查整改较大以上隐患37条,下发督办通知3份,整改通知3份,提出工作建议100余条;针对夏季高温汛期,党的十九大和国庆中秋两会两节等重点时段、重要节会期间组织开展专项安全检查,严格落实应急值守、隐患治理、巡查维护等工作措施,对8个区县10家城镇天然气经营企业,共查出问题12条,督促企业整改问题12条,确保安全稳定;针对沙坪坝区郁金香国际公寓"1·26"天然气泄漏爆炸致2人死亡1人受伤事故,及时启动为期半年的全市范围内城镇天然气户内安全检查专项整治。特别值得一提的是,区县经信委的属地监管能力进一步提升,履职效果更加明显。区县经信系统共组织开展应急演练103次,执法检查905次,查处隐患849条。有17个区县实施了行政处罚,共处罚金96.12万元(秀山县25万元,彭水22万元,渝中区7.5万元)。

(6)提升人员素质。组织开展城镇天然气行业从业人员专业考试,全市2200名从业人员参加考试,有1199人新取得从业人员资格证书。督促企业落实继续教育,每年不低于6个学时。将安全生产知识、专业技术知识融入企业各类会议、培训、安全检查活动中,常态化开展培训教育。

二、存在的主要问题

一是城镇天然气行业宣传教育有待强化,法律法规普及、安全用气意识培育、应急处置技能等方面工作措施有待加强,力度有待加大。二是行业管理制度建设仍然滞后,特别是城镇天然气经营许可、燃气设施新建改动审批、燃气燃烧器具安装维修资质审批三项许可下放以后,从条例到相关审批办法和管理办法,均未作出适应性调整、完善。三是由于区县主管部门工作力量薄弱、人员变动频繁、培训学习少等原因,区县监管能力不能满足事中事后监管的要求。四是城镇天然气企业主体责任落实不够,不同程度存在管线设施家底不清、运行管理责任和任务落实有死角漏洞、制度形同虚设、从业人员技能水平低下等问题。五是与城镇天然气相关的设计、安装、施工活动有待进一步规范,不同程度存在无证作业、资质挂靠等情况,不仅干扰了正常的市场秩序,也影响了设计、安装、施工质量。六是城镇天然气企业形象有待提升。目前由于服务质量不高,服务效率低下,沟通不充分,政策宣传不准确,执行技术标准有偏差等引起的投诉和纠纷,甚至上访事件时有发生。

三、2018年重点工作

一是推进顶层设计,狠抓依法合规管理。二是夯实属地责任,严格事中事后监管。三是强化主体责任,提升安全运行水平。四是开展专项活动,强力支撑行业发展。

重庆煤炭工业

重庆煤监局市煤管局办公室 周鸿翼

一、2017 年发展回顾

(一)煤炭产能情况

截至 2016 年底,全市共有煤矿 63 处。2017 年,关闭退出煤矿 10 处,截至 2017 年底,全市保留煤矿 53 处,设计产能 2119 万吨/年,同比减少 264 万吨/年,下降 11.08%。

其中,市属国有煤矿 21 处,生产能力 1537 万吨/年;区县国有煤矿 3 处,生产能力 42 万吨/年;乡镇煤矿 29 处,生产能力 540 万吨/年。

(二)煤炭产量及使用情况

全市煤炭产量为 1049.37 万吨,同比减少 386.16 万吨,下降 26.9%。其中,市属国有煤矿产煤 953.85 万吨,同比减少 219.22 万吨,下降 18.7%;区县国有煤矿产煤 8.06 万吨,同比减少 17.74 万吨,下降 68.8%;乡镇煤矿产煤 87.46 万吨,同比减少 149.2 万吨,下降 63%。全年煤矿商品煤销售 978.48 万吨,同比减少 423.13 万吨,同比下降 30.19%。全市国有重点煤矿累计销售洗精煤 145.5 万吨,同比减少 17.5 万吨,下降 10.74%。

全年,我市主力电厂消耗电煤 1429.88 万吨,同比增加 52.96 万吨,上升 3.85%。购入电煤 1500 万吨,同比增加 140.88 万吨,上升 10.37%,其中:市外购入电煤 1043.39 万吨,同比增加 335.16 万吨,上升 47.32%,占总购入电煤的 69.56%。2017 年底,全市煤矿煤炭库存 3 万吨,主力电厂库存 242.57 万吨,两项合计 245.57 万吨(不包括其他车场码头的煤炭库存量),同比增加 64.27 万吨。

(三)煤矿主要灾害情况

我市境内主要含煤岩系为二叠系上统龙潭组、吴家坪组和三叠系上统须家河组,煤炭资源条件差,赋存极不稳定,瓦斯、顶板、水害、火灾和煤尘等五大灾害俱全,以瓦斯灾害为主,其次是顶板、水害。在瓦斯灾害方面,全市在籍突出矿井 27 个,占比 51%,其中正常生产的突出矿井 19 处,占正常生产矿井数的 49%;有高瓦斯矿井 12 个(均正常生产),占总数的 23%,占正常生产矿井数的 31%; 有低瓦斯矿井 14 个,占比 26%,其中正常生产 8 处,占正常生产矿井数的 20%。在顶板灾害方面,全市煤炭赋存条件差,煤层变化大,地质构造复杂,断层、裂隙发育,顶板较为破碎,机械化程度发展不平衡,特别是渝东和渝西片区的乡镇煤矿采煤工艺、掘进工艺和支护工艺落后,顶板灾害是重庆地区煤矿安全的主要威胁之一。在水害方面,全市有水文地质复杂及以上的 9 个,灾害水防治手段主要是以探放水为主,方法为物探先行、钻探验证、钎探保证。通过近几年来的水害整治,矿井防水抗水能力有较大提高,自 2012 年以来,保留下来的 53 个煤矿均没有发生过水害事故。

(四)煤矿安全生产情况

全年发生煤矿安全亡人事故 3 起死亡 3 人,事故起数和死亡人数分别同比减少 9 起 45 人,分别下降 75%和 93.8%,煤炭百万吨死亡率为 0.286,同比减少 3.058,下降 91.4%,杜绝了较大以上事故,创我市煤矿安全生产历史的最好水平。

全市煤矿共发生轻重伤及涉险事故 313 起、伤 311 人。其中:轻伤 300 起 300 人、重伤 11 起 11 人、涉险事故 2 起。

(五)煤矿安全监管监察及关闭退出工作情况

(1)推进煤矿安全领域改革创新。认真贯彻落实市委、市政府和国家安全监管总局党组决策部署,以贯彻《中共中央国务院关于推进安全生产领域改革发展的意见》精神为主线，明确重点改革任务。强化国家监察职能，推动产煤区县党委、政府健全煤矿安全责任体系。落实“划片包干”责任制，重庆煤监局(市煤管局)局级领导分片负责四个重点片区煤矿安全生产，局机关处室、监察分局(办事处)定点联系产煤区县、市属国有矿业公司或煤矿。所有煤矿实现驻矿安监“全覆盖”，实行煤监、煤管、乡镇、公司四级联合盯守。重庆煤监局直接向每个市属国有生产煤矿各派驻1名监察人员作为驻矿安监员。制定完善煤矿安全举报奖励制度，印制宣传手册3万份分发至每一名矿工，重奖举报人。采取“政府购买服务”和“专家查隐患”等市场化方式推动煤矿安全生产。积极构建风险分级管控和隐患排查治理双重预防机制。落实“放管服”改革措施，清理取消涉企收费，推动煤矿安全相关审批下放；在所有生产煤矿强制推行了安全生产责任保险，投保金额1078万元，保障额度达2.1亿元，保险机构聘请专家开展安全培训、隐患排查和事故预防体系建设，相关工作走在全国前列。

(2)深入开展煤矿安全生产大检查。将煤矿安全生产大检查作为全年工作主线，明确“在岗位、在现场、在状态”的责任要求，坚决防控煤矿事故。完成53个保留煤矿和13个煤矿上一级公司“体检”执法，发现安全隐患1080条，下达执法文书198份，立案查处26起，根据体检结果“一矿一策”提出了分类处置意见。组织工作组赴湖南开展了异地“体检执法”。要求监管监察执法人员除应对突发情况、保障日常运转之外全部到基层、下煤矿开展安全生产大检查。坚决整改国务院安委会巡查督导反馈问题，举一反三提升煤矿安全发展水平。

(3)提升监察监管执法实效。针对煤矿大规模关闭退出实际，优化执法力量配备，推行“一线工作法”，加大夜查暗访、突击检查力度。推进煤矿“履职监察”试点，实施清单式扣分考核问责。推行主办监察员制度，对矿井实施全方位精准化检查执法。全年开展监察监管执法441矿次，共查处安全隐患4153条；已整改完成4015条，按期整改完成率100%；未检查发现重大安全隐患；行政处罚208次；行政罚款1250.1万元；责令停止作业采掘工作面126个；责令停止使用设备设施61台；暂扣安全生产许可证13个。严厉打击瞒报事故行为，给予一处煤矿高额处罚，对11名涉嫌犯罪人员移交司法机关处理。将煤矿轻重伤及险情纳入统计调度重要内容，推行煤矿安全生产和职业健康一体化执法。认真开展专项监察监管。对全市突出矿井及高瓦斯矿井开展了瓦斯治理专家会诊。强化市属国有煤矿安全生产，突出抓好企业决策层、管理层履职行为检查评估。深化事故警示教育，在全市煤炭行业召开了“10·31”事故警示教育大会，对每一起亡人事故和重大险情，约谈了相关产煤区县政府和煤矿企业主要负责人。

(4)持续改善煤矿安全“基本面”。提速煤矿关闭退出，2017年关闭煤矿10个，削减产能264万吨/年。至此，2016—2017年全市关闭煤矿354个，削减落后煤炭产能2348万吨，提前一年超额完成国家下达的2016—2018年三年去产能2300万吨的目标任务，受到国务院办公厅通报表扬激励。积极争取政策支持，落实2015年煤炭去产能中央财政奖励资金11880万元、2016年煤炭去产能专项奖补资金31.94亿元，2017年煤矿关闭资金全部落实到位。扎实做好煤矿退出稳定工作，协调落实属地属事责任，积极化解矛盾纠纷，稳定形势总体可控。制定煤矿安全生产和安全科技“十三五”规划，稳定煤炭行业发展预期，确定实施50余个重点项目。全年累计落实煤炭产业发展资金5600余万元。扎实推动煤矿规程对标整改、“一优三减”，推进煤矿机械化、自动化、信息化和智能化建设。创建二级安全生产标准化矿井30个。规范矿井劳动用工管理，加强基层班组建设和一线工人培训，推行“安全确认”和“手指口述”。成功举办重庆市第十一届矿山救援技术竞赛，持续增强应急救援能力。

二、发展中存在的问题

全市煤矿数量多、规模小、分布散的状况虽

有所改观,但灾害重、安全保障能力弱、基层基础条件较差的问题还比较突出,煤矿安全"基本面"仍不牢固。一些煤矿企业的依法办矿管矿意识还不够强,隐患排查不深入不细致,重大灾害治理乏力,基层基础基本功仍然较弱。煤矿安全监察监管执法离"严、细、实"的要求还有较大差距,执法方式方法仍需改进,执法针对性实效性亟待增强。

三、2018 年发展目标

围绕"防控事故保安全、严格执法护健康、坚定不移调结构、加强党建促发展"的总体思路,扭住防范遏制重特大事故这个"牛鼻子",努力推动全市煤矿科学发展安全发展。一是牢固树立安全发展理念。大力弘扬"生命至上、安全第一"思想,增强政治自觉和责任担当。始终把责任制作为安全生产的灵魂来抓,推动企业主体、地方监管、国家监察三个责任落地生根。坚持以事故教训倒逼工作,形成安全红线不容逾越的强力震慑。二是加大监察监管执法力度。全面推行分类监察监管,提升执法针对性实效性;总结推广履职监察等试点经验;落实"双随机一公开"要求,更多采取直插煤矿、直奔现场方式开展检查执法,加大预防性执法处罚力度。强力推进煤矿安全生产与职业健康一体化执法。三是强化煤矿隐患排查治理。督促煤矿企业落实主体责任,加快构建隐患排查治理和风险分级管控的双重预防机制。扎实推动煤矿规程对标整改,强化重点灾害防治。四是积极稳妥推进煤矿关闭退出。2018 年全市再关闭煤矿 5 个,削减落后煤炭产能 218 万吨/年,持续消除煤矿安全源头风险。加强巡查盯守,确保已关闭煤矿安全,扎实做好煤炭去产能稳定工作。五是提升矿井本质安全度。加大"十三五"规划等政策措施落实力度。督促煤矿企业加大安全投入,深化"四化"建设,积极抓好煤矿灾害治理等项目对接落实,提升安全保障能力。六是切实深化全面从严治党。持续加强煤矿监管监察干部队伍建设,增强责任担当、提高专业素养、锻造过硬作风。

重庆建筑业

重庆市统计局 罗继明

2017 年,重庆建筑业紧紧围绕我市经济社会发展大局,以优化行业发展环境、调整行业结构为重点,不断扩大产业规模,拓展外埠市场,吸纳大量农村转移劳动力,对统筹城乡发展、推进新型城镇化建设、促进富民兴渝和社会发展作出了重要贡献。

一、产业规模不断扩大,增速放缓

2017 年,全市资质以内总承包与专业承包建筑企业(以下简称"总专包"建筑企业)实现总产值 7608.00 亿元,增长 8.1%,比去年回落 4.3 个百分点,其中,建筑工程产值 6860.69 亿元,增长 6.2%,安装工程产值 452.20 亿元,增长 33.6%。

(一)分行业看

2017 年,全市房屋建筑类建筑企业实现总产值 5752.65 亿元,增长 6.7%,增速较上年回落 7.5 个百分点。同期,全市房地产开发投资中的建筑工程投资增长 2.7%,增速较上年回落 2.5 个百分点;安装工程投资增长 10.1%,增速较上年回落 12.5 个百分点。占比超七成的房屋建筑类企业施工量减少,是全市建筑业总产值增速回落的主要原因。

2017 年,全市基础设施固定资产投资增长 15.8%,带动全市土木工程类建筑企业实现总产值 1402.99 亿元,增长 14.3%,增速较上年提高 4.9 个百分点,担纲全市建筑业发展之主动力。

(二)分片区看

同2016年相比,2017年除主城片区外,各片区建筑业总产值增速普遍回落。

具体来看,主城片区总专包建筑企业全年实现产值2529.08亿元,增长2.2%,增速虽较上年提高3.8个百分点,但依然是片区中增速最低的;渝西片区总专包建筑企业全年实现产值2871.78亿元,增长15.7%,增速较上年回落8.9个百分点,该片区体量大、回落快,累及全域。渝东北片区和渝东南片区总专包建筑企业全年分别实现产值1971.50亿、235.64亿元,增长5.7%、10.5%,增速较上年均回落12个百分点以上。

二、外埠建筑市场发展势头良好

2017年2月,国务院办公厅下发《国务院办公厅关于促进建筑业持续健康发展的意见》(国办发〔2017〕19号)提出优化市场环境,建立统一开放市场,促进建筑业持续发展,打造“中国建造”品牌。在《意见》的指导下,重庆建筑企业积极开拓外埠市场。2017年,有590家企业出渝承揽工程项目、同比增长16.8%,在外省完成产值1245.96亿元、同比增长18.0%。

高资质建筑企业成为外出揽工主力军,2017年全市特、一级企业在外省完成产值占比超七成。其中,4家特级资质企业,在外省完成产值205.25亿元、同比增长26.1%,占全市在外省完成产值的16.5%;355家一级资质企业,在外省完成产值748.87亿元、同比增长15.1%,占全市在外省完成产值的60.1%。

2017年,我市建筑企业承接项目遍布全国31个省市自治区,其中“云贵川”成为主要集聚地。其中,在贵州省完成285.63亿元、占我市企业在外省完成产值的22.9%,在四川省完成206.10亿元、占比16.5%,在云南省完成93.37亿元、占比7.5%。

三、吸纳就业能力增强,工程技术人员保持较高占比

随着建筑行业“放管服”改革不断深化,以及建筑行业资质新标准的不断推广,我市建筑企业个数不断增加,吸纳就业人数显著增多。同时,全市建筑行业大力弘扬“工匠精神”,促使工程技术人员在整个行业的从业人员中保持较高占比。

(一)吸纳就业能力增强

2017年,全市有工作量的总专包建筑企业净增130家,吸纳就业人数显著增多。截至年底,全市从事建筑业活动的平均人数239.32万人,净增加21.91万人,同比增长10.1%,期末从业人员224.64万人,净增加15.56万人,增长7.4%。

(二)工程技术人员保持较高占比

截至2017年底,重庆建筑行业从业人员期末人数中,现场施工人员97.89万人,净增加25.28万人,增长34.8%;工程技术人员22.33万人,净增加2.89万人,增长14.9%。工程技术人员占现场施工人员比重接近四分之一,保持了较高占比,有利于提升整个行业从业人员综合素质。

四、建材价格持续上涨,企业经营压力倍增

2017年以来,钢铁、铝、水泥等建筑行业使用量最大的材料价格持续上涨。截至2017年12月29日,钢材综合价格指数(CSPI)收报4530元/吨,较2016年末上涨1140元/吨,涨幅达33.6%。2018年1月4日,全国水泥价格指数(CEMPI)发布150.68,这是该指数自2014年4月28日发布以来首次突破150,相较于2017年同期,涨幅达47.8%。

原材料价格大幅上涨,企业进退两难。建筑原材料上涨的速度之快、幅度之高,已影响部分中标工程和在建工程的正常推进,若按中标价继续施工,企业利润被大大压缩;如果不继续履行合同,前期投资就打水漂,部分企业进退两难。

原材料供应紧张,工程进度缓慢。2017年,建筑业原材料价格持续上涨的同时,由于环保力度不断加大,大量中小企业钢厂和水泥厂由于环保原因都已经关停,原材料供应短缺,而持货商挺价惜售,导致部分材料采购困难,影响整体工程进度,建筑企业的经营压力倍增。

第三产业

生产性服务业

重庆市经济和信息化委员会 吕立

我国经济步入新常态，经济增长更多依靠人力资本质量和创新驱动，生产小型化、智能化、专业化将成为产业组织新特征。生产性服务业在经济发展中的“助推器”和“黏合剂”角色越来越突出。在适应新增长阶段的转换要求背景下，制造业产业链的优化重组和产业结构转型升级，新的产业发展形态、产业发展模式和产业发展动力的形成，为生产性服务业与工业融合发展带来新机遇。2017年，重庆市生产性服务业以工业营销和商务、工业设计、工业金融为重点，为传统实体产业的转型升级提供服务和支撑。

一、2017年发展回顾

1.做强工业设计

一是加强产业研究，理清工作思路。重点调研“双百企业”、50户重点专业设计公司，形成《重庆市工业设计产业发展情况调研报告》《重庆市消费品工业创意设计提升行动工作方案》，进一步明确发展思路，深化工作举措。

二是加大工业设计中心培育力度。按照消费者行为研究、创意设计、产品设计、样品试制、检验检测等工业设计全流程，引导企业加强组织机构及设计创新能力建设，按梯次培育国家级、市级工业设计中心。长安汽车、宗申集团的设计中心被工信部认定为国家级工业设计中心，开展市级工业设计中心认定。累计拥有4个国家级工业设计中心，排名西部地区第一；拥有18个市级工业设计中心。

三是推动重点项目建设。支持集创家与重大、川美、嘉兰图等市内高校及设计机构，以及日本、韩国等国知名设计机构合作，打造集创家消费品设计创新和产品销售服务平台。推动南岸西部新区、重庆工业服务港、上海震旦公司共建集“设计、打印、测试、体验、销售”于一体的3D打印设计创新平台，已集聚产业链上下游企业20余家。支持嘉兰图以“巴渝文化+重庆制造”为核心，进行文旅产品策划和设计，打造旅游产品设计研发中心。支持浪尖电子消费全产业链设计创新平台稳步推进。

四是开展设计人才培训。组织重庆大学、重庆师范大学、重庆交通大学、重庆理工大学等师生500余人次赴锦辉陶瓷、力帆、长虹设计研究院等开展设计游学。

五是促进产业交流合作。组织20余家企业，150余件作品参加首届中国工业设计展览，获得优秀组织奖和优秀搭建奖两项大奖。

2.做大工业金融结算

一是推进伟仕佳杰千亿级结算项目集群。其在渝集团总部建设稳步推进，并新增投资15亿元在渝设立供应链金融、信息科技、新零售等生产性服务业项目。全年实现结算量330亿元，外贸进出额60亿元。二是引进佳都科技营销结算中心开始运营。项目投资1亿元，以网络产品、安防产品等电子信息产品营销及结算为主营业务，全年实现结算量16亿元。三是引导跨国公司在渝开展外汇资金集中收付结算。支持纬创、英业达等跨国企业制定跨国公司外汇资金集中运营方案，在渝设立资金池、开展外汇资金集中收付结算业务。纬创跨国公司外汇资金结算方案已获国家外管局批准。

3.做好工业营销

一是举办对接会。组织召开对接会,支持近百家市内制造企业与一达通、大龙网、领工云商等跨境电商合作,推动重庆造产品通过跨境电商平台销往“一带一路”沿线国家,开拓境外市场。一达通已帮助重庆市企业获得海外订单1.5亿美元左右。二是利用好展会平台。成功举办第十七届中国金属冶金展、第十八届立嘉国际机械展和第三届中国(重庆)国际塑料工业展。展会面积近14万平方米,2000余家企业参展,现场成交总额超30亿元,其中,重庆市近200家企业参展,获得近8亿元采购订单。

4.发展工业旅游

一是积极推进工业博物馆、宏美达等工业旅游项目建设,打造周君记火锅食品工业旅游体验园、忠州腐乳传统工艺设计体验中心、TESTBED2贰厂文创公园等3个工业旅游景点。重庆工业博物馆已被工信部列为全国首批11个国家级工业遗产项目之一。二是发布《加快推进工旅融合发展实施方案》。通过大力发展旅游装备产业、开发特色旅游商品、培育发展工业旅游,大力推进工业与旅游业深度融合,助推全域旅游发展,满足人民日益增长的美好生活需要。

二、发展中存在的问题

重庆生产性服务业与工业发展需求存在一定差距,服务业与制造业融合发展不够,创新能力有待进一步提升,服务模式有待进一步丰富。一是与发达地区相比,重庆缺乏在国内具有一定影响力的生产性服务业企业。二是专业化、集约化、信息化程度不高,创新能力总体不强、整体服务能力较弱等问题仍然存在。三是专业化、高端化人力资源缺乏。四是中小服务企业融资难、融资成本高等问题比较突出。这些问题制约了生产性服务业持续发展。

三、2018年发展目标

全面贯彻落实党的十九大精神和习总书记对重庆“两点”“两地”定位和“四个扎实”要求,重点围绕服务全市支柱产业和战略性新兴产业,根据企业和市场需求,大力推动生产性服务加快向产业链前后端延伸,发展与制造业紧密相关的研发设计、结算金融、市场营销、专业服务等生产性服务业,促进生产型制造向服务型制造转变。建设对接“一带一路”和长江经济带,立足成渝经济区,服务长江中上游、西部地区,辐射全国的功能突出的生产性服务业集聚区。

全年新培育认定市级工业设计中心10家;组织开展1—2场结算项目招商推介会,全年资金结算量保持1000亿美元以上;推动工业旅游发展,打造2个重点工业旅游项目;组织举办2次以上全国性专业展会,展览面积累计超过10万平方米;组织开展设计人才培训,培训30名专业设计师,组织4所本地高校设计专业学生500人次开展设计游学活动;组织开展设计入区县、入企业专题对接推广活动,选择不少于10个区县、50户企业开展工业设计推广。

重庆旅游业

重庆市旅游发展委员会 张子第

一、2017年发展回顾

党的十八大以来,全市旅游行业在市委、市政府的正确领导下,深入贯彻落实习近平总书记系列重要讲话特别是视察重庆重要讲话精神,全力推进旅游产业改革发展、转型升级、提质增效,全市旅游实现了持续快速健康发展。2017年全市接待游客5.42亿人次,实现旅游总收入3308亿元,同比分别增长20.3%和25.1%。其中,接待入境游客358.35万人次,旅游外汇收入 19.48 亿美元，同比分别增长 13.2% 和 15.5%，超额完成各项年度目标任务。

一是产业地位提升前所未有。在市委、市政府坚强领导、大力支持下，市旅发委正式挂牌成立，切实加强了统筹协调、产业促进与公共服务等职能。涪陵区、渝中区、北碚区、合川区、南川区、大足区、梁平区、武隆区、丰都县、巫山县、石柱县、彭水县、万盛经开区等 13 个区县成立旅游发展委员会。首届重庆全域旅游发展大会筹备工作稳步推进，市委、市政府出台了《关于加快全域旅游发展的意见》，成为全市旅游发展指导性文件。研究形成了促进全域旅游发展 16 个配套实施方案，构成"1+16"旅游发展政策体系，举全市之力做大做强旅游业的思想共识和发展氛围越来越浓厚。

二是旅游投资增长再创新高。以旅游业供给侧结构性改革为突破口，扎实推进重点旅游项目建设，加快推进高山避暑旅游、旅游文化综合体等示范项目建设，旅游投资保持强劲增势。全市完成旅游投资 1841 亿元，创历史新高。其中 59 个市级重点旅游项目完成投资 120 亿元，市级旅游度假区完成投资 190 亿元。旅游招商引资成果丰硕，全年策划推出 65 个重大旅游招商项目进行集中签约，签约总金额 2259.9 亿元，旅游发展后劲进一步增强。

三是旅游度假区建设成效显著。持续推进"三个一批"旅游度假区建设工程，努力打造一批山岳型、湖泊型、森林型、温泉型、康养型等特色鲜明的避暑休闲旅游目的地。万盛黑山露营基地、石柱县冷水自驾车房车营地等项目已列入全国重点建设营地项目，南川区成为全国 15 个首批国家中医药健康旅游示范区创建单位之一。先后推出近 200 项避暑主题活动、63 条避暑纳凉线路、285 个休闲点，14 个市级旅游度假区和武隆仙女山国家级旅游度假区全年共接待游客 6899 万人次，实现旅游收入 320 亿元。

四是旅游产品打造全面加强。着眼打造国际知名旅游目的地，全域旅游特色产品更加丰富。华侨城欢乐谷正式开业。云阳龙缸景区成功创建国家 5A 级景区，涪陵武陵山、彭水阿依河、黔江濯水 3 家 5A 级景区创建工作已进入最后冲刺阶段。新评定 4A 级景区 9 个，3A 级景区 5 个。推出《重庆好礼旅游商品名录》、"重庆好礼" APP，重庆旅游商品在 2017 中国民族特色旅游商品大赛上获得两项金奖、两项银奖、四项铜奖。

五是全域旅游创建扎实推进。大力开展全域旅游示范区创建工作，积极推动全市旅游业由景点旅游向全域旅游转型发展。组织召开学习贯彻《全域旅游示范区创建工作导则》座谈会，指导 8 个国家全域旅游示范区创建单位推进旅游管理机制改革，探索建立多部门协调联动的"1+3+N"旅游综合治理体系，编制全域旅游发展规划，组织开展年度评估监测，推动创建工作落到实处。武隆区、万盛经开区、渝中区、南川区、大足区、巫山县、奉节县等 7 个区县相继建立了旅游警察、旅游工商分局、旅游巡回法庭等综合监管服务工作机构，全市全域旅游发展氛围更加浓厚。

六是乡村旅游和旅游扶贫深入开展。大力实施乡村旅游富民工程和"巴渝人家"品牌体系建设，全市乡村旅游接待游客 1.7 亿人次，实现乡村旅游综合收入 510 亿元。深入实施旅游扶贫，研究印发《重庆市深化乡村旅游扶贫行动实施方案》；成立市旅游扶贫工作指导组，先后赴 18 个深度贫困乡镇开展旅游扶贫调研，指导乡村旅游发展，助推脱贫攻坚工作；同时全力推进市旅发委扶贫集团定点帮扶酉阳县车田乡和对口帮扶奉节县工作。

七是旅游宣传推广亮点纷呈。进一步加大"山水之都·美丽重庆"旅游形象宣传力度，在央视持续投放重庆旅游形象宣传片，在美国 ABC 电视台推出重庆旅游形象专题片。"山水之都·美丽重庆"旅游推介会精彩亮相美国纽约时代广场新年倒计时庆典，受到当地主流媒体、旅行商和大量民众的广泛关注和好评。加强春节、国庆等假日旅游宣传和行业重点工作专项宣传，成功举办第五届中国西部旅游产业博览会、中国旅游日重庆分会场活动、第二届渝东南民族生态旅游文化节等节会活动,先后赴49个境内外重点客源市场举办一系列推广活动,进一步提升了重庆旅游的知名度和影响力。积极开展新媒体推广活动,市旅发委官方微信粉丝突破100万,位居市级部门官微第一名,微信矩阵宣传效果良好。

八是旅游市场环境不断优化。在全市范围内掀起史上最大规模的旅游环境集中综合整治风暴,以"不合理低价游"为重点,持续开展"春夏秋冬"四季整治行动,针对"一日游""两江游""三峡游""出境游"存在的问题开展专项检查,成效明显,国家旅游局4次来渝督察检查对相关工作给予充分肯定。旅游部门组织开展各类执法检查3687次,检查旅游企业12413家次,参加执法检查24673人次,立案319件,罚款3万元及以上案件23件,罚款金额总计203.77万元。严格旅游景区、星级饭店、星级游船等服务质量监管,撤销A级旅游景区资质8家,延期复核星级饭店8家,取消星级饭店资质21家。组织203家旅行社签订《旅行社诚信经营承诺书》并予以公布,在万州、渝中、沙坪坝、两江新区、奉节等地设立旅游投诉现场受理点,取得明显成效。进一步畅通旅游投诉渠道,开通(023)96111投诉热线,全年受理各类旅游投诉案件620件,同比下降39.22%。

九是旅游公共服务稳步提升。厕所革命成效显著,旅游厕所革命三年行动实施以来,全市建成各类旅游厕所2546座,其中新建1931座,改建615座,超计划完成237座,累计完成旅游厕所建设投资9.32亿元。都市旅游观光巴士发展初见成效,已开行观光线路79条,运送游客750余万人次;建成市级旅游集散中心6个,运送游客1000余万人次。智慧旅游建设稳步推进,成立重庆市旅游数据中心,加速推动旅游应急指挥平台和旅游产业运行监测平台建设,顺利完成所有4A级以上旅游景区视频接入,在9个区县35个景区景点试点推行客流实时监测与分析。旅游人才培养不断加强,举办全市旅游类培训班36期次、组织培训及考试8551人次,累计培养旅游博士19名,2人入选国家旅游局"旅游业青年专家培养计划",26个项目86人入选国家旅游局"万名旅游英才计划",2人荣获第三届全国导游大赛铜奖,实现重庆导游全国大赛最好成绩。

十是旅游安全形势保持良好。认真贯彻落实市委、市政府部署,压紧压实旅游安全生产监管责任,全面开展旅游安全大检查、大排查、大整治行动,持续保持旅游安全监督检查高压态势。紧盯党的十九大召开、元旦春节、国庆等重要敏感节点,对22个区县、45个重点景区假日旅游安全监管主体责任落实情况开展暗访,及时发现并督促整改落实,有力保障旅游安全稳定大局。妥善应对处置"8·8"九寨沟地震游客撤离、导游何永杰在泰国救助游客遇难等涉旅突发事件8起,受到国家旅游局书面通报表扬。

二、发展中存在的问题

全市旅游发展还存在不少困难和问题,主要表现在:一是全市旅游发展不平衡不充分的问题比较突出。都市旅游红红火火,但部分远郊区县旅游品牌的知名度和影响力不强,旅游对经济发展的贡献不足。二是旅游产品打造上还存在差距。全市拳头旅游产品还不够强,产品供给还不够丰富,传统观光产品占比较大,乡村旅游产品差异化、特色化不足,特别是缺乏有影响力的精品。三是旅游基础配套设施建设还存在差距。旅游景区"最后一公里"问题比较突出,"城景通""景景通"和大三峡、大武陵腹地旅游公路建设滞后,邮轮母港缺乏和长江三峡沿线旅游码头建设滞后。四是部分景区管理和服务水平还存在差距。对人文历史挖掘不够,一些知名景区存在脏乱差的情况,软硬件建设和服务水平都有待提升。五是人均旅游消费不足。全市旅游人均花费低于全国平均水平,高端旅游体验产品不足,旅游产品附加值还不高。六是旅游人才队伍建设还存在一定差距。不论是高端人才还是中低端人才,都还不能满足全域旅游以及优质旅游时代的需求。七是全市旅游国际化程度还不高。境外及外国游客占比较低,国际航线数量不够,离国际知名旅游目的地的要求还有较大差距。

三、2018 年发展目标

2018 年是贯彻落实党的十九大精神的开局之年。全市旅游工作将以习近平新时代中国特色社会主义思想和习近平总书记视察重庆重要讲话精神为指导,特别是围绕学习贯彻习近平总书记对厕所革命和推动旅游大发展的重要指示精神,按照市委五届三次全会、全市经济工作会议以及全国旅游工作会的工作部署,坚持以旅游业供给侧结构性改革为主线,以大力发展全域旅游为抓手,牢牢把握全市旅游大发展大跨越的历史机遇,积极适应社会主要矛盾新变化,突出抓重点、补短板、强弱项,按照优质旅游发展新理念着力打造旅游业发展升级版,力争旅游总收入同比增长 20%以上,旅游外汇收入同比增长 12%以上,为经济社会发展作出积极贡献。

一是打造全域旅游产品升级版。推动全域旅游资源转化开发利用,开展全域旅游景观化打造、景区化管理。推进旅游与文化、农业、工业等深度融合,拓展全域旅游发展空间。讲好景区景点文化故事,提升旅游产品文化内涵。围绕乡村振兴战略,大力发展乡村旅游,推动乡村旅游资源增值、农业增效、农民增收、农村繁荣。推进 A 级景区全面提档升级,力争国家 5A 级旅游景区和国家级旅游度假区创建工作取得新进展。依托主城“两江四岸”和全市“一干两支”滨江资源,打造滨江滨湖滨水文化旅游休闲带。推动两江游船全天候游览和长江三峡邮轮生态化、特色化、精品化发展,打造“中国内河邮轮之都”。全面提升温泉旅游产品品质,力争设立重庆温泉旅游日,筹备成立世界温泉旅游联盟国际组织,举办世界温泉旅游发展大会。

二是打造全域旅游线路升级版。以“一带一路”和长江经济带建设为契机,以空中航线、高速铁路、高速公路和长江黄金水道为依托,优化推出一批覆盖市内、连通市外、连接世界的特色旅游线路,推动一批跨区域的旅游精品线路提档升级。大力提升山水重庆都市风情之旅、环城走廊遗产风光之旅、渝东北长江三峡湖光山色之旅、渝东南世外桃源民族风情之旅 4 大精品旅游干线品质,满足不同层次、不同需求的游客需要。

三是打造全域旅游基础设施升级版。实施交通干线与旅游景区“最后一公里”通畅工程,实现“城景通、景景通”。充分发挥江北国际机场枢纽作用,加强四大支线机场建设,增开国际国内旅游航线,布局通用航空网络。启动主城邮轮母港建设,加快规划、启动建设主城“两江四岸”以及“一干两支”旅游码头体系,提档升级景区景点旅游码头。建立水陆空无缝衔接的四通八达、大进大出、快旅慢游的立体交通体系。

四是打造全域旅游市场环境升级版。深入推进全市旅游环境综合整治,以“利剑行动”为统领,以整治“四黑”问题为重点,继续抓好“一日游”“两江游”“三峡游”“出境游”整治;加大景区、饭店、游船、温泉等质量监管,提升负面舆情处置能力,营造良好的旅游环境。严格落实旅游安全监管措施,增强旅游突发事件预警预防和应对处置能力。实施厕所革命新三年行动计划,2018 年新建和改扩建旅游厕所 1298 座,加快推进 4A 级以上景区“第三卫生间”建设,倡导文明如厕风尚。加强全域旅游集散中心、游客服务中心、生态停车场等建设,强化公共场所旅游咨询服务功能。以旅游星级饭店、绿色饭店、特色美食街区创建为抓手,提高旅游服务能力和水平。

五是打造全域智慧旅游升级版。大力推进“旅游云”建设,重点抓好 A 级旅游景区、星级酒店、旅行社、温泉景区、旅游大巴、邮轮游船、乡村旅游点等数据接入,推进与公安、交通、工商、规划、气象、环保等部门涉旅数据共享交换,建设互联互通、共享共用旅游大数据平台,完善配套支撑应用体系,升级完善市、区县旅游产业运行监测与应急指挥调度平台,开展全域智慧旅游区县、智慧旅游景区度假区、智慧旅游乡村、智慧旅游企业等试点示范建设等工作。大力推进旅游行业免费WiFi覆盖工作。

六是打造全域旅游品牌推广升级版。加强"山水之都·美丽重庆"全域旅游整体形象宣传推广。利用全媒体做好品牌推广,加大境外推广力度,把我市旅游品牌推广纳入全市对外宣传工作计划,针对海外重点客源市场策划实施"再游长江·归来三峡"等重点推广活动。在机场、车站、码头、城市出入口等场所和公交、轨道等公共交通车身投放旅游品牌公益广告。策划创作"山水之都·美丽重庆"主题文学艺术影视作品并进行宣传推广。办好中国长江三峡国际旅游节、中国西部旅游产业博览会等品牌节会,组织实施"5·19"中国旅游日宣传推广活动,增强重庆旅游吸引力。

七是打造区县旅游综合管理体制改革升级版。全面落实市委、市政府《关于加快全域旅游发展的意见》,筹备召开首届重庆全域旅游发展大会,围绕全景式规划、全季节体验、全社会参与、全产业发展、全方位服务、全区域管理,大力推进全域旅游发展。大力推动全域旅游发展"1+16"政策体系落实。切实加强全市旅游发展统筹协调、产业促进、公共服务等职能职责。纵深推进"1+3+N"旅游综合管理体制机制创新,进一步凝聚全市旅游发展合力,增强发展动力。

银行业

中国银行业监督管理委员会重庆监管局 何春光

一、2017年发展回顾

2017年,重庆银监局在银监会和市委、市政府正确领导下,认真学习贯彻党的十九大精神和习近平新时代中国特色社会主义思想,深入贯彻全国第五次金融工作会议精神,坚持稳中求进工作总基调,坚持以深化供给侧结构性改革为主线,坚持把防控金融风险放到更加重要的位置,全力抓好服务实体经济、防控金融风险、深化金融改革任务,引领银行业在保持稳健发展的同时发挥金融对经济发展的重要支撑作用。截至2017年12月末,银行业总资产、总负债、各项存款和各项贷款余额分别达4.72万亿元、4.52万亿元、3.49万亿元和2.84万亿元,较年初分别增长8.8%、8.8%、8.4%和11.3%;不良贷款率1.16%,拨备覆盖率209.1%,资产利润率1.06%。

落实国家重大战略方面,重庆银监局紧扣习总书记对重庆"两点""两地"定位,制定系列专项指导意见,有效支持探索重庆融入国家发展战略实现路径。围绕产业聚集、资金流通、交通互联,引导各机构大力支持重庆制造业升级,支持现代服务业发展。截至2017年12月末,战略性新兴制造业融资余额1185.53亿元,较年初上涨超过40%,战略性新兴服务业融资余额989.56亿元,较年初上涨超过15%,连续3年保持增长。支持交通等互联互通基础设施建设,全年贷款余额达2199亿元,加快云贵川渝等地经济交流,着力发挥重庆西部大开发战略支点作用。以推进自贸区和中新(重庆)互联互通项目建设为抓手,推进中西部地区首单跨境REITs产品,指导机构逐步对接中新60个合计约150亿美元项目建设。制定《关于积极做好中国(重庆)自由贸易试验区银行业金融服务的指导意见》等自贸区"1+4"政策体系,指导机构在"融资、融商、融智"上求实效,不断提升跨境金融服务能力。12月末,全市跨境信贷余额38.92亿元,跨境担保余额268.56亿元。向渝新欧铁路及配套建设融资近670亿元,支持渝新欧累计承载全国所有中欧班列近四分之一货源,重庆"一带一路”和长江经济带连接点作用进一步发挥。

推动创新驱动发展方面，重庆银监局完善支持思路，畅通支持路径，突出发力重点，补足政策措施推动创新驱动发展。制定《金融支持创新驱动发展的实施方案》，完善专门服务组织体系、建立专项银政企对接数据库、拓展多元化融资渠道、健全投、融、产配套设施建设。截至2017年末，辖内银行业机构已设立10家科创服务特色专营机构，配有300余名专门服务人才，科技型企业贷款余额808亿元，同比增长13.21%。联合市政府制定《重庆市产融合作行动计划》，建立银企对接清单名录库，开展网上融资对接、推介，形成银企对接常态化。牵头制定《关于优化投贷联动发展环境的实施方案》，建立企业共享数据库，完善增信与风险分担机制，推动建立知识产权法庭，有力支持重庆打造科创企业产业园区。为科创企业量身打造涵盖知识信用评价、财政专项担保、基准利率定价的知识产权质押贷款，累计为68家企业提供贷款1.09亿元。

普惠特惠金融方面，2017年，重庆银监局党委班子带队走访中小企业，专题考察革命老区三农、扶贫情况。指导机构加码推进“村村通”工程，完善不到位服务体系。全市行政村基础金融服务覆盖率达99.59%。指导在13个试点区县开展“两权”抵押贷款试点，推进“助农贷”“集约农贷”等特色产品创新发展。印发《关于进一步推进扶贫小额信贷工作的实施意见》等政策，制定落实“三承诺一包干”等四项措施。12月末，全市银行业金融机构涉农贷款余额5071.34亿元，占各项贷款17.85%，较年初增加394.45亿元，连续8年实现持续增长目标。“三权”抵押贷款同比增长16%，扶贫小额信贷余额同比增长86.24%。同时，全面清理整顿不规范收费，清理不合规的经营行为。2017年全市银行业较年初免收或取消收费398项，整合精简84项，降低收费标准56项。推进贷款集中审批和前置审批，推广产品创新，改进不合理的服务方式。12月末，小微企业贷款余额6653.5亿元，同比增长17.4%，小微贷款连续9年实现银监会考核目标。全市小微企业首次贷款和转贷平均用时分别下降50%和71%。银税合作产品同比增长近6倍。

防控金融风险方面，2017年，重庆银监局着力优化金融市场环境，严密盯紧重点领域风险，严厉防控风险传染。以建局以来最强的力度、最严的态度对违规违法行为进行纠偏查处。以“三三四十”专项检查为统领，坚持应处必处、应罚必罚、双罚到位、罚没并重，对全行业形成极大震慑。银行审慎经营的意识和氛围更加突出，科学转型的思路更加明确。配合市政府牵头制定《股权融资专项方案》《化解企业资产负债结构专项方案》和《优化银行业不良资产处置环境实施方案》，弥补专业金融审判庭、金融信用信息数据库、债转股实施机构和股权转让市场等机制体制空白。主动开展系列金融知识宣传活动，对非法集资、电信诈骗、校园贷、网贷等进行风险提示。统筹舆情监测、消保信访、员工行为管理、非法集资排查等多条线机制，及早掐断风险苗头、及时妥处风险隐患，全年未发生重大、恶性金融案件。推进组建债委会142家，对20亿元以上债务企业实现全覆盖，对涉及的1.01万亿元贷款按照“分类施类、精准发力、一致行动”原则实施管控。有效稳住重点债务企业风险，助推全国债权金额最大的上市公司重钢股份破产重整，并入选全国十大破产典型案件，成为市场化、法制化化解企业债务的经典案例。配合重庆市政府严格开展地方政府举债融资行为整改，平台贷款继续保持无逾期、无不良。开展信用卡不良专项整治，将91家不良中介列入黑名单，信用卡业务风险逐步缓释。在全国率先出台校园贷“负面清单”制度，率先督导本地网贷机构全面退出校园贷业务。全面清理网贷业务，筛查出涉嫌违规经营的网贷机构51家，逐一督促整改退出。

推进银行业深化改革方面，重庆银监局督导辖内法人机构通过将党建加入公司治理重要内容，完善各项议事规程，加强股东穿透式监测和关联交易管控等，有效建立“党委领导核心，董事会决策部署，监事会独立监督，高级管理层授权经营”的公司治理体系；指导重庆银行发行60亿元二级资本债券和7.5亿美元境外优先股，重庆三峡银行发行30亿元二级资本债，重庆农商行公开发行30亿元人民币金融债券，定向增发7亿股补充资本，扎牢可持续经营的稳健基石。开展系列专项治理，大力推进去通道、限错配、抑套利，推进银行业务回归表内、回归实体，同业资产负债规模双降，表外业务同比增速大幅放缓，票据业务同比实现负增长。同时，充分利用银监会各类政策、试点项目，充分挖掘机构内在动力，支持机构试点智能网点、探索投贷联动、试点产业链金融、申请QDII业务、创新全球首份铁路提单国际信用证，帮助银行业金融机构减包袱、加实弹，转向高质量发展。

二、2018年发展目标

2018年，重庆银监局将继续认真贯彻落实市委市政府和银监会工作部署要求，全面贯彻落实党的十九大、中央经济工作会议、全国金融工作会议精神，以习近平新时代中国特色社会主义思想为指导，以习总书记视察重庆重要指示精神为统领，坚持党的集中统一领导，坚持稳中求进工作总基调，按照高质量发展要求，以服务供给侧结构性改革为主线，坚持把防范化解金融风险放到更加重要的位置，全力支持现代化经济体系建设，深入推进银行业改革开放，为全面建成小康社会提供更加坚实的金融保障。

全力推动银行业服务实体回归本源。引导银行业深入贯彻新发展理念，在普惠金融、特惠金融、绿色金融、科技金融、特色金融等方面积极作为，全面提升服务实体经济能力和质效，助力重庆市加快建设实体经济、科技创新、现代金融、人力资源协同发展的产业体系。继续推动金融服务支持“一带一路”、长江经济带、重庆自贸试验区和中新(重庆)互联互通示范项目等国家战略落地重庆；保障重庆交通建设“三年会战”目标融资需求；支持重庆在城乡统筹国家中心城市定位下，补好小微、“三农”、扶贫等薄弱领域金融服务短板，强化民生领域金融保障，支持实施乡村振兴战略、区域协调发展战略。

全力打好风险防范化解攻坚战，把主动防范化解系统性金融风险放在更加重要位置。加大不良监测与核销力度。深入研判地方政府融资平台贷款新形势，抓住工作着力点，确保不发生违约。严管个人消费贷投向，严厉打击炒房行为。督导严格落实票据、同业和理财等业务监管要求，确保业务复杂程度与风险管控能力相匹配。进一步完善“三会一层”治理结构和制衡有效、激励兼容的运行机制。切实做好非法集资风险监测预警和企业集资风险排查，防止社会金融风险传入银行体系。

全力深化银行业改革开放。深度融入重庆市内陆开放高地建设战略和功能性金融中心建设。在体制机制改革方面，加强银行业党建工作，坚持“要治行先治党”；深入推动完善法人机构公司治理。加大对内对外开放，着力引入“一带一路”国家银行；争取港澳银行业以“准入前国民待遇加负面清单”模式在自贸区框架下拓展业务；鼓励区域性、功能性总部入驻；鼓励符合条件民间资本进入。

保险业

中国保险监督管理委员会重庆监管局 黄赞科

一、2017年发展回顾

2017年，在市委、市政府和保监会的坚强领导下，重庆保险业服务经济社会发展取得新的成效。

一是行业发展稳中有进。全市实现保费收

入744.7亿元，同比增长23.8%，高于全国平均增速5.6个百分点，增速同比提高6.9个百分点。其中，财产保险公司保费收入210.6亿元，同比增长11.5%；人身保险公司保费收入534亿元，同比增长29.4%。2017年新增保险法人机构1家，截至年末，全市共有保险法人机构5家，省级分公司51家，中心支公司及以下分支机构1283家，各类保险中介机构6502家。保险营销人员27.9万名，同比增长23.7%。

二是业务结构持续优化。人身险公司方面，普通寿险占人身险业务比重48%，同比上升2个百分点；全年新增保户储金及投资款同比下降65.8%，降幅高于全国15.5个百分点；10年期以上保单累计标保增长38.6%，高于全国近7个百分点。财产险公司方面，车险业务保费收入154.2亿元，同比增长8.6%；非车险业务保费收入56.5亿元，同比增长20.2%，高于车险增速11.6个百分点，占产险公司保费收入26.8%，同比提高1.9个百分点。

三是保障能力稳步提升。2017年，保险业累计为全市经济社会发展提供风险保障33.6万亿元，同比增长13.9%；农业保险提供风险保障357.5亿元，同比提高11.6%；全市农产品收益保险试点区县由11个扩大至21个，试点品种达到6个。医疗责任保险承保医疗机构3517家，实现二级以上公立医院全覆盖。城乡居民大病保险和城镇职工大额医疗互助保险覆盖全市逾3180万人，累计赔付32.6亿元，247.5万人次从中获益。

四是市场风险平稳可控。为全市经济社会发展积累各种责任准备金1648.1亿元，较去年初增长14.7%。人身险公司满期给付支出71.4亿元，同比下降8.9%，退保金额192.1亿元，总体运行平稳。车险综合费用率36.1%，同比下降2.1个百分点，手续费率较全国平均水平低2.2个百分点。在渝4家保险法人机构及51家分公司所在总公司综合偿付能力充足率全部达标。个案引发的群访群诉风险得到稳妥处置，守住了不发生区域性风险的底线。

二、发展中存在的问题

一是在创新发展方面，保险业积极利用微信、互联网等现代信息技术，开展产品服务创新，在优化客户体验方面取得积极成效，但总体上保险产品服务创新不足，同质化严重，性价比高、适销对路的产品不多，消费者的获得感、幸福感不强。

二是在协调发展方面，我市保险业结构失衡现象仍较为突出。在业务结构上，产险公司车险业务占比较高，超过70%，与国计民生密切相关的农业保险、责任保险、保证保险、巨灾保险等非车险业务发展还不充分；寿险公司健康、养老等长期寿险业务发展不足，新单期缴业务占比不高。在区域结构上，保险要素向主城九区和中心区县集中，渝东南、渝东北地区保险服务供给不足。2017年主城九区保费占全市保费为56%；渝东南、渝东北17个区县合计占比仅21.3%。

三是在绿色发展方面，行业发展方式仍比较粗放，发展质量和效益不高，与高质量发展的要求相比有差距。部分公司仍然依靠扩机构、铺摊子，通过高成本、高投入、高费用谋求外延式扩张，可持续性不强。

四是在开放发展方面，保险业服务我市内陆开放高地建设能力不强。2017年我市短期出口信用保险一般贸易渗透率为28.3%，低于全国平均水平4.3个百分点。航运保险、物流保险等相关险种覆盖面还不高。在服务“走出去”战略方面，我市保险法人机构的能力较为欠缺，显得底蕴不足。

五是在共享发展方面，我市农业保险、小额人身保险、小额贷款保证保险等普惠型保险发展滞后，支持“三农”、小微企业等发展的能力有限，人民群众对保险服务的获得感不强。

三、2018年发展目标

充分发挥保险风险管理与保障功能，推动保险业努力成为经济“减震器”和社会“稳定器”，促进新时代现代保险服务业发展，更好地服务国家战略和实体经济。

一是服务全市重大战略。认真落实重庆自贸区保险监管简政放权试点。协同推进中保保险资产登记交易系统公司开业运行。支持出口信用保险发展,加大对重庆企业“走出去”的保险支持力度。推动科技与保险结合创新试点,加快发展首台(套)保险、重点新材料保险,服务国家创新驱动战略。推动提高中央财政保费补贴型农业保险保障水平,促进农产品收益保险提质扩面,稳步推进“保险+期货”“保险+信贷”、险资支农、土地流转保证保险创新试点,探索保险支农惠农新方式,服务乡村振兴战略和农业现代化。

二是服务社会治理建设。更好发挥保险的社会稳定器作用,进一步推动社会治理机制创新。全面推广巨灾保险,重点推进自然灾害较多的区县发展巨灾保险,推动建立巨灾保险制度体系。协同市安监局落实《关于推进安全生产责任保险的实施意见》,在煤矿、非煤矿山、交通运输、建设施工等9个高危行业领域全面强制实施安全生产责任保险。根据环保部、保监会统一部署,在八大类行业启动环境污染强制责任保险工作。

三是服务社会保障体系。引导保险公司立足主业、发挥优势,参与商业养老、健康保险创新发展。继续推进“孝老安康”工程、民政惠民济困保、失独家庭父母住院护理保险工作,不断织密特殊群体风险保障网。指导保险公司积极参与长期护理保险、职业年金等重点民生领域,借助行业的努力和实绩为政府分忧、为民众解难。深入做好大病保险服务工作,不断延伸大病保险服务链条,积极参与重庆医疗体制改革建设。

四是服务助推脱贫攻坚。统筹行业力量,发挥机构作用,深入推进保险扶贫工作。探索“1+N”的农业保险精准扶贫新模式,在全市18个深度贫困乡镇开展“产业精准脱贫保”综合保险试点,兜住贫困户生产经营风险底线。推动完善“精准脱贫保”“产业精准脱贫保”服务工作。推动大病保险政策向建档立卡贫困人群倾斜;推进贫困户大病补充保险试点,力争纳入医保平台自动结算系统,实现贫困户就医的“一站式”即时结算。督促公司落实农业保险总保费5%的优惠补助政策,扩大贫困户承保面。落实保险扶贫统计制度。打造石柱县中益乡“保险扶贫示范乡镇”。

证券业

中国证券监督管理委员会重庆监管局　吴周

一、2017年重庆资本市场发展回顾

2017年,在中国证监会和市委、市政府的坚强领导和关心支持下,我市资本市场充分发挥服务实体经济的功能,为全市经济社会发展目标的实现提供了有力支持。

(一)直接融资服务功能增强

2017年,我市资本市场直接融资延续快速增长势头,市场融资服务功能进一步发挥,全年累计实现直接融资2851.05亿元,同比增长24.67%。其中,境内股票市场首发融资36亿元,境内股票市场配股和增发融资66.97亿元,股转系统股票市场融资26.93亿元,公司债融资355.57亿元,交易所资产支持证券融资2365.58亿元。此外,重庆股转中心市场板块进一步优化,为中小微企业实现各类融资48.28亿元。

(二)上市挂牌企业取得新发展

2017年我市6家企业首发上市,是近20年来我市IPO企业最多的年份(2016年11月我市新增1家公司IPO通过发审委审核,尚未发行

上市），截至2017年末，我市共有境内上市公司50家，在全国各省市中排第16位。另外，我市拟上市公司、新三板公司和重庆股转中心挂牌公司梯队也初具规模，新三板公司141家，比上年初增加26家；在重庆股转中心挂牌公司145家，比上年初增加21家。

（三）上市公司经营效益总体增长

2017年我市上市公司总体运行平稳，行业龙头带动作用进一步发挥。从2017年三季度报告披露情况看，上市公司资产总额7882.29亿元，比上年年初增长9.65%；1—9月实现营业收入2569亿元，较上年同期增加14.19%；净利润185.89亿元，较上年同期增加16.99%；支付的各项税费186.05亿元，同比增长16.19%。上市公司分红家数进一步增加，共有34家公司进行了现金分红，现金分红总额95.03亿元，同比增加23.38%。

（四）上市公司积极开展市场化并购重组做大做强

2017年，我市1家上市公司实施并购重组，3家公司再融资方案获批待实施，项目金额合计达126.19亿元。其中，建峰化工通过实施实质性重组，发行股份融资66.97亿元，注入医药资产，基本化解退市风险。太极集团拟非公开发行股票再融资19.97亿元，是公司上市后近十余年来首次实施再融资，公司募集资金将用于创新工艺及新产能建设、科技创新中心项目、补充流动资金及偿还银行贷款等，有利于缓解公司资金压力，改善财务结构，降低财务费用，保障公司实现产业调整升级。力帆股份拟非公开发行股票再融资22.4亿元，将用于新能源汽车项目等。博腾股份拟非公开发行股票再融资16.85亿元，募集资金将用于公司生物医药CMO建设项目及9个产品建设项目，均有利于改善公司现有产品结构，提升公司核心竞争力。

（五）证券经营机构持续平稳健康发展

我市证券行业多项经营指标实现同比增长，服务实体经济能力不断增强。截至2017年末，我市共有证券公司1家，证券分公司37家，比上年年初增加14家；证券营业部202家，比上年年初增加16家。证券经营机构全年累计证券交易金额44.66万亿元，比去年同期增加10.56%；全年累计实现营业收入17.59亿元，净利润4.5亿元。2017年，我市证券经营机构抓住资本市场支持供给侧结构性改革和IPO发行常态化的机遇，加大上市、挂牌、重组、债券发行等业务开展力度。西南证券担任主承销商累计帮助重庆地区6家企业进行债务融资（含已获得批文和完成发行的项目）共计197.7亿元；帮助4家重庆企业完成新三板挂牌，3家企业通过定向增发累计融资7808.6万元。此外，我市证券分支机构积极协助公司总部助力重庆地方经济发展。如，申万宏源重庆分公司帮助重庆1家企业IPO融资3.87亿元；帮助重庆1家上市公司非公开发行股票募资22.4亿元（已获证监会核准）。华龙证券、国信证券等4家重庆分公司帮助重庆5家企业完成新三板挂牌。

（六）积极推动资本市场服务国家扶贫攻坚战略

重庆证监局支持我市贫困区县企业IPO，为贫困区县政府举办IPO政策专题培训会，第一时间办理2家贫困地区企业的申请IPO辅导备案事项。重庆证监局局领导亲自带队走访调研，引导行业机构履行社会责任，帮助贫困地区重点企业利用资本市场做大做强。西南证券响应“一司一县结对帮扶”倡议，向城口县捐赠350万元；组建城口金融扶贫工作站；为武隆县城乡发展（集团）有限公司承销债券项目，募集8亿元资金；开展公益扶贫，向慈善总会合计捐赠29.64万元，向新疆捐赠扶贫资金50万元，并购买200余万元特色农产品。我市其他证券期货经营机构也积极开展捐款、捐物，主动为贫困地区普及金融知识，开展多场培训及讲座，为当地政府利用资本市场促进经济发展建言献策。

二、发展中存在的问题

（一）资本市场服务供给侧结构改革任务艰巨

重庆资本市场在为我市企业降低融资成

本、深化结构调整、支持经济薄弱环节等方面的作用还未能充分发挥。特别是服务科技型中小企业能力有所欠缺，我市大批中小企业通过资本市场筹集资金的渠道还不够通畅，一批发展较快的新型材料工业、电子信息服务业等相关企业还没有挂牌上市。

(二)区域金融风险防范工作压力加大

重庆市公司债兑付陆续进入高峰期，私募基金违规经营及兑付风险时有发生，非法证券期货经营活动屡禁不止，给防控区域性金融风险带来了挑战，需要相关部门切实加强风险监测和监管协作,守住不发生系统性风险底线。

三、2018 年重庆资本市场监管发展目标

我局将贯彻落实党的十九大报告精神,按照党中央关于金融工作的决策部署，紧紧围绕服务实体经济、防控金融风险、深化金融体制改革三大任务，加快推进我市国内重要功能性金融中心的建设。下一步,我局将从以下三个方面推动我市资本市场稳定健康发展：

(一)提高上市挂牌公司规模和质量

一是重点着力 IPO,做好拟上市企业辅导备案相关工作,加强与沪深交易所的沟通协作,积极推动我市拟上市企业尽快发行上市，提高股权融资比重、降低企业杠杆,争取上市公司家数进一步增加。二是指导区县政府选择有潜力的企业持续培育，落实好企业上市挂牌各项支持政策。同时,引导区县政府借助投行力量,为不同阶段的企业提供专业指导，充实上市公司后续资源储备库。三是做好上市公司拟实施重大资产重组或再融资服务工作，支持鼓励我市上市公司通过资产注入、引入战投、吸收合并、整体上市等多种方式做优做强，实现存量资源优化整合,去除无效产能。

(二)助力国家脱贫攻坚战略

一是进一步加强资本市场扶贫政策宣传力度,以培训企业上市挂牌为抓手,贯彻落实贫困地区企业申报 IPO“绿色通道”政策。二是督促我市市场主体结合实际开展精准扶贫，鼓励上市公司和新三板挂牌企业与贫困地区的企业进行资金对接、资源对接和人才对接,通过造血扶贫增强贫困地区产业发展能力。三是加大“一司一县”结对帮扶力度,广泛动员行业力量成立专项扶贫基金,因地制宜开展金融扶贫。四是发挥期货公司在价格管理、风险管理方面的专业优势,扩大“期货+保险”试点,为涉农主体提供合作套保、仓单质押、仓单回购等专业定制服务。五是普及资本市场发展理念，充分发挥网点带动作用,提供智力帮扶,广泛开展公益帮扶,增强贫困地区脱贫的内生动力。

(三)牢固树立风险防控底线思维

一是强化监管信息共享深度和广度，健全风险监测预警和早期干预机制，织密防范金融风险交叉感染的安全网，突出金融监管的专业性、统一性、穿透性、防止出现监管真空。二是及时更新上市公司、公司债、私募基金等重点领域风险台账,进一步加强与地方政府、交易所等沟通联系,强化上市公司、公司债、私募基金风险监测和处置协作机制。三是进一步完善突发事件应急预案,巩固与地方公安、工商以及区县等部门的多方协作,保持信息渠道畅通,及时沟通风险情况和线索,稳妥化解和处置风险。

道路运输

重庆市道路运输管理局 罗泽仙

一、2017年发展回顾

2017年，在市委市政府和市交委的坚强领导下，在各区县党委政府和交通主管部门的大力支持下，重庆市道路运输行业深入贯彻落实党的十九大精神和中央决策部署，牢记使命、坚定立场，迎难而上、务实担当，供给侧结构性改革持续深化，运输组织结构调整纵深推进，各项工作呈现出新特色、新亮点。重庆道路客运量和周转量分别完成5.3亿人次、289.5亿人次公里，同比分别下降4.3%和14.3%；道路货运量和周转量分别达9.5亿吨、1068.9亿吨公里，同比分别增长5.1%和14.2%。重庆市道路运输管理局获"全国文明单位"、重庆市"十九大维稳安保工作成绩突出单位"，连续10年获重庆市政府安全生产先进单位。

(一)践行"四个意识"，坚定政治自觉，中央和市委各项决策部署落实到位

矢志不渝维护党中央全党核心。政治站位不断提升，政治担当不断强化，"四个意识"牢固树立，坚决维护党中央权威和集中统一领导，更加自觉地在思想上政治上行动上与习近平同志为核心的党中央保持高度一致。全面深入贯彻党的十九大精神。深学笃用习近平新时代中国特色社会主义思想，紧紧围绕习总书记关于重庆"两点"定位、"两地""两高"目标和"四个扎实"要求，深入宣贯党的十九大精神和市委五届三次全会精神，在全市道路运输行业兴起学习宣贯热潮。不折不扣执行中央和市委决定。严守政治纪律和政治规矩，坚决肃清孙政才恶劣影响和"薄、王"思想流毒，毫不动摇、不折不扣地贯彻落实中央和市委的决策部署，确保正确的政治方向。

(二)抢抓发展机遇，着力调整结构，行业改革力度持续加大

出租汽车新旧业态协调发展。愉客行、庞大叮叮等首批5家网约车平台公司获经营许可，形成网约车平台、车辆、从业人员三方完善的管理体系。制定业务操作规范和车辆审查标准，重庆市办理网约车11849辆，清理不达标车辆30多万辆，8735人通过网约车从业资格考试，网约车发展步入规范化轨道。巡游车改革持续深化，重庆主城区1.5万辆巡游车全部退还经营权有偿使用费6.04亿元，江津、合川等21个区县退费0.83亿元，实现了巡游车经营权的无偿使用；积极为巡游车企业减负，企业社会保险费用下降50%。远郊区县出租汽车管理频出新招，开州区创新"公司联合经营"模式，管理同步、责任共担、效益共享。永川、大足等9个区县平稳完成"双到期"车辆再投放，云阳县针对"双到期"建立分析研判评估机制，效果明显。

道路客运结构调整卓有成效。重庆市首条城际公交"铜梁至合川"开通，区县城乡一体化发展水平全部达到部级3A要求以上，城乡客运一体化改革成效明显。举办全国层面的道路客货运输转型升级论坛，共谋行业改革良策。准确把握发展新形势，积极应对高铁开通，调整同质化线路，推行"短途接驳""运游结合"等新模式，建成龙头寺等旅游集散中心4个、区县分中心15个，开行旅游直通车线路25条、旅游客运专线2条。T3航站楼汽车站、涪陵高山湾汽车站投用。40个区县、75个汽车客运站、1952条客运班线进行实名制管理。

道路货运降本增效成效明显。重庆市首次道路货运管理方式创新现场会召开，綦江区"集中办公+大数据"监管新模式全面推广，更多各

具特色、行之有效的监管方式不断涌现。货运市场发展新动能有效挖掘,8个全国甩挂运输试点项目通过评审,城市配送示范企业增至13家,7家无车承运人试点企业取得许可,危货电子运单首批试点取得阶段性成果。积极服务“一带一路”、长江经济带等国家战略,重庆至东盟“五定”货运专线运行正常,“东盟国际物流B保”和“城市物流配送及供应链管理”项目进展顺利。

(三)优化运输供给,强化便民举措,行业服务水平有力提升

更多惠民举措落地生根。坚持“以人民为中心”发展理念,全力支撑“乡村振兴”战略,群众对道路运输发展成果的获得感和幸福感不断增强。一是市委市政府行政村通客车任务超额完成。新增通客车行政村259个,新增调整农客线路239条、车辆184辆,建成招呼站点1993个,重庆市行政村通客运率达97.6%,重庆市27个区县行政村通客车率达100%,农村群众出行便捷度进一步提高。投入营运补贴资金2632万元、车辆4501辆,集中购买保险4829万元,燃油型“三类车”油价补贴2.6亿元,保障了农村客运的稳定运行。奉节县“以点带面”发展区间农村客运,实行“科学管理、集中调度”的营运模式,较好解决了群众出行难题。二是脱贫攻坚有力推进。摸清家底,制定目标,聚焦难点,重点破解18个深度贫困乡镇的道路运输瓶颈,目前,172个村已通客车149个。

公共交通服务提质增效。坚持“公共交通引领城市发展”理念,群众“最先和最后一公里”出行效率有效提升。一是公交都市创建成效明显。创建指标全面完成,首条公交优先道“两路口至杨家坪”投用,实现了“零”的突破,涪陵区确定为部级“十三五”公交都市首批创建城市。城乡公交统筹发展,“二环”外北碚江东、巴南木洞等8个片区实现公交覆盖,万盛实行公交“一元通票”制。公交提能提质顺利推进,95%的轨道站点实现100米以内公交换乘,主城区新增调整公交线路66条,开行定制公交19条;远郊区县新增线路50条,29个区县安装公交IC卡。二是轨道运营里程新增51公里。5号线北段、10号线一期开通,运营线路达6条、里程264公里、车站154个,日均载客量204万人次,保持中西部第一。轨道交通线网在覆盖城市商圈的基础上,连接起T3航站楼、火车站等重要交通枢纽。轨道运营安全监管不断强化,顺利通过交通运输部、三部一局等安全专项检查。三是巡游车服务质量显著提升。在巡游车驾驶员中开展“六个一”素质提升系列活动,制定驾驶员服务行为准则,开通服务举报公众号,加大执法处理力度,驾驶员的遵章、服务意识明显提高。

“三个市场”活力充分激发。准确把握新形势下群众的新需求,有力加强驾培、维修、租赁行业管理,市场保障能力有效提升。一是驾培行业发展步入良性轨道。开展行业交叉检查,加强政策引导,防控企业经营风险,维护公平的市场秩序。加快建设驾培行业信息监管平台,推广“先学后付”“预约学车”“一人一车”等模式。从业资格考试全面实现智能化、无纸化,51133人通过从业人员资格考试。秀山县6所驾校抱团发展,建立报名、预约、取证等“一站式”服务大厅,实现“多赢”效果。二是维修服务体系日趋完善。启动汽车维修电子健康档案系统建设试点,3个区县、530家维修企业完成系统对接。在全国率先实现营运客车安全达标信息化管理。节能减排和生态环保工作有力推进,17659辆营运黄标车的淘汰任务按期完成,重庆新增新能源营运车843辆。万州、合川、云阳新能源公交车发展迅速,占比45%以上。三是汽车租赁市场不断规范。启动《汽车租赁管理办法》修订,引导企业完善行业自律体系。整顿清理核查不合规企业150多户,市场秩序进一步规范。

重大活动重要时段运力保障有力。圆满完成“春运”、国庆等重要节假日的运输保障任务。完善交通战备应急队伍建设,圆满完成应急演练及新兵运输。加强火车北站南北广场、T3航站楼公交和出租运力调度,提前谋划、切实保障了重庆西站和沙枢纽等5个新增交通枢纽的旅客疏运,确保群众安全便捷出行。

（四）坚持底线思维，严格责任落实，行业安稳基础更加牢固

稳定事件处置果断有力。切实把握行业不稳定因素，妥善处置九龙坡沃尔森租赁公司等不稳定事件。“冉龙平刑事案件”爆发后，在司法部门未最终审判前，我们不等不靠，积极作为，疏导矛盾，成效明显。群众来信办结率、人大建议政协提案办结率和满意率实现三个100%。重庆市运管局被市委市政府评为“十九大维稳安保工作成绩突出单位”，出租处荣立集体二等功。

安全生产形势平稳可控。始终坚持安全发展的红线、底线思维，深化党政同责、一岗双责，主动抓、抓主动。坚持问题导向，把握客运、货运等监管重点，安全监管体系进一步完善，安全监管能力和事故预防能力持续上升。綦江、涪陵、万盛等区创新货运安全监管新模式，渝中区引入“情景体验式”安全教育，效果明显。目前，行业连续131个月未发生死亡10人以上重特大事故。

（五）推进基础建设，强化现代管理，行业治理能力显著增强

法规体系建设成效明显。《重庆市道路运输管理条例》《重庆市公共汽车客运条例》等法规规章的立法修订加快推进。信用体系建设、许可标准化建设、“双随机一公开”深入开展。运输行业负面清单建立完善，经营者行为进一步规范。21个未实施综合执法改革的区县查处案件2.5万件，较好维护了道路运输市场秩序。

“智慧运管”水平有力提升。推进“道路运输+互联网”深度融合，接入5家网约车平台卫星定位数据，安装定位终端13397台。加快出租车信息系统升级，移动支付等服务手段进一步完善。建成“省域联网售票系统”，搭建“道路客运行业运行监测平台”，实现数据化分析、智能化报班。道路运输综合管理与服务系统全面使用，行业管理服务得到有力支撑。

行业协会作用充分发挥。重庆市道路运输协会围绕行业发展重点，开展“道路客运转型发展”课题研究。重庆市出租汽车暨汽车租赁协会组建自律巡查队伍，自查自纠不文明服务行为3237车次，助推了行业持续稳定发展。万州区驾培行业协会凝聚力不断增强，学员投诉率下降80%。

（六）凝聚行业力量，持续改进作风，行业内生动力强劲迸发

党风廉政和作风建设不断加强。全面从严治党纵深推进，深入开展“两学一做”学习教育常态化制度化，干部职工“四个意识”不断强化。严格落实党风廉政建设“两个责任”，用好监督执纪问责“四种形态”，制定《内部控制制度》，议事、决策程序更加规范，作风建设有力增强。

行业队伍和干部素质明显提升。连续四年利用双休日组织全市运管干部素质提升培训班。承办2017年全国交通运输服务厅局长研讨班，全系统和企业100余人参加培训。开展行业安全、客货运等培训班12期、2585人受训。运管文化建设扎实推进，干部职工凝聚力不断增强。开展出租、轨道等行业服务技能竞赛，组织参加全国汽车诊断师总决赛、中国技能大赛，获优秀组织奖和团体第三名，工匠精神充分弘扬。

行业形象和行业风采全面展现。行业主题宣传有声有色，在市级以上主流媒体宣传86次。组织“榜样面对面”党的十九大精神宣讲进机关、进企业、进社区7场。组织开展“亲情伴春运，温暖在旅途”等志愿服务活动。“雷锋的士”志愿服务队获2017年度“感动重庆”特别奖，国泰出租公司王国庆获“重庆市劳动模范”，轨道集团沈阳入选全国“感动交通人物”50强，道路运输行业正能量更加强劲。

二、发展中存在的问题

一是“交通强国”的重要机遇对道路运输谋篇布局提出更高要求。“交通强国”战略部署，既包括建设强国，又包括管理强国、服务强国；重庆“交通基础设施建设提升战略行动”，既指基础设施的完善，也指管理的精细化。如何通过运输服务体现基础设施功能，实现道路运输发展方式由“铺摊子”向“上台阶”转变，既是机遇也是挑战，必须把工作重心聚焦到推动行业发展

的质量变革、效率变革和动力变革上来，聚焦到提高服务经济社会发展、服务群众出行的能力上来。

二是"不平衡不充分的发展现状"对道路运输均等化服务提出更高要求。全市8277个行政村，已开通客车8076个，通客车率为97.6%，但巫山、巫溪等渝东北地区行政村通客车率仅为80%左右。这说明重庆道路运输发展不平衡不充分的问题仍然突出，城乡之间、区域之间运输服务发展还不协调，城乡公共交通服务水平还有待提高，二环外公交覆盖力度还需加强，部分农村群众仍然出行困难。如何坚持共享发展，实现道路运输统筹推进、人人共享、普遍受益仍是我们面临的重大课题。

三是"人民对美好生活的向往"对道路运输转型升级提出更高要求。在新的历史方位上，群众个性化、多样化、高品质的道路运输服务需求日益增长，已由"走得了、运得到"的基本运输需求，向"走得安全、走得满意、运得高效、运得经济"的综合运输需求转变。需要聚焦行业短板、弱项和难点，加快构建安全便捷、经济高效、绿色智慧、开放融合的现代化综合交通运输体系，让人民群众在运输服务中有实实在在的获得感、幸福感和安全感。

四是"深化供给侧结构性改革"对道路运输结构调整提出更高要求。当前道路运输服务的主要矛盾已由"总量供给不足"转变为"总量供给过剩、有效供给不足"的结构性矛盾。具体来看，重点领域改革还不到位，客货运供给质量和效率还没跟上；各种运输方式衔接还不紧密，综合运输服务体系的整体效能未充分发挥；行业法规体系、管理体制机制不够完善；安全绿色智慧发展仍亟待加强。唯有改革，才有出路。我们必须担负起改革的重任，在优化结构、提质增效上下足功夫，努力推动行业发展实现"由量到质"的提升，"由大变强"的跨越。

三、2018年经济发展目标

面对新时代的新机遇、新挑战、新要求，道路运输发展必须要有新作为，必须开创新局面。重点把握好"四个关键"，做到"四个提升"：

一是把握好"学习贯彻落实党的十九大精神"这个关键，提升政治站位。进一步增强"四个意识"，坚定"四个自信"，牢牢抓住道路运输转型发展的黄金时期，把着力点聚焦到十九大提出的重要论断上，聚焦到十九大的重大决策部署上，聚焦到社会主要矛盾已经转化的深远影响上，用"习近平新时代中国特色社会主义思想"武装头脑、谋划发展、深化改革、保障民生，切实把党的十九大精神落实在道路运输行业中。

二是把握好"行业改革发展"这个关键，提升发展水平。道路运输行业正处在结构调整的转型期、改革发展的攻坚期、矛盾冲突的凸显期。改革才有新出路，创新才有新动力。要坚持新发展理念，深入推进行业供给侧结构性改革，减少无效供给，扩大有效供给，加强优质供给，实施精准供给，切实提升服务质量和效益。要把创新作为第一动力，着力推进行业信息化发展，进一步激发运输市场活力。要不断夯实行业发展基础，理顺行业管理关系，为我市经济社会发展和重大战略实施提供有力支撑。

三是把握好"脱贫攻坚"这个关键，提升群众获得感。"坚决打赢脱贫攻坚战"不仅是党作出的庄严承诺，更是必须完成的硬任务。作为服务行业、民生部门，我们必须坚持以人民为中心，坚持共享发展，把"乡村振兴战略"具体化，将脱贫攻坚落实到底。大力推进农村客运发展，全面实现有条件的建制村通客车率达100%，确保农村客运"开得通、留得住"。精准扶贫18个深度贫困乡镇，着力破解群众出行难题。

四是把握好"安全稳定大局"这个关键，提升发展品质。安全稳定是最大的民生。要切实增强安全发展理念，严格落实安全生产责任制，压紧压实企业主体、行业监管和区县属地责任，从严从实抓好重点领域安全监管。要努力防范化解安全稳定风险，不断加强道路运输应急体系建设，提升防灾减灾救灾能力，坚决遏制重特大安全事故发生。要着力排查和化解行业矛盾,强化预防和处置群体性事件,全力确保安全稳定形势持续向好。

2018年重庆道路运输更要深入贯彻习近平总书记参加重庆代表团审议时的重要讲话精神和党的十九大精神,以习近平新时代中国特色社会主义思想为指引,坚持新发展理念,围绕建设“交通强国”和全市交通基础设施建设提升战略行动的决策部署,落实全市交通工作会议精神,按照“343”总体思路,即“打好三大攻坚战、实施四轮驱动、夯实三大基础”,重点做好以下工作。

(一)打好三大攻坚战,统筹推动发展,提升人民群众的获得感和幸福感

一是打好脱贫攻坚战,书写城乡均等发展新速度。坚持在精准施策上着力、在精准扶持上聚力、在精准服务上出力、在精准管理上用力,重点破解18个深度贫困乡镇的道路运输瓶颈,深化对口乡镇的扶贫工作。全市新增通客车行政村121个、新改建村级招呼站1800个。持续提速农村物流发展,完善县、乡、村三级物流网络,开展客货综合服务站建设试点,深化交通与邮政、商贸、供销协同发展,让农村居民“出门有路、上路有车、人便于行、货畅其流”。不断扩大二环外公交覆盖范围,渝北复盛、五宝等区域开行公交。

二是打好重大风险防范化解攻坚战,开启行业持续发展新征程。严防重特大事故发生,牢固树立红线意识和底线思维,以安全生产责任制为抓手,以风险预控和隐患排查治理为重点,以有效防范重大安全事故为目标,全面提升行业安全监管水平。确保行业总体稳定,坚持思想不松、标准不降、力度不减,牢牢把握“冉龙平刑事案件”“网约车以租代购”等重点,进一步创新方法,强化措施,规范流程,化解矛盾,确保社会稳定大局。

三是打好污染防治攻坚战,开启行业绿色发展新常态。厚植绿色发展理念,通过优化公交线网、调整运力结构、完善接驳换乘等手段,运用情景模拟等新技术,扎实推进节能减排和生态环保工作。做好“公交都市”创建迎接验收准备,新增公交优先道90公里以上,新增调整公交线路40条、更新车辆500台,加大定制公交推行力度,远郊区县实现公交刷卡乘车全覆盖。新增轨道运营里程48公里、车辆7列,完善常规公交与新建轨道接驳换乘,服务群众“最后一公里”。推广新能源营运车辆应用,全市新增及更换新能源公交车比重不低于30%,主城公交、出租CNG实现全覆盖,为生态文明建设作出道路运输新贡献。

(二)实施四轮驱动,推动行业转型,满足人民群众的新期待新要求

一是坚持创新驱动,实现出租汽车行业新突破。规范网约车市场,给予符合条件的网约车平台许可,完善法规体系、规范经营行为、完善服务质量评价体系、提高信息化监管水平。提升巡游车服务质量,深入开展驾驶员素质提升培训行动;主城区出租车全面完成信息系统升级改造,推广移动支付、离车评价、电召服务等便民措施。

二是坚持改革驱动,拓展道路客运行业新空间。出台我市道路客运转型升级的实施意见,加快运力结构调整,完善定价机制,强化接驳管理。充分发挥“门到门”优势,实现班线客运精细化服务,大力发展精品路线、旅游专线,探索定制客运、定制包车等个性化服务,开通旅游直通车线路10条。积极推行城乡客运一体化和农村客运公交化,继续做好节假日等重要节点的运输保障。

三是坚持开放驱动,激发道路货运行业新活力。按照“开放共享、合作共赢”思路,积极融入“一带一路”等重大战略,加快发展多式联运、甩挂运输、城市配送、无车承运人、电子运单等高效货运模式,实施“两检合一”“车辆和人员异地年审”等降本增效措施。以推广涪陵危货企业安全联盟、万盛小微企业三方托管等管理方式为契机,探索更多新方式,助推行业提质增效。

四是坚持需求驱动,打造驾培维修行业新

优势。按照"公开透明、优质服务、诚信经营、公平竞争"思路，推动驾培维修行业从规模扩张型向质量效益型、从服务粗放型向服务品质型转变。驾培行业，完成驾培监管服务信息平台和从业人员考试中心建设，打造无死角、无盲区的监管体系和信息化、智能化的服务体系。推进教练员执业资格和出租车驾驶员从业资格改革，全面提升从业人员的职业素养。维修行业，继续开展诚信连锁品牌创建；全面建成一、二类维修企业汽车维修电子健康档案系统，形成维修记录采集、上传、监管评价机制和维修大数据共享应用体系。

（三）夯实三大基础，全面从严治党，提升新时代道路运输服务"交通强国"的信心和能力

一是加强法制建设，现代化治理能力迈上新台阶。进一步增强法治思维，严格依照法定权限、规则、程序行使权力、履行职责。加强行政立法、执法等政策研究，推进行政审批制度改革，加快《重庆市道路运输管理条例》《重庆市公共汽车客运条例》、汽车租赁管理办法等法规规章的立法修订。深入开展执法交叉检查、评议考核等工作，提升行业依法行政能力。

二是坚持科技创新，行业信息化支撑能力再上新高度。加快建设"出租车管理服务（二期）、重点营运车辆联网联控（二期）、道路运输视频监控"三个平台和驾驶培训、从业人员考试管理系统，启动"大数据分析决策、应急调度"两个信息化项目建设，进一步提高行业经济运行分析的能力和水平。

三是严格落实管党治党责任，全面从严治党开创新境界。按照习总书记在重庆代表团审议时的重要讲话精神，抓住"关键少数"，牢固树立"四个意识"，继续保持全行业风清气正的政治生态。深入落实新时代党的建设总要求，不断夯实基层基础，深化"两学一做"学习教育常态化制度化，开展"不忘初心，牢记使命"主题教育，以党建促发展、聚合力；着力加强干部队伍建设，倡导党员干部明大德、守公德、严私德。巩固拓展"全国文明单位"成果，推进运管文化建设，唱响行业主旋律。落实"中央八项规定"精神，聚焦形式主义、官僚主义新表现，持续推进"四风"整治，加大监督执纪问责力度，强化党风廉政建设和反腐倡廉工作，坚定不移推进全面从严治党向纵深发展。

航空运输

民航重庆监管局　盛李欣

一、2017 年发展回顾

（一）运输生产稳步增长

2017 年，重庆江北国际机场起降 288598 架次（其中运输航空 287455 架次），完成旅客吞吐量 38715210 人次、货邮吞吐量 366278.4 吨，同比分别增长 4.26%（运输航空 4.21%）、7.88%和 1.44%；其中过站旅客 797352 人次，占 2.06%（2016 年 2.78%）；平均出港客座率 84.2%，平均出港载运率 72.2%，同比分别提高 1.6 个百分点和 0.4 个百分点；重庆万州五桥机场起降 22789 架次（其中运输航空 7004 架次），完成旅客吞吐量 656189 人次、货邮吞吐量 2501.72 吨，同比分别增长 30.69%（其中运输航空 21.09%）、19.15%和 11.31%；重庆黔江武陵山机场起降 3320 架次（全部为运输航空），完成旅客吞吐量 288742 人次、货邮吞吐量 120.5 吨，同比分别增长 59.16%、88.18%和 53.9%。由于第三跑道及东航站区投用之前，保障资源已经十分紧缺；第三跑道及东航站区投用之后，容量评估工作尚未完

成,因此江北机场2017年运输生产增速处于历年较低水平,但同时出港客座率和载运率有所提升。

(二)机队规模持续扩大

2017年,国航股份重庆分公司减少2架B737NG系列飞机(目前46架),川航股份重庆分公司新增2架A320系列飞机(目前18架),重庆航空新增5架A320系列飞机(目前19架),西部航空新增3架A320系列飞机(目前30架),华夏航空新增9架A320系列或CRJ—900飞机(目前35架),山航股份重庆分公司保持10架B737系列飞机。重庆通用航空有限公司减少1架直升机(目前11架),飞行学院重庆通用航空培训有限公司保持3架直升机,重庆神龙通用航空有限公司增加2架直升机(目前6架),重庆申基通用航空有限公司暂停运行。目前,江北机场过夜飞机124架,6家基地航空公司机队规模159架,对比2016年底分别增加了11架、18架;重庆地区通用航空公司共有直升机20架,对比2016年底减少1架。

(三)安全态势总体平稳

2017年,民航重庆监管局共收到各类不安全事件报告1308条;按事件性质划分:运输航空一般事故征候43起(机械原因2起,责任待定1起,外来物击伤超标10起,雷击超标2起,鸟击超标28起),一般不安全事件1265起;一般不安全事件按事件原因分类:天气意外原因727起,机组132起,地面保障49起(江北机场12起,万州机场2起),机务4起,空管原因2起,军方原因9起,机械原因147起,其他195起。未发生责任原因事故征候以上事件,安全形势总体平稳。

(四)江北机场第三跑道及东航站区顺利投用

2017年7月5日,民航重庆空管分局运行部门率先搬迁至东航站区工作;8月29日,江北机场第三跑道及东航站区顺利转场投入使用,成为中西部地区第一个拥有三座航站楼、实现三条跑道同时运行的机场;万州机场改扩建项目、巫山和武隆机场新建项目有序推进;10月,龙兴通用机场成为《通用机场分类管理办法》发布后西南地区首家获取A1级通用机场使用许可证的通用机场,将为重庆通用航空产业持续发展提供有力支撑;11月,万盛江南机场正式开工建设;石柱、潼南等部分通用机场选址论证工作完成;厦门航空正式申请成立重庆分公司,相关补充审定已经启动。

(五)国际航线开发取得重大突破

2017年,江北机场相继开通洛杉矶(3月21日、海南航空)、莫斯科(6月7日、天津航空)、纽约(10月20日,海南航空)、墨尔本(10月31日,天津航空)的洲际航线,构建起覆盖欧美澳亚的客货运航线网络,累计开通国际(地区)航线68条;2017年,江北机场完成国际(地区)旅客吞吐量2689318人次、货邮吞吐量112966.5吨,同比分别增长5.18%和12.07%。虽然江北机场2017年开通多条洲际航线,但国际客运增速却明显放缓(2015年增速24.9%,2016年增速21.79%),主要原因在于国际航线竞争激烈,特别是周边城市西安、成都和重庆开通了部分同质化竞争的国际航线,长期形成的北上广中转习惯,以及重庆市场尚待培育;结合重庆目前的经济发展水平,如果不能有效吸引周边客源,单独支撑多条洲际航线仍然较为困难。

(六)服务质量不断提升

按照“民航服务质量规范”专项行动部署,结合实际情况,民航重庆地区2017年开展了“民航服务质量规范”,各单位稳步推进民航服务质量体系化建设;重点加强航班正常管理工作,持续改善江北机场运行协同决策系统运行,驻场单位严格实施《重庆江北国际机场协同放行规程》,确保运行协同决策系统在航班放行及保障航班正常、避免或减少航班关舱门后长时间等待、加强空管相关信息传递等方面发挥积极作用;规范互联网机票销售行为,开展旅客购票环节信息告知专项治理,各机场升级改造自助值机系统识别台胞证,推进机场母婴室建设;“3·15”期间,相关企业利用重庆新闻广播开展直播宣传活动,在江北机场组织开展了“践行真情服务、提升服务品质”主题宣传活动。

(七)改进通用航空服务监管

民航重庆监管局积极贯彻“放管结合、以放为主”的方针,开放不影响运输航空飞行的临时飞行空域,满足通用航空运行需要;完成神龙通用航空公司、重庆通用航空有限公司扩大经营范围、申请换发经营许可证的审查,完成重庆神龙航空器维修有限公司维修许可初始审定;积极探索行业自律,通过通航协会约束通航企业合法开展作业飞行,保持通航市场的良性发展,避免恶性竞争;简化通航企业运行审批手续,规范特殊飞行任务监管;积极参与重庆管制分区低空空域管理和通用航空发展综合配套改革试验,努力推进龙兴飞行服务站建设,已进入试运行阶段。

(八)强化无人驾驶航空器管理

4—5 月,江北机场多次出现疑似无人机扰航事件;民航、地方政府通力合作、全面排查,及时恢复机场正常运行;民航重庆监管局针对无人机信息通报、空管先期处置提出具体工作要求,现场督导相关单位落实情况;地方政府立法工作顺利推进,《重庆市民用无人驾驶航空器管理暂行办法》已经正式颁布实施,明确了相关单位职责,建立了联动处置机制;经过细致有效的工作,此后江北机场未出现类似无人机扰航事件。

二、发展中存在的问题

(1)机场不停航施工安全压力较大。万州机场跑道延长及站坪扩建不停航施工项目复杂、安全压力大,且缺乏大型不停航施工项目的管理经验。

(2)部分企业发展速度快,安全基础薄弱,保障能力欠缺,安全责任落实不到位,人为原因不安全事件时有发生;外籍机组管理、新机型保障、基地航空公司驻外基地管理、航空公司维修外包及一线维修人员紧张、企业重组改制中的队伍稳定、大面积航班延误及处置等方面仍然存在薄弱环节。

(3)白市驿机场搬迁周期较长,江北机场空域条件短期内难以根本改善,航空器噪音问题将长期存在。

(4)通用航空安全基础仍然薄弱,市场竞争激烈,企业生存压力大,专业人员流失严重,部分企业已经申请停止运行;违规作业时有发生,监管力量短缺的问题较为突出。

三、2018 年发展目标

(1) 持续重点关注江北机场东航站区运行,充分发挥基础设施作用,不断提升运行效率和航班正常率;完成江北机场容量评估工作,确保运输生产量持续较快增长:2018 年实现旅客吞吐量 4200 万人次,货邮吞吐量 38 万吨。进一步提升江北机场枢纽功能,加快培育旗舰基地航空公司,力争开通多伦多、芝加哥、巴黎等航线。

(2)确保持续安全运行:杜绝重特大运输航空责任事故;杜绝劫机、炸机等机上恐怖事件,防止空防安全严重责任事故;防止重大航空地面事故和特大航空维修事故;严肃查处运输航空人为责任原因事故征候。

(3)继续抓好专业人员资质管理,强化飞行作风建设,用好飞行品质监控和管理系统,严肃无后果违章处理,提升教员检查员工作能力。

(4)以加强运行控制系统建设为主线,以强化签派人员资质管理和能力建设为抓手,进一步提高航空公司运行控制能力和水平;持续关注高原、特殊机场运行风险,落实各项安全措施和要求;持续推进航行新技术应用,为提高安全品质提供技术支持。

(5)关注支线机场保障能力建设,重点是专业人员数量和设施设备;加强支线机场不停航施工安全监管,协调推动万州机场、黔江机场加快 ADS-B 设施及管制自动化设施建设。

(6)探索通用机场安全监管工作,推动龙兴机场飞行服务站顺利试运行,更好地为通用航空飞行活动提供飞行计划、航空情报、航空气象、告警及协助救援等服务，推进重庆地区通用航空保障体系建设；督促空管运行单位进一步简化通用航空运行保障流程。建议对非载人运行简化审批流程，减少检查项目和频次，探索不同规模、不同作业类型的通航公司分级分类监管。

港航运输

重庆市港行管理局 张鑫欣

【概况】2017 年完成货运量 1.85 亿吨、货运周转量 2126 亿吨·公里，分别增长 10.8%、13.2%；完成港口吞吐量 1.97 亿吨、集装箱吞吐量 129 万标箱，分别增长 13.6%、12.2%；完成客运量 866 万人次、增长 15.5%，水上都市游连续两年增幅超 50%。水路货运周转量占综合交通比重达 63%，周边地区货物经重庆港中转比重达 45%，全市 90%以上外贸物资通过水运完成。航运对沿江产业布局优化、地方经济社会发展的支撑作用持续增强。

【水运基础设施建设】2017 年，全年完成基础建设投资 35 亿元。“一干两支”航道整治加快[illegible]长江干线朝天门至九龙坡航道整治加快推[illegible]涪陵至朝天门航道炸礁二期进展顺利，[illegible]草街库尾航道整治和乌江河口至彭[illegible]江、抱龙河、梅溪河支持保障系统建设[illegible]进，涪江潼南枢纽船闸具备通航条件，全市新[illegible]治航道 40 公里。“四枢纽九重点”港口建设加快，主城果园港铁水联运接驳改造基本完成，涪陵龙头、万州新田、江津珞璜 3 个枢纽港一期建成投用，永川朱沱、合川渭沱、忠县新生等重点港前期工作有序推进，全市港口货物和集装箱吞吐能力增至 2 亿吨、450 万标箱。

【航运结构调整】落实各类补贴资金 1.5 亿元，拆解退市老旧运输船舶 180 艘、开工建设三峡船型船舶 110 艘，全市船舶运力达到 710 万载重吨，船型标准化率达到 81%。企业结构不断优化，淘汰散小弱企业 12 家，全市危化品企业整合为 10 家，滚装企业整合为 7 家，全市运力规模 10 万吨以上企业达 12 家，资产规模 1 亿元以上企业达 36 家。运输组织不断优化，铁水联运、江海联运、甩挂运输、水水中转等运输组织方式加快发展，全市完成铁水联运量 1926 万吨、同比增长 13.6%。

【水上安全管理】全市水上交通已连续 14 年未发生重特大安全事故。一是安全管理责任不断夯实。企业主体责任进一步强化，企业安全生产制度和责任体系逐步完善，安全生产投入持续加大，安全设施设备提档升级，全市已有 333 家企业建立“日周月”安全隐患排查制度。区县属地责任进一步强化，区县政府高度重视水上交通安全监管，持续加大“人、财、物”投入力度，[illegible]落实安全隐患排查整改责任，“党政重视、[illegible]动”齐抓共管的局面基本形成。行业监管[illegible]进一步强化，持续深化“片区联系、网格化[illegible]理”和“四会四制”工作机制，认真执行年度监督检查计划，全年出动安全检查 4925 人次，督察整改隐患 1373 起，约谈港航部门、企业 23 个，挂牌督办重大隐患 2 起，实施行政处罚 695 起、160 万元，依法注销企业 12 家、限期整改企业 41 家。二是安全专项整治扎实开展。围绕“大排查大整治大执法”、水上安全平安交通“1+4”专项整治和“百日攻坚”等专项行动，国务院安委会巡查反馈的 6 项问题全部整改到位。重拳整治全市 118 座非法码头，拆除码头设备 230 套、迁移趸船 36 艘、生态复绿 1095 亩、收回岸线 17 公里。全面开展全市 1359 艘客渡船技术复核，拆解不能满足抗风标准的客渡船 280 艘。全面推进危化品港区“三年专项整治行动”，集中对 47 座危化品码头开展安全风险评估。三是应急救援体系建设加快。继续围绕“装备、队伍、预案”三个贴近实战，加快推进主城化龙桥、合川、彭水等应急基地建设,61 艘应急艇趸配备到位。狠抓应急救援专业队伍建设,持续深化与中山舰、展宏图等社会救援力量的合作。修订完善水上交通突发事件应急预案,开展大型联合演练 7 次。妥善处置“6·30”乌江洪峰过境等突发性事件 146 起,救助涉险群众 92 人、船舶 71 艘,处置溢油 19 次。

【航运服务】航运融资、租赁、保险等金融服务体系逐步健全，全年完成航运交易额 80 亿元。积极争取营改增补助、集装箱作业补贴和燃油补贴等优惠政策,惠及企业 2.2 亿元,停征船舶检验费、取消货物港务费等涉企收费,为企业减负 7000 余万元。主动应对三峡船闸拥堵问题,全年协调我市重点物资优先过闸 905 艘次。

【绿色航运发展】一是中央环保督察反馈问题整改扎实推进。搬迁主城饮用水源保护区船舶 29 艘，改造老旧船舶生活污水装置 64 艘,拆除或封存 362 艘船舶重油设施,完成 123 艘餐饮船舶防污染专项整治，启动 32 座老旧码头、39 艘趸船环保改造和川维危化品洗舱基地提档升级工程,督促 4 座新建码头完善环保手续。二是新能源新技术加快运用。完成果园、寸滩等 8 个港口岸电设施建设,积极研发江海直达新船型，加快推进船舶 LNG 动力改造，全市货运船舶平均单位能耗降至 1.9 千克/(千吨·公里)。三是绿色航运长效机制不断健全。建立船舶污染物接收、转运、处置联单制度和重点船舶排污监测机制，完善危化品运输安全和环境风险防控监管机制,与环保、海事、交通执法等部门建立环保联合执法长效机制。

【行业体制改革】认真贯彻落实《重庆市港口条例》,理顺主城六区港航管理体制,积极推进船检机构体制改革。继续深化“放管服”改革，网上行政审批平台运行规范，事中事后监管不断加强。

【2018 年发展目标】2018 年,我们将按照“抓改革、促发展、强安全、重生态、优服务”的工作思路,加快推进长江上游航运中心建设。全年目标任务是：力争完成固定资产投资 35 亿元,完成货运量 1.96 亿吨、货运周转量 2338 亿吨·公里、港口吞吐量 2.15 亿吨、集装箱 140 万标箱，四级以上航道通航保证率达 95%以上，杜绝一次性死亡失踪 10 人以上事故。

【大事记】

【市港航局组织召开全市船型标准化工作推进会】

3 月 1 日,重庆市港航管理局组织召开全市船型标准化工作推进会，认真贯彻落实全市交通暨行业工作会议精神，抢抓国家船型标准化补助政策延续至 2017 年底这一黄金机遇,全力推进我市船型标准化工作，持续提升重庆航运发展水平。全市相关区县港航管理部门负责人和部分航运、造船、设计企业代表参会,汪伯涛局长出席会议并讲话。

【市港航局召开三峡库区水上交通安全专题会】

3 月 2 日，市港航局汪伯涛局长率局办公室、海事处、港口处、航道处、运输处、监控中心负责人，到巫山召开三峡库区水上交通安全专题会,万州、开州、丰都、忠县、巫山、云阳、奉节、巫溪和石柱港航部门主要领导和分管安全领导参加会议。

【市港航局召开港口管理工作专题会】

3 月 9 日，市港航局在局 11 楼会议室召开了港口管理工作专题会,市港航局汪伯涛局长、李毅主席、局相关部门及万州、涪陵、江津和主城区等 19 个重点区县港航部门负责人参加了会议。会议分为“平安港口”“绿色港口”“高效港口”“法治港口”四个板块召开,相关区县港航部门进行了交流发言和讨论，李毅主席对近期重点工作作了具体要求。

【市港航局召开客(渡)船抗风能力提升工作推进会】

3 月 14 日,全市客(渡)船抗风能力提升工作推进座谈会议在局 11 楼会议室召开,会议由汪伯涛局长主持,杨大伦副局长,局相关处室负责人,万州、江津、忠县、奉节等 11 个区县港航部门负责人参加会议。

【市港航局召开新型客渡船船型评审会】

4月11日上午，市港航局组织召开了重庆市新型客渡船船型评审会,对乡村渡运型、城镇公交型、城乡巴士型、城乡便捷型等新型客渡船船型进行了评审。市港航局局长汪伯涛、副局长杨大伦出席会议并讲话,涪陵、江津等部分区县港航部门负责人、船舶检验技术骨干和局办公室、海事处、运输处、船检处、船技处负责人参加了会议。

【国务院三峡工程泥沙专家组来渝调研泥沙问题】

为深入了解三峡水库入库水沙条件及重庆主城区港口航道冲淤情况,由中国水科院、清华大学、武汉大学、长江科学院、长江航道局、长江委水文局等单位的知名专家组成的国务院三峡工程泥沙专家组，在组长胡春宏院士的带领下于近日来渝调研泥沙问题。

【重庆第二大港龙头港正式开港】

5月16日上午10时16分，交通运输部规划的重点港口、重庆融入“一带一路”和长江经济带的国家战略重点工程、重庆“1+3”枢纽型港口之一的龙头港正式开港。重庆市人民政府副市长陈绿平出席开港仪式并宣布开港，涪陵区委书记李洪义致辞,市交委主任乔墩、重庆港务物流集团总经理熊维明先后发言，区政府区长种及灵主持开港仪式。交通部长航系统相关领导、市港航局主要领导出席仪式。

【渝黔两地共推乌江航运发展】

乌江作为贵州重要的出省水运通道，也是重庆“一干两支”航道网络的重要组成部分,乌江渝境段已于2015年9月份全线通航,2016年11月“航电1号”和“航电2号”500吨级标准货船完成了“空船入渝、荷载返黔”试航工作,为抓住乌江全线复航契机,共同推进乌江航运发展,乌江航道处与贵州省乌江航道(通航)管理局于5月17日在遵义召开了渝黔乌江航道、通航管理工作座谈交流会。

【二季度三峡库区航道养护对口帮扶工作会在巫溪召开】

为贯彻市港航局航道维护相关精神，提高三峡库区重点区县航道维护质量，二季度三峡库区航道养护对口帮扶工作会在巫溪召开,嘉陵江航道管理处、乌江航道管理处、巫山航务处、奉节港航处、巫溪港航处各单位负责人及业务工作人员齐聚巫溪,共同研讨航道养护工作。

【2012—2016年度三峡库区支流航道和重点港区泥沙淤积原型观测通过验收】

2017年6月20日,2012—2016年度三峡库区支流航道和重点港口泥沙淤积原型观测验收会在市港航局顺利召开,会议由市港航局主持,市交委、嘉陵江航道管理处、乌江航道管理处、长江重庆航道测绘处、长江水利委员会长江科学院、长江上游水文水资源勘测局以及特邀专家和代表参加了会议。

【重庆两江夜游联营平台签约仪式成功在交运明月轮举办】

为进一步规范朝天门两江游市场，整治两江游“黄牛党”乱象,经市交通部门和旅游部门多次协调,7月6日，重庆市客轮有限公司与重庆汇东船务有限公司在“交运明月”轮举行重庆两江夜游联营平台签约仪式。市港航管理局、渝中区旅游局、渝中区建交委相关同志出席签约仪式,见证了两家公司的“强强联手”。

【市港航局召开港口危险货物集中区域安全风险评估工作布置暨环保工作推进会】

7月25日，市港航局组织召开了港口危险货物集中区域安全风险评估工作布置暨环保工作推进会。会议由汪伯涛局长主持,张小勇副局长、万州、涪陵等13个辖区内有危险货物港口作业的区县港航管理机构和市港航局相关处室负责人参加了会议。

【市港航局召开重庆水路旅客实名制工作会议】

10月25日,市港航局组织召开重庆水路旅客实名制工作会议,局运输处、港口处部门负责人、重庆市航运交易所以及相关省际客运企业和港口企业相关负责人参加了会议。

【国家非法码头拆除成果核查组来渝核查非法码头拆除工作】

10月31日—11月1日,国家发改委基础司副司长刘蕲冈带领水利部、交通部有关人员来渝核查非法码头拆除情况。市发改委副主任王志强、市交委副主任梁雄耀及市港航管理局、市水利局相关人员陪同检查。检查组一行沿江而下,分别对江津、南岸、丰都、石柱9个非法码头进行了现场核查。

【市港航局以落实中央环保督察反馈意见为契机,切实提升航运环保水平】

今年以来,市港航局坚持"共抓大保护、不搞大开发",以落实中央环保督察反馈意见为契机,主动作为、综合施策,针对反馈意见和突出问题,细化方案、落实责任,扎实推进各项整改工作。截至目前,督察组反馈的7项问题已有4项完成整改销号,2项具备销号条件,正在准备销号资料,1项任务进度过大半,确保12月底前整改完毕。

【重庆加快建设"一干两支十线"航道体系】

近年来,重庆市委、市政府高度重视水运发展,将水运发展作为打造国际性综合交通枢纽的关键之举,要求主动融入"一带一路"和长江经济带发展战略,不断加大水运发展的政策和资金倾斜,重庆水运得到长足发展,长江上游航运中心建设已粗具雏形。

【市港航局深入长江黄金游轮公司,调研长江游轮市场】

为深入贯彻党的十九大精神,努力为航运企业发展创造良好的环境,12月5日,市港航局副局长杨大伦率领局运输处、船技处负责人,深入黄金游轮公司,开展长江三峡游轮市场调研,了解企业经营现状、存在困难和意见建议。黄金游轮公司负责人参加了会议。

软件和信息服务业

重庆市经济和信息化委员会 刘竹平

一、2017年发展回顾

重庆市软件和信息技术服务业继续呈现稳中向好运行态势,收入和效益同步加快增长,吸纳就业人数平稳增加,创新能力不断提升,服务和支撑保障能力显著增强。在我国经济发展进入新常态的背景下,软件产业在信息化培育新动能、供给侧结构性改革、"一带一路"建设中发挥了十分重要的作用。

(一)基本情况

(1)软件业务收入稳步增长。全市实现软件业务收入1210亿元,同比增长18%,高于全国平均增速4个百分点,软件业务收入居全国第13位,增速居全国第9位,从业人员17.1万人,行业规模不断扩大,总体平稳较快增长。

(2)产业结构不断优化升级。得益于移动互联网、物联网、云计算、大数据等新模式新业态的快速发展,重庆市软件产业链不断向服务化、网络化延伸和升级,全年信息技术服务板块实现业务收入686.2亿元,同比增长18.8%,高出全行业平均水平0.7个百分点,软件产品、信息技术服务、嵌入式系统软件占软件业务总收入的比例分别为22.2%、56.3%、21.5%,其中,信息技术服务收入的占比同比提高1个百分点。

(3)行业创新能力进一步提升。全行业研发投入强度(R&D)达到8.5%,同比增长18.8%。软件和信息技术服务业的专利授权总量达到1496件,同比增长16.6%,其中大数据类专利授权82件,同比增长54%。截至年底,全市获得高新技术企业认定的软件企业数量超过700家,软件著作权登记数量超过5500件。

(4)企业技术实力进一步增强。截至年底,全市共有市级企业技术中心24家,如:猪八戒、同趣、梅安森、金算盘、中联信息等。

(二)发展特点

(1)抓招商引资,推动行业龙头企业落地重庆。一是实现互联网领域龙头企业"BAT"齐聚山城。阿里巴巴、百度、腾讯3家互联网龙头企业陆续与重庆市签署双方战略合作协议,从集团层面和市政府深化合作。二是实现一批重点项目签订投资协议。成功推动滴滴出行、Cloudera(肯睿)等多个重点项目先后落户市内各区县园区,协议投资金额约30亿元,涉及软件开发、大数据、区块链、云计算、加速器等领域。

(2)抓新兴业态,培育软件服务业发展新动能。一是全力推动大数据快速发展。启动《重庆市大数据发展应用促进条例》立法工作;推进大数据关键技术及产品研发与产业化、工业和新兴产业大数据创新等4个专项行动,建立重点项目142个,总投资约68亿元。二是着力提升云服务能力,截至2017年底,全市投运服务器超过3万台。三是推动分享经济加快发展,出台《关于培育和发展分享经济的意见》,加强政策统筹。四是助推区块链产业扎实起步。在全国率先出台《关于加快区块链产业培育及创新应用的意见》,联合渝中区政府共同打造市级区块链产业集聚区、在涪陵区成立重庆数资区块链研究院等,抢抓发展机遇。

(3)抓国际合作,统筹推进中新示范项目。一是联合市中新示范项目管理局印发《落实中新合作框架协议支持新加坡信息通信企业发展的实施细则(暂行)》。二是积极推动中新国际数据通道和互联网国际合作综合试验区建设事宜。

(4)抓载体建设,鼓励区县科学布局软件产业园区。一是不断完善核心产业园区。两江国际云计算产业园基本成形,形成中国联通、中国移动、中国电信等八大高等级数据中心齐聚的格局;两江互联网产业园累计建成商务楼宇约60万平方米,目前已集聚企业350余家;渝北仙桃大数据谷新投运14万平方米,累计面积达26万平米。二是加快发展特色产业园区。加强市区联动,推动在渝中区成立20万平方米的重庆市区块链产业创新基地,在涪陵打造2万平方米的互爱科技孵化产业园,大渡口启动移动互联网产业园扩容工作。三是加强全市产业载体的统筹。以全市"互联网+"产业基地创建工作为抓手,加强全市"4+11+N"产业载体统筹工作。

(5)抓人才培养,提升产业发展智力支撑能力。一是开展软件白领人才培养工作,新增培养白领117名,累计共825名。二是推动大数据人才培训平台加快建设,推动"Cloudera授权大数据培训基地"完成培训课程国产化、仙桃大数据与物联网职业培训学院正式挂牌成立,学院总面积14万平方米,已培训3000余名学员。

(6)抓氛围营造,优化企业发展环境。一是积极推动中国国际智能产业博览会各项筹备工作。二是策划开展多次行业交流活动。推动第三届中国移动互联网创业者大会等10多场行业高峰会、路演、交流研讨活动成功举办,参会专业观众超过4000人次。三是做好所得税优惠政策落实工作。会同相关市级部门积极开展软件企业所得税优惠政策宣传、落实工作,减免金额达3663万元。四是创新开展互联网经济统计工作。

二、发展中存在的问题

一是企业创新创业能力有待进一步加强。二是缺少在全国知名的总部型、平台型及从事底层技术研发的大型软件和信息技术服务类企业。三是软件和信息技术服务企业主要集中在教育、医疗、政务等传统应用型领域,在基础软件、数据库、工业软件等领域较为薄弱,在大数据、人工智能方面也普遍处于起步阶段,规模和影响力都较小。四是人才总量不足、结构有待优化。

三、2018年发展目标

力争全市软件业务收入达到1400亿元,同比增长17%,从业人员规模达到18万人。一是要全力办好中国国际智能产业博览会。二是要加快云计算大数据发展。三是要落实创新驱动战略。四是要深化行业应用示范。

经济信息化建设

重庆市经济和信息化委员会 吕宏庆

一、2017年发展回顾

(1)推进物联网产业发展。全市380余家物联网企业实现产值约411亿元，同比增长36.9%。已初步建立起硬件制造、系统集成和运营服务的“三位一体”产业体系，成为国内五大以物联网为特色产业的示范基地之一。编制并发布《重庆市加快传感器产业发展行动计划(2017—2020年)》，加强物联网前端产业发展。并通过组织召开以“创新物联·开放共享”为主题的2017重庆物联网技术创新与应用推进大会等活动，促进物联网产业应用创新。

(2)推进人工智能产业发展。全市人工智能产业实现从无到有、从研究逐步深入，队伍不断壮大。现有35家从事算法、芯片等研发生产的人工智能核心企业，涌现出一批在行业内具有一定影响力的代表性人工智能企业。

(3)推进招商引资。全年新引进莱斯信息、奕恩科技、天空思维、北京微链、暴风云尚、微景天下、商汤科技、触控科技、开诚智能特种机器人、跃途智慧、北斗万春等15个物联网、人工智能项目，协议投资21.9亿元。

(4) 推进重大项目建设。推进中移物联网“OneNET物联网开放平台”、中科云丛“人工智能基础资源公共服务平台”入选国家发改委“互联网+”重大工程；促进部市合作“基于宽带移动互联网的智能汽车与智慧交通应用示范” 项目一期投入使用；组织实施了玛格家居“柔性智能化定制系统”等55个制造业与互联网融合市级试点示范项目；推进新标医疗“区域化远程心电检查与监测系统”在17个省市投入使用，累计开展远程心电检查1500余万例；推进广睿达“城市扬尘污染智能监测与管控一体化平台”在重庆、河南等5个省市开展规模化应用；推动“市政管网气体监测预警系统” 在主城和永川、合川等区县应用；推动中科云丛研发的人脸识别自助通关、大规模动态人群监测、智能图像侦查、重点人群身份识别等系统在江北机场等重点区域应用；推进暴风科技打造虚拟现实产业生态平台，募集1亿元数字创意股权投资基金；推进北京微链投资2000万建设机器人研发服务销售中心。

(5)推进相关产业示范园区建设。推进凯泽科技建设全国首个人脸与图像识别产业园，引进相关应用开发企业超过10家，聚集开发者超过200人；推进合川信息安全产业基地建设，编制《合川区信息安全产业发展规划》，完成产值40.2亿元，已签订产品合同总金额45亿元；指导启动南岸区物联网产业示范基地核心区 “物联地带·渝”建设工作。

(6)推进制造业与互联网融合创新。推动长安汽车、集创家等2个项目入选国家级制造业与互联网融合试点示范；推动重庆联通、重庆信通院、猪八戒等3个平台入选国家级制造业与互联网融合双创试点示范平台。

(7)推进企业智能化管理水平提升。开展两化融合管理体系贯标企业达204家，其中国家级试点企业67家，累计通过国家评定38家；川仪自动化公司成为国家级贯标示范企业，市级贯标示范企业达58家；促进企业打造研发创新、制造流程及全生命周期管控、产供销集成管控、设计制造协同、在线支持服务等以数据驱动并与发展战略相结合的新型能力80余项。培育市场化服务队伍，注重服务机构的“实力+成效”，定期进行两化融合管理体系贯标服务机构年度登记。

(8)推进工业云平台建设。推进重庆浪潮云计算"面向中小企业的大数据双创服务平台"等5个工业云平台建设。

(9)推进服务型制造。推动长安汽车成为国家级服务型制造示范企业,推动隆鑫通用、海王联控、智能水表集团、新标医疗、猪八戒等5个项目成为国家级服务型制造示范。

(10)推进工业信息安全。开展宣贯《网络安全法》和《工业控制系统信息安全防护指南》,推动在企业落地实施;常态化开展年度专项检查,以查促建,以查促改,预防和减少重大工控安全事件的发生;开展联网重点工控安全风险排查,组织专业技术队伍对食品、能源、物联网、民爆、电力、燃气、装备等行业的8家企业的11套联网重点工控系统进行风险排查,整改率100%;初步形成全市重点工控系统数据库,已基本涵盖当前典型的工控系统类型和应用领域。

(11)加强宣贯培训,促进企业交流分享。组织召开全市两化融合工作会、全市工业信息安全工作培训会和渝西地区工业信息安全培训会,宣贯培训和部署有关工作;深入区县、园区和企业开展"巴渝行"宣贯培训、"走进重点企业交流""智慧城市在行动""IoT V.Talk 专家主题沙龙"等活动,搭建区县、园区、企业分享交流的平台。

(12)整合资源,营造发展氛围。联合重点企业和社会力量,成立重庆市智能传感器产业技术创新联盟、重庆市信息安全产业技术创新联盟、重庆市两化融合(信息安全)技术服务中心和重庆市服务型制造联盟,凝聚产业发展共识,营造发展生态和环境。

二、发展中存在的问题

一是人工智能产业较分散,聚集效应尚未形成。二是资源不足,公共数据难以共享。三是人工智能技术创新较弱,应用市场急需开拓。四是人才缺乏,服务措施有待加强。

三、2018年发展目标

贯彻《国务院关于深化"互联网+先进制造业"发展工业互联网的指导意见》《促进新一代人工智能产业发展三年行动计划(2018—2020年)》《重庆市以大数据智能化为引领的创新驱动发展战略行动计划(2018—2020年)》等,研究出台具体工作实施方案。加大人工智能、物联网项目储备,积极引进和培育人工智能、物联网企业20个以上,引导产业有序聚集,人工智能产业产值突破10亿元,物联网产业产值突破500亿元。持续推进制造业与互联网融合、服务型制造、智能化管理水平提升等重点工程,加快工业互联网平台建设。重点推进50个以上国家级和市级试点示范项目、3个以上工业互联网平台等建设;推进全市两化融合(工业智能化)发展数据地图及服务体系建设;普及国家两化融合管理体系标准,通过国家评定企业累计达45家以上,打造新型能力100余项。加强工业信息安全建设和监管加强,出台《工业信息安全事件应急预案》和落实工业信息安全事件应急管理工作,推进全市工业信息安全风险监测、态势感知和应急管理平台建设,开展工业信息安全年度检查,检查分析300套以上(含5000台以上的设备)重点工控系统。

社会信息化建设

重庆市经济和信息化委员会 张洁

2017年,重庆市坚持创新驱动、融合发展,加强信息化顶层设计和统筹规划,夯实信息基础设施建设,加强社会公共信息资源整合,推进信息技术与经济社会各领域深度融合,全市信息化发展水平跃上新台阶。

一、2017年发展回顾

(1)全市信息化工作统筹力度进一步强化。编制出台《重庆市"十三五"信息化规划》,部署8大重点任务、10项重点工程、11个优先行动,明确5个方面的保障措施;牵头编制《进一步扩大和升级信息消费持续释放内需潜力的实施方案(送审稿)》,将于近期发布;牵头编制大数据综合试验区建设实施方案;参与智能产业发展和智能化应用重点战略顶层设计;在全国率先建立省级信息化发展水平评估机制,为全市信息化发展提供指导。

(2)信息基础设施支撑能力进一步增强。新增光纤接入端口417万个,总量达到1935.2万个,占宽带接入端口比重从55.7%上升到86%。2017年5月,重庆已在西部率先全面建成"全光网城市",实现城市光纤到户家庭全覆盖。全市固定宽带人口普及率超过26%,居全国第6位、中西部第1位;固定宽带网络平均下载速率达16.49Mbit/s,居全国第15位、西部第1位。4G基站新增2.8万个,总量达9.2万个,在重庆移动实现行政村4G网络全覆盖基础上,重庆电信也实现行政村4G网络全覆盖。全市互联网用户数达到3904.7万户,同比增长17%,4G用户达到2200万户,同比增长29.5%。截至年底,重庆国家级互联网骨干直联点主要工程目标任务全面完成,省际直联城市由年初的18个增至29个、网内出口带宽由年初的7.38T增至18.02T、网间互通带宽由年初的210G增至400G,有力支撑了重庆市网内和网间访问需求的快速增长,巩固了重庆在全国的互联网骨干核心节点和西南地区的信息通信枢纽地位。

(3)电子政务云平台服务水平进一步提升。加快云服务器替换物理服务器进程,着力降低平台服务费用,不断完善信息安全体系,实现市电子政务云平台虚拟化加快、服务价格大幅下降和安全保障能力不断强化。截至年底,市电子政务云平台机柜达700个,累计迁移设备4800余台;服务器虚拟化率达到51.4%,同比提高7.8%;计算、存储资源服务价格同比平均下降30%以上;发现并责成相关单位及时处理高危漏洞100余个、普通漏洞1万余个。根据国际数据公司(IDC)2017年发布的《中国政务云发展趋势》专题报告,重庆市信息化系统集约化建设已实现由"按需而建"向"按需而用"的战略转型,推进速度、推广力度、覆盖范围、自上而下统筹规划的模式属全国省级行政区首例,领跑政务云时代。

(4)社会领域信息化水平进一步提高。医疗卫生领域,建成连接全市39个区县的市区(县)两级人口健康信息平台,实现全市1400多个基层医疗卫生机构的数据接入和互联互通,电子健康档案和管理指标等数据与国家平台联通,采集电子健康档案2200多万份、电子病历1100多万份;完成4个远程疑难会诊中心和6个区域医学影像(远程读片)中心建设,实施诊断应用案例80多万例。教育领域,基本建成全市区县教育城域网,"宽带网络校校通"建成率94.6%;建成高校在线开放课程平台,12所高校入驻并享受云服务,共开通国家级数字精品课程400余门、国家级教育资源60余万条、网络课程近2万节。交通领域,完成主城公交电子站牌工程建设,覆盖主城区450条公交线路运行信息,覆盖率96%以上;开通“车来了”APP,实现公交出行智能化;建成全国领先的基于RFID(射频识别)技术的“重庆交通信息卡系统”,累计发放重庆交通信息卡1500余万张。

(5)信息惠民服务进一步拓展。全市信息惠民应用平台公共服务项目达700余项,信息惠民平台总浏览量达893万次;注册用户达141万户;APP总安装次数达27.8万次。同时,重庆市微信城市服务共计提供42项服务,累计服务市民1600多万人次。腾讯公司与重庆儿童医院、第四人民医院等联合打造智慧医院,实现从预约挂号到就诊排队、门诊缴费、报告查询等全流程的“互联网+医疗”服务,儿童医院已有62万微信注册用户,通过微信支付诊疗费笔数占到总缴费笔数的59%。

(6)“信息乡村”建设进一步加大。制定筑梦新乡村“移动互联网村”(第二批)试点实施方案,70个行政村入围第二批试点村。积极打造“互联网小镇”。指导12582基地运用移动互联网、大数据、云计算、物联网等新一代信息技术,先后在九龙坡西彭镇、丰都三元镇、江津石蟆镇、綦江隆盛镇、梁平合兴镇等20个镇开展“互联网小镇”建设。积极探索“互联网+农业农村发展”新模式。推进“互联网+现代农业”试点工作,通过申报和评审,北碚区的基于“互联网+现代农业产业园”服务体系建设、綦江区的牛羊肉深加工基地建设、江北区的农产品交易平台及溯源体系建设等6个项目入选全市年度“互联网+现代农业”示范项目。着力提升农村信息化服务水平。百事易农村金融信息服务用户数超14万,发送信息条数超550万条。农事提醒信息服务用户数超18万,发送信息条数超1400万条。

(7)关爱农村贫困失能老人信息服务进一步深入。会同市慈善总会、市老年基金会、华龙网启动了关爱农村贫困失能老人慈善项目,通过在渝手机生产企业和通信运营企业,分批为重庆市农村贫困失能老人免费配备手机和给予一定通话分钟数减免,募集手机1万台,合计金额1078万元。

二、存在的问题

一是政务数据共享开放滞后。政务数据开放与共享的顶层设计仍不完善,共享开放立法工作滞后,且缺乏统一标准体系。政务数据开放与共享涉及的部门之间存在壁垒,跨部门信息系统信息共享与协作考虑不足,行业条块分割导致信息孤岛和重复建设现象。各行业、部门有多个自成体系的纵向网络,不能为全市其他相关部门提供系统数据和业务关联服务,无法满足巨大的信息资源共享需求。二是传感网络缺乏统筹。尚未建立全市统一物联网平台体系,接口、规格、通信协议等缺乏统一标准和一体化的协调机制,互联互通、传感设备复用尚未起步,市政基础设施智能化传感升级改造进展缓慢,城市中的监控摄像机、传感器、RFID等设备及数据不能共享互联,造成重复建设。

三、2018年发展目标

按照重庆市“十三五”信息化规划要求,坚持以大数据智能化引领创新驱动,加快推进重点领域智能化应用试点示范;坚持以保障和改善民生为出发点,全力推进全市免费WiFi建设这项重点民生实事;加强全市信息化统筹工作,推动各项重点任务和重点工程实施;加快新一代信息基础设施建设,推动深度贫困乡镇信息基础设施建设,为智能产业和智能化应用提供强有力的网络支撑;深化中新通信领域合作,拓展各领域智能技术应用的广度和深度,推动智能化应用成为提升政府治理、改善民生的新途径。力争全市信息化发展指数达到82,直联点省际直联城市达30个,在各领域启动30个智能化应用试点示范项目。

文化产业

重庆市文化委员会 李明证

一、2017年推动文化产业发展的主要措施

2017年,我们认真贯彻落实党中央、国务院关于文化产业发展的系列决策部署,推动全市文化产业发展取得了新进展、实现了新突破。全市文化产业增加值达662.94亿元,文化产业增加值占全市GDP比重达3.5%左右。2017年预计全市文化企业实现营业收入1993.44亿元、较去年同期增加2.16个百分点,全市主营业务范围属文化产业的企业注册数达100902家,首次突破10万家,同比增长13.82%,注册资本金总额3703.02亿元,同比增长32.8%,文化产业发展整体迈上新台阶。

(一)坚持规划引领、特色发展,指引文化产业向支柱型产业迈进

2017年我们先后编制出台了《重庆市文化发展"十三五"规划》《重庆市文化产业"十三五"发展规划》等一系列文化产业发展规划,形成了"1+6+12"的规划体系,是重庆市文化委合并后的首个大文化规划体系。其中《重庆市文化产业"十三五"发展规划》建立了招商引资、融合发展、集聚发展、转型升级四个项目库,储备了103个项目,总投资2000多亿元。目前,深圳华侨城欢乐谷已经建成开园、山水小镇·六旗乐园一期将于2019年建成,万达文旅城、1898榨菜小镇等一批超大文旅综合体项目加快推进。2017年,我们还对接国家长江经济带发展战略,委托重庆大学文化创意产业研究院,历时近一年时间完成了《重庆市长江文化产业带提升报告》,细致地梳理了我市长江沿线区县文化产业资源,与全市产业发展规划优势互补、相互配套,增强了文化产业发展指引。

(二)坚持招大引强、项目支撑,深入实施文旅融合发展战略

2017年,我们充分发挥我们管文化的优势,在文化产业项目的策划、包装、招商、推介方面做出了创新性的尝试,先后策划了迎龙湖特色小镇、中国土司城、凤凰山寨、伏羲农耕文化产业园、中华龙凤宫、三峡老街等一批文化产业项目,引进中交、中咨、国旅、北新、新华广联等大型国有企业投资重庆,总投资额近1700亿元。联合中信、海航、北京星光、上海文化装备协会等推出一批文化小镇项目。现正在筹备推进中的项目有丝绸之路世界文化艺术城、八百年老重庆开埠城、中国工匠小镇、艺术小镇、非遗小镇、抗战兵工洞等项目。近期,我们正在选址建设中国文化装备制造工业园,现已有近10家企业意愿入驻重庆发展,我们拟建成年产值超500亿元级的工业园区。正在加快推进都市驻场演艺,正在筹备川剧驻场演艺、红岩演艺、巴国霓歌、火锅天下等一批都市演艺节目。

(三)坚持搭建平台、文化金融合作,为文化产业项目链接丰富资源

2017年6月,经过积极争取、精密筹划,在文化部大力支持下,争取到"文化部第六期文化产业精品项目对接会"在我市举行,为我市文化企业链接到全国范围的、规模最大的文化产业项目投融资合作平台,市内外文化产业精品项目负责人、重点文化企业、市内外金融机构、投资机构负责人等400余人参会。会上集中举行了7个批次24个项目的签约仪式,预计总投资1700多亿元。另外,我委还与农业银行、中信银行、重庆银行、四川信托、中咨公司、申万宏源证券公司等签订战略合作协议,授信资金额度近

400 亿元，破解文化企业融资难题。

(四)坚持政府扶持、市场主导，逐步健全文化产业投融资体系

从 2015 年开始，争取市财政每年设立 1 个亿的文化产业股权投资引导基金，建立起了规模 3 个亿和 15 个亿的两支文化产业的股权引导基金，市政府注资 10 个亿专门成立文投集团，目前已有 65 亿元的资产，实现了文化产业扶持由“补”向“投”的转变。2017 年文化产业股权投资基金完成投资 21.65 亿元，是我市 20 多支财政股权投资引导基金当中唯一 100%完成投资的一支，且投资业绩辉煌，投资《战狼 2》获得 15 倍收益。近期，在市文化委推动下，中国建行(重庆分行)推出了小快贷业务，专门针对无抵押、轻资产的文化企业提供贷款业务，文化企业只要提供银行流水等相关凭证就能贷款，最高贷款额度达 200 万元，为中小文化企业融资提供了便利。

(五)坚持“互联网+”、“文化+”双加联动，大力促进新兴文化产业发展

在加快推进新闻出版、广播影视、文化艺术等传统行业转型升级的同时，深入实施“互联网+”、“文化+”战略，促进文化创意、动漫、数字出版等新兴文化业态发展，以数字创意等新技术、新模式为特征的新兴行业发展迅猛。2017 年成功促成完美集团在重庆出资逾 10 多亿元设立 13 家网络游戏和影视公司，打造集影视拍摄和制作、观光旅游和休闲娱乐于一体的产业集群，完美世界重庆板块网络游戏收入超过 10 亿元；腾讯创业产业园吸引 20 家企业入住，安全研发中心入驻重庆；爱奇艺三分之二业务转移到重庆；忠县成功引进大唐网络、天天电竞等企业落户电竞小镇。目前，大唐网络、西游汇等企业合作发起重庆电子竞技产业投资基金 5 亿元，引进曲速资本在忠县注册设立重庆曲速光年股权投资基金 3 亿元。目前，猪八戒网已经成为国内最大的文化创意交易平台，占全国市场 80%以上，估值超百亿元，累计注册用户超 1700 万，年交易额超 200 亿元，年营业收入超 10 亿元，在全国首创的“网络平台+孵化园区”模式，已推广复制到 50 多个城市，成功进入“2017 年度全国文化企业 30 强”提名名单，实现了“零”的突破。享弘影视、软岛科技、完美世界集团等动漫游戏行业龙头发展迅猛。截至 2017 年，全市文化创意和设计服务类产业实现增加值实现 142.94 亿元，占比 21.6%，较上年同期增速快 2.1 个百分点，取代文化用品生产门类成为贡献最大的行业。

(六)坚持主体培育、企业扶持，持续实施成长型文化企业扶持计划

持续实施成长型文化企业扶持计划，2017 年新增快速成长型小微文化企业 214 家、文化企业小巨人 33 家、龙头文化企业 11 家。截至目前，全市共培育快速成长小微文化企业 800 余家、文化企业小巨人 83 家、龙头文化企业 17 家。经过积极探索，建立了与市金融办推进文化企业上市的工作协作机制，加大对文化企业在上市、融资等关键环节的扶持力度。2017 年召开上市文化企业推进会，助推进重庆出版集团、重庆数字传媒、猪八戒网等 10 家文化企业上市。目前，重数传媒创业板 IPO 申报获证监会受理，重庆有线、新华传媒上市方案获中宣部批复，2017 年新增 4 家文化企业在新三板挂牌上市。截至目前，全市上市文化企业总数已达 16 家，重庆四平塑料包装股份有限公司、重庆必然传媒股份有限公司、重庆软岛科技股份有限公司等文化企业先后成功在新三板挂牌。

(七)坚持政府引导、市场运作，集中建成了一批特色文化产业集聚区

截至 2017 年，全市市级文化产业示范园区 17 个，市级文化产业示范基地总数已达 84 个，总产值超过 200 亿元，入驻的企业已经超过 6000 余家。截至目前，已经建成綦江农民版画、巴国城、洪崖洞、猪八戒网等 7 个国家级的文化产业示范基地，建成两江新区数字出版基地、出版传媒创意中心 2 个国家新闻出版产业基地。南滨路文化产业园区经过文化部专家现场检查，北京集中答辩等多轮角逐，最终获得国家文

化产业园区创建资格，拿到了获得国际文化产业园区入门票，可望实现零的突破。目前，全市已经建成的文化产业特色集聚区大致主要包括5种类型：第一类是政府主导型，如巴国城、磁器口古镇、南滨路文化产业长廊等；第二类是市场主导型，包括贰厂文创园、喵儿石文创园等；第三类是校地融合型，如虎溪公社、川美创谷等；第四类是技术密集型，如两江的数字出版基地、出版传媒创意产业区、猪八戒花果云这一类；第五类是开发商主导的、商业运作的文创园，如喵儿石创意特区、贰厂文创园等就是开发商主导型。另外，2017年我们还抢抓乡村旅游热潮，通过规划引导、政府扶持、市场运作，引导各区县建成了首批30家乡村文化乐园。近期，我们将建议市政府召开现场推进会，持续推进全市乡村文化乐园建设。

（八）坚持消费拉动、模式创新，成功举办文化惠民消费季系列活动

抢抓文化部布局国家首批文化消费试点城市机遇，争取市财政资金850万元，自2016年12月起到2017年年初，以“品味巴渝文化，共享快乐生活”为主题，紧密结合元旦、春节、元宵等三大传统节日，以“一大战略联盟、三大板块活动、四十二个主题、双百佳文化消费新领地、百万现金红包、亿元消费礼包”的整体格局，为消费者奉上100余项文化产品和文化服务。整个文化惠民消费季活动期间，全市共开展活动1500余场次，参与群众450万人次，直接拉动消费13.6亿元，掀起了全市文化消费热潮。2017年我们成功将第二届文化企业消费联盟扩展至3000家，11月份在秀山成功举行第二届文化惠民消费季启动仪式，各区县（自治县）政府分管领导、文化委主任到场观摩，中央驻渝媒体及重庆各大主流媒体将参与报道。全市38个区县紧密配合，先后举行文化惠民消费季，第二届文化惠民消费季再次在全市掀起文化消费热潮。目前，第二届文化惠民消费季已经进入收尾统计阶段，预计参与人数将突破500万人次，直接拉动消费19.8亿元。

（九）坚持品牌塑造、深化合作，持续扩大巴渝特色文化品牌影响力

组织我市文化企业参加中国深圳（国际）文化产业博览会、中国北京国际文化创意产业博览会等国家级文化产业博览会，取得良好经济社会效益。其中，2017年第十三届深博会期间，我市文化企业现场成交额约100万元，签订协议1000多万元，原中央政治局委员、中宣部部长刘奇葆到重庆馆视察，给予了充分肯定。第十二届京博会期间我市文化产业现场实现成交额30余万元，签订合作协议800万元。长期以来，始终坚持将重庆文化产业博览会、中国西部动漫节、万石博览会、重庆演出季、重庆美术展等展会活动作为本土文化产业合作交流的主阵地，连续多年成功举办系列品牌会展活动。其中，2017年第六届重庆文化产业博览会期间，共吸引了江苏、浙江、广东、福建、新疆、西藏等24个省区市和香港特别行政区，英国、日本、匈牙利等7个驻渝、驻蓉领事馆，尼泊尔、土耳其、古巴3个国家民间文化组织，180个行业近1000家客商积极参展。当前，我们正在借助重庆市自贸区扩容机遇，精心打造重庆对外文化贸易基地。

（十）坚持政策保障、强化引领，为扶持文化产业发展构建有效的支撑体系

为深入分析全市文化产业政策存在的问题和不足，找准对策，2017年我们还委托重庆市文化艺术研究院，对全市近年来出台的文化产业政策进行了一次系统的整体评估，形成了3万多字的评估报告。在此基础上，统筹协调市财政、国土、规划、商务委等部门，积极谋划出台《关于进一步加强文化产业发展的意见》，争取市政府设立文化产业专项扶持资金，目前文件正在走程序。从2016年开始就开始谋划出台关于推进文化产业特色集聚区建设的指导意见，探索通过采取盘活存量商业房产、办公用房、废旧厂房等措施和手段，解决文化产业园区基地建设用地贵、空间不足的问题，引导各区县打造一批文化产业特色集聚区。

二、存在的问题

一是整体规模较小。2017 年文化产业实现增加值 662.94 亿元,占全市 GDP 比重为 3.5%左右。按照把文化产业培育成国民经济支柱性产业目标，文化产业增加值占地区产值的比重要达到 5%，我市文化产业增加值要突破 1200 亿元能实现这一目标,目前有较大差距。二是市场主体偏弱。全市主营业务范围属文化产业的企业注册数达 100902 家,但文化企业 95%以上为中小企业，全市产值 1 亿元以上的文化企业不足 100 家，没有年收入上 100 亿元的文化企业，目前仅有猪八戒网 1 家入选全国文化企业 30 强提名,10 亿元级民营文化企业仅 2 家,文化企业整体竞争力不强。三是政策扶持较弱。没有市级文化产业专项扶持资金，文化园区用地是按照商服用地标准，价格是工业用地的 20 多倍。文化产业发展长期以来受用地贵、融资难、税费高的困扰。

三、2018 年工作目标

2018 年我们将以党的十九大精神为指引，按照市委市政府的决策部署，全力抓好政策保障、招商引资、主体培育、集聚发展、业态培育、消费拉动、会展带动,不断振兴文化产业,奋力推动我市文化产业发展迈上新的台阶。力争 2018 年我市文化产业增加值实现 750 亿元,增速 10%左右，文化产业增加值占全市 GDP 比重达 3.6%左右，全市主营业务范围属文化产业的企业注册数达 11 万家，新增文化市场主体 10000 户,新增注册资本 200 亿元,推进 3 家文化企业上市。

知识产权

重庆市知识产权局 孙健

一、2017 年发展回顾

2017 年,全市知识产权工作稳步推进,知识产权创造质量不断提升、转化效益逐步显现、保护环境明显优化。全市专利申请量和授权量分别达到 64648 件、34780 件，分别是 2012 年的 1.66 倍和 1.71 倍；有效发明专利拥有量达到 22298 件,是 2012 年的 3.26 倍;每万人口发明专利拥有量达到 7.25 件，比 2012 年增长 4.91 件，年均增长 25%以上。

一是深化重点领域知识产权改革。出台《关于加强中国(重庆)自由贸易试验区知识产权工作的意见》。探索开展知识产权区域布局试点，初步搭建知识产权区域布局信息平台和服务支撑体系,完成 38 个区县知识产权资源与创新资源、产业资源匹配分析研究。探索建成以生物医药知识产权国际运营基金为依托的知识产权运营平台。在全国率先建立知识价值信用评价体系并在重庆高新区试点,实现贷款 1.3 亿元。开展商贸市场知识产权纠纷调解试点，建立专业市场知识产权纠纷多元化解决机制。加快推进中国重庆(汽车摩托车)知识产权快速维权中心建设。

二是加强企业知识产权工作。深入开展企业技术创新专利导航,支持 58 家科技型企业突破关键技术 79 项,规避专利壁垒 147 个,帮助 7 家企业强化产品出口风险预警,1 家拟上市企业强化上市知识产权风险规避,36 家企业在美国、日本、巴西等国家布局海外专利 87 件。指导企业获得第十九届中国专利奖优秀奖 16 项,获奖项目新增销售额 76.2 亿元。深化重点企业知识产权试点示范和优势培育工作，引导企业实行《知识产权管理规范》国家标准,新培育国家级知识产权示范企业 4 家，国家级知识产权优势企业33家,市级知识产权优势企业121家。

三是推进知识产权与金融结合。推动知识产权质押融资,在重庆高新区、北碚区组织举办知识产权质押融资对接会3次,促成170家企业与金融机构实现对接。指导重庆民泰村镇银行开展知识产权质押融资培训,促成4家企业与银行达成初步贷款意向1700万元。全市专利质押融资金额达到18.15亿元。推进专利保险工作,联合中华财险、平安保险支持企业进行产品侵权分析,指导中华联合财险重庆分公司开发和完善知识产权责任险、综合险等险种,推动专利保险产品创新。

四是培育知识产权强区强县强园区。指导南岸区、璧山区、北碚区等24个区县修订专利资助奖励办法。推动巴南区、荣昌区、开州区等14个区开展专利质量提升、专利促进产业转型升级等知识产权主题试点工作。支持江北区扎实推进国家知识产权示范城市建设,九龙坡区成功创建国家知识产权示范城市和国家中小企业知识产权战略推进工程试点城市,铜梁区、长寿区获批国家知识产权试点城区。重庆高新区、长寿经开区成为国家知识产权示范园区,两江新区、重庆空港工业园区积极创建国家知识产权示范园区。

五是推动高校提升知识产权研究能力。推进"两院两中心"知识产权研究体系建设,支持重庆理工大学成立"一带一路"知识产权与创新发展研究院、重庆理工大学知识产权学院与英国伦敦大学玛丽女王学院签订知识产权国际化人才培养协议、西南政法大学知识产权保护协同创新中心列为市级重点项目、重庆工商大学与新加坡知识产权学院共同开展中新(重庆)合作知识产权项目研究。支持高校围绕知识产权基础研究、国际交流、社会服务等领域开展29项课题研究。

六是支持高校和科研院所加快知识产权转化。推动所有本科高校开展国家知识产权管理规范化试点,重庆大学、西南大学、化工研究院、药物种植研究所等22家高校和科研院所初步实现知识产权标准化管理,中科院重庆研究院完成与全国中科院系统知识产权管理标准对接。指导重庆大学开发了包括41项发明专利的MES系统技术包,重庆邮电大学在IPV6工业互联网技术领域获得发明专利10项、PCT专利3项、国家标准8项,重庆交通大学"改性沙土"项目获得发明专利17项、PCT专利1项,并成功开展4000亩沙漠固沙中试。

七是牵头抓好打击侵权假冒工作。组织市打击侵权假冒工作领导小组成员单位开展年度自查和15个工作组对区县打击侵权假冒工作开展现场检查。全市各级行政机关共立案查处案件3652余件,捣毁窝点41个,涉案金额3.5亿元,严厉打击了各种侵权假冒违法行为。市"两法衔接"信息共享平台新增录入案件3500余件,累计录入案件近万余件。全市500余家执法部门落实公开网站243个,公开行政处罚案件信息近3000件。我市在2016年全国打击侵权假冒工作绩效考核中位居第10位。

八是加大知识产权保护力度。为国家专利法修订提出建立侵犯知识产权惩罚性赔偿制度等建议。加大专利行政执法力度,立案调处专利纠纷案件336件,受理知识产权维权援助案件137件,江北区、酉阳县成立知识产权执法大队,我市在2016年全国专利行政执法维权工作绩效考核中位居第7位。推动知识产权信用体系建设,将专利行政处罚案件信息纳入社会信用体系,为拟上市企业出具专利行政处罚证明材料。培育知识产权规范化市场,新增国家级知识产权试点市场4家、保护规范化示范市场2家,"保护知识产权、销售正版正货"承诺活动参与单位达到180家。

九是强化知识产权人才队伍建设。制定实施《重庆市"十三五"知识产权人才规划》和年度知识产权人才工作计划,举办企业董事长(总经理)知识产权意识强化培训等各类知识产权人才培训23场次,支持区县(园区)举办知识产权实务培训200余期、培训12000人次,开展专利信息分析专业人员职业水平评价试点,81人获得全国专利信息分析专业人员资质。全市各类知识产权人才累计超过6000人，其中专利工程师、专利代理人等知识产权急需紧缺人才900余名,全国知识产权领军人才、高层次人才、专利信息领军人才等知识产权高层次人才81人。

十是扩大知识产权开放合作。牵头建立长江经济带11省市联合执法和协作执法工作机制,参与“一带一路”9省市专利执法协作机制和“丝绸之路经济带”10省区市打击侵权假冒工作区域协作。探索知识产权跨境合作和转移服务,举办中美跨境技术转移培训和项目对接会3次。加强与香港贸发局和世界知识产权组织中国办事处交流合作，举办企业品牌国际注册与保护研讨会，帮助我市企业融入全球知识产权服务体系。承办国家知识产权局—世界知识产权组织知识产权管理和商业化交流活动，促进亚洲发展中国家知识产权领域的交流与沟通。

十一是完善知识产权服务体系。依托技术创新导航专利平台，围绕重点产业开展专利信息跟踪、技术发展趋势和专利布局分析,发布重点产业专利分析报告。举办全国知识产权服务品牌机构服务重庆等活动。大力发展知识产权服务业,全市知识产权服务机构达到130家,从业人员达到2194人,年营业收入3.99亿元。开展集中治理专利代理资格证书挂靠行为专项行动，进一步规范市场秩序。开展众创空间专利“聚芯”行动,成立众创空间联盟专利工作委员会,支持4家众创空间建立知识产权子站,培训知识产权管理人员400余名，推介企业专利技术13项。

十二是加强知识产权文化建设。发布知识产权保护状况白皮书。组织开展知识产权宣传周和专利周系列活动150余项，利用微信宣传知识产权吸引公众参与，推送知识产权专家视频访谈得到社会关注。编辑《重庆知识产权十大故事精编》《知识产权五折页》,向社会发放知识产权丛书、杂志、宣传资料12万余册。我市高价值专利培育工作被中国知识产权报整版报道。全市新增全国中小学知识产权教育试点学校3所，举办首次全市中小学知识产权教育师资宣讲活动，依托中国知识产权远程教育平台向近万名中小学生普及知识产权。

二、2018年发展目标

深学笃用习近平新时代中国特色社会主义思想,认真贯彻党的十九大精神,全面落实习近平总书记视察重庆重要讲话和参加重庆代表团审议时的重要讲话精神，加快建设知识产权强市,强化知识产权创造、保护、运用,力争培育高价值专利组合100个，规模以上工业企业每亿元主营业务收入有效发明专利数达到0.43件，新增知识产权示范优势企业100家，国家级知识产权示范试点城市及园区累计达到18个,开展知识产权执法维权“护航”专项行动,统筹协调全市打击侵权假冒工作，推动知识产权行政与司法保护衔接,全面提高知识产权保护水平。

房地产业

重庆市统计局 吕磊

2017年以来,我市坚守“房子是用来住的,不是用来炒的”定位,认真贯彻落实国家宏观调控政策,坚持分类、分区域精准施策,确保房地产市场平稳健康发展。2017年,房地产开发市场呈现的基本态势是:开发投资稳步回升,支撑全市投资平稳增长;商品房销售市场受多重楼市调控政策的影响,各类购房需求开始回归理性,全市房地产开发市场显现平稳健康的发展态势。

一、全市房地产开发主要特点

2017年，重庆房地产开发投资3980.08亿元,占全市固定资产投资比重的22.8%,增速从2017年初-1.8%的低谷走出,并逐月回升,全年增长6.8%,房地产开发投资稳步回升。全年商品房销售面积6711.00万平方米，比上年增长7.3%,销售面积增速从5月开始逐月回落,增速近8个月累计回落21个百分点,全年增速呈现高开低走趋势(见图1)。

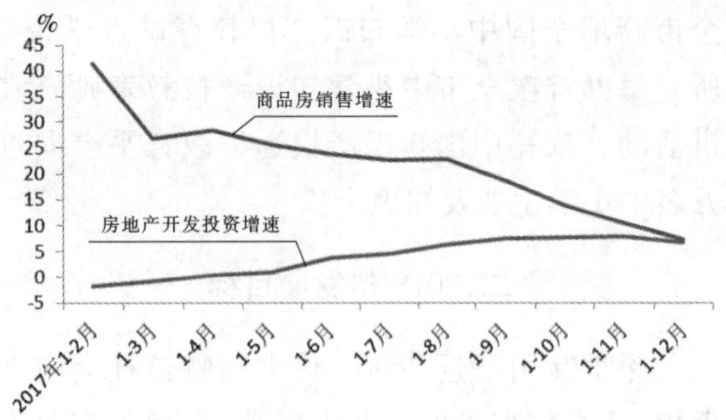

图1 2017年重庆房地产开发投资与商品房销售面积增速

二、主城片区房地产开发呈现五大特点

(一)主城片区房地产投资增速居各片区之首

2017年，主城片区开发投资2611.41亿元,比上年增长10.7%,增速比2016年的-3.3%提高了14个百分点,占全市开发投资的65.6%。主城片区作为全市房地产市场的风向标，支撑全市开发投资稳步回升,增速居各片区之首,渝西片区、渝东北片区和渝东南片区增速分别是0.8%、2.3%和-12.1%。

(二)优化供地结构,促进投资增长

2017年，全市土地供应结合各区域房地产市场发展形势,实施差异化供地策略,主城片区加大住宅用地供给,远郊区县实施有序供地,土地供需保持基本平衡。2017年主城区出让房地产用地2.19万亩,比上年增长30.3%,远郊区县出让房地产用地1.63万亩,比上年下降29.6%。供地结构的优化调整，促进主城片区土地购置费增长35.3%，占全市土地购置费的86.9%，拉动全市房地产开发投资增长4.3个百分点,有力支撑全市房地产开发投资稳步回升。

(三)强化部门联动,提升建设进度

全市各相关部门积极联动，清理排查存量住宅用地项目开工建设进度，督促企业开竣工建设,加快办理有关手续,增加住宅有效供给。2017年,主城片区作为重庆楼市主战场,商品房新开工面积比上年增长34.1%,占全市商品房新开工面积的56.2%,为全市房地产开发投资稳步回升奠定基础(见图2)。

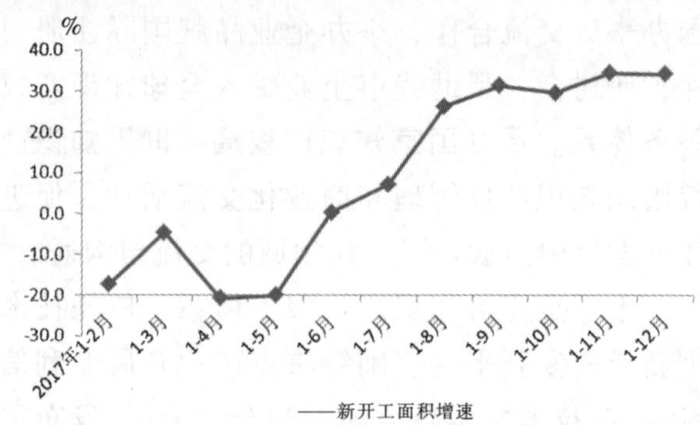

图2 2017年主城片区商品房新开工面积增速

(四)商品房销售面积创新高,增速高开低走

2017年伊始,为遏制主城片区投机性炒房,控制房价过快上涨，市政府相继出台了一系列调控政策,主要包括“三无”人员房产税、个人公积金贷款资格和新购房屋出售限制等。多重楼市调控政策作用不断显现，各类购房需求开始回归理性,主城片区商品房销售面积创新高,达到3407.42万平方米,比上年增长18.4%,全年增速呈现高开低走趋势。主城片区商品房销售面积占全市的50.8%，无论从总量还是增速,均领跑全市，支撑全市商品房销售面积突破6700万平方米。

从住宅户型看,90平方米及以下户型销售1229.39万平方米,比上年增长2.3%,5月以来该户型销售增速逐月回落,占主城片区住宅销售的

46.2%。90—144 平方米户型销售 995.65 万平方米，增长 29.3%，占主城片区住宅销售的 37.4%；144 平方米以上户型销售 436.86 万平方米，增长 54.5%，占主城片区住宅销售的 16.4%，90 平方米以上户型受购房者青睐，反映出人民生活水平不断提高，改善居住条件的特点较为明显。

（五）主城片区商业地产市场库存去化有力

2017 年，主城片区商业地产销售面积比上年增长 19.5%，其中办公楼增长 62.2%，商业营业用房增长 7.3%。同期商业地产待售面积比上年下降 5.4%，其中办公楼下降 16.3%，商业营业用房下降 0.6%。主城片区商业地产在市政府办 42 号文的促进下，显现出销售活跃、待售减少、库存去化有力的特征（见表 1）。

表 1 全市各区域房地产开发主要情况（单位：亿元、万米 ^{2}、%）

地区	房地产开发投资			新开工面积			商品房销售面积		
	总量（万米 ^{2}）	增速（%）	占比（%）	总量（万米 ^{2}）	增速（%）	占比（%）	总量（万米 ^{2}）	增速（%）	占比（%）
全市合计	3980.08	6.8	100.0	5680.04	16.5	100.0	6711.00	7.3	100.0
主城片区	2611.41	10.7	65.6	3189.69	34.1	56.2	3407.42	18.4	50.8
渝西片区	894.99	0.8	22.5	1631.24	6.2	28.7	2274.17	–0.9	33.9
渝东北片区	367.29	2.3	9.2	665.10	–2.6	11.7	772.52	–7.8	11.5
渝东南片区	106.39	–12.1	2.7	194.01	–30.4	3.4	256.89	4.6	3.8

三、2018 年房地产开发市场展望

党的十九大报告再次强调，坚持“房子是用来住的、不是用来炒的”定位，加快建立多主体供给、多渠道保障、租购并举的住房制度。重庆市政府办公厅于近日印发了《重庆市主城区统筹实施住房保障工作方案》，计划在 2018 年至 2020 年，主城区每年提供 2 万套公租房面向符合条件的保障对象配租，三年共提供 6 万套。因此，预计 2018 年全市房地产开发投资有望保持平稳增长态势。

另一方面，从 2016 年销售活跃的部分热点城市情况看，在价格快速上涨的形势下，纷纷出台“限购、限价、限售”等调控政策来为楼市降温，在房价得以有效控制的同时，2017 年的商品房销售面积大幅减少，在住建部要求调控政策不动摇、不放松的背景下，2018 年我市商品房销售面积存在下降可能。

第五编
开发区与园区建设

工业园区发展综述

重庆市经济和信息化委员会 文成宇

2017年,在市委、市政府的坚强领导下,全市工业园区(含各类开发区工业集聚区,下同)坚持创新驱动发展战略,围绕建平台、打基础、强支撑、促融合,聚力做好开发建设、招商引资、产业发展等各项工作,推动园区创新、智能、集群、绿色、和谐发展,较好地发挥了全市工业增长的核心支撑作用。

一、2017年发展回顾

(1)经济支撑强劲。全市园区规模工业总产值达到1.8万亿元、同比增长15%。规模工业集中度达到80%,投产规模工业企业用地产出强度超过80亿元/公里²,对全市工业增长贡献率超过80%。两江新区、西永综保区、江津园区、涪陵园区4个园区进入千亿级园区行列。

(2)特色发展显效。新增潼南手机、长寿智能家居等市级特色产业示范基地及建设基地15个,合川汽车新获批国家新型工业示范基地,全市市级特色产业基地合计达到50个、国家新型工业示范基地合计11个。以两江新区、空港、江津等园区为支撑的汽车产业集群和以西永综保区、重庆经开区等园区为支撑的智能终端产业集群,成为全市工业"双引擎"。西彭铝加工、永川机器人、梁平塑料、秀山生物医药、奉节眼镜等特色产业集群发展态势良好。

(3)开放活力增强。全市园区立足重庆处于西部大开发的重要战略支点、"一带一路"和长江经济带联结点的区位优势,围绕全市加快建设内陆开放高地的战略部署,大力推动开放发展,园区已成为全市对外开放的重要窗口和发展载体,也是全市建设内陆开放型经济体系的重要平台。世界500强工业企业已有193家入驻园区,占入渝世界500强工业企业的86%,实际利用外资和进出口总额均占全市工业的70%以上。

(4)承载能力提升。全市园区固定资产投资增长9%,新增建成区面积约60平方公里,建成区总面积超过650平方公里,其中工业用地504平方公里;新建标准厂房面积超过220万平方米、累计达到2400万平方米,较好保障了中小企业入园发展空间。园区生产服务、生活配套设施进一步完善,基本实现光纤网络全覆盖和规模以上企业宽带接入,园区产业承载能力显著增强。

二、园区发展有关问题

一是发展水平参差不齐,各个区域、各个园区发展极不均衡,多数园区总体实力仍然较弱。二是少数园区发展思路不清晰,产业定位不精准,产业布局多而全现象非常突出。三是少数园区产城融合发展水平较低,尤其是渝东北、渝东南部分园区由于特殊的自然地理条件,往往只能规划布局在城区外围,如个别园区组团甚至远离县城超过七十公里,产城融合发展难以协调推进。

三、2018年发展目标

全市园区将进入提档升级、转型发展的崭新阶段,以"德国工业4.0"等为代表的全球新一轮科技和产业革命及"中国制造2025""互联网+"战略、新时期国家开发区改革创新发展等,将为全市园区转型发展营造良好外部环境。全市园区规模工业总产值增长10%左右,园区固定资产投资增长8%左右,园区规模工业集中度提高1个百分点以上,规模工业企业投产用地每平方公里产出强度提高1亿元以上。

两江新区 2017 年经济运行情况

两江新区管委会 黄正成

2017 年,在市委、市政府的坚强领导下,两江新区深入学习贯彻党的十九大精神,认真落实市委五届三次全会部署要求,以供给侧结构性改革为主线,加快产业结构调整,积极培育发展新动能,经济总体稳中有进,发展后劲不断增强。全年两江全域实现地区生产总值 2533 亿元、增长 10.2%;规上工业总产值达到 5076 亿元;固定资产投资 2167 亿元、增长 12.4%,一般公共预算收入 315 亿元、增长 9%,直管区核心作用进一步发挥,实现地区生产总值 1240 亿元、增长 11.6%,固定资产投资 1302 亿元、增长 17.2%,一般公共预算收入 147 亿元、增长 10.1%,实际利用外资 26.5 亿美元。

2017 年发展情况:一是现代化经济体系建设有新进展,结构更优、质量更高。三次产业比重优化为 0.8:48.5:0.7,工业、服务业双轮驱动格局进一步巩固。工业发展质效不断提升,汽车、电子等传统支柱行业产业链逐步健全,加快向高端化、智能化、绿色化转型升级,一批新的"十亿级""百亿级" 企业涌现。服务业发展持续向好,金融业增加值占 GDP 比重达到 14.7%,科技推广和应用、商务服务、互联网相关业态增长 30%以上。战略性新兴产业快速壮大,战略性新兴制造业产值增速达到 27.4%,新型金融营业收入增长 40.4%。以国家自主创新示范区和双创示范基地建设为抓手,创新驱动发展能力全面提升,R&D 投入占 GDP 比重达到 4%,聚集了国家级创新基地 11 个,国家级研发平台 17 家,院士工作站 5 个,新建孵化器及众创空间 5 万平方米,新增德国大陆、长安福特工程研发中心、中建院、同济大学重庆分院等高端研发平台,新申报高新技术企业 202 家、高新技术产品 434 项,万人发明专利拥有量达到 9 件。

二是内陆开放高地建设有新跨越,步子更快、力度更大。(1)大力推进国际物流枢纽建设,中新多式联运示范项目"1+1"运营平台正式启动,果园港获批国检综合试验区,铁水、水水联运辐射范围进一步拓展,集装箱吞吐量增长 27%,其中水水中转、铁水联运分别增长 92.8%、62.3%。(2)加快推进中新示范项目和重庆自贸区核心区建设。自贸试验区率先完成识别系统开发并上线运行,建成投用自贸政务中心。两江自贸区正式签约项目 180 个、投资金额 900 亿元,其中中新项目签约 53 个、投资金额 97 亿元。飞机融资租赁实现零的突破。(3)加快完善开放口岸功能。积极申报果园港开放口岸、B 型保税物流中心及汽车整车、生物制剂等进境口岸功能资质,金伯利进程证书制度指定口岸、粮食进境口岸获批,水果、肉类进境口岸功能初步发挥。

三是招商引资工作有新成效,政策更优、吸引更强。在国家级新区、自贸区、中新示范项目等政策叠加基础上,我们有针对性地出台了招商引资 4 个"黄金 10 条",聚焦先进制造业、金融业、总部经济、科技创新,构建"最明、最简、最特、最惠、最易"的政策体系,打造国内外企业向往的投资目的地。直管区全年新签约项目 293 个、投资金额超过 1600 亿元,其中,工业签约项目 57 个、投资 772 亿元,京东方第六代生产线、苹果智能终端、福特新能源整车、新科智能制造等一批重大项目落地;服务业签约项目 233 个、投资 756 亿元,引进了普洛斯物流园、八戒互联网小镇等项目;科技产业签约重点项目 53 个、投资 141 亿元,引进了东华软件、超星数据、爱奇艺 VR 等项目。

四是全面深化改革有新突破,效率更高、服

务更实。研究出台“放管服”改革40条，继续深化大部制改革，推进行政审批改革，行政审批事项精简52.8%，平均办理时限由24个工作日缩减为9个工作日。完成国家级政务服务标准化试点任务，不动产登记服务改革获国务院通报表彰。深入推进供给侧结构性改革。供气侧改革顺利启动，售电侧改革为企业节约电费1.47亿元。通过债务置换、跨境融资，节约财务费用2.3亿元。清理涉企收费，推动生产性工业用地项目审批费用平均降低47%。拓展多式联运，节约物流成本约5000万元。在全市率先开展工业用地供地制度改革试点，以“先租后让”方式向德国大陆、法雷奥等项目供地。

五是国际化生态新城有新面貌，功能更全、生态更美。基础设施投入同比增长50%以上，完成江北国际机场第三航站楼、轻轨五号线一期、十号线一期等重大项目建设，开工两江大道南北延长段、3座立交、太阳座等重点项目，加快实施十大干道、七大节点及61个公共服务、90个市政项目。城市配套更加完善，教育、医疗、文化、养老等公共服务供给能力加强，直管区建成投用学校30所，每年新建学校3—5所，已落户三甲医院5家，建成城市公园67个，有400多年建校史的哈罗公学和阿平汉公学，将在两江新区建设分校。积极推进海绵、绿色生态、智慧城市以及可再生能源示范项目等试点，29项中央环保督察整改问题和107项市政府下达的环保任务全面完成，空气质量优良天数比上年增加5天。

六是民生保障有新亮点，保障更足、生活更好。强化社会保障，深化社保平台改革和网上经办，探索养老机构医养结合、启动集中供养机构改革。巩固精准扶贫成果，年度动态脱贫任务顺利完成。推动教育增量提质，4所学校新投用，23个学校项目在建，引进了一批优质师资。推动充分就业，城镇新增就业人员2.5万余人，登记失业率2.1%以内。平稳完成公立医院改革，6个医疗设施、3个养老设施建设顺利，档案馆、图书馆、文化馆等公共文化功能性项目正式启动。全力确保社会和谐稳定，7个治安乱点区顺利摘牌、发案降幅均超过23.5%，未发生较大以上生产、交通、火灾等事故。

2018年发展目标：两江新区将全面贯彻党的十九大和习近平总书记视察重庆重要讲话精神，认真落实市委五届三次全会和全市经济工作会议部署要求，推动区域经济高质量发展。确保直管区地区生产总值增长8.5%左右，固定资产投资增长13%以上，社会消费品零售总额增长10%左右，招商引资项目合同投资额1200亿元以上，一般公共预算收入增长8.5%以上，R&D占GDP比重达到4.1%。

重庆高新技术产业开发区

重庆高新技术产业开发区管委会 郭进

【概况】2016年7月19日，国务院批复同意重庆高新区建设国家自主创新示范区。2016年8月，党中央、国务院决定在重庆设立自由贸易试验区，重庆高新区石桥铺、二郎共约3平方公里纳入中国(重庆)自由贸易试验区范围。在2017年国家高新区综合排名中位居西部第3位、全国第28位。

2017年，实现地区生产总值增长9.7%，固定资产投资增长15.3%，规上工业总产值增长26.5%，限上批发和零售业商品销售总额增长35.7%，社会消费品零售总额增长9.1%，限上住宿和餐饮业营业额增长7.7%。三次产业结构调整为0.6:32.7:66.7。

【国家自主创新示范区建设】2017年，国家自主创新示范区建设良好开局。市政府审议通过并正式印发《重庆国家自主创新示范区建设实施方案(2016—2020)》(渝府办〔2017〕9号)。成立重庆高新区建设国家自主创新示范区工作领导小组,作出“十大重点工程”战略安排。率先启动知识价值信用贷款试点,为68家企业提供纯信用贷款1.3亿元。争取市政府同意建设重庆科技要素交易中心。国有无形资产管理、科技成果初始权益分配改革取得阶段性进展。

【创新创业】2017年,重庆高新区全面贯彻落实新发展理念,以建设国家自主创新示范区为引领,推动以科技创新为核心的全面创新,大众创业、万众创新呈现新气象。创新要素加速集聚。新增市级科技小巨人企业41家。新认定市级科技型企业226家、高新技术企业82家、市级高成长性科技企业24家,数量全市领先。新增国家创新人才、重庆市“三百”科技领军人才等市级及以上科技创新创业人才11人。新增市级重点实验室2个、企业技术中心4个,市级及以上研发机构达88个。新增博士后工作站2个,总量达11个。创新动能持续释放。新增高新技术产品244个,同比增加13.5%,有效期内高新技术产品达到678个,数量居全市前列。实现规上高新技术企业产值236.8亿元、增长18.1%。科技进步对经济增长的贡献率达66%。万人发明专利拥有量达25.1件、为全市的3.5倍。全社会研发投入占地区生产总值比重达4.6%、为全市的2.5倍。创新环境不断优化。成功举办第六届中国创新创业大赛(重庆赛区)暨第三届重庆市“高新杯”众创大赛,企业报名数量提升至全国15名。种子基金投贷项目35个、1338万元。发放渝新券7101万元、增长277%,惠及企业461家。科技金融产品助企融资5亿元。科技服务大市场建成17个服务分平台。

【产业发展】2017年,重庆高新区坚持深入推进供给侧结构改革,持续扩总量、优结构、提效益,推动全区经济高质量、高效益发展。新培育规上工业企业12家,规上服务业企业10家,限上商贸企业25家。经济结构持续优化。第三产业增加值占比提升4.3个百分点,对经济增长的贡献率达46.8%。战略性新兴产业实现产值110.4亿元,规上电子信息产业产值增长50.9%,规上生物医药产业产值增长16.6%,规上高技术服务业营业收入同比增长26.5%。格力及其配套企业、秦安机电等工业企业的智能化搬迁改造工作逐步启动。火炬互联网产业园累计入驻锐纳达智能服务机器人等18家互联网企业软件,实现营业收入13.5亿元、增长13.19%。广播影视产业园入驻广播影视企业8家,实现营业收入4.5亿元、增长15.5%。

【招商引资】2017年,重庆高新区围绕创新驱动战略,依托中国(重庆)自由贸易试验区、国家自主创新示范区、中新(重庆)战略性互联互通项目开展招商引资工作,结合高新区产业发展优势和产业结构特点,明确招商方向,科学制定招商目标任务,突出招商重点,推动全区“1+6+5”投资促进体系优化提效。全力提升服务水平,进一步健全招商引资项目评价审查体系,打造优良营商环境,以招商引资促进高新区产业结构更加优化、自主创新能力更强、发展动能转换更顺利。全年签约项目135个。其中,工业项目31个,现代服务业项目92个,其他服务业项目12个,签约项目合同投资额441.7亿元,工业项目合同投资额112.5亿元,合同产值342亿元。现代服务业项目合同投资额314.3亿元,现代服务业项目合同营业收入869.8亿元,其他服务业项目合同投资额14.9亿元。签约工业项目中合同产值上亿元个数24个,签约现代服务业项目中合同营收上亿元个数49个。

【城市开发建设】2017年,重庆高新区坚定不移实施项目带动战略,坚持东区有机更新,西区规划引领,推动区域开发建设取得新突破、新进展。全年完成在地建筑业产值170亿元,增长15%;完成房地产投资135亿元,与上年基本持平;新开工商品房137万平方,增长21.23%;竣工商品房190万平方、增长27.5%;销售商品房202万平方,与上年基本持平;新增商业商务面积64万平方。交通路网建设加速。新中梁山隧道建成通车,金茂中心道路、含金路(海兰段)等道路完工,含谷立交、红岩村大桥等市级重点项目稳步推进,新图大道等项目加快建设,贯通断头路8条,新增道路16公里。城市功能日趋完善。中航、通用、中昂等品质住房加快建设,彩云湖小学天桥投用,彩云湖公交环线开通,优化405等4条公交线路,新改建公交港湾10个、停车场5个,新增停车位586个。人居环境显著改善。美茵运动公园一期等2个公园建成,新增绿地面积10.5万平方米;建成含谷、金凤污水处理厂,新改建污水管网19.3公里,圆满完成梁滩河年度污染治理及水质达标任务。重要功能区建设稳步推进。彩云湖板块国际社区建设取得初步成果,完成彩云湖国际社区工作方案、评价体系指标设计和彩云湖国际社区城市设计方案,完成迎宾大道景观提升和巴国城综合整治,远洋地块拆迁调规稳步推进;二郎科创街坚实起步,完成设计方案;国家自主创新示范区形象集中展示区建设方案持续深化。

【财政和金融】2017年,重庆高新区进一步强化辖区内财税分析,确保收入稳中有升,全年完成一般公共预算收入20.2亿元、增长9.5%。把好支出管控关,严格执行部门预算,制定资金平衡方案,完成一般预算支出6.96亿元,"三公经费"继续保持零增长。加强政府性投资建设项目预算管理,提高评审服务效能,出台《预算评复审工作职责及流程管理实施细则》《造价咨询中介机构服务考评考核实施细则》。在还本付息任务重、融资成本逐渐提高的背景下,积极协调平台公司做好筹融资工作,资金实现有效链接。全力督促平台公司全面开展不规范融资行为整改,排查整改平台公司不规范融资担保18笔,债务协议金额92.4亿元,政府购买服务21笔。开展2017年内部审计和固定资产清理,对管委会5个部门、4个国有公司、2个事业单位2016年支情况进行审计,提出问题64个,建议54条。力推金融创新,全力服务自创区自贸区建设,给予自贸区建设497万元资金支持。吸引金融机构落户,新增金融机构10家,12月银行存贷款余额同比增长5.69%。新增上市挂牌企业3家,实现挂牌上市总量18家,总量位居全市前列。加强金融服务实体经济能力,积极优化产业政策兑现流程,对1203家企业兑现产业扶持资金36972.60万元,政府购买公共服务申报2360万元。按照"政府引导、市场运作、重点突出、整体统筹"思路,以建设科技金融聚集区为核心,打造一个联盟、两个平台、若干配套,形成高新区科技金融体系建设方案。多渠道、多形式推动企业上市融资,优化后备资源库管理,修订《重点拟上市企业财政补贴和奖励暂行办法》。全面梳理金融创新扶持政策,拟定《推进自创区自贸区科技金融建设试行办法》。积极引导社会资本,充分发挥政府产业引导基金对辖区经济和产业的引导带动作用,积极推进3支基金的组建工作,预计总规模为18亿元。

重庆经开区

重庆经开区管委会 何炫颖

一、2017年经济发展回顾

2017年,重庆经开区全面贯彻党的十八大以来党中央的决策部署,认真学习贯彻党的十九大精神,以习近平新时代中国特色社会主义思想为指导,全面落实习近平总书记视察重庆重要讲话精神,在市委、市政府及区委、区政府的坚强领导下,在区人大、区政协的监督支持下,紧紧围绕区第十二次党代会提出的"135"工作思路和建设幸福南岸的目标,积极抓好产业发展、开发建设、招商引资、开放合作、企业服务等重点工作,推动各项事业取得明显成效。

2017年,重庆经开区实现地区生产总值278亿元,同比增长5.7%;规模以上工业总产值842亿元,同比增长3.48%;一般公共预算收入完成19.4亿元,同比增长20%;税收收入完成10.5亿元,同比增长15.4%;固定资产投资完成119亿元,同比增长11.5%。实际利用内资80亿元,实际利用外资6.27亿美元,外贸进出口总额完成12亿美元,节能减排和安全生产等控制性指标全面达标,发展的质量和效益进一步提升。

(一)创新驱动促转型,主导产业集聚发展

一是科技创新成效明显。鼓励企业加大研发投入,加强政策扶持及创新型人才引进,调动企业创新主动性和积极性,科技创新整体水平显著提升。研发经费达到10.1亿元,R&D投入占GDP比重达到3.4%。高技能人才占比、专业技术人才占比、省级及以上研发机构总数等8项科技创新评价指标优于全国国家级经开区平均水平。新增高新技术企业27户,累计达到79户,市级及以上重点实验室、工程技术中心(研究中心)、企业技术中心累计达到66个。二是电子信息产业提质增效。电子信息产业实现产值575亿元、同比增长29%,占规上工业总产值的比重达68.3%,主导地位更加凸显。集聚移动通信终端整机及装配企业170余家,实现产值382亿元,出货量超过1.2亿台,智能手机产量比重达到47%,产品品质持续向中高端迈进。维沃重庆生产基地一期竣工,20条生产线投入运行,年生产能力达到1200万台,预计2018年可达到2000万台。中移动物联网用户突破1.9亿户,国家级车联网平台用户超过1020万户,实现营业收入50亿元,物联网产业应用示范效应逐步显现。智能家居家电产业规模逐步扩大,基地聚集40余家关联企业,总产值同比增长6.4%。三是传统产业转型升级取得突破。传统装备制造产业实现产值180亿元、同比增长17.8%,盟讯电子、集诚电子等项目入选“中国制造2025”专项项目,通用工业、莱美药业等企业进入国家级技术研发机构目录。传统产业转型升级国际合作“走出去”战略持续发力,机床集团与英国精密技术集团研发生产的数控万能磨齿机达到国际领先水平;美的集团引进全自动控制系统,与美国东芝开利研发生产商用空调,生产工艺大幅提升。四是现代服务业稳步发展。积极支持朝天门国际商贸城转型升级。推进迎龙医药城项目股权收购,加强项目策划包装和推介,积极盘活资源。大力发展大健康产业,汇聚医药物流企业120余户。大力发展现代物流业,东港商贸物流基地建设加快推进。五是产业发展项目全力推进。完成产业项目供地10宗、921.8亩,新开工产业项目13个。迎龙医药城一期工程基本完成,普洛斯物流园主体工程竣工,电子信息产业园、盟讯二期等5个项目实现当年开工、当年竣工,宝捷讯二期、澳兹一期等产业载体项目加快建设。

(二)夯实基础补短板,开发建设有序推进

一是城市总体规划启动修编。按照建设“三生三宜”品质城市的要求,高起点、高标准、高水平推进经开区总体规划修编。二是重点区域开发建设积极推进。重庆东站选址基本确定,迎龙商务区总体规划、综合交通规划和东站站前区规划研究基本完成,积极推进与中铁建的合作,站前核心区综合开发PPP项目扎实推进,站前区域土地房屋征收及储备工作准备就绪。结合广阳国际生态文化岛定位,抓好广阳湾片区规划修编。广阳湾生态智慧产城融合示范区3800亩土地征地拆迁推进顺利。广阳湾片区骨架道路前期工作完成,即将启动建设。三是基础设施建设有序实施。迎龙、东港、美的、长生等片区基础设施建设全面推进,路网建设持续完善,纵三路南段、纵七路北段等7条道路竣工,通车里程11.2公里。全年新开工建设C-D连接桥、港纵二路等5条道路,南涪路改扩建工程、经开立交、横六路东段、开成路北段二标道路工程有序推进。四是房地产开发水平有力提升。积极扶持房地产业发展,引进恒大、碧桂园等知名房地产企业,推动房地产开发品质提升。全年房地产开发投资额达到36亿元,新开工面积达52万平方米、同比增长291.4%,累计销售18万平方米、同比增长11%。五是征地征收工作保障有力。理顺征地工作机制，充分调动辖区各镇的积极性，建立征地拆迁联席会议制度，有效解决征地拆迁难点问题。全年共实施征地项目26个，启动征地9550亩，完成征地5700亩，实现交地1127亩、同比增长38.8%。加紧棚户区改造工作，累计完成迎龙老街、广阳河口场片区棚户区征收257户、约4.2万平方米，完成总量的82%。原奥特莱斯地块征收工作基本完成。六是城市管理不断加强。城市网格化、数字化、智能化管理水平不断提升。狠抓市政设施提档升级，加强市容市貌治理，强化建筑弃土弃渣管理，做好园林绿化管护，新增绿化面积10万平方米。美的片区形象打造成效明显，片区道路、市政管网、绿化美化亮化工程全面完成。七是环境治理得到加强。围绕全国文明城区、国家卫生城区复检工作，开展专项整治行动，城市环境得到较大改善。经开区拓展区规划环境影响跟踪评价完成编制，已报国家环保部审核，环境风险评估和应急预案修编全面完成，环境治理得到加强。全面落实中央环保督察问题整改，东港污水处理厂及配套二级截污管网工程(渔溪河段)达到试运行条件，茶园污水处理厂二期扩建及配套管网工程建成并投入使用，长生河流域及其支流环境综合整治、建成区雨污管网综合整治等项目加快推进。

(三)内引外联强合作，开放水平不断提升

一是开放平台运行良好。开发区海关全面推进通关无纸化、国际互认合作和出境加工监管等工作，通道运行更加顺畅。出入境检验检疫局经开区办事处积极推动原产地签证管理等自贸区经验复制推广工作，企业申报、备案和证书领取等更加便利。法斯特公用型保税仓、出口监管仓“两仓”投入运营，对外开放平台不断完善。二是招商引资成效明显。成功引进央地共建的国家级交易平台——重庆石油天然气交易中心、“谊品生鲜”全国和区域总部、大陆云盾科技、恒力盛泰石墨烯材料以及宝驾集团“小蜜共享电单车”系列项目，全年签约落地项目100余个，引资总额突破60亿元。三是开放合作不断加强。积极融入国家“一带一路”建设，开放型经济水平有力提升。大力推进领安、安必信、国际商联(BNI)、丰树物流等中新合作项目，实际利用外资总额大幅提升。大力扶持服务外包企业，全年服务外包完成额6500万美元，同比增长15.4%。积极开展与上海虹桥经开区、南京经开区、新疆甘泉堡经开区及新疆霍尔果斯口岸的合作共建，成功当选长江经济带国家级经开区协同发展联盟副理事长单位，积极融入长江经济带协同发展。

(四)优化服务提效率，营商环境持续改善

一是企业服务优质高效。不断健全企业服务工作体系，优化办事流程、创新工作方法，做到企业服务全覆盖。常态化开展“进企业、解难题、强服务、促发展”走访调研活动，及时帮助企业解决注册入驻、项目建设、生产经营、职工生活等困难及问题610余个。柔性引进中国科学院、中国工程院院士3人，进一步充实高端人才队伍。加大企业扶持政策落实力度，兑现扶持资金2.1亿元，扶持企业加快发展。二是服务辖区和对口扶贫工作不断加强。大力支持辖区四镇发展，成立联系服务群众工作组13个，扎实开展产业指导、扶贫帮困等工作，切实解决峡口镇西流村村民饮水难等问题80个，群众满意度不断提升。以产业扶持、教育扶贫、完善基础设施建设为重点，扎实开展对口帮扶巫溪县工作。三是宣传统战增添活力。积极融入全区宣传大格局，扎实开展对内对外宣传工作，认真办好《新经开报》、经开区门户网站、重庆经开区微信公众号，营造了加快发展的舆论环境。切实抓好园区统战工作，探索实施“同心圆工程”特色品牌，智园、盟园等基层统战工作示范点成效初显。坚持党员区领导与党外代表人士联谊交友制度，引导企业在转型升级等方面寻找突破，助推非公经济发展。四是安全维稳持续向好。全面落实安全生产“党政同责、一岗双责”制度，深入开展安全生产大排查大整治大执法，突出抓好建筑工程施工安全、工贸企业生产安全及防汛防灾工作，大力推进安全生产标准化，全年未发生较大以上安全生产事故，安全生产形势持续稳定向好，成功通过国务院和全市安全生产检查。扎实抓好信访维稳，及时妥善处理征地拆迁、欠薪等引发的群访、集访事件，有效化解信访矛盾，确保了辖区稳定。

二、发展中存在的问题

一是科技创新支撑能力需进一步提高。具有研发投入能力的企业、研发机构、高端研发人员、研发成果转化均尚显不足，具有核心研发能力的手机企业还不够，物联网示范应用的技术研究仍需加强。二是现代服务业发展需进一步提速。以现代服务业为主的第三产业起步较晚，服务业增加值对经济发展的贡献不高。三是开放型经济发展水平需进一步提升。外资产业体系还不够丰富，平台作用发挥还不够，持续增长的压力较大。受出口退税等多种因素影响，外贸进出口增长乏力。

三、2018 年经济发展目标

2018 年经济发展目标为：地区生产总值增长 11%左右；规模以上工业总产值增长 15%左右；一般公共财政预算收入同口径增长 15%左右；区级税收收入同口径增长 12%左右；固定资产投资增长 12%左右；实际利用内资完成 90 亿元；实际利用外资完成 5 亿美元；外贸进出口总额完成 12 亿美元；R&D 投入占 GDP 比重达到 3.6%。

为确保顺利完成 2018 年工作目标，重庆经开区将着力抓好以下工作：一是强化大数据智能化引领，推动产业优化升级。大力推进电子信息产业智能发展，引导维沃、美的等龙头企业做大做强，推进物联网与大数据融合发展。推动传统装备制造产业向先进制造产业转型，支持机床集团等企业加强对外技术合作。加快建设普洛斯物流园、盛通物流园，积极支持重庆石油天然气交易中心发展。大力支持西南计算机等军民融合企业发展。二是加快重点区域开发，建设“三生”最优空间“三宜”品质城市。按照建设“三生三宜”品质城市的要求，尽快完成经开区城市总体规划修编；全面完成重庆东站综合交通枢纽方案设计和迎龙商务区总体规划方案，启动东港支线铁路、城市快轨和轨道交通建设前期工作，开工建设重庆东站枢纽工程，加快铁路枢纽东环线及东港站建设，积极推动迎龙商务区建设取得突破；加快完成广阳湾发展规划修编，全面提速广阳湾生态智慧产城融合示范区建设；切实加强生态环境保护，打好污染防治攻坚战，大力推动交通基础设施建设，积极推进智慧城市建设，全面提升城市品质和形象。三是强化开放合作共建，提升对外开放水平。全面融入国家“一带一路”、长江经济带建设，积极推进中新(重庆)战略性互联互通示范项目，参与长江经济带沿线开发区协同发展联盟，加强与新疆霍尔果斯等口岸合作；创新招商模式和组织形式，探索专业化招商，不断提升引资质量；着力提高实际利用外资质量，鼓励企业加大对外投资力度，不断提升外资外贸水平。四是努力提升服务水平，不断改善发展环境。持续开展“进企业、解难题、强服务、促发展”走访调研，探索“互联网+企业服务”模式，着力强化企业服务；扎实开展联系服务群众工作，大力支持辖区四镇实施乡村振兴战略，扎实做好巫溪县深度贫困乡镇对口帮扶工作；进一步强化政府债务管控，全面落实安全生产“党政同责、一岗双责”，积极妥善处理信访矛盾，着力加强意识形态领域风险防控工作，确保和谐稳定。

万盛经济开发区

万盛经开区管委会 宋玮

2017年,是实施"十三五"规划、决胜全面建成小康社会的重要一年，是供给侧结构性改革的深化之年。一年来,万盛经开区党工委、管委会团结带领全区干部群众，坚持以习近平新时代中国特色社会主义思想为指导，深入学习贯彻党的十九大精神和市委五届三次全会精神，认真贯彻落实中央和市委、市政府要求部署,坚持稳中求进工作总基调，紧紧抓住资源型城市转型发展这条主线,以工业强区、全域旅游、全民健身为抓手,推进工业集群化、旅游全域化、城乡一体化,加强生态文明、智慧万盛建设,真抓实干、善作善成,经济实现健康较快发展,社会保持和谐稳定。全年地区生产总值增长8.1%;全社会固定资产投资增长8.3%；全区规模以上工业产值增长22.3%;社会消费品零售总额增长14.1%;一般公共预算收入完成12.53亿元,同口径增长3.7%；城乡居民人均可支配收入分别增长8.5%、8.9%。

一、2017年发展回顾

(一)三次产业协同发展,地区经济运行稳中向好

工业经济稳中提质。工业总产值增长21.4%,工业增加值增长10.6%,对GDP增长的贡献率达61.4%。煤电化工、新型材料、装备制造、生物医药、电子信息、通用航空等"3+3"产业集群占规模以上工业总产值比重为82.5%,拉动规上工业产值增长18.4个百分点。规上工业销售收入增长20.9%,利润总额增长56.2%、高出全市平均34.2个百分点，高新技术企业产值增长37.5%,工业经济发展质量效益同步提升。

服务业活力持续提升。商贸业态提档升级,宏恩财富广场、国能天街等综合商圈逐步成型,万盛国能奥特莱斯开业迎客。体育旅游消费持续红火,批发零售业、住宿餐饮业分别增长22.4%、22.7%。房地产销售市场持续向好，全年商品房销售面积和销售额分别增长12.2%、25.7%,带动建材、家电、家具等相关消费领域保持较快增长。电子商务迅速发展,菜背篼、微万盛等本土电商平台不断壮大,农村淘宝、邮乐购相继入驻万盛,全年电子商务交易额达17.3亿元。财税实现稳定增收,常住人口人均财力突破万元，税收收入完成8.04亿元,同口径增长7.8%,占一般公共预算收入比重提高至64.2%,财税结构更加优化。辖区金融机构人民币存贷款余额249.5亿元，增长7.1%,存贷比为62.7%。物流业发展势头向好,商贸物流园加快建设,道路运输总周转量90.2亿吨公里,增长16%。

农业经济提质增效。全年农业增加值增长3%。特色效益农业提速发展,茶叶、猕猴桃、方竹笋、蜜柚等优势产业做大做强,食用菌产业加快培育。新型农业经营体系健全完善,新发展农业产业化龙头企业2户、农民专业合作社9个、家庭农场9家。乡村旅游蓬勃兴起,全力打造凉风"梦乡村"、青山湖国家湿地公园等6个乡村旅游品牌,新增酒店、农家乐等接待主体404家,举办休闲农业与乡村旅游宣传推介活动11次,带动了当地农民增收致富，全年实现农民旅游收入增长9%。

(二)四大领域竞相发力,发展动力结构加快转换

投资拉动依然强劲。全社会固定资产投资增长8.3%。从资金来源看,政府性投资、社会性投资分别占投资总额的49.3%、50.7%,民间投资积极性得到充分调动，成为固定资产投资的主

力军。从资金投向看，工业集群、体育旅游、城市建设、基础设施、社会事业及其他类项目分别完成投资39.5亿元、19.8亿元、17.3亿元、16.4亿元、8.6亿元，以工业、体育旅游为支撑的产业投资势头强劲。从项目类别看，全区90个重点项目完成投资101.6亿元，全年新开工项目达29个，48个项目提前完成年度目标任务。

创新驱动成效显著。创新驱动发展战略深入实施，制定出台《万盛经开区引进人才若干政策（试行）》，成功与西南大学签订校地合作协议，建成市级新型法人化研发机构2家，获批市级新材料院士专家工作站，新培育国家高新技术企业3家、高成长性企业4家、科技型企业42家，新增高新技术产品36件。壹特科技获全国创新创业大赛新能源及节能环保初创组决赛第一名、顺安爆破获新材料初创组决赛第三名，全区万人发明专利拥有量同比增长74%。万盛被纳入全市军民融合创新发展“十三五”规划总体布局和军民融合创新发展示范区建设。

重点改革持续深化。扎实推进供给侧结构性改革，关闭煤矿2家，累计淘汰煤炭落后产能260万吨，税收对煤炭行业依赖度从最高80%下降到不足20%；“房票”安置、免契税等政策有力促进房地产去库存；“营改增”、普降社保费率和工业用电用气价格改革为企业减负3.4亿元。进一步完善投融资体制，设立5亿元的产业发展股权投资基金。全力推进中小城市综合改革，两年试点工作全面落实。深化扩权强镇、抓乡强村改革，相继出台黑山、青年、丛林、南桐等镇域发展实施意见，促进镇街特色发展、差异发展。深化国有重点企业改革，制定完善南桐矿业公司办社会职能剥离移交“1+6”工作方案，基本完成“三供一业”、技工学校等职能剥离移交工作。

开放合作持续推进。成功引进本贝得、盛意欧等进出口企业，进出口总额实现1.88亿元。深入推进渝黔合作，推动与桐梓、正安、道真、务川等区县建立联席机制，成功与正安县签订合作框架协议，万盛成为全市渝黔合作先行区建设牵头单位。全力推进争上和融资工作，全年到位上级资金达年初目标的1.9倍，有力保障转型发展的资金需求。

（三）三大抓手深入实施，地区发展方式转型升级

全力推进工业强区。坚持工业主导地位，出台《关于加快实施工业强区战略的决定》和《促进工业经济发展办法》，吹响工业强区战略冲锋号。产业集群步伐加快，扎实开展工业投产达产攻坚行动，与陕煤集团建立300万吨/年以上煤炭资源供应保障机制，铁锚玻璃、顺安爆破等项目开工建设，川东化工建成投产，福耀二期、博奥镁铝等技改投产达产，海尔万佳智联智造等22个项目签约入驻智能终端产业园。园区承载能力提升，新增工业用地1256亩，建成标准厂房24.2万平方米，工业园区规模扩大到10平方公里，煤电化园区企业服务中心启动建设，煤电化园区污水处理厂及环境整治工程、平山园区绿化及二期道路等项目竣工投用，休闲健身公园、超市等园区生活设施配套不断完善，园区入园企业产值占全区规模工业产值达61.7%。工业招商成绩喜人，成功签约年产10万吨非光气法生产聚碳酸酯、年产100万套天窗总成等38个项目，计划总投资119.8亿元，产业发展后劲充沛。

全域旅游领跑全市。黑山谷、龙鳞石海顺利通过国家5A级景区评定性复核验收，奥陶纪天空悬廊成功申报吉尼斯世界纪录。凉风“梦乡村”、青年汇巅峰乐园、板辽湖金沙滩等8个新景区景点相继建成开园。成功入选第二批国家级旅游业改革创新先行区，成立中国十大爱情主题景区联盟，建成6个市级研学基地，建立健全723家旅游企业诚信经营数据库，黑山谷旅游服务标准化项目成为西南地区唯一获批国家级示范项目。成功举办“中国旅游日”重庆分会场启动仪式暨万盛“全域旅游活动月”活动、“央视《乡约》2017中国十大爱情故事”颁奖典礼。推出10条精品旅游线路、8条乡村旅游线路，旅游服务综合满意度名列全市前列。全年接待来区游客1805.6万人次、增长41.8%，实现旅游总收

入91.2亿元、增长41.9%,增长速度均为全市第一;全区旅游业增加值占GDP比重达20.2%。

全民健身成绩斐然。新建健身绿道100余公里、市级社区健身点9个和区级健身点40个,市民大健康服务中心、全市首条黑山谷荧光步道等健身场地建成投用。组织开展群众性全民健身活动2000余次,顺利承办重庆市体育旅游产业发展大会暨“运动健康之城·幸福和谐万盛”推介会,成功举办万盛“黑山谷杯”国际羽毛球挑战赛、万盛青山湖国际跑步节、拳力巅峰WBO亚太区年度总决赛等重大体育赛事活动。“黑山谷杯”国际羽毛球挑战赛成为重庆市唯一国家体育旅游精品赛事,关坝凉风村被评为国家运动休闲特色小镇,我区“体育+”融合发展模式被评为全国“2017年民生示范工程”。成功创建国家体育产业示范基地,香港森秋鸿运动服装、厦门羽弘羽毛球拍生产等项目落户万盛,全区体育产业产值规模达7.5亿元,增加值占GDP比重提高至3%,高于全国、全市水平。

(四)城乡一体统筹发展,转型发展基础加快夯实

基础设施不断完善。内畅外通路网加快构筑,丛林—白龙湖、猪行—板辽等38个项目全面完工,渝黔高速公路扩能项目万盛段、重庆江南机场开工建设。重大水利设施提速建设,松涛湾水库基本完工,凉风水库工程加快推进,鲤鱼河引水、观音寺提水工程分别完成总投资的85.9%、95%。加大通信设施建设力度,新开基站480个,实现镇、村光纤通达率100%。

城市建设扩容提质。建成12.5公里城市道路系统、22.5公里市政管网系统、1100亩核心区景观工程,签订城市棚户区房屋拆除协议11.8万平方米。新建、改建A级旅游厕所91座,一般生态厕所127座,万盛黑山谷景区荣获全国“厕所革命”推进工作“人文关怀先进单位”称号。持续美化靓化城市环境,完成城区楼宇灯饰等亮化工程,六井坝运动公园建成投用,建成区绿地率达43%。大力开展城市智慧智能攻坚行动,“两平台两中心”和智慧交通、智慧旅游、智慧城管、网格化管理服务系统基本建成。

美丽乡村加快建设。立足农村所需、农民所盼,启动“天然气村村通”工程,50%以上行政村开通天然气。大力改善农村居住条件,维修加固A、B级受损农房4405户,建成统建安置房34万平方米。持续改善农村人居环境,农村生活垃圾有效治理率达100%,卫生厕所普及率达到76.9%、超全市平均水平8个百分点,万盛被列为全国农村生活垃圾分类和资源化利用示范区县,一次性圆满通过国家卫生区复审检查。

生态屏障日益筑牢。深入实施环保“五大行动”,18个总量减排项目全面完成,城区空气质量优良天数达298天。全面落实河(湖)长制,设立河长72名、河库警长93名,城区、建制镇集中式饮用水源地水质达标率均为100%。做好中央环保督察反馈问题整改,年度30项整改措施和22项具体问题全部销号。深入推进采煤沉陷区综合治理,成功纳入国家首批17个采煤沉陷区综合治理试点地区,治理经验在国家采煤沉陷区综合治理部际联席会议上得到充分肯定,成功举办全国采煤沉陷区综合治理高级研修班暨资源型城市与独立工矿区转型发展工作培训班。

(五)民生福祉惠及百姓,全面建设小康步伐加快

始终坚持民生优先,全年投入民生资金15.52亿元,占一般公共预算支出的54.5%,农村村社便道建设、山坪塘整治等30件重点民生实事全面落实。整合资金2.46亿元用于支持贫困村、贫困户基础设施建设、产业发展和社会保障,新增脱贫人口1025人,返贫率为零,脱贫攻坚成果进一步巩固。加快推动教育优质均衡发展,49中新校区、万盛幼儿园等新建工程建成投用,普通高考上线1975人,上线率98.4%,再次刷新历史记录。全面推进公立医院综合改革,并取得阶段性成效。稳步推进医疗资源下沉,完成8个镇卫生院、40个行政村卫生室改扩建、42个社区卫生服务站标准化建设,家庭医生签约服务惠及8.15万户、22.76万人,签约覆盖率达

84%。全力促进就业创业，实现城镇新增就业8904人、新增创业2852户，城镇登记失业率稳定在市下达指标以内。社会保障水平稳步提高，设立“扶贫济困医疗基金”，建成投用3个社区养老服务中心，养老、医疗保险覆盖率分别达95%、96.6%。区博物馆、规划展览馆建成投用，文化馆、图书馆全年实施免费开放，美术馆启动建设。成功举办2017年全国“安全生产月”和“安全生产万里行”活动，成为全市唯一的全国首批“安全文化建设试点城市”，群众安全感指数达99.43%，列全市第一、创历史新高。城乡居民收入与经济增长同步，城乡收入比为1.9:1，收入差距小于全市水平，人民群众幸福感获得感安全感不断增强。

总体来看，2017年我区经济社会保持平稳健康发展，各项工作均取得新成效，地区转型发展迈上新台阶，为决胜全面建成小康社会、实现资源型城市成功转型、加快建设美丽幸福现代的新型经济技术开发区奠定了坚实基础。

二、发展中存在的问题

万盛“处于不发达阶段、属于不发达地区”的基本区情仍然存在，经济社会发展面临着经济总量较小、三次产业结构不优、战略性新兴产业支撑不力、科技创新能力亟待增强、财政压力大、要素保障趋紧、互联互通能力不强、资源型城市历史遗留问题包袱重等诸多困难和挑战。这些问题需要我们高度重视，增加有效举措，切实予以解决。

三、2018年发展目标

2018年全区经济社会发展的主要预期目标是：地区生产总值增长8%左右，规模以上工业总产值增长15%以上，一般公共预算收入增长3.7%，固定资产投资增长10%以上，社会消费品零售总额增长12%以上，城乡居民人均可支配收入分别增长8.5%、9%左右，城镇登记失业率控制在4.5%以内。

万州经济技术开发区

万州经开区管委会 刘康鑫

一、2017年发展回顾

2017年，万州经开区紧密团结在以习近平同志为核心的党中央周围，认真贯彻落实党的十八大、十九大精神和习近平总书记视察重庆重要讲话精神，深学笃用习近平新时代中国特色社会主义思想，统筹推进“五位一体”总体布局，协调推进“四个全面”战略布局，坚定不移践行新发展理念，认真落实市委、市政府和区委、区政府决策部署，求真务实、埋头苦干，各项工作取得了新的成效。

(一)经济发展稳定增长

——发展速度。规上工业产值同比增长15%。固定资产投资同比增长13.7%。规上工业企业新增6户达到83户，入园企业总数达到269户。新建成标准厂房9万平方米。新增就业岗位1.3万个，直接和拉动就业超过5万人。

——发展质量。规上工业企业利润同比增长41.1%。完成一般公共预算收入12.97亿元、增长8.17%，其中税收收入8.4亿元、增长12.7%。入库税金超过5000万元的企业3户，其中，雷士照明公司增幅达到100%；入库税金1000万—5000万元企业7户，其中，三峡纺织公司增幅达到85%；入库税金100万—1000万元企业20户，其中，增幅达到100%的企业9户。

——发展动能。龙头企业带动明显，长安跨越公司带动汽车产业增长65%，三雄极光、雷士照明公司带动绿色照明产业增长20%。企业转型升级加快,投入技改资金4亿元,实施长安A型商用车改造、三峡纺织包蕊纱系列产品生产线综合改造等28个技改扩能项目,新增产值10亿元。新增战略性新兴企业6户,高新技术产业拉动工业增长2.3个百分点。

(二)招商引资迈出新步

——项目引进。签约落地广东先导稀材半导体芯片产业化、中船重工新能源装备产业园等29个项目,协议总投资453.5亿元,实际到位资金103亿元。其中,青岛有住智能家居产业园、智能装备产业园、精工能源集团与万州合作项目等7个项目投资超过10亿元。

——项目推进。三亚药包年产6亿个聚乙烯(聚丙烯)药瓶、跨越隆豪年产20万台(套)汽车车桥、军粮站粮油仓储配送中心等20个项目竣工投产。三雄极光LED绿色照明扩产、万州现代综合物流中心等10个续建项目推进加快。雅伦汽车年产50万套汽车零部件、昊扬实业建筑产业化等15个项目开工建设。2017年新招商项目开工建设率达42.9%。年产8万吨精密铜管及铜板贸易等5个项目实现"当年签约、当年建设、当年投产、当年见效",其中铜管委托加工及铜板贸易当年实现税金5500万元。

——模式创新。运用"资本招商+资产重组"新模式,中国500强企业金龙铜管集团公司总部迁至万州;运用"股权招商""基金招商"新模式,全球最大的稀散金属综合生产商广东先导稀材股份有限公司计划在万州投资20亿元,建设半导体芯片产业化项目。

(三)开发建设有序推进

——规划设计。"一区五园"空间布局进一步优化,新田园控规编制和九龙园、五桥园控规修编完成,高峰园中心区城市设计优化升级,高峰中央公园修建性详细规划方案设计完成。经开区海绵城市、地下综合管廊、"十三五"排水管网等专项规划编制有序推进。长安跨越综合服务中心等16个项目实施和完成控规局部修改论证工作。5万吨食品冷链加工及配送等41个项目设计方案审查审批工作顺利完成。

——基础设施。实施基础设施项目102个,新增建成区面积1.5平方公里。疏港大道、灵凤大道、经山路等14.4公里道路工程竣工。檬子标准厂房(一期)、檬子北区标准厂房、高峰新田还建房等60万平方米房屋建成使用。桐九大道、百安大道延伸段、五桥园纵三路等15.5公里道路工程全力推进,创新孵化基地等8万平方米房屋工程、工业固废处置场等项目提速推进。用地场平整治1平方公里。

——功能配套。完成居住用地开发投资9.28亿元、增长13.86%,商品房新开工、竣工、销售面积分别达8.7万、9.2万、16万平方米。公园绿地等公共空间项目加快推进,新增绿化面积14.96万平方米。天子湖公园一期竣工对外开放。白岩寨公园开工建设。高峰湿地公园建设完成总工程量的80%。经开大道景观工程成为万州南部城市副中心的亮点。教育、医疗等公共服务配套加快完善,万二中高峰校区正在场平施工,区中医院与万州医药集团合建高峰医院有序推进,鸡公岭小学天星校区配套升级。征地还房小区银行、邮政、卫生院、商场超市等生活配套不断完善,产城融合向纵深推进。

(四)发展保障有力有效

——资金融通。到位各类债务性资金55.88亿元,其中,地方政府债券31.38亿元,举借经营性债务24.5亿元。年末债务资金利率水平5.1%,比年初下降0.2个百分点。到位三峡后续和廉租住房补助资金等政策性资金3.1亿元。经开区股权投资基金实缴到位20亿元。三峡融资租赁公司启动实质性业务。三雄极光公司成功在创业板上市融资投入万州LED绿色照明扩产建设项目。

——土地供给。征地拆迁百日攻坚"清障"行动成效明显,化解遗留滞迁问题80余个,有力保障重点项目用地需求。完成土地出让1538亩,成交总价款10亿元,收取土地总价款5亿元。新启动沙河万斛、双河口大榜片区征地拆迁1600亩。取得土地征转批复7宗2500亩,争取土地指标8宗3500亩,其中取得低丘缓坡专项指标 1050 亩。

——要素保障。迁建、新建自来水管道 10 公里、电力管线 35 公里、天然气管道 8 公里。运营高峰水厂、协调江北水厂,启用九龙园高位水塔。经开区售电公司业务扩大到 24 家,为企业节省电费 260 万元。高峰园 110kV 龙腾变电站投入使用,为企业提供"双回路"供电保障。协调满足企业用气需求,年用气量增长 50%。安排 1500 万元支持九龙园热岛中心运营,保障企业蒸汽需求。兑现企业新产品开发、技术改造等补助资金 3553 万元,帮助企业争取无偿政策性资金 3000 万元、"助保贷""互助贷"1000 万元。经开区入园企业贷款余额达 73 亿元。帮助 10 余户新企业纳入社保费用减免范畴,全年减免社保资金约 8000 万元。

(五)发展环境持续优化

——安全生产。安全生产责任体系和"企业、镇街、部门"安全生产联动机制进一步健全,企业安全生产主体责任进一步压实。实施安全风险辨识与隐患排查双重防控,督促检查企业 1561 次,排查整治安全隐患 1936 项。安全生产形势持续好转,全年未发生较大及以上安全生产事故。

——信访稳定。征地拆迁、还房分配、企业劳资纠纷、民工工资兑付等重点领域、重点时段信访稳定工作扎实开展,全年未发生到市进京非正常上访、大规模群体性上访。

——生态环境。调减特色化工产业规划用地 1.2 平方公里。新建雨水管网 30 公里、污水管网 20 公里。高峰污水处理厂一期、五桥园污水二级管网、玉城寨工业污水管网等工程竣工。申明坝污水处理厂、高峰污水处理厂、九龙园污水处理厂日处理能力 19000 吨,实际日处理污水 4000 吨以上。循环化改造示范园区通过市级中期评审。新建项目环评和"三同时"执行率达 100%。完成中央环境保护督察反馈问题整改。全年未发生较大及以上环境污染事故。

——纪律作风。落实全面从严治党要求,大力推进"两学一做"学习教育常态化制度化,坚决清除孙政才恶劣影响和薄熙来、王立军流毒,做到在思想上政治上行动上同以习近平同志为核心的党中央保持高度一致,干部职工"四个意识""四个自信"明显增强。落实党风廉政建设和反腐败工作"一岗双责制",完成《经开区党工委、管委会工作规则》等一系列制度修订,制度笼子扎得更紧更密更实。落实"四个一"联系服务企业和产业项目工作机制。开展"庸懒散怠"专项整治行动,推进工作目标化、管理扁平化、考核企业化,督办督察狠抓落实,去机关化、行政化效果明显。严格落实中央八项规定精神、市委实施意见和区委实施细则,严格执行招投标法律法规,聚焦工程建设、征地拆迁、招商优惠政策等重点领域开展专项检查,风清气正、廉洁干净的干事创业环境不断巩固。

二、发展中存在的问题

一是签约落地大项目、好项目很不容易。各地招商引资竞争进入白热化阶段,比优惠政策、比配套条件,引进大项目、好项目较少。二是产业发展提质增效压力增大。多数入园企业发展方式比较粗放,核心竞争力不强,自主创新能力较弱,新旧动能转换动力不足,转型升级压力大。三是部分项目建设推进未达预期。部分项目前期准备工作不充分,审批环节耗时多,部分区域拆迁障碍清除难度大,部分产业项目和基础设施项目建设进度较为缓慢。这些困难和问题,我们将在 2018 年的工作中努力加以克服和解决。

三、2018 年发展目标

总体要求:深学笃用习近平新时代中国特色社会主义思想和党的十九大精神,全面贯彻落实习近平总书记视察重庆和参加重庆代表团审议时重要讲话精神,全面落实市委五届三次四次全会、区委五届二次三次全会精神,统筹推进"五位一体"总体布局和协调推进"四个全面"战略布局,深入贯彻新发展理念,以供给侧结构性改革为主线,以"五个一批"重点工作为抓手,强力推动质量变革、效益变革、动力变革,奋力推动经开区高质量发展。

发展目标:规上工业产值增长10%;固定资产投资增长8%;一般公共预算收入增长13.1%,税收收入增长21%;新增开发面积1.5平方公里。

长寿经开区

长寿经开区管委会 刘柏林

2017年,长寿经开区认真学习贯彻党的十九大精神,全面落实中央和市委、市政府各项决策部署,在区委、区政府的坚强领导下,主动适应新常态,妥善应对风险挑战,坚定不移贯彻新发展理念,转变发展方式,着力夯实基础、优化服务、改革攻坚,推动经济发展质量变革、效率变革、动力变革,发展建设步入动能转化、提质增效的新阶段。

一、2017年工作总结

2017年,牢牢把握稳中求进工作总基调,准确把握宏观经济形势,深入推进供给侧结构性改革,坚持质量第一、效益优先,加快发展战略新兴产业,培育经济增长新动能,完成规上工业产值840亿元,增长18.6%,完成固定资产投资298亿元,到位内资163亿元,税收25亿元,利润32亿元,实际利用外资1.5亿美元,进出口额72亿元,合同引资310亿元。

(一)产业结构在调整优化中转型升级

坚持聚焦主线不偏离、产业突破不放松,深入推进供给侧改革,发展"质效"持续提升。

(1)改革深入推进,去产能、去杠杆成效显著。全面限时完成永航钢铁关停,去除钢铁产业落后产能90万吨,顺利通过重庆市督察组验收。成功引入中国第一支钢铁产业结构调整基金——四源合钢铁产业结构调整基金,顺利完成重钢司法重整,企业突围解困迈出新步伐;成功组建运营售电公司、天然气公司,能源供给结构得到改善,"量价"保障显著增强。

(2)企业效益持续改善,亏损局面得到扭转。综合化工、钢铁冶金产业企业紧抓市场回暖机遇,优化生产工艺、强化生产管理、狠抓降本增效,综合化工、钢铁冶金等产业一举扭转了连续5年亏损的局面,规模以上工业企业亏损面下降为8%,亏损企业亏损额下降20.2%。

(3)新兴产业持续发力,新动能得到释放。生物医药、电子信息、新材料新能源等战略新兴产业持续发力,实现规上工业产值289亿元,占比为34%,五大产业结构比由上年的35:20:21:16:8调整为33:18:21:19:9。

(二)产业招商在扩大开放中取得新突破

深入开展"聚商选资提升年"活动,开发应用招商数据库(PMP)系统,创新招商、产业链招商、委托招商取得新突破,新签约项目64个。

(1)生物医药产业实现成品药项目零的突破,新签约福安药业原料药及制剂项目和香港麦克药业年产800吨阿莫西林成品药项目等生物医药项目9个,协议引资额36.72亿元。

(2)新材料产业集群进一步壮大,新签约重庆奕翔化学年产40万吨甲基丙烯酸甲酯项目、云天化集团有限责任公司汽车轻量化材料、聚甲醛扩建、高性能玻纤等项目、重庆中平紫光己二腈项目等新材料产业项目9个,协议引资额90.61亿元。

(3)新能源产业异军突起,新签约成都合众锰业科技有限公司新能源汽车用电池级硫酸锰产业化及重庆锂锰资源绿色利用及新能源材料工程技术研究中心项目、福田欧辉客车氢能源汽车示范项目等新能产业项目6个,协议引资额76亿元。

(4)电子信息产业持续发力,新签约浙江飞尔康通信技术有限公司芯片封装及产品组装生产线项目、邦盟(日本)资本有限公司电子特气生产等电子信息产业项目3个，协议引资额14.86亿元。

(三)重大项目建设在统筹推进中展现新貌

按照资金、土地、行政审批三条保障线加速推进重大项目建设,全年实施重大项目116个,总投资160亿元，新开工重大项目46个,17户现代汽车配套企业建成投产，新投产项目34个,实施技改项目87个,完成投资84亿元,新增工业产值51亿元。

(1) 规划管理优服务，项目规划用地有保障。编制调整控制性规划8次,涉及项目60个,编制调整基础设施配套和公用工程规划12次,涉及项目21个,调整土规约5000亩,上报预征地面积3万亩,获批35个预征地批复,面积2.1万亩,实施征迁3500亩,解决了一大批征迁历史遗留问题,满足了项目建设规划、用地需要。

(2)资金融通持续创新,项目建设资金有保障。筹集资金60亿元,满足了长江二桥、科技创新园等一批功能型基础设施项目快速推进资金需要,新建成投运公用工程项目11个,完成投资21亿元。聚焦新材料新能源、电子信息等战略新兴产业有力推动了盛世经开投资基金,将带动产业投资10亿元以上,为打造现代产业体系提供了金融支撑。

(3)行政审批持续改革,项目建设规范提速。贯彻落实项目行政审批“一卡通”制度,制定实施《建设项目行政审批首席代表制度》,为项目建设按下了“快进键”,办证办件项目70个,为企业顺利开工建设、投产运营奠定了基础。按重点突出、分类处置原则,对“两违”整治工作,建立了与街道联合巡查整治模式,完成4.5万平方米违建拆除、310个新增图斑的整治任务，顺利通过市级考核验收,开发区整体发展形象得到提升。

(四)经济活力在创新驱动发展中得到有力增强

按照“自主创新、重点跨越、支撑发展、引领未来”的方针，切实抓紧抓实抓细科技创新工作,成功获评国家级知识产权示范园区。

(1)从政策驱动、载体建设入手,成功获批事业单位创新服务中心，建成科技创新人才公寓75套，建成光电产业校地合作研发基地,入驻3户研发机构。

(2)坚持引资与引智并重,开展创新招商,签约入驻17家法人化研发机构,开启了技术创新市场化运作的新篇章。

(3)产学研用一体化发展有新成果,企业累计申报专利8709件,授权专利4201件,引进科技创新高层次人才60名(新引进博士后1名),企业研发经费投入11.4亿元，新产品实现产值83亿元。新增瀚恩新材等国家高新技术企业3家,其中瀚恩新材的光学级聚乙烯醇(PVA)薄膜项目荣获第六届中国创新创业大赛暨第三届重庆市“高新杯”众创大赛新材料初创组第一名;博腾制药、欣欣向荣被认定为2017年度重庆市技术创新示范企业。

(五)绿色和谐发展在严抓实管中稳定向好

始终坚持“安全生态一体化”发展,突出“源头预防、过程控制、应急管理”三大重点,安全环保应急各项工作都取得了新进展。安全生产、环境保护工作分别接受国家部委检查督查5次,其中安全生产工作代表重庆市接受检查督查1次,得到国家部委领导、专家一致好评。

(1)安全管理方面:筹集资金300万元首创危险与可操作性培训,培训企业骨干300人次,组织开展安全文化沙龙6次，安全经验共享联盟会议2次，发动649个班组参加安全标准化班组创建活动,形成了一家有亮点,大家来学习的安全管理氛围。用标准化管理规范施工现场,购置分发安全标识服、工作牌各1000套分发到监理和安全员,规范工地大门、道路硬化、冲洗设施设置,保障安全文明施工。2017年没有发生较大以上安全生产事故，企业上报可记录的人身伤害事故同比下降29%。

(2)环境保护方面:完成化工、电镀企业污水管网可视化改造21公里,从源头上防控环境风险源。按照规划环评和长江1公里红线要求预审建设项目61个，指导企业完成64个项目专家审查、28个项目竣工验收，8个项目取得排污许可证。引导激励11家企业开展ISO14000环境管理体系认证试点工作。全面完成有机废气深度治理任务，开展环境日、公众开放日责任关怀活动16次，参与群众达1000余人次，周边区域群众环境满意度得到进一步提高。

(3)信访稳定应急管理方面：按照注重预防，加强排查，畅通渠道，正确引导，加强联动，积极调处的原则，做到了早研判、细方案、快处置，全年处置民工工资、工程款19起28次，劳资纠纷72起，环境突发事件89件，打赢了党的十九大期间安全稳定硬仗，保障了党的十九大期间及重要特殊敏感时期零集访、零群访、零上访、零到市进京。应急管理工作围绕力量更强、响应更快、作用更大的目标，采购储备应急物资17种，举办29户企业参加的应急队伍技能比武，开展经开区级实战应急演练2次，“双盲”演练2次，指导观摩43户企业开展应急演练，数字园区应用功能扩充了企业值班、演练信息报送和地理信息离线数据查询功能。

(六)党的建设在全面从严治党中不断加强

认真贯彻落实中央、市委、区委关于加强党的建设和全面从严治党各项要求，切实增强政治意识、大局意识、核心意识、看齐意识，坚决维护习近平总书记核心地位，坚决维护党中央权威和集中统一领导，严明党的政治纪律和政治规矩，坚决清除孙政才恶劣影响和“薄、王”思想遗毒。

(1)深入学习宣传党的十九大精神，组织精干力量深入工矿车间宣传讲解党的十九大精神80余场，让党的十九大精神人人知晓、入心入脑。

(2)深入推进“两学一做”学习教育常态化制度化，不断加强基层组织建设，规范有序开展组织生活，5个支部共计召开支委会70次、党员大会60次，红色基地体验2次，选送的主题党日活动案例荣获区直机关工委评选三等奖，党组织战斗堡垒和党员先锋模范作用明显增强。

(3)以建设务实、高效、清廉机关为目标，以加强机关党员、干部党性锻炼、改进机关作风为重点，巩固拓展落实中央八项规定精神成果，继续整治“四风”问题，加大教育和监督党员干部力度，区纪委驻经开区纪检组成功入驻，全年没有发生违法违规违纪行为，风清气正谋发展氛围持续巩固。

二、存在的问题

一是外资引进、产品出口面临严峻考验。二是化工、钢铁冶金等传统产业总体产能过剩，传统产业升级发展、新兴产业培育壮大任重道远。三是资源能源和生态环境约束趋紧等制约经济增长因素仍待破解。四是企业的研发水平，特别是“工业四基”的研发生产水平和新技术的转化能力仍有待提高，研发队伍仍不够强、行业领先的产品仍不够多，创新驱动发展的能力亟待增强，等等。

三、2018年工作计划

预期奋斗目标：在优化结构、提高效益、降低消耗、保护环境的基础上，实现规上工业产值950亿元，增长13%；固定资产投资230亿元；到位内资100亿元；税收28亿元，增长12%；合同引资250亿元；实际利用外资0.5亿美元；进出口总额50亿元。

(一)做好产业招商大文章，打造经济发展新引擎

(1)完善招商激励机制。加快出台招商引资工作激励机制，进一步激发经开区招商引资人员的积极性和主动性，实现招大商、招强商、招龙头商。

(2)进一步完善产业规划。深入研究《“十三五”国家战略性新兴产业发展规划》《重庆市战略性新兴产业发展规划》，加快完成编制战略性新兴产业发展规划、军民融合发展规划，为项目引进做好指引。

(3)加快签约一批项目。全力推进动力电池项目、天然气制蛋白质等重点项目签约入驻。

(4)加快储备一批项目。围绕产业规划,积极策划储备一批五大产业链新项目和战略新兴产业。

(二)做好项目建设大文章,打造经济增长加速器

(1)完善项目建设行政审批机制。有效实施项目行政审批首席代表制度,构建项目建设短流程、高效率行政审批流程,助力项目建设提速。

(2)加速开工建设一批市场项目。持续有效实施项目经理制度,逐个倒排工期节点,逐个落实责任,按适度超前、确保需要的原则,快速完成落地项目用地规划修编调整、公用工程规划工作及土地平场等工作,确保中欧电子、中平紫光、正海汽车等30个项目按期开工建设。

(3)加速投产达产一批市场项目。提前谋划企业投产达产水、电、气、汽、资金等要素保障,加快推进金刚化工、大宗国际、泓禧科技等35个续建项目,确保世纪之光、亚太纸业等30个新项目和40个技改项目建成投产,培育升规纳统企业20户,形成新的经济增长点。

(4)加速建设一批提升承载力项目。创新融资工具,筹集60亿元,确保PVA平场、五六期管廊、化北六支路等项目开工建设资金需要,加快推进长江二桥、科技创新园等功能型基础设施建设,加快启动化工新材料、电子信息标准厂房建设前期工作,进一步提升项目入驻承载能力。

(三)做好科技创新大文章,打造经济发展倍增器

(1)加速建设科技创新平台。加快建设科技创新园,加快申报国家级孵化器和众创空间,建设多层次重点实验室、技术转移服务中心和众创空间,争取更多的国家和市级工程中心、研发中心、检测中心项目等落户。

(2)加速高新技术产业培育。围绕改造提升化工、钢铁两大传统产业,加速高新技术与传统产业的融合,重点突破一批核心技术,形成自主知识产权,抢占产业技术战略制高点,实现传统产业高新化,加快培育成为特色优势明显、核心竞争力强的支柱产业。

(3)加速产学研用一体化实践。加快推进企业研发机构独立法人化实施进程,用好博士后工作站平台,帮助重庆斯泰克瑞登梅尔材料技术有限公司唐飞博士的课题“特殊用途PVP的工艺研发与优化”早日结题、早日应用。

(四)做好安全环保大文章,打造绿色和谐发展新典范

1. 安全生产方面

(1)压实工作责任。按照“党政同责、一岗双责、齐抓共管、失职追责”的要求,不断增强安全工作责任意识,切实做到守土有责、履职尽责。

(2)优化安全服务机制。深化落实安全生产网格制、项目经理制、分类别指导制、教育培训制四大机制,不断提升安全监管服务水平。

(3)创新安全监管方式。采取政府购买第三方服务的方式,聘请专业监管机构对投产企业和在建企业开展安全管理、服务指导、培训等工作。每年设立不少于200万元的奖励基金,激励企业进行安全设施设备升级改造、重大隐患整改、安全新技术的应用、技术管理体系建设、引入第三方安全服务等工作。

(4)深化开展落实专项整治行动。坚持标本兼治、重在治本的原则,紧紧抓住源头管理和过程监管两个关键环节,督促责任单位、企业认真落实各项规定,开展集中整治,坚决遏制各类重特大安全事故发生。

2. 环境保护方面

(1)加快推进规划环评。2018年6月完成八颗新增地块规划环评工作,2018年底完成菩提组团跟踪评价编制工作,为项目快速入驻奠定基础。

(2)扎实开展四大行动。深入推进中法水务主管网、化工企业内部污水管网可视化改造,开展好碧水行动。加快推动12家企业有机废气治理和相关企业码头、堆场粉尘治理工作,开展好蓝天行动。跟进长寿区第一批土壤环境重点监管7家企业土壤环境保护情况,加强企业厂区设备设施“跑、冒、滴、漏”隐患排查整改工作,开展好绿地行动。深入开展环境安全大排查大整

治专项行动,加大"双随机"检查力度,开展好"零容忍、出重拳"执法行动,杜绝发生重大环境事故。

(3)高效推进六大工作。全面完成第二次全国污染源普查企业现场数据采录汇总工作。坚持问题导向,抓好环保督查常态化机制建设。根据《重庆市强制性清洁生产审核年度计划(2018—2020年)》要求,抓好11户企业强制清洁生产审核。根据《重庆市加快重点排污单位自动监控工作方案的通知》(渝环办〔2017〕360号)要求,抓好重点排污单位自动监控管理,实现联网接入率达100%。纵深推进应急预案深化管理,实现重点企业应急预案深化管理覆盖率达100%。继续抓好企业ISO14001环境质量认证试点工作,实现认证企业总量突破40户。

3. 应急管理方面

(1)抓好值备班工作。持续做好经开区、企业两级24小时应急值班和应急备班,确保应急值守到位,保持常态化"临战"状态。

(2)抓好应急队伍建设。配合市安监局做好国家危险化学品应急救援基地建设,配合区消防支队开展化工北区石油化工攻坚专业队伍建设,建立经开区专业应急救援队伍库,完善应急救援补偿机制,开展经开区、企业两级应急演练,不断提升应急处置能力。

(3)抓好应急设施管理。持续推进晏家组团化工区域新增消防集中取水点建设工作,定期开展应急设施专项检查、设备维护更换,继续优化和开发"数字园区"综合管理平台各系统功能,完善GIS地理信息系统,扩容升级400兆数字集群对讲机系统,确保应急设施正常可用。

(五)做好要素保障大文章,打破发展制约瓶颈

(1)政策保障。优选投产企业,针对企业的发展阶段、薄弱环节和突破方向,在完善企业技改贴息、科技创新等普惠性政策的基础上,研究出台差异化政策,通过政策叠加、财政撬动和精准"输血",弥补企业短板,推动企业发展壮大。

(2)土地保障。征地报件3300亩,取得用地批文3500亩,启动土地征迁3400亩。加快推进芳烃项目、正新北侧、成元二期等项目用地的征迁工作,确保满足项目入驻落地需要。持续做好晏家片区、八颗片区征迁历史遗留问题处置工作,扫除项目建设障碍。

(3)资金保障。加快做实做大经开盛世产业引导基金,有效助推新材料、电子信息等战略性新兴产业发展融资需求。全方位帮助企业争取国家、市级各类专项资金3000万元以上。

(4)能源保障。协调保障用电52亿千瓦时,用气24亿立方米,用水7200万吨,用煤500万吨,用蒸汽105万吨。加快推进能源供给改革,切实做强做优焜田燃气合资公司,改善能源供给结构,帮助减少天然气化工产业陷入"量价"双重考验的影响。加快推进电力分布式能源项目建设进度,持续扩大实施直供电交易、新增配电网市场化试点,帮助企业降低用电成本。

(六)做好自身建设大文章,坚定不移全面从严治党

(1)学习贯彻习近平新时代中国特色社会主义思想,在学懂、弄通、做实上下功夫,牢固树立"四个意识",坚定"四个自信",做到"四个服从",坚决维护习近平总书记在党中央和全党的核心地位,维护当中权威和集中统一领导,自觉在思想上政治上行动上同习近平同志为核心的党中央保持高度一致。

(2)严格遵守党的政治纪律和政治规矩,不折不扣贯彻落实党中央决策部署,旗帜鲜明讲政治,把党的纪律规矩挺在前面,坚决肃清孙政才恶劣影响和"薄、王"思想遗毒。

(3)坚持突出党组织的政治功能,建强建好组织和干部队伍,夯实组织基础,注重增强党的组织生活活力,规范有序开展组织生活,推动基层组织建设全面进步、全面过硬,以坚强的战斗堡垒掀起干事创业的热潮。

(4)坚持加强机关作风和纪律建设,深纠"四风"不放松,认真落实中央八项规定和市委实施意见,坚决整治侵害企业和群众利益的不正之风和腐败问题,强化不敢腐、不能腐、不愿

腐的体制机制建设，巩固反腐败斗争压倒性态势，着力营造昂扬向上、风清气正的发展氛围。

珞璜工业园

珞璜工业园区管委会 谭瑶

一、2017年发展回顾

2017年，珞璜工业园在江津区委、区政府的正确领导下，以习近平新时代中国特色社会主义思想为指导，坚持“五大发展理念”，紧紧围绕区委“一三三六”发展思路，充分发挥大枢纽、大口岸优势，加快发展开放型经济，全力推进“五大工程”建设，园区发展建设取得了新的成效。全年实现工业总产值502.1亿元，同比增长17%。其中规模以上工业企业128户，实现产值404.5亿元，同比增长16.1%；规上工业增加值率约35%，实现规上工业企业利润46.8亿元；完成固定资产投资231.9亿元，同比增长21.9%，其中工业固定资产投资195.8亿元，同比增长8.5%；入库税金17.4亿元，同比增长16.3%。

（一）产业工程引领园区经济发展

1.狠抓招商引资

2017年，珞璜工业园依托良好的区位优势和产业基础，借力江津综保区对外开放优势，全力以赴推进招商工作。全年共引进浙江海亮、中建二局、厦门盛方等优质工业项目179个，其中投资30亿元以上的项目1个，20亿元以上的项目3个。协议引资211.3亿元，完成全年目标任务117.4%；实际到位资金180.1亿元，完成全年目标任务120%。

2.狠抓项目促建

珞璜长江枢纽港两个直立式泊位主体完成99%，办公楼等配套设施完成99%，码头设备安装整体完成65%，已具备使用条件，待路网及调度楼办公楼等完工后投用；珞璜铁路综合物流枢纽站前工程总体完成96%，站后工程总体完成94%，货场部分预计2018年6月投入使用；珞璜西立交、珞璜港进港大道、铁路物流枢纽至马垭路连接线道路等项目按次序推进；珞璜南站配套项目完成临时道路及广场设施，计划2018年5月整体项目完工。

2017年，珞璜工业园有区级重点市场主体投资类项目18个，已全部实质性动工，动工面积达2400亩，项目总投资232.5亿元，达产后预计年产值190亿元以上。工业项目中，杜拉维特项目已投产，维斯顿管业二期项目即将投产，玖龙纸业三期、联邦中北二期、敏华重庆工业城项目进展顺利；物流项目中，宝湾物流配送中心、普洛斯物流园项目按序推进。

3.狠抓企业服务

2017年，珞璜工业园班子成员下访企业100余次，收集并解决困难143件，实现办结率95.5%。全年组织开展了各类宣传、指导、培训21次；解决企业用工需求1800余人次。力促企业转型升级，玖龙纸业荣获“第六届重庆市市长质量管理奖”，全园21家企业获得全区2016年度科技创新激励扶持资金，9家企业产品成功申报重庆市名牌产品。3家企业被评为高成长性企业，17家企业被评为高新技术企业。

4.狠抓空间拓展

2017年，珞璜工业园启动了绕城以南片区等3个地区的土地空间拓展工作，园区空间将有序向西、向南拓展。

（二）配套工程完善产城基础

2017年，珞璜工业园实施基础设施建设项目69个，其中房建及配套工程12个，管网及边坡治理等25个，绿化工程13个，市政道路及配套17个，场平2个，项目合同金额约8.55亿元。目前已完工26个项目，完成投资2.1亿元；在建项目完成投资约3.85亿元,完成投资比例约70%。

园区全力保障江津综保区封关运行相关基础设施建设。同时随着临港大道正式通车,中兴大桥、珞璜西立交、马垭大道、园区大道南延段等多项道桥工程的顺利推进,园区“三纵四横”路网基本成型。临港隧道、碑亭安置房等工程项目都已完工;恒大国际文化城、博达商住综合体项目,珞璜南站配套工程进展顺利。

(三)“三化”工程扮靓城市形象

2017年,珞璜工业园新建成绿化面积9万余平方米,复耕复绿220余亩,绿化补栽补植1万余平方米,园区绿化总面积已达70余万平方米;马垭大道、玉兰大道绿化景观初步形成,慧冠路西侧、中兴大道水轮机段边坡景观绿化完成。启动玉兰大道西段等路段路灯工程,完成园区大道照明改造工程、玉观四期还房小区照明工程,共安装路灯645盏,维保157盏,加快推进建成区域“亮化”全覆盖。制定《珞璜工业园建筑外装规划管理暂行办法》,统一园区整体风貌;新建、改造空地块围墙6768米,新设置施工围挡5540米,共美化围墙围挡12000米;实施园区大道等主要路段环境卫生治理和交通设施完善,着力推进综北大道等绿化工程,城市风貌、人居环境得到进一步改善。

(四)生态工程彰显环保成效

2017年,珞璜工业园落实中央环境保护督察整改工作,制定《珞璜工业园环境风险防范体系规划及突发环境事件应急预案》。A区污水处理厂已完成初设评审等工作,即将开工建设。全年环境保护工作投入资金达1亿元,完成5.2公里市政污水管网建设,全力推进环保配套设施建设。狠抓扬尘治理,实行“日常维护+抑尘车洒水降尘+货运车辆、施工现场管控”多措并举的方式,切实改善园区空气质量。

(五)安稳工程助推和谐发展

珞璜工业园主动靠前紧抓意识形态工作,2017年共计在党政机关内刊及各级媒体发表园区经济发展报道1159篇(条),处理舆情信息54条(次),有效把握了思想及舆论引导的主动权。强化安全信访责任管控。园区严格落实安全生产“党政同责、一岗双责”责任体系,重点开展工贸企业、建筑施工、道路交通、高边坡整治等专项整治,并聘请专家到重点企业进行风险研判,切实加强安全生产工作。2017年园区成功创建重庆市基层调解组织示范点、重庆市劳动和谐示范点;处理典雅温泉城集体上访事件、津东欠薪事件等信访事件408起,保障了党的十九大期间的平安稳定。

二、发展中存在的问题

一是招商工作,重大项目签约数量偏少,在谈项目储备质量不高,缺乏影响力大、经济效益好的优质项目储备,招商人员专业技术有待进一步加强;二是工程建设工作,工程管理模式不够完善,工程管理人员有待进一步加强;三是城市管理工作,管理人员的业务知识有待进一步加强,对城市管理和科学决策的能力还有待提升,服务的标准、质量有待进一步提升;四是全园上下的统筹能力、执行力需进一步加强,工作作风还需要进一步转变。

三、2018年发展目标

2018年是全面贯彻党的十九大精神的开局之年,亦是珞璜工业园“产城融合发展,生态环境综合整治”的攻坚之年,珞璜工业园将进一步认真贯彻落实江津区委区府的指示精神,紧紧围绕中心任务,重点推进“五大工程”建设,努力开创园区经济社会发展新局面。

重庆建桥工业园区

2017年，建桥园区认真学习贯彻党的十九大、市第五次党代会、区委十二届三次全会等重要精神，不忘初心，牢记使命，大力促进管党治党、深化改革、产业转型等重点工作务实高效开展。

一、目标完成情况

——经济指标总体良好。实现工业产值230亿元，同比增长11.4%；预计完成固投42.8亿元；规上工业增加值增速11.5%；预计完成实际利用内资48亿元；完成实际利用外资1.3亿美元。实现土地出让518.67亩。

——特色指标基本完成。红九九扩能搬迁项目正在办理方案协办（由于企业土地置换导致进度滞后），预计年内完成方案审查；中元生物顺利投产。海康威视一期主体结构已全部封顶，室内砌体工程完成50%，预计年内室内砌体基本完成。万达广场正在进行基础底板施工，底板目前已完成90%，地下室结构工程完成60%，预计年内主体工程完成60%。华冶科创中心项目已完成土石方工程，车库施工完成50%，预计年内车库施工基本完成，上升主体部分完成20%。

二、重点工作情况

(一)高效组织招商引资

一是“走出去”招商。全年园区共组织小分队招商十余次，分别赴昆山、东莞、台湾等地上门招商，先后考察参观昆山经开区、昆山市智能制造和机器人产业园、小核酸及生物医药产业园、东莞松山湖生态园等先进园区，拜访对接台湾象王洗衣、台湾85度C等企业，洽谈协调台湾中小企业总会、工商建设研究会、商业总会等协会。同时，配合四大产业组赴上海、北京、深圳、辽宁等地参观考察，对接辽宁鸿盛集团、北京智膜科技有限公司，有效加快一批项目落户进程；二是“走出去”推广。积极组织参加第二十届渝洽会、中国电子产品展览会、两岸青年创业就业研讨会、重庆第九届台湾周等活动，成功举办2017海峡两岸中小企业合作重庆峰会，进一步宣传推介了园区，扩大了我区知名度和影响力。

(二)大力优化发展环境

一是完善基础设施。环保科技园内规划的跳红路12月进场，跳石与跳陶连接道路11月启动建设，启动产业园区域内双石河沿线河道景观等配套设施建设；投资约90万元，建成西南医院生物科技园员工食堂，解决职工就餐问题；引进医疗废弃回收公司，优化公交路线，增加公交班次，缓解企业废品回收成本高和职工出行问题。二是强化招商服务。协助大清生物、德慧芯办理产品注册证、生产许可证，协助国联申报高新技术企业；协助台湾产业园入驻企业办理工商、税务登记注册。三是增强宣传力度。编制园区宣传册、PPT等宣传资料，积极对接新闻媒体专题宣传报道西南医院生物科技园、台湾中小企业产业园。

(三)务实推进项目落地

一是环保产业建成环保股权基金、德润环境修复、龙大科技等企业完成装修已正式开展业务运作。截至目前，环保科技园累计引进环保企业66家，预计本年度完成营收收入55亿元，同比增长25%。二是西南医药生物科技园获批重庆西南生物科技转化基地，建成中元生物医药器械项目、重庆大家、重庆德慧芯、重庆鉴星、扬子江药业5个项目，拟签约中元生物试剂生产项目,江苏恒瑞、鲁南制药、北京大清再生医学等项目即将开工建设。三是重庆台湾中小企业产业园顺利开园，两岸企业家峰会副理事长盛华仁出席“2017海峡两岸中小企业合作重庆峰会”并视察产业园,累计引进台湾企业12家,吸引青创项目5个,其中星客多已正式营业。四是海康威视二期等重点项目签约落地。移动互联网产业园即将签订整租合同，正在办理移交手续。允升科技已装修完毕,即将入驻办公。

(四)力促项目顺利建设

建桥板块共有重点项目8个，非重点项目35个。重点项目中除红九九项目因企业土地置换导致进度滞后外,海康威视一期、跳红路、华冶科创中心、勤牛总部、万达广场、大九污水处理厂二期扩建、嘉威啤酒扩能等项目均顺利推进。非重点项目中长征重工平场土石方及边坡支护工程等项目已进场准备施工，西城佳园二期开工建设并稳步推进,湾丘路道路工程、民晟一路临时道路、建桥C区北侧地块平场一标段项目、H04-1-1、H04-1-2地块平场项目、黄桷树路已竣工验收。全年,开工道路建设1.6公里,工业厂房17.7万平方米，安置房建设近5万平方米,商业配套约21万平方米,启动土地整治60亩;完成道路建设1.9公里,土地整治202亩。完成建设九栋标准厂房配电工程、幸福华庭公租房供电外线电缆通道项目。新建电力通道约3公里、燃气管道约2.9公里、通信管道约3公里,迁改电力线路约2公里、燃气管道约1公里、自来水管道约0.3公里、通信线路约6.3公里,改建电力通道约0.5公里。另外,晋愉江州一期实现复工。

(五)全力保障资金安全

一是资金募集超额完成。全年完成融资51.23亿元,平均资金成本控制在5.9%,资产负债率47.93%,国审债务下降至1.43亿元。二是创新融资渠道。首次成功发行非公开发行的债券融资工具(PPN私募债),到位资金10亿元;重庆义渡股权投资基金管理有限公司设立义建晟工投资资金,规模31亿元,到位资金25.81亿元。三是贡献财税扶持企业。调集23.89亿元资金保障区属其他企事业单位的资金链安全,全年累计纳税额1.04亿元。与榆钱儿基金管理公司合作,设立榆渡基金合伙企业,培育扶持成长型新兴企业。目前,已投资2500万元与允升科技合作。设立建渡基金,整合本区资源支持实体经济。

(六)强化征供化解矛盾

一是加快实施征地拆迁。继续推进环保产业园片区征地拆迁，完成老龙文钢材市场地块搬迁拆除、民胜小学拆迁。柏树堡地块完成4家企业拆迁,剩余3家企业正在加快征收进度。二是超额完成供地任务。完成升光印务、安碧捷、红九九、勤牛、联发、海康威视二期等项目共计518.67亩土地出让，实现土地综合价金收入140479万元,超额完成年度供地任务。三是大力推进重点工作。完成F11-1地块规划调整以及城市设计方案设计报批，完成N23-2、N08-2地块调规，正在办理环保产业园片区控规修编及钰鑫总部地块调规工作。配合顺禧公司完成破产重整申请,目前正在进行造价审计。四是解决历史遗留问题。启动华伦医疗、农民进城务工新村两个历史遗留项目征地拆迁，完成蓝沁苑一期298户安置房房产证办理，全面清理历年征地遗留问题并研究制定解决办法及时限，满足百姓诉求,化解社会矛盾。

(七)提升服务改善民生

一是帮助企业缓解资金难题。返还海康威视、勤牛机械等企业优惠资金、征地预付款等合计11090.94万元,组织数码模、长征重工等企业争取上级资金1000万元,牵头组织金融机构与企业开展对接会帮助企业搭建融资平台，利用基金公司等方式支持区内企业。二是协调办理建设手续。协助天安数码、龙文、万家燕、数码模等公司办理竣工验收手续,协助红九九、勤牛、三峰、聚能粉末、升光等办理新建厂房手续,协助单轨、中石油等公司解决历史遗留问题、注册成立分公司。三是提供企业急需重点服务。协调区科委、区人社局等部门,开展上门服务,重点提供法律咨询、政策解读、用工招聘等服务。帮助企业解决用工2000人以上。帮助企业完成首轮“企业劳动保障守法诚信等级评价”,已有国际复合、朝阳气体、单轨公司等8家会员单位拟被评定为A类企业。帮助30余名职工子女入学,协调259路公交改线缓解企业出行。四是大力开展定点联系服务。继续强化“一对一”定点联系制度,定期上门收集企业问题。全年收集问题95项,协调解决71项。剩余24项属于不符合政策规定或需长期跟踪服务的,已制定处理办法。

(八)深化经营体制改革

一是子公司实际经营。与中石油合资成立的品城能源公司完成工商注册,正在开展项目选址和前期准备。建桥置业公司完成资质延期办理,正在开展F7-5地块开发和停车场项目前期工作。义渡基金公司设立义建晟工投资资金、合作设立榆渡基金合伙企业,创新融资渠道帮扶区内企业。二是子公司转型。悠活公司拟与富民银行合作开展国际贸易服务,转变主营业务。三是探索国企改革。配合区国资草拟区属国有企业改革方案,进一步理顺管理、考核、监督体系,释放经营活力。

(九)压实安全环保责任

一是开展重点环境问题整改。成立专职环保管理部门,收集入园企业污染物排放情况,完善建桥园区环保管理清单资料;按照环保中央督查组要求,开展重点环境问题整改,包括启用楼宇工业园污水处理池,启动建桥C区工业废水集中处理设施建设,完成建桥园区规划环评跟踪评价报告编制及审批。二是全面落实安全生产责任。领导班子和内设部门分别签订安全生产“一岗双责”目标责任书,成立专职安全管理部门。圆满完成消防安全教育、“全面落实企业主体安全责任”教育培训、汛期安全生产排查整治等多项专项活动。定期检查自有物业及园区在建工地安全隐患,限期跟踪落实整改。全年,查出安全隐患90余处,全部完成整改,未发生工亡事故。牵头协调处理“万商国际”经济纠纷、龙文金属材料加工中心项目民工工资纠纷、中石化润滑油项目民工工资纠纷、万美机械劳资纠纷、华伦医疗产业园项目民工工资纠纷、煤研院工程款纠纷等问题6起,有力化解社会矛盾,未发生群访事件,无市级部门通报批评。

(十)落实全面从严治党

一是切实履行责任。签订《党风廉政责任书》,制定《落实党风廉政建设“两个责任”清单》,严格履行八项规定、个人事项报告、谈心谈话、领导干部廉洁从政若干准则等制度,切实管好自己和身边人。二是严肃党内生活。划分三个党小组,规范学习记录、组织活动等。全年开展“三会一课”46次,参会人员850余人次,开展主题党日活动8次。三是筑牢思想防线。组织“收看党的十九大开幕式”、“知识竞赛”、“进企业送清凉体验一线工作”等活动,对员工政治素质、党性修养、思想认识等开展教育。四是强化廉政教育。定期组织支委会、党员大会学习上级廉政文件、通报典型违纪案例,查找廉政风险点,开展廉政谈心,走访企业负责人谈话了解员工廉洁从业情况。五是健全防控体系。修订公司章程和《“三重一大”决策实施办法》,明确党组织决策事项、程序和监督职能,确保党对国企的领导,坚持民主集中制和主要领导末尾表态。新建和修订《公开招聘制度》《职务晋升制度》等,进一步规范员工选拔任用的要求、决策、程序,注重发扬民主和考核实绩,形成良好的选人用人导向。新建和修订《自行采购办法》《差旅费管理制度》《财务报销制度》等,规范决策权限、报销标准、审批程序等,进一步强化项目和资金管理。

三、存在的问题

(一)招商引资存在三个“短板”

一是产业规划缺乏。虽然我区明确节能环保、信息服务业、生物医药及文化旅游休闲“3+1”产业,但具体如何布局缺乏规划,加之受环保政策、铁路规划等因素制约,项目落地困难。二是政策优势不明显。虽然我区分别制定了环保产业、信息服务业、生物医药业相关优惠政策,但企业反馈能实际申请享受的并不多,吸引力不强。三是配套需求日益增长。在工业4.0和互联网+经济时代下,配套政策是企业选择落户的重要因素。部分企业认为我区在人才公寓、研发支持、商业服务等方面配套未成体系,不够成熟。

(二)产业转型存在四个"难点"

一是前景不明朗。目前,部分行业由于容量有限、市场定位不明确等因素,导致企业不敢投入,持币观望。例如德润停建总部项目、梅林迟迟未确定新业态。二是资金不充裕。部分企业有转型意愿,但由于资金问题缺乏转型实力。三是站位不够高。个别企业在谋划转型过程中,对市场把握不准、缺乏科学规划,最终导致转型停滞不前。例如华伦医疗元石国际项目处于停滞状态。四是统筹不到位。我区在引导企业转型过程中,更多是谋求转型地块资金平衡,没有侧重研究区域的产业、功能、配套等布局,导致前期推进困难,后期也容易出现缝缝补补现象。

四、2018年工作思路

(一)规划引领,突出重点

一是尽快启动园区节能环保、电子信息、生物医药等专项规划修编,进一步明确产业布局,统领招商引资和配套建设;二是以A区城市规划设计为基础,制定园区的产城融合规划方案,调整A区轻轨沿线商业商务用地规划,结合轨道站点、总部经济的辐射效应,统筹布局商业、酒店、休闲娱乐、银行、居住等功能;三是依托三峰卡万塔、海康威视、允升科技等龙头企业,着力引进产业链上下游企业,着力推动我区节能环保、电子信息、生物科技等产业和台湾产业园、西南医院生物科技园等园中园形成聚集效应。

(二)增强土地保障和资金筹措能力

重点推进华伦医疗、农民进城务工新村、柏树堡地块、庹家坳片区等项目拆迁征收工作。重点解决轻轨和西城大道沿线区域拆迁遗留问题,加快轻轨沿线地块开发利用。加大与基金公司的合作力度,引入产业基金、环保基金等投融资模式,加快建桥园区城镇化建设。加强与恒丰等银行及券商的沟通,加快推进PPN私募债的审批力度,力争早日取得中国银行间市场交易商协会的注册资格。加强与金融机构合作,全面启动大渡口区棚户区(城中村)改造项目的融资。

(三)进一步释放国企活力

以本轮区属国有企业改革为契机,分类制定公益类、商业类区属国有企业的考核方式、考核内容,减轻商业类国有企业负担。进一步完善决策、管理、监督体系建设,切实从管资产为主转变为管资本为主,既强化监督又下放经营权力,提高企业自主性,提升员工积极性。

重庆巴南经济园区

巴南经济园区管委会 邓越利

2017年以来,重庆巴南经济园区紧扣时间节点,强化责任到人,加强协调服务,加快项目投产见效,园区发展继续呈现出持续向好、运行健康、较快增长的良好态势。尤其是在党的十九大召开以来,园区更是把圆满完成全年任务,谋划部署好今后一段时间工作作为贯彻落实十九大精神的实际行动,强化责任担当,全力以赴推进各项工作落到实处。

一、重庆巴南经济园区概况

重庆巴南经济园区(原重庆花溪工业园区)成立于2002年12月,是重庆市政府批准的首批省级新型特色工业园区,连续9年荣获全市"十强工业园区"称号。园区规划批准面积21.73平方公里,由花溪、金竹、界石、天明四个组团构成,目前建成区面积约17.5平方公里,规上工业产值占比全区80%以上。花溪、金竹产业定位以汽摩及机械加工为主；界石以数码电子、智能终端、电气机械、珠宝加工、楼宇工业和总部经济产业为主，是全市首个平板显示产业建设基地；天明以汽车整车和核心零部件制造为主。通过积极培育和完善产业发展布局，园区目前已成功构建起6大产业集群，以惠科金渝液晶面板第8.6代项目、惠科金扬产业园、颖扬光学新材料为代表的新型显示产业集群；以长安铃木、宗申集团、建设集团为代表的汽摩产业集群；以曙光恒升珠宝、中金珠宝为代表的高端饰品产业加工集群；以恒安纸业、蓝月亮为代表的快速消费品产业集群；以曙光工业园区、耐德金工坊、宁辉创业园为代表的楼宇工业和总部经济集群；以及以众恒、汉嘉、博顺为主的电气机械集群，彻底打破了经济园区原来汽摩一家独大的产业发展现状，实现了多个产业的全面开花。

二、2017年重点工作扎实推进

2017年，园区拥有规模以上企业120家，规上工业产值增速14.9%，占全区规上工业产值的83.3%，拉动全区规上工业产值增长12.6个百分点，对全区工业新增产值增长的贡献率为75%，实现规上工业增加值增速14.9%，辖区内工商税收增长24.9%。其中界石、天明组团产值增速为18.8%，高于全区3.7个百分点；战略性新兴产业产值同比增长26.6%。

(一) 项目建设呈现新亮点

通过实施“嵌入式服务”和“蹲点办公”，提供全方位服务强化企业尽快投产见效。2017年以来，惠科液晶面板第8.6代项目一期、蓝月亮一期、新康意一期、圣美一期等11个项目投产，新康意二期、金工坊三期、极速超越展厅项目推进顺利。新康意二期、金工坊三期、极速超越项目进展顺利。自2月27日点亮投产以来，5个月即提前完成市政府“双90%”目标，6个月实现满产，11月、12月单月均维持100万片的产出量，实现产值40.83亿元，创下了国内液晶面板项目建设和产能爬坡的多项纪录。蓝月亮项目一期已投产4条生产线，实现产能5200吨。同时，抓好项目手续办理同步推进，先后取得14个项目施工许可证，完成8个项目竣工验收，社会资本类项目已全面进入验收备案及不动产权证办理阶段。

(二)产业招商取得新进展

为加快形成集群发展、多点支撑的产业发展格局，积极围绕“芯屏器合”和创新资源整合，重点瞄准平板显示上下游产业链、新能源汽车、智能装备、黄金珠宝产业等产业开展招商引资，今年以来，园区累计接待客商200余次，赴企业实地考察30余次，跟踪对接项目37个，全年成功引进项目32个。通过积极培育和完善产业发展布局，园区目前已成功构建并不断拓展拉伸了新型显示、汽摩、高端饰品、快速消费品等6大产业集群。

(三)创新发展取得新突破

进一行优化职能，做实园区科技创新服务中心，搭建园区创新创业平台，加强对企业政策宣传和扶持；惠科光电技术研究院已成功认定为“重庆市新型研发机构”“重庆市工业和信息化重点实验室”，拥有150余名中国台湾专家和日韩专家，已提交专利申请1096件。重庆极速超越众创空间获批为市级创业孵化基地，展厅正在实施装修，即将投用；孵化的智恒精机科技、智驱电机科技、颇闰欣鑫智能科技3家企业顺利投产。汉嘉电气获全市首批唯一“瞪羚”企业称号，理工清研凌创、长江预应力、惠科金扬获“牛羚”企业称号，特卫御公司获国家级“创客大赛”重庆市企业组第一名。

(四)产城融合迸发新活力

一是规划上重实际。将产业发展和城市建设同步规划，科学选择产业和城市的空间组合方式，使产城相互支撑、互动发展。在界石数码产业园，以东城大道为中心轴，东面布局产业集聚区，促进产业集聚和提档升级，西面布局商业、住宅、医院、学校等城市功能区，完善配套功能，满足企业工人日常生活、休闲、购物需要和第三产业发展繁荣。二是建设上下实功。界石数码产业园首个城市综合体项目——新科城市广场建成开街，惠科商业街、惠金酒店建成投用，园区综合医院也建成投用。截至目前，园区已建成东城大道园区段、梨花大道A段等20余公里主骨架道路，园区内纵横交错的路网系统基本形成，为园区汇聚人流、物流、信息流、资金流奠定坚实基础；建成投用86万平方米的公租房，为惠科、圣美、曙光等40余家有需求企业解决住宿问题；建成投用公租房小学，积极协调企业员工子女入学问题，及时解决惠科、恒安、耐德等园区企业员工子女就近入学问题；开通连接界石、鹿角、茶园等地4条线路公交车，减少企业产业工人通勤困难，并逐步实现以产兴城，以城促产的良好局面。

三、2018年工作计划

2018年是贯彻落实党的十九大精神的开局之年，是决胜全面建成小康社会、实施"十三五"规划承上启下的关键一年。经济园区将以党的十九大、市委、区委全会精神为指导，深入贯彻新发展理念，以供给侧结构性改革为主线，认真对标对表，抓重点、补短板、强弱项，持续提升园区运营质量和效益，推动巴南工业经济发展质量变革、效率变革、动力变革。

（一）补短板，抓战略性新兴产业发展高地打造

一是培育先进制造业产业集群化，围绕新型显示、信息通讯技术、高端智能装备、新能源汽车、新材料等重点产业，强化招商引资，重点引进和培育单位产品附加值高、具有集群带动效应的核心零部件企业和行业龙头企业。如，平板显示产业板块，围绕现有产业基础，完善产业链招商；主攻芯片领域，从显示驱动芯片的封装测试入手，后期根据产业推进情况适时引进晶圆制造项目。二是推动存量企业转型升级，鼓励和推进耐德、光宇、汉嘉、恒安等重点企业通过引进新项目、新技术和新工艺，引领传统产业的高端化发展。三是积极打造科创产业园，以园区标准厂房二期项目为载体，与重庆理工大学合作建设科创产业园，推动园区现代服务业快速发展。

（二）增动力，抓创新发展源地建设

一是加快重点产业示范基地创建工作，优化创新创业环境，铸就创新发展新动能，打造创新源地。二是在招商的设计上，要把吸引研发团队、科技服务机构作为招商引资的重要方向。在招商优惠政策设计上，着重体现研发方面的内容，重点围绕企业新产品每年开发量、新产品在产值中占比等，积极引导企业研发创新，逐步建立以科技型企业为主体、专业化园区为平台、高新技术为主导的创新型产业体系。三是通过政策引导，鼓励园区企业成立具有独立法人资格的研究机构，支持企业技术中心建设；对于在外区设立技术中心的园区企业，要全面梳理，并积极引导企业把研发中心搬迁至园区内。四是充分发挥企业主体地位，从政策、资金等方面支持重庆先进光电技术研究院等创建国家级研究院，培养造就一大批在光电显示技术方面具有国际水平的科技人才、科技领军人才、青年科技人才和高水平创新团队，集聚整合更多国际高端创新资源；积极推动国家级众创空间——极速超越完善创新服务功能，营造大众创业、万众创新良好氛围。

（三）强引擎，抓园区服务和实体化运作

一是要进一步完善园区管理体制。按照精简高效的原则，整合归并园区各内设机构，发挥全体干部职工工作的创造性和积极性。二是积极推进区级各职能部门在园区设立相应的分支机构，提高办事效率，缩减办事流程。三是加快产城融合项目建设，同时引进知名企业开发园区商住地块，积极推进园区商住、交通、产业和要素配套融合，促进园区产城融合发展。四是加快园区规划范围内商住用地指标和用地批文的获批，确保土地出让收益，实行园区降债减负。五是充分利用园区公司下属投资公司、房地产公司等子公司，多元化开展实体化运作。六是采用多种模式，引导社会资本参与园区公共服务、基础设施类项目建设，积极探索合作办园的发展模式。七是坚持"控总量、优结构、降成本、去中间化"的总体思路，从债务及资金审批流程上，从新增额度、期限、成本上科学动态进行债务管控。

重庆西彭工业园区

西彭工业园区管委会 陈亚

一、2017 年发展回顾

过去一年，西彭园区始终坚持以习近平新时代中国特色社会主义思想为指导，认真学习贯彻中央决策部署和党的十九大精神，全面落实习近平总书记视察重庆重要讲话精神。在区委、区政府的正确领导下，西彭园区立足新起点、勇担新使命，奋力推进各项发展增添新成绩、迈上新台阶。园区各项指标实现高速、高质增长，全年完成规上工业总产值 361.6 亿元、增长 16.2%；完成战略性新兴产业产值 165 亿元、增长 21%；完成全社会固定资产投资 60 亿元，其中工业固投预计完成 38.5 亿元；完成外贸进出口总额 30 亿元；限上社零、限上批零、限上住餐分别增长 20%、25%、25%。

2017 年，西彭园区重点谋划推进了以下几方面的工作：

（一）狠抓“存量增量”，夯实发展根基

大力做优存量“厚家底”。积极抓好存量企业增长挖潜，常态化联系走访园区重点企业，帮助企业解决发展问题。推动戴卡、江达等多个企业启动实施二期项目，服务推进西南铝等重点企业实现 25%的增速增长，园区支柱产业铝产业实现 21%的高速增长。积极做大增量“聚动能”。大力扩大对外精准招商，成功签约引进项目 13 个，合同引资 22.88 亿元，合同产值 61.8 亿元，其中工业类项目新引进 9 个，高技术服务类等项目 2 个，合同产值在 10 亿元以上重点项目有 2 个，正在跟进广东精艺金属等 10 多个重点项目。

（二）狠抓“协调攻坚”，强推重点项目

紧紧围绕产业发展的需要。大力推动政务服务“一竿子插到底”，积极落实项目建设手续代办、审批协调服务代办等。一年攻坚克难，天泰铝业实现复产。西彭黄磏港事宜获市领导批示，正在开展论证工作。攻坚 6 年的西部地区首个铝期货交割库开库运营，重庆豪应医药物流园、臻宝芯片核心原材料等 12 个项目建成投产，重庆诚业总部基地等 6 个项目完成主体工程建设，重庆市装配式建筑研发及制造基地、宇培电商物流和结算中心等 10 多个项目加快建设推进。紧紧围绕城市发展需要。大力撬动市城投集团等市级平台公司在区域内储备地块的开发建设，与市城投集团 3000 多亩的联合征地全面启动实施，并完成总任务的 90%左右。在园区新建谢家湾小学、重庆外国语学校等优质中小学，以及建设三甲标准医院的事宜进入调规和建设谈判等阶段。区公安分局“三所一队”迁建、重庆市农校搬迁至西彭、引进安全职业技术学院等事宜加快推进。

（三）狠抓“创新驱动”，蓄积新兴势能

成功推进在园区设立西南铝业和重庆大有表面技术 2 个院士工作站。西彭园区“121”交通用铝创新平台科技支撑示范工程顺利进入结题阶段，课题实现产值 30 余亿元，获得发明专利 20 余项，实用新型专利 40 余项，实现技术突破 5 项，打破国外垄断技术 1 项。“国家火炬计划轻合金特色产业基地”顺利通过国家科技部复核，重庆宏钢数控公司获评国家知识产权优势企业，西南铝成为我国各系列、各型号导弹、飞机、运载火箭等军工产品 90%以上铝合金材供应商。为进一步推进高精产品、高新产品“西彭造”积蓄更多能量。

二、发展中存在的问题

一是重大基础设施项目的问题。西彭组团地区联系主城核心区的道路目前只有白彭公路和重庆外环高速，造成园区良好区位优势不能充分显现，一些重大基础设施项目当前还未启动建设,交通瓶颈制约着西彭园区的快速发展。

二是重要城市配套项目的问题。西彭园区所在的西彭组团地区目前已集聚20余万人,但城市功能配套低端,城市吸引力不强,学校医院等重点项目还未落地，城市形象和品质还有待进一步提升。

三是园区公司债务沉重的问题。园区公司截至2017年2月底的金融债务余额达到了68.6亿元,最近几年将进入金融债务偿还的峰值期,特别是在2018年,还本付息压力巨大。

三、2018年发展目标

结合区委、区政府的安排部署，西彭园区2018年的发展目标是：规模以上工业总产值增长15%左右,工业增加值增长10%左右,战略性新兴产业产值增长15%左右,全社会固定资产投资完成35亿元以上,其中工业固投完成25亿元以上,限上社零、限上批零、限上住餐均增长20%左右,科技投入和产出等指标进一步提升。

为实现上述目标，西彭园区将重点抓好以下工作：

(一)紧对新标谋发展

紧紧围绕新时代发展的新内涵、新要求,认真谋划对接市委“八项战略行动计划”和“三项攻坚战”具体行动,按新标准新要求全面谋划好园区全局工作。

(二)紧抓实体稳发展

进一步用好天泰铝业、西南铝等的龙头优势,全力以赴抓好铝产业、战略性新兴产业的集群发展、创新发展、军民融合发展。进一步做好对外招商引资,加快重大项目引进,切实推动实体经济发展质量变革、效率变革、动力变革。

(三)紧盯项目促发展

全面项目化、专案化落实工作部署,全力攻坚好一纵线、轨道线、西彭黄磏港、重庆ABB搬迁、优质学校医院建设等重点事宜,加快补齐基础设施及配套方面的短板。全力推进好区公安分局“三所一队”迁建、戴卡捷力轮毂二期、深圳宝湾物流等计划项目建设，促进项目开发建设展现新形象。

重庆白涛工业园区

重庆白涛工业园区成立于2006年12月,是重庆市特色工业园区规划建设领导小组批准设立的市级特色工业园区，位于重庆市涪陵区白涛街道,距重庆主城区100余公里、距涪陵城区28公里,与乌江黄金水道、渝怀铁路、国道319线连接。批准面积1500公顷。

从成立起,白涛园区始终按照产业项目、公用工程、环境保护、物流配送、管理服务五个“一体化”的要求实施整体开发,经过10年发展,已初步形成天然气及氯氟化工、聚氨酯及聚酰胺、LNG等页岩气深加工三大产业集群。一是天然气、氯氟化工产业集群:主要以化医集团在园企业为核心,包括建峰集团72万吨合成氨、132万吨尿素、6万吨三聚氰胺、4.6万吨聚四氢呋喃；天原化工20万吨氯碱、8万吨甲烷氯化物、1.5万吨四氯乙烯。二是聚氨酯、聚酰胺产业集群：主要以华峰集团在园企业为核心，包括华峰化工54万吨己二酸、华峰新材料10万吨聚氨酯树脂、华峰氨纶6万吨差别化氨纶;元利科技3万吨脂肪醇及4万吨环保溶剂；同辉科发2万吨氧化亚氮。三是页岩气深加工产业集群:包括通汇能源22万吨LNG(一期)和龙冉能源22万吨LNG(一期)。

一、经济发展情况

截至2017年,园区落户企业30家。其中,规上企业19家,高新技术企业6家,科技型企业4家,市级企业技术中心4家,独立法人资格的研发机构2家,专项工程技术研究中心2家。2017年,实现规上工业产值198.1亿元,同比增长43.8%;完成固定资产投资52.2亿元,增长16.2%;招商引资实际到位资金43.7亿元,增长68.5%。

二、机构设置情况

白涛园区是涪陵区政府的派出机构。共有行政编制9名,事业编制8名,现已经全部配齐,无其他借调聘用人员。内设综合管理处、规划建设处、招商服务处3个行政机构,下设安全环保所1个事业单位。除安全环保所在区安监局、环保局授权下对园区内企业的安全环保进行监管外。没有其他行政审批权。行政审批需到区级相关部门办理。园区实行代建制,所有经济建设活动均由区国资委出资成立的平台公司[重庆市白涛化工园区开发(集团)有限公司]负责。

三、产业布局情况

园区按照现有产业集聚情况布局,分成三大组团布局。一是化医组团。化医组团位于建峰集团至潘家坝地带,面积约3平方公里。该组团主要产业为天然气、氯氟化工等传统化工产业集群。通过装置技改、节能减排,走产品差别化、精准化发展之路,实现扭亏增盈。二是新材料组团。该组团位于潘家坝以东至新盛路地带,面积约5平方公里。该组团主要产业为聚氨酯、聚酰胺等新材料产业集群。通过查链补缺,促进循环发展,建成世界级聚氨酯、聚酰胺生产基地。三是新兴产业组团。该组团位于新盛路以东,山窝集镇东北地带,面积约7平方公里。该组团主要产业为铝深加工产业和现代装备制造产业。重点发展技术含量高、智能化程度高的现代制造业,形成新的增长极。

四、招商引资情况

产业项目是源头活水,园区始终把招商引资作为重要抓手。利用自身的特色优势,充分挖掘产业基础、物流条件、水电气等优势,做好园区的包装和推介,走出去、请进来,努力提高园区的知名度。采取登门招商、以商招商、中介招商、专业团队招商,提高了招商的针对性、专业性、实效性。

一是抓重点,做强支柱产业。华峰集团、化医集团在园产业是园区的两大支柱产业,是园区招商的重中之重。围绕华峰新材料工业园的四个板块,延伸链条,扩大规模,力争2021年产能达到300亿元以上。围绕建峰集团加大结构调整力度,发展差异化尿素、氟化工产业,扩能三胺、聚四氢呋喃,确保2021年产能达到100亿元以上。

二是补短板,发展循环经济。围绕园区现有支柱产业,以产业链招商,拓展延伸上下游,带动产业向中高端发展,完善产业链条,做大产业集群。支持通汇能源、龙冉能源做大页岩气深加工产业;鼓励园区企业引进战略合作方建设下游项目,提高就地消化产品比重,延伸产业链;引进同辉科技充分利用华峰化工尾气生产氧化亚氮和二氧化碳,最大程度地减少尾气排放,发展循环经济。

三是强弱项,培育新兴产业。在产品符合园区产业规划的大型企业中,普遍撒网,重点筛选,每年选择2—3户企业作为目标对象,精心策划方案,主动登门拜访,邀请到园区考察,建立起联系渠道,第一时间掌握其新上项目的信息,为成功招商抢占先机。

五、服务企业情况

企业满意就是对园区服务的最大认可。园区管委会始终秉承"保姆式"服务理念,进一步提高服务园区企业的效率和水平,实干担当、言出必行,打造了优良的营商环境,获得了企业家的高度认可。

一是立足本职,打造和谐园企关系。区政府给园区管委会的职责定位就是招商引资和企业服务。管委会在机构设置上除了安全环保监管外,就没有其余的行政管理职能。各种行政审批均由区级行业部门直接负责,管委会居中协调。在协调办理过程中,管委会干部全程参与,始终站在企业的角度来开展工作,和企业同舟共济,建立起了深刻的友谊,形成了亲如一家的园企关系。

二是实干担当,推动项目高效建设。管委会始终秉承"保姆式"服务理念。主动为企业办理各项手续、帮企业解决各种建设纠纷、帮企业协调解决各种运行难题。不管大事小情,也不管是大企业还是小企业,只要有困难园区都会全力以赴,帮企业办好。在项目建设中,各行业审批部门也是勇于担当,大力支持,开通绿色通道,助推了园区项目的高效建设。特别是华峰铝业项目,在多方共同努力下,从开工建设到成功试生产,仅历时一年,创造了项目建设新速度。

三是言出必行,确保政策落实到位。园区推行"一企一策"精准扶持政策。从项目签约谈判开始,园区就针对每户企业的实际情况认真研判,草拟协议后上报区政府,由区政府出面和企业签订招商引资协议。最大程度地保证了扶持政策的延续性。涪陵区政府历来重视承诺,多年来从未发生过因领导变动,扶持政策不落实的情况,所有扶持政策都准时足额兑现,获得了落户企业的一致认可。

六、安全环保情况

安全环保是白涛园区的生命线。安全工作始终须坚持安全第一、预防为主、综合治理的方针,宁可百日紧、不可一日松,警钟长鸣、常抓不懈,确保万无一失。环保工作始终坚持生态优先、绿色发展的理念,实现循环低碳发展。

一是强化源头管理,把好"进入关"。严格执行项目准入条件。首先由招商项目组负责甄别。由项目组全程跟进招商项目,对意向项目的"三线一单"(生态保护红线、环境质量底线、资源利用上线和环境准入负面清单)符合情况进行初审。其次由招商领导小组组织会审。园区招商领导小组对项目进行全面审核,提出具体意见。最后由班子集体研究决定。召开园区主任办公会,综合评价项目可行性,最终确定项目是否落户。

二是严格"三同时",把好"建设关"。安全环保工作必须从安评、环评、设计和建设抓起。首先提出明确要求。新入园企业要按照安全环保"三同时"程序,依法办理安全环保许可手续;项目安全、工艺和污染防治等设施的设计要达到国内先进水平,向世界先进水平看齐。其次督促跟踪落实。督促指导企业按照安评和环评要求,高标准建设安全设施和污染防治设施,确保安全环保投入不打折扣。最后严格条件逗硬。对未取得安全设施设计和环境影响评价批复的项目一律不准开工建设,对企业未按要求建设安全设施和污染防治设施的,一律不准投入生产或运行。

三是切实落实责任,把好"运行关"。守住底线不越红线,园区必须落实监管责任,从严管理,园区企业必须落实主体责任,依法生产。强化监督管理,认真落实"党政同责、一岗双责"工作责任制,突出危险化学品企业和建筑施工两大重点领域,不定期开展安全环保执法检查,防患于未然。加强风险源实时监控,充分发挥园区应急指挥中心作用,对企业重点部位实施全方位、无死角和24小时不间断监控。强化事故预防,园区及企业制定有切实可行的安全环保应急预案,定期组织应急演练,坚决防控生产安全事故和突出环境事件。通过齐抓共管,形成抓好安全环保工作合力,确保白涛园区安全发展、绿色发展和高质量发展。

重庆市正阳工业园区

正阳工业园区管委会

一、2017年经济发展回顾

2017年，园区完成工业总产值135.6亿元，同比增长7.3%。其中：规模以上企业实现工业产值123.3亿元，同比增长6.9%。完成固定资产投资55.33亿元，其中：工业投资41.88亿元，非工业投资13.45亿元。开工建设政府性投资项目17个，实施前期项目8个，实施产业项目建设15个。全年签订招商引资项目入驻协议14个，实现招商引资到位资金57.3亿元。

(一)狠抓运行调控，在产业培育上谋求新突破

一是"三大产业园"加快建设。30万吨无碱玻纤项目一期顺利实现点火运行，年产40万吨沥青拌和项目和年产30万吨沥青砼生产基地项目完成主体建设；双河丝绸二期主体完工、花神集团落户桐乡丝绸园，六羊纺织、福满江服饰生产步入正轨，均已升为规上企业，桐乡二期场平基本完工；环保产业园场平工程有序推进。二是支柱性产业稳步发展。卷烟及配套、新型材料、生物医药及配套、农副产品加工、节能环保、轻纺服装、新兴产业"6+1"产业发展呈现齐头并进的趋势。其中，材料产业实现产值51.5亿元，同比增长7.6%，纺织产业实现产值9.8亿元，同比增长44.6%。三是企业培育工作成效明显。衡生药用胶囊、六羊纺织等10家企业成功升规入统，超额完成全年目标任务，为园区工业经济持续良好发展提供了新动力。

(二)狠抓转型升级，在创新发展上谋求新突破

紧紧围绕"创建市级高新技术产业开发区"工作目标，推动企业创新纵深发展。一年来，园区共获得专利授权82项，申报商标9件；维美地毯、元和利泰、科瑞南海顺利通过高新技术企业认定；晟庄建材、群升床垫、京宏源实业等多家企业开始实施"重庆名牌产品"创建工作；《黔江创建重庆市级高新技术产业开发区工作实施方案》制定完成正按程序送审，市级高新区产业发展规划编制工作有序推进；黔江启迪科技园启动建设，数字型、智能型新兴产业加快培育和发展。

(三)狠抓项目建设，在平台打造上谋求新突破

全面启动基础性公共服务、生产性公共服务、生活性公共服务、行政性公共服务"四大公共服务工程"建设。园区管网改造完成5公里，新增标准化厂房6万平方米。新黔大道、黔永大道拓宽工程有序推进，物流内环、玻纤北路等一批重点园区骨干道路完工投用；四期标准化厂房9号楼、龚家坝标厂B栋主体工程完工；三期标准化厂房外立面改造完成，何家沟安置区2.6万平方米安置房主体工程全面完工，苏家坝安置区改造全面完工；冯家污水处理厂等项目建设稳步推进。

(四)狠抓招商引资，在发展后劲上谋求新突破

按照"引龙头、带配套"和"抓配套、引龙头"的产业招商思路，围绕"6+1"主导产业链、三大产业园、园区存量资源、总部经济等重点，深入开展"全员招商行动"，主动赴上海、江苏、福建、广州等地开展招商工作15批次；接待来访客商80余批次，新增招商项目信息48个，计算机配件生产研发基地、毛绒玩具及成品服饰加工等项目成功实现签约。

(五)狠抓跟踪服务，在要素保障上谋求新突破

积极践行园区"企业只跑一次办公室"职责，推行"两中心一基地"合署办公，收集解决各类问题232个。有序推进手续代(帮)办，全程为

入园企业代办(帮办)规划、工商、税务等行政许可报批手续;加强标准化厂房、保障性住房的规范管理,提供公租房130套。精心组织召开"银政企"座谈会、企业融资座谈会,加强与各商业银行工作对接,及时帮助企业开展放贷、续贷业务。组织衡生药用胶囊等3家企业申报了国家先进制造产业投资基金,组织蓬江食品等4家企业申报了民族贸易企业,帮助园内企业共申请到建行助保贷、银财宝等各类资金8000余万元。

(六)狠抓排查整改,在安全维稳上谋求新突破

强化落实安全生产"党政同责、一岗双责"责任和企业安全生产主体责任,建立企业隐患排查"三清三进"工作机制,邀请安全技术服务机构专家全程参与企业隐患排查、复查和整改验收,按照"4个100%"要求深入开展投产企业消防安全专项整治、建设工程"两防"专项整治和危险化学品专项整治,企业消除火灾隐患、扑救初起火灾、人员疏散逃生、消防宣传教育培训"四个能力"得到全面提升。

(七)狠抓物流保障,在综合交通枢纽构建上谋求新突破

一是加强与园内物流企业业务联系,强化物流企业之间、物流企业与园区工业企业的合作关系,促进物流快递产业在园区快速成长发展。二是加快推进物流产业项目建设。渝东南粮食储备中心储备仓主体即将封顶,渝东南军粮供应中心项目主体桩基已全部完工,即将进行主体仓的钢构主体安装,天然气储备中心项目年底将正式建成生产运营;冷链物流二期交易市场项目年内可完工投用。

二、发展中存在的问题

一年来,园区建设发展虽然取得了一定的成绩,但依然面临不少问题,主要表现在:一是企业经营困难。受宏观经济下行压力持续增大,企业融资难、融资贵问题依旧存在。二是招商成果不理想。当前项目跟踪落地转化率较低,对外投资、扩张的动力不足,客商投资落地意愿明显减弱。三是企业技术人员、高级管理人才、科研人才引进难、留住难问题依然存在。

三、2018年发展目标

全年实现规模以上工业增加值同比增长11%以上(其中,战略性新兴产业增加值占规上工业增加值15%以上);完成固定资产投资47亿元;实现招商引资到位资金42亿元;新增城市人口3000人。

重庆市大足区工业园区

大足区工业园区管委会 张传友

一、园区基本情况

重庆大足工业园区,是经市政府2003年7月批准设立和国家发改委备案的市级特色工业园区。园区以"现代五金、现代家居为主导产业"。是全市现代五金产业示范基地、现代家居产业建设基地。园区规划面积24平方公里,已建成面积6平方公里,在建5平方公里,投入基础设施建设资金60余亿元。园区已累计引进企业312户,合同投资185亿元,设计产值335亿元,预计可实现税金7.8亿元,可提供就业岗位5万余人。已投产252户,签约在建60户。"五金产业集聚高地、西部家居集散中心"初具雏形。

二、2017年主要工作成效

(一)经济指标稳步增长

2017年以来,园区15个项目相继建成投产,投产企业已达267户,企业运行总体平稳。

全年实现工业总产值245亿元,其中,规上工业总产值175.5亿元,完成固定资产投资91.5亿元。

(二)招商引资成效显著

通过以商招商、行业协会招商、中介招商、外出蹲点招商等方式,共收集招商引资有效信息105条,在谈项目30余个;引进双羽家具、中威智能终端、国恒家具、骅锌机械等14个整体家居、汽摩配件项目,协议投资额28.5亿元,设计年产值49.8亿元,年可创税收7600万元,可安置劳动力1700余人。其中投资5亿元以上项目2个,投资2亿元以上项目3个,1亿元以上项目2个。

(三)基础设施进一步完善

坚持把基础设施建设作为引项目、促发展的总抓手,不断强化要素保障,完成投资63548万元,完成年度计划101.5%;完成园区次干道3.5公里,铺设雨污干管13公里,铺筑路基水稳层1.75万m^3,沥青混凝土3.5万m^2,青石人行道2.8万m^2,挖填土石方50万m^3,栽植行道树480余株。

(四)重点项目建设快速推进

园区拓展区基础设施及配套工程、家居产业园(一期)、微型企业孵化园、港利整体家居生产等重点项目完成投资462228万元,完成年度计划120.8%。完成1028亩土地征地及整治,完成1028亩土地的管网及配套设施建设;广恒,双虎、固豪三期、恒涛二期、硕泰五金等9家企业新开工,港利、恒洪、斯美丹、和金等15家企业建成投产。

三、存在的问题及建议

(一)存在的问题

一是产业集聚度不高,企业产品技术含量低,引领带动的龙头企业欠缺。二是企业融资困难,部分签约项目建设进度较慢。三是部分企业对智能制造的认识存在偏差,专业人才欠缺。

(二)建议

一是区里出台发展智能化产业相关政策。二是要在创新引进智能人才上下功夫。要制定人才培训引进计划,为人才引进在住房、交通补助、税前扣除、教育等方面提供支持。

四、2018年工作打算

(一)抓体制创新,扎实推进镇园合一

加大宣传力度,认真落实区委、区政府加快龙水镇经济社会发展的意见,让广大干部群众充分认识"镇园合一"的体制改革是充分发挥比较优势,促进龙水经济社会提速发展的重大举措,引导镇园机关干部充分认识体制改革的重大意义,切实增强责任感和使命感,积极作为,勇于担当,最大限度地激发改革活力,进一步理清思路、明确目标、把握重点、创新机制、抓好落实,建立"镇园合一"高效的运行体制,形成资源整合、优势互补、功能叠加、运转高效的一体化发展格局。

(二)抓规划建设,促进城市上档升级

一是坚持规划高起点、产业高标准、建设高质量、管理高效能的原则,按照"工业发达、商贸繁荣、美丽宜居、产城一体"的总体原则和"产业北拓、城区南进"的发展思路,引进高层次规划设计单位重新统筹规划龙水板块,优化核心区19平方公里城市空间布局,推动产城融合、镇园合一的宜居宜业产业新城建设。二是坚持建设高品位。着力改善城市风貌,高水平设计、高质量建设,完善城市功能和基础设施建设,增强园区、城市承载力、吸引力,努力打造智慧园区、智慧城市。三是夯实基础设施建设,夯实园区发展平台,强化要素保障,实施园区用地场平整治工程、道路、给排水电力通讯主管网工程建设。四是坚持管理高质量。大力开展"三城同创",提高城市管理水平。持续开展环境卫生、交通秩序、市容市貌综合整治,全面改善宜居环境。

(三)抓招大引强,培育战略性新兴产业

引进投资5000万元以上项目10个以上,其中投资5亿元以上项目3个。一是要树立"抓项目就是抓发展,抓创新就是谋未来"的理念,举全镇、全园之力抓招商。二是建立"招商项目库"

"资源要素库""目标企业库"，强化招商信息收集，实施精准招商。三是进一步加强招商人才队伍建设，打造出一支懂产业、懂政策、懂市场、懂营销的招商专业队伍。四是着力引进培育一批科技含量高、市场前景好、经济贡献大的新兴产业，提升龙水工业发展水平和规模。

(四)抓智能装备改造，引领传统产业转型升级

扎实开展"三创一强""四转一改"，鼓励现有企业运用新技术、新材料、智能装备改造等提升壮大五金、家居等传统产业。一是要在引进智能制造系统集成服务商上下功夫，根据实际需求给企业提供解决方案。二是要在培育智能制造骨干企业上下功夫。选择一批具备条件的龙头骨干企业开展智能车间、智能工厂培育建设试点，支持企业做大做强。三是要在引进智能制造龙头企业上下功夫，树立行业标杆，引领传统产业转型升级。

(五)抓服务保障，构筑全方位综合服务平台

进一步完善"一站式"服务平台，通过集中受理并办理外来投资相关手续，使入园企业只针对园区一个部门，由企业按照《大足区工业园区投资项目建设流程指南》提供相关要件，园区对每个项目派专人实行"一对一""保姆式"服务，全程免费代办立项、注册、规划、建设、环保等手续，切实提高办事效率。同时，积极协调环保、安监、质监、消防、气象等部门加大对企业的支持力度，变"俯身责罚"为"贴身指导"，合力帮扶企业实现合法、合规、安全生产，切实提升园区全方位综合服务能力。

重庆忠县工业园区

忠县工业园区管委会 邹勇

2017年，是忠县工业园区顺应新时代、担当新使命、立足新起点、激发新活力、迈向新目标的关键之年。一年来，忠县工业园区在忠县县委、县政府的坚强领导，在市经济信息委的鼎力支持和悉心指导下，以党的十九大精神为指导，牢固树立四个意识，坚持五大发展理念，按照"生态优先，绿色发展"总要求，贯彻落实《关于大力发展特色工业的决定》，坚定不移实施"双特"发展思路，加快建设乌杨新区，在时间紧、任务重、要求高、难度大的严峻形势下取得了一定成绩，发展基础更加坚实，整体形象大幅提升。

一、2017年建设发展工作成效

(一)主要经济指标完成情况

忠县工业园区全年完成固定资产投资43.6亿元(其中：基础设施投资22.7亿元，工业投资20.9亿元)，实现工业总产值141.8亿元，规上工业产值108.1亿元，利润9.3亿元，税收2.2亿元，新增加劳动力用工500人，同比分别增长32.9%、15.3%、22.1%、8.6%、25.6%、6.9%。截至2017年底，园区入驻企业达76家，规模以上企业占45家，工业集中度达到84.06%，产出强度已达到80.07亿元/公里^2。

(二)重点工作推进情况

(1)加强协调，强化土地、资金保障。一是全年调整土规2230亩，获取土地计划指标1901亩，获取土地批文1386亩。二是完成征地拆迁5897亩，其中：乌杨新区完成征地拆迁5662亩，拆迁销号1960户，机械拆除房屋1817户，搬迁坟墓3066座，兑付征地拆迁补偿款6.5亿元；石子海螺砂页岩配料矿山完成征地拆迁235亩，拆迁销号57户152人，搬迁坟墓80座。三是完成光伏发电项目前期3204亩土地流转工作。四是出资1.8815亿元回购重庆高速集团、云河专

汽土地等资产，协助特瑞公司收购园区闲置厂房8.9万平方米。五是拓展渠道，强化资金保障，全年争取财政资金4.29亿元，取得融资指标授信28.5亿元，到位资金17.2亿元，偿还存量债务本息4.13亿元，并将全县部分资产划拨到园区平台公司，启动了平台公司信用评级发债工作。

(2)扎实苦干，抢推基础设施建设。建立了乌杨新区建设微信群，健全了项目包干制度、现场巡查制度、工作人员记实制度、周周推进工作例会制度、联系会商制度等系列制度，为园区建设提供了制度保障，筑牢“底线”思维，加快推进建设。编制完成忠县乌杨新区总体规划，加快控制性详细规划编制，装备制造基地一期660亩场平、园区二期2700亩场平、13.8万平方米C区安置房、12万平方米标准厂房、10万平方米标准厂房、5万平方米倒班房、乌杨新区中学、乌杨公用码头(一期)工程、污水处理厂一期一阶段、园区二期主一路北段道路、龙兴大道(主二路)等20余个重大基础设施建设项目快速有序推进。

(3)全程跟踪，提升招商服务质效。全年共引进入园项目19个，协议引资127.48亿元，开工项目8个，投产项目6个，到位资金7.7亿元，兑现优惠政策补贴款项4000余万元，确保了投资50亿元纳米碳酸钙循环产业化项目顺利入园，促成了特瑞年产10万吨锂电正极材料项目一期(2万吨)、鲜果集年加工35万吨柑橘加工项目、三昇源电子产品、宇豪手机镜头等6个项目投产，启动了特瑞项目二期建设。积极协助特瑞公司、忠环实业公司与恒丰银行、三峡银行、建设银行等银行对接融资。主动对接就业局，协助特瑞锂电、宇豪光学、天辉能源、鑫旭锂电等公司招工近1000人。

(4)实时监管，全力维护安全稳定。投入安全环保整改资金400余万元，编制完成安全生产事故应急预案、环境突发事件应急预案，组织安全环保培训1000余人次，开展安全生产大排查大整治大执法332次，排查整改安全隐患1039条，实施环境保护监督检查68次，排查环保隐患106条，园区安全保护总体形势稳定，未发生一起安全环保事故。积极开展信访稳定隐患排查130余次，妥善处置中铁集团、庆之都、佳鼎洗煤等企业信访问题，并严厉打击违法搭建、无理抗拆、非法阻工等违法行为，优化了建设施工环境，园区发展大局安全稳定。

(5)党建工作扎实推进，干部队伍廉洁高效。着力加强党建工作。深入推进“两学一做”学习教育常态化、制度化，依托党群服务中心强化非公党建工作、提升服务水平，学习宣传党的十九大会议精神，加强党员干部党性教育，查摆问题，强化整改，党组织凝聚力和战斗力倍增，确保了各项工作的高质高效推进。持续加强队伍建设。组织安排党员干部参加产业发展、素质提升等各类培训，积极向组织推荐提拔领导干部4名，建立健全了干部职工出勤考核制度及绩效考核办法，全力开展“解放思想，提高执行力”干部作风专项整治行动，园区干部素质全面提高，工作效率大幅提升，服务水平提档升级，为推动园区发展提供了坚强保障。

尽管忠县工业园区建设取得了一定成绩，但仍存在建设资金保障难、项目用地报批难、产业链条不完整、产城融合步伐慢等问题，阻碍了园区的快速发展。

二、2018年工作计划

2018年，忠县工业园区将认真学习贯彻党的十九大精神，以习近平新时代中国特色社会主义思想为引领，不忘初心，牢记使命，整合各类资源，统筹各方力量，推动乌杨新区建设再上台阶，促进特色产业集群发展和特色中等城市建设。力争全年园区实现工业总产值170亿元，税收3亿元，新增安置就业人员800人以上。

(一)打好土地征收“攻坚战”，切实保障项目用地

一是协助涉园街道(乡镇)重点攻坚征地拆迁重点、难点户，尽快完成“扫尾”工作，为项目用地和快速建设提供用地保障。二是全面完成装备制造基地、移民生态工业园二期等剩余

3679 亩土地调规、林地批复、土地报件等工作，保障 2018 年 26 个重大及重点项目用地需求。三是加快完成光伏发电项目二期 1500 亩土地流转工作。

(二)打好建设资金“保障战”，着力破解资金瓶颈

一是努力争取县政府支持尽快将全县部分经营性资产划拨给园区平台公司通瑞公司，力争 2018 年 5 月完成通瑞公司信用评级，2018 年 9 月发行企业债券(7 年期，总额 20 亿元)。二是在国家融资政策收紧的严峻形势下，进一步加大与金融机构的深入沟通，跟进乌杨新区棚户区改造、乌杨新区整体城镇化融资农行项目融资和华夏银行、稠州银行及恒丰银行流动资金贷款等约 42.7 亿元融资项目，确保全年融资 10 亿元以上，保证项目建设。三是加快建成骨干道路、污水处理厂、标准厂房、公用码头等重大设施，加快形成新的资产，启动浦发银行 180 亩抵押土地回购，引进振发集团对云河专汽标准厂房等闲置资产进行整合，持续推进特瑞公司回购园区“僵尸”企业标准厂房，加强资产运营，增强自身造血功能，激发新区发展活力。

(三)打好项目建设“翻身战”，持续增强承载能力

建立项目建设微信群，完善项目建设任务一览表，组建项目建设管理队伍，将责任落实到人，将工作落实到点，优化现场巡查、工作纪实、联席会商等机制，坚持周周推进、周周汇报、周周督察，确保项目进度和规范化、安全化、环保化施工。力争全年完成投资 20 亿元，完成乌杨新区控制性详细规划编制，策划装备制造基地二期基础设施、危化码头、污水处理厂二期、园区污水自流主管网、乌杨新区产城融合等 5 个项目，开工建设乌杨新区中学、乌杨新区公园、园区二期 2700 亩场平、10 万平方米标准厂房、5 万平方米倒班房、D 区安置房等 6 个项目，继续推进乌杨公用码头一期、装备制造基地一期、主一路北段道路等 3 个项目，竣工投用 13.8 万平方米 C 区安置房、12 万平方米标准厂房、龙兴大道(主二路)等 3 个项目。加快产城融合项目规划建设，逐步出让商业、居住用地，配套完善医院、超市、公园、酒店等设施，全面优化投资服务环境，推进乌杨新区平台建设，提升新区承载能力。

(四)打好招商服务“大会战”，强力推动产业集群发展

一是高度重视、全力推进招商引资工作，全面落实“县领导+专业招商组+部门乡镇”招商引资体制机制，积极配合全县专业招商组加快引进更多工业项目入园，并依托零距离服务园区企业的优势实施情怀招商，强化招商过程管理和结果管理，提高招商引资工作的精准度，力争完成“新引招商引资项目 5 个，协议引资 15 亿元，到位资金 7 亿元”的年度目标任务。二是充实服务人员，完善服务机制，兑现招商引资优惠政策，定期深入企业摸清情况，组织或配合相关部门研究解决企业发展过程中遇到的困难和问题，营造亲商扶商环境。三是抓好跟踪服务，争取早日开工建设纳米碳酸钙、水泥窑协同处理固废项目，快速推进特瑞锂电二期、三昇源电子产品项目建设，确保春垦鲜果包装、全伦笋竹项目投产，盘强园区企业，做粗主导产业链条，推动特色产业集群发展。

(五)打好安全环保“保卫战”，竭力营造安稳环境

一是落实安全环保“党政同责、一岗双责”制度，督促企业落实主体责任，切实履行监督职责，认真开展在建项目、入园企业、公共环境安全环保常态化巡查监督，确保不发生安全生产事故和突发环境污染事件。二是切实摸排矛盾纠纷，及时解决苗头性问题，全力抓好信访维稳工作，积极为园区建设发展营造安稳的发展环境。

(六)打好党建工作“持久战”，全面提高队伍素质

一是加强新时代新思想学习。切实加强党员干部教育管理，组织党员干部认真学习贯彻党的十九大精神，鼓励参加各类理论学习和知

识培训,积极开展“不忘初心,牢记使命”主题调研,提高干部政治素质、理论水平、业务能力和工作质效,适应乌杨新区发展需要,不折不扣落实县委县政府的决策部署。二是加强非公党建工作。完善党群服务中心配套设施和功能服务,充分发挥非工党建阵地作用,团结凝聚企业党组织和群团组织为新区建设发展贡献力量。三是加强廉政建设。完善财务制度、工程款拨付制度、廉政教育监管制度等系列制度,坚决落实中央新“八项规定”,规范干部言行,确保干部正派清廉。

重庆开州浦里工业新区

开州浦里工业新区管委会 舒灵巧

2017年,浦里工业新区党工委、管委会全面贯彻落实上级决策部署,抢抓机遇、团结务实、开拓创新、克难奋进,较好地完成了年度各项目标任务。实现工业总产值218.4亿元、工业增加值63.62亿元;完成固定资产投资12.2亿元(其中工业企业投资5亿元、基础设施投资7.2亿元)。新区累计入驻企业98家(其中规上企业66家、投产企业82家、在建企业10家)。

一、2017年发展回顾

(一)平台建设有序推进

一是突出高端规划引领。长沙、临港、赵家“三个组团”纳入城乡总体规划。基本完成长沙组团建设前期研究服务设计成果,已通过初步方案评审。形成长沙组团控制性详细规划编制初步成果。完成赵家组团和临港组团控规维护编制工作。完成浦里新区环境风险三级防控措施方案编制。完成白鹤、平桥组团跟踪环评和临江家居产业园、临港、赵家、长沙组团规划环评编制。二是征地拆迁稳步实施。研究制定征地拆迁补偿系列制度性文件和实施细则。完成赵家至长沙快速通道230亩建设用地报批、和平片区规划区内2036亩拟征地的前期资料收集准备工作。完成钢结构厂房60亩、国能动力82亩的建设用地出让。三是重点项目有序推进。开复工基础设施类重点项目10个(其中续建项目7个),完成投资7亿元。浦万隧道双向掘进9258米。开州港于10月下旬正式投入运营。临江家居产业园一期全面开工建设。枇杷城隧道工程完成竣工验收。浦万大道、长沙大道、陈家大道、南北快速通道等重大项目前期正加快推进。

(二)招商引资取得突破

一是强化宣传推介。修订完善工业招商引资政策。依托渝洽会、汉丰湖国际摩托艇公开赛等大型节会强化招商宣传推介。区领导率队,先后赴汕头、北京、潍坊等地开展推介会19次,直接促成58个项目落地。二是创新招商方式。成立“4+3”产业招商小组,分赴长三角、珠三角、京津冀等地开展专班招商。聘请温州汽摩配、潮汕内衣等行业协会开展代理招商。围绕全区产业规划、支柱产业和龙头企业,推动产业“补链、增链、壮链”,加速形成产业集群。三是狠抓签约落地。签约招商引资项目73个,协议引资49.16亿元。其中已完工(投产)项目8个、在建项目6个、待入驻项目59个。临江家居产业园项目已有48家企业完善签约并缴纳保证金。长教科技、柏慕羊绒等项目建成投产。天伦凯达燃气一期、国能动力新能源产业园一期等项目正加快建设。华兰生物原料血浆项目完成选址。麦德林医药产业发展项目重组为天致药业。

(三)产业发展提质增效

一是坚守绿色发展理念。把生态环保作为发展的基础和前提,整改完成中央环保督察及土地例行督察问题23个。云安寨复绿工程通过中期验收。督促24家入驻企业完善环保手续。启动临港组团污水处理厂和一般工业固体废物处理场建设。实施赵家组团绿化改造。二是促进产业结构升级。引导和扶持企业加大技改力度,指导紫建电子、联峰电机、德凯覆铜板等8家企业完成技改和扩建,产能普遍提升20%以上。坚持重点突破、跨越发展、掌握核心技术的原则,培育星星门业、九鼎牧业等一批成长型“小巨人”企业。德凯覆铜板公司在新三板成功挂牌上市,紫建电子扩产上市有序推进。上海赛润羊绒制品公司总部搬迁项目建成投产。坚持深化供给侧结构性改革与处置“僵尸”企业、企业兼并重组相结合,处置“僵尸”“空壳”企业3家,推动天致药业收购格瑞林、兼并重组宝迪食品,欧华陶瓷与佛山新美陶瓷合作租赁经营。三是推动发展方式转变。实施创新驱动发展战略,鼓励企业加强技术和产品创新,申报高新技术产品35个。深入推进品牌战略,九鼎牧业公司被认定为重庆市首批牛羚企业,星星套装门成功入选国家级绿色制造体系名单。举办“企业质量成本分析与控制”培训,指导企业加强质量管理。

(四)服务保障有效提升

一是完善企业服务机制。深入推进“放管服”改革,承接区政府授权或委托行政审批职能23项。推行企业服务“专员制”,落实区级领导联系服务重点企业制度帮助46家企业解决实际困难和问题88个。加强水、电、气、用工、用房等全要素保障。推动欧华陶瓷等5家企业实现直供电。腾退标准厂房2.5万平方米,协助企业新招工1600人、融资贷款3亿元。二是加大融资保障力度。做实做大浦发集团融资平台,总资产达到180亿元,净资产150亿元,主体信用评级达到AA。采取融资租赁、基金运作、争取专项债券等方式,筹措到位资金17.1亿元。设立股权引导投资基金,组建基金管理公司,探索开展股权(债权)投资、融资租赁业务、基金管理等服务,缓解入园企业融资难、融资贵问题。三是维护安全稳定环境。开展安全生产大检查大排查、建筑施工领域“两防”专项整治行动,发现并整改各类安全隐患369处,实现安全生产责任“零”事故。成功接受消防国检。建立完善干部下访企业、建设工地制度,落实领导班子定期轮流接访群众制度,办理区长信箱、区长接待日交办件3件,结案率100%。全面清理历史项目,妥善化解劳资、合同纠纷等遗留问题20余件,信访稳定总体有序可控。

(五)党的建设全面加强

一是突出加强领导班子自身建设。落实全面从严治党责任,加强领导班子思想政治、作风及能力建设。坚持民主集中制,严格执行党工委、管委会议事规则。区委副书记潘文峰、区纪委书记陈光海、区政府副区长带头宣讲党的十九大精神、上廉政党课。二是从严从实提升干部队伍。扎实开展“勇担当强执行”专项行动,坚持项目化、清单化推进工作,每月厘清重点工作、重点项目建设、招商项目落地“三张清单”,并开展进度评价;班子成员每周明确重点任务、工作预安排和上周要情,确保任务细化到天、责任到人。深入开展群众身边的不正之风和腐败问题专项整治,征地拆迁、项目建设管理等领域的突出问题得到有效解决。三是规范务实推进非公企业党建工作。持续推进“两学一做”学习教育常态化、制度化。坚持落实“三会一课”制度,开展主题党日活动66次,各级党组织书记、党建指导员讲党课38场次。开展示范点创建和后进整顿工作,打造天致药业、欧华陶瓷等区级示范点4个,嘉利华公司党支部实现后进变先进。四是强力推进抓党建促脱贫工作。成立驻赵家街道工作组。安排77名干部对接帮扶106户贫困户。整合帮扶成员单位资源,筹集帮扶资金197.5万元,帮助解决道路、饮水、电子商务平台、产业发展等资金差口。五是严格落实党风廉政建设“两个责任”。强化党工委抓党风廉政建设主体责任,支持纪检组履行监督责任。严格执行中央“八项规定”精神,严格落实《新形势下党内政治生活若干准则》《中国共产党党内监督条例》,营造风清气正的良好政治生态。

二、发展中存在的问题

在总结工作成绩的同时，对照区委、区政府的要求及开州人民的期盼，我们仍然看到还存在不小差距。主要表现在：一是体制机制有待完善。二是征地拆迁阻力较大。三是重点项目进展较慢。四是投资融资压力较大。五是产业基础依然薄弱。六是生产要素成本偏高。七是公共服务配套滞后。八是人才支撑仍显乏力。

三、2018 年发展目标

2018 年，浦里工业新区将坚持以习近平新时代中国特色社会主义思想为指导，全面贯彻党的十九大精神、市委五届三次全会精神和区委十四届二次全会精神，统筹推进“五位一体”总体布局和协调推进“四个全面”战略布局，把握稳中求进工作总基调，坚定不移贯彻落实新发展理念，围绕“高质量、供给侧、智能化”三个主攻方向，抓重点、补短板、强弱项，坚持“一手抓建设一手抓企业”，突出抓好“大征地、大建设、大融资、大招商、大提升”五大重点任务，打好“三大攻坚战”、实施“九项行动”。计划实现工业总产值 220 亿元；实现工业增加值 60 亿元。完成固定资产投资 13 亿元，其中政府类投资 9 亿元，市场类投资 4 亿元。新培育 2 个以上工业“小巨人”企业。战略性新兴产业增加值占规上工业增加值比重达到 18%以上，科技进步贡献率达到 60%以上。入驻新区企业达到 110 家、投产企业达到 100 家、规模以上企业达到 80 家，吸纳就业 2.8 万人。

重庆巫溪县工业园区

巫溪县工业园区管委会 钟双玲

一、2017 年各项工作推进情况

截至 10 月底，通过各方面共同努力，入园企业总数达到 32 户；1—10 月完成固定资产投资 3.51 亿元，预计全年完成固定资产投资 4.3 亿元；1—10 月完成总产值 6 亿元，预计全年总产值 7 亿元、同比下降 22%，增加值 1.8 亿元、同比下降 23.4%；1—10 月规上企业完成产值 2.78 亿元、同比下降 38.5%(基数未调减)，预计全年规上企业产值 2.86 亿元、同比下降 50.5%(5 户空壳企业下规后)。

(一) 国企改革稳步推进

按照县委、县政府国企改革安排，按节奏有序推进筹备组各项改革工作；积极落实政企分开，厘清管委会与园区公司职能、权责，推进建立现代企业制度；突出主业，把握重点，深化园区公司内部人事、薪酬、管理制度改革，激发公司发展活力，促进管理制度化、规范化。在此基础上，不等不靠，围绕年度目标全面推进园区公司各项工作。全年偿还贷款及利息 21712.13 万元，新融资 22965.91 万元；大力清收入园企业欠缴厂房租金，目前已清收历年欠款 45.91 万元；完成凤凰组团已征用土地打桩定界，走完大宁塑胶公司、腾翔毛衫公司欠款催债法律程序。

(二)招商引资较大进步

截至目前，新入园企业 7 户，分别为重庆厚德实业公司土豆深加工项目、巫姑食品公司肉制品加工项目入驻凤凰组团，和利源大理石材加工项目、启翔塑胶公司 TPU 颗粒生产项目、云峰石材加工项目、苏渝环保公司冷底子油生产项目入驻尖山组团，坤林木业公司实木板材深加工项目入驻文峰中小企业基地。新投产企业 5 户，分别为绿盛源营养餐配送、巫姑食品、启翔塑胶公司 TPU 颗粒生产、豪成桂制鞋、坤林木业公司实木板材深加工项目。积极洽谈新项目，包括中高档校服生产、鞋业制造加工、中药材饮片加工、畜禽屠宰冻库冷链，以及清脆李果汁果酒果醋生产等一批项目。

(三)项目建设有序推进

按照《2017年政府工作报告目标任务分解表》目标任务，截至目前，重庆绿盛源品营养餐配送项目完成投资4200万元，建成一期厂房、2条生产线及综合楼，9月1日起已实现全县98所中小学6万多名学生营养餐配送全覆盖。重庆育才装备项目土地指标资料已报市国土局；征地、拆迁已基本完成；场平及基础设施建设已完成招投标，待土地指标批复和县政府审批后启动实施。巫溪县豪成桂皮鞋加工项目3月底全面复产。凤凰组团北岸路网星凤路已完成设计、财政评审，待县政府审批后启动招投标。此外，完成凤凰组团柏杨河一号桥连接道、凤凰组团安置房3号楼建设。

(四)企业服务长足进步

一是规上企业培育有成效。园区积极协调、多方联动，后溪河水电公司、绿盛源食品公司、汇锦玻璃公司、坤林木业公司4家入园企业可望在年内完成升规。二是停产企业盘活有进展。加强横向联系协调，切实帮助企业解决实际困难和问题，巴山佳芋正在准备恢复生产，三峡玉龙家具园内搬迁项目场平工程开工，利互石材新采矿点报批进入审批程序。三是入园企业快速落地见效。协助厚德实业公司完成工商注册、项目备案登记及环评，协助和利源大理石加工项目完成工商注册、项目备案登记、厂房维修及水电配套，积极帮助巫姑食品公司办理生产许可，确保了企业快速落地、迅速投产达效。

(五)用地制约得到缓解

土地报批全面推进。取得渝欧散热器项目地块征地批文；完成绿盛源营养餐配送基地项目(育才项目)一期征地报件工作，目前正在市国土局系统进行网签程序；启动二期用地报批程序；完成尖山污水处理厂、安置房等项目征地报件，正在按相关程序逐级报批；启动厚德实业土豆深加工、尖山组团铝塑、三峡玉龙家具、临港双生物流等项目用地招拍挂前期准备工作，目前已完成相关土地勘界及手续办理。土地例行督察项目逐步整改。土地例行督察涉及工业园区多达15项。山货市场地块已启动收地程序，正与山货市场公司谈判损失赔偿问题。中环公司临时占地复耕完成整改。华兰生物地块、7号地块部分土地、公墓地块部分土地不符合土规，正与县国土局衔接调规；7号地块闲置问题计划通过修建星凤路和土豆深加工项目解决，待县政府审批后启动实施。森之泰房地产项目地块因短期难以交地，已启动退地退款方案。9号地块已于2013年通过招拍挂，由民兴房地产公司接牌，园区将积极解决政府原因造成的土地遗留问题，督促项目业主加快建设。228亩批而未供土地拟通过实施星凤路、落户2户企业逐步进行解决。批而未供的95亩土地，拟通过实施星凤路、育才项目配套道路，并安排1户企业落户予以解决。

(六)安全环保管理逐步规范

按照“党政同责、一岗双责”要求，切实把安全环保责任落实到各个企业、职能科部、每个岗位。2017年以来，园区召开安全环保专题会议9次，安全环保检查60余次，查出安全隐患120余条，下发整改通知书90余份，整改率达90%，原野土特产品有限公司、绿盛源食品有限公司核准为三级工贸企业安全生产标准化达标企业，建成安全生产标准化文化长廊3条，截至目前未发生一起安全责任事故。按照中央环保督察整改要求，完成尖山组团污水处理厂、文峰小企业基地临时污水处理设施、凤凰组团借用隆望丝绸公司污水处理厂维修整改，凤凰组团一体化污水处理罐工程正在实施，新建临时污水管网1500米，将实现凤凰组团工业污水集中收集处理后达标排放；凤凰组团、尖山组团跟踪环评预计11月底完成，10户企业完成建设环评。

(七)一批遗留问题逐个消解

渝欧散热器项目解除合同及违约追责工作已经启动。整体回购原隆望丝绸公司厂房及配套设施、清退迪纳木业公司取得实质进展。三峡玉龙家具公司、华顺管道园内迁建正在积极推进。

(八)综合工作扎实推进

一是党建工作扭转局面。2017年,园区党工委及园区公司严格按照县委党建工作目标任务和组织工作要求,强化基础、完善方案、细化责任、突出特色,在"主题党日"、党建促脱贫攻坚、党建促创建等方面开展了一系列具有创新性、实效性的活动,扭转了园区党建工作长期落后的局面,组织、宣传、统战、群团等各项工作走上了规范化、制度化轨道。严格落实党风廉政建设责任制、"八项规定"、《中国共产党廉政纪律条例》和《中国共产党纪委处分条例》等文件规定,结合实际创造性开展了看守所警示教育、廉政党课等党风廉政建设经常性教育,落实党风廉政建设主体责任,加强对征地拆迁、土地拍卖、工程建设等重点领域的管理、监督。二是脱贫帮扶取得实效。截至目前,园区管委会及园区公司全体职工已到凤凰镇木龙村集中开展对口帮扶活动5次,到位帮扶资金共计6万余元;筹资3.5万元,帮助木龙村1、2社修建减压池2个、铺设引水管道1300多米,解决了174户、718人的饮水难问题;结合"七一"庆祝活动,园区与木龙村党支部联合开展党建知识竞赛"主题党日"活动,慰问木龙村贫困党员31名。园区脱贫帮扶工作季度督察测评及"两率一度"排名提升到县级部门单位中上游水平。三是"四项创建"扎实推进。为迎接县级文明城市现场验收,清理凤凰组团主干道、人行道乱堆乱码15处,安装灯杆道旗200块、宣传牌80块,新建四项创建文化长廊3条;网格责任区域日常活动开展经常化,出资新增网格责任区宣传文化墙1面、公益广告18块,筹资近10万元改造网格责任区旱厕1个,得到了县"四项创建办"的通报表扬。

二、2018年工作思路

(一)基本思路

按照县委统一部署,始终把学习贯彻党的十九大精神及市委、县委决定作为全年首要政治任务,把党的十九大精神落实到工业园区平台上、实践中。围绕县委、县政府年度目标,坚持山水工业、生态园区"一个定位",突出提升工业园区经济总量、提高园区企业发展水平"两个中心",切实做好强化基础、补齐短板、招商引企、企业服务、拓展空间、激发活力"六个重点",努力实现园区产值止滑回升、园区企业活力增强、园区形象明显改观"三个目标"。

(二)预期目标

一级指标:全年预计实现固定资产投资5亿元;预计实现总产值8.0亿元、增长20%,规上企业产值4.0亿元、增长30%。二级指标:全年计划招商引企5户以上,新增规模以上入园企业3户,园区内规模以上企业力争达到10户。

(三)重点工作

(1)拓展发展空间。积极争取重庆市园区办支持,根据园区"十三五"发展需要,准予凤凰组团、文峰组团拓区,完成凤凰组团拓展区规划红线划定工作,启动古路组团规划红线划定工作。立足巫溪资源优势,完成园区产业发展规划编制,突出"重庆市绿色食品加工基地"一项主业,围绕马铃薯、腊肉、魔芋、黄牛、山羊、清脆李、中药材、老鹰茶等特色农产品,链条式、集群式发展绿色食品精深加工,做大做强做响"绿色食品"这块标志性牌子;在此基础上,统筹发展石材加工、旅游商品、服装、制鞋等产业,形成"1+N"产业新格局,走出一条具有巫溪特色的工业园区转型升级新路子。

(2)强化基础建设。强化已建项目规划建设、环评、土地手续报批,加强新入园自建企业规划管控,加快土地例行督察项目整改,大力消化历年历史遗留问题。加快用地报批,文峰组团新征用土地100亩,凤凰组团新征用土地100亩,完成凤凰组团育才教育装备公司地块"三通一平"并交地,努力实现不因用地问题影响项目建设、企业落户。完成凤凰组团星凤路、石材展厅建设,建成尖山组团园区大门,实施尖山组团500亩土地场平及道路工程。

(3)补齐配套短板。遵循新的城市控规,启动凤凰组团北岸中小企业孵化园标准化楼宇厂房及生活配套设施建设项目；联系渝宁公司完成凤凰组团饮用水管道铺设，启动凤凰组团工业原水供水工程。实施尖山组团企业生活配套设施一期项目建设，确保尖山组团入园企业落得下去、员工吃住有地方。

(4) 突破招商引企。创新招商引资体制机制，制作园区招商引资手册，改版园区公众信息网，打造园区招商引资网上平台。围绕优势农特产品，大力引进果蔬、中药材及林特产品加工业；围绕优势矿产资源，重点培育有市场需求、销售渠道畅通的大理石材加工业；围绕优势水资源，重点引进天然弱碱矿泉水、生姜饮品、青脆李果汁果酒果醋、茶叶等饮料生产企业。同时，积极引进发展鞋业制造加工、校服生产等企业。

(5)强化企业服务。落实新入园企业全程代办制、入园企业"一对一"服务机制，切实帮助企业解决生产、经营、环境等方面问题和困难。加快企业用地、建设、环保各项手续办理，切实优化项目施工环境，帮助企业尽快开工建设、投产达效，确保育才教育装备生产、厚德实业土豆深加工、和利源石材、三峡玉龙家具、苏渝环保冷底子油等项目加快推进。切实帮助企业脱困解难，促使巴山佳芋、利互石材、乾鼎石材、五丰食品等企业复产。试点推进凤凰组团、尖山组团用电大户企业"抱团"直供电，切实降低企业生产经营成本。

(6)激发内生动力。按全县国企改革时序安排，全面完成园区公司改革；强化公司内部管理，激发干事创业活力。积极拓展园区公司功能，主动对接深度贫困乡镇脱贫项目开展土地整治、厂房建设等经营性业务，用好用活教育建设公司牌子，增强园区公司的自身"造血功能"。策划、包装一批新的融资项目，"抱团"争取银行贷款，打破园区基础设施建设的资金"瓶颈"。进一步理顺园区各项产权关系，盘活土地房屋资产，确保国有资产保值增值；积极推进凤凰组团、尖山组团商住用地开发，将闲置资产变现为现实价值。

(四)统筹推进各项综合性工作

坚持党建工作常态化、制度化，结合园区实际创新性策划举办主题党建活动，统筹推进纪检监察、组织人事、宣传思想、统战、群团各项工作。坚持安全环保管理经常性、有效性，强化基层基础，塑造标准示范，做好应急值守，确保不出现安全事故。按照全县统一安排，扎实做好脱贫攻坚、"四项创建"工作。积极回应群众诉求，妥善处理园区各类遗留问题，大力化解各类信访矛盾，保持园区形势总体稳定。加强经济运行调度，按时保质填报各类经济数据。做好信息采集，加强舆情管控工作。

第六编
区县经济

万州区

万州区政府办公室 容会宁

一、2017年发展回顾

2017年，万州区在市委、市政府的坚强领导下，以习近平新时代中国特色社会主义思想为指导，认真贯彻党的十八大、十九大精神，深入落实习近平总书记视察重庆重要讲话精神、关于做好重庆当前工作的重要指示精神，统筹推进“五位一体”总体布局，协调推进“四个全面”战略布局，积极践行新发展理念，围绕“生态美、产业兴、百姓富”，开拓进取，主动作为，扎实抓好改革发展稳定工作，为决胜全面建成小康社会奠定了坚实基础。实现地区生产总值965.81亿元，同比增长8.5%。一、二、三产业增加值分别增长4.5%、9.6%和8.3%，三次产业结构调整为7.3:46.7:46.0。一般公共预算收入69.00亿元，增长3.5%，其中税收收入43.46亿元，增长7.8%。完成固定资产投资635.05亿元，增长8.0%。社会消费品零售总额增长9.6%。城乡居民人均可支配收入分别达到33967元、13088元，增长8.7%和10.0%。

(一)工业经济稳健运行

实现全口径工业增加值323.69亿元，增长8.5%，战略性新兴制造业产值增长15%，规模以上工业产值、增加值分别增长13.4%、8.4%。规模以上工业企业实现利税总额39.09亿元，增长7.0%，实现利润总额23.27亿元，增长16.5%。10万套长安CB10发动机等20个项目竣工投产，万州医药产业园等10个项目加快推进，雅伦汽车年产50万套汽车零部件等20个项目开工建设。经开区规上工业产值增长15%，建成标准厂房9万平方米。金龙铜管集团公司总部迁至万州，万州工厂第一条生产线建成投产。

(二)现代服务业提质发展

批发和零售业实现增加值115.16亿元，增长9.5%；住宿和餐饮业实现增加值30.12亿元，增长9.0%。全年接待国内游客1520.11万人次，增长50.7%；国内旅游总收入84.36亿元，增长63.5%。金融机构本外币存款余额1096.70亿元，增长4.3%；本外币贷款余额621.09亿元，增长2.3%。房地产开发投资97.93亿元，增长12.9%。国际汽车机电建材城二期竣工投运，友豪万商城等项目加快推进；举办首届烤鱼节等节会活动，实现会展收入30.4亿元。潭獐峡风景名胜区总体规划获国家批复，中华易温泉等项目有序推进，新增欢乐黄金谷等乡村旅游点20个。三峡人寿保险公司获批开业，阳光眼科成功在“新三板”挂牌。

(三)城市和交通建设扎实推进

高铁片区、密溪沟塘角片区整体开发项目成功签约，城区面积100平方公里(含水域)，城区人口100万人。城市“六大工程”完成投资38亿元，长江三桥南北岸主塔基本建成；龙溪河大道主体完工，长岭、高梁等入城大道建设有序推进；山湾路改造、五桥立交拓宽工程竣工通车；建成红砂碛滨水生态公园、三生有幸广场等广场公园，新增城市绿地56.4万平方米。启动智慧交通建设，改造道路交通节点12个，建成复兴路、西山公园等公共停车场点。重大交通项目完成投资38.8亿元，万利高速公路、新田港疏港大道竣工通车，新田港1、2号泊位建成开港，郑万高铁建设、万州机场改扩建工程有序推进，完成通镇乡公路升级改造41.8公里。

(四)农业农村稳步发展

粮食总产量53.18万吨，增长0.1%。新建特色产业基地1.9万亩、标准化规模养殖场26个、天然生态渔场5000亩。新增“三品一标”农产品10个、全国名特优新农产品5个、市级名牌农产品5个。农业规模经营率36%,农业综合机械化率41%。大滩口水库渠系开工,鱼背山水库整治加快推进。国家农业公园新建特色产业基地1.2万亩,成功创建国家农村产业融合发展示范园。启动甘宁、武陵、罗田等11个特色小镇建设。新配置农村垃圾运输车23辆、垃圾桶1.8万个,行政村生活垃圾有效治理率95%。建成美丽宜居村庄市级示范点4个,创建市级绿色示范村庄11个、亮化示范村庄10个、整洁庭院1000个,太安镇凤凰村、罗田镇用坪村入选中国传统村落名录。

(五)脱贫攻坚成效显著

大力开展精准扶贫、精准脱贫,全区168个贫困村整村"销号",31237户98418人越线"达标",贫困发生率由2014年的11%下降至2.15%,退出国家扶贫开发工作重点县。硬化村组公路1167公里,硬化人行便道1038公里,贫困村通畅率、组通达率均达100%。贫困村农网改造和垃圾处理设施覆盖率、贫困户通水覆盖率均达100%。实施产业项目294个,贫困村"一村一品"或"一村多品"的产业格局基本形成,农产品电商销售额3.1亿元。资助贫困户学生38693人次,低保兜底17349人,医疗救助32.1万人次,资助城乡居民医保19031人次,"精准脱贫保"全覆盖,886户建卡贫困户"零转移"就业家庭实现动态"消零"。

(六)改革创新活力增强

深入推进供给侧结构性改革,持续深化"放管服"改革,积极推进农村"三权"分置改革。财政资金统筹使用改革整合25类涉农资金9.2亿元。推行"十证合一"工商登记,新增市场主体13610户。实施农业财政补助资金股权化改革项目122个、补助资金4894万元,集体经济组织及成员持股1229万元。开展重大招商和推介活动15次,成功签约中船重工新能源装备产业园等重大项目76个,协议投资1321亿元,到位资金366亿元。成功举办第11届"支洽会"、中国中西部经济技术协作区第28届全体会议、重庆经济协作区第19次市长联席会。开通"泸万"集装箱"五定"始发班轮。国家进境粮食指定口岸试运行。获批国家级专家服务基地1个,新建博士后科研工作站1个,新培育国家级众创空间2个。10项科技成果获国家或市级奖励。江东机械国家重大专项获评中国工业首台(套)重大技术装备示范项目。

(七)生态环境持续改善

深入实施环保"五大行动",全面落实中央环保督察和中办回访调研反馈问题整改。淘汰黄标车1910辆,创建扬尘控制示范道路10条,城区空气质量优良天数317天。明镜滩等城区污水处理厂扩容提标有序推进,15个镇乡污水处理厂、25个撤并场镇污水处理设施开工建设。五桥河、龙宝河黑臭水体整治初见成效。长江干流万州段水质保持优良,城区、镇乡饮用水源地水质达标率分别为100%、95%,城区污水集中处理率92%、垃圾无害化处置率保持100%。完成农村环境连片整治项目32个,治理农田面源污染2.8万亩,关闭搬迁禁养区畜禽养殖场123家。完成地灾工程治理项目5个,"金土工程"搬迁避让400人。全面推行河长制,建立区乡村三级河长体系。健全环保行政执法与刑事司法联动机制,立案查处环境违法行为319件,行政处罚944万元。

(八)民生保障不断提高

获批2017年度三峡后续项目47个,下达补助资金12.7亿元。发放三峡库区农村移民后期扶持直补资金571万元、城镇移民困难补助及特殊救济资金4692万元。落实教育资助等资金2.5亿元,惠及学生15.4万人次。10个"全面改薄"项目、11个城区义务教育扩容项目有序推进。义务教育阶段入学率100%,高考上线率95.2%。市级中职重点(特色)教育专业达到6个。9家公立医院综合改革全面推开,减轻患者负担2495万元。三峡中心医院通过国家三级甲等综合医院复评,区人民医院创建三级甲等综合医院。新增市级医学重点学科(专科)6个。兑现计划生育奖励扶助资金7747万元。广播剧《宝贝回家》获全国第十四届"五个一工程奖",

方言话剧《薪火》公演32场。三峡移民纪念馆接待游客45万人次。成功承办全国女子手球锦标赛、第四届“体彩杯”冬季横渡长江邀请赛等体育赛事。城镇新增就业4.1万人,城镇登记失业率2.94%。五大社会保险累计参保299.8万人次,兑现社会保险待遇62.5亿元。发放城乡低保、医疗救助、临时救助4.9亿元。

(九)社会保持和谐稳定

化解矛盾纠纷2.3万件,12件市级交办信访积案全部化解,到区集访批次、人次分别下降16%、15.9%;新建3个派出所业务用房、5个“警银岗亭”,刑事案件立案下降25.8%、破案上升16.3%,侵财案件立案下降28.5%、破案上升19%;建成应急避难场所360个,开展陆水空立体医学救援等应急演练37次;有效防范和打击非法金融活动,关闭超范围经营投资咨询公司217家,处置非法集资积案8件,实现了党的十九大等重点时段“三个不发生”“七个坚决防止”目标,群众安全感、满意度有效提升。

二、发展中存在的问题

经济总量不够大,市场主体的支撑能力有所减弱,招商引资项目落地建设进度较慢,新增产能充分释放尚需时日。发展质量不够优,缺乏较大的创新型龙头企业和机构,拥有核心专利技术、自主知识产权的企业不多,创新人才队伍有待进一步培育。民生改善不够快,生态建设和环境保护任务依然艰巨,城市功能品质有待进一步提升,农村基础设施管理、运营、维护的长效机制还需进一步健全完善。

三、2018年发展目标

坚持以习近平新时代中国特色社会主义思想为指导,深入贯彻党的十九大精神、中央经济工作会议精神、习近平总书记视察重庆重要讲话精神,全面落实市委五届三次全会、区委五届二次全会精神,紧扣社会主要矛盾变化,统筹推进“五位一体”总体布局,协调推进“四个全面”战略布局,深入贯彻新发展理念,坚持稳中求进工作总基调,坚持质量第一、效益优先,以供给侧结构性改革为主线,推动经济发展质量变革、效率变革、动力变革,突出抓重点、补短板、强弱项,着力建设现代化经济体系,坚决打好“三大攻坚战”,大力实施“八项行动计划”,不断满足人民日益增长的美好生活需要,为决胜全面建成小康社会奠定更加坚实的基础。地区生产总值增长9%左右,固定资产投资增长8%左右,社会消费品零售总额增长10%,一般公共预算收入增长5%,外贸进出口总额7亿元,全社会研究与试验发展经费支出占地区生产总值比重达到1.6%,城镇、农村居民人均可支配收入分别增长9%左右和9.5%左右,城镇登记失业率控制在3.5%以内,居民消费价格指数控制在103以内,单位地区生产总值能耗下降2%。

黔江区

黔江区政府办公室 严仁彬

一、2017年发展回顾

2017年,全区实现地区生产总值231.9亿元,增长5.8%。人均地区生产总值49167元,增长4.1%(按常住人口计算)。其中,第一产业增加值22.8亿元,增长4.5%;第二产业增加值124.2亿元,增长7.1%;第三产业增加值84.8亿元,增长4.7%。完成固定资产投资262.7亿元,增长4%。实现工业增加值100.1亿元,增长6.4%,占地区生产总值的43.2%,规模以上工业增加值96.9亿元,增长6.4%。社会消费品零售总额103.2亿元,增长11.6%。一般公共预算收入23

亿元，增长10%，税收收入16.1亿元，增长20.3%。城乡常住居民人均可支配收入分别达到29812元和10792元，分别增长9.7%和9.9%。

(一)聚力“三农”发展，脱贫攻坚夺取新胜利

整合涉农资金6.6亿元推进脱贫攻坚，贫困人口由2014年的40641人减少到5197人，贫困发生率由2014年的8.1%降至1.67%，成为全市首批退出国家扶贫开发重点县的区县之一。全面启动“1+29”深度脱贫攻坚工作。连续10年获得“全国生猪调出大县”奖励。蚕茧产量连续7年位居全市第一。建成重庆最大的猕猴桃、羊肚菌生产基地，荣获“中国猕猴桃之乡”“中国脆红李之乡”称号。新增“重庆市著名商标”“重庆市名牌农产品”6件，新获“三品一标”认证17个。新培育农业龙头企业12家，新创办农民专业合作社77家，2家农民专业合作社被评为全国示范社。建成高标准基本农田3.4万亩。投入7910万元完善易地扶贫搬迁集中安置点配套设施，巩固提升5万人的饮水安全，完成35个农村环境连片整治项目，建成改善农村人居环境市级示范片1个、市级示范美丽宜居村庄5个。

(二)强化工业支撑，产业培育取得新成效

材料、纺织、环保“三大产业园”加快建设，年产40万吨无碱玻纤项目首条生产线点火生产，新材料产业实现产值48亿元；福满江服饰、花神丝绸、六羊纺织等企业投产运营，双河丝绸、联宝维美地毯等项目技改扩能有序推进；生活垃圾焚烧发电项目完成征拆工作，工业固废填埋项目开工建设，垃圾场渗滤液处理项目主体完工。通威100兆瓦并网光伏发电项目3个月内建成投产。加大工业企业运行服务力度，帮助区内工业企业协调到位流动资金2.7亿元。持续实施重点工业企业扶优扶强计划，新培育“123”重点工业企业5家、规上工业企业11家。

(三)加速旅游发展，品牌打造谱写新篇章

濯水景区核心区全面成形，创5A一举通过国家景观质量评审，正待国家暗访验收。濯水风雨廊桥获评“世界第一风雨廊桥”，濯水古镇入选“新重庆十大文旅地标”。土家十三寨、神龟峡成功创4A，爱莉丝庄园创4A公示结束，全区4A级旅游景区将增至7个，居渝东南首位、全市第2位。乡村旅游蓬勃发展，小南海镇、水市乡获评“重庆最美风情小镇”，建成乡村旅游景点40个。发起筹建武陵山旅游发展联盟，开启了武陵山片区旅游协作联动发展新征程。成功举办首届中国土家族文学奖颁奖典礼、中国山地马拉松赛、少数民族电影展映等系列重大文旅活动，《濯水谣》进京赴渝演出，“神秘芭拉胡·魅力阿蓬江——清新黔江”旅游主题形象全面彰显。全年接待游客1460万人次，实现旅游综合收入63亿元，分别增长76%和86.5%。

(四)统筹规划建设，城乡面貌彰显新形象

22家机关事业单位入驻新城，人民公园、民族广场建成投用，碧桂园、中央公园城等品质楼盘加快开发，新城人气商气加速聚集。新城“两纵八横”路网骨架基本成形，新黔大道全线贯通，老城北部环线建成通车，城区微循环能力进一步提升。“两城同创”成效显著，正式荣获“国家卫生区”称号，创建成果持续巩固，城区道路清扫率、生活垃圾清运率均达100%；全国文明城区创建完成提名资格申报，石会镇中元村成功创建全国文明村。完成老城9条泥泞路硬化和6条破损道路改造。建成投用2个片区主污水管网和6个片区二三级污水管网。集镇建设和传统村落保护取得新进展，展现乡村文明新风貌。完成土地利用总体规划中期评估修改，新增城镇工矿用地规划4.17平方公里。完成城周山体管控、老城区夜景照明、城市地下综合管廊、海绵城市等重点规划编制。

(五)加强基础设施建设，发展支撑能力得到新提升

黔张常铁路、渝怀复线铁路快速推进，渝湘高铁重庆至黔江段即将开工建设；黔江机场改扩建工程全面开工，新开通宁波航线，航线总数增至9条，加密重庆往返航班，旅客吞吐量达到28.9万人次、增长88.2%；黔石高速公路、黔江东南环线高速公路等项目建设加快推进，区域性

综合交通枢纽地位进一步巩固提升。改造提升干线公路147公里，实施农村小康路533公里。太极水库、老窖溪水库下闸蓄水，罗家堡水库、瓦窑堡水库有序推进。武陵山天然气管道工程主体完工，17个乡镇街道天然气惠民工程建成投用。青杠110千伏输变电工程等项目加快推进。城区公共场所基本实现免费WiFi全覆盖，60%以上的农村区域开通4G信号和光纤网络。

（六）提升现代服务业，商贸金融中心建设迈出新步伐

武陵山商贸批发城一期、渝东南冷链物流中心、大十字智慧商圈建成投用，吉之汇黔江农贸物流城、渝东南会展中心基本建成，居然之家、奥特莱斯等知名品牌落户黔江，区域性商贸中心显现雏形。民族风情城获评市级特色商业街区。全国电商进农村综合示范区创建正待国家绩效评估，建成全市区县首个智能网仓，成功推出电商区域公共品牌——山韵黔江。新引进金融机构7家，中国人保集团独资设立、辐射全国的普惠小贷法人机构开业运营，发行全国首笔扶贫超短期融资券，成为全市金融服务实体经济转型升级专项行动试点区县，新型金融发展处于区域领先地位，渝东南金融中心正在形成。房地产市场稳定发展，呈现量升价稳的良好态势。

（七）全面深化改革，对外开放进入新阶段

供给侧结构性改革取得新进展，为企业减税降费2.2亿元、提供应急转贷资金1.5亿元。“放管服”改革深入推进，完成行政审批标准化建设，建设项目审批时限在法定时间内压缩50%左右。投融资体制改革取得积极成效，民间投资增长50%。加快国企“瘦身”改革，关闭注销“僵尸企业”8家，整合同类业务企业7家，部门出资和监管的10家企业全部纳入国资集中监管体系。深化城市执法体制改革，整合组建城市管理局。海关建成开关，开启了黔江直通世界的“国门”；出入境检验检疫局项目加快建设；新培育进出口企业4家。招商引资新签约项目84个，一批中字号企业签约黔江。新培育科技型企业71家、高新技术企业5家、国家级星创天地1家，新增市级高新技术产品16个，筹建重庆启迪科技园，建成投用渝东南技术转移中心。

（八）攻坚污染防治，绿色发展取得新进展

以中央环保督察为契机，集中整治群众关心的突出环境问题33个。完成新一轮退耕还林1.5万亩，森林覆盖率提高至60.2%，居全市第4位。超额完成黄标车淘汰任务，按PM2.5监测新标准城区空气质量优良天数达到335天。全面推行河长制，建立了三级河长组织体系。城镇集中式饮用水源水质全部达标，阿蓬江两河断面水质达到Ⅱ类标准。餐厨垃圾处理厂建成投用，乡镇污水处理设施实现全覆盖，农村生活垃圾有效治理率达到93%。城区环境噪声达标区覆盖率达到93.1%。整区推进畜禽养殖废弃物无害化处理和资源化利用，获评全国首批畜牧业绿色发展示范区县，成功争得全国畜禽粪污资源化利用整县推进项目。

（九）着力保障民生，人民生活获得新改善

城镇新增就业2.1万人，城镇登记失业率控制在3.4%以内。城乡养老、医疗参保率稳定在95%以上。学前教育三年毛入园率提高到84.3%。重庆国维外国语学校实现当年开工建设、当年建成招生。在全市率先完成3所高完中初高中分离单办。普通高考核心指标继续保持渝东南首位。成功创建全国青少年普法教育示范区和重庆市社区教育示范区。启动实施城区医疗卫生资源优化布局调整工程，公立医院综合改革稳步推进，民族医院创“三甲”取得积极进展，建成国家慢性病综合防控示范区，区外病人占比稳定在30%以上，区域性医疗中心地位日益凸显。国家食品安全示范区创建取得阶段性成效，群众知晓率、支持率居全市前列。成功创建全国民族团结进步示范区。区广播电视台获评重庆区县一级标准台。爱莉丝庄园获评重庆市文化产业示范基地，蒲花园获批重庆市首批乡村文化乐园。殡仪馆迁建工程和仰头山城市公益性公墓建成投用。深入推进平安黔江建设，背街小巷和重点部位视频监控实现全覆盖，

八类刑案大幅下降，无一例民转刑案，实现党的十九大等重要节点安保工作"零事故"、到市进京非访"零发生"、自然灾害人员"零死亡"。未发生较大以上安全生产事故，安全生产实现市上下达的控制目标。再捧全国"长安杯"、成为全市唯一连续两次获此殊荣的区县。

二、发展中存在的问题

一是经济总量小，发展质量不高，传统产业支撑能力减弱，新兴产业接续乏力，新旧动能转换任务艰巨；二是市场作用发挥不充分，实体经济困难，物流成本较高、融资难融资贵等问题仍较突出；三是财政收支平衡压力较大，偿债和发展矛盾较为突出，金融领域风险仍在累积，社会信用环境和金融生态建设任务繁重；四是脱贫攻坚成果巩固任务仍很艰巨，社会民生领域存在不少亟待解决的问题。

三、2018 年发展目标

全区经济社会发展的主要预期目标是：地区生产总值增长 9%左右，规上工业增加值增长 9%，一般公共预算收入增长 3.5%，固定资产投资增长 9%左右，社会消费品零售总额增长 12%，城乡常住居民人均可支配收入分别增长 10%和 12%，节能减排降碳等约束性指标完成市上下达任务。

涪陵区

涪陵区政府办公室 刘蓁

一、2017 年工作回顾

过去一年，我们在市委、市政府和区委的坚强领导下，深入落实中央决策部署和党的十九大精神，认真践行新发展理念，统筹做好稳增长、促改革、调结构、惠民生、防风险各项工作，攻坚克难，创新进取，实现了新一届政府的良好开局，在决胜全面建成小康社会进程中迈出了坚实步伐。

(一)提升发展水平，综合实力进一步增强

2017 年，全区实现地区生产总值 992.2 亿元、增长 9.7%，三次产业结构比为 6.1∶61∶32.9；工业增加值 508 亿元、增长 11.4%，固定资产投资 800 亿元、增长 15.5%，社会消费品零售总额 295.4 亿元、增长 13.5%，一般公共财政预算收入 62.6 亿元、增长 5%，其中地方税收收入 38.4 亿元、增长 10.4%，城乡常住居民人均可支配收入分别为 33709 元、13466 元，增长 9.1%、9.9%。多项工作创先争优。成功获评全国休闲农业和乡村旅游示范区、中国特色农产品优势区、重庆环都市区产业转型升级示范区、市级电子商务示范区、全市农旅融合发展示范区，涪陵工业园区成功创建市级高新区，区行政服务中心成功创建国家级政务服务标准化示范单位，成功创建 3 个全国农村创业创新园区。

(二)转变发展方式，产业升级进一步加快

工业集群化、高新化水平提升，六大新兴产业产值增长 26%，园区规模工业集中度提高到 86.8%。高新技术产品产值、高新技术企业产值、专利产品产值分别增长 28%、25%、21%。农业特色化、规模化步伐加快，青菜头总产量达到 159.6 万吨，涪陵榨菜获评"2017 年中国百强农产品区域公用品牌"，蚕茧销售收入首次突破亿元大关。服务业专业化、品质化发展提速，批发零售业销售额、住宿餐饮业营业额分别增长 17%、18%。电子商务交易额、网络零售额分别突破 300 亿元、10 亿元。接待游客突破 1500 万人次，旅游收入增长 35%。

(三)夯实发展承载，宜居水平进一步提升

全国文明城区创建强力推进，国家生态文

明建设示范区创建取得阶段性成果。首版城乡总体规划编制完成，土地利用总体规划修改完善基本完成。玉珠大道二期、乌江二桥江东立交等项目建成投用，新城区环城西路三期、沿江高速公路涪陵南互通连接线等项目有序推进。城区环境综合整治全面推进，农村人居环境进一步改善。生态文明水平持续提升。城区空气质量优良天数达到311天，长江、乌江水质保持在Ⅲ类水域水质标准以上。建立完善三级河长管理体系，创新建立河库警长制，完成4条次级河流综合整治，完成25座老旧码头拆除和生态复绿工作。

（四）增添发展动力，改革开放进一步深化

重点改革蹄疾步稳。“三去一降一补”持续推进，多措并举为企业减负11.8亿元。国企改革纵深推进。新一轮乡镇财政体制改革顺利完成。农村承包地“三权分置”等改革加快推进。对外通道加速构建。梓白高速公路、南两高速公路、渝怀铁路二线加快建设，龙头港一期开港运营、二期进展顺利。开放功能不断提升。国家级危险化学品检测重点实验室正式开检，进出口总额达到46亿元。全年实际利用内外资310亿元。

（五）共享发展成果，社会民生进一步改善

脱贫成果持续巩固。建立精准识别、精准帮扶、考核评估、监督问责等长效机制，综合贫困发生率下降至0.6%。民生实事扎实推进。就业、住房、交通、教育、医疗、城乡养老、饮水工程等一批实事取得显著成效。社会事业加快发展。国家课改实验区先进经验在全国推广，长江师范学院新引进博士163名。公立医院综合改革全面推开，药品加成全部取消。涪陵籍运动员实现全运会金牌零的突破，全国男子篮球联赛三海兰陵俱乐部落户涪陵。平安建设不断深化。各类安全事故得到有效遏制，立体化社会治安防控体系不断完善，群众安全感不断提升。

（六）优化发展环境，自身建设进一步加强

政务环境廉洁高效。认真落实全面从严治党各项要求，坚决整治“四风”问题，创新建立政府系统廉政建设主体责任六项工作制度。依法行政透明高效。修订完善政府工作规则，重大事项合法性审查机制全覆盖加快推进。积极主动接受区人大及其常委会的法律监督、工作监督和区政协的民主监督，人大代表建议、政协提案办理满意率和基本满意率达100%。为民服务便捷高效。“放管服”改革不断深化，全面实现审批事项网上办理，行政服务标准化覆盖率达到95%；企业登记“十证合一”全面推行；“双随机、一公开”监管基本实现全覆盖。

在看到成绩的同时，也清醒地认识到，全区经济社会发展中不平衡不充分的问题依然突出，主要表现在：部分传统支柱产业质量效益不高，新兴产业培育仍需加力推进，产业结构调整升级有待加快；创新能力不强，促进科技成果转化的机制还不健全，创新对经济增长、产业发展的贡献度有待提升；城乡基础设施和公共服务供给不足，统筹城乡发展有待提速；资源环境约束趋紧，生态建设和环境保护任务艰巨。对此，将进一步强化问题导向、目标导向，采取有效措施，认真加以解决。

二、2018年工作目标和总体思路

2018年，是全面贯彻落实党的十九大精神的开局之年，是改革开放40周年，是决胜全面建成小康社会、实施“十三五”规划承上启下的关键一年。下一步，涪陵区将围绕贯彻习近平总书记对重庆提出的“两点”定位、“两地”“两高”目标和“四个扎实”要求，按照敏尔书记、良智市长提出的工作要求，以新发展理念为引领，坚决打好“三大攻坚战”，深入落实“八项行动计划”，认真做好构筑绿色屏障、发展绿色产业、建设绿色家园“三篇大文章”，突出供给侧结构性改革和大数据智能化创新两个总抓手，抓好乡村振兴和城市提升两大基本面，加快建设高质量发展、高品质生活的美丽涪陵幸福涪陵。今年主要预期目标是：地区生产总值增长10%左右，规上工业增加值增长11%，全社会研究与试验发展（R&D）经费支出增长18%，居民收入增长与经济增长基本同步。

(一)加快推动产业融合发展

一是着力强化创新驱动，夯实产业发展基础，以创建国家级高新区为抓手，建成涪陵科技创新中心，力争新培育市级科技型企业100户、国家高新技术企业20户。重点实施页岩气下游产品综合利用、中医药现代化与大健康发展、新能源与智能汽车开发等10个产业化科技攻关和成果转化专项。力争科技进步对经济增长的贡献率达到55%。二是着力加快工业转型升级步伐，大力实施智能化提升行动，力争今年新增100亿元智能产业产能，全区两化融合指数达到78、规上工业企业关键工序数控化率达到55%。三是着力补齐现代服务业短板，积极发展全域旅游、研发设计、文体娱乐、教育培训等服务业。四是着力实施乡村振兴战略行动计划，加快推动农业“接二连三”，提速农村电商、乡村旅游发展，大力完善农村交通网、水利网、环保网、信息网、电网等基础设施，努力建设美丽乡村。

(二)加快提升城镇发展品质

一是建设山水城市，深化国家生态文明建设示范区、国家卫生区和国家森林城市创建工作，巩固深化全国文明城市提名成果，开工建设水磨滩湿地公园、龙井湖公园、滨江环湖绿道，加快创建全国公交都市、全国城乡交通运输一体化示范区。二是加快打造特色城镇。把特色城镇作为城乡融合发展的有机结合点，强化新妙—石沱、白涛、清溪和蔺市四大功能组团对中心城区发展的分担功能。三是强化城乡管理，深入开展城乡环境综合整治，加快推进智慧城市建设，大力推进“马路办公”，实现有温度的管理。

(三)加快迈进改革开放步伐

一是加快重点领域改革步伐。推动符合条件的国有企业实施混合所有制改革，探索以管资本为主的国资监管发展新模式，深入推进财政体制、税收制度等改革。二是大力提升开放水平。加快推进涪陵综合保税区一期建设，力争获批国家级酱腌菜质量监督检验中心，建成梓白高速公路，提速建设渝怀铁路二线、南两高速公路等项目。力争全年新引进投资亿元以上项目35个，实际利用内外资330亿元。

(四)加快提升绿色发展水平

一是加强生态系统保护，坚持共抓大保护、不搞大开发，突出“建、治、管、改”，推进生态屏障建设，深化河长制管理，新植树造林6.5万亩。二是提升绿色发展水平，坚持生态产业化、产业生态化，严格落实产业投资负面清单和规划环评制度，全面实施城乡垃圾集中焚烧无害化处置。三是治理突出环境问题，全面完成中央环保督察反馈问题年度整改任务，全面禁采河道砂石资源，实施土壤污染防治行动。

(五)加快保障改善社会民生

一是巩固脱贫攻坚成果，坚决打好精准脱贫攻坚战，今年力争实现贫困村D级危房基本消除，减少贫困人口2500人以上。二是加快改善社会民生。城镇新增就业2.5万人以上，加大城区公厕、旅游公厕和农厕改造力度，投用区公共卫生服务中心、残疾人康复托养中心。三是加快发展社会事业。新改扩建一批公办幼儿园、中小学，免费开展55项基本公共卫生服务，广泛开展文化消费季、群众演艺、全民阅读、全民健身等文体活动。四是确保大局平安稳定。切实加强安全监管和社会矛盾化解，努力确保全年不发生较大以上安全事故。

渝中区

渝中区政府办公室 刘冠男

一、2017 年工作回顾

2017 年，渝中区全面贯彻落实党的十九大精神，以习近平新时代中国特色社会主义思想为指导，积极适应、把握、引领经济发展新常态，应对经济下行压力，统筹推进“五位一体”总体布局和协调推进“四个全面”战略布局，全力抓好稳增长、促改革、调结构、惠民生、防风险各项工作，全区呈现经济结构持续优化、发展效益稳步向好、新兴产业势头喜人、城市品质不断提升、群众福祉持续改善、社会大局和谐稳定的良好局面。

全年地区生产总值 1122.2 亿元、增长 5.1%，地均 GDP 产出 55.9 亿元/公里^2，人均 GDP 为 170528 元；二、三产业增加值分别为 32.4 亿元、1089.9 亿元，分别增长 1.0%、5.2%。区域税收收入 213.0 亿元，增长 1.8%，占 GDP 的比重为 19.0%。一般公共预算收入 49.7 亿元、同口径增长 6.2%，一般公共预算支出 84.3 亿元、增长 11.3%。社会消费品零售总额 753.6 亿元、增长 9.0%，固定资产投资 213.0 亿元，城镇常住居民人均可支配收入 37175 元、增长 8.5%。

——加快发展六大产业。坚持稳存量和扩增量并举、转型与升级并重，聚焦发展六大重点产业，推动产业集群、功能集聚、产城融合。加快升级传统优势产业，新引进金交所、鈊渝金融租赁等市级以上金融机构 10 家、总数达 166 家，新兴金融业营业收入实现 23 亿元、增长 35%，保险业保费收入实现 210 亿元、增长 20%；坚持高端引领、转型发展，商品销售总额实现 3355.7 亿元、增长 12.1%，解放碑商圈、大坪商圈社会消费品零售总额分别达到 535 亿元、125 亿元，金融业、商贸业占地区生产总值比重分别为 29%、23%。着力培育新兴产业，专业服务业体系不断完善，新引进德勤审计全球交付中心等品牌专业服务机构 10 家、总数达 121 家，营业收入实现 174.2 亿元、增长 21.7%；文商旅融合发展，民国印钞厂文创园正式开园并成为城市新亮点，会仙楼观景平台建成开放，文化创意业营业收入实现 142 亿元、增长 16%，接待游客 5400 多万人次，旅游收入实现 318 亿元、增长 17%，获评全国十大全域旅游目的地；互联网服务业、健康医疗服务业蓬勃发展，市区共建区块链产业创新基地挂牌，新增民营医疗机构 40 余家，营业收入分别增长 20.5%、34.9%。总部经济和楼宇经济持续壮大，支持推动商社电器大厦、莆田大厦等老旧楼宇改造 20 栋、30 万平方米，新增总部及重点企业 50 家，新增税收亿元楼宇 3 栋、总数达 36 栋。

——推进八大服务业集聚区。解放碑中央商务区，英利环贸中心、重庆塔等高端载体提速建设，华金证券、天同律师事务所等一批金融、专业服务企业加速集聚，苏宁云商、商社电器等商贸企业加快线上线下融合发展，大都会、重百大楼等传统百货积极探索转型升级之路，重庆首家无人便利店、当当 O2O 实体书店、逐梦空间等新零售新业态新模式竞相入驻，新引进首入店、旗舰店、概念店 30 余家，重点楼宇平均入驻率超过 80%。朝天门中新合作示范园，新加坡凯德项目 5 栋塔楼封顶、洲际酒店和韩国 CGV 影院旗舰店落户，光控朝天门中心项目一期完工、二期启动建设，朝天门市场完成新重庆国际鞋都、圣名广场等 6 个商场、5 万平方米业态调整升级。下半城历史文化风貌带，十八梯传统风貌区项目首开区基本完成主体结构、协调区和基础设施建设有序推进，湖广会馆传统风貌区项目首开区3栋建筑封顶、东水驿老街基本完工,白象街传统风貌区项目一期试营业、北区完成验收。化龙桥国际商务区,万科重庆天地超高层项目复工建设,瑞士ABB等世界500强企业相继入驻、总数达8家,重庆总部城北区一期完工,市水务资产管理公司等总部企业落户,卡福厂地块成功出让。大坪商圈,时代天街西区地块成功出让,龙湖时代天街新引进特色品牌70余个、销售额增长38%,"超级物种"重庆首店等新零售相继开业,商圈日均人流量突破40万人次,以体验式购物为特色的新兴消费繁荣发展。大溪沟文化创意区、上清寺互联网产业园,加速集聚互联网+、跨境电商、专业服务等业态,完成太平洋广场、科协大厦等5栋老旧楼宇改造,入驻沪江网、阿里巴巴新外贸本地化服务中心等企业220余家。菜园坝滨江城,启动北区征收工作,与深圳星河集团签订战略合作协议,带动星河金融控股西南总部等关联企业签约落地。

——改革开放创新。强化问题导向,扎实推进市委各项改革部署和区委改革任务。突出供给侧结构性改革主线,落实"三去一降一补"任务,商品房销售面积约80万平方米、商业商务载体招商去化30多万平方米,处置完成双钢路2号项目等"四久工程"3个,为辖区企业按政策减负5.5亿元,清理僵尸企业1477户。加强经济运行监测,房地产、金融等各类风险得到有效防控。持续深化"放管服"改革,取消行政审批事项52项,审批时限平均缩短至9.6个工作日,全区新增各类市场主体1.1万余户。全面推开公立医院综合改革。稳步实施城市管理执法体制改革。深入推进国资国企改革,切实规范国企资产资金管理,妥善完成区属企业改制10户。有序开展中央、市属国有企业办社会职能剥离工作,完成"三供一业"、市政设施、退休人员社会化管理移交等年度任务。积极配合驻区部队完成全面停止有偿服务工作任务。牢牢抓住重庆自贸区与中新合作示范项目机遇,4.38平方公里区域纳入自贸区范围,创新设立行政审批服务窗口,落户重点企业和项目215个、签约总额451.8亿元,签约和储备中新合作项目20余个。大力发展总部贸易、服务贸易,解放碑、化龙桥服务贸易产业园综合排名分别位居全市第一、第四,实现外贸进出口128亿元,实际利用内外资260亿元。深入实施创新驱动发展战略,新增科技型企业110家、国家高新技术企业15家、国家级众创空间1家,扶持科技创新项目107个,培育牛羚企业5家、瞪羚企业3家,有效发明专利增长10%。

——城市规划建设管理。认真贯彻中央城市工作会议和市委主城片区工作座谈会精神,统筹推进城市规划建设管理。全力保护传承城市历史文脉,高品质推进传统风貌区、山城老街区、特色老社区建设,湖广会馆、马鞍山、山城巷等传统风貌区加速实施,鲁祖庙、三层马路、燕子岩等山城老街区有序推进,嘉西村、国际村等5个特色老社区改造基本完工。完成大公报旧址等12处文物保护,推进关岳庙等3个寺观教堂修缮工程。启动交通建设三年行动计划,曾家岩大桥、轨道9号线等市在区重点项目顺利实施,长和路、解放碑地下环道一二期等道路建成投用,长江一路全市首条公交优先车道开通。争取国家三峡后续资金推进两江消落区环境整治,完工长滨路储朝段护岸挡墙排危加固工程,启动朝天门滨水公园建设。完成石板坡至顺城街变电站电缆隧道建设,新增4G基站81个,通讯、市政、能源等基础设施配套不断完善。以"绣花"功夫抓实城市管理,主次干道、街面秩序、背街小巷等精细管理持续推进,拆除违法建筑7.9万平方米,虎头岩公园、肖家湾公园建成开放,烟雨公园等五大视点片区、海航保利夜景灯饰完成提档升级,城市更加干净、整洁、漂亮。坚持生态优先、绿色发展,全面完成中央环保督察反馈问题整改落实,深入实施环保"四大行动",全面落实河长制,完成饮用水源保护区内船舶搬迁,饮用水源地水质达标率100%,完成市下达淘汰黄标车任务,实现空气质量优良天数271天,PM2.5年均浓度同比下降12%,环境质量持续改善,荣获"2017中国绿色发展优秀城市"称号。

——保障改善民生。深入贯彻以人民为中

心的发展思想，着力扩大惠及面、提高精准度、增强实效性，一批民生实事项目接续实施。攻坚完成棚户区改造12万平方米，下大力气解决房屋“两证”遗留问题21.7万平方米，通过实物配租和货币补贴为5400余户低收入住房困难群众提供住房保障，整治升级圣堡花园等农贸市场6个，改造排水管网3公里、居民“一户一表”4934户、老旧小区电力设施800户，完成严重安全隐患电梯整治81台，新建停车场15个、新增停车位3220个，完工3座地通道、7处人行天桥建设，新建和改建公厕11座，完成18个公共直饮水点建设，在全市率先启动老旧住宅加装电梯工作、完工3栋。大力扶持就业创业，新增就业5万余人，新发展小微企业3100户。实施政府救助保险项目。推进医疗保险异地联网结算，养老保险、医疗保险参保率超过95%。持续开展“人生关怀”工程，投入1.6亿元惠及50万余人次。通过产业扶贫、金融扶贫等手段，圆满完成对口帮扶任务。

——完善公共服务。持续深化教育领域综合改革，优化中小学校点布局，组建中小学幼儿园教育集团11个，成立渝中名师、特级教师工作室17个，鼓楼人和街小学、复旦中学运动场综合建设工程完工，开工中华路小学、大坪小学改扩建工程，教育优质均衡发展水平持续提升。深化国家公共文化服务体系示范区建设，开展文化惠民活动900余场，提档升级石油路社区等3个精品文化活动室。优化完善分级诊疗体系，社区卫生服务中心全部纳入医疗联合体，家庭医生签约服务覆盖率超过20%。加强公共卫生安全防控，未发生重大传染病疫情。全民健身活动蓬勃开展，创建市级社区健身点15个，荣获全市第七届全民健身运动会区县组冠军，区体育运动学校入选国家重点高水平体育后备人才基地。完善多元养老服务体系，新增社区养老服务中心3个，养老床位达到2000张。全国文明城区创建成果巩固深化，顺利通过复查验收，市民文化素质和城市文明程度不断提升。

——社会和谐稳定。深入推进“三社联动”，建成社区综合服务中心6个，群工系统满意率达99%，基层治理基础不断夯实。认真落实社会稳定风险评估机制，坚持领导干部接访下访、牵头包案，成功化解重点矛盾纠纷53件、市交办积案12件，调解纠纷近3700件、成功率93.4%。建成78个社区微型消防站，基本完成1400余栋老旧建筑消防设施整治。全面推动安全生产领域改革发展，严格执行“党政同责、一岗双责”，扎实开展重点行业领域安全生产大排查大整治大执法，安全生产事故起数和死亡人数分别下降47.8%，未发生较大及以上安全生产事故。深化社会治安“五张网”防控体系建设，全面推进综治群防改革，进一步完善“雪亮工程”建设，探索建立智慧化警务新模式，刑事案件、侵财案件、可防性案件发案分别下降21.9%、25.3%、11%，“渝安2号”专项行动综合排名主城第一，群众安全感指数达到98.56%、连续两年位居主城第一。

二、存在的问题和困难

渝中正处于发展增速的换挡期、转型升级的阵痛期、动力转换的攻关期，在有限空间实现更高水平发展的任务繁重；保护彰显母城传统风貌和历史文化、精致打造现代化国际大都市窗口形象、推进全域景区式城市管理还有不少薄弱环节；社会矛盾复杂交织，平安稳定压力较大，社会治理任务繁重；民生改善还有不少短板，与群众期盼还有较大差距。

三、2018年发展重点任务和目标

深入贯彻党的十九大精神，以习近平新时代中国特色社会主义思想为指导，紧紧围绕习近平总书记对重庆提出的“两点”“两地”定位和“四个扎实”要求，加强党的领导，坚持稳中求进工作总基调，全面贯彻新发展理念，紧扣社会主要矛盾变化，按照高质量发展的要求，统筹推进“五位一体”总体布局，协调推进“四个全面”战略布局，扎实抓好稳增长、促改革、调结构、惠民生、防风险各项工作，以供给侧结构性改革为主线,全力推动经济发展质量变革、效率变革、动力变革,坚决打好“三项攻坚战”,大力实施“八项行动计划”,以六大重点产业和八大服务业集聚区为重点着力建设现代化经济体系,以改革开放创新为动力着力增添发展新优势,以基础设施建设和历史风貌保护为突破口着力提升城市品质内涵,以民生实事为抓手着力增强群众的获得感、幸福感、安全感,为决胜全面建成小康社会、开启社会主义现代化建设新征程打下坚实基础。

地区生产总值增长6%左右,区级一般公共预算收入增长2.5%左右,社会消费品零售总额增长8.5%左右,固定资产投资总额增长10%左右,城镇居民人均可支配收入增长8%左右,实际利用内外资280亿元左右。

一是围绕建设现代化经济体系,着力提升经济发展质量和效益。牢牢把握推动高质量发展这一鲜明导向,坚持质量第一、效益优先,坚定把现代服务业作为主攻方向,加快产业转型升级、提质增效,引导产业向重点楼宇、特色产业园、服务业集聚区聚集发展,增强经济发展新动能。渝中作为全市商贸中心和金融高地、总部高地的功能定位,聚集高端要素,强化功能优势,实现产业发展新突破。

二是围绕培育发展新动能,坚定不移深化改革开放创新。贯彻创新驱动发展战略,加大改革开放力度,推进基础性关键领域改革取得新突破,加快推动形成全面开放新格局,壮大增长新动力,增添发展新优势。

三是围绕打造山清水秀美丽之地,持续提升城市内涵品质。加快推进生态文明建设,坚持传统与现代、经典与时尚有机融合,建管并重、多措并举,建设更加宜居宜业的美丽家园。

四是围绕不断满足人民日益增长的美好生活需要,切实提高保障和改善民生水平。针对人民群众关心的问题,尽力而为、量力而行,周密谋划、用心操作,精准实施以需求为导向的保障和改善民生行动计划,让改革发展成果更多更公平惠及全区人民。

五是围绕打造共建共治共享的社会治理格局,全力维护社会大局和谐稳定。深入贯彻落实总体国家安全观,坚决打好防范化解重大风险攻坚战,持续深化平安渝中建设,进一步增强公众安全感和群众满意度。

大渡口区

大渡口区统计局 向琴

今年以来,全区坚持以习近平新时代中国特色社会主义思想为指导,认真贯彻中央决策部署和党的十九大精神,统筹推进“五位一体”总体布局,协调推进“四个全面”战略布局,扎实做好稳增长、促改革、调结构、惠民生、防风险各项工作,全区经济社会发展取得了新进步。

一、2017年发展回顾

(一)经济增速向中低速转变,提质增效空间扩大

2017年,全区实现GDP总额196.5亿元,同比增长7.4%,增速比上年回落3.1个百分点。分产业看,第一产业增加值1.5亿元,下降12.5%;第二产业增加值76.5亿元,增长9.0 %;第三产业增加值118.5亿元,增长6.6 %;三次产业占GDP的比重分别为:0.8:38.9:60.3。经济增速由高速向中低速转变,为提质增效预留空间。

(二)持续深化改革创新,致力抓好产业培育

深化供给侧结构性改革,全区规上工业企业单位成本继续呈现下降态势,其中每百元主营业务收入中的成本占比81.4元,同比下降0.2个百分点。减轻企业税收负担7.3亿元、社保负

担2.7亿元,发放稳岗补贴1123万元。有效去除商业商务用房库存20.8万平方米。落实减税降费政策。营商环境进一步优化,民营经济增加值达到98.3亿元、增长5.5%。完成国有资产管理公司筹组,将区属国企划分为公益、商业两类分别进行管理,进一步理顺了权责利效关系。建立完善"六个一批"项目管理模式,重点项目年度计划完成率达到84%。深化科技计划体系改革,营造良好创新生态。组建环保、创新创业两支种子基金和建渡产业基金,新增"新三板"挂牌企业2家。新认定国家高新技术企业13家、科技型企业67家、市级高新技术产品98个。启动全国质量强市(区)示范城市创建工作,新认定重庆名牌产品15个。

新兴产业稳步发展。天安总部基地全面建成、云谷二期主体完工,海康威视重庆基地建设加快推进,马桑溪古镇功能业态不断完善,成为重庆文旅新地标,艺度创微企亮园获评市级文化产业示范园区。全区接待游客突破440万人次、旅游消费总额达到5.6亿元。国家基因检测技术应用示范中心核心区成功落地,建桥育成中心开工建设。长征重工、小南海水泥厂调整优化产品结构,嘉威啤酒完成生产线改造。重庆(大渡口)台湾中小企业产业园开园运营,入驻台资企业11家。

(三)城市开发全面提速,统筹提升城市品质

全年完成固定资产投资208.5亿元,增长10.0%。新增城乡道路通车里程25公里。完成农村征地1908亩、城市房屋征收14.3万平方米,出让土地2596亩。滨江片区开发初具规模,伏牛溪、小南海片区开发拉开序幕,全区商品房新开工面积达到207.6万平方米、销售面积达到180万平方米。伏牛大道城投段、钢城大道南段、新九中路等竣工通车,大滨路三期基本建成,中顺大道二期、快速路二纵线、南大干道开工建设,轨道交通5号线和江跳线工程稳步推进,钓鱼嘴、五一互助等片区路网建设全面铺开。建成镁桥变电站。完成大九污水处理厂提标改造、大渡口污水处理厂二期扩建,开工建设丰收坝水厂二期扩建工程。

深入实施"五大环保行动",规模以上工业产值单位能耗下降5%,全年空气质量优良天数达到283天、比2016年增加6天。共抓长江大保护,关停长江河道采砂。建成公园3个,加快推进白居寺公园建设,新增城市绿地40万平方米,建成区绿化覆盖率达到46%。稳步推进农村人居环境治理,实现行政村生活垃圾有效治理全覆盖。成功通过国家卫生区复审。

(四)全面发展社会事业,民生保障更加有力

优先发展教育事业,建成双山实验小学、钓鱼嘴公租房小学等学校,佳兆业中小学、花园小学投入使用,妥善解决了流动人口随迁子女入学问题。全面推开公立医院综合改革,落实"分级诊疗"制度,基层卫生服务体系更加健全。实现镇街综合性文化服务中心建设全覆盖,新增各类健身场所15处。加强基层阵地和服务平台建设,三级服务中心标准化、规范化水平进一步提升。

建成保障性住房24万平方米,分配公租房、廉租房1.3万余套,惠及群众3万余人。完成3.6万平方米棚户区改造和6个老旧社区居住环境整治。实现困难学生资助全覆盖。新增城镇就业1.3万人,城镇登记失业率控制在3.5%以内。实施特色效益农业项目10个,有效促进农民增收。全区常住居民人均可支配收入34591元,增长9.4%,城镇居民和农村居民人均可支配收入分别达到35038元和18343元,超过全市平均水平。新建改建公厕8座。建成公共停车场8处,新增停车位2562个。完成"老吾老"标准化体系建设,全市首个居家养老服务国家级标准化试点项目通过验收。

二、发展中存在的问题

转型发展道路上存在不少困难和阻碍,发展不平衡不充分的问题尤为突出:一是重大产业项目引进成效不明显,部分传统企业创新能力偏弱,改革创新有待强化;培育新兴支柱产业任重而道远,动力变革有待时日。二是对外交通

不畅,市政基础设施、公共服务设施欠账较多,影响了城市品质的提升。三是区级财力总量偏小,各类刚性支出负担较重,民生保障整体水平仍然存在差距。四是在经济转型、城市拓展过程中,各类社会矛盾和问题交织叠加,治安、金融、社会稳定等风险防控难度加大。

三、2018 年发展目标

深入贯彻党的十九大精神,深学笃用习近平新时代中国特色社会主义思想,认真落实市委五届三次全会战略部署,坚持稳中求进工作总基调,全面贯彻新发展理念,推动经济发展质量变革、效率变革、动力变革,统筹推进稳增长、促改革、调结构、惠民生、防风险各项工作,进一步增强人民群众获得感、幸福感、安全感,确保党的十九大精神在大渡口落地生根、开花结果。

2018 年,全区经济社会发展主要预期目标为:地区生产总值增长 8.5%左右;全社会固定资产投资增长 10%左右;规模以上工业增加值增长 10%以上;社会消费品零售总额增长 9%以上;一般公共预算收入增长 9%左右;全区居民人均可支配收入增长 8%以上,单位生产总值能耗、主要污染物排放等约束性指标完成市级下达任务。

江北区

江北区政府办公室　何旭

一、2017 年工作回顾

2017 年,江北区坚持以习近平新时代中国特色社会主义思想为指导,全面贯彻落实党的十九大精神,认真落实习近平总书记视察重庆重要讲话精神,抢抓机遇,奋发有为,较好完成了区十八届人大一次会议确定的目标任务,实现了本届政府的良好开局。

一是综合实力大幅提升。地区生产总值实现 879.4 亿元、增长 10.5%,增速居主城第一。区级一般公共预算收入完成 77 亿元、增长 6.1%,总量全市第一。区级税收收入完成 63.4 亿元、占一般公共预算收入 82.3%,总量全市第一。规模以上工业总产值达 892.3 亿元、增长 11.9%。社会消费品零售总额完成 524.4 亿元、增长 9.3%;商品销售总额达 3342 亿元、增长 11.8%。金融业增加值达 209.7 亿元、增长 27%,增速全市第一;存贷款余额突破 1.2 万亿元、占全市近 20%,总量增速均居主城第一。固定资产投资完成 412.3 亿元、增长 9.1%。城镇、农村常住居民人均可支配收入分别达 36662 元和 18552 元,增长 8.9%和 9.2%。

二是产业转型加快推进。三次产业比从 0.1:27.6:72.3 调整优化为 0.1:26.9:73,现代服务业占第三产业比重提高至 57.3%。工业经济提质发展,港城、鱼复两大园区双核共振效应增强,摩比斯、华域大陆等 11 个重点项目建成投产,海尔重庆智能装备产业基地等 24 个重点项目顺利落地,瑞驰新能源等企业带动全区战略性新兴制造业增加值增长 25%以上,工业增加值占地区生产总值比重达 21.3%。商贸经济蓬勃发展,龙湖源著天街、国金中心等 4 大商业综合体建成开业,鎏嘉码头成功申报市级夜市街区,“不夜九街”成为重庆时尚聚集高地,观音桥商圈、江北嘴中央商务区、北滨路经济带等多点支撑格局逐步形成,电子商务交易额突破 1300 亿元,商贸增加值占地区生产总值比重 28%。金融业集聚发展,新引进全国及区域性金融和总部企业 40 家,各类金融机构累计 437 家、区域性及全国性总部重点机构数量占全市近 1/3,金融业资产规模突破 1.5 万亿元、占全市近 1/3,金融业税收占区级税收收入近 1/5,金融业增加值占地区生产总值比重23.8%。新经济增长点加快发展，专业服务业、口岸经济等六大新经济增长点实现增加值170亿元、占地区生产总值比重21.9%，经济发展新动力增强。

三是城市品质全方位提升。有序推进历史文化保护与利用、生态修复和城市修补等25项重点规划编制，城乡统筹规划、土地利用总体规划等"多规合一"加快推进，规划科学性、前瞻性和权威性不断增强。开工建设郭家沱长江大桥等重点项目，有序推进42条骨干道路25条次支道路建设，全面提速可乐小镇AB区道路等9条"断头路"建设，完工通车高家花园大桥复线桥、寸滩长江大桥、唐家沱立交等重点项目。集中整治老旧小区20万平方米，完成棚户区改造4000户、农村征地7212亩。依法拆除违法建筑40万平方米。新建改建公厕7座、改造人行道5.8万平方米、完成居民饮用水一户一表改造12万户、新增停车泊位3525个。在全市率先挂牌成立城市管理局和城市管理综合行政执法局，率先建成智能城管系统，智能城管实践入选"2017中国最具幸福感城市治理创新范例奖"。

四是生态文明建设加快推进。深入实施环保"五大行动"，对标中央环保督察反馈意见，下大力气解决生态环境突出问题，淘汰黄标车和老旧车434辆，关停或搬迁污染企业3家，实现空气质量优良天数285天，PM2.5浓度同比下降9.3%。迁移饮用水源地保护区内趸船7艘。全面推行排污权有偿使用和交易制度，完成120家工业企业初始排放权核定购买。开工建设盘溪河片区、海尔路沿线等缺失管网9条。全面推行河长制，区、镇街、村社三级河长巡查1500余次，整改问题90余处。全区人均公园绿地面积达20.3平方米，森林覆盖率达20.6%，建成区绿化覆盖率达42.8%。推动江北嘴消落带综合整治项目正式获批，争取到中央补助资金4.5亿元。国内规模最大的江水源空调系统在江北嘴全面建成投用。

五是重点领域改革取得新成效。深入推进供给侧结构性改革，累计清理和依法处置"空壳公司"和"僵尸企业"30户，推行工商注册登记"随地办"等创新举措，市场主体总量同比增长10.2%，"双随机一公开"监管方式全面推广。深化改革中释放更多红利，"营改增"等减税和社保降费累计为企业减负108亿元，政府性债务绿色可控，债务综合成本年利率从4.47%降至4.15%，商品房去化周期降至7个月、商业办公楼销量同比增长170%。国企改革成效明显，7户重点国企利润总额增长22.7%。全面完成公立医院改革，成功实现公立医院良性运行、医保基金可承受、群众整体负担不增加的改革初衷。统筹推进生态文明、教育文化、农业农村等重点改革任务。

六是创新驱动发展呈现新亮点。新引进海尔模具先进制造研究院、干细胞与再生医学技术研究院等10家高端新型研发机构。全年培育微企达7000家。建立4个海外人才联络站点，新增博士后工作站2个，落地"千人计划"专家项目13个，成功举办2017重庆江北国际人才峰会。深入实施知识产权战略，建设国家知识产权示范城区，万人有效发明专利达18.5件，提前完成"十三五"末全区万人有效发明专利达15件的目标。

七是开放平台建设成效显著。签约引进东方国大等201个项目，涉及金额1480亿元，其中过10亿元项目达14个，50亿元以上项目4个。江北自贸板块新引进项目89个，新设企业901家。中新项目有序推进，重庆江北嘴国际投资路演中心成功上线，中新互联互通投资基金等重点项目顺利运营，中新(重庆)多式联运示范基地项目正式落地。外向型经济持续向好，寸滩港获批中西部唯一进口粮食指定口岸，果园港保税物流中心(B型)完成前期筹备工作。拓展对外交往，推动成功举办首届葡语系国家嘉年华招商推介展示会。

八是民计民生不断改善。新增城镇就业7万余人，城镇登记失业率控制在2.5%以内。完成老旧社区建筑消防改造195栋，改造老旧社区电梯20台，消除C、D级危房27栋。困难群众帮扶和医疗救助累计投入7300万元、惠及17.6万人次。新建改扩建中小学8所,幼儿入园普惠率达65%,获评全市唯一国家学前教育改革试验区。加大基层医疗卫生机构布点,全年改扩建医院3所,大力推进分级诊疗和“医联体”建设,稳妥推进4所区属公立医院综合改革。老年大学规范化建设成为全市唯一入选文化部十大文化示范项目,实现国家级文化示范项目“零突破”。各类体育活动参与群众累计达70万人次,铁山坪森林国际马拉松赛成功举办并升级为国际赛事。圆满完成党的十九大安全稳定工作任务,大力构建“一十百千万+五张网”治安防控体系,开展“社会微治理关联大民生”专项活动,石马河街道社区戒毒经验全国推广。抓实抓细抓常信访维稳、社会治安、安全生产各项工作,非法集资案件立案数、金额、人数连续三年下降,群众安全感指数达97%。

九是自身建设全面加强。坚决履行政府系统全面从严治党主体责任,巩固深化“两学一做”学习教育成果,狠抓中央八项规定精神落地生根,以零容忍态度惩治“四风”和腐败,积极支持纪检监察机关认真履行执纪监督职责,全年立案查处违纪违法案件49件50人;强化重点领域廉政风险防控,加强行政监察、审计监督和政务督查,规范公共资源交易实现节支增收3380万元。深入推进法治政府建设,进一步完善权责清单,落实行政机关负责人出庭应诉制度,制定出台国有建设项目工程变更、预决算信息公开等管理办法,着力规范行政行为。自觉接受人大、政协及社会监督,累计办理区人大代表建议383件、政协委员提案322件,办结率达100%、满意和基本满意率达99%以上。

二、发展中存在的问题

一是经济转型升级面临跨越关口的严峻挑战,质量变革、效率变革、动力变革迫在眉睫;二是资源环境约束趋紧,环境质量还需进一步提升;三是基本公共服务存在短板,优质教育、医疗等公共资源配置不均衡,公共文体阵地不足;四是城市功能不够完善,市政设施建设较为滞后,区域发展不平衡不充分;五是发展中各种社会矛盾和问题相互交织,优化法治环境、创新社会治理任务依然艰巨;六是政府职能转变还不到位,营商环境和创新生态有待进一步改善。

三、2018年发展目标

2018年,江北区国民经济和社会发展的主要预期目标是:

地区生产总值增长10%左右,规模以上工业增加值增长10%左右,社会消费品零售总额增长9%左右,一般公共预算收入增长6%左右,固定资产投资增长5%左右,实际利用外资7亿美元,常住居民人均可支配收入增长8.5%左右,全社会研发经费支出占GDP比重达3.3%,城镇登记失业率控制在2.5%以内,单位生产总值能耗下降3.55%以上。

沙坪坝区

沙坪坝区政府办公室 幸尧

一、2017年发展回顾

全年实现地区生产总值860.2亿元,同比增长7.1%;一般公共预算收入67.1亿元,同比增长2.6%,其中税收收入占比73.8%;工业增加值313.8亿元,同比增长11.1%;固定资产投资637.8亿元,同比增长6.4%;社会消费品零售总额382.9亿元,同比增长7.1%;进出口总额1949.4亿元,同比增长22.7%,占全市43.2%;全体居民人均可支配收入34720元,同比增长

8.5%；单位生产总值能耗下降3.5%以上，经济社会呈现稳中有进、稳中提质、稳中向好的新气象。

（一）着力创新驱动，区域经济发展增强新动力

1.创新发展格局初步形成

重庆科学城建设全面启动，打造全市“创新智核”。“高校+研发机构+创新服务平台+高新技术企业”创新生态链初步构建，创新资源要素集聚优势更加凸显。大学城科技产业园加快建设，产业孵化中心、研发创新基地、生产制造基地一体谋划、协同推进。

2.创新发展成效快速显现

潍柴汽车新能源研究院等6个新型研发机构、卡尔蔡司测量中心等8个创新服务平台、东风小康智能高端整车和小康新能源高性能动力系统等12个产业项目落地，创新链招商成效显著。大力支持西永微电园发展，集成电路、智能终端等产业持续放量，电子信息产业产值同比增长24%左右；北斗民用、裕同科技等项目建成投产。全区规上工业总产值达1890.9亿元，同比增长20.2%；加快新兴服务业发展，文化产业增加值同比增长8%，旅游总收入同比增长5.6%；推进金融服务实体经济，银行存贷款余额2805.8亿元，同比增长8%。

3.创新发展氛围更加浓厚

尊重人才、崇尚创新的社会生态加快形成，首批认定“沙磁英才”13名；新增院士5人、千人计划专家5人；清华大学博士研究生实践基地建成，2家区级院士专家工作站成立。大学城产业技术创新战略联盟成功搭建，北斗民用战略新兴产业研究院、浪尖智能科技研究院获评“重庆市高端新型研发机构”，君岳科技等产业基金落户运营。入选首批国家产业转型升级示范区，国家创新型试点城区通过评估验收，R&D投入占比3.08%，万人发明专利拥有量36.43件、保持全市第一。

（二）着力开放引领，开放高地建设迈上新台阶

1.自贸试验区建设开局良好

在全市率先开展“陆上贸易规则”个性化探索，中欧班列（重庆）承运提单信用证结算等3个项目成为上报国务院的创新案例，“美元快付”、文化贸易平台等7个项目全市率先实践和试点，制度创新特色彰显。自贸试验区行政服务中心投用，实现“一窗式”办理；在全市率先实施“二十六证合一”和建设领域审批改革试点，“放管服”改革纵深推进。

2.物流园发展提速增效

中欧班列（重庆）运行663班，“渝黔桂新”铁海联运南向通道常态化班列开行，“渝满俄”班列试运行，通道拓展卓有成效；进口整车3288辆、同比增长60.8%，保持内陆第一，植物种苗指定口岸建成，铁路保税物流中心（B型）利用率提升77%，全国首个国检综合试验区获批，口岸功能更加完备；全市首家市级综合金融公共服务平台成功落户，新增力帆进出口等企业504家、同比增长255%，进出口贸易额突破10亿美元、同比增长314%，平台集聚效应加快释放。

3.招商引资成效显著

突出重点特色产业，坚持精准招商、产业链招商，签约御芯微物联网、中科纳通新材料等高科技项目20个，美国安博、普洛斯物流等物流项目10个，意大利国际商贸城、万达小贷等新兴服务业项目29个，协议引资358亿元、到位资金110亿元。

（三）着力协调共进，城乡功能品质实现新提升

1.重点项目强力推进

严格网格化管理，102个市区重点项目超进度完成投资，成渝客专沙坪坝站、重庆西站一期、高家花园复线桥等一批支撑力强、带动性大的项目基本建成，青凤组团、万达文旅城、物流园国际社区等项目有序推进。

2.城市建设管理提速上档

轨道环线、5号线沙坪坝段主体完工，中梁山隧道扩容等4条外联通道建成，纵二路等4条“断头路”打通，二横线西段等17条道路开工，畅通建设全力推进。4个公共停车库投用，新

增停车泊位3000个，新改建绿地公园20个、公厕100座、天桥6座，公共设施配套加快建设。完成棚户区改造4446户55万平方米，整治老旧房屋13万平方米，拆除违法建筑95万平方米。城市管理局挂牌成立，智慧城市建设有序推进，城市精细化管理水平逐步提升。深入推进创建全国文明城区。历经全区上下三年的艰苦努力，成功创建国家卫生区，兑现了对全区人民的庄严承诺。

3.美丽乡村稳步建设

完成25个村建设规划编制、28个村农村集体产权制度改革，实施11个农业项目股权化改革试点；打造特色农业项目19个；新改建乡村道路80公里，改造农村危房325户，中梁供水工程建成，农村生活垃圾治理全覆盖，创建国家卫生镇3个，获评重庆首批最美小镇3个。

（四）着力绿色发展，生态文明建设取得新成效

1.生态空间结构持续优化

严格落实“共抓大保护、不搞大开发”要求，划定生态保护、永久基本农田、城镇开发边界三条红线；实施节能减排项目15个，大力推广绿色建筑；查处环境违法行为400余件，关停搬迁“散乱污”企业374家，产业发展空间更加优化。

2.生态环保治理持续加强

中央环保督察21项任务全面整改到位，深入实施环保“五大行动”，全市率先取缔嘉陵江饮用水源保护区餐饮船舶；创建扬尘控制示范点20个，淘汰黄标车600辆，空气质量优良天数实现270天；全面启动河长制，编制“一河一策”，整治“三溪一河”黑臭河段，新改建管网74公里；声环境、土壤环境持续改善。

3.生态保护机制持续健全

在全市率先出台环境保护工作责任规定，严格落实节能评估审查、环境影响评价等制度，完成环境监察监测执法垂直管理制度改革，街镇环保监督机构实现全覆盖。

（五）着力推进共享，增进民生福祉获得新进展

1.社会保障更加有力

投入33.4亿元，完成民生绿地、民生棚改等33件民生实事。城镇新增就业5.6万人，持续开展大学生创业引领计划，重庆市大学生微企梦花园建成投用。社会保险参保率达97%，机关事业单位与企业退休人员养老金发放实现并轨。新建社区养老服务站10个、医养结合机构2家，发放高龄老人营养补贴1100万元。城乡低保、农村五保、孤残人员等保障体系持续完善提升，医疗救助投入1047万元，惠及5.9万名困难群众；精准扶贫帮困1842户；对口援藏、援奉力度持续加大。

2.社会事业更加繁荣

在全市率先启动创建全国义务教育优质均衡发展区；重庆市第一实验中学校等9所学校投用，增加学位1.5万个；新增普惠性幼儿园16所；市级骨干教师、学科名师同比增长14.5%。公立医院综合改革平稳有序，陈家桥医院新院区投用，区中医院建成，国家食品安全示范城市启动创建。区博物馆、磁器口后街公园建成，融汇温泉城成功创建国家4A级景区，沙磁巷获评“新重庆十大文旅地标”，创建全国示范社区儿童之家10个，打造市级社区健身点17个，新建24小时免费城市书屋2个，新改扩建基层综合文化服务中心28个，区文化馆、区图书馆等基层公共文化服务场所全部免费开放。

3.社会治理体系更加完善

新建派出所4个、社区微型消防站125个、街镇和社区（村）综治中心58个，引进专业社工机构开展社会服务项目47个，社会治理基层基础不断夯实。“应指工程”视频图像资源实现区、街镇两级联网共享，立体化社会治安防控、应急管理体系和矛盾纠纷多元化解机制更加健全，安全稳定形势持续向好，群众安全感不断提升。

二、发展中存在的问题

发展新动能和产业多点支撑格局尚未完全形成，产业转型升级与实现经济增长的压力与矛盾较为突出，债务规模管控与加快发展的压

力依然存在;交通状况、生态环保、城市品质、公共服务等方面与人民期盼仍有差距,还需持续努力;部分干部贯彻新发展理念的自觉性主动性还不够,能力和水平需进一步提升。

三、2018 年发展目标

2018 年沙坪坝区经济社会发展主要预期目标是:地区生产总值增长 8%左右,一般公共预算收入增长 6%,工业增加值增长 10%,固定资产投资增长 4%,社会消费品零售总额增长 8%,进出口总额增长 10%,全体居民人均可支配收入增长 8%,单位生产总值能耗、环境质量达标率等约束性指标完成上级下达任务。

九龙坡区

九龙坡区政府办公室 吕晋

一、2017 年发展回顾

2017 年,九龙坡区坚持以习近平新时代中国特色社会主义思想为指导,认真贯彻中央决策部署和党的十九大精神,全面落实习近平总书记视察重庆重要讲话精神,统筹推进“五位一体”总体布局,协调推进“四个全面”战略布局,在市委、市政府和区委的坚强领导下,紧紧围绕区第十二次党代会部署,以“五城”建设推动九龙坡建设,全区经济社会发展在平稳健康轨道上积蓄势能、增添业绩,较好完成了区十八届人大一次会议确定的主要目标任务。

全区地区生产总值达到 1130.44 亿元,增长 7.5%。规模以上工业增加值增长 13.5%,全社会研发经费支出占比 2.7%;固定资产投资增长 9.2%,社会消费品零售总额增长 8.8%;实现一般公共预算收入 60.31 亿元,增长 5.3%。重庆高新区地区生产总值占全区比重达 39.5%,全社会研发经费支出占比提高到 4.6%、是全市的 2.6 倍,引领全市创新、领航全区发展作用更加凸显。

(一)转动能强导向,创新引领发展更加凸显

科技创新与制度创新同步发力,国家自主创新示范区建设迈开步伐。制度建设扎实推进。推动出台自创区建设实施方案,建立工作机构和工作制度体系。全国小微企业创业创新基地城市示范政策效应持续释放,兑现政策资金 7.8 亿元,带动新增小微企业 2.8 万户,“微企亮区”工作稳步推进。全市率先启动科技金融体系建设,知识价值信用贷款改革全市先行先试,创业种子投资基金投贷 1723 万元,科技金融产品助企融资 5 亿元。发放渝新券 7100 万元。创新主体集聚成长。重庆大学产业技术研究院启动运营,设立北斗卫星导航产品质检中心,获评全市新型高端研发机构 2 家,新增市级以上科技研发平台 8 个、高层次创新创业人才 30 人。重庆高技术创业中心等 3 家机构成为全市仅有的年度获评国家 A 类等级的孵化器,市级以上众创空间达 19 家。新增高新技术企业 60 家、增量总量全市第一,市级高成长性科技企业、科技型企业总量全市领先。众创生态日趋优化。重庆科技服务大市场入驻供给主体 8400 家、集聚技术成果等资源 3.3 万项,设立西南首个科技要素交易中心。万人发明专利拥有量 16.15 件、为全市 2.3 倍,4 项专利获中国专利优秀奖,重庆高新区获批全市首批国家知识产权示范园区。全国首个人才服务联盟平台投用,北大经济国富论坛、全国双创活动周分会场等重大节会活动成功举办。

(二)调布局铸体系,产业发展基础不断夯实

现代产业体系图谱路径精准锁定,科技进步贡献率达 64%。产业结构深化调整。三次产业结构调整为 0.8:45.0:54.2,战略性新兴制造业增加值占工业增加值比重达 21%、提高 3 个百分点,现代服务业增加值占服务业增加值比重达

60.5%。驰著名商标总量连续 10 年保持全市第一，获评中国质量魅力城市。优势集群精准发力。五大支柱制造业产值增长 17.8%,石墨烯新材料巩固在全市行业龙头地位,电子信息产业、生物医药产业产值以及软件和信息服务业、文化服务业营业收入分别增长 15%、5.5%和 45.8%、62.6%,旅游收入增长 17.6%。天泰铝业复产,56 个重点工业项目加快建设,三大园区规模以上工业总产值突破千亿；华润万象城新落户国际一线品牌 11 个,太古食品中国区总部等 61 个重点服务业项目投入运营,税收亿元楼宇达 8 栋,26 栋重点楼宇营业收入突破 350 亿元。供需关系趋向平衡。中梁山煤矿南北矿停产关闭,清理处置僵尸企业 8 家、空壳公司 3450 家。兑现扶持资金 10.2 亿元，各项减税降费政策减轻企业负担 25.1 亿元。争取地方政府债券置换额度 33.5 亿元,与中国人民银行重庆营管部、工商银行、天星资本等形成政银企多元化战略合作格局。实体经济持续强壮。秦安机电主板上市,新增 4 家企业挂牌新三板、总数全市第一。规模以上高新技术企业产值增长 15%、增量总量全市第一,规模以上工业企业 423 家,市场主体达 16 万户、连续 5 年增量总量全市第一。

(三)挖潜力增活力,改革开放格局深化拓展

8 项改革试点和 62 项重点改革任务有力推进,自贸试验区九龙坡区域出台建设实施方案、全面启动运作。重点领域改革推向深入。国资监管机构重组到位，国有企业监管制度体系全面完善。国库集中支付电子化基本实现部门覆盖。推行企业注册登记全程电子化，实现有限公司登记权限下放。承接 111 家市属国有企业供水供电、市政设施及退休人员管理等社会职能。建立军民深度融合发展市区联动工作机制，支持推进驻区部队全面停止有偿服务。完成 94 个行政村村级集体资产量化确权。成立文物保护审查委员会。启动与中国教科院共建教育综合改革实验区第二轮合作。全市率先推进国家医养结合试点,家庭医生签约居民累计 28.1 万人。全面推行河长制,完成环保直管制度改革。对内对外开放不断扩大。重庆西站、渝贵铁路、九永高速等筑起区域开放大通道，重庆出入境检验检疫局 3 个下属机构搬迁入驻,9 个中新示范项目提速建设,重庆首个冷链物流保税仓获批设立。与联合睿康等知名企业机构签订战略合作协议 18 个，引进国信冠群信息安全产业园等项目 218 个,其中总部项目 4 个、研发和创新服务机构 10 个,战略性新兴制造业和现代服务业项目占 85.8%,实际利用内资 570 亿元、外资 3.42 亿美元。完成跨境电商交易额 2 亿元,服务外包离岸执行额 1.31 亿美元，进出口总额 17.05 亿美元。

(四)淬内涵塑形态,城市功能品质孕育更新

区域发展战略路径策划全面形成成果,城市成长深入找魂塑形、奠定坐标。以战略路径策划引导三大片区规划全域梳理。九龙新城战略发展规划研究通过终审，九龙半岛—杨家坪片区核心区域规划研究全面开展，华岩—二郎—石桥铺片区一体化发展规划研究启动开题。完成土地利用总体规划调整，编制 27 个规划专项。以“五率一专项”工作推动城市空间拓展优化。改造棚户区 30 万平方米、3750 户,完成城市房屋征收净地交付 105 万平方米，完成集体土地征收 6550 亩、净地交付 1 万亩。土地例行督察交办任务整改到位，清理处置闲置土地 68 宗，盘活土地资源 5168 亩，查处违法用地 570 亩,消除违法建筑 207 万平方米。房地产开发投资 361.89 亿元,综合指标主城领先。新增商业商务面积 100 万平方米。基础设施建设集中发力。华岩隧道、中梁山隧道扩容贯通东西大动脉,凤中立交等 6 个重大交通基础设施项目建成通车,轨道 5 号线及环线等 56 个项目加快推进,12 条断头路实现贯通。宝洪 220 千伏变电站等 4 个能源设施项目建成投用,新改建污水处理厂 5 个,新建 4G 基站 750 个。城市管理更加精细。城市执法体制改革全面启动，区城市管理局完成机构调整组建,综合巡查云平台上线运行,管理范围向老旧社区覆盖。修补市政道路 24 万平方米,新改建天桥地通 3 座、垃圾中转站 3 座、公

厕15座,新增停车位4.3万个、公共区域直饮水点29个。生态环境持续向好。全面完成环保督察交办任务,整改解决突出环境问题51项。新建城市公园7个、新增绿地103万平方米,集中式饮用水源地水质达标率保持100%,跳蹬河、梁滩河综合整治显现水清岸绿实效,桃花溪流域综合整治获评中国人居环境范例奖,长江干流九龙坡段保持优等水质,永久基本农田划定入库。成功创建全国美丽宜居乡村1个、国家级绿色村庄3个。

(五)稳基本促均衡,社会民生建设协调推进

区级财政投入58.4亿元用于民生事业,扎实办好重点民生实事。社会保障更加坚实。精准帮扶15542人,基本养老保险参保63.6万人,基本医疗保险参保99万人,城乡居民最低生活保障标准同步提升,实施城乡困难群众救助11.1万人次。各项政策保障住房困难群众6.5万人,解决房屋办证遗留问题23万平方米,完成7500户城市供水"一户一表"、167栋老旧小区消防设施改造。社会事业全面发展。布局建设基础教育一流强区,新增普惠性幼儿园12所,建成学校4所、新增学位4000个,高考重本文化上线人数增加20.8%。全市率先实现国家卫生区卫生镇城乡全域覆盖,区精神卫生中心主体完工,成功创建国家级妇幼健康优质服务示范区。成功举办黄桷坪新年艺术节等高品质节会、全运会攀岩决赛等高水平赛事,李云迪艺术馆开馆,文体活动惠及群众38.8万人次,获得市级以上竞技赛事奖牌数增长18%。社会治理不断完善。建成标准化社区便民服务中心10个,区社区矫正中心投用。民族宗教基层基础试点工作全面完成。上级交办疑难信访案件化解率94.1%,重大矛盾纠纷化解率88.8%。深入开展安全生产大排查大整治大执法,事故发生总量和直接经济损失分别下降4.9%和23.4%。国家食品安全示范城市创建工作在新华网"两会访谈"交流。区公安分局获评"全国优秀公安局","情指联动"警务模式全市推广,群众安全感满意度指数保持90%以上。圆满完成党的十九大期间安保任务。

(六)明遵循树形象,政府自身建设全面加强

认真落实全面从严治党各项要求,牢固树立"四个意识",巩固深化"两学一做"学习教育成果,切实砥砺政府"为民务实、诚信担当、高效清廉"工作格局。修订《政府工作规则》《政府会议制度》《政府投资项目管理办法》,规范性文件备案审查率100%,政府专家咨询顾问团机制重构。开展行政权责清单动态调整,推进行政许可标准化建设,网上行政审批受理量主城第一。自觉接受人大及其常委会法律监督和工作监督、政协民主监督,人大代表建议、政协提案办理满意率99.7%,完成审计管理体制改革,规范公共资源交易实现增收节支9057万元。行政监察和政务督查持续加力。认真落实中央八项规定精神,深化国企监管等"十个专项整治"。坚持有案必查、有贪必肃,立案审查违纪案件49件70人,持续保持惩治腐败高压态势。

二、发展中存在的问题

外部环境因素影响深远,自身转型发展任务更加紧迫,发展质量和效率不高,老的短板犹在,新的优势尚未成型,实体经济发展面对诸多困难,地区生产总值、实际利用外资、外贸进出口总额未能实现年初预期;创新引领发展能力离上级赋予使命存在明显差距,创新要素集聚度不高,制度供给、服务供给对创新生态支撑不足;城市发展理念和规划建设管理方式亟待更新,城市基础骨架存在弱项和短板;人民群众最关心的教育、医疗、养老等方面面临不少难题,资源环境约束趋紧,发展、民生、环境安全等矛盾缠绕交织,优化法治环境、推进依法治区任重道远;少数干部对贯彻新发展理念缺乏思想变革的自觉,营商环境有待改善。

三、2018年发展目标

2018年经济社会发展主要预期目标为:地区生产总值增长9%左右;规模以上工业增加值增长10%,战略性新兴制造业增加值增长15%;固定资产投资增长6%,社会消费品零售总额增

长10%;一般公共预算收入增长6%。居民收入增长与经济增长保持同步，城镇登记失业率控制在4%以内;节能减排降碳等指标达到约束性要求。全社会研发经费支出占比达到2.8%,万人发明专利拥有量达16.5件,高新技术企业、高新技术产品总量保持全市领先，科技进步贡献率达到66%,重庆高新区地区生产总值增长11%、占全区比重提升至40%。

南岸区

南岸区政府办公室 李倩延

2017年，南岸区坚持以习近平新时代中国特色社会主义思想为指导，认真贯彻党的十八大、十九大精神,全面落实习近平总书记视察重庆重要讲话精神,在市委、市政府及区委的领导下,坚持稳中求进工作总基调,全面贯彻新发展理念,统筹推进“五位一体”总体布局,协调推进“四个全面”战略布局,以供给侧结构性改革为主线,扎实做好稳增长、促改革、调结构、惠民生、防风险各项工作,各项事业迈出了坚实步伐。

一、2017年发展回顾

2017年全区生产总值(GDP)总量791.6亿元,增长7.0%。其中一产业实现增加值3.9亿元,下降10.3%;二产业实现增加值444.9亿元,增长6.2%;三产业实现增加值342.8亿元,增长8.1%。

一是电子信息产业发展质量稳步提高。智能终端、物联网、智能家居等优势产业质量不断提升，电子信息产业营业收入超过1000亿元，企业利润15亿元、增长79.8%,实现税收10亿元、增长72.4%。移动终端产业产值超过600亿元、出货量达到1.3亿台,维沃重庆生产基地一期竣工投产,智能终端占比超过50%。国家物联网产业示范基地加快建设,成功引进美国高通、中科创达、科大讯飞等行业领军企业,中移物联网在网用户突破1.4亿、全球第一,软件和信息服务业营业收入增长40%以上。美的智能空调产量增长80%、达到232万套。传统制造业加快转型,集诚汽车电子等3家企业入选2017年《中国制造2025》项目。维沃、百立丰跻身全国十大手机品牌,全区新增高新技术企业34家、众创空间7个、市级以上研发平台20个,连续举办中国联通信息终端交易会,举办首届重庆·国际手机展,成功获评2017中国物联网产业发展先进城市。

二是国家服务业综合改革试点全面推进。幸福产业、金融服务业、生产性服务业等新兴产业全面布局，服务业增加值占GDP比重提高2个百分点、达到43.2%。北京同仁堂等全国知名企业、全市首家中外合资的小米熊儿童医院成功落户,15个大健康、教育培训项目投资金额超过20亿元。商旅文体联动成效显著,1891时光道、金辉铜元道等特色商业综合体全面运营,长嘉汇弹子石老街成功创建国家4A级景区,重庆马拉松跻身国际顶级赛事，迎龙湖国家湿地公园通过验收,四公里游客集散中心建成投用,实现旅游收入121.7亿元、增长25.2%。成功引进国家级能源交易平台重庆石油天然气交易中心,上市企业达到24家。国家文物保护装备产业基地开工建设,重庆3D打印应用创新中心工程竣工。设立2000万元会展资金池,展会收入达到60亿元。南岸被评为2017中国十大最具文化影响力城市,南滨路被评为2017中国十佳年度文化产业园区。

三是全面深化改革成效明显。供给侧结构性改革加快推进,重点领域改革协同推进。商品房去库存任务基本完成，涉企减负政策全面落实,减轻企业负担7.9亿元。国资国企改革实现突破,“6+4”国企改革重组基本完成,注销国有

"僵尸企业"138户。投融资改革有序推进,东水门大桥P+R换乘中心等PPP项目加快建设,策划形成700亿元规模的PPP项目库。政府债务绿色可控。"放管服"改革深入推进,规范行政许可事项316项,行政审批承诺时限提速40%以上。商事制度改革成效明显,新增市场主体1.7万户。

四是开放型经济体系加快构建。国家级经开区、自由贸易试验区、中新合作等开放平台加快建设,市商务委、市自贸办成功入驻,海关、检验检疫等机构运行顺畅,公用型保税仓、出口监管仓投入运营,重庆东站确定选址,渝西(西安)、渝湘(长沙)、渝贵(贵阳)高铁确定接入重庆东站。经开区与自贸区融合互动,新增注册企业965家、注册资本超过120亿元,成功引进外商投资、中外合资、货物贸易、服务贸易等市级重点企业22家,投资总额达5.5亿美元。在全市率先探索建设政务服务"单一窗口",投资、贸易、金融、事中事后监管等制度加快落实。

五是生态环境保护扎实有效。中央环保督察整改任务基本完成,国家土地例行督察整改工作有序推进,生态保护红线、永久基本农田保护红线完成划定,河长制全面落实,在全市率先推行林长制。"五大环保行动"深化推进,关闭拉法基南山工厂和5个砖瓦窑,完成非法码头、黑臭水体、企业排污、黄标车、扬尘污染等专项治理,全年空气质量优良天数接近300天,农村人居环境持续改善。启动长生桥垃圾填埋场生态修复、长生河环境综合整治,完成鸡冠石污水处理厂加盖工程,这些长期困扰南岸人民、想解决而未解决的难题,得到实质性破题。

六是交通体系建设加快布局。南山内部交通路网逐步形成,黄桷垭环道、向黄路延伸段等项目启动前期研究,大坪村道—香西公路工程竣工投用。对外交通路网体系加快建设,东水门大桥南立交建成通车,打通南滨支路等断头路,江南立交启动改造,轨道交通环线、10号线和铁路枢纽东环线、南涪路改扩建等工程推进顺利,新增公交线路10条、停车泊位2万个。特别是寸滩大桥及机场快速路的建成通车,成为南岸对外开放的重要通道,让南岸成为重庆主城新的门户。

七是城市功能和品质不断提升。城市规划不断优化,完成铜锣山—明月山生态休闲游憩规划,启动海绵城市分区规划、南滨路等重点区域城市风貌设计,加快修编重庆经开区总体规划。江南新城配套不断完善,悦地购物中心开业,珊瑚中学鲁能校区、重医附二院新院区基本建成,东港污水处理厂、茶园污水处理厂二期投入使用。城市管理水平不断提高,改造城市棚户区3500户、29.7万平方米,拆除违法建筑46.6万平方米,完成背街小巷和老旧散居住区环境综合整治项目11个,南山综合整治、黄桷垭正街风貌改造全面启动。成功争取到广阳岛由南岸自主建设,确定广阳岛—广阳湾规划定位,推动建设国际生态文化岛。

二、发展中存在的问题

一是适应经济发展新常态的意识和措施不够。面对经济下行压力,存在重增量、轻存量,重招商引资、轻存量扶持,重新兴产业布局、轻传统产业转型等问题,结构调整、产业接续出现空档期,对经济增长尚未形成有效支撑。二是经济发展质量和效益不高。创新驱动、现代金融、开放体系、人力资源对实体经济的支撑不强,质量变革、效率变革、动力变革力度不够,改革创新、开放开明、诚信包容的意识尚需强化,市场资源利用不充分,单纯依靠行政手段、财政投入的惯性思维亟待转变。三是城市品质和功能提升不够,生态和文化等资源保护利用不充分,基础设施仍有短板,城乡融合互动不够,与建设"三生"最优空间"三宜"品质城市的要求差距较大。四是基本公共服务还有欠账,公共交通、医疗健康、教育文化、就业养老等群众最关心最直接最现实的问题,仍需下大力气解决。

三、2018年发展目标

2018年政府工作的总体要求是:深入贯彻

党的十九大精神，深学笃用习近平新时代中国特色社会主义思想，紧紧围绕习近平总书记对重庆提出的“两点”“两地”定位和“四个扎实”要求,坚持和加强党的领导,坚持稳中求进工作总基调,坚定贯彻新发展理念,紧扣社会主要矛盾变化,按照高质量发展的要求,统筹推进“五位一体”总体布局,协调推进“四个全面”战略布局,统筹推进稳增长、促改革、调结构、惠民生、防风险各项工作,以供给侧结构性改革为主线,全力推动质量变革、效率变革、动力变革,坚决打好“三大攻坚战”,扎实做好“十项重点工作”,努力使人民群众获得感、幸福感、安全感更加充实、更有保障、更可持续。

2018 年经济社会主要预期目标是：地区生产总值增长 9%左右,规模以上工业总产值增长12%左右、增加值增长 10%左右,社会消费品零售总额增长 10%,商品销售总额增长 13%,一般公共预算收入和税收收入分别增长 5%和 7%左右,固定资产投资增长 8%左右,实际利用内资290 亿元、利用外资 7 亿美元,进出口总额 20 亿美元，全社会研发投入占 GDP 比重达到 2.9%,城乡居民收入与经济增长基本同步，全面完成各项控制性指标。

北碚区

北碚区政府办公室　陈果

一、2017 年发展回顾

2017 年，北碚区坚持以习近平新时代中国特色社会主义思想为指导，认真学习宣传贯彻党的十九大精神，全面落实习近平总书记视察重庆重要讲话精神,统筹推进“五位一体”总体布局和协调推进“四个全面”战略布局,以推进供给侧结构性改革为主线,以“五个一批”重点工作为抓手，较好完成了区十八届人大一次会议确定的目标任务。地区生产总值比上年增长9.7%;规模以上工业增加值增长 11.9%;一般公共预算收入 38.4 亿元,同口径增长 18.4%;全社会固定资产投资增长 8.3%；社会消费品零售总额增长 9.2%；城乡居民人均收入分别达到35575 元和 17417 元,分别增长 8.6%和 9.6%。全区经济社会发展呈现稳中向好态势。

(一)聚焦产业发展

沃尔沃 SPA、神华薄膜太阳能电池等 49 个重点项目开工建设,京东方整机、川仪仪器仪表基地、康宁玻璃等 14 个重点项目建成投产。新增市级科研平台 11 家、高新技术企业 25 家,新入驻科技型企业 116 家，全社会研发投入占GDP 比重达到 3.9%。“顺多利”被认定为“中国驰名商标”,四联光电等企业的 13 个产品获评“重庆市名牌产品”,力帆等企业制(修)订国家标准3 项、行业标准 1 项。正川医药成功上市,长江材料上市通过证监会发行审核。完成工业固定资产投资 225.2 亿元,战略性新兴制造业产值占规模以上工业产值比重提高到 32%，工业经济运行综合评价全市第一。改造提升老城商业业态,拓展繁荣缙云商圈,万达广场建成营业。完成全域旅游规划编制，推进金刚碑历史文化街区等一批重点旅游项目建设，重庆自然博物馆成功创建 AAAA 级景区。旅游实际收入 60.8 亿元,增长 27.9%。文化产业增加值增长 28%。

(二)加快城市建设

完成法定城乡规划全覆盖落地整合和“多规合一”。渝广高速公路北碚段建成通车,水土大桥、三环高速公路北碚段加快推进，蔡家大桥、歇马隧道东西干道、快速路一纵线北碚段、快速路二横线西段等项目开工。推进滨江休闲带建设,实施南京路片区风貌改造,完成碚东大桥转盘引道及朝阳东路、碚峡北路、蔡家五彩滨江公园(二期)等工程。开工建设城市道路66公里,建成34公里,打通城市“断头路”5条。建成地下人行通道2座,新增停车位2300个,启动10个公共停车场(楼)建设。新(改扩)建城市公园4个,新增城市绿地115万平方米。开展城镇市容环境和高速公路路域环境整治,改造提升14个背街小巷市容环境,依法整治违法建筑33.7万平方米。严格治理道路运输超限超载,启动城区货车限行,完善一批重点路段交通安全设施。

(三)加强“三农”工作

新(扩)建农业标准化基地15个、休闲农业园6个,新增(续报)“三品一标”认证产品18个,新培育农产品电商平台26家。启动22个村级集体经济试点项目建设。严守耕地保护红线,建成高标准农田1.9万亩。启动丰子岩水库建设。国道351三圣至复兴段改造工程主体基本完工,省道108静观至金刀峡段改造工程开工建设,建成农村联网公路56公里、村社便道40公里。完成农村危房改造503户、卫生厕所改造2700户。歇马镇虎头村获评全国文明村镇,静观镇素心村被评为全国生态文化村,澄江镇北泉村被农业部评为中国美丽休闲乡村,东阳街道西山坪片区纳入全市农旅融合发展试点。持续巩固3个市级贫困村整村脱贫成果,对口支援巫山县做好脱贫攻坚工作。

(四)深化改革开放

扎实推进供给侧结构性改革,关闭天府磨心坡煤矿,商品住宅去化周期缩短至3.3个月,清理处置“僵尸企业”“空壳公司”804家,累计为企业减免各项税费18.9亿元,投入127亿元用于各领域补短板。推进区属国有企业改革重组。深化“放管服”改革,行政审批时限总体压缩50%以上。推进商事制度改革,新增市场主体6100户、微型企业1260家。开展“双随机一公开”跨部门联合执法试点。推进城市执法体制改革,完成环保机构监测监察执法垂直管理改革。蔡家岗撤镇设街道。重庆自贸试验区北碚板块注册企业达到393家,注册资本金37.6亿元。全区新引进产业项目136个,签约金额1268亿元。实际利用内资450.5亿元、外资4.6亿美元,实现进出口总额14.2亿美元。成立民营经济发展促进中心,出台一系列扶持政策,加快民营经济发展。强化用地保障,实施征地14000亩,供地5400亩,处置闲置土地和低效工业用地1000亩。整顿规范金融秩序,优化政府债务结构,积极防范化解经济金融风险。

(五)改善生态环境

认真整改落实中央环保督察反馈意见,着力解决城乡污水管网、饮用水源保护等一批突出环境问题。持续实施“五大环保行动”,PM2.5浓度下降12.5%,空气质量综合指数主城区第一。全面推行河长制,三级河长体系基本确立。完成双凤溪、马河溪、山王溪流域水体整治和龙滩子水库水质提升工程,启动梁滩河流域生态修复治理。完成北碚污水处理厂、蔡家污水处理厂提标改造。基本完成生态保护红线、永久基本农田、城镇开发边界划定。抓好节能减排,淘汰黄标车403辆。

(六)增进民生福祉

投入41亿元,滚动实施40件重点民生实事。城镇新增就业2.6万人,城镇登记失业率控制在2.5%以内。城乡养老保险、医疗保险参保率分别稳定在95%、96%,城乡低保标准分别提高8.7%、16.7%。建立困难群众帮扶救助一体化平台,救助困难群众11.5万人次,救助金额4200万元。8个社区养老服务中心(站)建成投用。城区殡仪服务中心开工建设。改造城市棚户区6.9万平方米,建成安置房42.5万平方米。开通金刀峡、三圣等镇城市公交,在全市率先实现二环外城市公交全覆盖。新增民办幼儿园14所,普惠性幼儿园增至52所,在园幼儿普惠率达59%。西大两江实验学校、思源安置房配套小学建成投用,朝阳中学新城校区等7所学校加快建设。巩固国家公共文化服务体系示范区创建成果,持续开展“全民读书月”等活动,成功承办2017中超联赛年度颁奖典礼。平稳实施公立医院综合改革,全面取消药品加成和药事服务费,推进医联体建设和分级诊疗。市九院全科医生临床培训基地、区精神卫生中心改(扩)建项目建成投用。实施免费婚检,优化"全面两孩"生育环境。加强食品药品安全监管,创建国家食品安全示范城市。社会治安平稳有序,安全生产形势保持稳定,防灾减灾救灾和突发事件应急处置能力不断增强。

二、发展中存在的问题

一是经济总量较小,产业结构还需进一步优化,质量效益还需进一步提高;二是城市功能有待完善和提升,城乡基础设施建设还需加强;三是基本公共服务水平不够高,保障和改善民生压力较大;四是创新能力不够强,改革力度不够大,开放水平不够高;五是部分政府公务人员服务意识和能力亟待提高,发展环境有待进一步改善。

三、2018 年发展目标

全区地区生产总值增长 9%左右,规模以上工业增加值增长 11%左右,固定资产投资增长 6%左右,社会消费品零售总额增长 9%左右,实现进出口总额 15 亿美元左右,一般公共预算收入增长 8%左右,城镇登记失业率控制在 2.5%以内,城乡居民人均收入与经济增长基本同步。

渝北区

渝北区政府办公室 程洋

一、2017 年发展回顾

2017 年,渝北区坚持以习近平新时代中国特色社会主义思想为指导,在市委、市政府和区委的坚强领导下,统筹推进"五位一体"总体布局,协调推进"四个全面"战略布局,紧紧围绕"全面建成小康社会,加快建设国家临空经济示范区"奋斗目标和创新生态圈、智能制造基地、国际航空港三大功能定位,扎实做好稳增长、促改革、调结构、惠民生、防风险各项工作,实现了经济社会平稳健康发展。

(一)临空经济示范区建设顺利开局

一是机制体制逐步理顺。推动市政府出台《重庆临空经济示范区建设总体方案》,给予重点区域免征配套费、税收返还等优惠政策。建立"联席会议+开发公司"市级统筹协调机制,联合开发公司正在筹建。召开示范区建设动员大会,出台《加快推进国家临空经济示范区建设的实施意见》,成立区级领导小组,形成市区两级开发建设的强大合力。二是国际航空港建设全面铺开。江北国际机场第三跑道及 T3A 航站楼建成投用,新增国际航线 9 条,成功打通牛肉空运进口通道,机场客货吞吐量分别达到 3871.5 万人次、36.6 万吨,国际枢纽机场地位逐步突显。航空产业园启动建设,华夏航空维修基地投入运营,海南、天津、西藏航空重庆运营基地挂牌设立,航空小镇平场完成,"一场一园一镇"初具形象。三是重大项目加快实施。建立示范区建设重点项目库,储备项目 200 余个,总投资 3000 亿元,年度计划实施项目 38 个、投资 170 亿元。快件集散中心(一期)开工建设,木耳物流园等项目加快推进,完成投资约 130 亿元,占年度计划的 78%。

(二)经济运行调控有力有效

一是投资拉动力持续增强。177 个重点项目完成投资 380 亿元,开工率和投资完成率均超过 85%,支撑固定资产投资完成 1210.5 亿元,连续 19 个季度保持两位数增长,总量和增速均位居主城前列。投资结构持续优化,完成工业投资 191.3 亿元;民间投资占比达到 46%,增长 20%。二是招商引资成果丰硕。坚持把招商引资作为经济工作的生命线，充实招商力量，新引进产业项目456个，实际利用内外资分别达到610亿元、20亿美元。金立、传音等重大项目纷纷落地，“3+1+20”智能终端全产业链基本形成。三是要素保障更加有力。全年征地4.5万亩，新增建设用地指标1.7万亩。银政企合作不断深化，国有平台新增提款100亿元，金融机构新增贷款1320亿元，保障了项目建设资金需求。重庆人力资源产业园建成投用，为重点企业招工2万余人，成功引进海内外高端人才65人，评选出首批11名“临空海外英才”，成为国家首批技能人才激励计划试点区县。

（三）产业转型升级步伐加快

一是服务业快速增长。第三产业增加值增长13.3%，对经济增长贡献率和拉动力连续11个季度超过第二产业，占GDP比重达到42.5%，较上年高1.8个百分点。金融业支撑有力，重庆基金小镇启动建设，全区新增金融机构39家，金融业增加值占比达到12%；总部经济持续发展，新引进正太集团等总部企业，实现贸易额30亿元；电子商务加快成长，重庆U创跨境电商产业园正式开园，成功创建市级电商示范区；会展收入18亿元，带动消费150亿元；新光天地、圣名世贸城（一期）等综合体开业运营，两江国际商务中心启动建设；成功引进奔驰、奥迪等4S店。二是新兴制造业蓄势待发。前沿科技城完成征地5310亩，建成标准化厂房20万平方米，OPPO、中光电等项目投产放量，带动手机产业爆发式增长，实现产值240亿元，增长317%；保税港区纬腾、翊宝等新项目正式投产，传统智能终端产业实现产值640亿元，增长14.3%，支撑战略性新兴制造业产值占比达到30%。三是传统产业加快转型。兑现工业技改资金近亿元，驰骋汽车、段记服饰等企业加快智能化改造升级，工业能耗下降5.6%。

（四）创新生态圈初步建成

一是创新平台不断完善。仙桃数据谷建设加快，投用商务楼宇35万平方米，在建135万平方米，大数据与物联网学院建成开院，注册科技企业达到380余家，ARM、科大讯飞等创新领军企业入驻办公，园区实现营业收入62.4亿元、税收9900万元。二是企业主体地位更加凸显。金山医疗科技研究院等3家机构获评全市新型高端研发机构，占全市总数的1/3。创新型和科技型企业加速成长，新增科技型企业365家、国家高新技术企业111家，全社会研发经费支出占地区生产总值比重达到3.86%，较上年高0.86个百分点。三是创新环境持续优化。出台“创新52条”，在全市率先开展科技创新券试点，兑现创新技术扶持资金5000万元。“种子、天使、风险”科技投资基金规模达到28.2亿元，成功辅导澳强工贸等7家企业在科创板上市，建成国家级众创空间4家、市级8家，“双创”指数排名全市前列。万人有效发明专利拥有量达到14.8件，较上年增加近4.8件。

（五）重点领域改革持续深化

一是供给侧结构性改革成效突出。“三去一降一补”任务推进有力，引导停产企业退出市场，清除空壳公司、僵尸企业8家，清理空港工业园区闲置厂房18万平方米。全年消化存量商业服务用房45万平方米，销售商品房500万平方米，增长22.5%。为企业减费6亿元以上，向实体经济新放贷600亿元，推动阿兴记等10家企业挂牌上市，综合融资成本下降0.5%；稳妥化解处置企业债务风险40亿元，置换政府性债务14.7亿元，各类金融风险总体可控。二是其他重点领域改革进展明显。投融资改革纵深推进，产业发展基金总数达到10支，规模扩大到80亿元；财税体制改革稳步实施，税收占比达到87%，较全市平均水平高20个百分点以上；“放管服”改革深入推进，新增市场主体2.1万户，民营经济增加值达到630亿元，位居全市第一；国有企业“瘦身强体”，数量由41个缩减为24个；社会信用体系建设稳步推进，公共信用信息平台基本建成。公立医院改革顺利推进，圆满实现阶段性目标。

（六）对外开放体系更加完善

一是自贸试验区建设初见成效。出台自贸

试验区渝北板块实施方案，明确“2+3+N”空间布局和发展目标，建立“一办五组”运行机制。工商联大厦、临空国际贸易产业园等楼宇载体加快建设，成功引进旋翼惠总部贸易等一批开放性重大项目，保税港区获批金伯利口岸，实现进出口总额1213.9亿元。二是中新合作项目有序推进。成功取得对新加坡第五航权，开通美线货运航班，重庆—新加坡往返航班加密到每周14班，与玮盛城市管理中国运营总部等11个项目成功签署战略合作协议，新加坡巍星商务咨询等项目签约落户，中新合作航空领域实体展示区形象初显。三是贯彻落实“一带一路”和长江经济带战略初见成效。与南非水牛城结友互访，为优势企业、优质产品“走出去”搭建通道。推动洛碛水港成为九大重点港区之一，启动港区概念性规划和码头规划编制，航空港、水港、铁路港“三港联动”发展格局正在形成。四是服务两江发展取得新进展。全年新征地2.8万亩，确保了悦来新城、保税港区等重点区域开发加快。与两江新区初步建立了重点行业数据分享机制，互动性进一步增强。

(七)城市规建管水平同步提高

一是城市规划逐步完善。树立公园城市发展理念，完成美丽山水都市规划及中央公园周边、同茂大道沿线等重点区域城市设计，土地利用总体规划中期调整获批。二是城市开发建设稳步推进。“城市双修”取得积极进展，整治违法建筑67.6万平方米，改造城市危旧房和棚户区20万平方米。中央公园片区开发步伐加快，引进中粮、龙湖、万科等龙头企业，投资300亿元、建设360万平方米两江国际商务中心。地上地下一体化发展，启动解决交通拥堵三年行动计划，轨道交通10号线、机场专用快速路建成通车，中华置地纵二线等30条断头路顺利贯通，新增人行过街设施5座；悦来新城国家海绵城市试点项目基本建成，空港新城地下综合管廊、老城雨污分流治理项目全面启动。三是城市管理更加精细。智慧城市建设全面铺开，智能停车系统、智能照明系统加快普及，数字城管结案率提高到93%。“百日攻坚”环境综合整治行动实施顺利，两路回兴片区等38个城乡接合部达到“八无”标准，覆绿整治城区国有空地5200亩。发放居住证3万余张，常住人口达到163.2万人。全国文明城区高分保牌成功。

(八)农业农村发展提档提速

一是临空现代农业提质增效。新增布朗李、中草药等特色效益农业1.4万亩。引进果蔬冻干等10个农产品深加工项目，初步构建“从田间到机舱”的航空食品产业链；策划“三环十景”精品乡村旅游线路，“巴渝乡愁” 田园综合体签约落户，农旅融合发展迈出坚实步伐；建成全市首个智慧农业综合服务云平台，成功创建全国农业农村信息化示范基地。二是农村生产生活条件加快改善。两江大道延伸段、南北大道延伸段加快推进，改造农村骨架路93公里，实施农村硬化路和安保工程300公里；苟溪桥水库大坝枢纽工程完工，整治山坪塘92口，自来水“村村通”工作经验在全市复制推广。大湾两岔等7个撤并场镇综合整治、古路等5个中心镇提档升级项目进展顺利；建成居民新村3个，改造危房1459户。三是农民收入稳步增长。农业供给侧结构性改革取得显著成效，30个“拨改股”试点项目户均分红550元，10个集体经济组织发展试点项目亩均分红5000元，又新发展了一批新型农业经营主体，农村常住居民人均可支配收入增长9.5%。扶贫帮困常态化推进，农村低收入人群人均增收1000元以上。

(九)人民获得感幸福感安全感显著增强

一是民生投入力度不断加大。社会民生支出达到67亿元，占财政支出60%以上。32件民生实事顺利完成，中央公园小学建成招生，在建学校12所，新图文两馆正式开馆，新人民医院主体完工，全民健身中心室内场馆开工，机关事务局智能停车楼等17个公共停车场建成投用，新增停车位1500个。二是社会保障能力持续提升。城镇新增就业7.1万人，城镇登记失业率有效控制在2.29%；城乡养老、医疗保险参保率分别稳定在95%、96%。区社会福利中心建成投用，又新改建了一批城乡养老服务设施。一户一表改造、老旧电梯改造等民生工程加快实施，1.6万名群众喜迁新居。三是社会大局和谐稳定。坚持以法制思想和方式化解社会矛盾，实现敏感时期到市进京“零聚集”“零非访”；严格落实安全责任制，公共安全行业领域未发生较大及以上安全事故；全面启动“雪亮工程”，推动实现公共区域视频监控网格全覆盖，群众安全感不断增强。四是人居环境持续改善。“五大环保行动”深入实施，国家生态文明示范区加快建设，新增城市绿地114万平方米，城区空气质量优良天数达到288天；河长制稳步推行，新华水库等饮用水源和湖库水质持续好转。古路污水处理厂主体完工，洛碛垃圾处理场加快实施，“三所一队”污水站启动建设，公路通达村生活垃圾有效治理率达100%。农村人居环境整治三年行动启动实施，建成石船胆沟等示范片11个，创建市级生态村15个。中央环保督察整改问题全面完成年度目标任务。

二、发展中存在的问题

临空产业集聚不多，智能制造等前沿科技产业占比不高，创新能力还不强；城乡发展不平衡，镇域经济发展滞后，城乡差距和南北差距仍然存在；城市交通管理问题还比较突出，基本公共服务供给不足，教育、医疗、文化体育等领域存在短板；影响社会和谐安全稳定的隐患依然存在，社会治安、安全生产、信访稳定压力仍然较大等等。

三、2018年发展目标

2018年，是全面贯彻落实党的十九大精神的开局之年，是改革开放40周年，也是决胜全面建成小康社会、实施“十三五”规划承上启下的关键一年。今年我区将深入贯彻党的十九大精神，以习近平新时代中国特色社会主义思想为指导，认真落实习近平总书记视察重庆重要讲话精神，加强党的领导，坚持稳中求进工作总基调，全面贯彻新发展理念，紧扣社会主要矛盾变化，按照高质量发展的要求，统筹推进“五位一体”总体布局，协调推进“四个全面”战略布局，统筹推进稳增长、促改革、调结构、惠民生、防风险各项工作，以供给侧结构性改革为主线，全力推动经济发展质量变革、效率变革、动力变革，围绕“全面建成小康社会，加快建设国家临空经济示范区”奋斗目标和创新生态圈、智能制造基地、国际航空港三大功能定位，实施好“十项行动计划”、打好“三项攻坚战”，确保党的十九大精神全面落实在渝北大地上。

综合考虑各方面因素，今年经济社会发展主要预期目标是：全区生产总值增长7%左右，工业增加值增长6%，全社会研发经费支出占比在3.5%以上，固定资产投资增长8%，社会消费品零售总额增长8%，进出口总额保持平稳增长，一般公共预算收入增长8%，城镇调查失业率控制在5.5%以内，单位生产总值能耗和主要污染物减排达到约束性要求，城乡居民收入增长与经济增长基本同步。

巴南区

巴南区政府办公室 胥伟

2017年，巴南区全面贯彻落实习近平新时代中国特色社会主义思想，在市委、市政府的坚强领导下，全面落实“五位一体”总体布局和“四个全面”战略布局，坚持稳中求进工作总基调，牢固树立新发展理念，以“实体经济提质增效年”为主题，以“深入推进供给侧结构性改革”为主线，着力打好“项目攻坚、产业升级、城市提质、动能提升、要素保障、平安强基、民生改善”七大战役，扎实推进质量变革、效率变革、动力变革，促进经济平稳健康发展和社会和谐稳定。

一、2017 年发展回顾

2017 年，面对错综复杂的宏观经济环境，全区上下坚持以习近平新时代中国特色社会主义思想为指导，在市委、市政府坚强领导下，认真落实“五个围绕”工作要求，扎实开展“三项规范”，着力提升经济运行质量和效益。地区生产总值实现 716.6 亿元、同比增长 10.1%，规模以上工业总产值增长 15.3%，固定资产投资增长 3.9%，社会消费品零售总额增长 11.2%，一般公共预算收入达 37.7 亿元、增长 16.3%，其中地方税收收入完成 33.3 亿元、增长 21.2%，城乡居民人均可支配收入分别增长 8.8% 和 9.8%。

(一)扎实开展“三项规范”

规范税收规费征管，严格落实企业减税降负政策，行业减负 4.14 亿元，4 个行业“营改增”减税 6.6 亿元。建立协税护税“四项机制”，清理欠费欠税 7.5 亿元，实现区级税收 33.3 亿元、增长 21.2%。规范招商优惠政策，统筹投资决策，落实“事前协议约定、事中履约管理、事后政策兑现”长效机制，引进项目 159 个，到位资金 437 亿元。遵循契约精神，兑现产业扶持优惠政策资金 9.26 亿元。规范土地收储出让。严格土地储备出让程序，出让商住和产业用地 3189 亩，实现土地出让综合价金 161.7 亿元。

(二)全力促进工业经济放量升级

完成工业投资 208 亿元。5000 万元以上签约、开工、续建和投产的重点项目达 39 个。坚持“四个一批”推进存量工业转型升级，大江亚普塑料油箱等 10 个转型升级项目增产 42 亿元。36 家战略性战新兴制造业企业产值增长 30.3%。惠科电子引领发展 19 家上下游配套企业贡献产值 132 亿元，智睿生物等 10 个生物医药项目建成投运，银柱机器人、履带式智能坑道掘进机提升工业智能化水平。平板显示、生物医药、新能源汽车、智能装备等 4 大战略性新兴制造业体系基本形成。以百亚、恒安、蓝月亮为代表的日用消费产业集群加速发展。

(三)加快推进现代服务业扩量提质

以“专业市场+电子商务”双轮驱动促进第三产业质量、速度双提升。京东项目增至 7 个，形成完备的产业集群，税收贡献突破 4 亿元。限上电商企业零售额实现 77 亿元、增长 80%，占全市总量的 1/4，顺丰电商产业园签约落地。“五大市场”累计实现销售额 433 亿元。重庆东盟公路班车常态化运行、运送货值超 1.4 亿元。南彭贸易物流基地获批全市首批现代物流集聚示范区。美的、京东互联网小贷开业，在区金融机构达 85 家，存款余额 765 亿元，贷款余额 621.9 亿元。2 家区内企业分别挂牌 OTC 成长版和孵化板。云计算产业园引进产业项目 8 个，多创云教育等 5 个项目建成运营。

(四)加快推动都市现代农业发展

培育壮大规模以上乡村旅游企业 65 家，多彩植物园、乡村印象等 6 个项目建成开园，二圣镇集体村获评全国生态休闲旅游示范村。农业特色产业向标准化、品牌化、规模化延伸，农产品安全工作扎实推进。“三品一标”认证农产品(产地)增至 113 个，重茶集团被评为国家级农业龙头企业，“接龙蜜柚” 再获中国绿色食品博览会金奖，安澜巴廉寺猕猴桃及鱼洞碧荷蔬菜专业合作社获批国家示范社。

(五)强力推进宜业宜居巴南建设

龙洲湾滨江片区 17 个在建项目有序推进，海洋公园一期火爆开业、累计接待游客 40 万人次。华熙体育中心主体完工。华润、融信、碧桂园等大型房企落户巴南，房地产开发投资增长 14%，商品房销售面积增长 70%。累计投入 4.6 亿元，全面推进国家卫生区创建。扎实开展城区“三清三治”，道路提档升级、老旧社区改造、污水管网整治、公厕和农贸市场改造等专项整治行动取得明显成效，创建 10 个市级卫生镇。严守生态保护红线，严肃环保行政执法，中央环保督察 126 个交办件全部办结、53 项反馈问题强力整改。扎实推进环保“五大行动”，河长制实现全覆盖，138 个集中式饮用水水源地整治全面完成；空气质量优良天数达 283 天，PM2.5 平均浓度同比下降17.3%。

(六)加速推进改革创新步伐

完成国家农村承包土地经营权抵押贷款试点和6个村社农村集体资产量化确权改革试点。并联审批范围不断扩大,行政许可事项办结时限在法定时限内压缩47%。开放型经济加快发展,在全市内陆开放高地招商项目集中签约活动中签约金额242.5亿元,B保封关运行、进出口总值突破1亿元。南向国际物流大通道延伸至泰国曼谷,东盟公路班车与中欧(重庆)班列实现双向互通。创新激发社会活力。R&D经费投入增长12.5%以上,建成国家级企业技术中心2个、国家级工业设计中心2个,每万人发明专利拥有量12.11件。累计培育国家高新技术企业82家、科技型企业169家。工商注册实现"多证合一",新增市场主体13753个、增长18.2%。注册商标总量达8987件。建成市级以上众创空间8个。

(七)扎实办好民生实事

贫困群众生产生活条件得到改善,稳步实现"两不愁、三保障"。城镇登记失业率控制在2.88%。全民参保登记实现全覆盖,为1.4万人发放低保金7119.73万元。新增市级名师、骨干教师46名,与西南大学、重庆一中等优质资源合作办学,"三名工程"取得阶段性成效。昕辉小学、融创中学等9所新学校、幼儿园建成开学。公立医院综合改革顺利推进,药品采购"两票制"全面实施,药品销售加成和药事服务费全面取消,直接让利群众5072万元。"三甲"医院、区中医院三期加快建设。区文化艺术中心建成开放。体育设施建设方面人均体育场地面积达2.18平方米。常态化推行领导接访、约访、下访工作。加强住房保障,全力推进棚户区改造,完成"3个100万方"安置计划,回购17.5万平方米、建成58.99万平方米安置房并如期实现分房,安置群众2.05万人,拖欠近10年的征地拆迁安置工作圆满完成。

(八)强力化解风险隐患

创新"1234"企业安全监管工作法,深入开展安全生产大排查大整治大执法大督查,安全事故死亡人数下降2.7%,全区连续42个月未发生较大及以上安全事故。做好国家食品安全示范城市创建工作,顺利通过国务院食安委食品安全督查。党的十九大维稳安保工作受到市委市政府通报表彰。深入开展"打黑除恶"和"渝安2号"专项行动,挂牌整治8个社会治安重点区域,全区刑事案件、侵财案件分别下降13.1%、14.5%。争取债券资金消减政府性债务16.4亿元,政府性债务率降至58%,处于绿色可控区域。严控平台公司债务,年综合成本降至6.1%以内,平均债务年限提高至7.8年。妥善处置"袖善"非法集资案等涉稳事项,有力维护金融秩序和社会稳定。

二、发展中存在的问题

当前,巴南的发展还存在不平衡不充分的问题,主要表现在:一是经济总量依然偏小,产业支撑作用不强,创新能力尚显薄弱,经济发展与环境保护不够协调。二是大项目、牵动性强的项目少,土地、资金、人才等要素制约依然存在。三是城市功能品质不优,没有形成连片发展,基础设施短板不少,民生事业欠账较多。四是发展中的各种矛盾和问题交织,创新社会治理的任务依然艰巨。五是政府服务发展的能力和水平还需进一步提升,广大干部工作作风还需进一步改进等问题。

三、2018年发展目标

2018年,是贯彻党的十九大精神的开局之年,是改革开放40周年,是决胜全面建成小康社会、实施"十三五"规划承上启下的关键一年。主要预期目标是:地区生产总值增长9.5%左右,固定资产投资增长5%左右,规模以上工业总产值增长10%以上,社会消费品零售总额增长11%左右,一般公共预算收入增长12%左右,城乡居民收入增长与经济基本同步,完成市政府下达的年度节能减排任务目标。重点做好以下工作:

一是强力推进项目攻坚。全方位开展精准招商、以商招商,引进以电子信息、生物医药、智电汽车为主的战略性新兴制造业项目,以贸易、物流、金融、文旅为主的战略性新兴服务业项目,力争全年引进项目100个、协议引资500亿元、实际到位300亿元。

二是加快建设战略性新兴制造业聚集区。壮大先进制造业,做强实体经济。扶持宗申集团、惠科集团、智睿生物等龙头企业,推进惠科面板一期全面达产、二期启动建设,促进智睿生物、智翔金泰等5个项目建成投产,扶持成长型企业发展壮大。加快培育国家高新技术企业、科技型企业。支持汉嘉电气、惠科金扬等15家企业"民参军",支持建设机电、大江工业等军工企业开发汽车零部件等"军转民",促进宗申航发、吉力芸峰等重点军民融合产业项目投产达效。

三是加快建设重庆南部服务业发展高地。推进京东重庆电商产业园建设,打造国家级电子商务示范基地。建成京东创盟、格云生态冷链等冷链物流业项目。推进保险证券、融资租赁、投资基金等新型金融机构落户巴南。推动云计算服务中心建设,推进物流基地达产达效。

四是扎实推进乡村振兴。打好精准脱贫攻坚战,确保综合贫困发生率稳定控制在0.5%以下。深入推进农业供给侧结构性改革,增加农民收入、保障有效供给。深化农商、农文、农旅融合,推动农业"接二连三"、提质增效。

五是加快推进宜居宜业的生态之地。增强人口转移吸引力和承载力,加快城市基础设施建设,完善城市教育、医疗、购物、娱乐等公共服务功能,进一步提升城市管理水平。

六是大力推进重点领域改革攻坚。深化经济领域、行政体制、农业农村和社会领域等方面改革,释放改革红利,促进动能转换。推进区属平台公司结构化重组、实体化运营,落实"营改增"等政策,推动"放管服"改革,实现政务服务标准化。

七是打造重庆南向开放重要窗口。融入全市开放格局,推进与中欧班列的公铁多式联运常态化。拓展重庆东盟公路班车线路,增加班次和双程货源。建成普洛斯国际物流信息港、新加坡环球石油有限公司中国营运中心等项目。发展保税贸易和口岸经济,引入高端物流、冷链物流等领域龙头企业。

八是建设主城重要生态屏障。打好"蓝天保卫战",做好黄标车淘汰、工业废气等整治工作,推进"绿色工地"创建,严控扬尘污染,力争全年优良天数达286天。全面落实"河长制",巩固花溪河、花溪河、一品河黑臭水体的综合整治成效。加快恢复绿水青山,确保森林覆盖率保持在45%。

九是强化风险防范和化解。加大政府债务化解力度,健全偿债机制,推进"三项规范",紧盯金融、房地产等重点领域厚植税源、强化征管,确保存量债务逐年下降。强化社会治安综合治理,加强信访工作的信息化、智能化建设,规范人民调解组织建设,引导群众依法行使权利、表达诉求、解决纠纷,维护合法权益。

十是着力推进民生改善。实施以需求为导向的保障和改善民生战略行动计划,完善统一的城乡基本医疗保险、大病保险制度和养老保险全国统筹。支持全民创业,实现城镇新增就业2.3万人以上。提升教育品质,办好学前教育、办好示范高中和职业教育、支持和规范民办教育。优化医疗资源布局,完善社区卫生服务体系,提升基本公共卫生服务水平。

2018年,我们将紧密团结在以习近平同志为核心的党中央周围,在市委、市政府的坚强领导下,拥抱新时代、迸发新激情,不忘初心担大任、牢记使命谱新篇,以永不懈怠的精神状态和一往无前的奋斗姿态,为决胜全面建成小康社会再立新功!

长寿区

长寿区政府办公室 何章

一、2017年发展回顾

2017年,长寿区统筹推进"五位一体"总体布局,协调推进"四个全面"战略布局,坚持稳中求进工作总基调,努力适应经济发展新常态,扎实做好改革发展民生稳定各项工作,实现了新一届政府的良好开端。全区地区生产总值509.9亿元,比2016年增长9%;地方财政收入91.3亿元,增长1.2%,其中一般公共预算收入36.8亿元、增长1.3%;全社会固定资产投资600.8亿元、增长6.6%;社会消费品零售总额130.8亿元、增长11.6%;城乡居民人均可支配收入增长9.8%。

(一)投资拉动增强

精准有力抓调度、推进度,实行重大项目审批"一卡通"制、经开区行政审批首席代表制,压缩投资类项目审批时限达70%,助推投资放量提速。统筹推进322个重大项目,新开工91个、竣工81个,完成重大项目投资301亿元、增长14%。发挥工业投资主力军作用,完成工业投资365.1亿元、增长15.7%。激发社会投资活力,完成中科未来城创新产业园、长寿湖旅游提升工程2个PPP项目编制申报,总投资67亿元。

(二)开放支撑有力

深入实施聚商选资"提升年"活动,建立千亿级重点项目储备库,引进项目153个,合同引资618亿元。三次产业招商全面开花,其中签约百亿级特大项目4个、十到百亿级重大项目19个、一到十亿级重点项目67个。引进战略性新兴产业项目46个,引资占工业板块38.6%,为经济发展增添新动力、汇聚新优势。外贸进出口总额创历史新高,达108亿元,实际利用外资达1.6亿美元,连续6年保持在1.5亿美元以上。成功创建全市首批承接加工贸易梯度转移示范园。

(三)要素保障到位

新增2.4平方公里城镇建设用地规划空间,新获批各类建设用地29宗、406.4公顷。加强资金平衡调度,争取政府新增债券资金9亿元,用于城乡基础设施建设。加大金融支持发展力度,引进大连银行等6家金融机构,人民币存款余额508.2亿元、贷款余额294.7亿元、新投放各类贷款150亿元。强化能源保障,协调落实工业电力、天然气、煤炭和蒸汽供应量分别达49亿度、24亿立方米、458万吨和98万吨。

(四)工业聚新集优

规上工业总产值首破千亿大关,达1051.7亿元、增长27.9%。夯实"一区一园"发展平台,长寿经开区、工业园区成功纳入国家首批产业转型升级示范园区,规上工业产值分别增长18.6%、97.6%。夯实六大工业主导产业,钢铁冶金、综合化工转暖回温,产值分别增长45%、18%。重钢顺利实施司法重整,突围解困迈出新步伐,川维降本扭亏成效显著。装备制造、新材料新能源、电子信息、智能家居及健康制造业产值分别增长6.5%、29%、106%和52%。17家现代汽车配套企业投产,20家电子信息企业开工,锂离子电池隔膜、锰系新材料、电子特气等项目落地。成功签约330亿元人工智能与物联网、智能家居、无人科技产业项目,开启智能化发展新局面。

(五)农业稳产增收

实现农业总产值67.4亿元,增长1.7%。粮食总产量稳定在37.7万吨,柑橘、蔬菜、水产品、禽蛋等产量稳中有升,新增"三品一标"72个,获批重庆市名牌农产品8个,农产品质量抽检合格率达100%。农业园区提档升级,新建高标准农田2.8万亩,水电路讯等19个重大项目有序推进。现代农业经营体系不断完善,新认定区级农业产业化龙头企业24家、家庭农场100家,新发展农民合作组织68个,培训新型职业农民1200人次。完成龙门桥水库工程建设,5座小型水电站扩容增效。编报三峡后续项目47个,争取专项补助资金4.3亿元。

(六)旅游持续升温

文体农商旅融合发展,接待游客850万人次,实现旅游收入52亿元,分别增长10.4%、12%。编制完成区旅游总体规划、五华山乡村旅游总体策划。启动长寿湖国家级旅游度假区创建前期工作,引进恒大旅游特色小镇、龙鑫大型游乐园项目,迪信通房车露营地对外营业。菩提山成功创建国家4A级景区,古镇尾期工程顺利推进。青龙嘴片区文物保护修复工程一期(定慧寺)完工并对外开放,三倒拐历史文化街区保护示范段项目开工。十里柚香·百里花海、清迈良园核心区基本建成,橘香悦动村、紫薇花海示范项目加快推进,乡村休闲旅游收入近4亿元。

(七)商贸补短提质

实现商品销售额377.1亿元,增长20.4%。优化商贸物流"一心三园"布局,完成铁公水联运规划。引龙头、建品牌,申报限额以上企业46家。积极发展会展经济,举办各类展会113场次。总投资62亿元的重庆东部国际农产品交易中心、智慧物流中心、汽贸城三大专业市场签约落地,城中城商业广场开业运营。"互联网+"引领商贸提档升级,化工品交易市场交易额超过30亿元,"胖胖狗"物流项目实现线上交易12亿元,绿安电商带动农产品销售1160万元。新建农村电商服务点68个。

(八)城乡协调发展

中心城区优化拓展。推进"城市双修",完成海绵城市、综合管廊规划和智慧城市顶层设计,高精度地理信息数据实现全覆盖。推进城市外联内通,铁路客运长寿到主城日增发至52班次,通达全国68个城市,两江新区至长寿快速通道纳入市级项目统筹推进,渝长高速扩能改造、长寿长江二桥建设进展顺利,完成菩提大道粮站段、重钢大道连接卫古路段等城市干道建设。补齐基础设施短板,整治城区道路34.6万平方米,推进城市公共区域和小区配套停车场建设,新建停车泊位1万余个。大力美化、亮化城市空间,启动桃花溪城区段、渝长高速古佛至桃花段、高铁城区段绿化工程,新增城市绿地21.6公顷,改造城市棚户区2.1万平方米,整治违法建筑41.5万平方米。实施"六大攻坚行动",文明长寿建设成效显著。镇村建设齐头并进。初步建成休闲旅游、现代农业、集镇工业和商贸物流错位发展的城镇体系。投入2.2亿元实施小城镇基础设施项目61个,实施镇街污水管网整改工程6个,小城镇"561工程"覆盖率达90%。长寿湖镇成功创建国家级特色小镇,双龙镇成功创建全国文明村镇,邻封镇成功申报市级历史文化名镇。着力改善农村人居环境,启动189个村规划和66个村土地规划编制,成功创建重庆市绿色新村1个、市级绿色示范村庄6个,实施改善农村人居环境示范片项目2个,建设整洁庭院849个,整治山坪塘475口,新建农村公路214公里,完成农村危房改造1220户。

(九)供给质量有效提升

去除永航钢铁90万吨产能,注销空壳市场主体503户。商品房销售面积81.6万平方米,去化周期处于7个月合理区间。简并增值税税率,减免企业社保费8600万元,运用"助保贷"帮助26家企业续贷7460万元,为47家中小微企业发放转贷应急周转资金2.5亿元。加快推进用电、用气市场化改革,年降企业用电、用气成本分别达1.7亿元、2.6亿元以上。清理整治互联网金融风险,打击非法集资工作得到国务院处置非法集资部际联席会议办公室高度肯定。

(十)重点改革纵深推进

全面推进行政许可"五位一体"标准化体系建设,对应取消行政审批14项、承接30项,清理规范行政审批中介服务69项、保留53项。"信用长寿"网站、公共信用信息平台建成投用,区政务信息共享交换平台建设纳入全市首批示范试点。加快区属国企改革转型,将全区政府平台公司整合为4家商业类集团公司、1家建设类公司。文化市场综合执法改革、城市管理执法体制改革有序推进。深化保险发展示范区建设,开展农业增信保证保险,完善巨灾保险、血橙价格指数保险。加快投融资体制改革,建立长寿重银双创基金、盛世投资基金、中科院科技成果转移转化基金。加快农业农村改革,启动"三权"分置改革试点和涉农项目财政补助资金股权化改革,农村集体资产量化确权和集体经营性资产股份合作试点覆盖所有镇街。

(十一)创新大幕开启

实施"一三五十百千"工程,构建项目、人才、资金、政策完备一体的服务体系。实施区级科技项目33项、创新奖励219项,万人有效发明专利达3.9件。全社会R&D经费增长32%,占地区生产总值比重达1.8%。建成市级研发中心25个、区级研发中心17个、市级众创空间3家、院士工作站2家。成功创建国家知识产权试点城市。长寿经开区获评国家级知识产权示范园区,建成光电产业校地合作研发基地。长寿工业园区启动创建市级、国家级高新技术产业开发区,中科未来城科技企业孵化基地、科技成果转化中心、科技岛启动建设。国家农业科技园区累计建成农业专家大院7个。引进院士2名、国家"千人计划"专家2名、高层次人才100名。

(十二)生态强基提质

生态优先、绿色发展理念厚植全区,坚决有力整改中央环保督察反馈问题。筑牢生态安全屏障,划定生态保护红线337.1平方公里、永久基本农田3.8万公顷,完成水土保持生态建设治理32.6平方公里。开展沿长江1公里范围内22家化工企业风险排查并全面完成整治。实施大气污染百日攻坚,淘汰黄标车4228辆、居全市第一,城区环境空气质量优良天数达282天。三级河长制覆盖全区所有河库,桃花溪污染整治持续推进,龙溪河流域纳入国家首批水环境综合治理与可持续发展试点,完成50个集中式饮用水源地规范化建设。建成高速公路沿线3公里隔音墙和56.9平方公里噪声达标区。危险废物和医疗废物规范化处置达100%,畜禽养殖等面源污染问题得到有效遏制。全区林地稳定在100万亩以上,森林覆盖率达45.5%。

(十三)社会民生持续改善

脱贫攻坚精准发力。投入3000万元支持10个脱贫村发展,全区新脱贫529户、1316人。支持贫困户发展产业、转移就业,设立3000万元免息免担保金融扶贫产业资金,累计培育40名致富带头人,帮助824名贫困人员实现就业。分类帮扶因学、因病致贫人员,发放教育扶贫款432.4万元、资助贫困户学生4916人次,基本医疗保险实现扶贫对象全覆盖,投入170余万元为建档立卡贫困户购买精准扶贫保险。实施兜底扶贫近1.3万人次,发放低保兜底金287.5万元。实现建卡贫困户D级危房改造全覆盖。民生之基夯实筑牢。智慧人力资源市场基本建成,开展创业培训2099人、发放创业担保贷款6829万元。社保扩面征缴持续推进,城乡养老保险、医疗保险参保率分别达96%和100%。机关事业单位养老保险制度改革初步完成,生育保险与职工医疗保险合并实施,医保支付方式改革统筹推进,跨省异地就医住院费实现联网直接结算。使用住房公积金8.2亿元,支持2.1万人购房,新配租公租房3086户,解决7700余人住房困难。夯实社会救助福利体系,建立扶贫济困医疗基金,落实特困供养救助制度,发放城乡低保金7562万元、医疗救助金3713万元、特困人员基本生活费3627万元、临时救助金662.6万元。新建4个城镇社区养老服务站。探索建立退役士兵三级服务平台。社会事业协调发展。促进教育公平和质量提升,完成农村薄弱学校改造项目27个,中小学校标准化率达90%,幼儿园、义务教育、高中阶段入学率分别达90%、100%和97.8%,高考重本上线率再创历史新高。全面取消公立医院药品加成和药事服务费,落实药品采购"两票制",医联体建设成效显著,分级诊疗格局初步形成。区人民医院北城分院等5个重点卫生项目建设有序推进,区中医院启动国家三级甲等中医医院创建。建成长寿菩提古镇文化创意产业孵化园等一批市级文化产业基地，12件艺术作品入围国家级文艺展，区图书馆成功创建国家一级馆。获全国群众体育先进单位，成功举办四项体育品牌赛事、五项文化品牌活动。

二、发展中存在的问题

经济总量不够大、质量不够优，传统产业升级、新兴产业培育任重道远；改革力度还不够强，创新意识、创新驱动能力亟待增强；城乡区域发展不均衡，基础设施欠账较多；社会事业存在短板，保障和改善民生仍需持续用力；资源环境约束趋紧，生态环保突出问题尚未彻底解决；社会矛盾和各类风险交织，社会治理需进一步创新；政府工作与发展所需、群众所盼还有差距，借力借势借资源发展长寿的能力还需不断提升，自身建设有待进一步加强。

三、2018年发展目标

2018年主要预期目标是：地区生产总值增长7%左右。地方财政收入94.1亿元，其中一般公共预算收入37.2亿元；规上工业增加值增长10%以上；全社会固定资产投资增长10%；社会消费品零售总额增长8.5%，商品销售总额增长15%；民营经济增加值增长10%；城乡居民人均可支配收入增长9%。

江津区

江津区政府办公室　马小玲

2017年，全区实现地区生产总值（以下称“GDP”）757.1亿元，比2016年增长（以下简称“增长”）9.9%；一般公共预算收入70亿元、增长10.4%，其中税收44.7亿元、增长11.3%；全社会固定资产投资834.5亿元、增长11.7%；社会消费品零售总额295.3亿元、增长13.8%；城乡居民人均可支配收入达到33331元、16695元，分别增长9.3%和10%；城镇登记失业率2.8%。

一、切实推进发展动力转换

深入推进各项改革。持续推进“三去一降一补”，去除钢铁产能9万吨，为企业减负14亿元，大力引进发展战略性新兴产业，努力提高供给质量和水平。扎实推进13个重点改革专项和58项重要改革任务，白沙镇行政管理体制改革成果及经验在全国推广，成功创建全国学前教育改革发展示范区。稳妥推进公立医院综合改革，全面取消以药养医，健全药品供应保障制度。落实农村土地“三权分置”，开展农村集体产权量化确权扩面试点，系统推进农民住房财产权抵押贷款试点改革，全年发放农房抵押贷款超过10亿元，中期评估结果在全国59个试点单位中位列第四。扎实推进“放管服”改革，行政许可标准化建设通过市级验收。深化商事制度改革，净增市场主体8000余户。

加速推进开放发展。重庆江津综合保税区（以下简称“江津综保区”）成功通过重庆海关牵头组织的预验收。围绕保税加工、保税贸易和保税服务开展招商引资，签约入驻企业20个，合同引资282.5亿元。以珞璜铁路综合物流枢纽、珞璜港为依托的珞璜片区“水公铁”多式联运基地加快建设。注重提升存量外经外贸企业开放发展水平，成立区外经贸企业协会，成功申报全市加工贸易梯度转移示范园。全年实现外贸进出口额8.7亿美元、增长50.9%；实际利用外资6亿美元、增长24.8%。

坚定推进创新发展。积极申报国家级创新型城市建设试点。推进以科技创新为核心的全面创新，兑现企业科技创新奖扶资金3600万元。设立风险担保基金2亿元，开展科技型企业知识价值信用贷款试点。建设科技创新服务中心。设立刘人怀、蹇锡高、宋湛谦院士专家工作站，建立江增船舶海智工作站。先后与中国农业大学、西南大学签订战略合作协议，推进江津特色效益农业发展。西部硅谷小镇孵化创新微型企业46个。成立在津高校科技创新联盟。全区市级以上研发平台53个、新增10个；高新技术企业93家、新增30家；科技型企业256家、新增103家。全区R&D经费投入占GDP2.3%。

二、切实推进经济转型升级

努力壮大经济总量。发挥投资关键作用，加强园区、景区、城区基础建设，实施政府主导类项目345个，投资130亿元、增长12%；激发企业投资积极性，完成工业投资533.4亿元、增长12.7%。发挥消费基础作用，出台去库存、促进房地产消费系列政策，举办秋季房交会，全年商品房销售301.6万平方米。适应消费升级，大力发展文化旅游产业。完善电商服务体系，促进电商消费。全年实现商品批发及零售额920亿元、增长26%；住宿餐饮营业额77.2亿元、增长24.4%；电商交易额12亿元、增长50%。发挥出口带动作用，强化外贸出口企业服务，全年出口额4.8亿美元，增长30%。

努力优化经济结构。继续提升工业发展质量，加速推进富硒特色效益农业和商贸服务业发展，全区一二三次产业GDP占比调整为11.3:60.4:28.3。全区工业增加值374.5亿元、增长11%，日丰新材、三五三三、渝邦新能源等50余个工业项目竣工投产，规上工业企业达到434家、净增19家。中建桥梁公司落户江津，全区建筑业增加值82.6亿元、增长11.7%。以现代农业园区为核心，强化入园企业服务和招商引资，全区农业增加值85.8亿元、增长4%。举办中国·重庆(江津)首届富硒产业发展大会，发布“一江津彩”农产品区域公用品牌，推出瓮红红茶、骄王花椒、硒浦大米、吴滩土鸡等十大富硒农产品品牌，富硒产业产值55亿元、增长37.5%。成立全市首个跨境电商(汽摩)产业园，京东生鲜“中国特产江津馆”上线运行，全区限上商贸企业达到623家、新增75家，电商市场主体突破1000家。加快传统产业转型升级，企业技改投入212亿元、增长65%，占工业投资近40%。睿容环保、鲁岳石墨烯等项目签约入驻，全区战略性新兴产业产值增长38.3%。支持非公经济发展，组织46名企业家到浙江大学培训，非公经济市场主体达到8万户、从业人员36.3万人，完成投资、实现税收分别占全区总量的80%、66.2%，非公经济增加值占全区GDP的比重提高到68%。

努力强化要素保障。出台“1+6+N”人才培养和引进政策，启动实施“津鹰”人才计划。出台引导企业挂牌上市、技术升级改造、培育打造品牌奖扶政策，组织18家上市储备库企业到深交所培训，威马农机、亿隆漆业、福驹汽贸、芝麻官实业等4家企业完成股改，兑现上市奖补资金180万元。为中小企业续贷周转资金333笔16.8亿元。总规模100亿元的新型城镇化、开放创新、文化旅游基金落地运行；鼓励平台提高土地经营收益，降低平台税收政策依赖，全区2A级资信平台达到5家；激励银行和非银行金融机构为政府平台提供低成本、大额度、长期限资金供给，民生、富滇银行入驻江津，全区银行贷款余额488亿元、增长6.1%，保险赔付支出9.4亿元、增长40%。强化财政保运行、保民生、保发展功能，全区公共财政支出突破120亿元。出台降低企业生产用水、用电、用气成本引导政策，全年用量分别达到3370万立方米、46亿千瓦时、2.6亿立方米，分别增长12%、2%和11%。

三、切实推进区域协调发展

推进产城融合发展。编制完成中心城区、支坪及滨江新城中央商务区城市设计，完成德感工业园总规修编和控规编制，全年投入规划经费4000余万元。区综合区情系统、城乡规划综合数据库、地理信息系统、地下管线系统建成投用。加快“一轴两翼”重点区域开发，中心城区建成区面积85.6平方公里、人口62.5万。实施中心城区环境综合整治，改造老旧楼院120栋，新建楼宇灯饰38栋,改造路面13万平方米,建成公共停车位1076个,新增城市绿地1100亩,疏浚雨污管网22公里,推进"花园城市"建设,城市环境品质逐步提升。

推进城乡融合发展。实施农村城镇管理水平提升计划,新型城镇化基金村镇项目完成投资6.3亿元,一批撤并老场镇、村民聚居点环境得到改善,全区常住人口城镇化率提高到66.7%。改善农村人居环境,建成农村公路400公里,全部行政村开通客运班车,硬化村社便道261公里,整治山坪塘2323口,完成农村电网升级改造,实施10个行政村(社区)环境连片整治,农村生活垃圾有效治理行政村覆盖率达到90%。加快建设杜市湘萍、贾嗣龙山、慈云小园、蔡家石佛、先锋保平等市级美丽宜居村庄。

推进发展全域旅游。以大四面山为引领,推动全域旅游开发提速提质。首次开行北京、上海到四面山"爱情专列",举办"第十届七夕东方爱情节""生态五项极限挑战赛"等活动,打造"四季山"。以"旅游+"推动旅游产业融合发展,启动建设白沙"江小白小酒馆"风情街,推出韩氏酱园、芝麻官工业旅游线路,成功注册"江津好礼"旅游商品图文商标。在全市重大旅游项目集中签约中,我区签约项目总投资640亿元,列全市第一。加大旅游宣传投入,通过全媒体渠道和户外广告宣传方式,大力推介"四面山水、人文江津"城市形象及旅游资源,全年接待游客1760万人次、增长20.1%,实现旅游综合收入114亿元、增长26.2%。

四、切实保障和改善民生

努力增加居民收入。支持高校毕业生和农民工等群体就业创业,城镇新增就业3万人。举办第三届创业创新大赛,打造"津工精匠"技能人才品牌,发放创业担保贷款1亿元,发展微型企业1770户。拓宽城乡居民经营性收入、工资性收入、财产性收入和转移性收入渠道,富硒特色产业、农村电商、乡村旅游成为农民增收新途径。扎实推进三峡后续项目,促进移民安稳致富。

健全社会保障体系。推进机关事业单位养老保险改革,完成3575家企事业单位生育保险和职工医疗保险合并试点,实现全国跨省医保联网结算,全区养老、医疗等五大保险综合参保率达到95%。统筹社会保险、社会救助、社会福利、慈善事业、优抚安置系列政策,落实城乡医疗救助、特困人员救助、困境儿童保障制度,累计发放低保救助金1.8亿元、特困人员供养和慰问金9500万元。加快建设残疾人康复中心。落实85周岁以上高龄老人营养补贴政策。做好拥军优属工作。

全面发展社会事业。巩固义务教育发展基本均衡区创建成果,建成鼎山小学一期、莱市街小学南城校区和东城幼儿园,完成改善薄弱学校基本办学条件和新增农村寄宿制学校任务。创建国家公共文化服务体系示范区,中期评估成果列中西部22个创建区市县第一位。区中心医院儿科大楼以及中山、塘河、慈云卫生院迁建完工,第二人民医院迁建顺利推进。"全面两孩"政策稳步实施,妇幼健康服务保障能力稳步提高。全力创建国家食品安全示范城市。实施全民健身计划,举办全国门球锦标赛、区第三届运动会。"活力江津·魅力之城"活动持续开展,区和镇街牵头举办各类文体活动93场次,带动了群众性文体活动开展。

实施精准脱贫攻坚。坚持精准识别、精准帮扶,围绕"一达标、两不愁、三保障",37位区级领导和15个区扶贫集团包片负责15个贫困村、7779户贫困户的脱贫攻坚任务,各驻村工作队协助村"两委"开展工作,各部门严格落实行业扶贫责任,设立扶贫济困医疗基金,发放教育补贴1995万元,培训扶贫对象1084人,帮扶建卡贫困户就业1898人,实施危房改造1845户,纳入低保兜底3850人,建设扶贫公路49.6公里,建设电商服务站13个,全年扶贫投入累计达到4.2亿元,减少农村贫困人口1730人,第三方调查综合满意度93.6%。

五、切实防范安全稳定风险

严守安全生产底线。实施安全生产行动计

划,全年安全生产事故起数、死亡人数分别下降3.6%、6.5%,安全生产连续12年无重大以上事故发生。开展道路交通、水上交通、建筑施工、危化品、城市燃气、特种设备、高层建筑消防等专项整治。启动新一轮工贸行业企业安全生产标准化创建,规模和限额以上工贸企业全面达标。加强政府应急管理,组建非煤矿山和危化救援队。

严守社会稳定底线。实施社会治理行动计划,纵深推进平安江津建设。建立"1+N+3"大调解体系,人民调解成功率99%。推进区、镇(街道)、村(社区)三级综治中心建设,基层社会治理体系活力和效率进一步提升。突出抓好"3+N"信访突出问题专项治理,努力化解房地产、非法集资、征地拆迁、特殊群体等遗留问题和信访积案,党的十九大等特殊节点维稳安保实现"七个坚决防止"目标。严厉打击违法犯罪活动,持续保持"三类恶性案件"零发生,人民群众安全感进一步提升。完成国有平台公司资产债务清理,整改不规范融资行为,投入5.3亿元解决各镇街农村公路建设"历欠",政府性债务保持在合理范围。

严守生态环保底线。划定574平方公里生态保护红线控制区。中心城区空气质量优良天数245天,德感污水处理厂扩建工程建成投用,城市集中式饮用水源水质达标率100%、城镇生活垃圾无害化处置率100%,推进城乡生活及餐厨垃圾逐步统一收运处置,行政村覆盖率达到90%。开展绿化造林,森林覆盖率提高到48.5%。542家企业开展排污权有偿使用和交易,交易金额2416万元。推行河长制、湖长制,开展"绿盾2017专项行动",取缔关闭禁养区养殖场,清理整治长江沿线的非法码头和砂石堆场,长江上游珍稀特有鱼类国家级自然保护区管理工作加强。持续抓好中央环保督察问题整改,完成36项"措施清单"、41项"问题清单"当年整改任务。

(一)发展中存在的问题

少数单项经济指标与预期有差距,一些民生事项保障到位不够,一些重要领域、重点工作仍有薄弱环节,个别重大项目推进欠进度。对照全面小康标准:我区在城乡基础建设、功能服务配套、生态环境保护和战略性新兴产业发展等方面仍有不少短板和弱项。对照高质量发展要求:我区人均经济水平不高,经济结构不优,宏观经济运行和微观主体运营的效益不够好。对照高效能服务要求:少数部门单位工作人员仍然存在慵、懒、散、慢、拖等问题。

(二)2018年发展目标

2018年,全区经济社会发展主要预期目标是:GDP增长9%左右,规模以上工业增加值增长9.5%左右,战略性新兴制造业增加值增长20%左右,R&D经费支出占GDP比重达到2.6%左右,固定资产投资增长10%左右,社会消费品零售总额增长11%左右,一般公共预算收入增长8%,税收收入增长10%,外贸进出口总额增长80%左右,实际利用外资增长20%左右,城乡居民收入增长与经济增长基本同步,城镇登记失业率控制在3.5%以内,单位GDP能耗、主要污染物排放等约束性指标完成市下达任务。

合川区

合川区政府办公室 黄昌贵

一、2017年工作回顾

2017年,在市委、市政府和区委的坚强领导下,在区人大、区政协的监督支持下,我们深入学习贯彻党的十九大精神,深学笃用习近平新时代中国特色社会主义思想,认真贯彻落实市委五届三次全会和区委十四届三次全会精神,一体化贯彻新发展理念,围绕打基础、补短板、谋长远，扎实做好稳增长、促改革、调结构、惠民生、防风险各项工作，经济社会平稳健康发展。全年实现地区生产总值595.17亿元、增长9%，全社会固定资产投资644.9亿元、增长10.7%，社会消费品零售总额285亿元、增长13.4%，一般公共预算收入41.5亿元、增长4.7%，城乡常住居民人均可支配收入分别达32101元、15837元，增长8.8%、9.1%。

(一)持续深化改革开放

坚持聚焦重点领域和关键环节，着力优化资源要素配置，发展动力活力加速释放。重点改革扎实推进。深入推进供给侧结构性改革，扎实开展“三计划一行动”，帮助企业落实贷款57.4亿元、社保降费3.9亿元、减免税收12.8亿元。PPP工作获国务院办公厅通报表扬。深化公立医院综合改革，家庭医生签约46.6万人。创新驱动加速发力。成立全市首个创新医疗器械专业孵化平台，新增高新技术企业30家、科技型企业64家，工业园区创建市级高新技术产业开发区通过专家评审，我区被确定为国家知识产权试点城市。开放根基更加坚实。市郊铁路渝合线全线动工，7条总投资超280亿元的高速公路纳入全市交通建设“三年行动”方案。渭沱综合物流产业园PPP项目成功签约。参加“渝洽会”、深圳大湾区机器人与人工智能大会等展会活动，入选央视“魅力中国城”竞演。招商引资到位资金238亿元。新增外贸企业10家，外贸进出口总额增长19.2%。

(二)推动经济转型升级

坚持质量第一、效益优先，转变方式，优化结构，转换动力，经济发展质量和效益稳步提升。工业经济持续增长。规上工业总产值增长22.3%，三大主导产业、战略性新兴产业产值占规上工业总产值的比重分别达55.7%、16.7%，我区获批首批国家级产业转型升级示范区。北汽幻速、比速汽车入选央视“国家品牌计划”，新增幻速S5、S7和比速T5三款“合川造”汽车，幻速S6成为首个进入韩国市场的国产乘用车品牌。现代农业稳步发展。农业增加值增长4.4%。粮食、生猪、水产产量保持全市第一。新增新型农业经营主体1015家，机械化率达50.5%，我区获评中国枇杷之乡，“渝江源”牌橄榄油获“后稷特别奖”，小沔盛泉村小米花生获全国“一村一品”称号。服务业日趋活跃。旅游收入增长28.5%，中建交重庆公司、万强物流等一批企业总部落户合川，金科世邻夜市成功创建市级夜市街区，“三江核心商圈”跻身市级百亿级商圈，展会拉动消费近32亿元，全区存贷余额总额突破1000亿元。

(三)稳步推进城乡建设

坚持以新型城镇化为引领，建管并重，彰显特色，城镇活力魅力不断增强。基础设施不断改善。涪江四桥、博萃大道等建成通车，改造国省道50公里，新建改建农村公路380公里，整治山坪塘1388口。涞滩镇入选第二批全国特色小镇。城镇功能日臻完善。新建二郎桥等农贸市场4个，新建改建公厕13座。镇街二三级污水管网基本建成。新图书馆竣工，建成乡镇农民体育健身工程6个、社区健身点26个。管理水平持续提升。扎实开展市政道路管护、环境秩序整治等工作。违法建筑整治、城区文明治丧成效显著。举全区之力创建全国文明城区，城市环境秩序大幅改善、文明程度大幅提升。

(四)着力优化生态环境

坚持生态优先、绿色发展，大力推进生态文明建设，着力解决突出环境问题。生态保护不断加强。推进造林绿化、森林管护，全区森林覆盖率达20.9%，城区绿地率达43.5%。全面落实河长制，三江主要水体保持Ⅲ类水质标准，重庆首位“民间河长”三庙镇何波荣获“母亲河奖”绿色卫士奖。监管水平逐步提高。加强产业项目全过程环保监管，实施38个总量减排项目，城区生活污水集中处理率达91%，镇街生活污水收集处理率平均达80%。环境治理成效明显。全面完成中央环保督察反馈意见整改，扎实开展五大环保行动。空气质量优良天数达252天，城区噪声达标区覆盖率达86.1%。

(五)努力增进民生福祉

坚持守住底线、突出重点，扎实办好27件

民生实事,群众获得感、幸福感进一步增强。教育事业优先发展。实施教育基建项目26个,新增普惠性幼儿园17所。全面启动基础教育品质提升工程,义务教育发展基本均衡区创建通过国家督导认定。我区被确定为市级美育改革和发展实验区。健康服务便民利民。顺利通过国家卫生区复审,全面推进全国健康城市试点建设和食品安全示范城市创建。有效应对"H7N9"疫情。区人民医院通过"三甲"初评。成功创建全国妇幼健康优质服务示范区。创业就业保持稳定。新发展市场主体12084户,城镇新增就业3.05万人,城镇登记失业率控制在4%以内,高校毕业生就业率达94.9%。我区获评市级创业型城市。保障体系日益完善。改造老旧小区6个、城市棚户区8万平方米。多渠道解决安置房37.5万平方米。完成机关事业单位养老保险并轨,社会保险参保256万人次。文体事业蓬勃发展。"三馆一站"、全民健身中心等免费开放。开展文化惠民活动1600余场,成功举办中华龙舟大赛等大型文体活动。区文化委和区龙舟队获评全国群众体育先进单位。脱贫攻坚精准显效。落实900万元产业扶贫专项资金,337户1000人脱贫摘帽,完成357户贫困户D级危房改造。投入100万元支持脱贫村发展集体经济,贫困发生率下降到0.12%。

(六)全力维护平安稳定

以为党的十九大胜利召开营造安全稳定的社会环境为总揽,加强和创新社会治理,群众安全感明显增强。基层治理创新推进。全面推行全域网格化管理,基层人民调解成功率达99.7%,"民转刑"案件下降23.1%,矛盾纠纷化解率达90%以上。我区获评全国无邪教创建示范区。平安建设卓有成效。加强社会治安防控体系建设,刑事案件、侵财案件分别下降9.7%、11.3%。圆满完成党的十九大等重点时段安保维稳任务。区拘留所成功创建全国一级拘留所。安全生产总体平稳。深化安全生产大排查大整治大执法,隐患整改率达98.3%。经营性生产安全事故起数和死亡人数分别下降18.5%、10.7%。有效应对"6·9"暴雨洪涝灾害,保障了人民群众生命财产安全。

二、发展中存在的问题

一是转型发展任务艰巨。长期形成的思想观念和思维方式,对传统发展路径和模式还有依赖,探索实践不够。二是发展质量亟待提高。产业集约发展意识不强,企业创新动力活力不足,实体经济适应新一轮科技创新浪潮准备不充分。三是生态环保任务繁重。全区水系量大面广,保护治理还需进一步强化。四是民生短板依然突出。城乡基础设施欠账较大,基本公共服务供给不均衡不充分,与人民日益增长的美好生活需要还有较大差距。

三、2018年工作目标

2018年是贯彻党的十九大精神的开局之年,是改革开放40周年,也是决胜全面建成小康社会、实施"十三五"规划承上启下的关键一年。合川将全面落实党的十九大精神,深学笃用习近平新时代中国特色社会主义思想,统筹推进"五位一体"总体布局和协调推进"四个全面"战略布局,坚持稳中求进工作总基调,坚持新发展理念,努力推动高质量发展、创造高品质生活,着力抓重点、补短板、强弱项,打好"三大攻坚战",实施"八项行动计划",推动经济发展质量变革、效率变革、动力变革,努力实现更高质量、更有效率、更加公平、更可持续的发展。力争实现地区生产总值增长9.5%左右,全社会固定资产投资增长10%,社会消费品零售总额增长10.5%,一般公共预算收入增长5%,城乡常住居民人均可支配收入增速不低于经济增速,调查失业率控制在5%以内。绿色发展指数进一步提升。

永川区

永川区政府办公室 钟志伟

一、2017 年经济发展回顾

2017 年，在市委、市政府坚强领导下，永川区坚持以习近平新时代中国特色社会主义思想为指导，全面贯彻党的十九大精神和中央各项决策部署，深入落实习近平总书记视察重庆重要讲话精神和关于做好重庆当前工作的重要指示精神，坚持新发展理念，坚持稳中求进工作总基调，坚持以供给侧结构性改革为主线，坚持以人民为中心的发展思想，聚焦永川发展“一二三四”总体思路，全力稳增长、促改革、调结构、惠民生，胜利完成永川区第十七届人民代表大会第一次会议确定主要目标任务，实现了本届政府的良好开局。

(一)经济发展保持平稳较快增长

全区实现地区生产总值 704.5 亿元，增长 9.4%；规上工业总产值 1078.3 亿元，增长 23.6%，社零总额 351.4 亿元，增长 14%，总量继续保持渝西地区第一，增速继续保持全市第一；一般公共预算收入 48.2 亿元，增长 1.5%；城乡常住居民人均可支配收入分别达到 33684 元、16738 元，增长 9%、9.7%。城镇建成区面积 94.65 平方公里，中心城区面积 71.3 平方公里，常住人口 112 万人，常住人口城镇化率 68%。

(二)改革开放创新稳步推进

继续依法关停煤炭、钢铁去产能企业，完成 56 家砖瓦企业去产能目标。消化商品住宅库存 30 万平方米。全面落实“工业企业降成本 34 条”和减税降费政策措施，为企业降低各类成本 4.5 亿元。规上工业企业资产负债率降低 6.5 个百分点。实施政府性债务“五个控制”，债务综合成本降至 3.6%。进一步激发民营经济发展，占比达到 58%左右，民间投资占比 65%左右。完善镇街财政管理体制，向镇街下沉财力 1.8 亿元。进一步规范政府投资管理，概算环节审减财政资金 4.7 亿元。在 70 个村及其所属村民小组开展集体产权制度改革试点。积极融入中欧、中新合作战略，实现外贸进出口 33 亿元，实际利用外资 3.3 亿美元。全社会研发经费支出占比 1.8%，增长 21.6%。新增科技型企业 182 家、牛羚企业 3 家，高新技术企业总数达到 77 家。国家高新区创建通过国家专家组评审和相关部委审核。

(三)产业集群培育扎实有效

五大重点工业集群增加值增长 14%，占规上工业增加值比重 70%；战略性新兴产业增加值增长 24%，占规上工业增加值比重 15.7%；园区产业集中度达到 80%。智能装备产业多点支撑，签约利勃海尔、德根等国际知名企业，数控机床产量达到 1300 台，占全市 31%；中船重工智能产业园(一期)开工；永川弧焊机器人实现量产。汽车及零部件产业实现历史性突破，长城汽车项目签约，庆铃专用汽车项目开工，整车制造及配套产业的加速集聚，为再造一个“永川工业”迈出了坚实的一步。电子信息产业稳步扩量，“永川造”鼠标产量占全球四分之一。特色轻工产业迅速发展，生活纸后加工产业园(二期)建成投产，理文纸业成为永川首个产值过百亿企业。能源及新材料产业再添新军，东鹏智能家居创意产业园、中交世通重型钢构、泰石岩棉等项目开工，招商铝业加快扩能布局；页岩气勘探开发取得重大进展，中石化页岩气生产基地产能超过 25 万米^3/天。现代服务业迅猛增长，增加值增长 35.4%。中交一公局总部项目开工，中铁建二十一局五公司从兰州迁入注册永川并动工建设；红星美凯龙(一期)开业运营，国际木业高新产业园、五洲国际工业博览城等正加快推进；

乐和乐都创5A、石笋山创4A启动申报工作，天山海世界等旅游大项目正式签约，全年接待游客人次和旅游收入分别增长16.5%和24.7%。现代农业蓬勃发展，茶叶、食用菌、名优水果三大特色产业产值增长20%；新增新型农业经营主体320个；设立电商服务站384个。

(四)城乡基础设施建设全面发力

九永高速全线建成通车，全长56公里的城区高速公路环线正式形成。大安通用机场正在加快建设。永泸高速开工建设。渝昆高铁前期工作有序推进。永川至主城都市快轨纳入市级规划。“公铁水空轨”综合交通体系初步形成。城区交通缓堵三年行动计划启动。金鼎寺水库竣工蓄水，南瓜山水库等一批水库正加快建设。城区污水处理厂完成提标改造，镇级污水处理厂实现全覆盖。完成萱花旅社、桂山公园等片区棚户区改造14.8万平方米。整治城镇违法建筑19.4万平方米。实施新城区临时占道停车管理，“停车难”“停车乱”状况有所改善。强化城区占道经营和环境卫生整治，城区生活垃圾清运率及城镇生活垃圾无害化处理率均达到100%。常住人口城镇化率达到68%。统筹推进小城镇建设，朱沱镇入选中国特色小镇。黄瓜山改善农村人居环境市级示范片建设完成并通过验收。

(五)民生福祉持续增进

兴龙湖中学建成投用，青少年宫主体完工，开工建设5所中小学，成功创建国家义务教育发展基本均衡区。出台“发展职教激励政策24条”，产教融合、校企合作和人才培养环境进一步优化。城镇新增就业3.6万人，新增创业9844户，城镇登记失业率3.13%。发放社会救助资金2亿元，惠及困难群众7万人。帮助832户、2379名农村群众实现脱贫。整治山坪塘1022口。实施农村自来水入户1.5万户。改造农村C、D级危房1023户。硬油化农村公路303公里，新改建泥结石路120公里，建成村社便道648公里，新改建桥梁11座，完成农村进校道路搭接工程19.4公里。新增营造林10万亩、公园绿地65万平方米。全面启动临江河综合治理，城区河段初步消除黑臭现象。

二、存在的问题

一是经济总量不大、结构不优、质量效益不高，煤炭、钢铁等传统行业去产能的短期冲击超过预期，新兴产业尚在培育，推动经济发展质量变革、效率变革、动力变革，转入高质量发展阶段迫在眉睫。二是资源要素和生态环境约束趋紧，生态建设仍然存在不少短板和弱项，临江河综合整治还需上下齐心、持续用力、久久为功。三是城市治理水平有待进一步提升，城区交通拥堵、停车不规范、公厕不足等问题还未得到根本解决。四是基本公共服务欠账较多，人民群众最关心的出行、教育、医疗等方面还面临不少难题。

三、2018年经济发展目标

全面贯彻党的十九大精神，以习近平新时代中国特色社会主义思想为指导，统筹推进“五位一体”总体布局和协调推进“四个全面”战略布局，坚持新发展理念，坚持稳中求进工作总基调，坚持高质量发展要求，坚持以供给侧结构性改革为主线，坚持以打好“三大攻坚战”、实施“八项行动计划”为主抓手，推动经济发展质量变革、效率变革、动力变革，强化改革、开放、创新动力支撑，努力增强人民群众获得感、幸福感、安全感，对标对表把党的十九大精神全面落实在永川大地上，奋力开创“兴业兴城、强区富民”新局面。

2018年经济社会发展主要预期目标是：在坚持高质量发展的前提下，夯实基础、做实措施，地区生产总值增长9%左右，全社会研发经费支出占比达到1.95%左右；固定资产投资增长10%左右，其中5000万元以上项目固定资产投资增长20%左右，社会消费品零售总额增长13%左右；城镇登记失业率控制在3.5%以内，居民收入增长与经济增长基本同步；节能减排降碳指标完成市政府下达的目标任务。

南川区

南川区政府办公室 苏怀林

一、2017 年发展回顾

2017 年，南川区认真学习贯彻党的十九大精神，以习近平新时代中国特色社会主义思想为指导，积极践行新发展理念，着力深化供给侧结构性改革，“工业强区、旅游名城、生态花园”和“强美富”新南川建设迈出坚实步伐。

全区地区生产总值达到 233.4 亿元、增长 9.5%，近年来首次超过全市平均水平。完成固定资产投资 185.96 亿元、增长 15.4%；规上工业产值达到 223.62 亿元、增长 19%；实现一般公共预算收入 23.31 亿元、增长 4%；社会消费品零售总额达到 132.2 亿元、增长 13%；城乡居民人均可支配收入达 31398 元、13485 元，分别增长 8.6%、9.2%；全区银行存贷款总额达到 577 亿元，存贷比提高 10.7 个百分点。

(一)产业结构不断优化

工业支撑作用更加明显。鸿路钢构、朗铂光电等 10 家企业投产放量，博赛集团、鸿庆达满负荷生产，新增规上企业 21 家。丰威磁性材料、瑞达丰等 19 个产业项目落户园区，中涪南热电联产、超群轮毂等 16 个项目加快建设，工业投资增长 35.9%。页岩气勘探开发累计完成投资 15.3 亿元，对外管输正式开通，成为工业经济新亮点。中医药科技园区项目建设如火如荼，签约项目 22 个，协议引资 221.5 亿元。

全域旅游格局加快形成。核心景区购票游客首次突破百万大关，旅游综合收入达到 70.3 亿元。全区二星级以上饭店达 11 个。深化旅游执法体制改革，狠抓旅游环境整治，旅游服务综合满意度全市领先。

商贸流通迈上新台阶。商贸物流园区新增运营面积 5.8 万平方米，中药材物流配送中心、花卉批发交易市场等一批商业实体入驻营业。外贸进出口回稳向好，博赛集团实现进出口 5.3 亿元，南商集团成功收购美国 HTI 公司。新增限上商贸企业 44 家，新发展电商经营主体 30 家。

农业农村经济平稳增长。新增中药材种植 1 万亩，新建茶叶基地 5500 亩。探索农业农村发展新模式，田园综合体建设纳入全市试点。大力培育新型农业经营主体，新增家庭农场 115 家，农村土地集中经营度达到 48.5%。农产品质量不断提升，新增“三品一标”农产品 20 个。

(二)项目攻坚强势突破

扎实开展“重点项目建设攻坚年”活动。奥悦冰雪运动度假小镇等 36 个项目开工建设，道南中学分部等 20 个项目竣工投用，重点项目完成投资 150 亿元，带动全社会固定资产投资 186 亿元。荷兰花卉主题乐园落户南川。金佛山水利工程大坝填筑达到 790 米高程。黄泥垭隧道全线贯通，南道高速竣工通车，改造提升国省道 74 公里、县乡道 100 公里，新建、改建通村公路 250 公里。新获批建设用地 6787 亩、征收土地 6744 亩、拆迁房屋 40 万平方米，整治违法建筑 37 万平方米。争取上级财政资金 31.2 亿元、债券置换资金 9.05 亿元，区属国有投融资公司累计融资 93.3 亿元。新引进产业项目 76 个、总投资 600 亿元，到位资金 150 亿元。

(三)城乡环境更加靓丽

城乡总体规划(2015—2030)获得市政府批准。建成区面积拓展 1.21 平方公里，常住人口城镇化率达到 58.8%。新开工商品房 153.4 万平方米、竣工 71 万平方米。建成“花城”一期工程 6 万平方米。建成地下综合管廊 3.2 公里，改造老城区污水管网 2.8 公里。渝南大道延伸路、尹子北路等 9 条道路竣工通车。机动车科目三考场建成投用，启动书院中学公共停车场、三环路人行天桥建设，城区新增停车位4766个。深入开展全国文明城区创建。乾丰、石莲、冷水关、骑龙撤乡设镇。大观镇成为全国特色小镇，太平场镇成为全国特色运动休闲小镇。全面完成中央环保督察反馈问题整改。工业园区“一园四组团”污水处理厂投入运营，东城污水处理厂主体竣工，完成6个乡镇污水管网建设。出台《金佛山国家级自然保护区管理办法》。启动国家森林城市创建，完成植树造林4万亩、封山育林2万亩、石漠化治理57平方公里，全域森林覆盖率达到52%。全面推行河长制，实行“一河一警”，完成河道治理7.4公里，整治重点河流沿线畜禽养殖场128家。

(四)改革创新纵深推进

务实推进供给侧结构性改革，消化房地产库存35万平方米。26家关闭煤矿遗留问题有效解决。认真落实“企业减负30条”“降低电气价格15条”，工业用电平均成本由0.8元/度下降至0.55元/度，累计为企业节约成本超过3亿元。全面落实产业发展扶持政策，兑现税收优惠补助资金3.05亿元。积极化解存量债务，政府债务率保持在绿色区间。推行行政审批“两全两结”改革，设立工业项目绿色审批窗口，工商登记由20个法定工作日压缩至5个。优化整合国有投融资公司。探索实施债务股权化和资产证券化改革。中小微企业贷款增长67.5%，转贷应急资金当年使用额度超过2.5亿元。全面落实“鼓励科技创新14条”，新培育高新技术企业10家，新开发高新技术产品30个，新入库科技型企业60家，新增有效发明专利46件。启动实施6个重大科技专项，全社会研发投入增长25%。

(五)民生福祉显著改善

30件民生实事全面兑现。统筹制定“1+8”精准脱贫政策体系，深入实施三个“五年计划”，搬迁贫困人口2000人，发放扶贫小额贷款8000万元，贫困发生率下降至0.8%。新增校地270亩，新建校舍21.6万平方米，国家示范性中小学综合实践基地一期投用。圆满完成国家基础教育课程改革实验区建设，高考上线率达到96%。义务教育基本均衡区创建高标准通过国家督导认定。城镇新增就业1.3万人，发放创业担保贷款1.1亿元，城乡居民养老保险、医疗保险参保率分别达到90%、95%。区人民医院获评“国家级健康促进医院”，区中医院迁建一期投用。公立医院综合改革全面推开。稳妥实施“全面两孩”政策，提升妇幼保障能力，连续三年孕产妇死亡率为零。成功举办中国健身名山登山赛、第二届全民健身运动会等体育赛事。全面落实安全生产责任制，安全生产形势持续向好。有效应对各类突发事件、自然灾害，累计发放各类救助救济救灾资金2亿元。推进平安南川建设，常态化加强社会治安防控。“三所一队”、消防特勤站竣工投用，启动建设公共安全视频监控系统。深化“渝安2号”专项行动，群众安全感指数提升至97.2%。

二、发展中存在的问题

目前，南川发展远没有走出困难期，总量不大、结构不优、速度不快、质量不高等发展不平衡不充分问题尚未有效解决。主要表现在：一是新常态下保持经济平稳增长的压力加大，具有引领作用的大企业、大项目不多，部分企业生产经营困难，实体经济内生动力不足。二是创新发展意识相对落后，企业自主创新能力不强，科技创新对经济发展的贡献度不高。三是社会事业发展不充分，公共服务仍不健全，补齐民生短板依然任务繁重。

三、2018年经济发展目标

2018年经济社会发展的主要目标是：GDP增长10%左右，工业增加值增长13%，固定资产投资增长15%，社会消费品零售总额增长12%，一般公共预算收入增长5%左右，城乡居民收入分别增长8.5%、9.5%。

重点项目建设方面：统筹实施建设类重点项目160个、助推类重大项目20个，完成年度投资234亿元。其中，新开工82个，竣工59个。全年新引进项目60个以上，投资总额超过500亿元，到位资金50亿元以上。

工业经济发展方面：园区规模扩大2平方公里，全年新开工项目15个，新投产企业15家。培育壮大“4+3”支柱产业，实施43个工业重点项目，新增工业产值40亿元。

现代服务业建设方面：完成投资22.2亿元，全面推进22个重点旅游项目建设。新增限额以上商贸企业20家。力争全区电商交易额突破6亿元。

新型城镇化建设方面：建成区拓展1.5平方公里，城镇化率提高1.5个百分点。新开工商品房100万平方米，竣工80万平方米，完成棚户区改造15万平方米。完成投资45亿元，实施重点交通项目35个。

农业农村建设方面：推进农业供给侧结构性改革，着力构建现代农业产业体系。力争发展国家级农业龙头企业1家、市级农业龙头企业3家、区级农业龙头企业10家，新培育农业专业合作社20家、家庭农场50家、森林人家50家。推进“小康路”建设，新改建农村道路600公里，改造提升普通干线161公里，实现所有乡镇通油路。

生态环境建设方面：出台《南川区损害生态环境责任追究实施细则》。完成新一轮退耕还林2万亩、天保工程建设2万亩，全区森林覆盖率提高到53%。加快采空区生态修复，治理水土流失40平方公里。

深化改革创新方面：深化“互联网+政务服务”和商事制度改革，新增市场主体4500户。新增企业贷款30亿元以上。新增科技型企业10家、高新技术企业5家。实施重大科技专项3项，新增有效发明专利20件，新开发高新技术产品20个。

民生实事方面：投资20.6亿元，围绕就业创业、城乡教育、医疗卫生、基础设施、住房改善、饮水安全、群众出行等方面，着力办好一批民生实事。

綦江区

綦江区政府办公室 陈正科

一、2017年发展回顾

2017年，面对经济发展进入新常态的深刻变化和复杂繁重的改革发展稳定任务，綦江区坚持以习近平新时代中国特色社会主义思想为指导，认真贯彻中央决策部署和党的十九大精神，全面落实习近平总书记视察重庆重要讲话精神，在市委、市政府的坚强领导下，坚持稳中求进的工作总基调，积极做好稳增长、促改革、调结构、惠民生、防风险各项工作，经济社会实现持续健康发展。全年完成地区生产总值362.1亿元，增长10%。工业增加值实现146.4亿元，增长10.9%。固定资产投资增长15.4%，民间投资增长13.8%。服务业增加值实现138.1亿元，社会消费品零售总额增长13.3%。一般公共预算收入完成25.3亿元，常态性收入增长6.2%。城乡居民可支配收入增长11.5%。

(一)加快产业结构调整，质量效益稳健提升

工业经济持续向好，集群集聚提速推进，中民筑友等一批项目成功落地，穗通新能源汽车正式下线交付客户，跃龙杭萧等40个项目建成投产，铝精深加工、汽摩整车及核心零部件、建筑产业现代化三大产业实现产值244亿元。传统产业加快升级，荆江半轴获德国奔驰全球供应商资格。智能化引领迈出坚实步伐，旗能电铝等企业成功创建“两化”融合示范企业，綦齿传动数字化车间关键技术示范应用通过评审。全域旅游初具规模，“綦彩画廊·三养綦江”品牌影

响持续扩大，古剑山旅游景区顺利通过4A级景区复检，花坝旅游度假区建成西南地区首家全国标准示范自驾车露营基地，东溪古镇成功申报市级特色小镇，全年接待游客突破1000万人次，旅游综合收入达38.9亿元，分别增长20.5%、28.4%。商务经济迈入快车道，电商网上交易实现16.5亿元，增长131.7%。启动国家级网络市场监管与服务示范区创建，成功创建全国青年电商创业孵化中心和市级电子商务示范区。红星、万达、名扬广场相继开业，主城近郊城区最大规模集中商业业已构建，渝南黔北商贸物流中心雏形初现。总部经济实现历史性突破，庞大电子商城及叮叮网约车全国总部等6家总部经济项目相继落户。农业产业稳步发展，粮食、蔬菜、养殖、特经产业规模不断扩大，产业链条不断延伸。深入推进农旅融合，成功创建全国休闲农业与乡村旅游示范区。加强品牌建设，累计注册农产品商标1224件。完成高标准农田建设2.8万亩，成功创建全国"平安农机"示范区。

(二)加大城乡统筹力度，区域发展更加协调

推进"多规合一"，基本实现法定城乡规划编制与管理全覆盖。城市空间优化拓展，城镇建成区面积增加2.5平方公里，城镇化率提高1.5个百分点。新城核心加速形成，公安指挥中心等一批工程建成投用，綦江中学等一批项目有力推进，通惠商圈人气旺盛，集聚能力进一步提升。以交通为重点的基础设施建设快速推进，渝贵铁路綦江站、东溪站即将投用，渝黔高速扩能(重庆段)启动建设，通惠互通、綦江北互通加快实施，綦登路、城北路等一批干线公路建成通车。宜居水平不断提升，深入开展文明城区创建，大力实施城乡环境综合整治，有效改善城区停车难、卖菜难、如厕难等现象。农村生产生活条件持续改善，茶树湾水库全面竣工投用，基本解决南部三镇采煤沉陷区17万人饮水安全问题。大力开展农村环境治理，13个行政村荣获住建部首批"绿色村庄"称号。

(三)纵深推进开放合作，经济活力显著增强

抢抓"一带一路"建设和长江经济带发展等重大战略机遇，全年累计签约项目96个，协议引资365亿元、到位资金151亿元，分别增长10.6%、14.5%；实际利用内资130亿元、增长30%。以完善产业链、构建产业集群为关键，在精准上发力，成功引进47个主导产业关联项目，发展后劲更加强劲。以引进大型项目、优质企业为重点，在"龙头"上攻坚，顺利签约总投资超100亿元的恒大世纪梦幻城项目和橙天大型文化综合体等投资超10亿元的项目10个。深化渝黔合作，中峰蟠龙抽水蓄能电站、花坝旅游度假区等一批合作项目稳步推进，积极开展藻渡大型水库前期工作。提升经济外向度，组团参加中国进出口产品交易会、广交会等节会，阿里巴巴(綦江)LBS服务中心带动全区进出口3亿元。

(四)着力深化改革创新，发展环境不断优化

深入实施供给侧结构性改革，全面关闭年产9万吨及以下乡镇煤矿，稳妥推进房地产去库存60万平方米，累计减税降费5.1亿元。国家新型城镇化综合试点和国家中小城市综合改革试点取得阶段性成果，采煤沉陷区综合治理试点区正式获国家发改委批准，支持返乡创业经验在全市推广，打通镇扩权强镇试点稳步推进，信用綦江建设完成系统开发。平稳推进"三供一业"改革，在全市率先完成物业移交工作。充分激发市场活力，在全市率先实施个体工商户登记制度改革，实现56证"多证合一"，新增各类市场主体8260户，工商注册制度便利化举措得到国务院通报表扬。创新驱动持续增强，研究与试验发展经费支出达4亿元，新增发明专利授权22件。加快金融创新，金融业增加值实现12.4亿元，占全区GDP比重达到3.5%。鼓励企业到多层次资本市场融资，新增重庆股权交易中心挂牌企业2家。

(五)大力保护青山绿水，环境质量持续改善

认真落实中央环保督察反馈意见整改，全力做好全市环保督察各项工作，按期完成24项整改措施和25个问题清单的阶段性任务，一批环境突出问题得到解决。深入实施环保"五大行动"，空气质量优良以上天数达286天。全面推

行"河长制",饮用水源和湖库保护不断加强,城市污水处理厂二期扩建工程建成投用,完成污水处理场站22座和二三级管网66公里,城镇和街镇饮用水源水质达标率分别为100%、97.2%。有效管控噪声环境影响,创建市级安静小区1个。积极创建生态文明示范区,编制完成生态保护红线划定方案,森林覆盖率达47.3%,成功创建9个市级生态文明建设示范镇,302个行政村实现垃圾清运全覆盖。

(六)聚焦百姓关注热点,切实保障改善民生

逐步完善城乡居民社会保障体系,"五险"参保137.9万人次,发放待遇27亿元。城镇新增就业1.7万人,城镇登记失业率控制在2.8%。贫困村贫困发生率控制在3%以下,返贫率控制在0.5%以内。大力建设教育强区,义务教育发展基本均衡区通过国家督导认定。持续改善办学条件,完成5所中小学新建和8所中小学扩建,新增校舍面积9.5万平方米。推动卫生计生事业健康发展,启动全国健康促进区创建。人民医院三甲二期工程投入使用,中医院、妇幼保健院主体完工。平稳启动区级公立医院综合改革,与北京大学人民医院全方位开展合作,联合打造全市首个区域创伤救治中心。不断改善居住条件,完成城市棚户区改造9.6万平方米和农村D级危房改造913户。提升出行便捷度,公交线路覆盖13个街镇。大力发展文体事业,永城吹打班主成功申报国家级非遗代表性传承人,建成5个市级全民健身点。积极创建国家食品安全示范城市,确保食品药品安全。全面落实安全生产责任,全年未发生较大以上安全事故。信访稳定、社会治安、应急管理等工作持续加强。

二、发展中存在的问题

一是支撑经济持续增长的动力仍然不足,创新能力较弱,转型升级任重道远,发展质量和效益仍需提高。二是地方财政总量不大,刚性支出增长较快,开源与节流压力并存。三是民生领域供需矛盾仍然突出,基本公共服务还有不少短板和弱项,满足美好生活需要的任务依然艰巨。四是少数政府部门和工作人员主动服务和勇于担当的意识还不够高,政府自身建设需要进一步加强。

三、2018年发展目标

2018年经济社会发展的主要预期目标是:地区生产总值增长9%以上,工业增加值增长9.5%,5000万元以上投资增长10%,社会消费品零售总额增长13.5%,一般公共预算常态性收入增长7.4%,城乡居民可支配收入增长9%。单位生产总值能耗下降3.5%以上,主要污染物减排达到国家约束性要求。城镇登记失业率控制在4.5%以内。

大足区

大足区政府办公室 杨小东

一、2017年发展回顾

2017年,全区地区生产总值431.5亿元,同比增长9.6%。地方财政收入65.7亿元。完成区级一般公共预算收入37.7亿元,其中税收收入17.4亿元、增长13.2%。三次产业结构比10.7:58:31.3。完成固定资产投资686.3亿元、增长15.8%,其中民间投资553亿元、占比达80.6%,工业投资323.7亿元、增长14.5%。实现社会消费品零售总额131.6亿元、增长13.6%。城乡居民人均可支配收入分别为32107元、15035元。

(一)工业

规上工业总产值558.7亿元,工业用电10.5亿度、工业用气2757.3万方。汽摩整车及零部

件、装备制造、电子信息、现代五金和现代家居五大产业累计实现规上工业总产值462.1亿元，双钱轮胎、上依红车桥、大昶宝电子等5家企业产值均超过10亿元。生产手机52.2万台、摩托车60万辆、电梯整机5000台、上依红车桥12.7万根。建成投产宇海科技、国飞无人机、中铭精密机械等项目35个，新开工一电蓄电池、瀚德高科、广恒智能家居等项目22个。完成传统企业智能化改造14家，新增高新技术企业13家、科技型企业144家、高新技术产品69件。

(二)农业

农业总产值66.9亿元。新增设施农业5000亩、高标准农田5万亩，新发展区级产业化农业龙头企业7家、农民专业合作社56个、家庭农场58户，累计流转农村土地44万亩、流转率40.6%。规模化种植优质粮油35万亩，定植蔬菜27万亩、伏淡季水果13.9万亩，推广生态养殖3.9万亩。深入推进农业改革，完成全区永久性基本农田划定及土地利用总体规划调整，入选全市农业生产社会化服务试点区县，在17个村开展扶持村级集体经济发展试点，建成全市首个涉农系统党员干部及亲属关系比对数据库。“老家·观音岩”纳入市级美丽乡村社区化服务示范点，“原乡·荷花村”列入全市20个乡村振兴典型范例，13件农产品获市“三品一标”认证，25家企业获市级现代特色效益农业专项资金支持。芳香、荷莲、雷竹、花卉等特色效益农业观光园新增规模5000亩，太和、忠义等8个村入选全国首批“绿色村庄”，建成市级美丽乡村示范村5个、示范片1个、精品旅游线路5条。

(三)旅游

全年接待海内外游客1733万人次、增长15%，实现旅游总收入70.4亿元、增长40.7%。完成旅游投资106亿元，新、改建旅游公路36公里、旅游厕所182座、标识标牌66块。新增文化企业107家，策划举办大足石刻国际旅游文化节、龙水湖马拉松赛、系列乡村旅游节、特色菜特色宴评比、汽车博览会等节会活动40场次，宝顶景区至龙水湖旅游度假区慢行系统改造完工。编制完成《全域旅游发展总体规划》,《重庆市大足石刻保护条例》施行，宝顶山大佛湾水害治理工程(一期)竣工。“互联网+旅游”平台投入运营，开行“大足—重庆机场”往返专线“石刻快巴”。

(四)商贸流通

批发零售销售额396.8亿元，同比增长15.9%；住宿餐饮营业额38.5亿元，同比增长16.5%。普洛斯物流园招商入驻3.5万平方米，成功创建“市级电子商务示范区”,“龙水购”等电商平台实现交易额25亿元。居然之家入驻商家76家，龙腾家居建材商场入驻商家120家(其中主商场商家48家)。引进大润发生活超市以及如家快捷酒店、国药控股重庆大足有限公司、重庆中食食品发展有限公司、大足商都3000平方米功能店扩建、重庆本酷科技发展有限公司5个项目。入驻电商企业100户，培训电商人才1000人。建成京东家电专卖店5个，打造“线上线下+物流”新零售模式，促进线上线下融合发展，京东与区内240个社区超市(便民店)合作发展社区电商。建成农村电商村级服务点311个，实现256个行政村电商服务点全覆盖。制定了城市共同配送计划，建成末端公共取送点17个，完成区级储备粮食12000吨，应急保供体系日趋完善。

(五)对外开放

全年实际利用内资334亿元、增长22.6%，利用外资1.1亿美元、增长51%，完成外贸进出口总额10亿元。

(六)城市建设

完成石刻大道、西湖大道、经开大道等25公里干道绿化，建成城市交通岛23个、生态景观32处，开放梧桐湖公园、狮子山公园，改造大渡河、翠碧苑等4个游园和宏声广场等30处城市节点，新增城区绿地76万平方米、群众休憩空间4.7万平方米、植树造林2.5万亩、森林彩化1万亩，国家森林城市创建通过国家林业局备案。大力开展城区道路交通秩序综合整治行动，新建公共停车场6个、货车停车场2个，新增城区公交线路4条、"迷你巴士"18辆，规范路内停车位4025个，创建成为全市首个国家级城市公共汽车客运服务标准化区县。改造楼式垃圾中转站6座，新改建公厕4座，新安LED路灯88组176盏。

(七)社会事业和人民生活

投入资金9.5亿元，全面完成26件民生实事。巩固脱贫攻坚成果，投入资金1.2亿元，实施扶贫项目41个，减少农村贫困人口482户、1489人。投入资金5亿元，新、改建农村公路235公里，完成干线公路升级改造75公里。新增电网141公里、容量2.3万千伏安。160个村卫生室完成基本设备配置，家庭医生签约8.3万户、24.1万人，批准设置民营医疗机构11家、床位942张，佳华医院等5家民营医院开诊，4家民营医院纳入医保定点。举办各类文体活动179场，公共文体设施开放率达100%。改造农村D级危房1101户，发放城乡低保、特困人员救助、医疗救助、临时救助金2.1亿元。

二、发展中存在的问题

综合经济实力不强，经济总量仍然不大、体系仍不完善，发展质量和效益不高，科技创新资源缺乏，引领发展的内生动力还不够强劲；发展不平衡不充分的问题尤为突出，城乡、产城、产业融合发展的理念思路和体制机制还不明晰、不健全，基础设施等领域还有不少短板，基本公共服务仍有欠账，统筹城乡之路仍需负重致远；生态文明建设还存在不少问题和弱项，环境保护和环境质量改善任重道远。

三、2018年发展目标

2018年，全区经济社会发展的主要目标是：地区生产总值增长9%以上，固定资产投资增长10%左右，规上工业增加值增长10%，农业增加值增长5%，社会消费品零售总额增长11%左右，一般公共预算收入增长5%，城乡居民人均可支配收入增长与经济增长基本同步。单位GDP能耗下降3.5%。

璧山区

璧山区政府办公室 冷文程

2017年，在市委、市政府的坚强领导下，在璧山儿女的共同努力下，全区上下围绕"三区一美"行动计划，着力建设重庆的生态宜居区、新型工业化示范区、乡村振兴先行区，打造"和美璧山"，经济社会发展取得长足进步。按照贵单位约稿函要求，现就2017年璧山区经济运行情况作简要介绍。

一、2017年发展回顾

(一)主要经济指标"稳中有进"，地区综合实力持续提升

全区GDP实现480亿元，增长10.1%；固定资产投资完成702亿元，增长11%；一般公共预算收入实现55.9亿元，税收收入占比超过50%；工业增加值实现300.8亿元，增长11%，拉动GDP增长7.1个百分点；社会消费品零售总额实现137.9亿元，增长12.7%；城乡居民人均可支配收入达到27102元，增长12.1%。城镇化率提高2个百分点，达到56.26%。

(二)城市建设精雕细琢，绿色生态深植人心

完成城市总规局部修改和土规修改，增加城市发展用地规模空间8.5平方公里，城镇建成区拓展到48平方公里。"国家卫生区"创建进入公示阶段。新增5个城市公园，创新探索"体育+旅游"模式，东岳体育公园跨界呈现。建成区公

共绿地面积超过1900万平方米,人均公园绿地面积达到29平方米,城市植物品种超过2800种,立体绿化达到25万平方米。"一河六湖十八湿地"构架逐渐成型,城区水面比例提高到10.6%,人均水面面积达到10.2平方米。城市功能项目快速推进。九永高速建成通车,合璧津高速具备开工条件。轨道一号线缙云山隧道全线贯通。海绵城市试点全面铺开,47个项目有序推进。挖掘梳理千年璧山历史文脉,数百景观名石点缀城市,石头上的"小城故事"透着诗情画意。

(三)"创新+资本=新动力"经济逻辑持续深化,创新驱动发展更加强劲

工业增加值实现300.8亿元,增长11%,拉动GDP增长7.1个百分点。规上工业企业达到316家。实际利用内资201亿元、外资1.5亿美元,进出口总额达到18.5亿元。"智能装备、信息技术、生命健康"三大主导产业占比达到85%。璧山国家高新区建成区拓展到18平方公里,入驻企业1056家,高新技术产业产值占比达到45%。全社会研发投入达到13.6亿元,研发经费支出占GDP比重提高到2.8%。重庆军民融合协同创新研究院有序运营,4个专业研究院启动建设,"1+10"产业研究院体系建设初见成效。新设立5支产业和股权投资基金,规模达到29.7亿元。3家企业挂牌新三板,37家企业进入全市拟上市重点企业储备库。接续实施"千人引才计划",出台企业创新型人才和璧山英才选拔资助办法,建立博士后科研工作站5个,新引进高层次人才298名。获批西部地区唯一一个全国促进工业稳增长和转型升级成效明显区。

(四)重点商旅项目快速推进,现代服务业加快发展

六旗乐园展示体验区实现主体工程封顶,登云路民国街完成建筑设计,茅莱山"北纬29°"植物园完成概念规划,御湖国际旅游度假区招商工作稳步推进,秀湖旅游核心体验区启动前期工作。引进砂之船奥莱商业管理总部公司,秀水湾、俊豪中央大街、红星美凯龙等商业体即将开业。大力发展金融产业,新引进爱建证券、中天国富证券、华夏银行、重庆银行互联网金融结算中心,金融机构增加到61家,存贷款余额766亿元,金融业增加值占GDP比重提高到2.8%。全年实现服务业增加值111亿元,增长8.2%。

(五)城乡融合发展纵深推进,乡村振兴开篇破题

农林牧渔业总产值达到41.9亿元,增长3.8%。璧北蔬菜、璧南苗木、璧西水果"三大基地"提质增效,实现产值12亿元。国家农业科技园区通过科技部复查验收,成功创建"国家出口食品农产品(蔬菜)质量安全示范区"。精准识别扶贫对象,落实"两不愁、三保障"系列措施。完成贫困户危旧房摸排工作,落实贫困学生助学全覆盖。设立300万元区级扶贫济困医疗基金,为贫困户购买系列商业医疗保险。深入实施大气污染防治攻坚行动,编制璧南河流域、集中式饮用水源地水环境质量限期达标规划。关停各类污染源84个,"三河"水质稳定保持在Ⅳ类以上。

(六)坚定不移抓改革,建设领域并联审批取得突破性进展

着力推进供给侧结构性改革,清理处置"僵尸""空壳"企业10家,关停整治"三高"企业407家。落实企业减税降费政策,取消、停征涉企收费41项,清理、调整各类保证金31项,为企业减负12.5亿元。着力推行建设领域并联审批改革,推动审批总时限由330个工作日压减至50个工作日以内。通过一系列举措,极大激发全社会创业热情,全年新增市场主体7262户,总量突破5万户。

(七)"人生链条"服务体系日臻完善,"一生之城"内涵更加丰富

持续打造孩子出生、幼儿园、小学、中学、职教、就业、居住、看病、购物、娱乐、养老、殡葬等一批精准服务项目,"一生之城"高标准服务体系日渐完善。人民医院新院投入运营,"三甲"创建通过初评,与重医一院合作办医纵深推进。璧山中学与重庆一中联盟办学、实验小学与巴蜀小学合作办学成效明显,御湖小学、凤凰小学开

学招生，职教中心电子实训楼工程主体完工。建成中铁任之健康城项目20万平方米一期工程及示范区A组团。重庆西郊福寿园人文纪念公园建成开园。

（八）为民服务厚植情怀，重点民生实事落实落地

在对接全市重点民生实事的基础上，紧扣民众重点关注、反映强烈的“民生热点”，累计投入10.2亿元，高标准实施了定向经济适用房建设、立体绿化和示范街区建设、生态停车场建设、村社便道建设、农村电网改造等一批重点民生实事。通过实施老百姓“看得见、摸得着”的民生实事，有效解决了一大批群众关心的民生问题，切实增强了老百姓的获得感。

二、发展中存在的问题

认清不足才能明白前进方向，找到短板才能做到有的放矢。我们清醒认识到发展中存在的问题：经济总量不大、结构不优，发展新动力不强，稳增长任务重；创新能力不足，新增长点不多，防范风险压力大；实体经济回报率降低，融资难问题依然突出；土地、环境、资金等要素约束趋紧；公共服务水平低，社会事业滞后，城乡发展不平衡，农村基础设施不健全等。

三、2018年发展目标

2018年全区经济社会发展主要预期目标是：地区生产总值增长10%左右，一般公共预算收入增长5%，固定资产投资增长10%左右，工业增加值增长10.5%，社会消费品零售总额增长12%左右，实际利用内外资均增长10%，进出口总额增长12%，城乡居民人均可支配收入增长11%左右，城镇登记失业率控制在3.5%以内。具体要抓好以下六个方面的工作。

一是抓“核心要素”。抓住全市交通建设“三年会战”契机，构建“内畅外联”交通格局。狠抓健康的投资，保持项目投资拉力。补齐要素供给短板，提高资源配置效率。二是抓“绿色发展”。突出精细化智能化管理，提高城市管理质量。持续推进绿城、水城、古城建设。加快布局“一生之城”重点项目。坚决打好“污染防治攻坚战”。三是抓“创新驱动”。倾力建设国家高新区，提升运营管理服务能力。推动主导产业“脱胎换骨”，工业经济转型升级。增强创新引领能力，推动产业质态提升。四是抓“全域旅游”。大力发展“旅游+”产业体系，构建全域旅游新格局。做优做强商圈载体，推动电商平台建设。发展现代金融，引导房地产市场平稳健康发展。五是抓“乡村振兴”。建设美丽乡村，打造重庆的“金色郊区”。深化农业供给侧结构性改革，加快推进农业农村现代化。激发道口经济活力，促进区域联动发展。坚决打好“精准脱贫攻坚战”，决胜全面小康。六是抓“需求导向”。扎实办好民生实事，让人民群众得到更多实惠。切实做好就业和社保工作，着力完善社会保障体系。深入推进教育、卫生计生、文化体育事业发展，满足群众多元化需求。坚决打好“防范化解重大风险攻坚战”，构建共建共治共享的社会治理格局。

铜梁区

铜梁区政府办公室　王刚

铜梁区位于重庆西部，处于渝西地区中心，与合川、永川、大足、璧山、潼南等区接壤，距重庆主城40公里，到成都2小时车程，是成渝经济区中轴线上的重要节点城市，是国际主义战士邱少云的故乡和蜚声中外的铜梁龙文化的发祥地。全区幅员1343平方公里，现有耕地6.46万公顷、林地2.93万公顷，基本农田保有量5.22万公顷；辖23个镇、5个街道，266个村、4050个

村民小组,67个社区居委会、552个居民小组。区政府驻巴川街道。2017年末,全区总人口(户籍人口)84.97万人,比上年增加0.14万人;其中,城镇人口39.49万人。全区常住人口72.54万人,其中,城镇常住人口39.75万人。城镇化率54.8%,比上年提高1.71个百分点。全区人口自然增长率为1.08‰。

一、2017年经济发展回顾

2017年,铜梁区以党的十九大精神为指导,深学笃用习近平新时代中国特色社会主义思想,坚持稳中求进、脱虚向实,大力实施"实业立区、创新强区、开放兴区、生态优区"战略,统筹做好稳增长、促改革、调结构、惠民生、防风险各项工作,全区经济社会保持平稳较快发展。全年实现地区生产总值381.81亿元、比上年增长9.8%;工业增加值实现180.33亿元、增长10.5%;固定资产投资完成599.15亿元、增长5.3%;社零总额123.34亿元,增长13.0%;完成一般公共预算收入29.7亿元、增长10%,其中税收收入19.3亿元、增长10.8%;三次产业结构比调整为11.3:59.5:29.2;按常住人口计算,人均GDP达到52861元,比上年增长6.9%;城乡常住居民人均可支配收入分别增长9.4%和9.5%,达到33865元和16543元。

(一)工业振兴成效显现

工业对全区经济的贡献率52.3%,拉动经济增长5.1个百分点。规模以上工业企业341家,完成工业总产值480.66亿元,增长12.9%。其中大中型工业企业52家,完成工业总产值125.02亿元,增长24.0%。战略性新兴产业21家,高新技术企业38家,"双新"企业户数占规上工业户数的15.6%,实现产值85亿元,增长16%。112家企业实施技改升级,10家企业挂牌上市。庆兰实业、南雁集团、重变电器等7家企业跻身全市"百户成长型工业企业""百户专精特新中小工业企业"。全区规模以上工业总资产贡献率14.6%,资本保值增值率110.0%,资产负债率55.2%,产品销售率97.9%。实现利润总额26.59亿元,增长5.2%。铜梁高新区发展态势良好,成功引进天齐锂业等项目77个,其中10亿元以上项目达6个,新开工中车导轨电车、顺安爆破等项目19个,新投产项目17个,完成工业投资157.5亿元,已形成"一区六园"产业布局,基本形成轨道交通制造、汽车零部件、新能源新材料、大健康、智能制造、生态农产品加工等六大产业集群。国家高新区创建顺利通过科技部评审,铜梁纳入全国首批产业转型升级示范区,铜梁高新区跻身国家循环化改造重点支持园区。高新区内规上工业实现产值380亿元,增长16.2%;工业用电量5.32亿千瓦时,增长20.5%,占全区工业用电的80.7%;工业用气2168.9万立方米,增长7%,占全区工业用气的85%。

(二)现代服务业加快发展

商贸物流日趋活跃,全区服务业增加值实现110亿元,增长11%。批发和零售业销售额298.56亿元,增长15.8%;住宿和餐饮业营业额49.63亿元,增长17.5%。全区限额以上商贸企业累计达到255家,实现零售额68亿元,增长16%。发展物流快递企业36家。龙城天街培育取得新进展,实现签约商业面积30万平方米,成功引入万达集团、盘古天地等一批知名企业,淮远古韵二期顺利开街。专业市场建设加快,龙迈建材商贸城、建玛特建材市场、杰民水果蔬菜批发市场等11万平方米开业营运。农村电商发展强劲,实施"互联网+乡村振兴"项目,打造"四中心一空间"。建成全市首个"生态农业互联网小镇",全区涉农电商经营主体达605家。旅游业发展迅速,全年接待游客833万人次,增长9.8%;实现旅游综合收入36.2亿元,增长9.2%。"一线四区"旅游功能区加快建设,重庆国际健康小镇项目顺利推进,安居古城保护性开发有序实施,巴岳山景区公路完成改造,玄天湖进湖道路和小北海环湖公路建成通车。新改建旅游厕所5座。城区至巴岳山、奇彩梦园公交线路正式运营。整理开发旅游商品70种,铜梁陶瓷刀荣获中国特色旅游商品大赛银奖。安居古城获评全市年度十大旅游目的地。金融业态增多,全区新增银行2家、保险公司1家,新成立基金管理公司1家,基金公司2家,总部经济2家;全区挂牌企业10家,其中新三板挂牌4家,OTC挂牌6家。全区银行业金融机构人民币存款余额425.51亿元,增长12.9%;贷款余额310.10亿元,增长32.2%;银行业金融机构人民币存贷比72.9%。重庆银行和重庆农商行互联网金融结算中心入驻运营,互联网金融结算金额达65亿元。全区13家新型金融业企业完成营业收入2.05亿元。房地产市场整体平稳,全年商品房销售面积167.82万平方米,增长6.4%,其中住宅销售面积125.07万平方米,下降3.5%。商品房销售额85.37亿元,增长27.3%,其中住宅销售额50.27亿元,增长4.0%。

(三)现代农业稳步发展

全年农林牧渔业总产值65.55亿元,增长5.3%;实现农业增加值43.93亿元,增长4.5%。全年粮食作物播种面积89.62万亩,增长0.3%;油料播种面积10.94万亩,增长2.1%;蔬菜播种面积34.39万亩,增长2.3%。全年粮食总产量36.65万吨,增长1.0%。加快现代农业发展,绿色蔬菜、名优经果、特色水产等产业加快发展,建成标准化蔬菜基地18.5万亩,种植蜜柚、樱桃等经果9万亩,养殖乌鱼、观赏鱼等名优特水产1万亩,鹌鹑等特种畜禽养殖持续发展。推进乡村振兴,实施农村"三变"改革,新型农业经营主体进一步壮大,家庭农场171个、专业大户434个、农民合作社520个。国家农产品质量安全区创建工作稳步推进,加快建设品牌农业,新创建"白羊咸菜"等"三品一标"认证农产品35个,累计获得认证195个。

(四)城市品质全面提升

将生态城市、海绵城市理念融入规划建设全过程,完成"多规合一"编制工作。推进新城核心区、淮远新区等重点组团建设。加快"五纵五横"骨干道路建设,南北大道、龙腾大道延伸段开工建设,北环路建设顺利推进,金川大道延伸段建成通车,中南路综合整治和金龙大道提质改造全面完成,雨污分流改造二期工程建成投用。市民服务中心、金融大厦、建工大厦主体封顶。新建城市公厕5座、农贸市场5个。实施城市节点绿化美化,新增绿地21.8万平方米。整治老旧小区7个、背街小巷34条,拆除违法建筑8.9万平方米。成功创建国家卫生区。能源项目加快建设,同心桥水库成功纳入渝西水资源配置工程,安居提水二期工程加快建设。电网建设加速推进,川渝第三通道500千伏、铜梁至思源500千伏线路工程和龙兴110千伏变电站竣工投用,铜梁500千伏输变电、盘龙220千伏输变电工程进展顺利。交通建设加快推进,渝蓉高速围龙互通竣工,兰渝高铁、成渝中线高铁、合璧津高速公路和渝遂扩能北碚至铜梁段等重大交通设施前期工作顺利推进,旧县10万吨货运码头建成投用。铜梁至合川城际公交开通运营。全年公路线路里程累计达到3604公里,其中等级公路3192公里。镇村面貌不断改善,统筹推进场镇提质扩容和美丽乡村建设,镇村规划实现全覆盖。46个撤并乡场镇改造基本完成。升级改造国省县道40.7公里,新改建农村公路106公里,新开通农村客运线路6条。完成24个中心村农网升级改造。整治整治病险水库5座、山坪塘820口。70%行政村生活垃圾实现集中清运。建成南城黄桷门村、土桥庆林村2个美丽宜居示范村庄,建成绿色示范村庄9个,安居成功入选全国文明村镇和特色小镇,蒲吕获评全市十大最美小镇。

(五)改革开放深入推进

深化改革取得新进展,建立绿色发展促进机制,持续抓好"三去一降一补"重点任务,减少房地产库存35.2万平方米,化解钢铁过剩产能4.05万吨,整体退出煤炭生产行业。全面落实"涉企30条""电气15条"等政策,帮助企业减负5.87亿元,42家企业实现电力直供。成立华能重庆铜梁能源销售有限责任公司,推进增量配电网改革试点。深化"放管服"改革,推进行政审批流程再造和集成创新,实施"互联网+单一窗口"服务,项目建设审批时限压缩80%以上。推进商事制度改革,新发展市场主体6141户。开展"五清”行动,发展空间得到新拓展。建立政府性债务绿色可控机制,深化区属国有企业分类改革,清理规范融资平台,试行“托底管总、全区平衡”财政管理模式,政府性债务规模处于合理区间,系统性金融风险“零发生”。成立土地管理委员会,加强土地资源保护和节约集约利用。推动新型农村集体经济发展,改革农业项目资金投入机制,稳妥实施农村土地承包经营权确权登记颁证、农村集体资产量化确权等工作,建立农户、企业和村级组织三方利益联结机制。投入4080万元发展农业项目,消除“空壳村”60个。对外开放迈出新步伐,主动融入重庆内陆开放高地建设,积极建设两江新区铜梁协作产业园、跨境电商综合试验区、川渝合作示范区等开放平台。发展外经贸实绩企业51家,外贸进出口总额达6.7亿元,增长36.4%。其中,出口总额4.83亿元,增长34.5%;进口总额1.94亿元,增长41.4%。实际利用内资376.68亿元,增长16.5%。大力实施专业招商,成功引进中车集团、江凌磁材、会通新材料等项目77个,正式引资221亿元。实际利用外资1.60亿美元,增长20.2%。

(六)创新引领成效明显

推进高新区“以升促建”,升级国家高新区工作顺利通过科技部专家组调研评审。铜梁跻身国家知识产权试点城区,铜梁高新区获评市级知识产权试点园区。引进中科院重庆研究院、重庆大学国家机械传动实验室等国家级科研机构来铜设立大健康技术研究院、协同创新中心、产业化基地,重庆市中药研究院在铜设立铜梁分院。柔性引进院士3名,新建院士专家和博士后科研工作站4个、市级企业技术中心20家。引进国家级研发及服务平台分支机构5个,新增独立企业法人研发机构2家、市级创新创业示范团队3个。建成双远众创空间。新增科技型企业70家,累计达到150余家。高新技术企业67家,获批市级高新技术产品136个。新培育中国驰名商标2件,渝枳一号、巴岳柚荣获“后稷特别奖”。全社会研发经费支出增长30%。专利申请受理量1175件,专利授权1088件,万人发明专利拥有量达2.34件。新增国家知识产权优势企业3家、市级知识产权优势企业4家。全区新增注册商标746件,有效注册商标总量达4572件,其中中国驰名商标5件,重庆市著名商标30件,地理标志证明商标5件。新创建重庆名牌产品6个,累计达68个;重庆知名产品累计达21个。

(七)生态环境持续改善

坚持生态优先、绿色发展,全面推行河长制,建立区镇村三级河长体系。关闭落后砖瓦企业11家,分类治理烧结砖瓦企业26家,巩固高污染燃料禁燃区24.4平方公里,淘汰黄标车414辆。完成71家禁养区畜禽养殖场(户)的关闭或搬迁以及1.2万头生猪当量畜禽养殖整治。全区测土配方施肥技术推广覆盖率达83.6%,农作物肥料利用率达36%以上;农村生活垃圾有效治理率达90%。全年空气质量优良天数达280天,优良天数比例达76.7%,PM2.5年日均浓度为52微克/米^3,二氧化硫、氮氧化物浓度逐年下降,空气质量持续改善。全区5个城市集中式饮用水水源地水质达标率100%,41个乡镇集中式饮用水水源地水质达标率达90%。加强耕地保护,大力实施农村土地整治,实现新增耕地3686亩,完成高标准基本农田建设36729亩。完成废弃或关闭矿山生态恢复治理面积703.2亩。完成乡镇场镇河堤护岸整治10公里。恢复和改善灌溉面积3.5万亩。全年完成营造林12.01万亩,义务植树155.2万株。严守61万亩森林红线和61.4万亩林地红线,全区森林覆盖率达48.5%,获评中国绿色发展优秀城市。

(八)社会事业全面进步

教育事业健康发展,巩固国家义务教育发展基本均衡区创建成果,改造农村薄弱学校68所。全面实施义务教育阶段营养改善计划。加强学前教育,深化中小学校特色办学,成功创建重庆市学校美育改革与发展实验区。中考700分以上人数占全市8%,高考本科上线率超市平10.3个百分点。成立职教集团,启动艺术工程学院、传媒学院“专升本”工作。卫生事业不断进步,中医院扩建、第三人民医院建设进展顺利,镇街医疗机构标准化建设全部达标。实施公立医院综合改革,全面取消药品加成和药事服务费。实施分级诊疗,推行12大类45个项目免费健康服务,完成医疗联合体组建,家庭医生签约22.7万人。出生缺陷检查9260人次,农村适龄妇女“两癌”免费检查2.9万人。国家食品安全示范城市创建工作扎实推进。文体事业持续繁荣,积极创建全国文化先进区,建成基层文化服务中心128个,开展流动文化服务进村1156场。加强非遗保护传承和交流展演,创编推广舞龙操,铜梁龙舞精彩亮相纽约时报广场新年倒计时盛典。完成邱少云烈士纪念馆陈列改造。承办第十三届全运会群众比赛舞龙预赛。扶贫工作扎实开展,推进精准扶贫精准脱贫,1017人摆脱贫困,贫困发生率降至0.16%。社会保障不断加强,新增就业1.7万人,城镇登记失业率控制在3.1%以内。扩面提质“五大保险”,巩固城乡居民养老保险和医疗保险全覆盖成果。加大医疗救助和临时救助力度,实现应救尽救。加快养老设施标准化建设,改扩建敬老院6所。分配公租房、限价商品房1648套,改造农村危旧房354户。社会治理更加有效,实施基层党建引领基层社会治理创新,全面加强平安建设,规范小区物业管理,全区矛盾纠纷调解成功率达99.3%,未发生重大及以上安全事故,刑事发案总量、侵财案件、可防性案件发案大幅下降。

二、发展中存在的问题

一是经济总量还不够大,实力还不够强。二是发展质量和效益不高,经济转型升级面临较大挑战。三是开放型经济发育程度不够,开放平台建设还需提速。四是城乡融合发展的任务还比较繁重,基础设施等领域仍存在不少短板。

三、2018年发展目标

全面贯彻党的十九大精神,以习近平新时代中国特色社会主义思想为指导,紧紧围绕习近平总书记对重庆提出的“两点”定位和“两地”“两高”要求,坚持稳中求进工作总基调,贯彻新发展理念,突出“抓重点、补短板、强弱项”,大力实施工业振兴、乡村振兴、城市提质、环境提升、人才培育、民生保障、生态保护“七项行动”,坚决打好防范化解重大风险、精准脱贫、污染防治“三项攻坚战”,深入实施“实业立区、创新强区、开放兴区、生态优区”战略,全力推动高质量发展,把党的十九大精神全面落实在铜梁大地上。全区经济社会发展主要预期目标是:地区生产总值增长10%左右;工业增加值增长10.2%;固定资产投资规模与去年持平;社会消费品零售总额增长11.5%;一般公共预算收入增长10%,其中税收收入增长12%;城镇化率提高1.5个百分点;城镇登记失业率控制在4.5%以内;城镇常住居民人均可支配收入增长9%左右,农村常住居民人均可支配收入增长9.5%左右。

潼南区

潼南区政府办公室 刘潺潺

一、2017年发展回顾

2017年,潼南区深学笃用习近平新时代中国特色社会主义思想,认真学习宣传贯彻党的十九大精神,深入贯彻市委五届三次全会精神,始终坚持新发展理念,认真落实“两点”定位、“两地”目标和“四个扎实”要求,全力实施“三大攻坚战”“八项行动计划”,围绕“四个做大做强”,在战略部署上“扣扣子”,在责任履行上“担担子”,在任务落实上“钉钉子”,经济社会实现持续健康发展。全年实现地区生产总值334亿元,增长9.1%;固定资产投资428.4亿元,增长15.7%;社会消费品零售总额97亿元,增长11.9%;一般公共预算收入21.4亿元,增长6.7%;城乡居民收入分别达到30923元、14026元,增长9.2%、9.4%。

突出"四个做大做强",全面提升发展质效。一是做大做强做优以工业为主体的实体经济。积极培育六大产业集群,全区工业总产值增长18%,入园企业达到287家,手机产业园成为全市特色产业示范基地。实施招商引资"一号工程",大庆油田、三一(潼南)绿色建筑产业园、YOTA3双面屏阅读手机、与德通讯、迪信通、埃斯顿机器人、红星美凯龙等一批优质企业和项目落户。全年招商引资项目74个,协议引资453亿元,到位资金182亿元,创历史新高。常态化开展集中签约、开工、竣工、投产"四个一批"活动,涉及项目123个,投资343亿元。二是做大做强做绿现代农业。组建9个产业协会,发展7个特色产业,新增新型经营主体306家,打造全市柠檬产业链发展核心区,蔬菜、柠檬、粮油种植面积和产量保持全市第一,着力打造重庆、成都的"菜篮子""米袋子""后花园"。成为全市唯一的国家现代农业(柠檬)产业园、国家柠檬生产综合标准化示范区和首批国家农村产业融合发展示范园创建单位,农业科技园区成为全国优先开展农业全产业链开发创新示范区,"柠檬小镇"田园综合体被确定为市级重点支持项目。全面禁售禁用高毒高残留农药,农产品质量安全监测合格率98%以上。新增"三品一标"21个,潼南柠檬、萝卜被认定为全国名特优新农产品,汇达柠檬成为中国柠檬产业领军品牌。三是做大做强做美宜居城市。围绕花园城市、滨江城市、田园城市定位,拉开"一江两岸四大片"城市空间布局。涪江大桥完成总投资量90%,潼荣高速完成路基工程,合潼安高速启动建设,通用机场通过初步选址评审,兰渝高铁、渝遂高速扩能项目纳入全市基础设施建设提升战略行动计划(交通行动计划)建设项目库,逐渐形成"四高三铁一江一机场"立体化交通格局。涪江航电枢纽蓄水发电,双江梯级开发稳步推进,新增城区鲜花隔离护栏18公里,推进九龙山城市森林公园等"六大公园"建设。改革城市执法体制,组建区城管局,成功创建国家卫生区,启动创建全国文明城区、国家森林城市、全国双拥模范城市,全区常住人口城镇化率达到52.24%。新城商圈、仁豪家饰界开业运营,灯饰、家居等五大专业市场销售额达30亿元,新增电商82家,电商交易额35亿元。四是做大做强做活旅游产业。着力打造养眼养心、养颜养生、养气养福的"六养胜地",引进香港爱家国际金融集团投资30亿元打造陈抟故里5A级休闲旅游度假区,引进香港中旅集团打造大佛寺—双江5A级景区,引进四川能投集团打造运河特色旅游小镇。启动建设五大名山,有序建设大佛寺北门片区,提质建设双江古镇,陈抟故里景区获批国家3A级景区。承办2017年重庆春季旅游启动仪式,举办第十届菜花节、首届国际柠檬节等节会被央视《新闻联播》深度报道,央视《美丽中国唱起来》《乐游天下》录制潼南专场节目。全年接待游客突破700万人次,旅游综合收入35亿元。

围绕升级建设国家高新区,大力推进创新驱动发展。坚持"以升促建",升级建设国家高新区在科技部专家组调研咨询中获得一致好评。一是强化创新对经济的支撑作用。全社会研发经费支出增长25%,工业技术改造投资增长70%,规模以上工业企业实现利润增长16%,全区战略性新兴产业产值增长66.6%、增加值增速34%。二是激发企业参与创新积极性。全区科技型企业达到230家、居全市前列,高新技术企业达到43家,新增市级高新技术产品38个,4家企业在重庆科技创新板挂牌,五洋通信在"新三板"上市,朴真农业被确定为瞪羚企业,祥图科技、盛塑包装被确定为牛羚企业,市级知识产权试点企业和优势企业达到29家。全区产品创新、工艺创新的企业占比列全市第一,开展创新活动、有营销创新的企业占比列全市第三,实现创新的企业占比列全市第四。获评国家知识产权试点城市，成为全国质量强市示范城市创建城市。三是集聚创新创业团队。建成国家产业转移信息服务平台重庆分平台等企业技术中心、协同创新中心61个，设立博士后工作站3个。与中国留学人才发展基金会共建“轻创业基地”，与猪八戒网共建“互联网+”产业共享服务中心，与IBM沃森共建人工智能创新中心。四是营造全社会创新创业浓厚氛围。成功举办第十届中英创业计划大赛总决赛、中英科技创新论坛和国际柠檬产业高峰论坛。建成众创空间11个，“星创天地·潼南农家”升级为首批国家级星创天地。

坚持对标对表抓改革，发展动力活力有效增强。一是深化供给侧结构性改革。扎实推进“三去一降一补”，完成4家化工企业迁建，去商品房库存25.3万平方米，加快推进增量配电改革全国试点工作。二是切实抓好行政体制改革。全面推行权责清单制度，深化“放管服”改革，加快行政许可标准化建设，累计减少行政审批事项205项，行政审批时限压缩50%。三是深化人才体制机制改革。大力实施“三百三千”人才培养集聚计划，着力培养百名高素质专业化党政人才、百名优秀企业经营管理人才和百名创新创业领军人才，集聚千名乡村振兴人才、千名“潼南工匠”和千名硕士研究生高层次人才，引进硕士及以上研究生259名，是过去5年总和的1.5倍。四是狠抓重点领域改革。深入推进国资国企改革，将38个国有企业优化重组为7个重点企业。扎实推进公立医院改革，组建以人民医院、中医院为龙头的两个医联体。组建传媒集团。农业农村、城乡综合配套等各领域改革扎实推进。

坚持以人民为中心的发展思想，不断提升人民群众的获得感、幸福感、安全感。一是突出抓好脱贫巩固。围绕“三个聚焦”，邀请第三方评估机构把脉问诊，突出问题抓整改，全年减少农村贫困人口1922人，贫困发生率降到0.6%。硬化贫困村公路62公里，整治病险水库、山坪塘等1500处，电网改造324公里；组织133家农业龙头企业定点帮扶，建成柠檬等特色基地13.5万亩，每个贫困村形成1—2个主导产业；改造建卡贫困户D级危房758户，发放扶贫小额信贷3666万元，贫困户基本医疗保障和贫困学生教育资助全覆盖。二是竭力办好民生实事和社会事业。全面完成市区两级31件民生实事。升级改造国省县道120公里，硬化农村公路258公里，提前实现所有行政村通客车。完成涪江小学迁建、潼南小学改扩建。人民医院、中医院创“三甲”有序推进，成为国家慢性病综合防控示范区。硐楼坡社区获评全国充分就业社区。政府购买公共文化服务“1+4”项目通过国家中期验收。三是全力保障安全稳定。实现信访案件、安全事故、治安刑事案件“三个下降”，安全生产工作获全市先进，十九大安保维稳工作获市委、市政府通报表扬，成功创建全国平安建设先进区，加快争创全国社会治安综合治理“长安杯”。

坚持绿色发展理念，大力推进生态文明建设。落实长江经济带“共抓大保护、不搞大开发”要求，单位地区生产总值能耗下降3%，关停砖瓦窑6家，淘汰黄标车306辆。扎实开展土壤面源污染治理。划定生态红线179平方公里。完成造林绿化4万亩，森林覆盖率达到46.5%。明确河长395名，每条河流都有了河长。常态化开展流域清漂，整治琼江河基本完成，整治涪江水体排污口16个，全面完成禁养区畜禽养殖场关闭或搬迁。以中央和市环保督察为契机，整改处理了一批环保突出问题。入选首批国家气候适应型城市建设试点城市。

坚持勤政廉政，抓实抓牢政府自身建设。深入推进法治政府建设，修订区政府工作规则，组建政府法律顾问团。加强行政规范性文件管理，向区人大常委会报备43件。转变政府职能，清理规范中介服务，开通网上审批办理业务超过10万件。自觉接受人大、政协监督，认真办理人大代表建议和政协委员提案，落实好区人大常委会审议意见。推进政务公开，加大行政监察、审计监督和政务督查力度。牢固树立“四个意识”，坚决全面彻底干净肃清孙政才恶劣影响和薄熙来、王立军流毒,常态化推进"两学一做"学习教育,持之以恒正风肃纪、惩治腐败,政风建设取得新成效。

二、发展中存在的问题

对标高质量发展要求,面临着后发追赶与转型发展的双重挑战,面临着存量支撑锐减与新增动能没有完全形成有效支撑的双重压力,面临着扩大经济总量与提升经济运行质量的双重任务,面临着培育竞争优势与补齐发展短板的双重难题。

三、2018 年发展目标

以习近平新时代中国特色社会主义思想为指导,深入贯彻党的十九大、中央经济工作会议精神,紧紧围绕习近平总书记对重庆提出的"两点"定位、"两地""两高"目标和"四个扎实"要求,加强党的领导,坚持稳中求进工作总基调,坚持新发展理念,紧扣社会主要矛盾变化,统筹推进"五位一体"总体布局,协调推进"四个全面"战略布局,深化供给侧结构性改革,按照市委五届三次、四次全会和区委十三届二次、三次、四次全会部署,抓重点、补短板、强弱项,结合潼南实际贯彻落实好市委打好"三大攻坚战"、实施"八项行动计划"的要求,推进"四个做大做强",推动质量变革、效率变革、动力变革,努力让人民群众获得感、幸福感、安全感更加充实、更有保障、更可持续,把党的十九大精神和习近平总书记的殷殷嘱托全面落实在潼南大地上。2018 年的主要发展目标是:地区生产总值增长 9.5%左右,工业增加值增长 11%左右,一般公共预算收入增长 8%,全社会固定资产投资增长 12%,社会消费品零售总额增长 12.5%,城乡常住居民人均可支配收入分别增长 9%、9.5%,单位地区生产总值能耗下降 3.4%以上,城镇登记失业率控制在 3.5%以内。

荣昌区

荣昌区政府办公室 柴廷友

一、2017 年发展回顾

2017 年,荣昌区围绕实现"三高五新"宏伟蓝图,坚持"说了算、定了干、马上办",全区经济社会各项事业持续健康发展,成渝城市群新兴战略支点建设迈出坚实步伐。全年实现地区生产总值 414.79 亿元,同比(下同)增长 9.2%;工业增加值 208.76 亿元,增长 10.5%;全社会固定资产投资 561.25 亿元,增长 13.5%;一般公共预算收入 25.9 亿元,同口径增长 5%;社会消费品零售总额 125.45 亿元,增长 13.3%;城镇、农村常住居民人均可支配收入达到 32230 元和 15686 元,分别增长 8.8%、9.5%。

(一)"三件大事"推进顺利

全力创建全国首个农牧特色国家高新区,已进入国务院最后审批阶段,规划建设面积由 2 平方公里核准为 17.05 平方公里。全力争取国家货运机场,得到原中央政治局常委,国务院常务副总理张高丽重要批示,陈敏尔书记、唐良智市长积极推动,选址报告已完成编制,并成功纳入中新(重庆)战略性互联互通示范项目统筹推进。全力打造国家生猪大数据中心,并通过农业部专家评审;携手新华社发布全国首个新华(荣昌)生猪价格指数,国家生猪交易市场喜获"全国百家百亿市场""全国农业农村信息化示范基地""全国农业农村大数据实践案例"殊荣,全年交易额突破 370 亿元,占全国生猪年流通量的 8%。

(二)改革开放创新协同发力

坚持以供给侧结构性改革为主线,向改革要活力,向创新要动力,向开放要空间,加快培育发展新动能。“三去一降一补”取得实效。关闭钢铁企业3家，处置“僵尸企业”“空壳公司”38户。盘活园区闲置厂房30.6万平方米。商品房销售面积突破100万平方米，消化商业用房库存6万平方米。发挥财政资金增信作用，“助保贷”“经保银贷”等累计贷款金额2.9亿元；为41户企业解决冲贷应急资金3.25亿元。落实“企业减负30条”，兑现财税扶持政策资金9.5亿元。企业水电气成本累计降低6200万元。重点改革推进有力。实施国企分类改革，71家国企整合重组形成“3+2+7”格局。完成镇街财政体制调整改革，推行“零基预算”。加强政府投资管理，政府性债务绿色可控。推进商事制度改革，整合涉企证照20项，新增市场主体7045户。整合涉农项目财政资金3210万元进行股权化改革；投入2000万元在15个村(社区)扶持集体经济发展试点，马草村“实体+金融”、白象社区“集体经济+物业管理”等模式初见成效。创新能力不断提升。全社会研究与试验发展经费支出占地区生产总值的2.1%，每万人发明专利拥有量达3.5件。组建重庆国农畜牧现代化研究院，加快建设动物实验基地。建立“人才战略合作联盟”，与北京大学、清华大学共建博士研究生实践基地。出台招才引智暨“百名高层次人才”引进计划。在全市率先成立科技银行，知识产权质押融资6000余万元。新增国家高新技术企业14家、国家知识产权示范和优势企业3家，新增市区级企业技术(研发)中心16家，两化融合贯标示范企业7家。华森制药荣获中国专利优秀奖。开放合作不断加强。开展招商引资“百日攻坚行动”，全年引进项目245个，合同资金264亿元，到位资金202亿元，亿元以上项目42个。其中，工业项目148个，到位资金110亿元。完成自营出口1.6亿美元，增长14.8%。成功举办渝西川东经济社会发展协作会，签署合作项目和协议79项。

(三)实体经济振兴见效

扎实开展“实体经济振兴年”活动，推动工业提质、商旅融合、农业增效，成功创建全国首批产业转型升级示范区。工业经济稳步提升。实现规上工业增加值183.4亿元，增长10.4%。平台基础不断夯实，“一区三园”平场3100亩、新建道路9.5公里，邮亭至荣昌天然气管道建成通气，节能环保、眼镜、夏布产业基地等加快建设。转型升级步伐加快，战略性新兴产业增加值增长22%，华森制药在深交所成功上市，唯美陶瓷全球先进生产线正式投产，昌元化工成为全市首个国家制造业单项冠军示范企业，其主导修订的工业高锰酸钾国家标准成功发布。主导产业持续壮大，推进重点工业项目45个，建成投产30个，装备制造、食品医药、轻工陶瓷集群规模达601.8亿元，占全区工业总产值的82.9%。工业用电量增长15%、用气量增长25.6%、入库税金增长14.7%。商贸旅游不断发展。坚持商旅、文旅、体旅融合发展，实现服务业增加值102.3亿元，增长11%。成功创建市级电子商务示范区，电商交易额达31亿元。红星美凯龙、康宁广场、西城天街等一批商业设施基本建成。建成万灵福邸、陶宝古街一期等旅游项目32个。开展首届惠民文化旅游消费季活动，举办七夕河灯旅游文化节、荣昌陶文化艺术节等系列商旅活动。荣昌夏布服饰再度亮相中国国际时装周，三大非遗走进北京奥林匹克博览会。成功举办中国铁人三项联赛等国家级、市级体育赛事6次。接待游客480万人次，增长34.1%，旅游总收入13.4亿元，增长37.1%。农业经济持续进步。坚持突出特色、打造精品、塑造品牌，成功创建首批中国特色农产品优势区，入选全国首批畜牧业绿色发展示范(区)县。“香海棠”农产品区域公用品牌在人民大会堂成功发布。打造“荣昌卤鹅”公用品牌并逐步推向全国。“荣昌猪肉”入选“中国百强农产品区域公用品牌”，“荣昌猪”品牌价值达27.7亿元。“三品一标”认证总数达218个。

(四)城乡面貌持续改善

坚持精准规划、精品建设、精细管理，推动城乡融合发展。城乡规划更趋完善。全面推进“多规合一”，编制完成美丽山水城市、物流布局等专项规划。按照智慧城市、海绵城市要求，编制完成《黄金坡组团城市发展战略研究》。划定永久性基本农田，增加用地空间47平方公里。完善土地利用总体规划，拓展城镇建设用地空间5平方公里。城乡建设富有成效。城市建成区面积达到31.48平方公里。启动黄桷树广场、濑溪河体育文化公园建设。实施濑溪河、荣峰河综合整治，整治河道4.2公里、河堤4.3公里。"荣昌八景"建成并向市民开放。投资16.3亿元，实施"潼荣"高速公路桥梁及路基工程，改造国省道51公里、农村公路240公里。争取用地指标4000亩。完成地票交易8.6亿元，新增耕地4235亩，建成高标准农田6.7万亩，整治山坪塘1000口，新建农村便道412公里。投资5亿元推进"宽带中国"示范城市建设。城乡管理提档升级。启动国家森林城市、国家卫生城区、全国文明城区"三城同创"。调整设置城市管理局、城市管理综合行政执法局。在全市创新推行"街长制"，111名"街长"对城区街道"包干"精细化管理。启动城区农贸市场整治和规范化建设。规范城区道路交通和停车收费管理，新增停车位1155个。筹资4亿元改善农村人居环境，实施农村改厕工程，成功创建国家级绿色村庄5个，打造市级美丽宜居村庄示范点3个。万灵镇荣膺"全国美丽宜居小镇"，清升镇获评"全市最美养生小镇"。

(五)生态文明建设扎实有效

深入践行绿水青山就是金山银山的理念，坚持问题导向、系统治理，推动生态环境持续改善。突出环境问题整治有力。强力推进中央环保督察反馈意见整改，全面完成年度整改任务。统筹资金15.6亿元，深入开展濑溪河流域及大气污染综合治理攻坚行动。全面推行"河长制"，建立区、镇(街)、村三级河长体系，在全市率先实现"河库、领导、责任、制度"四个全覆盖。建成投用城市污水处理厂(二期)、荣隆园污水处理厂，改造17个镇街污水管网81公里。开展濑溪河、大清流河跨区域联防联控联治。加强露天焚烧专项整治，超额完成500辆黄标车淘汰任务。环境监管执法不断加强。完成环保机构监测监察执法垂直管理改革。编制完成生态保护红线划定方案。严格执行产业准入"负面清单"，强化环保"三同时"制度。严格禁养区、适养区审批管理，依法取缔濑溪河干流、支流陆域200米范围内所有畜禽养殖场。深入开展"蓝天百日攻坚"等专项行动，立案查处环境违法案件82件。区域环境质量得到改善。全面落实"大气十条""水十条""土十条"，扎实推进273项生态文明建设任务。围绕国家森林城市创建，统筹资金3.1亿元实施道路绿化、水系绿化等23项重点工程。濑溪河、大清流河出境断面水质稳定达到Ⅲ类标准。全年空气优良天数253天。城镇生活垃圾无害化处理率达100%，农村生活垃圾有效治理覆盖人口比例达97%。

(六)民生保障水平不断提升

筹集资金17.4亿元办好市区级40项重点民生实事，"农村便民道户户通"工程获得"中国十大民生决策"奖项。精准脱贫成效明显。出台巩固脱贫攻坚成果长效机制文件，建立脱贫攻坚"双组长"责任制。组织2000名干部进20万农户，准确掌握生产生活情况，推动实施精准脱贫。加强精准医疗救助和产业后续帮扶，整合资金1.43亿元促进脱贫户稳定脱贫。社会事业不断进步。出台提升教育、医疗水平实施方案，教育卫生系统新引进研究生75人。启动后西小学等4所学校改扩建工程。探索高初中联合体、强校带弱校、一长执多校等模式，与南岸区形成长期教育互助关系，荣昌中学与峰高中学实现深度融合办学。创新管理机制，实行校长目标责任制，授予校长管理自主权。全面推开公立医院综合改革，加强医联体建设，分级诊疗格局初步形成。区人民医院建成区域影像远程会诊中心。区妇幼保健院迁建、普众中医院改建项目推进顺利。成功创建国家慢性病综合防控示范区。新青少年活动中心、妇女儿童活动中心、区科技馆即将建成投用。社会保障持续加强。发放创业担保贷款1亿元，城镇新增就业1.75万人。落实各项社保待遇24.1亿元，发放城乡低保金5713万元。推行医疗救助"一站式"服务，支出医疗救助金2650万元。完成“12·27”地震灾后重建599户,危房改造1300户。完成城市棚改320户,新安置煤矿棚户区居民866户,新分配公租房、廉租房800户。4274名残疾人接受精准康复服务。社会治理全面提升。按照“七个坚决防止”要求,开展保十九大安全稳定“百日攻坚行动”,实现“五个零上访”、市级“零通报”和“两个百分百”目标。开展综治网格员专职化试点。在全市率先建立公共法律服务体系三级实体平台。加强社会治安防控体系建设,优化警务运行机制,刑事案件、可防性案件、侵财案件分别下降23.9%、38%、25.6%,破获公安部“部督”案件3起,命案破案率保持100%。开展“减存量、控增量”等专项行动,调处矛盾纠纷5210件。牢固树立安全生产“1+0”理念,深化大排查大整治大执法,严格“日周月”隐患排查。加强基层食药监所规范化建设。全年无群众到市重复集访和进京非正常上访、无较大及以上生产安全事故发生。

(七)政府自身建设不断加强

坚定正确的政治方向。增强“四个意识”,坚决维护以习近平同志为核心的党中央权威和集中统一领导，深学笃用习近平新时代中国特色社会主义思想,推进“两学一做”学习教育常态化制度化。坚决清除孙政才恶劣影响和“薄、王”思想遗毒。依法行政深入推进。全面推进“双随机一公开”监管,严格行政规范性文件前置和备案审查。依法接受人大法律和工作监督,主动接受政协民主监督,自觉接受司法监督、舆论监督和社会监督,认真办理人大议案建议210件、满意率99.1%,政协提案232件、满意率98.7%。行政效能持续提升。深化“放管服”改革,加强行政许可标准化建设,制定规范和标准49个。清理规范中介服务、行业商会协会收费项目近60项,整体收费降低20%。推进“互联网+政务服务”,网上行政审批6万余件,群工系统接办事项2.9万件，行政服务中心企业服务厅建成投用。加强审计监督，公共投资工程审减1.28亿元。推进公共资源阳光交易，增收节支1.94亿元。廉政建设得到加强。严格落实中央八项规定精神,深入贯彻市委、区委廉政建设部署。塑造喻茂坚“五个一”廉政文化品牌。切实发挥政府特邀监察员作用。深化“踢皮球”“中梗阻”等专项治理,开展优化服务发展环境活动及“双百评议”,建立“小六长”作风建设“八不准”机制。查处违反中央八项规定精神14件15人，侵害群众利益不正之风和腐败问题41件54人，行政问责5件22人。

二、发展中存在的问题

对标人民群众日益增长的美好生活需要，我们的工作还存在许多不足，发展不平衡不充分的问题依然突出。一是发展水平还不高。二是产业结构不优。三是新兴动能不足。四是环保压力较大。五是民生事业有待提高。六是自身建设仍需加强。

三、2018年发展目标

2018年经济社会发展的主要预期目标是：地区生产总值增长9.5%左右；工业增加值增长9.9%；服务业增加值增长10.7%；全社会固定资产投资增长10%；一般公共预算收入增长5%,税收占比达到58%以上;社会消费品零售总额增长12%;城镇和农村常住居民人均可支配收入分别增长8.5%、9.2%;单位地区生产总值能耗下降4%，主要污染物总量减排达到约束性要求。

开州区

开州区政府办公室 邓辉

一、2017年发展回顾

2017年，坚持以习近平新时代中国特色社会主义思想为指导，认真贯彻落实中央、市委市政府决策部署，千方百计克服去产能的阵痛，花大力气完成各类巡视、督察、审计、调研反馈问题的整改，主动适应管理制度的规范和调整，积极推动相关规划的编制和修订，全区发展稳的基础在巩固，转的步伐在加快，进的态势在强化，好的成效在增加。实现地区生产总值399.59亿元，比上年增长7.9%；一般公共预算收入24.68亿元，增长1.1%；固定资产投资427.28亿元，增长10.3%；社会消费品零售总额189.96亿元，增长12%；居民人均可支配收入19572元，增长10.2%。

产业发展提质增效。三次产业结构调整为15.7:49.8:34.5。工业增加值超过100亿元，增长8%。规上工业企业112家，工业集中度达到71%，园区产出强度超过70亿元/公里^2，新增4家税收超1000万元企业。完成长沙、赵家、临港组团控规编制，打通赵家至长沙“琵琶城”隧道，开工建设临江家居产业园。第一产业增加值达到63亿元，增长4.6%。特色效益农业面积扩大到120万亩，新建5个现代农业示范园(点、场)。新发展新型农业经营主体328个，农业规模经营度增至44%，综合机械化水平达到37%，获评全市农业气象服务标准化区县。“开县春橙”首次获评全国名特优新农产品，获批地理标志证明商标2个，新认证“三品一标”农产品28个、市级名牌农产品5个，农产品商品率提高到66%。第三产业增加值达到138亿元，增长7.2%。亿丰开州国际商贸城一期基本建成，郭家创建为市级乡镇商贸综合服务中心。建成全区电商公共服务中心、电商物流分拨中心和270个镇村电商服务站点，网络零售交易额达到6.7亿元。接待游客803万人次，实现旅游收入48亿元。成功举办汉丰湖国际摩托艇公开赛，汉丰湖景区入选重庆市十大旅游新名片，满月荣获重庆最美避暑小镇，厚坝水云天成为全国休闲渔业示范基地。商品住宅销售面积达到67万平方米、增长28%。存贷款余额分别达到579亿元、226亿元，同比增长13.1%、1.5%，实现新三板企业“零”突破，社会融资规模存量突破360亿元。

城乡面貌持续改观。拓展城市新区2平方公里。改造和新建地下管网138公里，整治城市道路6.3万平方米，增加停车位1100个，新建、改建公厕37座，新建夜景灯饰10处，城市规模达到35平方公里36万人，全区常住人口城镇化率达到46.26%。设立城市管理局。满月马营村、满月村成为市级美丽宜居示范村庄。开城高速公路全线开建，万开周家坝—浦里快速通道完成工程量59%，大修、改造国省县道72公里，新改建重要连接道46公里，安装防护栏300公里，硬化农村公路528公里。开州港正式投运，通用机场完成选址报告编制，渝西高铁万州至开州、城口段和开巫、开云、万达直线高速公路纳入全市交通建设“三年行动计划”。建成天白水库坝区主体枢纽工程，铺设城乡输水管网190公里，整治山坪塘2418口，建成高标准农田6.7万亩，新增改善灌面5万亩，完工7座水电站增效扩容改造，建成大进35千伏变电站，完成南门、长沙片区天然气供气管道主体工程，投运安康加油站、关子口加油加气站，新增光纤用户4.9万户，实现4G网络村村通。三峡后续到位专项补助、库区基金、对口支援资金11.8亿元。

发展动力不断增强。供给侧结构性改革成效显现，淘汰关闭落后砖瓦窑29家，妥善处置“僵尸企业”“空壳公司”306户，为企业降本减负7621万元。取消行政审批事项12项，全流程网上办理和流转成为常态，一般性行政审批提速1/3以上。工商登记办理时间缩短至3个工作日以内。新设工业主导产业发展资金和股权投资基金，运用公司债等方式融通资金36亿元。新增政府债券10亿元，政府存量债务置换率为93.8%。国资国企改革迈出较大步伐，区属国企资产总量增长86%、资本增值率达77%。积极推进农业项目财政补助资金股权化改革，农业信贷担保服务实现乡镇全覆盖，农村承包地“三权”分置、集体产权制度和供销社综合改革深入实施，新增土地流转面积1.5万亩。招商签约重点项目100个，3家企业总部落户。设立创业种子投资引导基金、科技成果转化专项资金，与猪八戒网建立“互联网+”战略合作关系。全社会研发经费投入占GDP比重突破1%，欧华陶瓷获评全国建材企业管理现代化创新成果一等奖，星星套装门、德凯实业成为国家知识产权优势企业，星星套装门建立市级工程技术研究中心，天致药业等55家企业成为市级科技型企业，新增授权专利769件、市级高新技术产品15个，新增注册商标947件。

生态环境持续向好。完成环保管理体制改革，划定全域永久基本农田和生态保护红线，超额完成节能减排任务。新造林8万亩，保护与恢复湿地2500亩，治理水土流失16平方公里，森林覆盖率达到50%。治理畜禽规模养殖场127家，完成测土配方施肥10万亩、绿色防控6万亩、秸秆还田18万亩，推广高效种养循环模式10万亩，实施10个行政村环境连片整治，建成市级绿色示范村庄11个。新增城镇绿地面积62万平方米，淘汰黄标车928辆，生活垃圾发电厂正式并网发电，城镇生活垃圾无害化处理率达到100%，星星套装门获评国家绿色工厂，城区空气质量优良天数达到304天。全面推行“河长制”，铁腕整治非法码头、非法商混、非法堆场，整治和新建河堤8.9公里，城区、乡镇集中式饮用水源地水质达标率分别为100%、93%，投用城区污水处理厂迁扩建项目，新改建乡镇污水处理厂11个、污水管网20公里。辖区江河流域水质总体保持Ⅲ类。

脱贫攻坚卓有成效。完成30个贫困村销号、21087人脱贫，贫困发生率降至1.65%，脱贫攻坚年度任务如期完成。整合各类扶贫资金29亿元，实施十大行业精准扶贫行动。贫困村特色主导产业新建5.1万亩、管护7.6万亩，主导产业覆盖70%以上贫困户，电商扶贫驿站覆盖所有贫困村，乡村旅游带动3.8万贫困人口增收。建成贫困村村级道路300公里、饮水安全工程2106处，完成农网改造升级119公里，建成通信基站4963个。完成易地扶贫搬迁12587人、危旧房改造3494户。开展环境整治和移风易俗，村容村貌实现较大改观。发放扶贫小额信贷0.6亿元，“精准脱贫保”覆盖所有贫困户。就业、教育、医疗、社保、生态等扶贫政策落地见效。集中力量开展市级、区级深度贫困乡镇和深度贫困村脱贫攻坚行动。实行领导小组“双组长”制，调优配强区级扶贫工作团、驻乡工作队、驻村工作队、第一书记和帮扶干部，严格绩效考核、督查巡查、领导蹲点、干部遍访、人员召回制度，优化项目程序，加强资金监管，有效形成目标聚焦、政策汇集、力量聚合的工作格局。

民生事业全面发展。重点民生支出达到68亿元，占一般公共预算支出74%。被认定为全国义务教育发展基本均衡区县。高考重本上线1963人、清华北大上线5人。职教中心新增国家级示范(重点)专业2个。普惠性幼儿园覆盖率达到93.3%。教育资助、教育慈善惠及11.26万人次。家庭医生签约服务覆盖70%以上重点人群。新建16个标准化村卫生室，新增3家民营医院。区人民医院通过“三甲”复评。公立医院综合改革全面推开，分级诊疗体系基本形成。《汉丰湖之恋》入选全国2017年社会主义核心价值观主题微电影优秀作品，《湖山谣》获国际微电影展“十佳城市微电影奖”。建成刘帅故居陈列室和11个区文化馆分馆。发放创业担保贷款2.9亿元,扶持2928人自主创业,带动就业1.2万人。机关事业单位养老保险制度改革全面推行,完成生育保险与基本医疗保险合并。分配公租房2736套。地灾避让搬迁惠及1300余人。改造棚户区6.7万平方米。投用首批纯电动公交车,城市公共交通分担率达到38%。发放城乡低保、各类救助、优抚安置资金6.08亿元。完成全区48家敬老院设施改造,建成社会办养老机构2家、社区养老服务中心(站)11家、日间照料所10家。

平安建设扎实推进。圆满完成党的十九大等重要节点安保工作。依法严厉打击各类违法犯罪活动,现行命案破案率100%,刑事发案同比下降14.5%。建成麻柳派出所和敦好、中和交巡警公路巡逻大队。实现身份证全国范围异地办理,机动车驾驶员科目二考训场建成投用。平安家庭创建深入开展,网络舆情导控机制不断完善,特殊人群服务管理不断加强。普法责任制全面落实,人民调解、法律援助工作深入开展。安全生产事故起数和死亡人数同比分别下降7.1%、13.3%。设立区长质量管理奖。启动国家食品安全示范城市创建。完成基层应急管理规范化建设,成功应对暴雨洪灾,有效防控H7N9流感。群众信访呈现“三降三无”良好态势。

二、发展中存在的问题

城乡、区域发展差距大,产业发展差异化、基础设施均衡化、基本公共服务均等化的任务十分繁重。产业结构调整任务艰巨,传统产业转型升级、新兴产业培育发展相对滞后,做大总量与调优结构形成双重压力。要素保障能力亟待加强,规划、土地、资金、技术、人力资源等瓶颈制约还需尽快破解。

三、2018年发展目标

地区生产总值增长8.5%左右,一般公共预算收入增长4%,固定资产投资增长10%,社会消费品零售总额增长10%,研发经费支出占GDP比重提高到1.2%,常住人口城镇化率提高1.34个百分点,城镇登记失业率控制在3%以内,居民消费价格涨幅控制在3%以内,居民人均可支配收入增长10%左右,辖区流域水质总体保持Ⅲ类以上,完成市政府下达的环保约束性指标等任务。

梁平区

梁平区政府办公室 李万祥

一、2017年发展回顾

2017年,在市委、市政府的坚强领导下,梁平深学笃用习近平新时代中国特色社会主义思想,深入学习贯彻党的十九大精神,认真落实习近平总书记视察重庆重要讲话精神,紧紧围绕习近平总书记“两点”定位“两地”目标和“四个扎实”要求,坚持稳中求进工作总基调,坚定贯彻新发展理念,按照市委、市政府决策部署,着力推进供给侧结构性改革,统筹做好稳增长、促改革、调结构、惠民生、防风险各项工作,全区经济社会发展呈现稳中向好态势。实现地区生产总值298.1亿元,同比(下同)增长8.9%;工业增加值123.9亿元,增长9.4%;固定资产投资247.6亿元,增长9.6%;一般公共预算收入达21.5亿元,增长10.4%;实现社会消费品零售总额103.2亿元,增长14.3%;常住人口城镇化率44.7%;城镇、农村常住居民人均可支配收入分别达31599元、13671元,增长9%、9.5%。

(一)产业转型提质增效

坚持质量第一、效益优先,聚焦推动产业转型升级,调整优化区域主导产业发展方向,完善城市功能布局,紧扣经济社会发展主战场,理顺工作体制,严明工作责任,细化工作举措,集聚要素,精准发力。三次产业结构比调优为14.2:54.5:31.3。亿联智慧小镇等重大项目落地,实施工业技改项目77个,特色工业产值占比提高到51%,功率半导体封测基地获批国家高新技术产业化基地,启动建设国家知识产权试点城市。坚持以创新驱动为动力,促进特色工业加快集聚。引进工业项目90个,利用内资314亿元,增长30%;工业园区新入驻企业40户(突破200户),全区规上工业总产值达210亿元。新增国家高新技术企业8家、市级高新技术产品45个,市级高端和新型研发机构各1家。效益农业稳步提升,双桂田园综合体获批市级试点建设;新改建标准化柚园2万亩;改造提质鱼(鳅)池5000亩;建成连片花椒产业带2万亩;新认证"三品一标一产地一名牌"农产品88个,特色农产品销售突破10亿元,农业增加值增长5.1%。土地适度规模经营率提高到40.8%。现代服务业快速发展,新培育市场主体6517户。帝豪·时代城和梁平南站商业区相继投用,村级电子商务服务点突破200个。实现电子商务交易额19亿元,增长59%。滑石古寨获批4A级景区,双桂田园桂香人家等相继开园。全年接待游客360万人次,实现旅游总收入13亿元。银行业存贷比突破40%,实现保险业收入5.5亿元,华西证券网上交易结算中心落户梁平。

(二)生态环境显著改善

坚持生态优先、绿色发展,持续实施环保"五大行动",城乡环境明显改善。成功创建国家园林县城、国家生态原产地保护示范区。获批国家绿色村庄6个、中国美丽休闲乡村1个,镇村环境更加干净整洁。全面推行"河长制",水环境质量明显提高,城乡集中式饮用水源地水质达标率100%;龙溪河、新盛河水质从Ⅴ类改善到Ⅲ类,全区河流水质均达到水域功能要求。城市污水处理率达95%,生活垃圾无害化处理率达100%;完善20个乡镇污水管网,实施25个行政村环境综合整治。实施循环化改造项目10个,单位地区生产总值能耗降低2%,工业固体废弃物、农作物秸秆综合利用率分别超过82%、80%。整改销号中央环保督察反馈问题25个,落实措施20项。关停搬迁畜禽养殖场97家,整治烧结砖厂36家,依法查办环境违法案件54起。划定生态保护红线,突出东山、百里竹海等国有林培育管理,实施天然林管护67.8万亩、森林提质3.7万亩、国土绿化5万亩。城区空气质量优良天数达326天。

(三)城乡面貌焕然一新

坚持以人为本,统筹推进城乡一体化建设,城镇综合承载能力不断增强。新城开发扩容提速,梁平南站综合枢纽基本建成,城市主次干道、地下综合管廊、地税业务用房等公建项目加快建设。实施植绿增绿,人均绿地面积达36.6平方米。建成窝子溪等一批公园。城市配套设施日臻完善,入驻市场主体1267户,人气商气加快汇聚。老城治理全面启动,新改建城市污水管网55公里,改造老旧小区38个,整治背街小巷80条、违法建筑26万平方米;新建停车场、公厕、菜市场等公共服务设施,居住环境有效改善。集镇整治持续开展,12个乡镇集镇达到"九有六无四化"建设要求。金带、屏锦市级特色小镇和竹山市级全域旅游示范镇创建工作有力有效。

(四)民生福祉明显增进

坚持以群众需求为导向,推进教育、卫生、就业、社保、文化、体育、信访、民族、宗教、妇女、儿童、老龄、残疾人等社会事业稳步发展,扎实做好重点民生实事。实施以治污、通畅、增绿、添设施为主的老城"双修",开工建设城市一环路及干线公路,改造城市棚户区17.7万平方米。双桂湖国家湿地公园建成开放,区人民医院整体迁建营运。新建农村联网公路100公里。区全民健身中心投用,成功举办区第一届运动会。深化精准脱贫,实行"双组长"制,落实区级扶贫专项基金3000万元,精准识别贫困组18个,精准脱贫522人,巩固提升9567户28073人脱贫成效,返贫率为零。建成双桂小学知德校区等学校5所。区精神卫生中心一期投用,升级村卫生室60

个。城区文化馆图书馆免费开放,原创梁山灯戏《好人邓平寿》实现公演。建成50公里农村公路安保工程,17个行政村开通客运。实现村村通光纤,全域干道通信4G信号全覆盖。保障性住房分配入住3947套,新改造农村危房261户。新增城镇就业1.2万人,城镇登记失业率控制在3.5%以内;城乡居民养老保险、医疗保险参保率均超过96%;低收入群体保障水平稳步提高。推进平安梁平建设,抓实安全生产领域改革,开展大排查大整治大执法专项行动,安全生产事故、死亡人数分别下降25%、28%。深化"七五"普法,群众法治意识和法律素质不断增强,全区信访总量持续下降。加强社会治安综合治理,群众安全感不断提升。

(五)深化改革蹄急步稳

农村改革试点有序推进,完成316个村(社区)集体资产股份合作制改革;农村承包土地经营权抵押贷款余额达7500万元;农村集体产权制度改革等3项经验获农业部肯定。全面完成承担行政职能事业单位改革试点和城市管理体制改革。医药卫生体制改革不断深化,公立医院综合改革顺利实施,医疗联合体运行机制不断健全。"放管服"改革取得明显实效,编制并运行权责清单,完成行政许可标准化建设,群工系统高效运行;全面推行"双随机一公开"抽查监管和"多证合一"等商事制度改革,为企业减负超过1亿元。深化国资国企管理体制改革,40家区属国企整合重组为10家,健全国企"四自"机制,推动实体化发展;探索建立"投融建、借用还"一体化体制机制,规范推进全域旅游、生态环保等领域PPP投融资项目建设。

(六)自身建设不断加强

认真落实全面从严治党要求,巩固深化"两学一做"学习教育成果。自觉履行党风廉政建设"一岗双责",坚决整治"四风",政风建设取得新成效。坚持依法行政,提请区人大审议议案15件,自觉接受人大、政协监督,认真办理人大代表建议和政协委员提案。严格执行重大行政决策法定程序,健全区政府议事决策机制,不断提升行政决策科学化、民主化、法治化水平。深入实施"互联网+政务服务",强化行政监察、审计监督和政务督查,加强对公共资金、招标投标等领域监管,政府服务水平和效能明显提升。

二、发展中存在的问题

梁平尚处于欠发达阶段、属于欠发达地区,发展不平衡不充分的问题仍很突出,主要是:经济总量不大、规模企业不多,发展质量和效益不高,经济转型升级任务繁重;城市偏小,以城载产能力不足,以产促城动力不够,内生消费层次偏低,动力变革迫在眉睫;创新能力不强,创业氛围不浓,新产业新业态新商业模式和民营经济发展相对滞后;基本公共服务与人民群众期盼有较大差距,在就业、就医、教育、养老等民生领域还有不少短板;政府职能转变还不够到位,一些部门和工作人员贯彻新发展理念还缺乏自觉性主动性,对市场主体服务意识、担当意识不强,能力和水平亟待提升。

三、2018年发展目标

2018年,经济社会发展主要预期目标:地区生产总值增长10%左右;工业增加值增长10.5%,特色工业增加值增长12%;全社会研发投入突破2亿元,占比达到1%;固定资产投资增长10.5%,其中工业投资增长12%以上,房地产投资增长16%以上;社会消费品零售总额增长13%;在减少非税收入占比,优化收入结构的前提下,一般公共预算收入增长7%,其中税收收入增长9%;常住人口城镇化率提高2个百分点;居民收入增长与经济增长基本同步。单位地区生产总值能耗、主要污染物排放等约束性指标完成目标任务。

武隆区

武隆区政府办公室 王家宏

一、2017年发展回顾

过去的一年,是武隆撤县设区的开局之年。一年来,我们以党的十九大精神、习近平新时代中国特色社会主义思想和视察重庆重要讲话精神为指引,在市委、市政府和区委的坚强领导下,全面贯彻落实新发展理念,坚定信心、克难奋进、主动作为,扎实做好稳增长、促改革、调结构、惠民生、防风险各项工作,经济社会呈现出稳中有进、进中向好的良好态势。全年实现地区生产总值160.5亿元、增长7.7%;税收收入8亿元,增长8.5%;固定资产投资144.3亿元,增长10%;社会消费品零售总额58.8亿元,增长11.9%;居民人均可支配收入20240元,增长11%左右;居民人均可支配收入20279元,增长11.2%;城镇常住居民人均可支配收入32495元、增长9.4%,农村常住居民人均可支配收入11744元、增长10.3%。

(一)发展质量不断提升

三次产业增加值分别增长5%、9.9%、6.5%,对经济增长的贡献率分别为9.4%、52.7%、37.9%。生态旅游取得新进展。全年接待游客2800万人次,增长14%。成功创建国家级旅游业改革创新先行区、国家体育旅游示范基地,荣获“全国通用航空旅游示范单位”等称号。成功举办“申遗”10周年和仙女山度假区建设10周年等系列活动;归原艺术农业旅游项目对外营业,懒坝国际文化艺术公园、星际未来城、阳光童年、仙女山机场等重点项目有序推进;白马山景区开发加快推进。乡村旅游发展迅猛,7条乡村旅游精品线路有序推进,年接待游客达760万人次。生态工业取得新进展。实现工业总产值151亿元,同比增长11.8%。园区入驻企业48家,规上工业企业达到29户。新型材料、装备制造、新能源汽车三大产业占规上企业产值的60%以上;年产能20亿方的页岩气项目进入实质性开发阶段,乌江白马电航枢纽项目核准加快推进。生态农业取得新进展。农村电商三级服务体系加快完善,快递物流实现全覆盖,市场主体突破1000家,农产品销售额突破3亿元;50个农业与扶贫示范基地重点项目有序推进。播种粮食74万亩、产量18.7万吨;播种蔬菜38.8万亩、产量58.9万吨;种植烤烟5.6万亩、产量12.3万担;畜禽出栏210万头(只)。新培育市级示范农业合作社3家、示范家庭农场2家;全区“三品一标”达到33个。

(二)发展基础不断夯实

城乡建设加快推进。完成投资46.5亿元,建成区面积达到22.4平方公里。山水园林旅游新城加快建设;左岸堤防、南滨路加高、中堆坝广场等项目主体工程加快建设;北滨路乌江二桥至三桥段堤防工程开工建设;复烤厂片区、老车站片区等开发项目前期工作加快推进;成功创建国家园林县城,全国文明城区、国家卫生城区等创建工作有序推进。加快把仙女山度假区升级打造成国际知名旅游度假区;白马生态工业新城提质建设;羊角古镇初具形象。基础设施建设加快推进。完成交通投资16.6亿元。土坎乌江大桥、武仙路复线建成投用;仙女山机场、渝怀铁路复线、龙溪乌江大桥、G65土坎互通、城区北环西线、白马山旅游环线等项目加快建设;完成水利投资7.9亿元。接龙水库成功蓄水,核桃、大河沟2座水库完成大坝主体工程;仙女山、河心等水库加快建设。生态文明建设加快推进。实现空气质量优良天数331天;集中式饮用水水源地水质达标率100%。完成各类营造林14.5万亩,森林覆盖率62.6%。城区污水处理厂迁建项目试运行、扩建项目加快建设;建筑弃渣填埋场建成投用;实施50个行政村农村环境连片综合整治。

(三)发展短板加快补齐

脱贫"摘帽"顺利实现。坚持把脱贫攻坚作为首要政治任务和最大民生工程,健全完善"七大政策体系",强力实施"十大攻坚行动",累计投入45.6亿元,实施扶贫项目3104个,75个市级贫困村整村脱贫,减少贫困人口14133户49938人,贫困发生率下降到1.64%,顺利通过国家贫困县退出评估验收,摘掉了武隆15年的"贫困帽子",实现了阶段性目标。出台"1+3+N"深度脱贫攻坚方案,持续推进深度脱贫攻坚,确保到2020年实现高质量稳定脱贫。羊角搬迁基本完成。按照"城区副中心、旅游古镇"定位,坚持"人员机具最大化、24小时全饱和"作业,全力推进新址建设,484栋1936套搬迁安置房全面完工,风貌装饰、道路管网、水电气等配套工程加快完善。机关事业单位全部入驻;积极稳妥做好分房工作,累计分房1925套;土坎征地拆迁安置区、狮子危岩搬迁安置区、食品工业园加快建设。

(四)发展活力持续迸发

深化供给侧结构性改革。有效化解过剩产能,全面完成全区煤炭企业关闭退出工作;开展"僵尸企业"处置,清理注销企业219户。积极化解房地产库存,销售商品房4573套32.4万平方米。推动"涉企35条""营改增"等系列政策落地,累计为企业减负2.5亿元以上。推进行政体制改革。顺利完成撤县设区机构调整。成立区旅游管理委员会,将区旅游局改革为区旅游发展委员会。设立区全域旅游游客服务中心,建立旅游综合执法支队、旅游警察支队、旅游工商分局、旅游巡回法庭,构建"1+3+N"的旅游综合执法体系等。锁定重点领域改革。推进公立医院改革,实施药品采购"两票制",全面取消公立医院药品加成、药事服务费,调整医疗服务项目价格439项。推进农业项目财政补助资金股权化改革试点,实施扶持发展农村集体经济试点项目10个。加快推进开放发展。新引进各类产业项目30个,正式签约80亿元,到位投资40亿元;实施全球大营销,境外游客占比达到4.8%;实际利用外资738万美元,利用内资41亿元;外贸出口总额700万美元,服务外包205万美元。加快创新驱动发展。新培育科技型企业40家、累计达到52家;新认定国家高新技术企业2家,市级高新技术产品5个。建成风来谷市级众创空间,签约企业123家,入驻企业49家。完善知识产权服务体系,搭申请专利213件,授权专利126件。

(五)发展成果持续共享

社会事业全面发展。城镇新增就业4944人,城镇失业人员、就业困难人员就业4455人,城镇登记失业率下降到1.96%。将21534人纳入城乡低保;社会保险参保65万人次,发放社会保险待遇8.9亿元。建成社区养老服务站2个。武隆中学、实验小学凤溪校区及凤溪幼儿园、江北幼儿园等9所新建和改扩建学校建成投用;资助贫困学生3.9万人次3135万元。开展文化服务进村1240场次。努力办好民生实事。完成易地扶贫搬迁3995人、改造农村危房1000户、新增城区停车位2590个、农村适龄妇女"两癌"免费筛查22476人次等15件民生实事。

二、发展中存在的问题

当前,武隆正处于"转型提质"的关键阶段,在"转"与"提"的过程中,仍面临不少困难和挑战。主要表现为:经济总量不大、财政实力不强,缺乏重大产业项目支撑,部分指标完成不尽如人意;旅游国际化程度不高,工业产业链条短,农产品加工转化率低;城乡统筹任务艰巨,改革破冰力度不大,要素瓶颈制约明显;创新能力不足,对经济发展的贡献率低;公共服务、社会治理、安全稳定等民生问题的解决压力增大;政府效能和自身建设与发展新要求、群众新期盼还不相适应。针对这些问题,我们必须加快补齐短板,转变发展方式,促进全区经济社会高质量高效益发展。

三、2018 年发展目标

2018 年,我们将深入贯彻党的十九大精神,深学笃用习近平新时代中国特色社会主义思想和视察重庆重要讲话精神,按照中央、市委部署要求,坚持稳中求进工作总基调,坚持以供给侧结构性改革为主线,坚持以人民为中心的发展思想,坚持生态优先、绿色发展,统筹推进稳增长、促改革、调结构、惠民生、防风险各项工作,全力推动质量变革、效率变革、动力变革,坚决打好“三大攻坚战”,深入实施“八项行动计划”,扎实推动党的十九大精神在武隆落地生根。经济社会发展的主要目标是:地区生产总值增长 9%左右;税收收入增长 8.5%左右;固定资产投资增长 11%左右;社会消费品零售总额增长 13.5%左右;居民人均可支配收入增长 10%左右;城镇、农村常住居民人均可支配收入分别增长 9.5%、11%左右;城镇登记失业率控制在 3%以内。

围绕上述目标,重点要抓好十一项工作。一是坚决打好防范化解重大风险攻坚;二是坚决打好精准脱贫攻坚战;三是坚决打好污染防治攻坚战;四是实施对外开放行动计划;五是实施以大数据智能化为引领的创新驱动发展行动计划;六是实施乡村振兴战略行动计划;七是实施基础设施建设提升行动计划;八是实施军民融合发展行动计划;九是实施科教兴区和人才强区行动计划;十是实施以需求为导向的保障和改善民生行动计划;十一是实施生态优先绿色发展行动计划。

城口县

城口县政府办公室 冯扬才

一、城口县基本概况

城口县地处大巴山腹地、重庆市最北端,位于渝、川、陕三省交会处,东邻陕西省镇坪县、平利县,南通开县、巫溪县,西与四川省宣汉县、万源市相交,北接陕西省南岚皋县、紫阳县,因踞三省门户名“城”、扼四方咽喉称“口”。幅员 3289.06 平方公里,辖 2 个街道、23 个乡镇、31 个社区居委会、173 个行政村。县政府驻葛城街道。2017 年末总人口 25.11 万,其中农业人口 18.25 万,非农业人口 6.86 万。境内最高海拔 2686 米,最低海拔 481 米,是典型的高寒深石山区。城口因地处渝、川、陕接合部,在重庆的区域经济发展中具有对接南北、传递东西的独特区位优势,红色历史厚重、自然资源富集、农林产品丰富、生态优势明显,被市委、市政府定位为“重庆向北重要门户、川陕革命老区脱贫攻坚先行示范区、秦巴山生态文明建设先行示范区”。

城口红色历史厚重。城口县是重庆市第一个打出红军旗帜的县、第一个由地方红军攻占县城的县、第一个迎来中国工农红军主力部队的县,是重庆市唯一成建制建立了苏维埃政权的革命老区。1934 年中国工农红军四方面军挥师城口,1935 年 9 月建立中共城口县委和苏维埃政权。城口县是川陕革命根据地的重要组成部分,徐向前、王维舟等老一辈无产阶级革命家曾在这里战斗过,当年有 3000 城口儿女参加红军和游击队,500 多人参加长征。被党中央、国务院、中央军委授予“全国双拥模范县”荣誉称号。

城口自然资源富集。矿产资源有锰、钡、铂、钯、古生物化石等 20 多种。锰矿储量 6269 万吨,是全国五大重点矿区之一;钡矿储量 6143 万吨,位居亚洲之首;煤炭探明储量 10 余亿吨,花岗石逾亿立方米,石灰岩 5 亿吨以上。有集雨面积 100 平方公里以上的河流 14 条,水能理论藏量 54 万千瓦,可开发量 45 万千瓦。境内盛产生漆、茶叶、核桃、中药材、杜仲、天麻、黄连、党参、薯蓣、玉米、土豆、猕猴桃、薇菜、竹笋等林特产品。生漆、茶叶、药材素称“三秀”,享誉中外。有漆树1500万株,常年产量100吨左右,质量位居五大名漆之首。城口茶叶富锌富硒、防癌抗癌、无污染;“鸡鸣寺院茶”清代即为贡品,已获得农业部颁发的绿色食品证书。城口蜂蜜、城口山核桃、鸡鸣茶叶等30个农产品获国家有机食品认证,城口山地鸡、城口蜂蜜获国家农产品地理标志认证产品。各类中药材达500余种,有大巴山“生态药谷”之称,盛产太白贝母、天麻等名贵中药材,其中太白贝母入选《中华药典目录》,是重庆市重要的中药材生产县。核桃、板栗常年产量分别在500吨、1300吨左右,是林业部命名的“中国核桃之乡”。境内珍稀动植物资源繁多,有各类植物4906种,国家重点保护植物198种,其中崖柏、红豆杉、珙桐等珍稀植物被称为“活化石”。有各类动物706种,其中一级保护动物5种,二级保护动物39种,是秦巴地区生物多样性关键区域的重要组成部分,是生物过程、生物遗传和生物多样性的基因库。

城口生态优势明显。境内有天然林21.26万公顷、天然草场8.87万公顷,森林覆盖率67.5%,被誉为“大巴山天然氧吧”和中国“中国大巴山心灵牧场·养生天堂”。境内建有大巴山国家级自然保护区和九重山国家森林公园,黄安坝景区、亢谷景区被评为魅力乡村旅游目的地,九重山、黄安坝、夜雨湖景区被评为自然美景旅游目的地。山神漆器、城口老腊肉、古生物化石工艺品等一批特色产品已成为全市重要的旅游商品,山神漆器系列产品获科技部新技术新产品博览会金奖,成功入围重庆品牌100强。中国气象学会授予城口“中国生态气候明珠”金字招牌。我县还被评为“全国新农村建设示范县”、“亚洲金旅奖·大中华区最佳绿色生态旅游名县”、“中国天然富硒农产品之乡”、“中国绿色生态板栗之乡”、“中国绿色生态中药材示范县”。河鱼乡、岚天乡岚溪村被农业部确定为全国美丽乡村创建示范乡、试点村,东安乡兴田村被评为重庆市第一批特色景观旅游名村。

城口文化底蕴深厚。拥有苏维埃政权遗址、红军战斗遗址等红色文化资源,建有红军纪念公园、苏维埃纪念公园、川陕苏区苏维埃政权遗址纪念公园,被录入全国红色旅游经典景区。受巴蜀文化影响、三秦楚天文化熏陶,钱棍舞、狮子舞、彩船舞、山歌、花鼓等民俗文化较为丰富,乡土气息浓郁。老腊肉制作工艺、土法造纸成功申报市级非物质文化遗产。考古发现修齐旦坪商代古文化遗址、海洋古生物化石。享有“中国钱棍舞之乡”的美誉,被文化部评为“中国民间文化艺术之乡”。

二、2017年经济发展情况

2017年,全县人民在县委、县政府的坚强领导下,以习近平新时代中国特色社会主义思想为指导,认真学习贯彻党的十九大精神和中央决策部署,全面落实市委、市政府一系列决策部署,统筹推进“五位一体”总体布局,协调推进“四个全面”战略布局,扎实做好稳增长、促改革、调结构、惠民生、防风险各项工作,全年经济发展目标任务圆满收官,社会大局保持和谐稳定。2017年,实现地区生产总值48.79亿元,同比增长5.0%;固定资产投资71.12亿元,同比增长8.8%;财政一般公共预算收入3.85亿元,同比增长22.8%;社会消费品零售总额15.2亿元,同比增长6.5%;城镇居民人均可支配收入24914元、农村居民人均可支配收入8661元,同比分别增长8.4%和9.0%。在九个方面取得明显成效:

一是大力推进基础设施建设。加快推进G69银百高速城口段建设,完成红线内土地征收工作,城开隧道、旗杆山隧道控制性工程顺利推进。渝西高铁(万州至城口段)纳入全市交通基础设施建设提升战略行动计划,拟定于2018年开工建设。实施国省道及干线公路升级改造工程111公里。实施撤并村通畅工程220公里、自然村通达工程260公里、道路安保工程436公里。全县公路里程达到3600公里,路网密度达到109公里/百公里^2。三合水库、航空水库管网配套工程全面完成,龙峡水库、黄沙洞水库加快建设。新建水系连通工程4个,新增灌溉面积1万亩。改造城区供水管网5.5公里。巩固提升23个乡镇场镇供水工程和25处农村饮水安全工程,解决4.4万人饮水安全问题。改造农村电网96公里,治理低电压区45个,改善农村电压质量1000户。新铺设燃气管道14.4公里,县城新增燃气用户2507户。

二是精准推进脱贫攻坚战。制定出台“1+3+N”政策体系,编制实施鸡鸣、沿河市级深度贫困乡脱贫攻坚规划。统筹整合使用扶贫资金7.9亿元,精准识别20个脱贫攻坚重点村,重点突破30个产业薄弱村的产业发展,新识别贫困人口3642人。建立1200万元扶贫小额信贷风险补偿金,实现贫困户有效贷款突破4000万元。完成9785人搬迁安置和2762户农村危房改造,实施2万余户户貌“六改”,解决8415名贫困人口就医,资助1万名贫困学生就学,5000余名贫困人口实现转移就业。全县4个贫困村、1006户3754名贫困人口实现脱贫,贫困发生率下降到4.5%。

三是强力推进城市建设攻坚战。编制完成175个专项规划、村规划,整治违法建筑1.49万平方米。筹集资金12.7亿元,完成土城老街一期改造、县城夜景灯饰、东北南大街市政基础设施项目。完成土地房屋征收3.9万平方米,回迁安置1004户。启动4个改善农村人居环境市级示范片创建,成功申报8个国家级绿色村庄。全县常住人口城镇化率提高到35.28%。

四是蓄势推进旅游发展攻坚战。成功纳入长江三峡旅游“金三角”一体化建设,完成亢谷国家5A级景区、乡村旅游等规划编制,启动九重山国家5A级景区规划编制。完成亢谷滨河绿道建设,启动亢家寨景区、亢谷会展中心等项目建设。推进厚坪龙盘、巴山坪上、岚天岚溪等大巴山森林人家集群片区建设。新发展大巴山森林人家200家。推行长江三峡旅游一卡通,累计接待游客305万人次,增长30%,实现旅游综合收入5.7亿元,增长46%。

五是全面推进特色产业发展。建立1000万元农业创新投资基金,新增农业企业29个、农民专业合作社41个,成立农业产业协会7个,培育新型农村集体经济组织14个。注册“大巴山硒谷”区域公共品牌,“三品一标”有效认证达59个,创建国家级农业标准化示范基地1个,市级农业标准化示范基地2个。成功争取锰产业专项直供电政策延续,建立应急转贷基金。完成5万吨高纯氯化钡项目建设,通渝公司、同英锰业、巴渝水电升规。建成巴山组团基础设施,引进天宝药业等5家企业落户,园区工业企业达45家,工业集中度达到72.34%,产出强度达到75.22亿元/公里^2。实现规上工业总产值9.77亿元,增长19.43%;实现工业增加值8.67亿元。全力保障亿联商贸城、秦巴山货交易市场等一批专业市场建设运营,完成南后街特色美食街区建设。新增商贸企业1643户,培育限上企业5户。建成50个网上村庄,电商服务点覆盖率达到81%,网络零售额增长30%。

六是持续推进生态文明建设。完成生态保护红线划定。接受“绿盾2017”专项行动巡查。成功创建“巴山湖国家湿地公园”。实施118个行政村农村环境连片整治,建成90个贫困村垃圾收运设施。推进11个城乡污水处理厂建设,淘汰黄标车103辆,持续实施“五大环保行动”,县城空气质量优良天数达到341天,生态环境综合指数69.9,稳居全市第一。实施营造林33万亩、退耕还林11万亩,完成国有林场改革,落实319万亩天然林管护责任,森林覆盖率达到67.5%。

七是深入推进改革开放创新。完成金属非金属矿山国家级攻坚克难任务,关闭整合非煤矿山11家,去除产能34万吨,关闭锰矿焙烧窑53口,化解房地产库存17.37万平方米,落实政策性结构性减税2164万元。推进18户县属国企整合重组,完成9户僵尸企业、“空壳”公司清理注销和市属国有企业社会职能剥离。修订完善乡镇财政管理体制,推行“零基预算”和部门预算“零结转”制度。与重庆师范大学合作举办重师附属实验中学，启动县职教中心与民营机构合作办学。引进、招录招聘各类人才372名，引进了重点项目10个、各类资金13亿元。新增300万元创业种子投资基金，培育科技型企业21家，申请专利88件，授权31件，有效发明专利9件，万人发明专利达0.49件。建成“众创空间”3个，全社会研发经费投入达到3000万元。

八是着力保障和改善民生。城镇新增就业2843人，城镇登记失业率控制在3.3%以内。重师附属城口实验中学投用，改造薄弱学校51所，补充配备教育设施7.8万套，义务教育均衡县创建通过市级复查。全面推开公立医院综合改革，城乡居民就医费用下降7.5%。完成县人民医院综合楼主体工程，推进健康疗养院项目建设，为24个乡镇(街道)卫生院配备医疗设施。引进民营医院3家。实施流动文化服务进村704场次，“渝州大舞台”城乡文化互动演出进基层20场次。城乡养老保险、基本医疗保险参保率达到95%，各类保险累计参保38.62万人次。建成公租房8万平方米，完成18个老旧小区综合整治。

九是扎实推进政府自身建设。坚定不移推进全面从严治党，严格落实管党治党政治责任。牢固树立“四个意识”，坚决维护以习近平同志为核心的党中央权威和集中统一领导，坚决清除孙政才恶劣影响和“薄、王”思想遗毒，风清气正的政治生态得到了巩固。扎实推进“两学一做”制度化常态化，深学笃用习近平新时代中国特色社会主义思想，深入学习宣传贯彻党的十九大精神，“四个自信”更加坚定。修订完善政府工作规则、政府党组工作规则，完善公共资源交易、审计监督等制度，政府限额以上工程项目公开招标率达到规定标准，节省财政资金1.69亿元。持续开展“并联审批”，压缩行政审批事项199项。

三、发展中存在的问题

一是以交通为主的基础设施瓶颈制约仍然明显。城乡基础设施与发达地区差距较大，对外大交通格局短期内尚未形成，仍处于全国大网络、大市场的神经末梢，县内路网资源欠账不少，承接大客群、大物流水平不高。二是发展质量效益仍然不高。县域经济综合实力不强，实体经济发展量小质弱，传统产业转型升级压力很大，生态旅游等新兴产业支撑效果短时期内还不能显现，投资和消费驱动能力减弱，改革开放创新能力偏弱。三是要素保障难度仍然较大。社会矛盾和问题交织叠加，风险防控压力加大，生态环境要素趋紧，用地保障成本较高，投融资、债务管控要求严格，人才引进难与人才流失的矛盾突出，社会化服务水平较低。四是民生供需矛盾仍然突出。经济发展水平低，本级财力保障严重不足，教育、医疗、居住、养老等基本公共服务与人民群众的预期还存在较大差距。五是发展环境仍然不优。政府职能转变还不够到位，行政执行力仍需加强；一些干部对贯彻新发展理念缺乏思想变革的自觉性，能力和水平亟待提升；部分群众内生动力不足，“等靠要”思想比较严重，“人人都是发展环境”的意识尚未深入人心。

四、2018年发展目标

2018年城口县经济社会发展预期目标是：地区生产总值增长8%左右，规上工业增加值增长8%左右，固定资产投资增长8%左右，社会消费品零售总额增长9%左右，财政一般公共预算收入增长8%左右，城乡居民人均可支配收入分别增长9%和11%左右，城镇登记失业率控制在3%以内。单位生产总值能耗、主要污染物排放等约束性指标控制在市级下达的目标任务内。

丰都县

丰都县政府办公室 谭博

一、2017 年发展回顾

——成功实现脱贫摘帽。举全县之力深化脱贫攻坚,全力推进易地扶贫搬迁和肉牛、金鸡等产业扶贫,创新利益联结推进金融扶贫,重点实施住房、教育、医疗等兜底保障计划,全县脱贫攻坚战取得决定性进展。贫困发生率下降到0.95%,群众认可度达到96.65%。丰都成为全市首批通过国家评估验收的区县。

——经济增长持续向好。实现地区生产总值206.6亿元,同比增长10.5%;固定资产投资251.2亿元,同比增长15%;社会消费品零售总额83.2亿元,同比增长13.8%。完成一般公共财政预算收入19.04亿元,同比增长12%;国税县级收入总量全市第一。主要经济指标持续四年较快增长,呈现出良好发展态势。

——动能支撑基本成型。东方希望1000万吨水泥、1000万吨骨料项目全面达产,单个企业纳税首次突破2亿大关;恒都食品屠宰加工牛肉5万吨,电商销售提升至5亿元能级,产值达到42亿元。成功引进山鹰国际投资100亿元实施年产200万吨包装纸项目,建成达产后预计年纳税6亿元、直接就业3000人以上;投资8亿元的回山坪风电项目落地开工,投资9亿元的天圣制药项目、总投资30亿元的3个装配式建筑项目相继签约落地。

——民生改善成效显著。琢成、水天坪、融智等学校如期开学,新增学位7000余个,基本消除城区"大班额",义务教育基本均衡县通过国家评估认定。"三甲医院"进入室内装修阶段,建成投用妇幼保健院住院楼、精神病医院综合楼,全面推开县级公立医院综合改革,全面取消药品加成和药事服务费。率先在全市推进农民工住房公积金缴存试点,2700名农民工实现公积金缴存,签约购房305户。建成龙河东、水天坪公租房14万平方米,公开摇号配租1374户。

一年来,主要做了以下工作:

(一)持续推进脱贫攻坚。开工建设"金鸡"产业化扶贫项目,建成2个光伏扶贫试点项目,发展中药材、木本油料等特色产业44.5万亩。推进金融扶贫,累计发放小额信贷1.3亿元。全面落实就业扶持政策,定向开发公益性岗位2500余个,推荐就业573人。强化基本保障,完成D级危房改造1280户、易地搬迁5352人,资助贫困学生18.7万人次9191.8万元;实施"春风行动""暖心工程",资助贫困人口就医2.7万人次,减免费用589.4万元;8932名特困人口全部纳入低保兜底。

(二)着力提振工业经济。打造特色工业集群,装机5万千瓦的大唐风电全面投产,3万吨冻库及12条牛肉精深加工线、华裕农科5000万羽雏鸡繁育西南中心及5万吨蛋品加工、德青源240万只蛋鸡及加工项目等食品产业完成投资10亿元,建典年产10万方PC构件项目一期建成投产、海南启程装配式建筑项目全线开工,医药医疗器械企业增至39家,金籁电子、卓工科技等机电制造企业持续发力,"一基地四集群"特色工业初具规模。新增规模以上企业12家,培育新三板挂牌上市企业1家。预计全县工业增加值实现43.5亿元,同比增长10.6%。

(三)加快推进新型城镇化。强力推进城市建设,新增市政干道8公里,金科环道、过江污水管网全线贯通,火车站停车场建成投用,改造棚户区14.6万平方米。新建商品房60万平方米、销售78万平方米,城镇化率提高到44.45%。粮食物流园装粮入库2万吨,签约落地公路港物流中心，建成一批农产品产地集配中心和农村电商网点。实施市容环境整治，启动3个场镇升级改造，拆除违法建筑6.3万平方米，改造社区、背街小巷15.3万平方米，迁建农副产品批发市场，城镇更加宜居宜业。

（四）全面启动全域旅游创建。加快名山景区5A创建，旅游广场、停车场等项目基本完成，丰都古城一期实现开街，建造游轮港趸船3艘；南天湖度假区完成环湖治漏，滑雪场对外开放，厢坝市政道路骨架基本成型；龙河国家湿地公园通过评估验收，龙河谷国家水利风景区获批授牌，牛牵峡景区获评"重庆市民最喜欢的漂流"。高品质举办丰都庙会，吸引外地游客150万人次，同比增长28%。加快发展乡村旅游，新增旅游酒店78家、公厕36座，江池农耕体验、都督盐马古道等乡村旅游活动蓬勃开展。全年接待游客1377.7万人次，旅游综合收入63.1亿元，同比分别增长22.5%、29.1%。

（五）巩固提升特色效益农业。持续推进"1+6"特色产业发展，进口冰鲜牛肉3.9万吨，种植烤烟3.1万亩、收购优质烟叶7.3万担，打造红心柚基地1万亩，建成1个万亩蔬菜核心基地、2个万亩榨菜基地，发展花椒基地6000亩、有机种植6000亩。红心柚获区域公共品牌认证，新认证"三品一标"6个，国家级出口食品农产品质量安全示范区增至3个、品种数量居全市第一。新发展农业龙头企业3家，培育农民专业合作社85个、家庭农场和庭院牧场160个，土地规模经营度提高到29.8%。农林牧渔增加值实现33.8亿元，同比增长4.9%。

（六）提速完善基础设施配套。加速打造内联外畅的交通体系，大仙女山旅游环线完成设计招标，开工建设丰彭路武平至彭水段，启动实施南岸旅游环线、北岸产业环线，升级改造社坛至鲁家冲、九溪沟至老鸦阡等干线公路90公里，改扩建撤并村通畅路260公里，246个行政村实现通客车。提速推进水利建设，梨子坪中型水库下闸蓄水，开工建设龙兴坝中型水库和三岔溪、沱沱坝小型水库，王家山水库导流洞全线贯通，硝厂沟水源工程大坝主体完工，完成7个农村饮水安全巩固提升工程、龙河流域防洪整治8公里。完善能源通信设施，改造农村电网291公里，新建通信基站100座，实现场镇4G通信全覆盖。

（七）深入推进生态文明建设。全面推行河长制，226条河流、102座水库全部落实三级河（库）长，创新推行督导长制度，各流域生态显著改观。深入开展环保"五大行动"，完成黄标车淘汰、烧结砖瓦窑企业达标排放等任务，空气优良天数达305天；深入推进碧溪河流域综合治理，建成35个污水处理厂，提标改造2个城区污水处理厂，城乡集中式饮用水源地水质稳定达标；新增城区绿地3.5万平方米，退耕还林、绿化造林24.9万亩，森林覆盖率提高到46.7%；建成噪声达标区9.9平方公里；完成水土流失治理27平方公里，清理农村生活垃圾20万吨，成功创建2个国家级绿色示范村庄、2个市级美丽宜居示范村。

（八）不断深化重点领域改革。深化"放管服"改革，取消审批事项63项，精简审批环节1090个，减免税收4.1亿元，行政许可达到标准化要求，民营市场主体增长11.5%达到4.8万户。启动县属国有企业改革，出台"1+4"国有企业改革方案，基本出清"僵尸"空壳国有企业，全面剥离辖区市属国有企业办社会职能。成立环保投资基金，成功发行12亿元企业债，消减到期本息16.5亿元。深入推进涉农项目补助资金股权化改革，完成14个村集体资产量化确权改革试点，统筹推进农村土地承包经营权确权登记颁证。大力实施创新驱动发展战略，培育认定科技型企业15家、高新技术产品14个，专利授权341件。

（九）大力发展社会民生事业。培育创业主体5539户，新增城镇就业1.4万人，城镇登记失业率3.53%，城乡居民收入增长9.5%、10.2%。改扩建校舍6万平方米，采购设施设备52.8万套，高考重本上线率达22.2%，获评全国阳光校餐示范县。建成双龙、龙孔卫生院业务楼，吸收社会资本创办中西结合医院2家。稳步推进博物馆等项目前期工作,成功举办6次大型赛事活动,获评全国群众体育先进集体。养老、医疗保险参保分别达到41.9万人、76.1万人,低保兜底困难群众2.5万人。

二、发展中存在的问题

主要是:综合经济实力不强,质量变革、效率变革、动力变革迫在眉睫;创新创业创造氛围不浓,研发支出占比低于全市平均水平;城乡区域发展不平衡,公共交通领域还有短板,文化、医疗、教育等民生指标相对滞后;资源环境约束趋紧,生态文明建设存在不少弱项和问题;发展中各种社会矛盾和问题交织,重点领域改革需要进一步攻坚突破;政府职能转变不到位,一些部门和工作人员缺乏思想变革的自觉性主动性,服务意识、担当意识不强,能力水平、作风态度亟待提升,营商环境和创新生态需要进一步改善。

三、2018年发展目标

2018年,政府工作的目标任务是:全县地区生产总值增长10.5%左右,一二三产业增加值分别增长4.9%、14.7%、9.4%左右,固定资产投资增长15%左右,社会消费品零售总额增长13.8%左右。一般公共财政预算收入增长8%以上,全社会研发经费支出占地区生产总值比重达到0.8%以上,居民收入增长与经济增长基本同步。城镇登记失业率控制在3.7%以内。单位生产总值能耗、主要污染物排放等约束性指标完成市上下达任务。

垫江县

垫江县政府办公室 谭锦

一、2017年发展回顾

2017年,垫江县在市委、市政府的坚强领导下,深学笃用习近平新时代中国特色社会主义思想,认真贯彻中央决策部署和党的十九大精神,坚持以人民为中心的发展思想,坚持稳中求进工作总基调,坚持新发展理念,统筹推进"五位一体"总体布局,协调推进"四个全面"战略布局,坚定不移走"生态优先、绿色发展"之路,围绕"一个建成、六个显著"奋斗目标和"三地一心一城"建设任务,扎实做好稳增长、促改革、调结构、惠民生、防风险各项工作,推动经济社会持续稳步向好发展。实现地区生产总值276.8亿元,增长8.5%;社会消费品零售总额105亿元,增长12.3%;一般公共预算收入19.5亿元,增长12.5%;城乡常住居民人均可支配收入分别达31889元、13979元,增长9.2%、10.1%。

(一)工业经济加快发展

着力增强工业支撑作用,把工业园区作为工业发展主战场、对外开放大平台,推动重要产业集群发展,实现工业增加值112.2亿元、增长8.6%。钟表产业园20万平方米标准化厂房建成投用,南阳大道、春花大道等主干道路加快建设。围绕汽摩、生物制药、钟表计时及精密加工、环保节能、新材料等五大产业集群,引进亿元级项目17个、5000万元级项目13个。引导企业转型升级,富源化工优化产业结构,鼎发公司与中石油深度合作,兴发金冠利税突破"亿元"大关,佳佳乳业获评"重庆市农产品加工企业100强",天圣制药在深交所中小板挂牌上市。

(二)休闲旅游提档升级

加快建设"重庆休闲旅游目的地",全年接待游客270.8万人次、实现旅游总收入18亿元,分别增长25.1%、44.7%。牡丹樱花世界4A级景区创建有序推进，太平牡丹园、华夏牡丹园、乐天花谷、李花园等景区升级改造，中华太极养生园、卧龙盐浴度假区、迎风湖生态旅游度假区、牡丹文化旅游城等景区前期工作进展顺利。《乡约》《东西南北过大年》等央视品牌栏目走进垫江。第十八届垫江牡丹文化节获评“重庆十佳赏花节会”，太平镇被评为“重庆市特色景观旅游名镇”，高安镇被评为“全国第二批特色小镇”，坪山镇新风村被评为“重庆第一批历史文化名村”。垫江角雕、大石竹编、永安梅咂酒等非物质文化遗产备受青睐，赵牛肉、鹭馨酱板鸭等特色旅游商品畅销市内外。

(三)城乡面貌显著改善

全县城镇化率44.8%，县城建成区面积17平方公里。出台全市区县首个《城市空间形态规划管理办法》，完成城市设计5项、行政村村规划89个，实现59个规划“多规合一”。沪蓉高速垫江收费站扩建工程主体完工，垫邻路、武田路有序改造，渝巫路复线、南部快速通道加快建设，城市“二环”全线贯通，“四好农村公路”工作扎实开展。“东部片区新型城镇化PPP项目”成为全市首例试点示范项目，开工建设南阳大道、玉鼎大道等城市地下综合管廊12.2公里，完成棚户区改造609户、12万平方米，实现征地拆迁9宗尾欠地块17个项目“清零”，明悦天街、尚品今典、蓝湖玉墅等品质楼盘加快建设。完成农村改厕3700户。农村垃圾“户集、村收、公司转运、县级处理”治理模式基本形成，农村生活垃圾有效治理率、集中处理率分别达96.5%、100%。新民镇明月村、太平镇牡丹村等6个乡村加快创建“绿色示范村庄”，沙坪镇“改善农村人居环境市级示范片”创建成功。

(四)效益农业稳步发展

实现农业增加值43亿元、增长5%。稳定种植特色杂粮、蜜本南瓜、榨菜33万亩，发展水稻制种1.3万亩，建成垫江晚柚、晚熟柑橘、晚熟李基地5.5万亩，奶牛存栏量位居全市第一。完成高标准农田建设6.1万亩，新建农村生产生活便道100公里，推广新型农机具8000台(套)，机械化率位居全市前列。盐井溪水库下闸蓄水，龙滩水库枢纽工程全面完工。获评“中国好粮油行动示范县”。成功创建“国家农产品质量安全示范县”，建成标准化生产基地70万亩，“三品一标”达127个。培育新型经营主体75家，流转土地2万亩。农村集体资产清产核资全面完成。

(五)商贸流通日益活跃

实现第三产业增加值92.4亿元、增长8.9%。明悦天街商业综合体主体完工，牡丹城商业街建成营业，温州商贸城成功转型。澄溪镇、坪山镇获评“市级商贸综合服务中心”，新民镇、高安镇成功创建“市级商贸强镇”。全县总部型、连锁型商贸企业达14户，新增国家钻级酒家示范店2家、“牡丹人家”星级农家乐7家。国能国际大酒店、垫江大酒店、樱之花大酒店成功创建“中华餐饮名店”，蓝花旗公司跻身全市餐饮企业50强。成功创建“中国石磨豆花美食之乡”，启动打造“牡丹人家”休闲消费品牌。“国家电子商务进农村示范县”加快建设，电商市场主体达2400余户，建成规范化农村电商服务站155个。探索建立寄递物流监管新模式，成为全市首个寄递安全管理信息系统试点区县。

(六)生态文明建设成效明显

全面落实国家“大气十条”“水十条”“土十条”，深入推进五大环保行动，扎实完成中央环保督察反馈意见整改，生态环境质量持续改善。全县关闭禁养区畜禽养殖场191家，综合治理规模化畜禽养殖场450家，取缔投肥水产养殖5500亩。全面落实县、乡、村三级“河长”组织体系，完成重点涉水污染源整治303个。成功争取国开行、农发行和亚行贷款13.5亿元，用于明月山生态建设、龙溪河流域治理。龙溪河流域入选“国家首批流域水环境综合治理与可持续发展试点”，六剑滩出境断面水质达到Ⅲ类。划定高污染燃料禁燃区30.2平方公里，城区空气质量优良天数达303天。开展噪声源头预防和专项整治，县城环境噪声达标区覆盖率100%，区域环境噪声平均值连续7年优于国家标准。划定生态保护红线面积207.6平方公里。划定永久基本农田92万亩，实现耕地保有量108万亩。实施水土流失综合治理12平方公里，退耕还林1万亩,森林覆盖率达44%。

(七)改革开放创新持续深化

坚持抓改革、促开放、求创新,发展活力不断增强。完成城市管理、乡镇(街道)财政体制改革。供给侧结构性改革深入推进,依法注销国有"僵尸企业""空壳企业"73户，完成钢铁行业去产能任务。落实"涉企减负30条",为企业减负1.8亿元。与阿里巴巴、猪八戒网等建立战略合作关系,深化川渝"两地四方"融合发展,协同推进龙溪河生态经济带建设。积极参加渝洽会、中国(重庆)商品展示交易会、中国(重庆)西部旅游产业博览会、"中国厨师节",成功举办全国健康发展暨2017生态旅游康养论坛、承接主城产业转移推介会。大力开展招商引资,全年签约项目120个,到位资金218亿元。培育科技型企业42家、市级研发平台5个、高新技术产品33个。重庆钟表、远东门窗等3家企业获"国家高新技术企业"认定,天圣制药获评"国家知识产权优势企业",清水湾鹅业成功加入"重庆畜牧产业创新创业联盟"。

(八)民生事业不断进步

全年民生支出43.7亿元，占一般公共预算支出的68.2%。坚决打赢脱贫攻坚战,创新实施"五个一"帮扶机制和"五个一"工作推进机制，实现865户2872人脱贫越线。成为"全国支持农民工等人员返乡创业试点县"，新增就业7263人,城镇登记失业率4.1%。"全面改薄"工程深入实施,"义务教育基本均衡县"创建成果巩固提升。公立医院综合改革全面推开,县人民医院、县中医院顺利通过"三甲"复评。县第四届运动会、DBA男子篮球联赛等群众性体育文化活动蓬勃开展。创新开展"五微"工作法,扎实开展"渝安2号"专项行动,刑事发案同比下降21%。深入开展安全生产大排查大整治大执法，生产安全事故起数、死亡人数控制有力,安全生产形势总体稳定。

二、发展中存在的问题

一是经济总量不大,产业结构不优,缺乏大项目支撑。二是创新动力不足,质量效益不高,企业核心竞争力和抗风险能力不强。三是城市功能品质与群众期待还有一定差距,停车"难"、物管"差"等现象较为突出。四是安全生产、社会稳定等领域还存在一定风险。

三、2018年发展目标

2018年是全面贯彻落实党的十九大精神的开局之年,是改革开放40周年,是我县决胜全面建成小康社会、实施"十三五"规划、实现富民强县升位承上启下的关键之年,经济社会发展的主要目标是：地区生产总值增长10%左右，社会消费品零售总额增长11%左右,一般公共预算收入增长8%左右，城乡常住居民收入增长与经济发展同步，城镇登记失业率控制在4.3%以内,节能减排降碳指标完成市上下达的目标任务。

忠县

忠县政府办公室 方影

一、2017年发展回顾

2017年，全年实现地区生产总值271.33亿元,增长12%;实现财政一般公共预算收入16.7亿元,增长10%。新增规上工业企业11家,累计达到71家。全年规上工业实现增加值43.39亿元,增长25%。389个重大及重点项目完成投资116.17亿元,增长123.4%,拉动固定资产投资增长18.3%。全年实现社会消费品零售总额85.06亿元,增长14.2%。成功摘掉市级扶贫开发工作重点县"帽子"。全体居民人均可支配收入达到2.11万元，增长11.2%。贫困人口减少至3012人,综合贫困发生率降至0.39%。

2017年，成功创建为全市唯一的县级全国文明城市、全国县级公立医院改革示范县,荣获全国第二届"万步有约"健走示范城市,成为国家首批农村一二三产业融合发展试点示范县、国家级出口食品农产品质量安全示范区、国家农业标准化示范区，成功举办了全国移动电子竞技大赛总决赛、长江三峡国际马拉松比赛等大型赛事；全市唯一的国家首批田园综合体试点项目落户忠县。

(一)深入实施特色产业战略,县域综合实力显著提升

一是工业经济势头强劲。贯彻落实县委《关于大力发展特色工业的决定》,医药、锂电、装备制造、资源加工四大产业集群不断壮大。特瑞一期、阳光新能源100兆瓦农光互补一期、三昇源电子、宇豪手机镜头等项目投产达效,医药产业基地、特瑞二期等项目加快推进。天地药业被列入市级"双百"企业,派森百、云河水电被评为市级"专精特新"企业,认定高新技术企业6家,新增高成长型企业2家、高新技术产品28件、重庆名牌产品7个。全年实现工业增加值95.87亿元、增长21.1%,工业增加值占GDP的比重达到35.3%，对全县经济的贡献率为51.7%，拉动GDP增长6.2个百分点。二是数字经济从无到有。抢先发展电子竞技产业,启动建设3.2平方公里电竞小镇,建成国内唯一的标准化、专业化电竞场馆,电子竞技公共服务平台上线运行,20余家企业入驻电竞产业孵化中心。强力推进中国柑橘交易中心建设,"柑橘网"上线运行,线上交易额突破1亿元。创新发展总部经济,中大博雅、陕西秦煤等9个总部结算项目实现结算额6亿元,入库税金5000万元。建设三峡港湾基金加速中心,组建股权投资基金35亿元。三是文化旅游业提档提速。石宝寨、白公祠等景区配套设施进一步完善，大型山水实景演艺《烽烟三国》改版升级,三峡橘海、天子山等乡村旅游蓬勃发展。全年接待海内外游客479万人次,增长33.5%；实现旅游综合收入16.2亿元，增长58.2%。四是商贸物流业加速发展。忠州购物公园加快建设,建玛特购开业运营,五洲国际商贸城开工建设,基本建成忠县粮食仓储物流园。电子商务实现交易额12亿元,增长30%。全年实现客货运周转量50.57亿吨公里，增长13.5%；批发零售销售额195.48亿元,增长19.0%;住宿餐饮业营业额31.09亿元,增长20.2%。乌杨街道被评为市级商贸重镇，双桂镇创建为市级乡镇商贸服务中心。

(二)深入实施特色中等城市战略,"诗意山水·活力港城"形象初显

坚持港产城融合,不断拓展城市空间、提升城市功能、改善城市面貌,"一江两岸三片区"骨架逐步拉开。一是高起点规划城市。完成忠县城乡总体规划编制和多规合一"一张图"编制,完成乌杨新区、临港新城规划及电竞小镇城市设计,完成三峡留城·忠州老街、忠州艺术中心、巴蔓子雕塑、电竞馆、乌杨新区中学等项目创意设计。二是高标准建设城市。改建城区道路4.86公里,电竞小镇市政主干道实现油化,县城滨江路红星段建成通车。新建停车场5个,新增停车位2383个。县游泳馆竣工投用,忠州博物馆即将开放,"过夜港"及旅游集散中心主体工程完工。完成城区夜景灯饰一、二期工程,三期工程加快推进。建成北滨体育公园,提档升级忠州公园、香山公园，新增绿地16.2万平方米。商品房销售55.8万平方米，建筑业产值达221.45亿元。乌杨、新生撤镇设街道，县城建成区面积扩大到20.55平方公里,新增城镇人口1.5万人,城镇化率提高到43.21%。三是高水平管理城市。完成城市综合执法体制改革,设立城市管理局,建立执法联动、信息共享等协作机制。建成智慧环卫云平台,数字城管与公安视频系统实现无缝对接。规范坐商归店1628家，纠正占道经营行为1.65万次,拆除违法建筑9.9万平方米。

(三)深入实施美丽乡村行动,“一兴四美·七彩大地”逐步呈现

启动建设23个示范村,以点带面加快打造美丽乡村。一是特色效益农业快速发展。柑橘、笋竹、生猪、生态水产等四大特色效益农业不断壮大,茶叶、中药材等特色产业和休闲观光农业蓬勃发展。鲜果集、忠味堂等农产品加工企业提质扩产,华西希望·德康集团50万头生猪产业一体化项目启动建设。全年累计流转农村土地69.7万亩,流转率达到54.6%。新增农业企业126家、农民合作社27家、家庭农场10家、种养大户124户、专业化社会化服务组织74个,创建国家级农业标准化示范区1个,新增重庆名牌农产品13个,新认证无公害农产品22个、绿色食品5个,磨子西瓜成为川航航空食品。全年农业增加值增长4.4%。二是农村基础设施不断夯实。忠州、新生、石宝、洋渡等乡镇(街道)车行桥建成通车,官坝至陶官桥、三元至梁平界公路大修工程完工通车。完成农村公路通畅工程283公里、拓宽改造41公里,安装农村公路安全护栏100公里。新建高标准农田2.43万亩,整治山坪塘1508口,金鸡水库下闸蓄水,加快推进黄钦水库扩建工程,稳步推进龙滩水库、杨家坝水库移民安置工程。改造农村电网10千伏线路95公里,增加变台190台。4G网络、宽带光纤实现全域覆盖。三是农村人居环境持续改善。深入开展农村“三清四化七改”行动,完成农村环境连片整治项目7个,建成三峡港湾农村人居环境示范片。改造危房959户,新增沼气用户950户,完成149个村(社区)垃圾收运设施建设,25处农村小型污水处理设施正常运行,12个撤并场镇污水处理设施项目有序推进。石宝镇创建为国家园林城镇,新立镇、石宝镇、东溪镇纳入市级特色小镇建设,拔山镇被评为“重庆十大最美小镇”;新立镇桂花村被评为全国美丽宜居村庄,复兴镇天子村、野鹤镇白寺村被评为全国绿色村庄,花桥镇显周村被评为全国农村人居环境保障基本示范村。

(四)深入实施环境保护行动,生态环境明显改善

践行“绿水青山就是金山银山”理念,坚定不移走“生态优先、绿色发展”之路,深入实施“蓝天、碧水、宁静、绿地、田园”五大环保行动,长江上游生态屏障建设成果持续巩固。一是绿色发展加快推进。划定102平方公里生态保护红线,严格落实长江经济带产业准入负面清单及全市投资“禁投清单”,创新建立招商引资项目环评专家预审制度,严控高能耗、高污染企业入驻。大力实施有机肥替代化肥行动,全年减少不合理施肥991吨,减少使用农药1.3吨。全面落实排污权交易和污染物排放许可制度,实现排污权交易额795万元。积极推进环境资源“费改税”工作。加强能源资源节约和循环利用,加快节能改造,完成机关节能减排目标任务,预计万元GDP能耗下降4.5%。二是生态保护力度不断加大。稳步推进自然保护区基础设施建设、生态功能提升和生物多样性保护,完成三峡后续规划生态环保项目15个。为全县308条河流、102座水库明确河长,长江干流忠县段及主要次级河流水质达到水域功能要求。持续开展造绿、增绿、护绿行动,全县和长江两岸森林覆盖率分别达到50.3%、70%。三是突出环境问题得到有效治理。完成中央环保督察反馈问题年度整改任务。关闭畜禽禁养区养殖场235家,治理2.3万头生猪当量养殖污染,淘汰黄标车344辆。加强城市大气污染防治,全年城区空气优良天数达到315天。综合治理中小河流13.9公里,完成白石水库城市集中式饮用水源地规范化建设,建成并运行乡镇污水处理厂27座,城区和乡镇饮用水源地水质达标率分别为100%、86%。“村收集、镇运输、县处理”农村垃圾收运处置体系持续巩固,州屏污水处理厂迁扩建项目开工,工业园区污水处理厂一期工程建成投用,城镇生活垃圾无害化处理率和污水处理率分别达到100%、86%。

(五)深入推进供给侧结构性改革和其他综合改革,经济社会发展活力不断释放

加大改革推进力度,有力地促进了经济社

会发展。一是供给侧结构性改革成效显著。妥善处置“僵尸企业”7家，淘汰落后产能企业3家，盘活“空壳公司”4家。持续推进“放管服”和税收征管体制改革，全面深化商事制度改革，大力发展非公有制经济，新发展市场主体5793户。严格落实“企业减负30条”“电气15条”“创新45条”扶持政策，全面推行“营改增”。二是国资国企改革全面完成。规范国有资产管理，设立国有资产管理中心，确保了国有资产保值增值。积极推进国有企业改革，将45家企业重组整合为6家一级公司，并建立健全现代企业制度，促进了企业转型升级。三是县级公立医院改革成为全国示范。县人民医院与解放军总医院建成远程医疗站点，与重医附一院形成托管型医联体。强化县、乡、村三级医疗体系建设，城乡居民基层首诊率达到70.7%，县域内就诊率达到93%，药品零差率及单病种付费累计为老百姓减负7000余万元。四是关键环节改革取得突破。建立金融机构服务实体经济评估机制，年末贷款余额182.74亿元、增长41.8%，存贷比提高10.5个百分点。推进122个村(社区)集体资产量化确权改革，开展股权化改革和普惠金融试点，累计发放“助农贷”6400万元、“诚信贷”6756万元。推进建设工程领域审批改革，政府投资类和社会投资类项目审批时间分别缩短到82天、75天。

(六)深入推进对外开放，一批重特大项目落地见效

主动融入“一带一路”建设、长江经济带发展和重庆市内陆开放高地建设，全力以赴招商引资，库区开放高地建设取得新进展。一是开放平台不断构筑。新生港开工建设，一期工程已完成投资10亿元。工业园区建成面积扩大至8平方公里，完成13.8万平方米C区安置房、装备制造基地一期660亩场平，标准厂房、公用码头、水厂等项目加快推进。二是开放通道不断拓展。渝西高铁纳入全市交通基础设施建设提升战略行动计划，黔忠广铁路完成预可研编制。新生港进港大道一期即将建成通车，G50高速忠县互通扩能改造、天子山旅游环线等项目加快推进，马灌、洋渡、磨子高速公路连接道建成投用，金鸡连接道即将通车。三是开放环境不断优化。出台特色工业发展25条、电竞产业19条等扶持政策，落实社保降费等减负措施。争取各类专项发展资金12.6亿元，兑付招商引资补助资金6.4亿元，为企业减税降费1.83亿元。四是开放成果不断扩大。组建锂电、医药、装备制造、智能终端、文化旅游等12个专业招商组，大力实施产业链招商、以商招商、资本招商。建立30万外出人员信息库，积极开展情怀招商。全年签约项目178个，协议引资268亿元，实际到位资金60.2亿元，签约项目数量、到位资金总量创造忠县历史纪录。

(七)深入推进保障和改善民生工作，人民群众获得感幸福感安全感明显增强

坚持把民生作为第一目标，做好普惠性、基础性、兜底性民生建设，补齐民生短板，解决了一大批群众最关心、最直接、最现实的利益问题。全年民生支出37.3亿元，增长11.9%。一是教育事业得到优先发展。大力实施名师、名校、名校长“三名”工程。改扩建校舍5.67万平方米，忠州中学迁扩建工程加快推进。推行集团化办学模式，建立“县管校聘”机制，义务教育发展基本均衡县创建工作通过国务院验收，高考上线率继续位居渝东北片区前茅。忠县中学创建为首届全国文明校园。二是医疗卫生服务体系不断完善。大力实施名医、名院、名院长“三名”工程，搬迁扩建的县人民医院投入使用，县中医院、县疾控中心搬迁加快推进，免费开展“三测一档”产前无创基因检测6486例。拔山、白石等6个卫生院创建为全国群众满意的乡镇卫生院，230个村卫生室实现提档升级。三是脱贫攻坚成果持续巩固。建立“3+1”精准脱贫长效巩固机制，累计发放扶贫小额贷款1610户、6430万元，发放教育脱贫资助资金1257万元、健康扶贫救助资金700万元。四是社会保障体系不断健全。社会保险参保人数累计达163万人次，征缴各项社会保险费10.2亿元，发放养老金17.3亿元，发放低保及医疗灾害救助金1.3亿元，完成31

个敬老院消防整改。城镇新增就业9850人,城镇登记失业率控制在4%以内。五是移民后扶工作扎实推进。完成三峡后续项目年度投资27.6亿元。兑现农村移民后期扶持直补资金15625人、936万元,投资1.1亿元启动实施8个城镇移民小区和农村移民村精准帮扶项目。争取对口支援建设项目19个、2782万元。六是文化体育事业加速发展。全年送文艺演出到基层1143场次,放映惠民电影7120场。数字图书馆、24小时自助图书馆投入运行,新增农村数字电视用户8000余户。开展群众性体育活动100余场次。七是社会大局和谐稳定。大力推进城乡社区网格化管理、社区自治、法律工作者进村(社区)"三个全覆盖"。深入推进"七五"普法,依法打击邪教组织,加快建设立体化社会治安防控体系,严厉打击各类刑事犯罪,应急处突、反恐防暴能力不断增强。持续排查化解各类矛盾纠纷和风险隐患,常态化开展安全生产隐患大排查、大整治、大执法,有序推进食品安全示范城市创建工作,确保了一方平安。

(八)深入拓展发展空间,国土资源供给质量和效率大幅提升

全力做好土地要素保障和供给,大力争取城镇及工矿企业用地空间、用地指标,加大征地拆迁工作力度,切实保障了重大项目和重大民生工程用地需求。一是全力争取用地空间和指标。取得市政府征地批文7760亩。争取城镇工矿规划空间4125亩,取得土地利用总体规划调整批复72宗、9284亩。储备国有土地9宗、215亩,办理项目划拨土地18宗、272亩,出让国有土地15宗、911亩,实现土地出让收入10.3亿元。二是加大征地拆迁力度。实施乌杨新区园区二期、新生港、忠州中学改扩建、五洲国际等土地房屋征收项目56个,签约3200余户、拆房3000余户,征地1.1万亩,妥善安置700余人,兑现补偿费10.7亿元。完成2018—2020年棚改规划编制,完成棚户区改造1779户、20.5万平方米。整治"城中村"5.8万平方米。

(九)深入推进政府自身建设,服务效能不断提高

切实转变政府职能,深化简政放权,创新监管方式,人民满意的服务型政府建设迈上新台阶。一是提高行政效能。全面推行网上审批,330项行政许可事项在全市网审平台运行。持续推进"两集中两到位",全面实行首席代表制,"一站式"办结率达78%以上。取消行政许可事项237项,承接行政许可事项131项,下放乡镇(街道)行政许可事项11项。二是切实转变工作作风。深入开展"解放思想·提高执行力"干部作风建设专项整治行动,累计发现问题线索16件、约谈责任人13名、政纪处分5人、辞退"吃空饷"7人。持续推进违反中央八项规定精神专项整治,发现问题线索67个、立案查处11起、政纪处分4人。修订完善差旅报销、公务接待、公车管理等制度。三是主动接受各方监督。推进政务公开,自觉接受人大法律监督、政协民主监督和群众监督,认真听取各民主党派、工商联、无党派人士、人民团体和社会各界的意见建议。办结人大代表议案建议和政协委员提案428件,办结率均为100%,满意率分别为97.1%、99.1%。

二、发展中存在的问题

一是经济总量不大,产业结构还不优;二是社会事业发展比较滞后,社会保障能力有待进一步提高;三是城乡发展仍不平衡,乡村振兴任务艰巨;四是要素制约仍然突出,资源环境约束不断加剧。

三、2018年经济发展目标

地区生产总值增长11.5%左右,工业增加值增长20%以上,固定资产投资增长15.5%以上,社会消费品零售总额增长13.5%以上,财政一般公共预算收入增长10%,全体居民人均可支配收入增长11%。主要约束性目标是:长江干流忠县段水质满足水域功能要求,居民消费价格涨幅控制在3%以内,万元GDP能耗下降3.1%。

云阳县

云阳县政府办公室 何立

一、2017年工作回顾

2017年，云阳县坚持以习近平新时代中国特色社会主义思想为指导，认真学习贯彻党的十九大精神，全面落实习近平总书记视察重庆重要讲话精神，在市委、市政府的坚强领导下，坚持稳中求进工作总基调，统筹推进稳增长、促改革、调结构、惠民生、防风险各项工作，走生态优先、绿色发展之路，全力推进“产业强县推进年”和“脱贫攻坚决胜年”建设，圆满完成了年初确定的主要目标任务，全县经济社会呈现稳中向好的发展势头。

全年实现地区生产总值235.2亿元，增长8.9%。一般公共预算收入16.9亿元，增长13.3%。全社会固定资产投资292.8亿元，增长18.5%。社会消费品零售总额118.8亿元，增长14.5%。金融机构人民币存款余额415亿元，增长10.9%；贷款余额162.7亿元，增长22.8%。城乡居民人均可支配收入分别达到25760元、10960元，分别增长9.1%和9.8%。

（一）扎实推进产业强县

战略性新兴制造业转型升级。新增规模以上企业16家、亿元级企业5家，金田第三条生产线、蓝港金属制品等10个重点项目建成投产，新型复合摩擦材料、杭萧钢构等11个重点项目开工建设。“满园工程”成效明显，依法收回闲置用地、低效用地496亩，园区建成区达7.1平方公里，新入驻企业18家，规上工业集中度达82.5%。新增重庆名牌产品1个，金田塑业获评市长质量管理奖提名奖。

战略性新兴服务业活力彰显。启动国家全域旅游示范区创建。龙缸景区荣膺国家5A级旅游景区，滑草场、滑雪场正式迎客。张飞庙景区成功回购。普安恐龙化石遗址惊艳面世。乡村旅游节会有力助推乡村发展。全县接待游客量增长48.8%，旅游综合收入增长33%。围绕“食品药品用品、养老养身养心”六大主题，研究出台健康产业发展规划。农产品电商出件量增长1.3倍、销售额增长1倍。新增金融机构5家。

深化农业供给侧结构性改革。“三品一标”认证农产品达到148个。“天生云阳”成功通过国家商标局注册，成为全市首家农产品区域公用品牌。柑橘、牛羊等农业七条产业链销售收入超过50亿元。完成121个村集体经济组织量化确权，完成农业项目财政补助资金股权化改革4780万元。启动发展壮大村级集体经济试点。国有林场改革全面完成，集体林权制度改革进一步深化。探索推进土地流转备案制和履约保证金制，土地规模经营度提升1个百分点。全面落实粮食安全保障措施。

（二）决战决胜精准脱贫精准扶贫

坚持“搬、改”结合，2.1万贫困人口实现住房安全。大力实施健康扶贫，大病临时医疗救助扩面提标，实现费用报销“一站式”服务，自付费用明显降低，1.4万贫困患者得到有效救治。发放扶贫小额信贷1.5亿元。产业扶持、教育扶贫、技能培训、低保兜底、扶贫保险实现全覆盖。25个贫困村如期脱贫销号，1.86万贫困群众稳定脱贫，全县贫困发生率降至1.4%，群众认可度达95.2%。

（三）持续加快推进城乡建设

城乡品质不断提升。《城乡总体规划(2015—2030年)》获市政府批复，“双五十”中等规模城市建设开启新征程，“两环四区”城市骨架加快构建。建成城市内环线车管所至杨沙段，开工建设外环大道复兴至黄岭段和长兴路。亿联建材家居汽车城商家入驻率超过90%，全年营业额超过10亿元。云商大厦、迎宾大道等重点项目加快推进。东部新区商住集群基本形成。水口工业新区建设稳步推进。黄石高铁新区完成控制性详细规划。环湖绿道新投用5公里自行车道和跑步道。南溪镇成功创建国家园林城镇,江口镇获评市级特色小镇。建成市级美丽宜居村庄2个、绿色示范村庄10个。

统筹推进城乡基础设施建设。三峡后续工作有序有力,争取后续项目72个,实施项目37个,项目开工率、完工率位居库区前列。滨江公园升级改造等三峡后续项目已经启动。郑万高铁云阳段、南溪至县城快速通道、G42东互通等重大交通基础设施全面开工,养鹿小江大桥建成通车。向阳大型水库、幸福中型水库等前期工作顺利推进。投运110千伏宝坪输变电工程。建成移动4G基站738个,基本实现"村村通光纤、户户有信号"。农村基础设施"五大件"建设成效显著,实施人行便道1097公里、机耕便道264公里、山坪塘整治2144口、撤并村通畅工程347公里、组级公路通畅工程117公里。

(四)狠抓生态建设和环境治理

坚决落实"共抓大保护、不搞大开发"的要求,牢固树立绿水青山就是金山银山的理念,深入实施五大环保行动和生态环境修复治理,全县生态环境质量持续改善。全年空气环境质量优良天数321天,PM2.5年均浓度每立方米35微克。"一江四河"水环境质量达到Ⅱ—Ⅲ类。综合治理水土流失59平方公里,完成营造林20万亩,森林覆盖率52%,长江两岸森林覆盖率72%。划定生态保护红线1319平方公里、永久基本农田84.5万亩。关闭搬迁禁养区畜禽养殖场149家,关闭非法砂石码头27家、非法采砂场40家。单位生产总值能耗和碳排放均下降4%。公共机构人均综合能耗下降2.7%。清水土家族乡、双土镇、龙洞镇等荣获市级生态文明建设示范乡镇称号。

(五)持续改善民生和发展社会事业

民生支出占一般公共预算支出57.4%。完成了X件民生实事,惠及广大群众。不断提升社会保障水平,城乡居民基本养老保险和城乡居民合作医疗保险参保率均巩固在95%以上。机关事业单位养老保险实收实支。发放城乡居民低保金2亿元、医疗救助金5900万元、特困人员救助金7500万元。建成廉租房1000套。公租房、廉租房并轨运行,首批摇号配租235套。城镇新增就业1.6万人,登记失业率控制在3.6%以内。全面发展教科文卫事业,全国义务教育发展基本均衡县创建工作顺利通过国家验收。高考重本上线率24%,本科上线率63.8%。全面推开公立医院综合改革,实行公立医院药品"零差率"销售。县人民医院新院正式开门迎诊。顺利通过国家卫生县城复审。三峡库区最大古玩交易市场如期开市。成功举办全国沙滩排球巡回赛、"万里长江·天生云阳"半程马拉松等大型赛事。县文化馆、图书馆获评国家一级馆。成功创建全国文明单位1个、全国文明村1个。深入推进安全稳定工作,落实安全生产责任制,深入开展大排查大整治大执法,安全生产形势平稳可控。切实推进防灾减灾救灾体制机制改革,增强全县应急保障能力和应急处置快速反应能力。全力维护社会稳定,顺利完成党的十九大等重要时间节点安保维稳工作。全面启动国家食品安全示范城市创建。

(六)大力推进创新创业

深入实施全民创业就业五年行动计划。成功举办云阳县首届面匠职业技能大赛。加快推进三级创业就业服务体系建设,县创业就业公共服务中心试运行,法律、金融、政策咨询等服务全覆盖。成功创建乡镇楼宇工业园2个。1000万元创投基金正式投用,扶持企业15家,已完成投资550万元。办理创业担保贷款1.7亿元。新增高新技术企业2家,培育科技型企业25家。全面推行工商登记"多证合一",新增市场主体10673户,万人比达660户。

(七)全面深化改革开放

研究出台支持实体经济发展10条意见、新一轮招商引资优惠政策。深入推进"三去一降一补",关闭淘汰砖瓦窑20座,注销市场主体3046

家;住宅库存较去年下降54.1%;继续落实涉企33条,降低企业运行成本。新创建规上企业90家,其中服务业企业65家。全年税收增速18.2%,高于GDP增速。持续推行乡镇(街道)经济发展指数考核评价制度。研究出台旅游发展用地政策。建立健全环保与司法衔接机制,在环保领域推行检察建议、公益诉讼等制度。河长制体系全面建成。深入实施国资国企改革,成立旅游发展集团,宏源水利公司管水、供水能力明显增强。建立产业引导股权投资基金,成功组建10亿元"双创"股权投资基金,启动筹建"富云欣业"股权投资基金,吸引民营资本组建1亿元市场化股权基金。人和投资公司企业债券和城投集团专项债券获国家发改委审批。探索建立工程建设领域行政审批"首问"责任制,公共资源交易实现"管办分离"。深入推进行政体制改革,组建县城市管理局,调整设置普安恐龙化石管理委员会。深化安全生产领域监管监察体制改革,完成煤工局体制调整。对外开放不断扩大。建立500亿元招商项目库。新签约招商引资项目82个,协议总投资108亿元。新增外向型企业1家,进出口贸易备案企业61家,实现进出口总额650万美元。

二、发展中存在的问题

从发展规模看,经济总量偏小,人均占有量较低,加快发展迫在眉睫。从发展质量看,供给体系结构不优,资源要素制约趋紧,环境保护任务艰巨,转型发展迫在眉睫。从发展效益看,增长方式较为粗放,科技支撑不足,创新发展迫在眉睫。在民生改善方面,脱贫攻坚尚未决胜,就业、养老、城市管理等公共服务还有很多欠账,进一步增强人民群众获得感、幸福感迫在眉睫。在自身建设方面,部分公职人员思想意识、工作能力与新时代新要求还不相适应,加强自身建设、提高本领迫在眉睫。

三、2018年发展目标

2018年,是全面贯彻党的十九大精神的开局之年。云阳将深学笃用习近平新时代中国特色社会主义思想,深入贯彻党的十九大精神,紧紧围绕习近平总书记对重庆提出的"两点"定位,"两地""两高"目标和"四个扎实"要求,坚决打好"三大攻坚战",全面落实"八项行动计划",突出"大生态、大扶贫、大旅游、大健康、大数据"五大重点,切实抓好"三个重大专项"。主要预期目标是:地区生产总值增长10%左右,一般公共预算收入增长10%,全社会固定资产投资增长14%,规模以上工业增加值增长10%,社会消费品零售总额增长13%,城乡居民人均可支配收入分别增长9.5%、10.5%,城镇登记失业率控制在4%以内,R&D经费支出增长20%以上,单位GDP能耗、主要污染物减排等约束性指标完成市里下达目标任务。

奉节县

奉节县政府办公室 黄勇

一、2017年发展回顾

2017年,全年实现地区生产总值251.2亿元,同比增长10.8%。地区生产总值中三次产业结构比例为16.9:39.7:43.4,三次产业对经济增长的贡献率分别为8.6%、44.2%、47.2%。其中:第一产业实现增加值42.6亿元,同比增长4.9%;第二产业实现增加值99.8亿元,比上年增长13.3%;第三产业实现增加值10.9亿元,比上年增长11.4%。按常住人口计算,实现人均地区生产总值34507元,比上年增长15.8%;地方预算内财政收入34亿元,同比增长6.9%,预算内财政支出98.4亿元。

(一)坚持绿色发展,生态产业彰显特色

一是特色农业提质增效。全年实现农业增加值29.5亿元;林业增加值1亿元;牧业增加值11.2亿元;渔业增加值0.8亿元。农村居民人均可支配收入10151元,同比增长10%。新发展油橄榄4万亩、中药材3.8万亩、蔬菜1万亩、山羊20万只,烟叶稳定在2.9万亩,认证“三品一标”农产品187个。全年粮食播种面积139.2万亩,同比增长0.07%,总产量44.6万吨,同比增长0.8%;蔬菜种植面积26.67万亩,同比增长3.3%,总产量32.9万吨,同比增长5.9%;出栏生猪73.63万头、羊19.21万头、家禽297.8万只,同比分别增长-1.6%、7.9%、3.2%。第一产业对经济增长的贡献率为8.6%,拉动GDP增长0.9个百分点。尤其是奉节脐橙荣获中国果业扶贫突出贡献奖、中国百强农产品区域公用品牌,产业综合产值突破20亿元,品牌价值达26.3亿元,位居全国橙类第一名。

二是生态工业快速崛起。工业园区二期标准厂房开建,5户标杆企业落户。金凤山风电主体工程完工,华电奉节电厂发电25.5亿度,开启奉节工业10亿级企业先河。生产眼镜720万副,初步形成了眼镜产业链。全年实现工业增加值30.9亿元,比上年增长19.4%,规上企业达到58户,规上企业增速9.3%。全年完成工业主要产品产量:水泥61.3万吨,比上年下降13.3%;电力340757万千瓦时,比上年增长387.8%(华电国际电力股份有限公司奉节发电厂投产);原煤19.77万吨,比上年下降2.4%。工业对经济增长的贡献率为12.3%,拉动GDP增长1.3个百分点。

三是消费市场蓬勃发展。全年实现建筑业增加值68.8亿元,比上年增长11.9%。建筑业对经济增长的贡献率为31.9%,拉动经济增长3.5个百分点。注册地建筑业总产值302亿元,比上年增长25.0%。销售商品房80万平方米,增长35%;二手房交易20万平方米,增长48%。新世纪商都、国际商贸城、亿丰汽贸城10万平方米商圈初步形成;实现批发和零售业增加值23.3亿元,同比增长10.6%;住宿和餐饮业增加值6.1亿元,同比增长9.6%;交通运输、仓储和邮政业增加值19.5亿元,比上年增长9.3%。全年实现金融机构存款余额300.6亿元社会消费品零售总额62.4亿元,同比增长13.9%;各项贷款余额195.1亿元,存贷比为64.9%。实际利用内资107亿元,同比上升31.0%。

(二)坚持拆建并举,发展动能加速释放

一是基础设施日益完善。重点项目建设拉动经济增长效果明显,资金和用地保障有力,抓项目开工落地,倒排工期、挂图作战,呈现出生动活泼的大建设局面,基础设施支撑能力快速提升。郑万高铁奉节段建设进展顺利,隧道正洞掘进3000米,正线交地600亩,交地率达99.3%。奉建高速公路进入初设阶段,过境线路已经确定。寂静互通完成招标。机场路有序推进。新建改建等级公路740公里,获得了全国“四好农村路”示范县。开工重点水利工程5项,整治山坪塘1100口,新建安全饮水工程740处。新增4G基站178个,新增通讯用户13万户全年完成全社会固定资产投资总额300.1亿元,同比增长20.3%。

二是城市空间全面打开。以棚户区改造推动城市建设,城市向西拓展4.3平方公里,城市可持续发展的基础更加坚实。城乡总体规划编制和城市总体规划修编成果已送市政府审批,完成高铁片区控规及高铁站前核心区城市设计,启动基础设施设计,在渝东北片区率先启动“多规合一”工作。“玉带双珠”一期开建,北侧主干道通车,城区道路“白改黑”8.5公里,开建5座停车场(楼)、1个“口袋公园”,路网建设加快推进。建成“鲜花一条路”。宝塔坪通景公路绿化花化有序推进完成数字化城管三期建设,集中整治城区公交车、出租车服务质量不高、运营不规范等问题。全国县级文明城市创建工作有序推进。城镇化率达到42.3%,比2016年提高1.5个百分点。

三是全域旅游重拾辉煌。扎实推进“四区两

遗”品牌创建，开展“创A增星”行动，完成白帝城·瞿塘峡提档升级一期工程，全国生态旅游示范区、九天龙凤市级旅游度假区通过验收，白帝城大遗址保护工程有序推进，夔州博物馆开馆。开展“诗词六进”活动，成功创建“中华诗城”，举办首届“中国·白帝城”国际诗歌节，中国自行车联赛等38次活动。打造“三峡原乡”乡村旅游品牌，采风摄影、自驾露营、穿越探秘等体验性活动受到游客热捧，打造夔州文化寻根之旅、三峡之巅徒步之旅等产品，开发30余种地方特色菜品。持续唱响“三峡之巅诗·橙奉节”核心品牌，央视、人民网等主流媒体持续聚焦，奉节旅游亮相美国纽约时报广场，吸引了世界目光。全年接待游客1550万人次，同比增长24.1%，实现旅游综合收入58.58亿元，同比增长29.6%，接待过夜游客72.87万人，同比增长20.05%。

（三）坚持改革创新，发展活力充分展现

一是生态建设成绩斐然。始终坚持把修复长江生态环境摆在压倒性位置，严守生态保护红线、永久基本农田、城镇开发边界三条红线，坚定不移整改中央环保督察、土地例行督察问题，拆除自然保护区违章建筑，纠正违法用地行为。治理水土流失和石漠化56.7平方公里，绿化造林10万亩，森林覆盖率达到52%，空气质量优良天数达到309天。落实县乡村三级河长425名，关闭搬迁畜禽规模养殖场138家，开展长江岸线生态环保“四无行动”，长江奉节段水质稳定在Ⅲ类标准，城乡饮用水源地水质达标率分别为100%、93.2%，守护好一江碧水、两岸青山。

二是各项改革深入推进。推进“放管服”改革，取消行政审批事项39项，审批事项调整为308项410子项，为企业减税降费3.8亿元。清理退出“僵尸企业”和“空壳公司”115家，注销市场主体1783个，新增市场主体8012户、“四上企业”102家。百盐集团、赤甲集团实现市场化转型，百盐集团信用等级达到2A，实现经营收益7.7亿元。启动“七权”确权颁证、农村土地“三权分置”等工作。实施全面两孩政策，完成3家公立医院综合改革。成立城市管理局和城市管理综合行政执法局，城市管理体系逐步完善。争取了全国网络扶贫、三峡库区生态补偿等试点落地，失能人员集中供养、金融扶贫等经验在全国、全市推广。

三是创新氛围空前高涨。出台科技创新激励扶持办法，设立产业发展股权投资基金，组建3000万元创新种子投资基金，兴农担保公司注册资本金增资到10亿元。设立6000万元应急转贷周转金，为103户中小微企业提供转贷5.9亿元。出台科技创新激励扶持办法，建设1个双创示范基地，打造1万平方米的“互联网+众创空间”，建设企业研发平台2个，培育科技型企业96家、高新技术企业4家，授权专利167件。举办夔商创业大赛，评选“夔州工匠”、技术能手28名。

（四）坚持共建共享，民生福祉不断改善

一是脱贫攻坚更加扎实。坚持把脱贫攻坚作为头等大事和第一民生工程，精准识别新增贫困对象1972户7025人，清理“四类人员”2074户8203人。统筹整合资金19.5亿元，精准推进352个扶贫项目落地，易地扶贫搬迁2.1万人，C、D级危房改造5415户，发放9836户4.7亿元小额扶贫信贷发展产业，贫困患者住院费用自付比例平均为8%，教育资助9.5万人次9384万元。聚焦深度贫困，扎实推进市级深度贫困乡、11个县级深度贫困乡镇和20个县级深度贫困村脱贫攻坚工作。在全面巩固103个贫困村和97041名贫困户脱贫成果的基础上，又有25个贫困村整村脱贫，2.52万贫困群众越过贫困标准线，扶贫对象人均纯收入达到7409元，贫困发生率由2014年的13.5%降至1.36%。

二是民生水平持续提高。实施33件民生实事，完成投资58.9亿元，是年度任务的2.69倍。新建改建等级公路740公里，整治山坪塘1100口，新建安全饮水工程740处。新增4G基站178个，新增通讯用户13万户。城镇新增就业1.2万人，追回拖欠工资1.2亿元，城乡居民养老、医保参保率分别达到86.2%、95.9%。完成奉师附小竹枝分校主体工程，开建夔门高中和幸福高中教学楼;高考重本上线率15.4%,比2016年提高3个百分点。群众用药费用下降15%。新增体育场地16万平方米。慈善救助4309人。110刑事警情和刑事案件发案分别下降11.9%、25%,连续33个月未发生较大及以上生产安全事故。

三是社会环境和谐稳定。开展“七五”普法,办理法律援助案件595件,援助率100%。推动政府依法、民主、科学决策,创新设立政府工作法律顾问团。行政首长出庭应诉率达到48.9%,较上年上升36.4%。建立奉节信用体系,发布信息2.5万条。政务信息、权力清单、财政预决算公开率均为100%。保持严打高压,刑事案件破案数同比上升87.4%,打击处理犯罪嫌疑人数同比上升25.9%,社会治安持续向好。持续深化党风廉政建设和干部作风建设,党纪政纪立案88件142人,干部作风明显转变。全年未发生群体性事件、极端过激行为和舆情炒作事件,全县政治、经济、社会大局平稳可控。

二、2018年发展目标

2018年,是全面贯彻落实党的十九大精神的开局之年,是改革开放40周年,是全县项目管理提升年。做好政府工作,要深学笃用习近平新时代中国特色社会主义思想和视察重庆重要讲话精神,坚持稳中求进工作总基调,坚持以人民为中心的发展思想,全面贯彻新发展理念,拥抱新时代、践行新思想、实现新作为,坚决打好“三大攻坚战”,统筹实施“十项行动方案”,确保把党的十九大精神全面落实在奉节大地上。主要预期目标是:地区生产总值增长11%左右,一般公共预算收入增长12%,固定资产投资增长20%,社会消费品零售总额增长14.5%,城镇常住居民人均可支配收入增长9.5%,农村常住居民人均可支配收入增长10.5%。

巫山县

巫山县政府办公室 陆建军

2017年,我县深入学习宣传贯彻党的十九大精神,坚持以习近平新时代中国特色社会主义思想为指导,牢牢把握高质量发展这个根本要求,主动适应经济发展新常态,经济平稳增长,社会欣欣向荣,人民安居乐业。

一、2017年发展回顾

(一)经济运行稳中有进

实现地区生产总值116.15亿元,增长10%;全社会固定资产投资151.79亿元,增长18.3%;社会消费品零售总额42.59亿元,增长14.1%;一般公共预算收入11.35亿元,增长10.4%;城乡常住居民人均可支配收入达27751元、9357元,分别增长8.9%、9.6%;金融机构存贷款余额为196亿元、159亿元,分别增长12.3%、69.4%。综合来看,发展的环境越来越好,发展的动力越来越足,群众的腰包越来越鼓。

(二)经济转型不断升级

着力夯基础。实施重点项目121个,实现投资181.48亿元,完成重大前期项目12个。巫山机场跑道基础工程完工,航站楼主体工程基本完成。郑万高铁巫山段加快推进。巫大高速、桂花大桥开工。着力优结构。生态效益农业持续发展,经济作物种植比重达67%,培育龙头企业83家、市级科技型企业11家。生态工业和商贸服务业稳步发展,引进中药饮片、建筑新材料等企业4家,园区企业累计达31家。建设乡镇电子商务服务站26个、村级电子商务服务点156个。销售商住房屋33万平方米。着力增动力。新注册商标178件。新增市场主体3750户,累计达

36375户。巫峡神女文化旅游公司“新三板”成功上市。争取上级资金56.5亿元、专项基金6.3亿元、债券14.4亿元、对口支援资金6600万元。实施三峡后续项目80个。招商引资签约资金165亿元,完成投资63亿元。成功引进北京中昂、上海北桥、上海亿丰、新疆北新路桥、江苏协鑫等一批实体企业来巫投资兴业。

(三)脱贫攻坚持续深化

坚持以脱贫攻坚统揽经济社会发展,农村道路、饮水安全等脱贫“硬件”三年任务一年完成。整合各类资金9.8亿元,实施脱贫项目1310个,全面推进“六个一批”和“十大行动”精准落地。健康扶贫方面:创新扶贫模式,健康扶贫成为破解困难群众看病难、看病贵的一剂良方。新建(整修)标准化村卫生室49个,建卡贫困人口医疗保险实现全覆盖。教育扶贫方面:资助贫困学生30040人次,办理贫困大学生生源地信用助学贷款2812人次。住房保障方面:建成集中安置点15个,完成易地扶贫搬迁1.5万人、贫困户危房改造5420户、非贫困户危房改造9000户,群众住房安全得到有效保障。金融扶贫方面:累计发放扶贫小额信贷2496户10440万元。社会保障方面:开展各类培训1.5万人次,转移贫困劳动力26882人,统筹1535个公益岗位全部安排贫困户就业。文化扶贫方面:新建(整修)村便民服务中心51个,建成村级综合文化中心市级示范点14个、村文体广场55个。基础设施建设方面:配齐乡镇垃圾收运设备,新建垃圾收运点900处、乡镇污水处理厂17个。新改建农村公路1500余公里,整修社道1572公里、人行便道1155公里,完成公路防护栏安装400公里,群众出行更加便捷。全县实现21个贫困村整村脱贫、17961名贫困人员稳定脱贫,贫困发生率降至1.37%,达到整县脱贫摘帽标准。

(四)全域旅游发展全方位推进

旅游战略性主导产业快速发展,接待游客1361万人次,旅游综合收入47.36亿元,分别增长23.5%、19.2%。先后评为全国森林旅游示范县、全国百佳深呼吸小城、海外游客最想去的内地旅游目的地。打造核心景区。小三峡、神女景区、当阳大峡谷三大景区实现“建管营”一体化。神女景区积极创建国家5A,“三峡院子”惊艳迎客。当阳大峡谷景区有序推进,平河漂流、瀑布群、小石峡游客中心对外开放。文峰景区成功创建国家4A。小三峡、神女峰景区荣获全国文明单位。创新发展模式。成功举办第十一届长江三峡(巫山)国际红叶节暨第三届神女杯艺术电影周,接续组织长江三峡(巫山)国际越野赛和当阳大峡谷国际户外挑战赛。携手周边区县共建长江三峡旅游金三角一体化,成立“一卡通”销售联盟。完善旅游服务。重点景区游客接待中心智慧旅游系统投用。新增星级酒店2家,升级改造旅游精品店6家,发展星级农家乐10家,新增床位300余张。成功获得“重庆市2017年度十大最受关注全域旅游区县”称号。

(五)城乡发展各美其美

城市建设全面提速。江东新城框架已具雏形。建成堰沟湾场坪、滨江路,完成龙江大道、龙水路路基及铺设管网4110米。龙门花园、中昂·新天地房地产加快开发。高唐组团功能不断完善。平湖中路、圣泉东路、旅游码头等停车场建成投用,新增停车位2000个,车位总数达1.5万个。重新投放110辆出租车。高唐美食街完成升级改造,评为市级特色商业美食街。神女市场实现整体搬迁。新增公厕7座。实施背街小巷升级改造。整修城区车行道1.2万平方米。乡村发展宜居宜游。“1+3”为主导的特色效益农业实现规模化,脆李、中药材种植均达20万亩,出栏山羊58万只,收购烤烟12万担。荣获全国优质李基地县,中国(巫山)李研究中心挂牌成立。柑橘、干果、蔬菜等传统优势产业得到巩固提升。农副产品加工、冷藏保鲜技术取得新突破。电子商务交易额达25亿元。一二三产业融合发展向深度推进。编制乡镇总体规划24个,完成行政村规划指引180个、村规划23个。实施农村环境连片整治8个,开展规模养殖场污染治理22个,完成农村改厕3528户,创建整洁庭院929个。增加农村客运线路61条。大昌镇评为市级特色小城镇。官渡镇、红椿乡荣获市级最美乡村旅游度假村镇。骡坪镇鸳鸯村建成改善农村人居环境市级示范片，建平乡春晓村创建重庆市 2017 年美丽宜居村庄。

(六)生态屏障不断筑牢

生态修复持续加强。完成生态红线划定，实施植被恢复、退耕还林、天然林保护等营造林 29 万亩，创面植绿恢复 32 处，森林蓄积量 585 万立方米。创建市级森林人家 30 家。城市绿化率 38.07%。开展石漠化综合治理 183.2 平方公里、水土流失治理 79.5 平方公里。县级土地开发整理新增耕地 4000 亩。增殖放流鱼苗 220 万尾，清理水面漂浮物 17000 吨。生态监管落实有效。强力推进中央环保督察反馈问题整改，完成措施销号 31 项、问题销号 44 个。严格落实土地例行督察问题整改。扎实开展“绿盾 2017”自然保护区专项行动，4 个自然保护区得到有效保护。淘汰落后产能企业 5 家、黄标车 455 辆。完成油气污染治理 34 处。全面推行“河长制”，明确河长 407 人。整治非法码头 7 座。节能减排取得新成效，万元 GDP 能耗下降 3%。

二、存在的问题

巫山集大农村、大山区、大库区于一体，经济总量小、底子薄、基础弱的基本县情还未根本改变。一是产业培育亟需进一步加快。“1+3”为主导的效益农业已具规模，但在规范化管理、品牌培育和销售体系建设、农产品精深加工，实现产业“接二连三”和“三变”改革方面还有很大差距。去产能对第二产业的影响还没有根本消除，中药材深加工、清洁能源开发等进展缓慢。以旅游为主导的第三产业仍需壮大补强等问题急需解决。二是发展动力亟需进一步加强。社会资本投资和民营企业增长仍显不足，新兴产业发展还未成型，市场主体活力不够，金融消费投资体系之间的支撑性、匹配性还不强，要素配置不够优、效率不够高等问题仍需改进。创新资源短缺、创新能力偏弱、创新氛围不浓的问题依然突出。

三、2018 年发展目标

2018 年，是贯彻党的十九大精神的开局之年，是改革开放 40 周年，是决胜全面建成小康社会、实施“十三五”规划承上启下的关键一年。预期目标：实现地区生产总值 123 亿元，增长 10%；一般公共预算收入12.48 亿元，增长 10%；全社会固定资产投资 180 亿元，增长 19%；社会消费品零售总额 48.5 亿元，增长 14%；城乡常住居民人均可支配收入达 30276 元、10377 元，分别增长 9%、10.5%。环境保护等约束性指标完成上级下达的目标任务。为此，我们将重点抓好以下七方面工作：一是突出高质量发展，推进经济发展动力实现新转换。加快推动经济发展质量变革、效率变革、动力变革，促进绿水青山变成金山银山。二是突出乡村振兴，推进农业农村开启新征程。着力实施乡村振兴行动计划，坚决打好精准脱贫攻坚战，推动巫山从脱贫摘帽向全面小康社会跨越。三是突出品质打造，推进全域旅游实现新跨越。完成神女景区国家 5A 级景观质量评审，创建当阳大峡谷和博物馆为国家 4A 级景区。接待游客 1500 万人次，实现旅游综合收入 52 亿元。创建国家全域旅游示范区。四是突出提档升级，推进基础设施实现新突破。坚持以大交通促进大开放，逐步形成布局合理、设施配套、功能完善、安全高效的现代基础设施体系。五是突出融合发展，推进城乡面貌展现新风采。加快推进“以人为本”的新型城镇化，城镇建成区面积扩大 0.5 平方公里，新增城镇人口 0.5 万人，城镇化率提高 1.3 个百分点。六是突出环境保护，推进生态文明迈出新步伐。把生态环境修复和保护摆在压倒性位置，坚决打好污染防治攻坚战，森林覆盖率达 58%，空气质量优良天数达 90%以上。七是突出民生关怀，推进群众幸福指数得到新提升。扎实办好 38 件民生实事，不断提高人民群众的获得感、幸福感和安全感。

巫溪县

巫溪县政府办公室 赵云平

一、2017年工作回顾

2017年，实现地区生产总值87.14亿元，三次产业结构由2016年的21.2:37:41.8调整为21:37.3:41.7，固定资产投资134亿元，社会消费品零售总额30.8亿元，一般公共财政预算收入7.8亿元，金融机构人民币存贷款余额242.7亿元，城乡居民收入分别达23090元、8491元。

(一)聚焦精准抓重点、促深化，脱贫攻坚扎实推进

认真落实全市深化脱贫攻坚总体部署，科学调整脱贫时序和工作重点，充实帮扶力量，强化帮扶措施，围绕“六个精准”，大力实施精准扶贫、精准脱贫。扎实开展“两率一度”普查。整合投入各类资金7.7亿元，实施扶贫项目2400余个。完成易地扶贫搬迁1540户5425人、贫困户“兜底”搬迁214户613人，改造农村危房2175户。发放贫困户小额信贷1.2亿元、医疗救助2126万元、教育资助3898万元。2个市级深度贫困乡镇和16个县级深度贫困村脱贫攻坚工作强力推进。全年销号贫困村11个、减贫7317人，贫困发生率降至5.5%。

(二)着眼长远抓转型、调结构，骨干产业稳步发展

1.旅游发展态势良好。全年接待游客581万人次、增长21%，实现旅游综合收入23.8亿元、增长25.2%。启动创建“国家全域旅游示范区”。积极融入长江三峡旅游“金三角”一体化发展，联动实施“一区四县”旅游“一卡通”。引进华侨城集团，签订红池坝旅游项目战略合作框架协议。启动红池坝5A级景区、柏杨河4A级景区创建。县游客服务中心建成投用。西流溪湿地公园、天子山国际滑雪度假村建设有序推进。开拓上海、甘肃等客源市场，新华社“探秘大宁河”网络直播点击量超500万人次。“万人游巫溪”“红池坝高山花海音乐季”等活动深受游客好评。乡村旅游蓬勃发展，在全市率先建成“畅游巫溪”乡村旅游智慧云平台，新增乡村旅游接待户207户。

2. 生态农业提质增效。实现农业增加值18.28亿元、增长5.1%。农业“1112”重点产业稳步发展，生产马铃薯80万吨，出栏山羊45.3万只，收购烟叶7.4万担，订单种植中药材3万亩。水产、果蔬、木本油料作物等特色产业发展态势良好。启动凤凰木龙等9个县级现代农业示范园区建设。新增县级龙头企业10户。开展山羊、烟叶收益保险试点，有效保障农民收入和生产积极性。新培育“三品一标”及重庆市名牌农产品61个，“大宁河鸡”获重庆市著名商标、“重庆市名牌产品”称号，“酒全香脆李”“云中香李”获全国优质李金奖，“巫溪板角山羊”获国家地理商标，“阴条岭野猪腊肉”获中国绿色食品博览会金奖，“巫溪洋芋”列入中国欧盟互认的地理标志农产品目录。

3.传统工业转型发展。围绕去产能、退库存、打基础，优化产业结构，新增规上工业企业6户，实现规上工业总产值6.2亿元。成功引进四联集团光伏发电项目，实现“6·30”并网发电。金盆电站下闸蓄水。光伏、水电装机58万千瓦，年发电量17.5亿度。生产水泥18万吨，新增大理石产能50万平方米。工业园区新入驻企业7户。绿盛源营养餐、巫姑食品、启翔塑胶等企业建成投产。新改建通信基站520座，城乡4G通信质量、覆盖率明显提升。“互联网+中小企业信息平台”推广运用。

4.商贸服务持续活跃。实现批零贸易商品销

售总额65.6亿元、住宿餐饮业营业额9亿元,分别增长8.5%、20.2%。新增限额以上商贸流通企业5户。马镇坝核心商圈新入驻商户350户以上,水园商城女人街开业。亿联商贸城建成旺市。印象·南门美食城建成并启动招商。国有储备粮库、邮政物流分拣中心建成投用,马镇坝农贸市场、金地汇夜市即将开业。利用节庆展会拉动消费,汽车、家居等传统大宗消费快速增长。现代金融、健康养老等新兴服务业发展势头向好。农村电商提速发展,电商公共服务体系实现全覆盖,网络零售额达3.2亿元。

(三)凝心聚力抓基础、重统筹,城乡面貌日益改善

1.城镇化水平稳步提升。竣工城镇房屋110万平方米,扩大城镇建成区1平方公里,新增城镇人口6000人,常住人口城镇化率提高1.5个百分点。完成深度贫困乡镇和贫困村规划。加快城市建设,完成颐博园、林城怡园、逸美兴悦、百杏苑、滨圆国际F地块、碧桂园一期、双子天街、学府商城等主体工程;建成保障性住房52.2万平方米;积极推进棚户区改造,拆迁城市棚户区房屋8.6万平方米,完成丰益家园、先锋大院等主体工程;完成征地拆迁协议安置653户、3493人,安置房屋13.6万平方米;新增城区停车位1000个。建成县城第二自来水厂、第二污水处理厂。扎实开展"四项创建",城市管理水平不断提升。开工建设花台移民风情小镇;撤销中岗乡,设立红池坝镇;建成城厢酒泉、凤凰木龙等美丽宜居村庄。

2.基础设施逐步夯实。巫镇高速成功挤进市级重点项目即将开工建设,郑万高铁巫溪支线、巫开高速、两巫高速巫溪段纳入全市交通建设"三年行动计划"前期项目。巫神路三期全面复工。马镇坝北岸"一横四纵"路网、赵家坝"三桥三路"扩建、渝巫路凤凰段改建、中梁一二号隧道整治、宁万路(一期)道路升级改造等项目全面竣工。巫溪大桥重建、文峰至红池坝景区道路升级改造等项目加快推进。古路至文峰快速通道、红池坝镇至茶山、双庙垭口至渔沙等项目开工建设。实施撤并村通畅工程401公里,安装农村公路防护栏300公里。新增行政村通客运32个。西流溪水库下闸蓄水。西溪河、柏杨河重点河段治理、县城三期河堤、上磺防洪隧洞即将完工,中梁二期防洪河堤等工程全面竣工。完成饮水安全巩固提升工程66处、惠及7.4万人。新增高效节灌1万亩。农村建设用地复垦1700余亩,地票交易1500亩,土地开发整理3100余亩,建设高标准农田1.7万亩,生态综合治理1.2万亩。到位三峡后续专项资金5307万元,实施三峡后续项目9个。深入开展"打非治违"。完成土地例行督察问题年度整改任务,通过国家达标验收。

(四)积极稳妥抓改革、促创新,发展动力活力不断增强

1.改革动力不断增强。深入推进"三去一降一补",清理注销"空壳""僵尸"企业12户,化解商品房库存37.6万平方米。消除历史不良债务9000余万元,政府性债务控制在限额以内。落实税收优惠政策,为企业减负1.29亿元。启动运行500万元中小微企业转贷应急周转金,流动转贷4500万元。债券置换贷款10.5亿元。县属国企整合重组为7户,国企管理逐步规范。推进公立医院综合改革,推行"两票制",取消药品加成。实施城市管理综合执法改革,设立城市管理局。投融资、行政审批、乡镇财政、安全生产、供销合作、盐业管理、农村"三权"分置等专项改革深入推进。

2.创新能力不断提升。大力推动"大众创业、万众创新",新增市场主体3470户,发展微企453户。"双创"基金融资10亿元。棚户区改造融资23亿元。设立1000万元创新驱动发展专项资金。申报国家高新技术企业2户,培育科技型企业36户,获国家专利授权139件,万人有效发明专利拥有量1.2件。

3.开放活力不断释放。积极争取水利部、吉林、山东泰安、市国资委、市教委帮扶集团、渝中区等地区和单位对口帮扶,到位帮扶资金3.18亿元。参加"渝洽会""支洽会"等招商活动,签约项目4个、76.1亿元。全年实际利用内资21亿

元。

(五)坚持不懈抓民生、强保障,群众获得感幸福感不断提升

1. 社会事业蓬勃发展。普通高考上线率96%,1人被北大录取。思源实验学校竣工招生。教育投入不断加大,办学条件得到改善。发放大学生助学贷款2108万元,落实营养改善资金2537万元。师德师风建设扎实推进,教育教学质量稳步提升。城厢小学、百步小学、古路初中、县退教协获国家级奖励。县人民医院启动"三甲"创建,县中医院成功创建"二甲"。完成30个乡镇卫生院、150个贫困村卫生室标准化建设。《兰英村志》入选首批中国名村志文化工程。建成博物馆、数字图书馆。新增文化经营单位9户。配置60个村(社区)文体设施。群众性文体活动蓬勃开展。

2. 保障能力持续增强。城镇新增就业4003人、创业3162人,城镇登记失业率3.8%,发放创业担保贷款1.02亿元。"五大保险"参保72.3万人次,社保基金收入13.5亿元、支出15亿元。城乡养老、医疗保险参保率稳定在95%以上。实行"一站式"医疗救助服务,支付临时救助金1941万元。发放低保金7288万元。村(社区)工作经费和干部待遇得到提高,基层组织保障水平不断提升。全力办好市县民生实事,有效解决群众反映强烈的突出问题。

(六)坚定不移抓保护、严整治,环境质量持续优化

深入实施"五大环保行动"。单位GDP能耗下降3.34%。开工建设12个乡镇污水处理厂,建成20个垃圾中转站。全面推行"河长制",县内主次河流水域功能和断面水质达标率100%。完成生态红线划定方案编制。在全市率先成立林业生态检察室。营造林23.7万亩,森林覆盖率达65.6%。完成15个村环境连片综合整治。深入开展关闭搬迁禁养区畜禽养殖场、淘汰黄标车等工作。完成中央环保督察反馈问题29项年度整改任务。我县被命名为"重庆市生态文明建设示范县"。古路镇观峰村获"全国生态文化村"称号。

(七)持之以恒抓治理、促和谐,社会大局平安稳定

扎实推进"平安巫溪"建设,立体化社会治安防控体系逐步完善。严厉打击各类违法犯罪,"八类暴力案件"下降37.5%。"雪亮工程"建设、"无邪教县"创建深入推进。"七五"普法扎实开展。积极化解信访矛盾,信访"五率"不断提高。全年无重大食品药品安全事故发生。成功处置大河乡"10·21"山体滑坡等多起地质灾害,最大限度保护了灾区群众的生命财产安全;乡镇应急规范化建设实现全覆盖。安全生产领域改革试点稳步推进。安全生产大排查、大整治、大执法、大宣教专项行动深入开展,全年未发生较大及以上生产安全事故。

(八)锐意进取抓履职、树形象,政府自身建设取得新进步

始终把政治建设摆在首位,牢固树立"四个意识",坚决维护以习近平同志为核心的党中央权威和集中统一领导,坚决清除孙政才恶劣影响和"薄、王"思想遗毒,风清气正的政治生态得到巩固。扎实开展年度目标"百日攻坚"行动,目标意识、责任意识、担当意识明显增强。狠抓效能建设、作风建设,推进"两学一做"学习教育常态化制度化;认真落实中央八项规定精神和市委、县委实施意见,改进工作作风,密切联系群众,政府公信力不断提升。加强行政监察和审计监督,规范财政资金使用和公共资源交易。认真办理人大代表建议和政协提案,自觉接受监督。会议、文件和"三公经费"有所下降。切实开展决策合法性审查、行政行为法制审查、规范性文件备案审查,行政行为更加规范。深入推进"放管服"改革,行政许可标准化建设达到市级标准,政府职能进一步转变。

二、2018年经济社会发展预期目标

2018年,全县经济社会发展的主要预期目标是:地区生产总值增长9%左右,全社会固定资产投资增长10%左右,社会消费品零售总额

增长12%,一般公共预算收入增长7%,城乡居民收入增长与经济社会发展同步，单位生产总值能耗、主要污染物排放等约束性指标完成市上下达任务。重点抓好七个方面工作:一是以脱贫攻坚为统揽,迈出乡村振兴新步伐。坚决打好精准脱贫攻坚战,努力建设美丽宜居乡村。二是以提高质量效益为核心,培育产业发展新亮点。全面实施“旅游兴县”行动,全力构建旅游大突破、大发展新格局;大力发展绿色工业;繁荣发展商贸服务。三是以实施交通建设为重点,实现基础设施新突破。全力打通出境大通道,加快巫镇高速建设,积极推进郑万高铁巫溪支线、安张铁路、巫开高速、两巫高速巫溪段前期工作;推进水电气等基础建设。四是以宜居宜业宜游为目标,推动城镇化水平迈上新台阶。加强规划编制执行，加快城镇建设步伐，加大城镇管理力度。五是以推进改革创新开放为途径,激发经济发展新活力。全面落实各项改革部署,实施以智能化为引领的创新驱动发展行动，实施开放活县行动。六是以实施生态立县行动为引领,推进生态文明建设取得新成效。推进生态文明建设,打好污染防治攻坚战,加大环保执法力度。七是以人民群众需求为导向，实现群众幸福指数新提升。实施科教兴县和人才强县行动,推进文化卫生事业发展,进一步强化社会保障,创新社会治理。

石柱县

石柱县政府办公室 汪锋利 陈胜

一、2017 年发展回顾

2017 年，石柱县认真学习宣传贯彻党的十九大精神，坚持以习近平新时代中国特色社会主义思想为指导,全面落实市委、市政府部署,紧紧围绕县第十四次党代会确立的“转型康养、绿色崛起”发展主题,有力有效推进各项工作。全年实现地区生产总值 162.28 亿元、同比增长 9.0%;规上工业增加值 45.59 亿元、增长 11.5%;固定资产投资 142.36 亿元、增长 16.0%;社会消费品零售总额 62.68 亿元、增长 13.6%;一般公共预算收入 13.37 亿元、同口径增长 3.0%;城乡居民人均可支配收入分别达到 30087 元、11752 元,增长 9.3%、10.1%。经济社会发展呈现稳中向好态势。

(一)深化精准扶贫精准脱贫,脱贫攻坚取得新成效

精准对接全市脱贫计划，科学调整脱贫时序进度,制定出台 15 个专项扶贫方案。投入 10.6 亿元,其中整合涉农资金 7.5 亿元,统筹基础设施建设和产业发展，引导贫困户发展特色产业 5.8 万余亩、养殖畜禽 37.3 万只(头)。4 种资产收益扶贫模式审批项目 360 个、2 亿元，覆盖贫困户 6607 户。完成易地扶贫搬迁 2623 人。实施教育扶贫资助 7 万人次、5408 万元。实施医疗救助 4408 人次、567 万元。开展就业扶贫培训 1.5 万人次。实施低保兜底 4079 人。完成深度贫困乡及深度贫困村规划，推动中益乡脱贫攻坚取得良好进展。成功承办全国产业扶贫现场会。实现 0.5 万名贫困人口稳定脱贫、5 个贫困村脱贫销号。

(二)集中精力发展康养产业,绿色发展迈出新步伐

突出发展康养休闲生态旅游业。大力实施全域旅游发展战略，编制全域旅游发展规划并率先在全市通过专家评审。完成冷水、中益特色功能小镇总体规划和太阳湖、藤子沟湿地公园、中国土司城等景区策划规划方案。启动大风堡—太阳湖国家5A 级景区创建工作，积极创建国家全域旅游示范区和黄水国家级旅游度假

区,七曜山国家地质公园申报成功。成功举办中国·重庆石柱首届康养大会、承办全市森林康养产业发展大会。获评“最美中国旅游目的地城市”“重庆市避暑休闲首选地”,黄水万胜坝村入选“2017年中国美丽休闲乡村”。全年接待游客822万人次,旅游业增加值占GDP比重达到10.52%。大力发展特色效益农业。围绕创建“全国有机农业示范基地县”,启动农业产业结构深度调整,布局“3+3”产业体系。中国莼菜农业公园、武陵山科技创新园建设取得较好成效。新增农民专业合作社102家、家庭农场43家。大力培育“源味石柱”区域公用品牌。石柱黄连生产系统列为全国重要农业文化遗产。实现农业增加值25.04亿元、增长4.9%。加快发展特色生态工业。实施园区环境整治和基础设施配套,狠抓生态工业招商、标准厂房建设、项目落地投产、企业生产服务,推进“3+2”特色生态工业转型升级、提质扩量。实现全口径工业增加值58.67亿元、增长10.8%。积极发展商贸服务业。县城首个10亿级商业综合体——渝东中央大街建成营业,时代广场、都督大道、火车站片区商业配套加快完善,五方国际商贸城一期即将开门迎客。农村电商服务体系逐步健全,交易额达到16.1亿元、增长182%。成功打造一批康养美食,获评“中国康养美食之乡”。

(三)大力推进城乡协调发展,城乡面貌发生新变化

全力打好“四城同创”攻坚战,投入5.4亿元,扎实推进新区综合开发、老城疏通改造、市政设施完善、城市环境整治等63个城建项目,“脏乱差旧堵”现象明显改观。推进房地产市场健康发展,去库存9万平方米。石黔高速公路石柱段建设快速推进,建成投用火车站公交枢纽。渝利铁路沙子客运站获得中国铁路总公司立项批复。黄水通用机场通过选址报告评审。渝汉高铁、西沱至梁平高速公路纳入全市交通三年行动计划。西沱江家槽码头PPP方案进入市级审批程序。加快完善西沱、黄水、三河等全国重点镇和市级特色小镇功能,扎实推进龙沙、鱼池等9个县级特色功能小镇建设。大力开展农村环境综合治理,全面完成高速公路和旅游景区沿线农村房屋风貌整治,完成农村改厕6294户,改造农村危旧房540户,打造市级美丽宜居村庄2个。

(四)深入推进改革开放创新,改革发展增添新动能

全面深化改革稳步推进,行政体制改革有效推进,设立县旅游发展委员会、县城市管理局和县城市管理综合执法局,完成环卫市场化改革;深化“放管服”改革,行政许可标准化建设通过市级验收;县级公立医院综合改革取得阶段性成效;乡镇(街道)财政体制改革扎实推进;国企改革迈出实质性步伐。深化金融体制改革,银行机构存贷比达到60.6%。推行“多证合一”,新增市场主体3986户、微企447户。积极扩大对外开放,招商引资正式签约项目21个,到位资金105亿元;成功创建“国家级黄连出口质量安全示范区”,外贸进出口总额达到4500万美元、增长69.4%。实施创新驱动发展战略,新增国家高新技术企业1家、重庆市高新技术产品18个,实现战略性新兴制造业产值17.8亿元、增长24.1%。

(五)扎实推进生态文明建设,生态环境得到新改善

县城空气质量优良率达到90.4%。初步划定管控面积1209平方公里。全面推行河长制,编制“一河一策”,建立“一库一档”,开展“十大专项整治行动”,水资源管理进一步加强。建成20个乡镇污水处理厂,基本实现乡镇污水处理设施全覆盖。关闭和治理畜禽养殖场90家,完成年度任务的142.9%。淘汰黄标车318辆,完成年度任务的106%。治理水土流失35平方公里。新增营造林25万亩,森林覆盖率达到57.4%。建成市级生态文明建设示范乡镇3个、示范村8个。全面完成中央环保督察反馈意见年度整改任务。

(六)千方百计保障和改善民生,社会事业迈上新台阶

全年投入民生领域34.5亿元,占公共财政

预算支出的68.1%，完成26件重点民生实事年度任务。新增城镇就业8019人。城乡居民养老保险、医疗保险参保率均稳定在95%以上。新建改建农村公路1107公里。实施安保工程200公里。铺设农村人行便道146公里有效解决农村3.4万人饮水安全问题。改造寄宿制学校10所、薄弱学校18所，"义务教育基本均衡县"创建工作通过国家督导认定。完成县人民医院创"三甲"硬件建设，建成6个精品中医馆。"国家食品安全示范城市"创建有序。建成社区养老服务站5个、便民服务中心8个。荣获"全国民族团结进步创建活动示范县""全市竹铃球传承示范基地"称号。

（七）全力维护社会和谐稳定，社会治理取得新进展

深入推进平安建设，全面实现"七个坚决防止""三个不发生"目标。大力弘扬新时代文明乡风，自治、法治、德治相结合的乡村治理体系建设有序推进。强化社会治安综合治理，八类主要刑事案件下降7.4%。完善安全生产监管体制，33个乡镇（街道）和工业园区单设安全生产监督管理办公室。抓好信访源头治理和"非访"依法治理，"依法治访大宣讲"活动取得积极成效。妥善安置关闭煤矿职工1362人。

二、发展中存在的问题

主要表现在：经济总量不大、质量不优，产业结构调整步伐不快；一些项目支撑能力不强，产业投资占比不大；脱贫攻坚推进不平衡，"两不愁三保障一达标"有差距；城市建设管理中的"短板"较为突出，基础配套仍需进一步完善；教育、医疗等民生领域仍有不少"弱项"；以改革创新精神推动发展的体制机制不健全，发展环境有待进一步优化。

三、2018年发展目标

全县经济社会发展主要预期目标是：地区生产总值增长10%左右，规上工业增加值增长12%，固投增长15%，社零总额增长13.9%，一般公共预算收入增长9.5%；城乡居民人均可支配收入分别增长9.5%、10.5%，城镇登记失业率、居民消费价格涨幅分别控制在4.5%、3%以内。着力抓好以下七个方面工作：

一是全力攻坚实现脱贫摘帽。打好脱贫攻坚"冲锋战"，确保全县6.2万名贫困群众在现行标准下总体实现"两不愁三保障一达标"，85个贫困村实现整村脱贫"销号"，一次性通过国家和市级检查验收，实现整体脱贫摘帽。二是加快发展康养产业。以创建全国有机农业示范基地县为目标，以产业结构深度调整为抓手，提升特色效益农业发展质量，实现农业增加值27亿元、增长5%。加快发展特色生态工业，实现工业增加值64.5亿元、税收2亿元。高质量发展康养休闲生态旅游业，全年接待游客970万人次，旅游业增加值占GDP比重达到11%。三是狠抓投资和消费。续建和新开工投资500万元以上项目216个，打造和提档升级县城商业综合体，农村电商交易额突破25亿元。四是推进城乡建设管理。以实施乡村振兴战略为引领，策划打造一批康养集镇群、美丽宜居村庄。实施县城"东拓西进"战略，推进以火车站—甑子坪片区、龙嘴—乌杨坝片区为重点的新区开发。深化"四城同创"，推动城市管理精细化。五是推进重点领域改革创新和对外开放。持续抓好"三去一降一补"重点任务，积极开展农村"三变"改革试点，扎实推进国企改革、财政体制改革、投融资改革等重点领域改革事项。加大招商引资和对外开放力度，实现到位资金100亿元以上，鼓励企业开拓国际市场，新增外贸企业5家，外贸进出口总额突破5000万美元。六是持续加强生态文明建设。严守生态保护、永久基本农田、城镇开发边界三条控制线，强化环境污染综合治理，深入落实河（库）长制，持续开展中央环保督察反馈意见和环保突出问题整改，确保全面销号。七是投入21.3亿元，认真办理25件重点民生实事，同步推进各项社会民生事业。

秀山县

秀山县政府办公室 谢耀德

一、2017年发展回顾

2017年，秀山县坚持以邓小平理论、“三个代表”重要思想、科学发展观、习近平新时代中国特色社会主义思想为指导，在市委、市政府的坚强领导下，以脱贫攻坚统揽经济社会发展全局，着力抓重点、补短板、强弱项，经济社会呈现良好发展态势。全县生产总值完成162.6亿元，增长7.2%；工业增加值实现58.8亿元，增长6.7%；固定资产投资完成166.9亿元，增长16.1%；社会消费品零售总额实现75.8亿元，增长14.1%；一般公共预算收入完成12.6亿元，增长10%；城乡常住居民人均可支配收入分别实现29956元、10189元，增长9.0%、10.1%。

(一)脱贫攻坚顺利摘帽

实施农村通畅工程323公里，硬化村社便道175公里，巩固提升2.7万农村人口饮水安全，改造农村电网262公里，村级便民服务中心和卫生室实现全覆盖。生产粮食32万吨、蔬菜31.5万吨，农产品供给能力稳中有增。做大做强中药材、茶叶、油茶、畜禽、果蔬五大主导产业，新发展基地4万亩。投入2000万元实施人居环境改善8443户，完成易地扶贫搬迁2500人，改造农村危房2471户。分别建立1000万元扶贫济困医疗和教育救助基金，医疗救助1100人次，教育救助3019人次。低保兜底建卡贫困人口1.2万人。实施1个市级深度贫困镇、24个县级扶贫重点村深化脱贫攻坚工作。贫困人口减至1210户5032人，贫困发生率降至1.2%，贫困人口稳定实现“两不愁三保障”目标，退出国家扶贫开发工作重点县。

(二)工业经济逐步转型

招商引资成效明显，针对新兴产业和现有产业薄弱环节，对接洽谈企业489家次，引进项目23个，协议引资50.8亿元。项目建设加快推进，海王、步长、红日等大型中医药产业项目落地秀山，实施工业项目186个，工业投资增长37.7%。传统产业稳定发展，兑现锰业产业补贴1.9亿元，促成8家企业与铁路物流对接。新兴产业快速崛起，以中医药、新材料为代表的新兴产业投资占比超过60%，两大产业产值分别增长29.1%、93.8%。新培育规上工业企业5家。工业园区快速拓展，拓展区空间由3.9平方公里调整到5.6平方公里，污水处理、燃气、电力等配套功能逐步完善，新入园企业23家、投产企业9家，产出强度达到88.8亿元/公里^2，获批建设以中医药为特色的市级特色产业基地。

(三)全域旅游破题发展

树立“以县城为中心、洪安边城+川河盖为重点、乡村旅游为补充”的全域旅游发展思路。编制景区总规、控制性详规和修建性详规23个。实施旅游项目83个，完成投资39.2亿元。川河盖景区、西街民俗文化景区创建成为国家AAAA级旅游景区。西街民俗文化景区城门楼、游客中心、景观一号桥和灯饰工程建成投用。洪安边城景区建设打开全新局面，土地房屋征收如火如荼，景区环道基本形成。川河盖景区游客中心、星空酒店一期和旅游环道建成投用，快速旅游通道开工建设，上盖索道、户外运动基地序时推进。清溪龙凤花海、大溪酉水等乡村旅游持续火爆。持续举办油菜花节、映山红节等活动，“书中边城·画里秀山”美誉度大幅提升。游客接待人数、旅游综合收入分别达到640万人次、32亿元，增长57.6%、70.2%。

(四)商贸物流提速提质

物流园区跻身国家层面战略，成为国家三

部委联合评定的“国家级示范物流园区”。新增8条快递专线，与17条武陵物流专线无缝对接。物流园区开业市场营运率达到74%，县外消费比例达到60%，实现货物周转513万吨、市场交易额186亿元，分别增长26.4%、21.6%。花灯广场智慧商圈建设稳步推进，汇豪世纪、五岳广场等城市商业综合体不断壮大，国美电器、居然之家入驻秀山，新增限额以上商贸企业16家。农村电商保持良好势头，电商孵化园入驻企业167家，电商云仓投入使用，11条电商产品加工线落地运行，“村头”平台新增加盟区县107个，“互联网+三农”模式纳入“全国农村电商十大模式”。全县快递发送量达到1320万件，占全市快递发送量的10%以上，网络零售额达17.2亿元。

(五)城乡统筹步伐加快

《城乡总体规划(2015—2030年)》获市政府批准，城市发展空间由20平方公里拓展至28平方公里，城镇化率达到39.94%。“多规合一”试点完成“一张图”编制，行政村规划编制实现全覆盖。实施存量违法建筑五年整治计划，拆除违法建筑3.3万平方米。城镇建设完成投资90亿元，县城建成区面积达到19.2平方公里。学府大桥建成通车，两园大道、新民学街和凤凰新城片区、县医院片区道路序时推进，城市路网加速完善。房地产在建项目100万平方米，商品房销售54万平方米。实施海绵城市建设2.8平方公里，完成10个片区背街小巷和4个老旧小区整治。全长10公里的梅江河绿道长廊基本贯通，新增城市绿地面积27万平方米，建成区绿地率达到36.4%，人均公园绿地面积达到15.2平方米。

(六)基础设施加快建设

渝湘高铁(秀山段)、秀印高速(秀山段)纳入全市交通建设三年会战盘子。渝怀铁路二线(秀山段)完成总工程量的42%。城市外环线完成总工程量的60%。完成清溪至塘坳、洪安至平马、龙池至八十步等县乡道改造。茨竹水库完成坝体浇筑，桐梓水库配套工程全面动工。钟灵应急调水工程全线贯通，第三水厂正式向城区供水。改造乡镇水厂2座，日供水保障能力提高5.5万立方米。新架设110千伏输电线路1条、35千伏输电线路2条。天然气长输管道正式投用，城区气价下调1.09元/米^3。铺设光纤1051公里，新建无线基站503个，基本实现乡镇4G网络、行政村宽带全覆盖。

(七)改革创新纵深推进

财税改革管理稳步加强，建立部门“零结转”制度，收回沉淀资金8837万元。组建1亿元重大项目前期工作基金。全面启动农村土地承包经营确权登记颁证工作，在5个村开展农村集体资产量化确权改革试点，新增新型农业经营主体50个，土地适度规模经营率达到42.5%。重拳整治招投标市场乱象，完成阳光交易25亿元。7支产业发展基金支持企业贷款1.2亿元，转贷应急基金支持企业转贷11.1亿元。培育高新技术企业4家，实现科技成果转化16项，申请专利65件。新增注册商标198件，其中市级著名商标5件。10家企业在重庆股权转让中心挂牌。新发展市场主体4725户，累计达3.1万户。

(八)生态环境持续改善

推进电解锰企业上齐氨氮处理设施，完成渣场污染治理3个。县城污水处理厂二期试运行，完成剩余5个乡镇污水处理厂建设，污水集中处理率达到80%，县内主要河流出境断面水质达到地表水III级标准。全面推行河长制，298条河流、437座水库(山坪塘)实现挂牌管理，饮用水水源水质达标率100%。开展大气污染防治百日攻坚行动，城区空气质量优良天数达到326天。实施营造林16.2万亩，森林覆盖率达到52.1%。关闭和搬迁禁养区畜禽养殖场7个，淘汰黄标车616辆。启动市级生态文明建设示范县创建工作。纳入全国首批农村生活垃圾分类和资源化利用示范县建设。扎实整改中央环保督察、重庆环保集中督察反馈问题92件。生态环境质量在全市10个国家重点生态功能区县中，为3个“好转”区县之一。

(九)民生事业卓有成效

25件民生实事全面完成。义务教育均衡发

展高质量通过国家督导认定,高考本科、重本上线率稳居渝东南第一。县人民医院全力攻坚“三甲”,县中医医院成功创建“二甲”,县妇女儿童医院、县疾控中心改扩建工程顺利推进,村卫生室标准化率达到96%。公立医院综合改革全面推开,基本药物制度让利群众2000万元。博物馆、档案馆、图书馆对外开放。启动村级综合文化服务中心覆盖工程建设。启动4个乡镇敬老院建设,建成5个村(社区)养老服务机构。开发公益性岗位324个,城镇登记失业率控制在3.7%。城乡居民养老保险、医疗保险参保率稳定在95%以上。为农民工追回工资4874万元。纳入城乡最低生活保障2.9万人。保障性住房实现归口管理,累计配租2965套。完成党的十九大安保维稳工作。破获特大跨国贩卖运输毒品案件,成功摘掉毒品重点整治地区的“帽子”。扎实开展安全生产大排查大整治大执法,全年发生事故8起、死亡10人,死亡人数占市政府下达控制指标的58.8%。群众反映的“三初”信访问题及时受理率和按时办结率均达100%。

二、发展中存在的问题

一是新旧增长动能转换不及时、不充分。县域经济总量较小、结构不优,传统工业规模小、提升难,新兴工业缺乏大项目拉动、骨干企业推动和支柱产业支撑,新的经济增长点正在加速培育,尚未形成较强拉动力。二是城乡发展不平衡、不全面。缺乏良性互动,社会治理、公共服务、基础设施建设推进不平衡不充分,尤其是重点项目建设进度较慢。三是要素制约仍然突出。民间投资热情较低,政府投资效率不高,环保约束明显趋紧,土地约束还未得到彻底解决。

三、2018年发展目标

2018年,秀山县将继续深入学习贯彻党的十九大精神,以习近平新时代中国特色社会主义思想为指引,坚持“稳中求进”工作总基调,突出“一城三园、四大产业”工作重点,加快建设以武陵山区“一城市、一中心、两基地、两高地”为支撑的渝东南重要门户。经济社会发展主要目标为:全县生产总值增长10%左右,工业增加值增长13%以上,固定资产投资增长14%以上,社会消费品零售总额增长14%以上,一般公共预算收入增长7%以上,居民收入增长与经济增长基本同步。

酉阳县

酉阳县政府办公室 冉文君

一、2017年工作回顾

2017年,酉阳自治县以迎接党的十九大胜利召开和学习宣传贯彻党的十九大精神为动力,深入践行新发展理念,坚持稳中求进工作总基调,以供给侧结构性改革为主线,以脱贫攻坚统揽经济社会发展全局,扎实推进经济社会发展各项工作,经济运行稳中求进。全年实现地区生产总值140.3亿元,同比增长6%;完成全社会固定资产投资140亿元,同比增长13.6%;组织地方财政收入15.01亿元,其中:一般公共预算收入完成12.06亿元,税收收入完成8.45亿元;城乡常住居民人均可支配收入分别达到24585元、8852元,分别同比增长9.4%、9.7%;实现社会消费品零售总额59.4亿元,同比增长13.5%。

(一)全力深化脱贫攻坚,贫困群众获得感进一步增强

集中开展二轮次精准识别,新评定贫困户4709户18130人,新清退不合格对象13000人,

做到应纳尽纳、该退必退。对接全市脱贫摘帽计划,重新修订精准扶贫县方案、村规划、户办法。按照深化脱贫攻坚新要求,重新完善了帮扶责任体系,优化安排了县领导包乡、部门包村、干部包户及驻村工作队,选派结对帮扶干部7000余名。整合涉农资金8.77亿元,落实扶贫融资21.26亿元,实施各类扶贫项目3309个。本年度融资实施了所有贫困村辖撤并村通畅公路1061公里、通组通达公路1700公里,实现县域100%的组通达,每个村建设了20公里人行便道,实现20户以上聚居点全覆盖。融资7000余万元,解决212个村长期饮水困难。新建4G基站816座,20户以上聚居点4G信号覆盖率达96%。完成贫困户易地扶贫搬迁安置14600人。融资1.42亿元,加大补助实施深度贫困搬迁7656人。解决遗留问题安排非贫困户搬迁6672人。计划投资4.5亿元,对8万农户实施农村庭院“一房五改”,各乡镇已全面铺开试点建设。幼儿园(班)、卫生室建设实现村村覆盖。推进实施产业扶贫、金融扶贫,积极探索农村合作组织、市场主体与贫困户的利益联结机制,落实特色效益农业补助资金7000万元、产业到户扶持资金6070.4万元,累计发放扶贫小额贷款1.06亿元。开展教师暑期家访,解决了562名学生失学辍学问题,建立1000万元教育扶贫救助基金,兑现教育资助1.63亿元,资助各类学生90539人次,发放助学贷款2628.9万元。实施健康扶贫,建立4000万元县级医疗救助基金,叠加医疗保险和救助政策,实施精准救助17236人。提供生态公益岗位3645个,落实低保“兜底”14266人。科技扶贫迈开新步伐,建立科技示范基地18个,培训农民6532人次,带动1486户贫困户脱贫。深化“致西合作”,加强与山东东营扶贫协作,认真落实市政府办公厅扶贫集团帮扶项目。2个深度贫困乡编制了三年脱贫规划,启动了主干道路、饮水工程、通讯网络、产业示范点、集镇“三化”等重点项目,30个深度贫困村在实施面上统一安排项目的同时,正围绕新一轮村规划项目逐项铺开。

(二)聚焦经济转型升级,产业发展取得新成效

桃花源古桃源景区升级改造重新开园,龚滩景区提档升级,阿蓬江大峡谷景区正式开放,金丝楠木群巴渝民宿接待能力大幅提升,板溪叠石花谷农旅综合体开工建设,小坝旅游新城基础项目全面铺开,全县接待游客1206万人次,增长37%。推进农村产业市场化发展,新增农业龙头企业57家、专业合作社150家、种植养殖大户2275户,流转土地38.97万亩,建成各类产业基地120万亩,加工包装农产品356个,新增地理标志证明商标3件,实现农产品订单销售8.9亿元、网上销售4亿元。落实涉企减负政策,实现减税降费3.68亿元,为企业提供担保融资3650万元,27家企业复产达产,4家企业建成投产,培育高新技术企业2家、科技型企业75家,完成规模以上工业总产值89亿元,增长39.1%。布局实体消费、电商销售、物流配送“三张网”,限上商贸企业达147家,全县实现商品销售总额118.7亿元,增长13.1%,完成外贸进出口额2.77亿美元,增长50%;建成223个村级电商服务站,新增网店2000余家,发展网商3000余人,全县电商交易额达30亿元。金融稳健运行,年末金融机构存款余额236亿元、贷款余额140亿元,分别增长27.4%、40.1%;实现保费收入4亿元,理赔支出1.5亿元,赔付结案率达93%。

(三)加强运行调度,重点建设和要素保障取得较大进展

“多规合一”全面推进,镇、乡、村规划实现全覆盖。91个重点项目全面启动,新开工项目41个,续建项目31个,4个即将开工,1个暂缓建设,开展前期工作14个,完成重点项目投资58亿元。渝湘高铁黔江—酉阳—秀山段、酉彭高速公路纳入全市交通建设三年行动2018年开工项目,渝怀铁路二线酉阳段全年完成投资8.1亿元,酉永高速开展预可研;争取资金推进国省干道改造,省道305官清至李溪段改造完工,省道422涂市至麻旺段路面大修工程正在建设,国道319龙潭过境段已启动实施,省道305县城至兴隆

段、省道306渤海至桂塘段改造工程、国道211丁市至万木段、赵世炎烈士故居至江丰段改建即将动工。九龙眼水库、大泉水库主体工程即将完工,县城分洪隧洞全线贯通。滨河路提档升级改造一期工程完工投用,酉州广场全面建成,机关幼儿园至环城路、亚伸广场至环城路两条横道即将完工。加强资金、土地、人才等要素保障,多渠道筹集资金,完成一般公共预算收入12.06亿元,向上立项争资53.5亿元,获得银行融资21亿元,到位双创基金10亿元,国企发债批复7亿元,招商引资到位资金28亿元;到位用地计划800亩,宅基地复垦3500亩,土地整治42000亩;新招录公职人员386名,紧密联系酉阳籍在外人士,为发展集聚人才资源。全面完成市上交办21件民生实事,自加压力启动19件县级民生实事,已完成17件,其余2件正在建设和办理之中。

(四)加大投入力度,社会事业持续发展

民生领域投入资金47.2亿元,占一般公共预算支出的77.7%。围绕学前教育推进工程、义教学校全面改薄、普通高中改造,建设中心幼儿园7所,改建村级幼儿园144所,新建、改扩建小学33所、中学7所。高考重点本科上线1132人,职教毕业生就业率达98.5%。公立医院综合改革全面取消药品加成、药事服务费,家庭医生签约服务贫困户全覆盖;完成中医院建设项目2.5亿元融资授信,迁建工程完成招标正在动工建设,县人民医院门急诊大楼进入主体工程建设,县精神病医院整体迁建一期工程完工投用,17个乡镇卫生院、150个村卫生室标准化建设即将完工。计划生育政策有效落实,符合政策生育率达88.5%。全面落实妇女儿童发展规划纲要。建成村级综合文化服务中心119个,成功申报市级非遗生产性保护示范基地2个,圆满完成第一次全国可移动文物普查。培育文艺团队16支,政府购买文艺演出406场,酉阳民歌《啊啦调》获第四届少数民族歌舞总决赛金奖。深入开展全民健身运动,各类赛事参与人数超5万人次,市民体质抽验合格率95%以上。成功创建全国民族团结进步示范县。

(五)深化社会治理和重点改革,发展环境不断优化

着力打造平安环境,建立网格化管理制度,较大以上安全事故零发生,群众安全感指数大幅提升;完成乡镇基层应急管理规范化建设,市级标准化气象灾害防御乡镇认定率全覆盖;投入资金1000余万元,组建33支乡镇专职消防队,在全市率先实现乡镇建站全覆盖;国家食品安全示范城市创建深入推进;地质灾害群测群防有力有效。调处各类矛盾纠纷6612件,化解历史遗留信访积案11件,依法处理非法上访12起30人,有效规范了信访秩序。推进重点领域改革,完成行政许可标准化建设,公布县级行政许可事项351项,网上行政审批办件1.4万件,效率提升30%以上;全面实施"多证合一、一照一码",新登记市场主体4276户,增长13.5%;全面推行"营改增",为市场主体减税降负5601万元;开展金融扶贫助推农地改革试点,流转土地1.07万亩;推进财政支农资金股权化改革试点,带动2125户贫困户持股分红;完成农业综合执法体制改革,推进城市执法体制改革,强化"双随机一公开"监管,抽查事项272项。加快行政区划调整,开展万木、铜鼓、南腰界、涂市、五福等5个乡撤乡设镇。

(六)加强政府自身建设,行政效能实现新提升

全面推进法治政府建设,建立县政府常务会学法制度,充实政府法律顾问团,严格政府决策程序,规范行政复议、行政应诉,推进政府信息广泛公开。全面推进制度建设,建立政府工作目标管理、效果评级、督查曝光机制,出台国有资金投资项目招标投标"1+3"规范性文件,完善财政预算、项目评审、政府采购、国有资产处置等管理办法。深入开展"两学一做"学习教育,以全面从严治党"两个责任"的落实,推动政府作风建设常态化长效化。

二、发展中存在的问题

一是总量不大,增速放缓,经济增长支撑力

度不够，结构不优。二是投资后劲不足，社会投资比例偏小，政府性投资效率有待进一步提高。三是财政收支压力较大，政府性融资管控压力增大。四是城乡发展、社会事业发展不平衡、不充分的问题较为突出，交通水利能源等基础薄弱，发展短板突出。

三、2018 年发展目标

2018 年，全县经济社会发展的主要目标是：地区生产总值增长 10%左右；完成固定资产投资 155.7 亿元，增长 12%；实现社会消费品零售总额 67.5 亿元，增长 13.8%；完成一般公共预算收入 13.02 亿元，增长 8%；城镇常住居民人均可支配收入达 27217 元，增长 10.2%；农村常住居民人均可支配收入达 9932 元，增长 11.1%；城镇化率提高到 36%；居民消费价格涨幅控制在 3%以内；万元 GDP 能耗下降 5%。

彭水县

彭水县政府办公室 庹伟

一、2017 年发展回顾

2017 年彭水深学笃用习近平新时代中国特色社会主义思想，认真贯彻党的十九大精神，全面落实习近平总书记视察重庆重要讲话精神，在市委、市政府和县委的坚强领导下，按照市委五届三次全会、县委十四届三次全会部署，坚持稳中求进工作总基调，全面贯彻新发展理念，统筹推进“五位一体”总体布局，协调推进“四个全面”战略布局，以供给侧结构性改革为主线，扎实做好稳增长、促改革、调结构、惠民生、防风险各项工作，全县经济社会持续健康发展。全年实现地区生产总值 140.8 亿元、增长 6%，规模以上工业增加值 20.6 亿元、增长 2%，固定资产投资 178.7 亿元、增长 13.5%，社会消费品零售总额 67.5 亿元、增长 13.7%，一般公共预算收入 14 亿元、增长 3.7%，城镇和农村常住居民人均可支配收入分别达 26808 元、10196 元，分别增长 9.5%、9.7%。

(一)突出转型抓质效，产业发展创出新佳绩

完成涉旅投资 44 亿元，阿依河创建国家 5A 级旅游景区进入冲刺阶段，摩围山成功创建国家 4A 级旅游景区，培育乡村旅游示范点 21 个，全县景区接待游客增长 32.8%、过夜游客增长 22.7%，游客接待量和旅游收入分别增长 21.9%、22.6%。新引进大型商场 2 家，新增限额以上商贸企业 40 家，社会消费品零售总额增长 13.7%，健康食品产业产值增长 66.9%。推动 3 家经营困难企业复产，新增中小微企业 1056 家，培育科技型企业 38 家，各类市场主体达 3.3 万个。新增 8 家规模以上工业企业，促成 9 家实体企业入驻工业园区，实体经济占比 88.2%。签约落地项目 51 个，新落地项目实现税收 3500 万元，促成 3 家企业纳入拟上市企业储备库，实际利用内资 65 亿元。规模以上非能源工业总产值增长 21.8%，税收收入占一般公共预算收入的 60.1%，三次产业占比调整为 18.9:41.6:39.5。新增农业产业化龙头企业 3 家、农民专业合作社 171 家、家庭农场 45 家，认证无公害农产品 9 个、绿色农产品 2 个，获评市级名牌农产品 4 个。

(二)突出精准抓扶贫，脱贫攻坚进入新阶段

完成 3 个贫困村整村脱贫，减少贫困人口 7652 人。筹措资金 13.5 亿元，统筹推进基础设施建设、农村人居环境整治和扶贫产业发展等，有效保障 3.6 万困难群众基本生活。建设村通畅公路 460.7 公里、村通达公路 218 公里、农村公路“安保工程”245 公里，巩固提升 5 万农村人口饮水安全，实施农村电网改造项目 25 个，新建

通讯基站700座，农村生活垃圾有效治理覆盖率达100%。建成村级电商服务点288个，发布运行“世界苗乡·彭水赶场”公众号平台，特色农产品上行销售2.6亿元。严格兑现到村到户到人扶贫政策，基本医保报销后再补助惠及贫困人口4.2万人次，建卡贫困患者人均住院费用报销比例达83.1%，教育资助学生19万人次，城乡低保兜底3.2万人，易地扶贫搬迁5900人。

(三)突出品质抓管控，城乡面貌凸显新变化

统筹推进老城、新城、蚩尤九黎城“三城”一体化发展，常住人口城镇化率提高到35.3%。新城完成基础设施投资21亿元，开工房建80万平方米，出让土地889亩，促成飞洋控股、元亨房地产、重庆交建、天怡控股等大型企业参与新城建设。实施城市棚户区改造4.6万平方米，完成6条背街小巷综合治理，城区环卫保洁扩大到主要出口通道，成功创建国家园林县城。蚩尤九黎城二期工程全面启动，夜景灯饰成为城市新名片，获评“2017重庆旅游·年度十大旅游目的地”。推进巴渝民宿试点示范，建成摩围山改善农村人居环境市级示范片，改造农村危旧房757户。

(四)突出重点抓改革，创新驱动激发新活力

深化供给侧结构性改革，“营改增”为企业减负1530万元，住宅商品房库存减少35%，金融机构存贷比达96.2%。深化乡镇财政管理体制、国库集中支付电子化等财政改革，全面开展财政资金专项检查、隐患排查和绩效评价。从严管控国企项目建设和融资举债，坚持以政府投资带动民间投资，社会投资比重达32%。率先完成剥离市属国企办社会职能接收工作，融资平台公司兼并重组减少子公司7个、减员近100人，节约管理成本1000万元。深化农村集体产权制度改革，交易地票2000亩，实现地票收入3.7亿元。深化创新驱动发展战略，投入科技研发经费1980万元，实施五大科技专项项目66个，获得市级高新技术产品认证7个。

(五)突出保护抓治理，环境质量得到新提升

坚持绿色发展，强化节能减排，万元地区生产总值能耗下降3.4个百分点。划定生态保护红线，建设高标准基本农田3.2万亩，新增耕地3214亩。实施石漠化治理1.7万亩，完成各类营造林27万亩，森林覆盖率达54.2%。完成县城污水处理厂二期主体工程，新建乡镇污水处理厂、垃圾中转站各12座，乌江、郁江水质分别保持国家Ⅲ类、Ⅱ类标准，集中式饮用水水源地水质稳定达标。加大农业面源污染防治力度，实施农村环境集中连片整治项目45个，推进乌江、郁江流域禁养区畜禽养殖场关闭搬迁。

(六)突出均等抓服务，民生事业实现新进步

严格兑现惠民政策，认真办理民生实事，民生支出占一般公共财政预算支出的63.1%。扎实创建义务教育发展基本均衡县，全覆盖实施农村学校“全面改薄”，学前三年毛入园率达75.2%，高中阶段毛入学率达89%，高考本专科上线率达98.5%。规范设置33个“流动医院”，国家级群众满意乡镇卫生院达12个，建卡贫困患者住院就诊率达91.5%，基层医疗机构集团化管理获中央深改办肯定。建成村级文化服务中心101个、塑胶运动场83片、村级养老服务站(中心)16个，举办中国门球冠军赛(重庆)彭水分区赛等群众性文体活动400场次，话剧《怀清台》在北京巡演60场，鞍子镇罗家坨村入选重庆首批历史文化名村名录。加强就业创业服务，城镇新增就业5897人，城镇登记失业率为3.3%。配齐村级社保信息采集设备，“五大保险”覆盖面不断扩大。积极创建国家食品安全示范城市，“千百个”示范工程、学校食堂“明厨亮灶”、化妆品示范街等成为全市亮点。持续深化平安建设，成功创建无邪教示范县。圆满实现“七个坚决防止”目标，连续14年杜绝重特大安全事故，党的十九大安保工作荣获全市县级第一名，群众安全感指数达95%。

二、发展中存在的问题

一是资源环境约束趋紧，基础设施建设相对滞后，发展质量和效益不高，城乡居民人均收入低于全市平均水平。二是农业“接二连三”链

条不够紧密、特色品牌影响力不大，工业“水电独大”、新的支柱尚未形成，消费市场发育不全、带动力弱，经济结构较为单一，转型升级任重道远。三是财政保障压力增大，就业、教育、医疗、养老等社会民生领域欠账较多，脱贫攻坚任务艰巨。四是一些干部苦干实干、争先创优劲头不足，形式主义、官僚主义仍然存在，作风建设永远在路上。

三、2018 年发展目标

2018 年，坚持以习近平新时代中国特色社会主义思想为指导，深入贯彻党的十九大精神，全面落实习近平总书记视察重庆重要讲话和参加重庆代表团审议时的重要讲话精神，切实强化发展意识、创新意识、机遇意识、攻坚意识、责任意识、风险意识，坚持解放思想抓发展、改革创新抓发展、抢抓机遇抓发展、转变方式抓发展，坚持稳中求进工作总基调，坚定贯彻新发展理念，按照高质量发展的要求，统筹推进“五位一体”总体布局，协调推进“四个全面”战略布局，以供给侧结构性改革为主线，全力推动质量变革、效率变革、动力变革，着力抓好稳增长、促改革、调结构、惠民生、防风险各项工作，坚决打好“三大攻坚战”，大力实施“八项行动计划”，保持定力、坚定信心、稳中求进、奋发有为，努力使人民群众的获得感、幸福感、安全感更加充实、更有保障、更可持续。力保 2018 年全县地区生产总值 156 亿元、增长 8.5%，规模以上工业总产值 49 亿元、增长 13%，固定资产投资 118 亿元、增长 9%，社会消费品零售总额 75.5 亿元、增长 12%，一般公共预算收入 15 亿元、增长 6.9%，城镇和农村常住居民人均可支配收入分别为 29355 元、11215 元，分别增长 9.5%、10%，常住人口城镇化率达到 36.8%，城镇登记失业率控制在 3.5%以内，万元地区生产总值能耗下降 3.4 个百分点。

第七编

附　录

2017年重庆市经济和社会发展要事

1月

1日 我市5家专业市场入选首批国家级知识产权保护规范化市场。

6日 2016年我市主城区空气质量优良天数达301天。

7日 我市城市地区光纤到户覆盖率达到185.2%,光纤到户端口占比达到85.4%,两项指标均达到工信部"光网城市"评价标准,基本建成"全光网城市"。

13日 我国第二个国家级大宗能源商品交易中心——重庆石油天然气交易中心1月12日正式签约挂牌成立。

14日 万利高速公路实现全线贯通。

2016年全市重点项目完成投资4520亿元。2017年,市级重点项目计划完成投资4500亿元,新开工项目100个、完工项目50个。

2016年全市7个贫困区县整体脱贫摘帽,885个贫困村销号、59.3万建卡贫困群众越线脱贫。

18日 《重庆市现代商贸服务业发展"十三五"规划》发布,到2020年,全市社会消费品零售总额争取实现1万亿元左右,商品销售总额达到3.4万亿元。

2016年我市共完成500个农村环境连片整治项目,4年累计完成农村环境连片整治项目2700余个,700余万人直接受益。

《重庆市"十三五"内陆开放高地建设规划》发布,到2020年,全市贸易进出口总额突破6000亿元人民币,实际利用外资每年保持在100亿美元以上。

20日 《重庆市建设国家重要现代制造业基地"十三五"规划》发布,到2020年,全市工业总产值达到4万亿元,工业增加值达到1万亿元左右。

《重庆市建设国际知名旅游目的地"十三五"规划》发布,到2020年,旅游接待人次达5.26亿人次;全市旅游总收入达到4500亿元,年均增长15%。

23日 2016年全市生活垃圾"碳减排"总量达到72.81万吨,与上年同期相比增加7.6%。

25日 梁平、永川获批国家高新技术产业化基地。

26日 目前,全市有民办学校4455所,比2015年新增182所,占全市学校总数的45.24%。

30日 2016年我市接待境内外游客45086.13万人次,同比增长15.1%;实现旅游总收入2645.21亿元,同比增长17.5%。

2月

3日 春节期间,我市接待境内外游客3803.2万人次,同比增长15.6%;实现旅游总收入103.19亿元,同比增长20.3%。

5日 今年,我市将新建300个社区健身点,并于8月底前完工。

8日 国务院批复设立重庆江津综合保税区。

中新(重庆)战略性互联互通示范项目首个电源合作项目——重庆能源安稳电厂坑口煤电扩建项目两台66万千瓦机组全部投产发电,预计2017年发电量约50亿千瓦时。

9日 我市公共资源交易整合改革取得阶段性成效,2016年完成交易额1655亿元。

11日 从今年1月开始,我市失业保险金发放标准统一调整为1050元/月。

2016年全市公租房完成新增保障8.9万户,累计保障住房困难家庭32.9万户,90余万人。

13日 万州将建重庆首个国家农业公园,

总投资 85.4 亿元。

14 日 重庆市中长期铁路网规划(2016—2030 年)正式印发,到 2030 年,我市全面建成国家综合性铁路枢纽,建成"米"字形高铁网,全市路网规模达到 5805 公里。

15 日 2016 年全市共改造农村危房 6.44 万户,完成市级"民生实事" 任务的 161%。

16 日 2016 年全市交通完成投资超 740 亿元,新增铁路里程 302 公里,新增高速通车里程 292 公里,全市行政村通畅率达 100%,新改建农村公路 10043 公里。

今年,全市交通计划完成投资 820 亿元。渝广高速重庆段、南道高速重庆段、万利高速重庆段、九龙坡至永川高速等 4 条高速公路将建成通车;渝黔铁路、成渝高铁井口至沙坪坝段将建成,渝昆高铁年内开建。

2016 年全市金融业增加值 1642.6 亿元,占 GDP 比重达 9.4%。

21 日 2017 年 1 月我市居民消费价格指数(CPI)同比上涨 1.9%,涨幅低于全国平均水平 0.6 个百分点。

22 日 2016 年全市乡村旅游接待游客 1.52 亿人次,同比增长 19.7%;综合收入 349 亿元,同比增长 66.2%,就业人数超过 50 万人。

24 日 云阳龙缸获评国家 5A 级景区,我市 5A 级景区随之增至 8 个。

27 日 2 月 26 日下午,中新(重庆)战略性互联互通示范项目合作项目集中签约仪式在北京举行。此次签约项目多达 10 个,签约总金额约为 14.4 亿美元。

28 日 今年我市计划建设市级城市道路项目 118 个,总投资约 1995 亿元,年度投资约 330 亿元,其中,新开工项目 49 个。

3 月

1 日 2017 年我市拟建设 723 个市级重点项目,年度计划投资 4700 亿元;全年力争新开工项目 100 个,完工 50 个。

2 日 2016 年我市整合投入资金 2.85 亿元,启动 110 个贫困村和高山生态扶贫搬迁点乡村旅游扶贫项目建设,2391 户建卡贫困户户均收入 1.05 万元。

3 日 自 2013 年新一轮高山生态扶贫搬迁启动以来,我市贫困区县累计成交地票 14.74 万亩、成交额 292.44 亿元,4.53 万户建卡贫困户获利 12.2 亿元。

4 日 国家级军民融合创新示范项目——北斗民用产业园将在今年 6 月投产。

7 日 农业部已将我市列为开展信息进村入户工程整省示范 10 个示范省市之一,今年年底我市将建成 3300 个村级信息服务站。

10 日 市林业局发布重庆市森林资源公报,截至 2015 年底,我市林地面积为 446.61 万公顷,森林面积 374.07 万公顷,全市森林覆盖率达到 45.4%。

2016 年全市社会融资规模增加 3410.5 亿元,同比增长 441.2 亿元。

15 日 今年我市将新改建农村公路 8000 公里,新解决 1500 个撤并村不通畅问题。

16 日 长寿经开区 22 个重大项目集中开工,其总占地面积 1620 亩,总投资 85.27 亿元。

17 日 我市将进一步加快文化改革发展,2020 年,文化产业增加值将突破 1000 亿元。

18 日 日前,国务院印发《"十三五"现代综合交通运输体系发展规划》,明确重庆定位为国际性综合交通枢纽。

21 日 海关总署近日正式批复称:经海关总署、财政部、国家税务总局和国家外汇管理局审核同意,认定重庆南彭公路保税物流中心(B 型)验收合格,可以组织实施封关运行。今年 1 至 2 月全市一般公共预算支出 454 亿元,医疗卫生与计生支出同比增长 67.1%。

解放碑地下环道已建成 4.5 公里,连接世贸中心等 7 个车库,并将于 3 月 22 日开通。

22 日 《重庆市人民政府办公厅关于加快国际航空枢纽建设促进民航业全面发展的意见》正式下发。到 2020 年,重庆基本建成国际航空枢纽。

我国首个大型页岩气田——涪陵页岩气田累计供气突破100亿方，标志着我国页岩气加速迈进大规模商业化发展阶段。

23日 重庆江北机场T3A航站楼有望今年6月投用。

26日 2016年，我市民企对外投资合同额75.28亿美元,实际投资额17.25亿美元,分别占全市同期总额的98.4%和71.0%，较2015年增长分别为408.65%,50%。

30日 轨道交通9号线一期工程已进入主体施工阶段,预计2020年建成通车。

31日 《重庆市最低生活保障条件认定办法(修订)》自今年5月1日起施行。全市实际新增低保对象2.8万人左右。

4月

1日 国务院近日正式批复7个自贸试验区,《中国(辽宁,浙江、河南、湖北、重庆、四川、陕西)自由贸易试验区总体方案》发布,我国自贸试验区建设形成"1+3+7"新格局。

2日 昨日,中国(重庆)自由贸易试验区正式挂牌。重庆自贸试验区包括两江、西永、果园港三个片区,总面积119.98平方公里。

3日 观景口水利枢纽工程进度已完成50%,达到度汛高程。

4日 我市4个"铁公水"联运枢纽港口之一的重庆港龙头作业区，预计5月中旬开港试运行。

5日 清明小长假,我市共接待境内外游客1061.73万人次,同比增长17.23%,实现旅游收入60.03亿元,同比增长21.37%。

6日 快速路"四横线"(陈家坪立交至二郎立交)扩宽改造工程已于日前正式开工。

2016年全市新生儿达到38.3万人，其中二孩比例上升,占总出生数的42.22%。

10日 日前，国家发展改革委批复了2017年"互联网+"重大工程项目,总部位于南岸区的中移物联网有限公司的OneNET物联网开放平台成功入选。

14日 全国2016年食品药品安全考核结果出炉，重庆食品药品安全工作考核获全国第一名。

长安汽车两江基地新工厂昨日正式投产。该工厂占地面积908亩,投资38.3亿元。4月16日，重庆西站铁路综合交通枢纽已全面进入内装阶段,预计年内投用。

18日 一季度我市地区生产总值实现4306.74亿元,同比增长10.5%;完成固定资产投资2709.43亿元,同比增长11.8%;实现社会消费品零售总额197751亿元,同比增长120%。

19日 南川金佛山水利枢纽工程完成阶段性目标,提前达到度汛节点高程779.1米。

20日 《重庆市全面推行河长制工作方案》已于近日印发,到2020年实现"河畅、水清、坡绿、岸美"。

21日 11个重点产业项目在万州经开区高峰园区举行开工、竣工仪式,总投资达85亿元。

24日 重庆环都市区获批国家级产业转型升级示范区。重庆环都市区产业转型升级示范区包括长寿、涪陵、沙坪坝、江津、合川、铜梁、永川、荣昌等8区。

全市高山生态扶贫搬迁进展顺利，截至2017年2月底,全市已签订自愿搬迁协议18万余人,占目标任务的91.83%,已搬迁安置近13万人,占目标任务的77.63%。

26日 《主城区"内畅外联"三年行动方案》正式印发,力争三年投资2000多亿元,把主城区建设成为"内畅、外联、互通"的大都市中心区。

27日 昨日,重庆南彭公路保税物流中心(B型)正式封关运行。

5月

1日 今年一季度,我市共有926271人享受了城乡居民最低生活保障,共支出9.3亿元。

我市第一个符合国际汽联标准的赛车场——元臻重庆国际赛车场落户永川，将于今年7月以前动工开建。

2日　近日，国务院办公厅印发《关于对2016年落实有关重大政策措施真抓实干成效明显地方予以表扬激励的通报》，我市获13项表扬激励。

五一小长假我市接待游客1427.43万人次，同比增长16.81%；实现旅游收入86.19亿元，同比增长21.86%。

5日　《重庆市教育事业发展“十三五”规划》日前正式出炉，到2020年，我市学前三年教育毛入园率达90%，九年义务教育巩固率达95%以上，高中阶段毛入学率达97%。

8日　我市拟打造35个市级特色小(城)镇，市级财政将给予每年3.5亿元左右的建设专项补助，连续补助5年。

12日　5月10日，我市开行了首趟“渝桂新”(重庆—钦州)班列，标志着作为渝新欧大通道向南延伸的“渝桂新”去程班列正式启动。

14日　今年4月重庆实现进出口323.2亿元，同比增长5.7%。

17日　我市“1+3”枢纽型港口之一的重庆龙头港昨日正式开港，首期两个泊位启动运行。

19日　在建的成渝高速扩能项目九龙坡至永川高速公路计划年底建成。南川到贵州道真重庆段、重庆到四川广安重庆段和万州到湖北利川重庆段高速也将在今年建成通车。昨日，永川至泸州高速公路(重庆段)项目正式开工建设，预计2020年建成通车。

20日　中国共产党重庆市第五次代表大会隆重开幕。

2013年至2016年我市共滚动实施“民生实事”37项，完成投资1060亿元，其中财政投入710亿元，撬动社会资本350亿元，17件民生实事已交卷销号。

23日　我市发行今年首批政府定向置换债券214.58亿元。

28日　2016年，全市城镇非私营单位就业人员年平均工资65545元，扣除物价因素，实际增长6.3%；市城镇私营单位就业人员年平均工资47345元，扣除物价因素，实际增长5.2%。

30日　我市1—4月工业投资1355亿元，增长15.%，其中，民间工业投资960亿元，增长17.6%。

31日　端午小长假我市接待游客838.87万人次，同比增长15.37%；现旅游收入38.16亿元，同比增长24.91%。

6月

1日　万利高速重庆段控制性工程——万州驸马长江大桥预计年内建成通车。

今日起，全市所有公立医疗机构将全面实施药品采购“两票制”。

2日　截至2016年底，我市普惠性幼儿园达5779所，普惠率达75%。

3日　为表扬激励部分地区扶贫工作取得显著成效，重庆等8省市获中央财政32亿元奖励。

5日　城区“内畅外联”重点实施项目长和路通车，谢家湾立交将于本月完工，五四大道本月将全线通车，沙坪坝沙磁文化广场公共停车库年底投用。

6日　新中梁山隧道8月底开放通行，华岩隧道工程月底完工，计划今年四季度通车。

我市分阶段分层次启动实施“双一流”(一流大学和一流学科)建设。

7日　“十三五”时期首条500千伏川渝输电大通道全线贯通，6月26日前正式投产。

8日　机场南联络道东延伸段(一期)工程已完工1/3，预计明年2月将建成通车。

13日　忠县拔山小学被授予“中国关心下一代教育示范基地”。

14日　我市158个村入选全国首批绿色村庄。

15日　1—5月，全市一般公共预算收入958.3亿元，与上年同期相比增长6.2%；全市一般公共预算支出1536.2亿元，增长14.4%.

16日　1—5月，我市外贸进出口总值达1644亿元，同比增长1.8%。

17日　1—5月，161个项目落户重庆自贸试验区,投资总金额1066.42亿元。

19日 蔡家嘉陵江大桥正式开工建设。

20日 兰渝铁路全线贯通，年内开通运营后重庆到兰州坐火车将缩短至6.5小时。

万盛经开区入选第二批“国家级旅游业改革创新先行区”。

重庆机场新建的第三跑道圆满完成“初航”试飞。

22日 第二十届中国(重庆)国际投资暨全球采购会在重庆悦来国际会议中心开幕。

永川区、猪八戒网入选第二批国家“双创示范基地”。

23日 重庆汽车产业再添新动能,“重庆造”福克斯2019年将返销北美市场,小康股份1.1亿美元收购美国悍马工厂。

24日 到本月底，我市将完成全部128万口山坪塘整治工作,我市病险山坪塘将全部“销号”。

昨日,我市22个旅游投资项目在西旅会上集中签约,签约总金额达到555.9亿元。

25日 截至今年6月，中新示范项目已累计签约项目90个,总金额约197亿美元,其中已有39个项目落地,金额达65亿美元。

28日 万盛经开区、忠县、秀山县入围全国首批农村生活垃圾分类和资源化利用示范县。

7月

3日 轨道交通10号线一期工程已于上月底开始分段联调联试,今年底全线开通运营。轨道交通5号线一期北段工程建设正加快推进，将于年内正式通车。

7月1日起,减并增值税税率有关政策正式实施，增值税税率由目前的四档减至17%,11%和6%三档(不含零税率),取消13%这一档税率。

黔江100MWp光伏发电项目正式并网发电。

5日 在新近公布的国家财政专项扶贫资金绩效考评中，我市再次被评为A等，自2008年以来连续九年获此殊荣，累计获得绩效考评奖励资金7.58亿元。

7日 市郊铁路渝合线重要节点工程——合川渭沱货运站正式开工建设。市郊铁路渝合线是2016年国家发展改革委PPP投融资模式首批试点铁路项目。

11日 本月我市启动两项保险合并实施试点工作，生育保险基金并入职工基本医疗保险金。

12日 2017中国旅游城市排行榜发布,重庆排名第二。

13日 2016年中国服务外包示范城市综合评价结果出炉,重庆排11位,属全国第一梯队。

15日 今年我市人均基本公共卫生服务补助标准提高至50元。

17日 主城区“两江四岸”消落区综合治理工程年底启动。

19日 《中国城市信用状况监测评价报告2017》发布,重庆综合信用指数87.32,全国排名第三。

上半年,全市外贸进出口2044亿元,同比增长4.7%;出口1314.2亿元,进口729.8亿元。

20日 1—6月，全市一般公共预算收入1252.8亿元,同比增长7.1%;全市一般公共预算支出2241.1亿元,增长13.7%。

北京现代重庆工厂在两江新区正式落成,北汽集团将在重庆实现百万台汽车产能。

21日 重庆江北国际机场东航站区及第三跑道建设工程正式通过行业验收。

22日 渝黔铁路扩能改造工程全线接轨铺通,9月开始线路联调联试,年底全线通车。

23日 8月底前，我市城乡医保3200多万参保人员可实现跨省异地就医直接结算。

26日 1—6月,果园港完成货物吞吐量697万吨,同比增长30%;完成集装箱吞吐量16万件标箱,同比增长47%。

27日 重庆三峡库区首座农光互补绿色新能源光伏发电项目部分并网发电成功。

28日 金融租赁服务长江经济带战略联盟成立,我市从中获得320亿元融资租赁支持。

我市从2017年1月1日起调整企业和机关事业单位退休人员基本养老金。

30日 我市拟全面取消公立医院药品加成,并调整部分医疗服务项目价格。

31日 截至6月末,全市本外币各项贷款余额达2.73万亿元左右,同比增长11.1%。

我市成功创建106个市级金融扶贫示范点。

8月

1日 1—6月,全市重点项目完成投资1950亿元,带动全市固定资产投资完成6923亿元。重庆首个冷链物流保税仓已获重庆海关审批。

2日 1—6月,全市GDP增长10.5%,城镇新增就业42.2万人,规模以上工业增加值、固定资产投资、社会消费品零售总额分别增长10.4%,12.3%,11.7%。

4日 我市铁路、公路、水运和空运等口岸实现7×24小时通关全覆盖。

我市入选全国第二批城市设计试点城市。

重庆巫溪至陕西镇坪高速公路(重庆段)工程可行性研究报告正式获批。

5日 我市提高城乡低保和特困人员救助供养标准,城乡低保差距将缩小到1: 0.7。

6日 重庆东盟国际物流大通道延伸至泰国曼谷。

9日 轨道交通1号线尖璧段缙云山隧道工程顺利贯通。

璧山国家高新区12家企业集中开建,重点布局新能源汽车产业链。

10日 2016年度全国困难群众基本生活救助工作绩效评价,重庆被评为优秀,排名全国第三。

12日 今年9月,全市所有公立医院将全部取消药品加成,以破除"以药补医"机制。

14日 1—7月,全市一般公共预算收入1430.9亿元,与上年同期相比增长7.1%;全市一般公共预算支出2449.9亿元,增长12.3%。

16日 1—7月,全市规模以上工业增加值同比增长10.%;社会消费品零售总额4555.85亿元,同比增长10.5%;固定资产投资完成8347.74亿元,同比增长12.1%。

18日 我市2017年普通高校招生共录取220674人,录取率89.16%,创历史新高。

1—7月,全市共实现外贸进出口2415.8亿元,同比增长5.4%。

19日 截至7月9日(自贸区挂牌100天),重庆自贸试验区全域共落户项目304个,签约金额1824.9亿元,新增企业累计达6492户。

21日 市经济信息委与腾讯签署战略合作协议,重庆成为腾讯在全国首个签约共建的移动支付智慧城市。

22日 兰渝铁路预计10月底具备全线开通条件;渝武高铁预计2020年后开建。

24日 金山大道北延伸段道路工程可行性研究报告获市发展改革委批复;两江新区陡溪立交改造工程开工,预计2019年投用。

27日 我市第二批移动互联网村试点申报工作日前启动。

29日 重庆江北国际机场T3A航站楼和第三跑道工程正式投运,成为我国中西部地区第一个拥有三座航站楼、实现三条跑道同时运行的机场。

市级重点建设项目龙兴隧道计划年内开工;照母山星光隧道左洞将在9月贯通。

30日 丰都率先在全市试点"无固定用工单位农民工"贷款购房,取得阶段性成效。

31日 1—7月,市级重大项目完成投资2393亿元,带动全市固定资产投资完成8348亿元,同比增长12.1%。

9月

1日 中共中央政治局会议建议中国共产党第十九次全国代表大会10月18日在北京召开。

习近平总书记在深度贫困地区脱贫攻坚座谈会上的重要讲话公开发表。

2日 9月9日起,我市将全面推开公立医院综合改革。市人力社保局提醒:市民就医一定要带上医保卡,门诊诊查费才能报销。

渝桂黔陇四方合作共建中新互联互通项目南向通道。

3日 一台仪器将气味“数字化”:重庆大学“嗅觉体验智能测试仪”项目获全国大学生创业大赛金奖。

4日 习近平出席金砖国家工商论坛开幕式并发表主旨演讲:强调金砖国家要共同开创金砖合作第二个“金色十年”。

5日 想吃得放心先看看餐馆的等级:50%的餐饮单位年内将公示食品安全等级新标识。

6日 市委召开常委会议强调:按下“快进键”跑出“加速度”全力以赴打赢交通建设“三年会战”。

7日 主城三座大桥灯饰工程启用。

8日 我市多个交通项目年内将建成投用。

9日 0时,公立医院综合改革在我市全面推开。

10日 重庆籍“80后”科学家许晨阳获2017未来科学大奖数学与计算机科学奖。

11日 13家渝企入围中国企业500强。

12日 到2020年重庆成为国际知名旅游目的地。

13日 我市改善医疗服务:60家医院25项检验结果互认。

14日 第六届重庆文博会今日开幕。

15日 重庆自贸试验区迎“半年考”:落户项目385个,投资总额超2000亿元。

16日 中国移动5G联合创新中心重庆开放实验室挂牌,2019年我市将试商用5G网络。

17日 8月份我市外贸进出口增长11.%,高新技术产品出口连续10个月增长。

20日 重庆北斗卫星导航产品质量检测中心获准筹建。

21日 市委印发《关于加强党内法规制度建设的实施意见》。

22日 重庆大学、西南大学入选教育部“双一流”建设名单。

23日 我市首个大数据智能研究院成立,将助推我市传统工业和支柱产业向智能化迈进。

24日 陈敏尔张国清会见出席重庆市市长国际经济顾问团会议第十二届年会嘉宾。

25日 军民融合为契机,发展北斗产业,重庆造导航产品精度达到“厘米级”。

26日 习近平在参观“砥砺奋进的五年”大型成就展时强调:“振奋精神,砥砺奋进,再接再厉,为实现中华民族伟大复兴的中国梦继续奋斗!”

27日 陈敏尔在渝西片区各区工作座谈会上强调:“加大统筹城乡发展力度,让城市与乡村美美与共”。

28日 全自动机器人施釉,无人自动导航车装卸搬运。

德国工业4.0工厂在江津建成投产。

29日 《重庆市国有土地上房屋征收与补偿条例(草案)》三审,旧城区改建应尊重房屋所有权人意愿。

30日 中共中央决定给予孙政才开除党籍、开除公职处分,将孙政才涉嫌犯罪问题及线索移送司法机关依法处理。

10月

1日 重庆市委召开全市领导干部大会强调:坚决迅速把思想和行动统一到中央决定精神上来,坚定不移同以习近平同志为核心的党中央保持高度一致。

2日 陈敏尔、张国清在调研我市开放工作时强调:深度融入国家战略,打造内陆开放高地。

4日 都市游、乡村游、红色游“红红火火”:重庆各景区进入假期客流高峰。

5日 贸易便利化,让重庆与世界做生意越来越容易。

6日 受境内外企业青睐:两江新区成重要投资目的地。

7日 运行600余天累计签约项目90个,

中新互联互通项目引资196亿美元。

8日　三大产业推动寸滩保税港区加速快跑。

9日　“超级假期”超3400万人次游重庆：都市游、三峡游、世遗游等样样红火，旅游总收入123.07亿元。

10日　市委常委会召开会议强调：全力以赴做好近期各项工作，以实干实绩迎接党的十九大。

11日　重庆首票出境加工货物顺利通关。

13日　全国人大常委会来渝开展执法检查。

14日　今年一至八月，全市农村产品网络零售额同比增长83.1%，重庆农村电商发展驶入快车道。

15日　三峡白帝城遗址考古显现南宋城垣格局。

16日　长26米、高22米，纸板做的千厮门大桥亮相江北嘴。

17日　避免群众因病致贫因病返贫，去年以来重庆累计救治贫困患者逾5万。

18日　党的十九大开幕。全国广播电视、中央重点新闻网站将直播大会开幕式。

19日　决胜全面建成小康社会，夺取新时代中国特色社会主义伟大胜利，中国共产党第十九次全国代表大会在京开幕。习近平代表第十八届中央委员会向大会作报告。

20日　前三季度重庆100个重点工业达产项目完成产值941.1亿元。

21日　重庆直飞纽约航线开通。单程15小时左右，是我国中西部地区首条直飞纽约航线。

22日　三峡工程新一轮175米试验性蓄水完成。

23日　为了全体人民对美好生活的追求——从党的十九大看党始终不渝的奋斗目标。

24日　重庆市集成电路技术创新战略联盟成立，已集聚2个国家级重点实验室，1个国防重点实验室，1个省部级重点实验室。

25日　中国共产党第十九次全国代表大会在京闭幕。

26日　西南大学发现家蚕分子新机制可对鳞翅目害虫进行控制。

27日　重庆市成立全国首家网络设计院，“互联网+设计”促进建筑业转型升级。

28日　2017年重庆长寿湖国际铁人三项赛下周末开赛。

30日　促进贸易便利化“单一窗口”明日上线，通关时间将缩短10%，企业成本下降10%。

31日　今年1—9月重庆规模以上工业企业实现利润1209.28亿元。

11月

1日　市委常委会召开会议强调：坚决维护党中央权威和集中统一领导，把十九大精神全面落实在重庆大地上。

2日　重庆启动2018年度电力直接交易，合规企业快去申报“直购电”。

3日　“渝黔桂新”南向铁海联运通道常态化运行满月，行9趟班列，超过每周一班的初期目标。

4日　全面落实河长制，推动生态优先绿色发展战略深入实施。

5日　2018年重庆市高校毕业生超22万，实体经济回暖，大学生就业形势向好。

6日　中国北斗步入全球组网新时代，我国“一箭双星”成功发射北斗三号卫星。

主动迎接智能化，自主攻克多项关键技术，川仪成为智能仪表全球顶尖生产商。

7日　为实体经济“输血”，培育航空产业，融入“一带一路”促进信息互通。

重庆新材料产业发展实施方案出台，计划到2020年实现1500亿元销售收入。

8日　重庆首家无人超市亮相解放碑。

9日　重庆龙兴飞行服务站投入试运行，率先实现气象数据接引和转发。

10日　加强技术创新，培育七大环保产业集群。

11日 我市启动乡村振兴绿化行动，今年秋冬季将为农户栽植百万株风景树、传家树、摇钱树。

12日 我市集中孵化一批高新技术军民融合项目,计划建立十个以上专业创新研究机构。

13日 渝企产品让北斗三号的原子钟每2000万年才误差1秒。

“重庆造”首台3兆瓦风电机组在河北并网发电。

15日 我市集中签约43个重大旅游招商项目。

16日 我市将启动市级环保集中督察。

18日 大足农村探索股份合作试点:让土地成为农民增收致富的资产。

19日 国务院印发《划转部分国有资本充实社保基金实施方案》,划转比例统一为企业自有股权的10%。

20日 福特新蒙迪欧插电混动版亮相广州车展,整车百公里综合工况油耗仅2升。

21日 重庆发出首张新能源汽车专用号牌。

22日 重庆市三峡库区水土治理成效明显,年均减少泥沙流失约7880万吨。

24日 机器人:对仪表进行拍照、读取、自动记录等;无人机:巡检特(超)高压输电线路、排查隐患等;空地立体电网巡检“智能搭档”亮相重庆。

25日 主城划定28个历史文化街区和风貌区:十八梯等5个明年上半年部分开放,金刚碑等6个明年初启动保护改造。

27日 未来3年投入上千亿元开展人工智能技术创新及应用示范。

28日 18亿元打造社区养老服务“千百工程”,3年后社区养老服务覆盖80%以上城镇社区、60%以上农村社区。

29日 未来三年我市将建3197座公厕,主城区可通过手机APP找到公厕。

30日 引入“温泉国度”匈牙利技术,东温泉将建世界级医疗温泉度假小镇。

12月

1日 以“智能+”打造全市领先智能产业示范区,江北区智能产业发展局挂牌。

3日 两年内去煤炭产能2348万吨，重庆提前一年超额完成煤炭去产能目标任务。

5日 我市启动事业单位绩效工资制度改革:特殊岗位采取年薪制、项目工资等分配方式,14项收入不纳入事业单位绩效工资总量管理。

6日 重庆进境粮食指定口岸获批。

7日 重庆出台《指导意见》,开展农村“三变”改革试点:力争到二〇二〇年基本消除“空壳村”。

9日 62个内陆开放重点项目集中落户重庆,签约金额逾1140亿元。

为心衰竭患者带来“心”希望,“重庆造”人工心脏进入临床试验阶段,预计明年面市。

10日 11月份全国居民消费价格同比上涨1.7%。

12日 检察机关依法决定对孙政才立案侦查。

13日 新增公厕更注重“公厕+绿地”一体建设。

15日 重庆科技创新城启幕，打造“创新智核”。

16日 全球最大规模真菌生物农药生产基地在渝投产。

17日 重庆成立机器人及智能制造技术创新战略联盟。

19日 重庆大学产业技术研究院启动暨首批入驻项目签约活动举行。

20日 “重庆造”铝材装上国产大飞机C919,两项产品填补国内空白,批量生产后将替代进口。

22日 长江上游最大吨位修船中心亮相重庆,长航东风6000吨级浮船坞运营投用。

23日 国内首个直升机生产许可证落地重庆。

24日 重庆部分智能技术跻身国内前列。

26 日 助力内陆开放高地建设，重庆成立物流金融公司。

28 日 国家首次发布各地绿色发展指数:重庆生态保护指数排名全国第一。

29 日 中欧班列(重庆)果园港班列首发:标志着中欧班列(重庆)与长江黄金水道实现无缝衔接。

30 日 重庆高校有 8 个学科位列全国 A 级档次。

31 日 国家外汇管理局发布新规:境外大额取现将受限,个人持卡消费无影响。

2017年重庆市国民经济和社会发展统计公报

重庆市统计局　国家统计局重庆调查总队

2017年,重庆市委、市政府坚持以习近平新时代中国特色社会主义思想为指导,认真贯彻党的十八大、十九大精神,全面落实习近平总书记视察重庆重要讲话精神,坚持稳中求进工作总基调,全面贯彻新发展理念,统筹推进“五位一体”总体布局,协调推进“四个全面”战略布局,以供给侧结构性改革为主线,扎实做好稳增长、促改革、调结构、惠民生、防风险各项工作,各项事业迈出了坚实步伐。

一、综合

初步核算,全年实现地区生产总值19500.27亿元,比上年增长9.3%。按产业分,第一产业增加值1339.62亿元,增长4.0%;第二产业增加值8596.61亿元,增长9.5%;第三产业增加值9564.04亿元,增长9.9%。三次产业结构比为6.9∶44.1∶49.0。非公有制经济实现增加值11924.69亿元,增长9.5%,占全市经济的61.2%。其中,民营经济实现增加值9832.61亿元,增长9.9%,占全市经济的50.5%。按常住人口计算,全市人均地区生产总值达到63689元(9433美元),比上年增长8.3%。

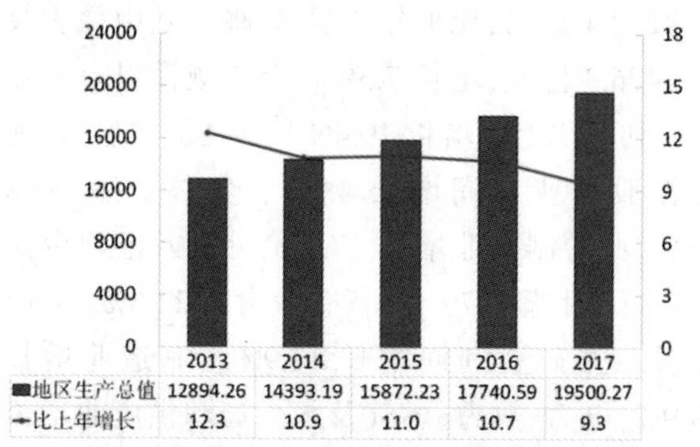

图1 2013—2017年地区生产总值及其增长速度(亿元、%)

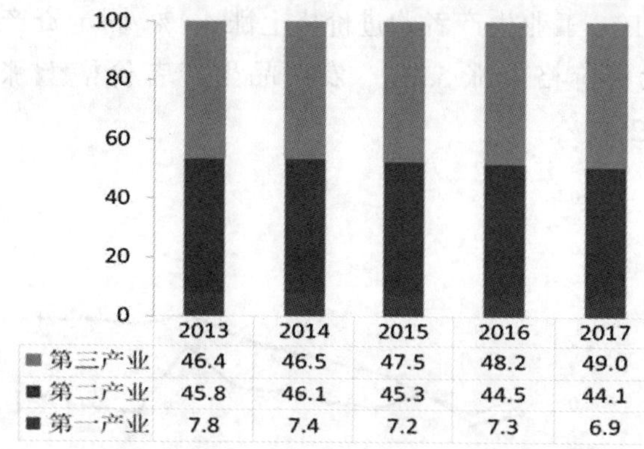

图2 2013—2017年三次产业增加值占地区生产总值比重 (%)

全市常住人口3075.16万人,比上年增加26.73万人,其中城镇人口1970.68万人,占常住人口比重(常住人口城镇化率)为64.08%,比上年提高1.48个百分点。全年外出市外人口482.31万人,市外外来人口167.65万人。

全年人口出生率为11.18‰,死亡率为7.27‰,人口自然增长率为3.91‰。全市常住人口性别比(以女性为100,男性对女性的比例)为101.74,出生婴儿性别比为108.58。

表1 2017年年末常住人口数及其构成

指　标	年末数(万人)	比重(%)
全市常住人口	3075.16	100.0
按城乡分		
城 镇	1970.68	64.1
乡 村	1104.48	35.9
按性别分		
男 性	1550.84	50.4
女 性	1524.32	49.6
按年龄段分		
0~15岁(含不满16周岁)	551.54	17.9
16~59岁(含不满60周岁)	1901.86	61.9
60周岁及以上	621.76	20.2
65周岁及以上	406.54	13.2

城镇新增就业人员74.23万人,比上年增长3.0%。城镇登记失业人员实现就业30.67万人,增长4.7%。累计农村劳动力非农就业819.6万人。年末城镇登记失业率3.4%。高校应届毕业生年底就业率95.4%。

全年居民消费价格比上年上涨1.0%,其中食品价格下降3.0%。工业生产者出厂价格上涨4.1%。工业生产者购进价格上涨4.4%。固定资产投资价格上涨5.3%。农产品生产者价格上涨3.2%。

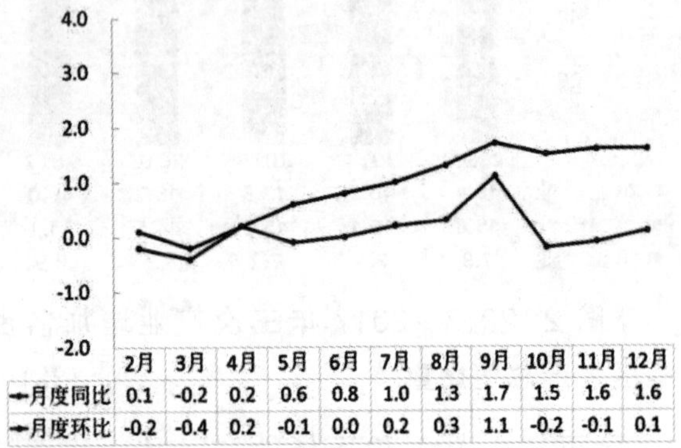

图3 2017年居民消费价格月度涨跌幅度(%)

表2 2017年居民消费价格比上年涨跌幅度

指　　标	比上年增长(%)
居民消费价格	1.0
食品烟酒	-1.8
衣　着	2.8
居　住	1.9
生活用品及服务	0.7
交通和通信	1.5
教育文化及娱乐	3.3
医疗保健	4.2
其他用品和服务	0.8

截至2017年,全市共有各类市场主体234.43万户,比上年增长9.2%。其中,内资企业72.83万户,外资企业0.62万户,个体工商户157.75万户,农民专业合作社3.23万户。2017年新发展微型企业7.41万户,年末微型企业达56.07万户,增长8.3%。

供给侧结构性改革扎实推进。全年规模以上工业产能利用率为77.0%,比上年提高1.8个百分点。其中,煤炭开采和洗选业产能利用率为65.5%,提高2.3个百分点;黑色金属冶炼和压延加工业产能利用率为69.6%,提高17.7个百分点。年末商品房待售面积2051.69万平方米,比上年末减少256.78万平方米。其中,商品住宅待售面积578.08万平方米,减少296.62万平方米。年末规模以上工业企业资产负债率为58.7%,比上年末下降3.1个百分点。全年规模以上工业企业每百元主营业务收入中的成本为84.70元,比上年下降0.06元;每百元主营业务收入中的费用为8.03元,下降0.45元。全年生态保护和环境治理业、公共设施管理业、农业固定资产投资(不含农户)分别比上年增长46.4%、14.0%和18.1%。

新动能新产业新业态加快成长。全年规模以上工业战略性新兴产业增加值比上年增长25.7%,高技术产业增加值增长24.9%,占规模以上工业增加值的比重分别为17.3%和17.0%。全年新能源汽车产量2.1万辆,比上年增长1.3倍;城市轨道车辆产量增长76.5%;锂离子电池产量增长1.3倍;智能手机产量增长58.1%。全年高技术产业投资1422.64亿元,比上年增长18.7%,占固定资产投资(不含农户)的比重为8.2%;工业技术改造投资1616.67亿元,比上年增长19.6%,占固定资产投资(不含农户)的比重为9.3%。全市限额以上批发和零售企业实现网上商品零售额298.52亿元,比上年增长34.3%,高出非网上商品零售额增速21.3个百分点。

发展质量效益改善。全年一般公共预算收入2252.4亿元,比上年增长3.0%。其中税收收入1476.3亿元,增长7.3%。全年规模以上工业企业利润比上年增长19.4%。分经济类型看,国有控股企业利润增长4.3%,集体企业下降3.8%,股份制企业增长27.3%,外商及港澳台商投资企业下降2.7%,私营企业增长22.6%。分门类看,采矿业利润增长17.9%,制造业增长19.9%,电力、热力、燃气及水生产和供应业增长8.7%。全年全员劳动生产率为111439元/人,比上年增长8.6%。

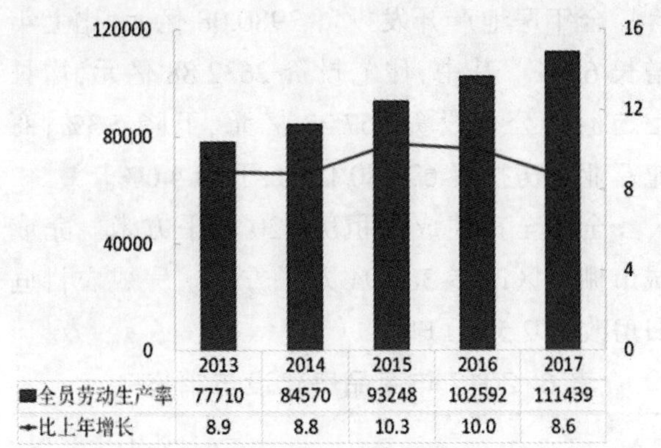

图 4 2013—2017 年全员劳动生产率及其增长速度(元/人、%)

二、农业

全年实现农林牧渔业增加值 1363.87 亿元，比上年增长 4.1%。其中，种植业 894.18 亿元，增长 4.2%；畜牧业 309.56 亿元，增长 1.5%；林业 62.15 亿元，增长 11.8%；渔业 73.73 亿元，增长 7.6%；农林牧渔服务业 24.24 亿元，增长 10.3%。

全年粮食播种面积 3358.46 万亩，比上年下降 0.5%。粮食综合单产 347.53 公斤/亩，增长 0.6%。油料播种面积 492.83 万亩，增长 2.7%。蔬菜播种面积 1141.25 万亩，增长 1.8%。水果种植面积 560.87 万亩，增长 3.8%。中药材种植面积 186.66 万亩，增长 1.0%。

表 3 2017 年主要农产品产量

产品名称	产量	比上年增长(%)
粮食(万吨)	1167.15	0.1
油料(万吨)	64.36	2.6
蔬菜(万吨)	1947.18	3.8
水果产量(万吨)	445.94	9.1
禽蛋(万吨)	47.74	0.7
出栏生猪 (万头)	2013.28	-1.7
出栏羊(万只)	329.54	9.6
出栏家禽(万只)	24996.09	0.3
猪肉(万吨)	149.15	-1.4
水产品(万吨)	53.39	5.0

全年粮食总产量达 1167.15 万吨，比上年增长 0.1%。其中，夏粮产量 144.84 万吨，下降 0.8%；秋粮产量 1022.31 万吨，增长 0.2%。全年谷物产量 803.14 万吨，增长 0.4%。其中，稻谷产量 509.94 万吨，下降 0.1%；小麦产量 17.03 万吨，下降 13.3%；玉米产量 264.53 万吨，增长0.1%。

三、工业和建筑业

全年实现工业增加值 6587.08 亿元，比上年增长 9.4%，占全市地区生产总值的 33.8%。

规模以上工业增加值比上年增长 9.6%。分产业看，汽车制造业增长 6.2%，电子制造业增长 27.7%，装备制造业增长 9.3%，化医行业增长 12.6%，材料行业增长 7.6%，消费品行业增长 9.3%，能源工业下降 5.9%。分门类看，采矿业下降 17.3%，制造业增长 11.2%，电力、热力、燃气及水生产和供应业增长 5.6%。分行业看，农副食品加工业增长 5.4%，化学原料和化学制品制造业增长 14.0%，非金属矿物制品业增长 8.5%，黑色金属冶炼和压延加工业下降 5.4%，有色金属冶炼和压延加工业增长 14.8%，通用设备制造业增长 11.4%，铁路、船舶、航空航天和其他运输设备制造业增长 4.7%，电气机械和器材制造业增长 8.3%，计算机、通信和其他电子设备制造业增长 33.2%，电力、热力生产和供应业增长 2.8%。

表 4 2017 年规模以上工业主要产品产量

产品名称	产量	同比增长(%)
汽车(万辆)	299.82	4.4
# 轿车	84.94	-13.3
运动型多用途乘用车(SUV)	132.76	15.3
摩托车(万辆)	595.23	17.5
笔记本计算机(万台)	6095.06	9.9
打印机(万台)	1450.93	5.4
集成电路(万块)	46323.05	38.5
液晶显示屏(万片)	9128.17	131.2

全年实现建筑业增加值 2009.53 亿元，比上年增长 9.6%。建筑业总产值达 7608.00 亿元，增长 8.1%。全市具有资质等级的总承包和专业承包建筑业企业实现利润 369.32 亿元，增长 11.9%。

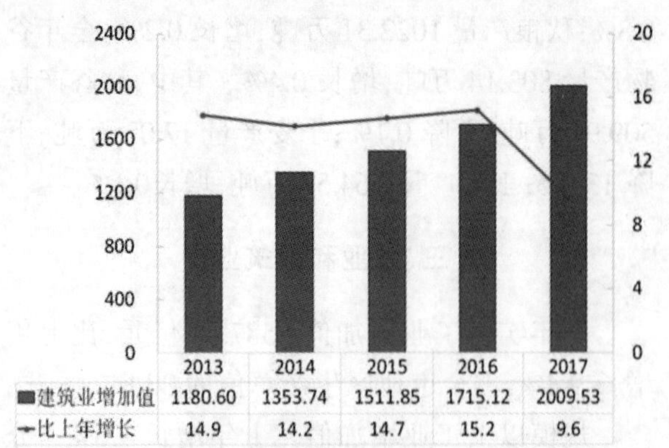

图5 2013—2017年建筑业增加值及其增长速度

四、固定资产投资

全年完成固定资产投资总额17440.57亿元,比上年增长9.5%。其中,基础设施建设投资5659.12亿元,增长15.8%,占全市固定资产投资的32.4%;民间投资9522.88亿元,增长13.5%,占全市固定资产投资的比重为54.6%。

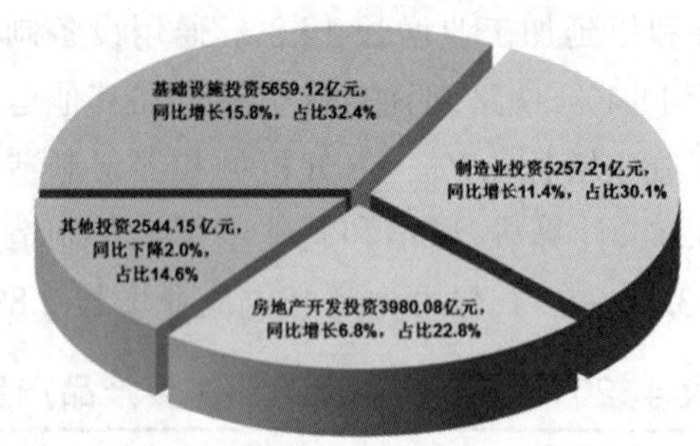

图6 2017年按领域分固定资产投资及其占比

表5 2017年按产业分固定资产投资

指标	绝对量(亿元)	比上年增长(%)	比重(%)
全市固定资产投资总额	17440.57	9.5	100.0
第一产业	492.78	12.9	2.8
第二产业	5887.32	8.9	33.8
#工业	5880.70	8.9	33.7
汽车制造业	923.14	24.0	5.3
电子制造业	1096.40	15.9	6.3
装备制造业	921.87	8.1	5.3
化医行业	511.94	3.7	2.9
材料行业	582.33	-4.0	3.3
消费品行业	1236.84	12.4	7.1
能源工业	608.19	-7.5	3.5
第三产业	11060.47	9.6	63.4
#房地产开发	3980.08	6.8	22.8

全年房地产开发投资3980.08亿元,比上年增长6.8%。其中,住宅投资2632.88亿元,增长13.5%;办公楼投资157.28亿元,下降5.3%;商业营业用房投资671.80亿元,下降4.6%。

全年全市建成公租房120万平方米。完成城市棚户区改造383.94万平方米。完成农村危旧房改造2.56万户。

表6 2017年商品房建设与销售

指标	绝对量	比上年增长(%)
施工面积(万米²)	25960.99	-5.1
#住宅	16747.92	-6.6
办公楼	907.70	-11.0
商业营业用房	3988.08	-4.9
新开工面积(万米²)	5680.04	16.5
#住宅	3759.63	25.4
办公楼	94.86	-41.0
商业营业用房	768.10	-14.6
竣工面积(万米²)	5055.73	14.3
#住宅	3316.37	7.5
办公楼	142.01	40.6
商业营业用房	724.40	14.2
销售面积(万米²)	6711.00	7.3
#住宅	5452.65	6.8
办公楼	168.47	57.5
商业营业用房	634.37	2.0
销售额(亿元)	4557.85	32.8
#住宅	3601.56	36.6
办公楼	162.13	64.0
商业营业用房	629.66	13.9

五、国内贸易

全年批发和零售业实现增加值1595.88亿元,比上年增长7.6%,占全市地区生产总值的8.2%;住宿和餐饮业实现增加值424.78亿元,增长8.4%,占全市地区生产总值的2.2%。

全年实现社会消费品零售总额8067.67亿元,比上年增长11.0%,扣除价格因素,实际增长10.1%。按经营地统计,城镇消费品零售额7651.18亿元,增长10.8%;乡村消费品零售额

416.49 亿元，增长 13.9%。按消费类型统计，商品零售额 6914.54 亿元，增长 10.8%；餐饮收入额 1153.13 亿元，增长 12.1%。

在限额以上法人企业商品零售额中，金银珠宝类比上年增长 33.5%，建筑及装潢材料类增长 27.5%，饮料类增长 22.0%，家用电器和音像器材类增长 19.4%，石油及制品类增长 19.2%，粮油、食品类增长 16.6%，日用品类增长 15.6%，家具类增长 13.8%，中西药品类增长 12.9%，通讯器材类增长 12.5%，汽车类增长 11.4%，文化办公用品类增长 11.4%，体育、娱乐用品类增长 9.9%，化妆品类增长 9.0%，服装、鞋帽、针纺织品类增长 8.4%，烟酒类增长 7.5%。

从限额以上零售企业业态看，全年无店铺零售实现零售额 150.17 亿元，比上年增长 50.6%。其中，网上商店增长 55.7%，电话购物增长 27.4%。在有店铺零售中，百货店零售额增长 3.9%，超市和大型超市增长 16.6%，购物中心、仓储会员店和厂家直销中心增长 26.9%。

六、对外经济

全年实现货物进出口总额 4508.25 亿元，比上年增长 8.9%。其中，出口 2883.71 亿元，增长 7.8%；进口 1624.54 亿元，增长 11.0%。按美元计价，实现货物进出口总额 666.04 亿美元，比上年增长 6.1 %。其中，出口 425.99 亿美元，增长 4.8 %；进口 240.05 亿美元，增长 8.6%。全市货物出口前三位国家（地区）是美国、德国和韩国，分别出口 781.72 亿元、363.96 亿元和 137.37 亿元，分别比上年增长21.4%、37.6%和 24.7%。货物进口前三位国家（地区）是韩国、中国台湾和马来西亚，分别进口 226.92 亿元、166.91 亿元和 159.57 亿元，分别比上年增长 26.7%、下降 25.7%、下降 0.2%。

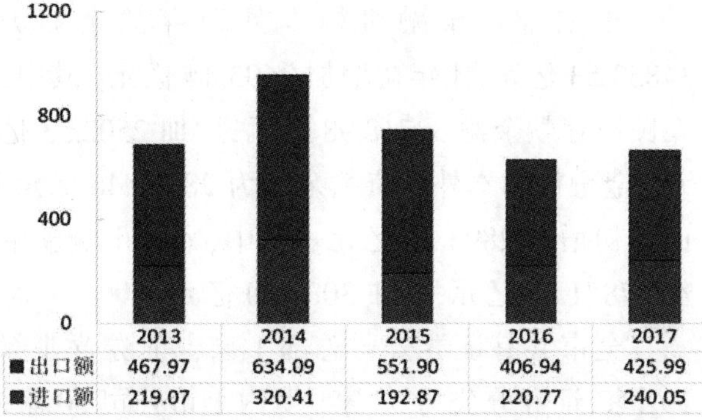

图 7 2013–2017 年货物进出口总额（亿美元）

表 7 2017 年货物进出口总额

指 标	绝对量（亿元）	比上年增长（%）
进出口总额	4508.25	8.9
出口额	2883.71	7.8
# 国有企业	113.94	0.3
外资企业	1877.71	22.4
私营企业	864.33	–14.3
# 一般贸易	986.28	–13.1
加工贸易	1814.43	25.7
# 机电产品	2536.16	13.3
# 高新技术产品	1906.93	16.2
# 笔记本电脑	1285.11	22.3
进口额	1624.54	11.0
# 国有企业	514.49	18.6
外资企业	750.75	12.2
私营企业	359.08	–0.5
# 一般贸易	843.73	25.7
加工贸易	259.95	20.6
# 机电产品	1090.64	–1.0
# 高新技术产品	866.05	0.2

全年服务外包离岸执行额 21.30 亿美元，比上年增长 3.8%。其中，知识流程外包 13.42 亿美元，增长 8.8%。全年我市 16 个国际服务外包示范区累计执行额 18.60 亿美元。

全市新签订外资项目 238 个，比上年增长 6.3%。合同外资额 38.32 亿美元，下降 4.4%。全年实际利用外资金额 101.83 亿美元，下降 10.2%。其中，外商直接投资 22.20 亿美元，下降 20.4%。全年实际利用内资项目 34644 个，下降 2.8 %。实际利用内资金额 9682.36 亿元，增长 3.6 %。截至 2017 年底，累计有 279 家世界 500 强企业落户重庆。

全年对外承包工程签订合同额 21.12 亿美元，比上年下降 23.3%；完成工程营业额 17.01

亿美元,增长 27.4%。

中国（重庆）自由贸易试验区建设扎实推进。2017 年，重庆自贸试验区新增注册企业 11695 户，其中外商及港澳台商投资企业 220 户。新增注册资本总额 773.16 亿元,其中外商及港澳台商投资企业注册资本 15.81 亿元。重庆自贸试验区引进项目 692 个,签订合同(协议)资金总额 3007.50 亿元,涉及总部经济、智能制造、大交通、大健康等领域。

七、交通、邮电和旅游

全年交通运输、仓储和邮政业实现增加值 939.46 亿元,比上年增长 8.7%,占全市地区生产总值的 4.8%。全市高速公路通车总里程 3023 公里。公路路网密度 179 公里/百公里 ^{2}。铁路营运里程达到 2371 公里。轨道交通营运里程 264 公里,日均客运量 203.6 万人次。全年完成货物运输 11.53 亿吨,比上年增长 7.0%;完成旅客运输量 6.33 亿人次,下降 0.6%。

表 8 2017 年客货运输量

指标	绝对量	比上年增长(%)
货物运输量(万吨)	115346.14	7.0
铁　路	1808.38	1.1
公　路	95019.00	6.3
水　运	18505.50	11.1
航　空	13.26	–4.0
旅客运输量(万人次)	63298.02	–0.6
铁　路	6349.24	29.3
公　路	53307.00	–4.1
水　运	865.61	15.4
航　空	2776.16	13.4

全年内河港口完成货物吞吐量 19721.84 万吨，比上年增长 13.5%。空港完成旅客吞吐量 3966.01 万人次,增长 8.4%;空港完成货物吞吐量 36.89 万吨,增长 1.5%。国际标准集装箱吞吐量 141.76 万标准箱,增长 11.7%。

年末全市民用车辆拥有量 567.50 万辆,比上年末增长 11.2%。其中私人汽车拥有量 320.72 万辆，增长 14.9%。民用轿车拥有量 187.76 万辆,增长 12.1%。其中私人轿车 172.80 万辆,增长 13.1%。

全年完成邮政业务总量 99.95 亿元，增长 26.2%。电信业务总量 611.3 亿元,增长 76.7%。邮政业全年完成邮政函件业务 1767.52 万件,包裹业务 36.48 万件,快递业务 3.29 亿件,快递业务收入 44.73 亿元。电信业移动电话交换机容量 4099 万户。

全市电话用户 3841.7 万户，其中固定电话用户 566.8 万户,移动电话用户 3274.9 万户。固定电话普及率下降到 18.6 部/百人;移动电话普及率上升至 107.4 部/百人。三家基础电信企业固定互联网宽带接入用户 866.93 万户，比上年增长 23.0%；手机上网用户 2646 万户，增长 12.1%;互联网用户 3698.5 万户,其中移动互联网用户（不含 WiFi 用户)2831.6 万户，增长 11.0%。

全年旅行社组织出境旅游人数 206.30 万人次，比上年增长 5.1%。全年接待入境旅游人数 358.35 万人次，旅游外汇收入 19.48 亿美元,分别增长 13.2%和 15.5%。年末全市拥有国家 A 级景区 223 个,其中 5A 级景区 8 个,4A 级景区 83 个。

八、金融

全年金融业实现增加值 1813.73 亿元,比上年增长 8.1%,占全市地区生产总值的 9.3%。其中,新型金融业企业实现增加值 391.11 亿元,增长 19.1%。金融机构资产规模达到 5.27 万亿元,增长 10.2%。

年末全市金融机构本外币存款余额为 34853.53 亿元,比年初增加 2693.44 亿元。其中,人民币存款余额 33718.98 亿元,增加 2502.53 亿元。金融机构本外币贷款余额为 28417.46 亿元,比年初增加 2893.29 亿元。其中,人民币贷款余额 27871.89 亿元,增加 3086.70 亿元。

全市共有证券公司总部 1 家，证券营业部 202 家,证券分公司 37 家。境内上市公司 50 家,总股本 692.74 亿股，股票总市值 6129.17 亿元。

全年全市通过境内证券市场累计融资 2851.05 亿元,同比增长 14.8%。

表 9 2017 年年末金额机构存贷款余额

指标	年末数(亿元)	比年初增长(%)
本外币存款余额	34853.53	8.4
#人民币存款余额	33718.98	8.0
#住户存款	14367.38	7.2
非金融企业存款	10727.17	-2.7
政府存款	5994.81	26.3
非银行业金融机构存款	2605.72	28.8
本外币贷款余额	28417.46	11.3
#人民币贷款余额	27871.89	12.5
#短期贷款	5517.30	2.8
中长期贷款	20764.52	17.5
#个人贷款及透支	9866.38	21.7

全市共有保险法人机构 5 家，营业性保险分公司 51 家。保费总收入 744.75 亿元。其中,财产保险收入 183.87 亿元；人寿保险收入 436.60 亿元;健康和意外伤害保险收入 124.29 亿元。全年赔付各类保险金 256.83 亿元。其中,财产保险赔付 96.46 亿元；人寿保险赔付 102.14 亿元;健康和意外伤害保险赔付 58.23 亿元。

九、人民生活和社会保障

全市居民人均可支配收入 24153 元,比上年增长 9.6%。按常住地分,城镇居民人均可支配收入 32193 元,增长 8.7%;农村居民人均可支配收入 12638 元,增长 9.4%。按全体居民五等份收入分组,低收入组人均可支配收入 7742 元,中等偏下收入组人均可支配收入 14274 元，中等收入组人均可支配收入 21113 元，中等偏上收入组人均可支配收入 31161 元，高收入组人均可支配收入 51717 元。

全市居民人均消费支出 17898 元,比上年增长 9.2%。按常住地分，城镇居民人均消费支出 22759 元，增长 8.2%；农村居民人均消费支出 10936 元，增长 9.9%。全市居民恩格尔系数为 33.2%，比上年下降 1.0 个百分点。其中城镇为 32.1%,农村为 36.5%。

表 10 2017 年居民人均可支配收入

指 标	全市居民		城镇常住居民		农村常住居民	
	绝对量(元)	比上年增长(%)	绝对量(元)	比上年增长(%)	绝对量(元)	比上年增长(%)
人均可支配收入	24153	9.6	32193	8.7	12638	9.4
工资性收入	12604	9.1	18336	7.6	4395	10.8
经营净收入	4017	9.0	3685	10.1	4491	8.2
财产净收入	1526	7.9	2376	6.9	308	4.1
转移净收入	6007	11.7	7797	11.4	3444	9.8

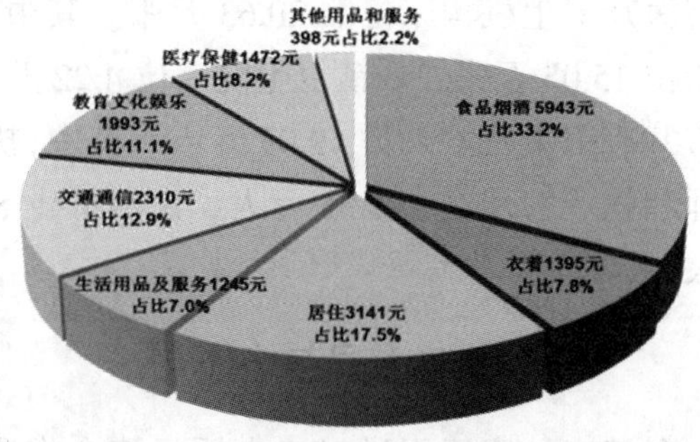

图 8 2017 年全市居民人均消费支出及构成

全市城镇企业职工基本养老保险参保人数 989.18 万人,比上年增长 3.8%。城乡居民社会养老保险参保人数 1109.00 万人,下降 0.6%。城镇职工基本医疗保险参保人数 640.27 万人，增长 5.9%。城乡居民基本医疗保险参保人数 2608.18 万人,下降 1.7%。工伤保险参保人数 504.61 万人，增长 10.7%。生育保险参保人数 411.33 万人，增长 12.5%;26.55 万人次享受生育保险待遇，增长9.5%。失业保险参保人数466.27万人，增长4.3%。

年末全市共有33.97万人享受城市居民最低生活保障，60.22万人享受农村居民最低生活保障。农村特困人员救助供养人数18.35万人。全年资助55.19万城市困难群众参加医疗保险，资助115.92万农村困难群众参加新型农村合作医疗。

城市居民最低生活保障标准为500元/月，农村居民最低生活保障标准为350元/月，特困人员救助供养标准为650元/月，集中供养孤儿补助标准为1200元/月，社会散居孤儿补助标准为1000元/月。

十、教育、科学技术和文化、体育

全市共有普通高等教育学校65所，成人高校4所，中等职业学校182所，普通中学1118所，普通小学2954所，幼儿园5210所，特殊教育学校36所。研究生招生2.24万人，在校生5.83万人，毕业生1.55万人；普通高校本专科招生22.15万人，在校生74.69万人，毕业生19.64万人；成人本专科招生4.25万人，在校生11.98万人，毕业生5.55万人；中等职业学校招生13.70万人，在校生40.03万人，毕业生12.50万人；普通高中招生20.13万人，在校生60.18万人，毕业生21.09万人；普通初中招生34.72万人，在校生99.04万人，毕业生31.77万人；普通小学招生32.60万人，在校生209.95万人，毕业生33.65万人；学前教育招生41.29万人，在校生95.87万人，毕业生34.93万人；特殊教育招生0.33万人，在校生1.86万人，毕业生0.23万人。高等教育毛入学率为45.00%，初中入学率为99.84%，小学入学率为99.99%。

全年研究与试验发展（R&D）经费支出约350亿元，占全市地区生产总值的比重为1.79%。截至年底，市级及以上重点实验室共148个，其中国家重点实验室8个。工程技术研究中心共527个，其中国家级中心10个。企业工程技术研究中心164个。全年共受理专利申请6.5万件，其中发明专利申请1.9万件。获得专利授权3.5万件，其中发明专利授权6138件。截至年底，有效期内高新技术企业2027家，有效发明专利2.2万件。全年技术市场签订成交合同2129项，成交金额121.7亿元。

年末全市共有产品检验检测机构574个，其中国家检测中心16个。现有产品质量、体系认证机构4个。法定计量技术机构8个，全年强制检定计量器具265.21万台(件)。全年修订、制定地方标准87项。

全市共有注册商标29.07万件，比上年增长20.6%。共有驰名商标143件、地理标志量230件。

全市共有艺术表演团体15个，博物馆94个，文化馆41个，公共图书馆43个。全年有线广播电视实际用户351.47万户，数字电视实际用户317.39万户。广播综合人口覆盖率98.96%；电视综合人口覆盖率达到99.22%。全年生产电视剧9部、故事影片25部。出版各类报纸41662万份，各类期刊4654万册，图书12305万册(张)。公共图书馆人均图书拥有量0.53册(张)。全市共有国家综合档案馆40个、市级专业档案馆1个、市级部门档案馆4个。

我市获世界三大赛奖牌6枚，其中金牌4枚。获全国最高水平比赛奖牌54枚，其中金牌18枚。

十一、卫生

年末全市共有各级各类医疗卫生机构19682个。其中，医院749个，社区卫生服务中心(站)472个，卫生院895个，村卫生室10991个。共有医疗卫生机构床位数20.63万张。其中，医院床位15.05万张，乡镇卫生院床位4.22万张。全市共有卫生技术人员19.05万人。其中，执业医师和执业助理医师6.85万人，注册护士8.48万人。

十二、移民与扶贫

全年三峡库区引进对口支援经济合作项目

35个,项目资金67.80亿元。兑现农村移民后期扶持直补资金1.13亿元，发放城镇移民困难扶助资金2.40亿元。

全年安排财政性扶贫资金51.21亿元,比上年增长12.7%。全年贫困人口脱贫16.03万人。

十三、资源、环境和安全生产

初步核算，全年能源消费总量比上年增长3.71 %。万元地区生产总值能耗下降5.12%。煤炭消费量下降0.5%,成品油消费量增长5.2%,天然气消费量增长6.6 %,电力消费量增长7.3 %。

全年水资源总量656.45亿立方米。年平均降水量1277.9毫米。全年总用水量77.44亿立方米。治理水土流失面积1651.6平方公里。

全市自然保护区53个,其中国家级自然保护区6个。完成营造林面积582.78万亩。全市森林覆盖率45.4%。

全市211个监测断面水质Ⅰ—Ⅲ类水质比例为83.9%,水质满足水域功能要求的断面比例为87.7%。全市64个城区集中式饮用水水源地达标率为100%。

全市区域声环境噪音平均等效声级为53.5分贝,比上年下降0.3分贝。全市环境空气质量满足优良天数303天,比上年增加2天。主城区环境空气细颗粒物(PM2.5)平均浓度为45微克/米^3,下降16.7%。

全年生产安全事故死亡人数967人，比上年下降15.8 %。较大生产安全事故11起,下降26.7%。亿元地区生产总值生产安全事故死亡人数0.050人,下降23.1 %。工矿商贸企业就业人员每10万人生产安全事故死亡人数2.234人，下降13.1%。道路交通万车死亡人数1.99人,下降1.5%。煤矿百万吨死亡人数0.286人，下降91.4%。

全年共发生地质灾害228起，直接经济损失2721.40万元。

注：

1. 本公报中2017年数据均为初步统计数，部分数据因四舍五入的原因，存在与分项合计不等的情况。

2. 地区生产总值、各产业增加值绝对量按现价计算,增长速度按可比价计算。

3. 全员劳动生产率为地区生产总值（以2015年价格计算)与全部就业人员的比率。

4. 常住人口是指在本乡镇(街道)居住半年以上的人口,或虽居住不满半年,但离开户口登记地半年以上人口以及户口待定人口。外出市外人口是指户口所在地为重庆市，现居住在重庆市外,离开户口登记地半年以上的人口。市外外来人口是指户口所在地为重庆市外，现居住在重庆市内,离开户口登记地半年以上的人口。

5. 高技术制造业包括医药制造业,航空、航天器及设备制造业,电子及通信设备制造业,计算机及办公设备制造业，医疗仪器设备及仪器仪表制造业,信息化学品制造业。

6.工业战略性新兴产业包括节能环保产业,新一代信息技术产业,生物产业,高端设备制造产业,新能源产业,新材料产业,新能源汽车产业等七大产业。

7. 基础设施投资是指建造或购置为社会生产和生活提供基础性、大众性服务的工程和设施的支出。本文中的基础设施投资包括交通运输、邮政业,电信、广播电视和卫星传输服务业,互联网和相关服务业,水利、环境和公共设施管理业投资。

8.民间固定资产投资是指具有集体、私营、个人性质的内资企事业单位以及由其控股（包括绝对控股和相对控股）的企业单位建造或购置固定资产的投资。

9. 居民五等份收入分组是指将所有调查户按人均收入水平从低到高顺序排列，平均分为五个等份，处于最高20%的收入群体为高收入组,依此类推依次为中等偏上收入组、中等收入组、中等偏下收入组、低收入组。

10. 万元地区生产总值能耗按2015年价格

计算。

11.天然气消费量包含页岩气消费量。

12.2017年固定宽带接入用户含电信增值企业、广电企业发展用户。

13.行业统计标准：

规模以上工业：年主营业务收入2000万元及以上的工业法人单位。

有资质的建筑业：有总承包、专业承包和劳务分包资质的建筑业法人单位。

限额以上批发和零售业：年主营业务收入2000万元及以上的批发业、年主营业务收入500万元及以上的零售业法人单位。

限额以上住宿和餐饮业：年主营业务收入200万元及以上的住宿和餐饮业法人单位。

房地产开发经营业：全部房地产开发经营业法人单位。

规模以上服务业：年营业收入1000万元及以上，或年末从业人员50人及以上的交通运输、仓储和邮政业，信息传输、软件和信息技术服务业，房地产业(不含房地产开发经营)，租赁和商务服务业，科学研究和技术服务业，水利、环境和公共设施管理业，教育，卫生和社会工作；年营业收入500万元及以上，或年末从业人员50人及以上的居民服务、修理和其他服务业，文化、体育和娱乐业法人单位。

工业生产者价格统计调查：工业样本法人单位。

14. 三峡库区是指库区15区县，包括万州区、涪陵区、渝北区、巴南区、长寿区、江津区、开州区、武隆区、丰都县、忠县、云阳县、奉节县、巫山县、巫溪县、石柱土家族自治县。

资料来源(以文中数据为序)：

本公报中就业、失业、社会保障数据来自市人力社保局；各类市场主体、商标数据来自市工商局；财政数据来自市财政局；部分金融数据来自市金融办和人行重庆营管部；证券数据来自重庆证监局；保险数据来自重庆保监局；教育数据来自市教委；公租房、城市棚户区和农村危旧房改造数据来自市城乡建委；货物进出口数据来自重庆海关；对外经济数据来自市商务委；交通数据来自市交委；民用汽车数据来自市公安局；邮政数据来自市邮政管理局；通信数据来自市通信管理局；旅游数据来自市旅游局；科技数据来自市科委；质量检测数据来自市质监局；专利数据来自市知识产权局；文化数据来自市文化委；档案数据来自市档案局；体育数据来自市体育局；卫生数据来自市卫生计生委；最低生活保障标准数据来自市民政局；移民数据来自市移民局；扶贫数据来自市扶贫办；水资源数据来自市水利局；自然保护区、林业、森林数据来自市林业局；水质、噪音、空气监测数据来自市环保局；生产安全事故数据来自市安监局；地质灾害数据来自市国土房管局；其他数据来自市统计局、国家统计局重庆调查总队。

2017年长江沿线主要城市经济发展态势

武汉市

一、2017年工作回顾

刚刚过去的2017年，是极不平凡的一年。党的十九大胜利召开，确立了习近平新时代中国特色社会主义思想的指导地位，开启了全面建设社会主义现代化国家新征程。省第十一次党代会和市第十三次党代会胜利召开。武汉发展迈入新时代，踏上新征程，呈现新气象。

一年来，我们紧密团结在以习近平同志为核心的党中央周围，增强“四个意识”，坚定“四个自信”，把牢“四个着力”，在省委、省政府和市委的坚强领导下，聚力改革创新、奋力拼搏赶超，坚持做“行动政府”，全力推进中央重大战略贯彻落实，全力推进省委、省政府和市委部署安排精准落地见效，全市上下形成拼搏赶超强大气场，现代化、国际化、生态化大武汉建设迈出坚实步伐，圆满完成市十四届人大一次会议确定的目标任务，各项工作呈现出许多特色和亮点。

回顾过去一年，我们主要抓了以下工作：

（一）突出打好“工业翻身仗”，保持经济持续健康发展

工业经济强势回升。每周通报点评、每月协调督办，规模以上工业增加值增长8%左右，创36个月新高。新增千亿产业1个、百亿企业3户，东风本田成为首个千亿企业，新增规模以上工业企业204户。工业投资增长12%以上，技改投资是上年的2.5倍；武汉天马六代线、上汽通用二期等271个亿元以上工业项目建成投产。“中国制造2025”试点示范城市建设全面展开，获批国家信息光电子创新中心，首届中国工业设计展在汉举办。

生产性服务业提质增效。金融机构本外币存款余额24499.4亿元，增长10.4%；贷款余额23833.7亿元，增长14.8%，金融业增加值首次突破千亿元，居中部城市首位；物流业增加值1200亿元左右，增长8.9%左右；软件和信息服务业营业收入超过1800亿元，增长17%以上。

招商引资轰轰烈烈。校友招商、专场招商精彩纷呈，聘请54名招商大使、29名招才顾问、10名招才大使，各类招商活动签约金额2.58万亿元，实际到位资金8227亿元，创历史新高。实际利用外资96.5亿美元，居全国同类城市首位。扎实抓好项目落地，实施亿元以上项目开工专项行动，开工（开业）落地584个项目，总投资7030亿元，当年签约当年开工（开业）落地274个，涌现出光谷、车都、临空港速度。

区级经济整体跃升。三个国家级开发区拉动作用明显增强，规模以上工业增加值占全市45%。中心城区服务业加快发展，江岸、江汉、武昌区地区生产总值均超过千亿元。新城区工业经济加快壮大，规模以上工业增加值增长9.5%。“三乡工程”吸引社会资金投入160亿元，带动农民人均增收864元，成为推动农业农村现代化的新引擎。

（二）突出“四大资智聚汉工程”，加快培育发展新动能

资智聚汉掀起热潮。百万校友资智回汉热潮涌动，校友项目签约金额1.3万亿元，占招商引资总额50.4%。百万大学生留汉创业就业创历史新高，30.1万名大学毕业生留汉，新增落户大学生14.2万人。高校院所科技成果转化对接成果丰硕，在全国率先成立科技成果转化局，实现206项重大科技成果就地转化，总金额244亿

元。海外科创人才来汉发展空前活跃,引进诺贝尔奖科学家4人、国家"千人计划"专家68人、海内外高层次人才392人。

创新要素加快汇聚。深入推进全面创新改革试验,一批经验做法在全国得到复制推广。创新平台功能增强,新增国家双创示范基地4个,居全国同类城市首位。创新企业快速发展,小米科技、科大讯飞等25家知名企业扎堆武汉,形成"第二总部"现象。创新成果持续涌现,发明专利申请量20603件、授权量7444件,分别增长13%、15%。全社会研发经费(R&D)投入强度稳步提升,达到3.2%。成立武汉知识产权审判庭,获批国家知识产权强市创建市。

新动能加速形成。四个国家新基地建设全面推进,国家存储器基地第一工厂提前封顶,国家航天产业基地火箭总装总调中心等项目开工,国家网络安全人才与创新基地在建项目总投资超过1000亿元,国家新能源和智能网联汽车基地吸引东风新能源、吉利汽车芯片等大项目落户。信息技术、生命健康、智能制造三大战略性新兴产业产值(营业收入)均增长17%以上,新认定高新技术企业1268家,高新技术产业产值净增千亿元,增长13%。新技术、新产业、新业态、新模式层出不穷。

(三)突出"三办"改革,加快破解发展难题

"三办"改革强力推进。深化"放管服"改革和法治政府建设,集成机构减窗口,集成流程减环节,集成信息提效率,全市"马上办""网上办""一次办"事项实现率分别为50%、45%、80%,市级平均每个事项办理时间压缩10.6天。向区级委托下放100项审批服务事项。审批"中介超市"上线运行。统计体制改革持续推进。商事制度改革不断深化,新增市场主体18.17万户,增长24.4%,市场主体总数首次突破百万户。

供给侧结构性改革持续深化。坚持去产能与优产能相结合,清理处置"僵尸企业"、空壳企业59户,出台"零土地"技改、"新两园"建设等政策,规模以上工业企业利润大幅增长。综合施策降成本,减轻企业负担241.6亿元。金融风险防控成效明显。控房价、防捂盘、稳市场,"六清理"行动扎实推进,住房租赁试点50条、大学毕业生八折租房购房政策引起强烈反响,房地产市场保持平稳健康发展。农业供给侧结构性改革扎实推进,农村集体产权制度改革、承包地"三权"分置改革进展顺利,农村产权交易市场辐射全省,交易规模26亿元,流转土地9.7万亩。

新民营经济突破性发展。率先出台政策措施,突出"四军三名",掀起新民营经济发展热潮。招商引资民企到位资金4339亿元,民间投资愿望大幅回升,武汉民营经济焕发出勃勃生机。

(四)突出自贸区建设,不断增强内陆开放新优势

自贸区建设全面展开。湖北自贸区武汉片区挂牌运行。110项年度改革任务基本完成。率先推行科技成果所有权混合所有制改革,率先推出"科技悬赏奖"等创新举措。全国首个"海外留学回国人员创新创业板"在汉启动,首批30家高新技术企业集体挂牌。高端项目扎堆核心区,8公里地带吸引资本超过3000亿元,成为名副其实的"吸金区"。

国际通达能力持续增强。新开通武汉至悉尼、圣彼得堡等7条国际航线,首次开通洲际全货机航线,国际及地区旅客吞吐量继续保持中部第一。中欧(武汉)班列首次实现"三线出关",率先开通"天天班列",回程班列实载率居全国中欧班列之首。

口岸功能进一步完善。武汉新港空港综合保税区封关运营。武汉电子口岸·国际贸易"单一窗口"上线运行,快速通关模式初步形成。出口退税系统启动运行,可实现"秒退"。铁路汽车整车进口口岸获批,阳逻国际港进口肉类指定口岸投入使用,天河机场进境水果指定口岸获批运营。完成口岸货运量1200万吨,增长10%以上。

国际经济合作不断加强。对外承包工程及劳务合作营业额39.15亿美元,增长18%。服务外包合同签约额实现翻番,获评中国服务外包

风采城市。中法生态示范城全面启动建设,一批法资企业和研发中心落户,总投资超过50亿元。

国际交流亮点纷呈。新增国际友好城市2个、友好交流城市6个,获批领事认证自办权。华创会、光博会、中法城市可持续发展论坛等大型国际活动成功举办。武汉国际马拉松、武汉国际赛马节、首届世界飞行者大会、首届武汉水上马拉松轮番上演,形成汉马、赛马、天马、水马“四马奔腾”之势,汉马举办两年好评如潮,跻身“中国马拉松大满贯”赛事。军运会筹办工作紧锣密鼓,会徽、吉祥物、口号正式发布。

(五)突出亮点区块建设,持续提升城市功能品质

亮点区块建设全面推进。确定长江新城(新区)规划选址,发布概念规划,严格管控起步区。成立长江新城管委会,创设区域股份合作制。国家级长江新区申报取得关键进展。发布长江主轴概念规划,交通轴、经济轴、生态轴、景观轴、文化轴“五轴一体”规划研究深入展开。左右岸大道示范段和沿江景观阳台开工建设。东湖城市生态绿心建设成效明显,东湖水质持续改善,东湖绿道二期建成开放,总长达102公里,成为江城亮丽风景线。

综合交通枢纽地位进一步强化。城建投资2361亿元,再创新高。天河机场T3航站楼建成投用,跻身全国最高等级机场行列。汉南通航机场正式启用。《武汉铁路枢纽总图规划》获批。阳逻国际港铁水联运工程建成投用。沌口长江大桥、武深高速武汉段、四环线西段、孝汉大道武汉段、机场快速路改线等实现通车。轨道交通建设战略性提速,开工5条线,首次实现一年开通3条线,1号线径河延伸线、8号线、21号线开通,全市通车总里程237公里,轨道交通占公共交通客运量比例达38%。

城市智能化管理深入推进。“易行江城”智慧交通管理系统不断完善,实现行车停车双诱导,高峰拥堵延时指数全国城市排名持续下降。智慧安防示范工程深入实施。智慧桥梁监测系统上线运行。手机支付广泛使用,加快迈向“移动生活城市”。城乡市容环境治理统筹推进,1913个行政村垃圾无害化处理率90%以上。

(六)突出“四水共治”,着力改善生态环境质量

系统治水成效显著。全面推进防洪水、排涝水、治污水、保供水,实施治水项目347个,投资230亿元,增长95%。全市防洪保障能力不断增强。16项重点排涝工程汛前投用,中心城区新增抽排能力490米^3/秒,比上年提升50%。城镇生活污水、工业园区废水、农业面源污染等治理全面加强,19条黑臭水体基本完成整治。561处“三无”老旧社区二次供水设施完成改造。农村饮水安全工程提档升级,受益人口近百万。国家海绵城市三年试点任务全面完成。

生态保护力度不断加大。落实推进共抓长江大保护实施意见,长江汉江岸线资源环境整治成效明显。绿色生态空间不断拓展,新改建各类公园81座,植树造林4.5万亩,建设绿地1.3万亩,戴家湖公园获中国人居环境范例奖。武钢飞灰填埋场、长山口生活垃圾预处理厂等项目建成投用,土壤污染防治有序推进,建筑弃土、危险废弃物等处置能力明显提升。空气质量优良天数255天,比上年增加18天。中央环保督察反馈问题当年整改任务全面完成。

生态文明体制进一步完善。领导干部自然资源资产离任审计全面展开。湖长制深化实施,河长制全面建立。长江汉江跨区断面水质考核奖惩及生态补偿全面启动。

(七)突出办好民生实事,切实增进民生福祉

公共财政用于民生领域支出1257.9亿元,增长14.4%。

精准扶贫深入推进。加大专项扶贫资金投入,重点推进产业扶贫、生态扶贫、健康扶贫,47528人脱贫销号、107个贫困村脱贫出列。

就业社保不断加强。新增就业19.84万人,扶持创业3.3万人。中心城区和新城区最低工资标准分别提高12.9%、13.6%。社会保险净增参保

90.58万人次。全市统一的城乡居民基本医疗保险制度正式实施，城乡参保人员医保待遇总体提升。企业退休人员人均养老金、城乡居民基础养老金标准分别提高5.8%、20%。城乡低保、特困人员等困难群众救助供养标准综合提标31.5%，为历年最大增幅。新建老年宜居社区200个、社区老年人服务中心65家、农村老年人互助照料活动中心56家，老年证办理和高龄津贴发放实现网上帮办。建成保障房4.93万套，筹集大学毕业生租赁房8430套。

公共服务水平持续提升。新改扩建公益普惠性幼儿园34所、中小学校21所，分别新增学位7630个、19140个。城市公立医院综合改革全面推开，医疗机构药品加成全面取消，市、区属公立医院全部实现就诊"一卡通"、病历"一本通"、检查"一单通"。盘龙城国家考古遗址公园获批。琴台音乐节、斗鱼嘉年华、"知音号"等文化品牌效应不断彰显。市第十届运动会圆满举行。

社会治理创新扎实推进。安全生产形势总体平稳。平安武汉建设再上台阶，创设"网上群众工作部"，1872件信访积案结案化解100%。

国家安全、国防动员、军民融合、民防、消防、仲裁、保密、气象工作扎实推进，参事、文史、档案、民族、宗教、侨务、地方志工作不断加强，妇女、儿童、老龄、残疾人事业健康发展。

二、发展中存在的问题

发展质量效益还不够高，经济发展"稳"的基础还不牢固，传统产业支撑减弱，新动能成为主支撑还需时日；经济结构还不优，民营经济发展还不够；开放水平与先进城市和自身定位还有差距，国际化程度有待提高；城乡二元结构突出，城市功能品质仍需提升；民生社会事业发展水平还不够高，社会治理创新亟待加强；部分政府工作人员综合素质不能适应新要求，"四风"问题仍然存在。我们一定正视问题，切实推进解决。

三、2018年主要任务

2018年，是贯彻党的十九大精神的开局之年，是改革开放40周年，是决胜全面建成小康社会、实施"十三五"规划承上启下的关键一年，是武汉推动各项决策和工作全面落地见效的再落实之年，是武汉乘势而进、拼搏赶超的再奋进之年。我们要以习近平新时代中国特色社会主义思想为指导，深入贯彻党的十九大精神，按照省委、省政府和市委决策部署，坚持稳中求进工作总基调，坚持新发展理念，全面落实"七大战略"，推动高质量发展，坚决打好防范化解重大风险、精准脱贫、污染防治攻坚战，加快建设现代化、国际化、生态化大武汉，努力打造国家中心城市和世界亮点城市，为全面复兴大武汉不断夯实基础！

经济社会发展的主要预期目标是：地区生产总值增长7.8%左右；地方一般公共预算收入增长8%；全社会固定资产投资增长11%；社会消费品零售总额增长10.5%；城乡居民人均可支配收入增长与经济增长同步。全面完成省下达的节能减排任务。

（《重庆经济年鉴》编辑部根据武汉市有关资料整理）

南京市

一、2017年工作回顾

市十五届人大一次会议以来，在党中央国务院、省委省政府和市委坚强领导下，我们认真贯彻党的十八大、十八届三中、四中、五中、六中全会和十九大精神，以习近平新时代中国特色社会主义思想为指导，主动适应经济发展新常态，坚持稳中求进工作总基调，以供给侧结构性改革为主线，统筹推进稳增长、促改革、调结构、惠民生、防风险各项工作，加快建设“强富美高”新南京，圆满完成“十二五”规划和本届政府任期各项目标任务，实现“十三五”良好开局，各项工作开创了新局面。

(一)经济建设取得重大成就

五年来，我们始终坚持发展第一要务，在优化结构中做大总量，在提升效益中加快发展，规模总量和质量效益实现“双提升”。经济保持中高速增长。全市地区生产总值连跨4个千亿台阶、达到11715亿元，成为全国第11个突破万亿规模的城市，年均增长9.3%。人均地区生产总值突破2万美元，保持全国前列。一般公共预算收入连跨5个百亿台阶，总量达到1272亿元，年均增长11.7%。全市金融机构本外币存款余额、贷款余额分别突破3万亿元和2.5万亿元，均居全省第一。固定资产投资突破6000亿元，社会消费品零售总额、民营经济增加值均突破5000亿元。产业转型升级取得重大进展。服务业主导地位更加凸显，河西CBD等一批现代服务业集聚区建设提速，区域金融中心、长江航运物流中心建设取得阶段性成效，服务业增加值占地区生产总值比重达到59.7%，现代金融、文化创意等高端服务业成为支柱产业。战略性新兴产业加快发展，主营业务收入年均增长13%，占规模以上工业比重达到40%，千亿级新兴产业集群达到6个，高世代液晶面板等一批重大项目竣工投产，台积电等一批龙头项目加快建设，集成电路及专用设备、新型显示、智能电网、新能源汽车等新兴产业链加速形成。传统产业加快改造提升，化工、钢铁等高耗能产业占规模以上工业总产值比重从34.4%下降到31.9%。现代农业建设水平稳步提升，成功创建国家现代农业示范区，农业基本现代化建设水平跃居全省第一，都市现代农业发展水平居全国第三。创新驱动发展战略深入实施。高新技术企业达到1850家，全社会研发经费支出占地区生产总值比重、每万人发明专利拥有量均保持全省第一、跻身全国前列。苏南国家自主创新示范区联动发展格局初步形成，新增高淳、麒麟、白马、徐庄四家省级高新区，全市各区实现高新园区全覆盖。“两落地一融合”工程稳步推进，省产业技术研究院、中德智能制造研究院等一批新型研发机构签约落地。国家未来网络试验设施、第五代移动通信等重大科技创新平台建设加快推进。“创业南京”英才计划深入实施，集聚科技顶尖专家33名、培育创新型企业家117名、引进高层次创业人才1280名，引领10894名青年大学生创业，21名企业人才入选国家“万人计划”，在省内和副省级城市中位居第一。建立完善科技奖励评价办法，科技创新券、风险补偿、创投引导等政策措施取得明显成效。设立中国(南京)知识产权保护中心，成为全国首批知识产权强市创建市。“三去一降一补”工作扎实推进。轧钢、水泥、船舶产能累计减少200万吨、572万吨、44万载重吨，房地产市场调控取得阶段性成效，累计置换政府债券1696亿元，降低实体经济企业成本超过680亿元，120个补短板项目完成投资1490亿元。成功创建“全国质量强市示范城市”。

(二)城市功能品质显著提升

五年来，我们认真贯彻中央城市工作会议精神，扎实推进城市规划建设管理各项工作，城市布局更加优化、功能更加完善、面貌焕然一新。南京被国家定位为东部地区重要中心城市、长三角特大城市。空间格局更加优化。江北新区获批为国家级新区并全面启动规划建设，河西新城呈现现代化城市中心形象，南部新城完成机场搬迁并实质性启动，麒麟高新区、江心洲生态科技岛建设取得积极进展，东山、仙林、高淳、溧水副城功能加快完善，“多心开敞、轴向组团、拥江发展”的现代都市区空间格局基本形成。新型城镇化加快推进，城市建成区面积由 619 平方公里拓展到 773 平方公里，城镇化率达到 82.3%。枢纽功能更加凸显。宁杭高铁、宁安城际相继开通，宁启铁路复线电气化改造完成，溧马、淳芜高速公路建成投用。长江 12.5 米深水航道初通南京，禄口机场二期、小红山客运站等一批重要枢纽工程建成投用。路网体系加快完善。机场高速扩建、江北大道、宁高新通道、122 省道等一批城乡大通道竣工投用。城西干道和江东路快速化改造、纬七路东进等一批城市骨干道路工程建成通车，“井字加外环”快速路网基本成型。过江通道建设全面提速，建成扬子江隧道，开工建设长江五桥、和燕路过江通道，长江大桥公路桥维修改造有序推进，长江隧道、扬子江隧道免费通行。提档升级农村公路 2108 公里。公共交通全国领先。轨道交通实现网络化运行，7 线 263 公里轨道交通线路新投入运营，运营总里程达到 348 公里、居全国第四。建成河西、麒麟两条有轨电车线路，更新新能源公交车 4100 余辆，新增公共自行车 9.4 万辆，公交线网城乡全覆盖，主城区公交机动化出行分担率达 63.1%，创成首批“国家公交都市示范城市”。历史文化保护取得明显成效。制定实施近现代建筑保护和利用三年行动计划，推进明城墙保护、整治、开放与联合申遗工作，南京被国家确定为“海上丝绸之路”申遗城市，建成牛首山文化旅游区、大报恩寺遗址公园、六朝博物馆等一批重点文化项目，梅园新村、颐和路入选全国首批 30 条历史文化街区，沿明城墙、秦淮河、长江、历史街巷生态人文空间特色彰显。市容环境展现新面貌。大力实施城市精细化建设管理专项行动，完成 56 条主次干道、869 条背街小巷环境综合整治，禄口机场、南京南站、玄武湖周边等窗口地区提档升级。完成老旧小区整治 587 个，受益居民 19.7 万户。改革停车管理政策，累计新增停车泊位超过 9 万个。落实“门前三包”责任制，城区道路机扫率达 90%，提高 30 个百分点。高标准通过国家卫生城市复审，再次荣获“全国文明城市”荣誉称号。防洪保安能力大幅提升。长江干堤、滁河、水阳江等主要江河干流防洪能力显著增强，防洪减灾安全保障体系更加完善。成功应对 2015、2016 年特大汛情。

(三)生态文明建设成效明显

五年来，我们切实践行绿色发展理念，大力推进国家生态文明先行示范区建设，扎实开展“两减六治三提升”专项行动，生态环境质量明显好转，成功创建“国家森林城市”“国家生态市”。打出大气污染防治“组合拳”。深入实施工业废气治理，完成电力燃煤机组超低排放改造，全面开展挥发性有机物治理；实施车辆、油品“双提标”，完成黄标车淘汰任务；狠抓工地扬尘管理，全面推行烟花爆竹“禁放”，严格落实冬春季节大气管控措施。2017 年，全市 PM2.5 平均浓度比 2013 年下降 46.8%，空气质量优良天数比例提升到 72%以上，PM2.5 浓度降幅、空气质量优良天数改善幅度均居全省首位。实施水环境治理“攻坚战”。全面推进“河长制”和“断面长制”，完成 150 条黑臭河道整治，基本消除建成区黑臭水体，主城沿河环境明显提升；建成铁北、珠江二期、城东三期等一批污水处理厂及 10 个镇(街)、1296 个规划布点村污水处理设施，完成 277 平方公里雨污分流，城镇污水处理率达 94.5%；长江、太湖流域保护深入推进，主要集中式饮用水水源地水质达标率保持 100%。推进节能减排降耗“硬举措”。积极推进四大片区工业布局调整，关停整治“三高两低”企业 609 家，煤炭消耗总量得到有效控制，全市万元GDP能耗较2012年下降24.3%。环卫基础设施加快建设，建成江南、江北、高淳等一批垃圾焚烧发电设施，生活垃圾无害化处理率达到100%。加强生态文明制度建设，实施排污许可证管理、排污权交易和排污收费制度改革，通过经济手段引导企业治污减排。开展国家低碳城市试点工作。打造生态建设"风景线"。划定生态红线保护区域。出台实施南京"土十条"，土壤环境修复工程进展顺利。在全省率先完成农村环境连片整治，建成美丽乡村示范区2000多平方公里、市级以上示范村486个。建成滨江风光带、青奥森林公园等一批重点生态工程，新增绿地小游园99个，新建绿道562.6公里。绿化造林10万亩，城市绿化覆盖率、林木覆盖率分别达到44.8%和29.9%。

(四)改革开放取得重大突破

五年来，我们全面深化改革，不断提升开放水平，发展动力活力显著增强。行政审批制度改革进一步深化。加大"放管服"改革推进力度，建设"互联网+政务服务"体系，公布行政权力十张清单，取消行政审批事项129项，7次向基层下放审批事项326项，703项非行政许可审批全部取消，成为全国第二个没有非行政许可审批城市。各类市场主体活力不断增强。新增41家上市企业、237家挂牌企业，上市企业总数达到102家。苏宁银行成为省内首家民营银行。新组建扬子、东南、体育、旅游等国有企业集团，62家企业完成混合所有制改革，市属经营性资产证券化率达到52.2%。综合医改稳步推进。实施医疗医保医药"三医"联动，全市各级各类公立医疗机构全面实施药品零差率销售，医疗保险报销比例和大病保险支付水平大幅提高，医疗联合体、家庭医生、智慧医疗成为南京医改特色品牌。改革试点工作成效显著。贸易流通体制改革等21项国家和省级改革试点取得阶段性成效，一批改革亮点和品牌加快形成，成立全国第一家具备综合功能的文化金融服务中心，"不见面审批"模式在全省推广并形成广泛影响。"一窗受理、集成服务"不动产统一登记全面推行。在全省率先完成农村土地承包经营权确权登记颁证。全面完成村组集体资产清产核资，为全国提供了"南京方案"。商事制度、户籍制度、综合执法、价格机制、生态文明体制等重要领域和关键环节改革均取得积极进展。大力推动对外开放。积极参与"一带一路"国际合作，南京综合保税区、跨境电子商务产业园等一批开放平台获批运行，16条国际航线、南京—中欧等洲际集装箱货运班列开通运行，江心洲生态科技岛、空港经济开发区获批为省级开发区。实际利用外资在全省份额由11.6%提升至14.4%，对外贸易结构更加优化，一般贸易进出口占全市进出口比重提高8个百分点，服务外包综合排名全国第一，国际经济技术合作迈上新台阶。区域合作加快推进。积极参与长江经济带建设，充分发挥在扬子江城市群建设中的龙头带动作用，宁镇扬一体化和南京都市圈建设取得实质性进展，宁杭生态经济带建设协同推进。城市国际影响力显著提升。南京青奥会精彩圆满，赢得了海内外高度评价；国家公祭活动顺利顺畅，展现了南京开放自信、和平博爱的国际形象。成功举办亚青会、速度轮滑世锦赛、全项目轮滑世锦赛、南京马拉松等体育赛事，全球体育城市指数排名从第42位跃升到第19位。举办两岸企业家紫金山峰会、世界智能制造大会等一批重大活动，提升了南京的知名度和影响力。

(五)人民生活不断改善

五年来，我们深入贯彻以人民为中心的发展思想，围绕"八个更"要求，狠抓民生保障改善，全市财政一般公共预算支出中民生支出占比达78%，连续9年入选中国"最具幸福感城市"。富民增收步伐加快。多措并举充实群众"口袋"，城乡居民人均可支配收入分别达到54538元和23133元，年均分别增长8.9%和10.1%。精准扶贫、精准脱贫顺利推进，全市80%低收入农户和60%以上经济薄弱村实现脱贫摘帽。实施积极的就业创业政策，推动实现更加充分、更高质量就业，累计培育自主创业者8.74万人，创业带动就业62.85万人，城镇新增就业110万人，城镇登记失业率控制在2.5%以内，低于全省平均水平1个百分点。基本公共服务均等化水平大幅提升。教育资源配置趋于均衡，全面普及15年基础教育，小学全面实施“弹性离校”，在全省率先实行学前一年免费教育，新增幼儿园学位8万多个，义务教育优质资源覆盖率达到92%，全市域创成“全国义务教育均衡发展区”，教育现代化水平位居全省第一。医疗卫生事业加快发展，河西儿童医院、市公共卫生医疗中心投入运行，市中医院新院区试运行开诊，新城新区公共卫生资源布局不断完善。居家养老服务、社会化养老全面推行。大力发展文化事业，话剧《雨花台》等7部作品获全国精神文明建设“五个一工程”大奖，成功举办第八届中国京剧艺术节等活动，基本建成四级公共文化服务体系，建成首批“江苏省书香城市建设示范市”。大力开展全民健身，全市域创建成为省公共体育服务体系示范区。智慧城市建设步伐加快，市民卡、“我的南京”APP、智慧医疗等服务广泛应用，全市公共区域WiFi网络基本实现免费开放。社会保障网络更为健全。在全省率先实现“五险”市级统筹，被征地人员社会保障制度、城乡统一的居民基本养老保险制度全面建立，社保覆盖面持续扩大，待遇稳步提高。城镇职工五项险种累计参保五年净增209万人次，城乡基本养老保险、医疗保险和失业保险覆盖率均保持在98%以上，企业退休人员月人均养老金水平提高到2908元、居全省第一。住房保障力度进一步加大，累计完成棚户区改造1696万平方米，竣工各类保障性住房2058万平方米，受益居民18.8万户，既有住宅增设电梯取得突破性进展，为3.87万名高校毕业生发放租房补贴。城乡居民“米袋子”“菜篮子”得到有效保障，完成176个农贸市场提档升级。社会治理体系更加完善。创新社区治理和服务，荣获“全国和谐社区建设示范市”称号。社区“减负增效”、街道社区体制改革等，被评为全国社区治理十大创新成果。平安南京、法治南京建设水平不断提升，各项重大安保任务圆满完成。健全完善拥军系列政策，青年大学生应征入伍率连续三年全国领先，荣获全国双拥模范城“八连冠”。安全生产、食品药品安全、信访稳定等各项工作扎实推进，民族、宗教、档案、史志、外事、侨务、社会科学工作取得新进展，妇女、儿童、仲裁、残疾人、慈善事业取得新业绩。民生实事项目全部兑现。我们始终把为民办实事作为政府的一项重点工作，实行清单化管理、项目化推进，每一年度民生实事项目全部完成，群众得到了更多实惠。

二、发展中存在的问题

发展质量和效益还不高，产业转型升级任务艰巨，规模以上工业企业数量较少，在全国、全球影响力强的领军企业不多；实体经济发展仍然面临一些突出困难，民营经济发展还不充分，小微企业成长环境仍需改善；科技体制改革力度需要进一步加大，科教资源优势还没有充分发挥，企业创新主体地位尚不突出，创业投资等新金融要素不够活跃，科技成果落地转化还有很大空间；城乡区域发展不平衡现象依然存在，城乡居民收入落差还比较大；城乡环境综合整治还需进一步加强，空气环境、水环境质量需要持续提升，资源能源总体消耗水平过高，城市管理的科学化、精细化水平有待提高；公共服务和社会保障水平需要提升，优质教育、医疗、养老服务等方面供给还不充分，民生改善任务繁重；社会治理需要进一步加强，部分领域风险隐患不容忽视。政府自身建设还需加强，“放管服”改革有待进一步突破，行政效能有待进一步提高；作风建设长效机制还需进一步完善，干事创业的精神状态还需进一步提振。

三、2018年经济社会发展主要任务

2018年是贯彻党的十九大精神的开局之年，是改革开放40周年，是决胜全面建成小康社会、实施“十三五”规划承上启下的关键一年，也是新一届政府履行职责的第一年，做好政府工作至关重要。必须贯彻落实中央经济工作会议和市委十四届五次全会精神，在高水平全面

建成小康社会、高质量推进“强富美高”新南京建设方面取得扎实进展、迈出更大步伐。

今年全市经济社会发展的主要目标分为两类：一是预期性指标。地区生产总值增长8%；固定资产投资增长10%，其中高新技术产业投资增长12%，工业投资增长10%，工业技改投资占工业投资比重提高2个百分点；社会消费品零售总额增长10%；外贸进出口总额增长3%，服务贸易进出口总额增长10%以上，实际利用外资38亿美元；一般公共预算收入增长8%；建设用地地均GDP达41万元/亩；新增规模以上工业企业200家，新增高新技术企业800家；全社会研发投入占GDP比重达到3.1%，规模以上工业企业研发投入占主营业务收入的比重达1.5%；高新技术产业产值占规模以上工业总产值比重提高0.5个百分点，战略性新兴产业增加值占GDP比重达18%；全体居民人均可支配收入增长8%以上，农村居民人均可支配收入增速高于城镇居民人均可支配收入增速；居民消费价格指数控制在省定目标以内，城镇新增就业24万人，城镇调查失业率和登记失业率分别控制在省定标准和3.5%以内。二是约束性指标。全市万元GDP能耗下降4%，煤炭消费总量减少250万吨以上；万元GDP用水低于34立方米；主要污染物排放持续下降、达到省定标准，万元GDP二氧化碳排放下降4%；空气质量优良天数比例达75%；全市域基本消除黑臭水体，地表水省考以上断面好于Ⅲ类水质比例达63.6%。

（《重庆经济年鉴》编辑部根据南京市有关资料整理）

上海市

一、2017 年工作回顾

过去五年,上海经济社会发展开创新局面,创新驱动发展、经济转型升级取得重大进展。一是经济保持平稳增长。全市生产总值年均增长 7.1%,从五年前的 2 万亿元跃升到 3 万亿元,迈上新台阶。每年新增就业岗位 60 万个左右,城镇登记失业率稳定在 4.1%左右。居民消费价格保持平稳。二是经济结构和质量效益持续向好。第三产业增加值占全市生产总值的比重从 60.2%提高到 69%,战略性新兴产业的制造业部分产值占工业总产值的比重提高 6.8 个百分点,现代服务业为主体、战略性新兴产业为引领、先进制造业为支撑的现代产业体系初步形成。一般公共预算收入年均增长 12.2%。三是改革创新取得重大成果。中国(上海)自由贸易试验区建设总体实现初衷,100 多项制度创新成果在全国复制推广,新设企业 5.2 万家,超过自贸试验区成立前 20 多年的总和。具有全球影响力的科技创新中心建设重大布局和政策体系初步确立,全社会研发经费支出相当于全市生产总值的比例从 3.3%提高到 3.8%左右,C919 大型客机、蛟龙号载人潜水器、墨子号量子卫星等重大科技成果相继问世。四是城市服务功能大幅提升。股票、期货、外汇、黄金等金融市场交易量位居世界前列。口岸贸易总额占全球的 3.2%,跃居世界城市首位。中国国际进口博览会落户上海。集装箱吞吐量连续 8 年位居世界第一,上海成为全国第一个、全球第五个航空旅客年吞吐量突破 1 亿人次的城市。五是人民生活明显改善。居民人均可支配收入年均增长 8.9%,基本公共服务均等化水平全面提升。六是生态文明建设成效显著。环保投入相当于全市生产总值的比例保持在 3%左右,单位生产总值能耗累计下降 22.8%,PM2.5 年平均浓度从 2013 年的 62 微克/米 ^{3} 下降到 39 微克/米 ^{3}。

五年来,我们重点做了以下六个方面的工作。

(一)坚持制度创新、先行先试,率先建设自由贸易试验区,全面深化改革开放实现重大突破

自贸试验区制度框架基本形成。确立以准入前国民待遇加负面清单管理为核心的投资管理制度,全国首张外商投资准入负面清单发布实施,以备案为主的外商投资、境外投资管理制度全面实施,商事制度改革不断深化。确立符合高标准贸易便利化规则的贸易监管制度,国际贸易"单一窗口"、货物状态分类监管模式基本建立,海关和检验检疫信息互换、监管互认、执法互助的大通关建设深入推进。确立适应更加开放环境和有效防范风险的金融创新制度,自由贸易账户体系创设运作,黄金交易国际板等一批面向国际的金融市场平台建成使用。确立以规范市场主体为重点的事中事后监管制度,社会信用体系、信息共享和综合执法、企业年度报告公示和经营异常名录、社会力量参与市场监督、安全审查、反垄断审查等基础性制度基本建立。

重点领域改革深入推进。实施国资国企分类改革,市属国有企业公司制改革实现全覆盖,三分之二的竞争类企业实现整体上市或核心业务资产上市,以公众公司为主要实现形式的混合所有制经济发展格局基本形成,80%的国有资产集中到战略性新兴产业、先进制造业、现代服务业、基础设施和民生保障等领域。率先实施"营改增"试点,五年累计为企业减税 3112 亿元。设立规模 50 亿元的中小微企业政策性融资担保基金。实施注册资本认缴制、先照后证、照后

减证等商事制度改革，新设企业121.9万家,是上个五年的2.1倍。

开放型经济发展水平不断提高。积极参与和主动服务“一带一路”建设,制定实施加快构建开放型经济新体制“33条”,全面实施总部经济提质、装备走出去提速工程，实际利用外资889.3亿美元,是上个五年的1.5倍,跨国公司地区总部、外资研发中心分别新增222家和75家。参与长江经济带发展、促进长三角一体化发展取得新进展，对口支援和扶贫协作任务全面推进。

(二)坚持把发展基点放在创新上,加快建设具有全球影响力的科技创新中心，创新成为经济发展的重要驱动力

科技创新能力显著提升。以全球视野、国际标准建设张江综合性国家科学中心，超强超短激光、转化医学等大科学设施开工建设,张江实验室、李政道研究所挂牌成立,张江科学城规划启动实施。智能制造、类脑芯片、石墨烯等6个共性技术研发与转化平台启动建设，科创中心重要承载区特色发展格局初步形成,大众创业、万众创新蓬勃发展,各类众创空间超过500家,是五年前的5倍,90%以上由社会力量兴办。北斗导航、人类表型组等一批重大战略项目和基础工程启动实施，量子计算机、商用航空发动机、超导带材等一批关键核心技术取得突破。

科技体制机制创新取得明显进展。深入推进全面创新改革试验,创新创业普惠税制、股权激励机制等在全国复制推广。制定实施科技成果转化、金融服务创新、支持外资研发中心参与科创中心建设等一批重大政策。启动建设国家科技成果转移转化示范区。建设亚太地区知识产权中心城市，每万人口发明专利拥有量达到41.5件,为五年前的2.4倍。

人才发展体制机制改革成效显现。制定实施人才政策“20条”“30条”,加快构建更具竞争力的人才集聚制度，深入探索更加灵活的人才管理机制。非沪籍应届高校毕业生直接落户9.7万人,引进归国留学人员5.6万人,分别是上个五年的1.2倍和2.7倍。在沪就业创业的外国人达到21.5万人,位居全国第一。

智慧城市建设持续推进。光纤到户和第四代移动通信网络实现市域全覆盖,宽带、泛在、融合、安全的信息基础设施体系基本形成。广泛应用大数据、云计算、物联网、人工智能等新技术,启动建设大数据综合试验区,开通政府数据服务网,城市信息化整体水平显著提升。

(三)坚持质量第一、效益优先,推进供给侧结构性改革,经济朝着更高质量、更有效率、更加公平、更可持续的方向发展

国际经济、金融、贸易、航运中心建设取得重大进展。全球性人民币产品创新、交易、定价和清算中心初步形成,金砖国家新开发银行、人民币跨境支付系统、全球清算对手方协会等功能性机构相继落户,保险交易所、票据交易所、中国信托登记公司等全国性金融要素市场设立运营,“沪港通”“债券通”等创新业务顺利开展,金融市场交易额增加1.7倍,各类金融机构新增310家。文化贸易、技术贸易、跨境电子商务等新型贸易加快发展，服务贸易进出口总额占对外贸易的比重达到30%左右,商品销售总额、社会消费品零售总额分别达到11.3万亿元和1.2万亿元。现代航运集疏运体系和航运服务体系持续优化,国际海事亚洲技术合作中心、中国船东互保协会等一批重要航运机构落户，邮轮港成为亚洲最大的邮轮母港。

实体经济能级加速提升。积极落实“中国制造2025”和“互联网+”行动计划,制定实施巩固提升实体经济能级“50条”,深入推进“四新”经济、智能制造、产业创新、工业强基、质量提升等系列工程,中芯国际、华力二期、和辉光电二期等投资百亿元以上和136个投资十亿元以上的重大项目开工建设,新能源汽车、工业机器人、高端医疗装备等新兴产业产值年均增速超过20%。深入推进“三去一降一补”,实施调整社会保险费率、降低进出口环节收费等一系列政策举措,过去两年为企业降费319亿元,高能耗、高污染、高危险和低效益的落后产能每年淘汰

1000项左右。

重大工程和重点区域建设成效显著。建成12号线、16号线、17号线等一批轨道交通线，轨道交通运营线路总长从468公里增加到666公里，跃居世界城市首位。洋山港四期自动化码头、浦东国际机场第四跑道和第五跑道等重大工程相继建成。东风西沙水源地、黄浦江上游金泽水源地投入使用。世博央企总部集聚区全面建成，国家会展中心建成使用，国际旅游度假区和迪士尼乐园开园运营，临港地区智能制造核心功能初步形成，黄浦江从杨浦大桥至徐浦大桥45公里岸线的公共空间贯通开放。

军民融合深度发展取得阶段性成果。建立健全军民融合体制机制，一批军民融合重点项目加快实施。支持国防建设和军队改革，驻沪部队全面停止有偿服务任务基本完成，国防动员、双拥共建、优抚安置工作进一步加强。驻沪部队积极支持地方建设，为上海发展作出重大贡献。

(四)坚持把增进民生福祉作为发展的根本目的，以更大力度保障和改善民生，人民物质文化生活水平全面提高

基本民生保障进一步加强。完善就业创业服务体系，帮扶10.8万就业困难群众实现就业。完善社会保障体系，128万镇保参保人员和478.8万来沪从业人员加入职保，覆盖低保、低收入、支出型贫困家庭的梯度救助体系基本形成。初步建立服务供给、需求评估、服务保障、政策支撑、行业监管"五位一体"的社会养老服务体系，养老床位新增4.9万张，社区综合为老服务中心新增100家，329.7万老年人享受老年综合津贴。完善"四位一体"住房保障体系，新增供应各类保障性住房49.3万套，改造中心城区二级旧里以下房屋312万平方米。加强房地产市场调控，加快培育发展住房租赁市场，稳妥有序推进商业办公项目清理整顿，房地产市场保持平稳健康发展。

教育卫生发展水平明显提升。率先实施教育综合改革和高考综合改革试点，首次新高考平稳顺利举行，义务教育学区化集团化办学持续推进，一流大学和一流学科建设成效初显。稳步推进综合医改试点，家庭医生"1+1+1"签约服务惠及340.9万群众，公立医院全部取消药品加成，居民主要健康指标达到世界先进水平，平均期望寿命超过83岁。全面两孩政策平稳实施，妇女儿童、残疾人事业全面发展。

城乡发展一体化深入推进。大力推动基本公共服务均等化，居民养老保险、医疗保险、低保等基本保障制度实现城乡统一，350多万群众受益。扎实推进新型城镇化和美丽乡村建设，完成涉及30万户的村庄改造、27万户农村生活污水设施改造。率先整建制创建国家现代农业示范区，家庭农场从1173户增加到4516户。村级集体产权制度改革基本完成，土地承包经营权确权登记颁证全面完成。新一轮农村综合帮扶取得预期效果。

国际文化大都市建设加快推进。中国梦和社会主义核心价值观深入人心，城市精神更加彰显。报业、文广、出版集团和国有文艺院团改革顺利实施。国际舞蹈中心、交响乐团音乐厅、世博会博物馆、自然博物馆等一大批重大设施建成运营，世博文化公园、徐家汇体育公园等文体新地标启动建设，市民文化节、市民运动会、国际电影电视节、花样滑冰世界锦标赛等一系列重大文化活动和体育赛事成功举办。文化创意产业增加值占全市生产总值的比重超过12%，成为重要的支柱性产业。大力推进全民健身和全球著名体育城市建设，上海体育健儿在奥运会、全运会等重大赛事上勇创佳绩。

(五)坚持守底线、补短板，加强社会治理、城市管理和生态文明建设，城市面貌显著改善

社会治理创新迈出坚实步伐。制定实施创新社会治理、加强基层建设"1+6"文件，全面取消街道招商引资职能，把街道职能切实转到公共服务、公共管理、公共安全上，居委会、村委会减负增能，66个基本管理单元建成运转，社区工作者职业体系基本建立。加强安全防范和应急管理，重点领域、重点行业、重点场所的安全管理制度进一步完善，外环线以内实现烟花爆竹

零燃放，市民满意的食品安全城市建设持续推进。加强信访工作。完成公安改革试点任务，启动智慧公安建设，有力整治电信网络诈骗等社会治安突出问题，平安上海建设取得新成效。

城市精细化管理水平不断提高。深化城市管理综合执法改革，执法力量下沉街镇，城市网格化管理覆盖所有居村。全面完成住宅小区综合治理三年行动计划，完成1.2亿平方米居民住宅二次供水设施改造、6263台住宅小区老旧电梯安全评估。依法从严开展道路交通违法行为大整治，交通秩序明显改善。建成61条区区对接道路，新增225公里公交专用道，成功创建国家公交都市。

生态环境持续改善。“五违四必”区域环境综合整治取得重要阶段性成果，三批共50个市级和666个区级地块整治全面完成，全市拆除违法建筑1.6亿平方米，基本消除“五违”问题集中成片区域。第五轮、第六轮环保三年行动计划顺利完成。第一轮清洁空气行动计划的目标任务提前完成，长三角区域大气污染联防联控取得明显成效。水污染防治行动计划有力有效推进，河长制实现全覆盖，1864条段、1756公里城乡中小河道综合整治全面完成，全市中小河道基本消除黑臭。土壤污染防治行动计划启动实施。生活垃圾处置设施“一主多点”布局基本形成。第一轮金山地区环境综合整治全面完成。规划建设21个郊野公园，建成廊下等6座郊野公园，森林覆盖率从13.1%提高到16.2%。制定实施崇明世界级生态岛发展规划，新一轮三年行动计划重点项目加快建设。装配式建筑全面推广，绿色建筑面积达到1.1亿平方米。生态保护红线、永久基本农田、城镇开发边界完成划示，城市有机更新全面推开，低效建设用地减量22.7平方公里。

（六）坚持使市场在资源配置中起决定性作用、更好发挥政府作用，全面推进“放管服”改革和依法行政，政府治理能力现代化水平明显提升

政府职能转变取得新突破。率先开展证照分离改革试点，取消调整行政审批事项1854项、评估评审事项341项。全面实施当场办结、提前服务、当年落地“三个一批”改革。政府定价项目从108项减少到53项。292家审批相关的中介服务机构与政府部门脱钩，611家行业协会、商会与行政机关脱钩。市、区两级综合监管平台开通，分行业监管方案全面实施，综合监管为基础、专业监管为支撑的事中事后监管体系初步建立。“12345”市民服务热线开通运行，电子政务云加快建设。静安区、闸北区“撤二建一”和崇明撤县设区顺利完成。

依法行政全面加强。完善重大项目、国资监管等决策程序，重大决策制度进一步健全。工商、质监、食药监和物价执法“四合一”的区级市场监管新体制全面实行。全市三级政府行政权力清单和责任清单发布实施，政府“四本预算”实现全面公开、联动公开、细化公开。实施政府目标管理，跨部门协同运行体系加快构建。

政府作风建设持续推进。深入贯彻落实中央八项规定精神，认真开展党的群众路线教育实践活动、“三严三实”专题教育和“两学一做”学习教育，切实解决基层群众反映突出的“四风”问题。强化行政权力内部流程控制，开展公务员从业行为规范试点，不敢腐、不能腐、不想腐的制度体系加快构筑。

五年来，我们还编制完成新一轮城市总体规划，并获得国家批准，城市未来发展的功能定位和目标愿景进一步明确。圆满完成亚信峰会、第九届全球健康促进大会等重大活动承办任务，承办重大外事会议和活动1100多场，成功申办2021年第四十六届世界技能大赛，城市国际影响力显著提升。

二、发展中存在的问题

发展不平衡不充分的一些突出问题尚未解决，创新创业动力和能力还不够强，转方式、调结构、促创新的任务依然繁重；人口资源环境的协调性有待加强，大气环境、水环境和垃圾综合治理需要持续用力，生态环境保护任务依然艰巨；群众在就业、养老、教育、医疗、居住等方面

还存在不少难题,城乡区域发展差距仍然存在,基本公共服务均等化需要进一步推进;城市生产安全、运行安全、网络安全、食品药品安全等领域还有许多薄弱环节,超大城市管理和社会治理的精细化程度有待提高;改革力度需要进一步加大,改革措施的系统集成有待加强,开放型经济新体制仍需加快构建;政府审批环节多、时间长的问题仍然存在,行政效率还需继续提高,干部作风不实、缺乏担当、不作为的问题不同程度存在。这些问题,需要我们着力加以解决。

三、2018 年主要任务

2018 年是贯彻党的十九大精神的开局之年,是改革开放 40 周年,是决胜全面建成小康社会、实施“十三五”规划承上启下的关键一年。做好今年工作,必须贯彻落实中央经济工作会议和十一届市委三次全会精神,在新时代坐标中坚定追求卓越的发展取向,坚持需求导向、问题导向、效果导向,强化创新驱动,突出制度供给,扩大服务功能,创造品质生活,全力打响上海服务、上海制造、上海购物、上海文化品牌,努力实现创新成为第一动力、协调成为内生特点、绿色成为普遍形态、开放成为必由之路、共享成为根本目的的高质量发展。

综合各方面因素,建议今年全市经济社会发展的主要预期目标是:经济发展质量和效益进一步提高,全市生产总值增长 6.5%左右,一般公共预算收入增长 7%,全社会研发经费支出相当于全市生产总值的比例保持在 3.8%左右。人民生活水平进一步提升,城镇调查失业率和登记失业率都稳定在 4.3%以内,居民人均可支配收入与经济增长同步,居民消费价格指数与国家价格调控目标保持衔接。生态环境进一步改善,环保投入相当于全市生产总值的比例保持在 3%左右,单位生产总值能耗、主要污染物排放量继续降低。

(《重庆经济年鉴》编辑部根据上海市有关资料整理)

2017年直辖市及西部省(区)经济发展统计比较表

表1 国民生产总值

地 区 Region	地区生产总值(亿元) Gross Domestic Product(100 million *yuan*)	第一产业 Primary Industry	第二产业 Secondary Industry	第三产业 Tertiary Industry	地区生产总值指数(上年=100) Indices o fGross Domestic Product (Preceding Year=100)	人均地区生产总值(元) Per Capita GDP (*yuan*)	人均地区生产总值指数(上年=100) Indices of Per Capita GDP (Preceding Year=100)
直辖市							
北 京	28000.4	120.5	5310.6	22569.3	106.7	128927	106.7
天 津	18595.4	218.3	7590.4	10786.7	103.6	119238	103.3
上 海	30133.9	99.0	9251.4	20783.5	106.9	124571	106.8
重 庆	19500.3	1339.6	8596.6	9564.0	109.3	63689	108.3
西部地区							
四 川	36980.2	4282.8	14294.0	18403.4	108.1	44651	107.5
贵 州	13540.8	2020.8	5439.6	6080.4	110.2	37956	109.4
云 南	16531.3	2310.7	6387.5	7833.1	109.5	34545	108.8
西 藏	1310.6	122.8	514.5	673.3	110.0	39259	107.9
陕 西	21898.8	1739.5	10895.4	9264.0	108.0	57266	107.3
甘 肃	7677.0	1063.6	2562.7	4050.8	103.6	29326	103.0
青 海	2642.8	238.4	1180.4	1224.0	107.3	44348	106.4
宁 夏	3453.9	261.1	1580.5	1612.3	107.8	50917	106.7
新 疆	10920.1	1691.6	4292.0	4936.5	107.6	45099	105.8
内蒙古	16103.2	1647.2	6408.6	8047.4	104.0	63786	103.6
广 西	20396.3	2906.9	9297.8	8191.5	107.3	41955	106.3

表2 农林牧渔业

地 区 Region	农林牧渔业总产值(万元) Gross Output Value of Farming, Forestry, Animal Husbandry and Fishery (10 000 *yuan*)	#农业 Farming	#林业 Forestry	#牧业 Animal Husbandry	#渔业 Fishery	农林牧渔业总产值指数(可比价)(上年=100) Indices of Gross Output Value of Farming, Forestry, Animal Husbandry and Fishery (Preceding Year=100)	粮食产量(万吨) Grain Output (10000 tons)	棉花产量(万吨) Cotton Output (10000 tons)	猪肉(万吨) Pork (10000 tons)
直辖市									
北 京	308.3	129.8	58.8	101.4	9.6	93.1	41.1		19.2
天 津	471.9	247.8	9.0	119.9	83.1	100.5	212.0	2.8	23.8
上 海	261.6	141.2	14.9	40.9	53.3	92.6	89.2		8.7
重 庆	2009.4	1193.7	85.2	601.4	94.8	103.7	1167.2		149.2
西部地区									
四 川	6963.8	4016.0	239.1	2326.7	239.1	103.7	3498.4	0.8	472.2
贵 州	3389.8	2043.0	228.8	885.8	70.0	106.6	1178.6	0.1	160.1
云 南	3808.8	2034.0	381.5	1153.4	108.2	106.0	1929.5		290.8
西 藏	178.2	78.4	2.9	92.2	0.3	104.4	105.1		1.6
陕 西	3070.5	2119.4	96.9	664.0	27.5	104.6	1216.2	2.3	85.8
甘 肃	1907.7	1377.2	31.6	315.3	2.1	105.2	1128.3	2.7	49.9
青 海	364.1	162.4	9.0	183.0	3.4	104.8	100.7		11.4
宁 夏	513.9	320.0	9.7	141.1	18.6	104.5	368.2		7.8
新 疆	3054.9	2206.1	54.3	685.3	23.2	101.6	1447.6	408.2	35.8
内蒙古	2822.4	1383.2	99.9	1261.0	31.3	103.4	2768.4		73.5
广 西	4742.8	2545.5	346.5	1136.3	500.5	104.3	1467.7	0.3	255.0

表3 工业、交通运输

地区	水泥产量(万吨)	钢材产量(万吨)	汽车产量(万辆)	微型计算机设备(万台)	发电量(亿千瓦时)	客运量(万人)	旅客周转量(亿人公里)	货运量(万吨)	货物周转量(亿吨公里)
Region	Cement Output (10000 tons)	Steel Output (10000 tons)	Motor Vehicle Output (10000 units)	Micro Computers (10000 units)	ElectricityProduction (100millionkWH)	PassengerThrouhput (10000 persons)	Passenger-Turnover Volume (100millionperson·km)	Cargo Throughput (10 000 tons)	Cargo Turnover Volume (100million tons·km)
直辖市									
北京	374.4	179.0	197.0	742.4	388.4	58871	253	20110	958
天津	418.6	4374.0	83.3		611.0	17440	267	51800	2170
上海	417.7	2056.0	291.3	2487.3	859.3	15485	225	96850	24999
重庆	6370.9	917.3	299.8	6619.8	690.5	63298	870	115346	3371
西部地区									
四川	13823.8	2491.2	83.2	6981.7	3480.4	109093	882	172922	2696
贵州	11363.3	495.7	0.3	23.4	1899.1	91803	720	96242	1656
云南	11528.2	1607.4	14.3	17.9	2955.1	44622	453	129298	1825
西藏	642.1	0.1			55.7	1319	45	2203	136
陕西	7940.3	1377.6	61.6		1814.0	67880	761	163079	3761
甘肃	4021.4	702.3	1.9		1349.1	42638	620	66204	2440
青海	1462.6	127.1			626.6	6274	137	17923	519
宁夏	2188.2	221.8			1380.9	7345	99	38187	754
新疆	4581.0	1299.6	2.1		3010.8	27083	429	84395	2176
内蒙古	3073.9	2002.7	3.1		4435.9	14867	363	213318	5147
广西	12540.6	3270.7	245.2	2.6	1401.1	48578	778	174642	4613

表 4 固定资产投资额

地 区	固定资产投资额(亿元)	#房地产开发投资	商品房施工面积(万米²)	商品房竣工面积(万米²)	商品房销售面积(万米²)	建筑业总产值(亿元)	固定资产投资价格指数(上年=100)
Region	Investment in Fixed Assets (100 million *yuan*)	Investment in Real Estate Development	Housing Floor Space under Construction (10000 sq. m)	Housing Floor Space Completed (10000 sq. m)	Housing Floor Space of Sales (10000 sq. m)	Total Output Value of Construction (100million *yuan*)	Price Index of Investment in Fixed Assets (Preceding Year =100)
直辖市							
北 京	8307.33	3692.5	12413	1467	870	9736.7	104.7
天 津	11274.69	2233.4	8796	2023	1482	4262.4	104.3
上 海	7240.95	3856.5	15362	3388	1692	6426.4	106.7
重 庆	17440.57	3980.1	25961	5056	6711	7608.0	105.3
西部地区							
四 川	31235.89	5149.9	41295	5621	10869	11400.3	107.7
贵 州	15288.01	2201.0	20385	1172	4697	2933.0	106.1
云 南	18474.89	2786.3	21085	2420	4327	4726.4	104.9
西 藏	1975.60	40.4	230	44	53	147.9	
陕 西	23468.21	3102.0	23630	2392	3890	6227.5	105.3
甘 肃	5696.35	944.5	9153	848	1560	1825.4	105.9
青 海	3819.86	408.6	2937	441	494	406.8	106.1
宁 夏	3640.12	652.8	6837	1329	1021	549.2	105.9
新 疆	11795.64	1037.9	11597	1680	1598	2428.1	103.5
内 蒙 古	13827.85	889.7	15815	1714	2068	1122.2	103.4
广 西	19908.27	2683.5	22690	1856	5171	4210.1	104.4

表5 贸易

地 区	进出口总额(按经营单位所在地分)(亿美元)	#出 口	金融机构本外币存款余额(亿元)	金融机构本外币贷款余额(亿元)
Region	Total Imports and Exports (by location of operation units) (USD 100 million)	Export	Total Deposit Balance of RMB and Foreign Currencics of Financial Institutions (100 million *yuan*)	Total Loan Balance of RMB and Foreign Currencies
直辖市				
北 京	3237.2	585.0	144085.96	69556.23
天 津	1129.4	435.6	30940.81	31602.54
上 海	4761.2	1936.8	112461.74	67182.01
重 庆	666.0	426.0	34853.53	28417.46
西部地区				
四 川	681.2	375.5	73079.41	49144.09
贵 州	81.6	57.9	26194.14	20965.31
云 南	235.1	115.4	30160.74	25857.58
西 藏	8.7	4.4	4959.06	4043.64
陕 西	401.4	245.6	38153.27	26924.48
甘 肃	50.6	18.3	17777.22	17707.24
青 海	6.6	4.2	5843.21	6353.05
宁 夏	50.4	36.5	5867.22	6461.48
新 疆	206.6	177.3	21753.05	17477.56
内蒙古	139.0	49.4	23092.73	21566.31
广 西	572.1	274.6	27899.64	23226.14

表6 基本消费

地　区 Region	城镇常住居民人均可支配收入(元) Per Capita Disposable Income of Urban Residents(*yuan*)	农村常住居民人均可支配收入(元) Per Capita Disposable Income of Rural Residents(*yuan*)	农产品生产价格指数(上年=100) Producer Price Index of Farm Products (Preceding Year = 100)	社会消费品零售总额(亿元) Total Retail Sales of Consumer Goods(100 million *yuan*)	居民消费价格指数(上年=100) General Consumer Price Index(preceding year=100)
直辖市					
北　京	62406	24240	96.2	11575.4	101.9
天　津	40278	21754	95.5	5729.7	102.1
上　海	62596	27825	98.4	11830.3	101.7
重　庆	32193	12638	96.8	8067.7	101.0
西部地区					
四　川	30727	12227	97.8	17480.5	101.4
贵　州	29080	8869	96.7	4154.0	100.9
云　南	30996	9862	98.7	6423.1	100.9
西　藏	30671	10330		523.3	101.6
陕　西	30810	10265	98.4	8236.4	101.6
甘　肃	27763	8076	99.1	3426.6	101.4
青　海	29169	9462	101.0	839.0	101.5
宁　夏	29472	10738	99.3	930.4	101.6
新　疆	30775	11045	100.7	3044.6	102.2
内蒙古	35670	12584	95.6	7160.2	101.7
广　西	30502	11325	98.2	7813.0	101.6

编纂说明

由重庆市人民政府办公厅主管,重庆社会科学院、重庆市人民政府发展研究中心主办的《重庆经济年鉴》,是一部全面介绍重庆经济发展状况的大型工具书,极具史存性、实用性和工具性。2018 年卷为《重庆经济年鉴》的第十八卷。

一、本卷《重庆经济年鉴》的特点

本卷年鉴总体结构上由"重要经济文献、经济与社会发展综述、经济运行与部门管理、产业状况、开发区与园区建设、区县经济、附录"共七编组成。

二、本卷《重庆经济年鉴》的稿件来源

本卷年鉴主要收录了市第四届人民代表大会上的部分文献,其他文稿、数据、图表等主要来自市级有关部门、各区县政府,部分开发区与工业园区,围绕重庆经济社会热点难点开展的专题研究成果,以及编辑部收集整理的西部省区、长江沿线主要城市、部分环渝区域市县的经济社会发展情况。

三、本卷《重庆经济年鉴》编纂的有关技术性说明

(一)本《年鉴》以编为单位进行编纂。每编大体反映一项相对独立的经济内容;编以下不设章、节;本卷共七编。

(二)本《年鉴》侧重对重庆市 2018 年度经济运行状况的反映,这与其他类型的年鉴有明显的区别。为了突出经济内容,本书对文化、教育、体育、卫生等社会发展方面的内容未专设编目。文中涉及社会事业发展方面内容的,根据具体情况,作了适当保留。

(三)本《年鉴》表现形式大体采用专题文章。文章体例大致是:年度主要状况及分析、存在的问题、发展展望。"重要经济文献"、专题研究、"附录"等编目,则未作统一的体例要求。

(四)本《年鉴》中的统计数据,截止到 2018 年底,个别内容则稍作延伸。统计资料来源于重庆市统计公报和市统计局。另外,有必要指出的是,因统计口径的不同,有关部门和各区县(自治县)所用数据与"统计公报"中的数据不尽一致,采用时请予注意。

(五)本《年鉴》有关材料,系相关单位、部门所撰写,所用技术术语、专业名词、名称以稿件提供单位为准。不属于专业用语的,从习惯。

(六)根据年鉴因承相袭的惯例,本年度反映上年度的内容。2018 年卷《重庆经济年鉴》也从这一惯例。

2018 年卷《重庆经济年鉴》的编辑工作,得到了重庆市各部门、各单位、各级领导和长江沿线的上海、南京、武汉等主要城市、西部省区及广大读者的热情支持,在此深表谢意。另外,尽管编辑部的同志在编纂过程中尽了最大努力,但因时间紧、内容多、来稿渠道广,加之编辑部水平能力有限,本卷《重庆经济年鉴》存在疏漏,热诚希望得到读者的指正。

《重庆经济年鉴》编辑部

二〇一八年八月

编纂说明

[illegible]

一、本卷《重庆经济年鉴》的特点

[illegible]

二、本卷《重庆经济年鉴》的编排体例

[illegible]

三、本卷《重庆经济年鉴》的有关技术性说明

[illegible]

2018 [illegible]

[illegible]

《重庆经济年鉴》[illegible]